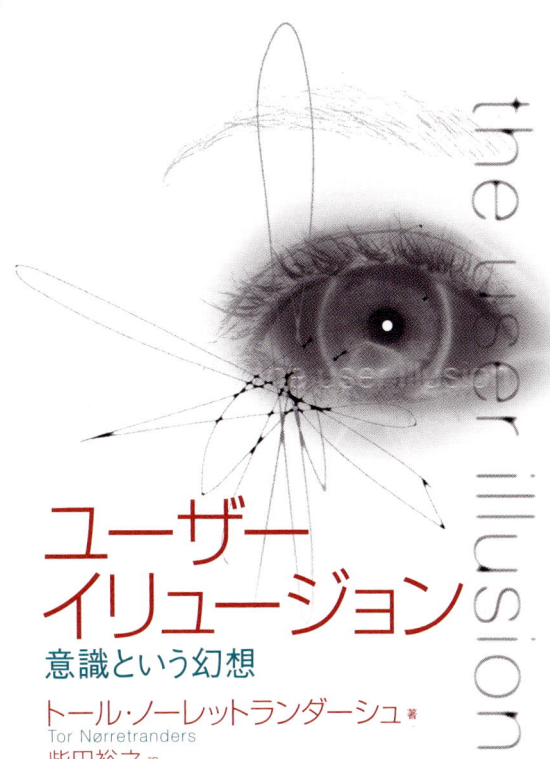

the user illusion

ユーザーイリュージョン

意識という幻想

トール・ノーレットランダーシュ 著
Tor Nørretranders
柴田裕之 訳

紀伊國屋書店

ユーザーイリュージョン

意識という幻想

Tor Nørretranders

The User Illusion : Cutting Consciousness Down to Size

(**Danish title:Mærk Verden**)

本書に寄せられた賛辞

「驚嘆に値するほど豊富で興味深いアイデアを積み上げ、意識というものが、じつはまやかしであり、錯覚にすぎないという主題を浮かび上がらせる」

——ダグラス・ホフスタッター（『ゲーデル、エッシャー、バッハ——あるいは不思議の環』の著者）

「意識というものをしっかり説明してくれる本が、ついに登場した。しかも、これがまた卓越したストーリーになっているのだ。洗練された文体で優美に綴られ、ユーモアと知性に満ちあふれている。そこに示された心と魂の探究の旅を終えたときには、読者は意識の観念を根底から覆されていることだろう。意識についての書物をただ一冊だけ読むとすれば、本書をおいてほかにない」

——ジョン・L・キャスティ（『パラダイムの迷宮——科学の鏡に映る実像と虚像』の著者）

「私たちは脳にだまされている。意識などというのは幻想だ。いや、だまされるような私たちが存在するという感覚さえもが錯覚なのだ。本書の説明には思わず引き込まれてしまう。さらば、内なる〈私〉よ。それよりはるかに大いなるものよ、ようこそ」

——イアン・スチュアート（『カオス的世界像——神はサイコロ遊びをするか？』の著者）

「情報理論を見事に分析し、それが人間の心の理解に役立つことを明らかにする、深遠なる一冊だ」

——グレゴリー・チャイティン（『数学の限界』の著者）

「エントロピー、情報、コミュニケーション、計算可能性、複雑性、進化、カオス、意識！　本書は、歴史上の驚くべき出来事の数々にからめながら、昨今の斬新きわまりない説を紹介してくれる。次に何が出てくるかという期待で、最後まで目が離せなかった」

——ハンス・モラヴェック（『電脳生物たち——超ＡＩによる文明の乗っ取り』の著者）

「トール・ノーレットランダーシュは、心という、科学に残された最後の一大フロンティアを探検する本書の、魅力的で勇猛果敢なガイドだ」

——ジョン・ホーガン（『科学の終焉』の著者）

「私自身と呼ばれているものによって成されたことは、
私の中の私自身よりも大いなる何者かによって
成されたような気がする」

——一八七九年、死の床でのジェームズ・クラーク・マクスウェルの言葉

目次

第三部

意識 261

第四部 平静 403

序

意識は人間にとって最も身近であると同時に、不可解なまでに捕らえどころのない存在でもある。意識について他人と語り合うことはできるが、意識はその根本において、あくまで主観的であり、本人だけが内側からしか経験できない。意識とは、経験していることを経験する行為、認識していることを認識する行為、感知していることを感知する行為だ。だが、経験を経験しているのは、いったい何なのか。経験することの経験を外から観察し、「意識は実際にはどれだけ観察しているのだろう」と問うたらどうなるのか。

近年、意識という現象の科学的研究を通して明らかになってきたのだが、人間は意識的に知覚するよりもずっと多くを経験している。人は、意識が考えているよりもはるかに多くの影響を、周りの世界やお互いと及ぼし合っている。意識は自分が行動を制御していると感じているが、じつはそれは錯覚にすぎないのだ。西洋文化圏ではこれまで、人間生活の中で意識は多大な役割を担うと思われがちだったが、じつはその役割は、ずっと小さなものだった。歴史を研究してみればわかるとおり、今日私たちが意識と呼んでいる現象が見られるようになってから、せいぜい三〇〇〇年しか過ぎていない。中枢にあって「経験する者」、意思決定する者、意識ある〈私〉という概念が幅を利かせてきたのは、たかだかここ一〇〇世代のことなのだ。

本書は数々の科学的経験に基づいているのだが、そうした経験から判断すると、意識ある自我の支配が今後も延々と何世代にもわたって続くことは、おそらくないだろう。〈私〉の時代の幕切れは近い。

本書には、意識とは何か、人間生活のどれほど多く——あるいは、どれほどわずか——がほんとうに意識的であると言えるか、という問題を解き明かす、驚くべき科学的洞察が数多く収められている。本書は、これらの洞察が何を意味するかという物語だ。そこでは、私たちの自己認識や、自由意思の捉え方にこれらの洞察がどんな意味合いを持っているか、この世界が理解できる可能性はあるか、そして、人間は言語という狭い経路以外のところでどれだけお互いに接触を持っているのかが語られる。

この物語の出発点は、科学文化、とりわけ自然科学の文化だが、文化全般も視野に捉えている。科学を日常生活と結びつけるのが本書の目的だ。私たちの意識にも日常生活にもまったく無縁と思える様々な科学分野で起きた飛躍的発展を背景にして、ごく当然と考えられている日常の事象に、これから光を当てていこうと思う。

本書は野心的な本だ。〈私〉や〈情報〉のような従来の概念とときおり衝突し、〈自分〉や〈外情報〉のような新しい概念を紹介するが、読む気のある人なら誰でも理解できる言葉で書かれている。ただし、やや難解な話から始まることは確かだが。

数学や物理学や計算理論の分野では、一九三〇年以降、客観性の基礎自体が主観的であること、どんな形式的体系も、それ自体を立証することはけっしてありえないことが、しだいに明らかになってきた。それが私たちの世界観に概念上の変化を引き起こし、その変化は、ようやくここ一〇年間に、自然科学の諸分野で現実のものとなった。その結果、情報や複雑性、秩序、偶然性、カオスなどの概念の理解に、根源的な変化が起きた。そうした概念の変化のおかげで、意味や関連性など、意識の説明には不可欠の現象の研究とのつながりを確立することが可能になった。本書の第一部「計算」では、こうした変化を取り上げる。

心理学とコミュニケーション理論の分野では、一九五〇年以降、意識の容量は、情報の単位であるビットで計測した場合、たいした大きさではないことが明らかになってきた。意識はほとんど何の情報も持っていない。一方、五感は膨大な量の情報を消化するが、大部分は私たちの意識に上りさえしない。したがって、実際には意識が生じる前に多量の情報が捨てられているわけだ。一九八〇年代に計算のプロセスが大躍進を遂げたが、そこでわかってきたことと、この情報処分の現象とは完全に一致している。しかし、五感で感知する周囲の情報の大半が、私たちの行動に影響を与えることも確かだ。ただし、人間の頭の中で起こっていることの大半は意識されない。本書の第二部「コミュニケーション」では、意識に拒絶されはするものの重要であることに変わりはない情報に焦点を当てる。

一九六〇年代以来、神経生理学者たちは、人間の主観的な報告と、脳で起きている活動の客観的な計測結果とを比較することで、意識を研究してきた。そして、私たちが「現実」と呼ぶものよりも意識が時間的に遅れていることを示す、驚くべき結果を得た。何かを意識するまでには〇・五秒かかる。しかし、私たちはそうは感じていない。人間の意識的な認識の外で、幻想が前倒しされ、時系列の中で出来事が再編集されるのだ。こうした発見は、人間の自由意思という、昔から尊重されてきた概念と真っ向から衝突する。しかし、本書の立場に立つと、危機にさらされているのは自由意思そのものではなく、意識を持った〈私〉が自由意思を行使しているとする考え方ということになる。これらの事柄が、第三部「意識」の主題となる。

地球は生きている系だという見方は、一九六〇年代に宇宙旅行が始まって以来、一変した。同時に、科学的な道具としてコンピュータが登場したことで、人間が自然界の事象を予測する能力や、自然界に対してとる行動の様相も、すっかり変わった。文明は、物事を計画・統制しようという傾向を持っているが、ここ数十年の間に生態的なつながりや自然の予測不能性について様々なことがわかってきたために、そうした傾向の是非が問われている。意識が外界を取り込む能力は、私たちの科学文化によって、ひどく過大評価されてきた。人間の非意識的側面を認めることの重要性が、第四部「平静」のテーマだ。意識は本人にしか経験できないものではあっても、その正体についての議論を始めることは、このうえなく重要だ。

本書を執筆したのは、一九九〇から九一年にかけて、文化省の文化基金から助成金を受けて、デンマーク王立芸術院付きの講師として過ごしている間のことだった。この待遇を受けることを可能にしてくれた、絵画芸術学校校長エルゼ・マリー・ブクダールに心から感謝したい。協力を惜しまず、多くのインスピレーションを与えてくれたアネット・クルムハートと芸術院のスタッフ、学生諸君にも感謝したい。哲学者オウリ・フォッホ・キルケビーは、何年にもわたって私を導き、励ましてくれた。物理学者ペーデル・ヴェートマン・クリスティアンセン、ソーレン・ブルナク、ベニー・ロィトルップは、インスピレーションの重要な源だった。

寛大にも時間を割いてインタビューに応じ、本書で検討した事柄について話し合ってくれた科学者は、数知れない。とりわけ、以下の方々にたいへんお世話になった。ヤン・アンビョーン、P・W・アンダーソン、チャールズ・ベネット、プレドラグ・クヴィタノヴィッチ、ヘニング・アイヒバーク、ミッチェル・ファイゲンバウム、ウォルター・フォンタナ、ラーシュ・フリーベルィ、リチャード・グレゴリー、トマス・ホーィルップ、ベルナルド・フーバーマン、ダーヴィド・イングヴァル、スチュアート・カウフマン、クリストフ・コフ、ロルフ・ランダウアー、クリス・ラングトン、ニール・A・ラッセン、ベンジャミン・リベット、セス・ロイド、ジェームズ・ラヴロック、リン・マーギュリス、ウンベルト・マトゥラーナ、エリク・モーセヒルド、ホルジャー・ベック・ニールセン、ロジャー・ペンローズ、アレクサンダー・ポリャーコフ、ペール・クジャルゴール・ラスムッセン、スティーン・ラスムッセン、ペーター・リヒター、ジョン・A・ホイーラー、ピーター・ジンカーナゲル。

ベンジャミン・リベットの研究は、本書の中でも特別の役割を演じているが、彼は、自分の画期的な実験の科学的記録に関する詳細な質問に、じつに率直に答えてくれた。そして、彼の実験結果の重要性を指摘してくれたイェスパー・ホフマイヤーとニール・A・ラッセンにも感謝したい。

本書の初稿に対して意見を寄せてくれたソーレン・ブルナク、ペーデル・ヴェートマン・クリスティアンセン、ニールス・エンゲルステッド、ヘンリク・ヤーンセン、オウリ・フォッホ・キルケビー、アルネ・モスフェルト・ラゥルセン、シグルド・ミッケルセン、イョフス・メルク・ペデルセンには心からお礼を言いたい。最後に、執筆中に編集面で力を貸してくれたクラウス・クラウセンに深謝する。

一九九一年九月、コペンハーゲンにて

第一部　計算

第一章　マクスウェルの魔物

「これらの記号を書き記したのは神だったのか」[1] マクスウェルの四つの短い方程式に対する驚きと興奮を表すために、オーストリアの物理学者ルートヴィヒ・ボルツマンはゲーテの言葉を引いて、そう嘆じた。

ボルツマンが舌を巻くのも無理はない。スコットランドの物理学者ジェームズ・クラーク・マクスウェルは一八六〇年代に、電気や磁気などの現象に関して知られていたことを、四つの短い方程式にそっくりまとめるのに成功した。しかもその方程式は、物理学の理論に対する絶大な影響力ばかりか、洗練された美しさまで備えていた。しかし、マクスウェルはたんに、既知の事柄のいっさいを首尾よく数式にまとめただけではない。当時、電気や磁気とは誰一人、結びつけて考えることのなかった諸現象まで予測してのけたのだ。それらの現象がようやく発見されたのは、一八七九年に彼が死んだ後のことだった。

マクスウェルとほぼ同世代で、理論物理学の分野でやはり次々と画期的な業績を打ち立てたボルツマンは不思議がった――こんなことがありうるのだろうか、マクスウェル方程式の四つの有名な数式は、あれほどわずかな記号を用いただけで、あれほど多様な現象の数々を、どうして概括しうるのか、と。ある意味で、これこそ科学のミステリーと言える。できるかぎり少ない言葉か数式で、できるかぎり多くを語る。あるいは、重要なデータを網羅し、それを見れば道がわかるような単純明快な地図を作る。しかも、そのような目標を追求するばかりか――これがまさにミステリーたる所以なのだが――製作時にはまだ知られていなかった土地の詳細をも見てとれるような地図を作ることが可能とは。

科学と日常性を統合する気運

物理学は、まったく異質の現象を統合して一つの理論的まとまりを持たせるという、地図製作にも似た過程を経て、理論科学として成立した。一六八七年、アイザック・ニュートンは万有引力の法則を発表することで、大幅に異なる自然現象を単一の理論的イメージにまとめ上げた。これほどの規模での統合を果たしたのはニュートンが最初だった。彼の法則は、それ自体、数学的に非常に洗練されたものだった。だが、彼の真の業績は、すでによく知られていた諸現象、完全にかけ離れた二種の現象群に関する知識を統合したことだ。一六〇〇年代の初頭、ガリレオ・ガリレイは地上の物体の運動（落下や加速、振動をはじめ、その他もろもろの運動）についての近代的な理論を構築した。ちょうど同じ頃、ヨハネス・ケプラーは、太陽を回る惑星の動きを支配する一連の法則を定式化した。ガリレオとケプラーはともに、観察に基づいて自らの理論に至っている。ガリレオは自ら行なった実験を、ケプラーはデンマークの天文学者ティコ・ブラーエの惑星観測を、それぞれもとにして自論をまとめた。

ニュートンの偉大さは、両者、つまり、地上の物体についてのガリレオの理論と、天上の物体についてのケプラーの理論とを、天地いずれにも当てはまる単一の理論に統合した点にある。すべては、ただ一つの原理を核としている。すなわち、重力の原理だ。ちなみに、この重力の正体はいまだに解明されていない。ニュートンの理論は、後のあらゆる物理学の（そして、実質的にほかのすべての科学の）モデルに祭り上げられ、大幅に異なる分野を統合する大統一理論を打ち立てることが、その究極の目標となった。しかし、二番目の大統一が達成されるまでには、長い歳月を要した。マクスウェルが、かの有名な四つの方程式を発表したのは、ようやく一九世紀になってからだ。ニュートンが天地をひとまとめにしたのに対して、マクスウェルは電気と磁気を結びつけたのだった。

現代科学における宇宙観はすべて、自然界に見られるほんの一握りの「力」をもとにしている。その力とは、重力と電気と磁気、そして、原子のレベルで働く二つの力だ。この五つの力によって、異なる物体同士がどう影響を及ぼし合うか説明がつくのだが、肝心なのは、ここに挙げたもの以外の力が存在しない点だ。既知の現象はこれらの力とその作用によって、万事説明がつく。

したがって、一九世紀に、この五つの力のうち、電気と磁気との間のつながりが発見されたのは、じつに重大なことだった。一八二〇年、デンマークの科学者ハンス・クリスティアン・エルステッドは、電流によって磁針が振れることを発見した。それまでは、電気と磁気という二つのよく知られた現象の間の関係に気づいた者はなかった。一八三一年には、イギリスの科学者マイケル・ファラデーがエルステッドの発見の逆を証明した。すなわち、変化する磁場にさらされた導体の中では電流が生じるという、いわゆる電磁誘導だ。この発見にいったいどんな実用性があるのかと訊かれたファラデーは、「赤ん坊が何の役に立つかね?」と訊き返したという。

ファラデーが電磁誘導を発見したとき、マクスウェルはまだ生後数か月の赤ん坊だった。彼は三〇年後、ファラデーやエルステッドほか多数の科学者の研究成果を方程式にまとめ、物理学における第二の大統一を成し遂げる。マクスウェルは、じつに意識的に類推を使って研究を進めた。電気と磁気の現象を生じせしめる場を象徴するような渦を空間に想定することで、この二つの現象を理論化したのだ。まず、わざと単純なイメージを使い、現象を十分理解して数式の形で表現できるようになると、もとのイメージは忘れる。「それまでの研究結果を、頭が理解できるような形にまで単純化したり還元したり」するところから始めなくてはいけない、とマクスウェルは書いている(2)。

マクスウェルは渦のイメージ(これが後に、複数の小さな歯車から成る仮想モデルに発展する)を思い描くことで、電気と磁気が力学的に類似していることを立証するには、もっと小さな渦も必要になるという結論に達した。新たな渦は、既知の現象のどれとも対応していなかったが、頭の中のイメージが意味を成すために、どうしても必要だった。構図をできるかぎり整然としたものにするのには欠かせなかった。マクスウェルは、これらの仮想上の小さな渦が空間で散逸していく速度を計算した。すると、それが光速であることがわかった。これは奇妙だった。なぜなら、光が電気や磁気と関係があるなどとは、それまで誰一人、考えてもみなかったからだ。しかしマクスウェルは、光が電磁放射線、すなわち、散逸方向に直交する向きで永遠に交番を繰り返しながら宇宙へ放出される、波動性の電場と磁場であることを発見した。この驚くべきイメージにより、科学者が何世紀にもわたって議論してきた、光の性質という問題の説明がついた。

というわけで、マクスウェルの方程式は本来の目的を果たしたばかりか、言わばボーナスとして、光そのものの説明にもなったわけだ。しかもその後、光には、ラジオやテレビの電波、X線、赤外線、マイクロ波、ガンマ線など、じつに多くの仲間がいることがわかった（ラジオ波がハインリヒ・ヘルツによって発見されたのは、マクスウェルの死後わずか九年目の一八八八年のことだった）。このように、マクスウェルの方程式が実世界で持つ意義は重大だった。ラジオもX線もテレビもマイクロ波もなかったら、二〇世紀はどうなっていただろうか。ひょっとすると、もっと良い世の中になっていたかもしれないが、今とそうとう違っていたことは確かだろう。

ヘルツがマクスウェルの方程式について言っているが、「これらの方程式は、独自の生命と知性を持っており、我々より賢い。いや、その発見者よりも賢いほどで、もともとそこに投入されたもの以上を取り出しうるという感を免れない」[3]

どうしてマクスウェルは、類推を用いることで、未発見の事象への道筋を仮想しえたのだろうか。マクスウェルの方程式は神によって記されたのだろうかと問うたとき、ボルツマンがほんとうに投げかけた疑問は、まさにこれだった。
マクスウェルはガンで死の床に臥せっている間に、彼なりの答えを与えたとも言える。ケンブリッジ時代の同僚F・J・A・ホート教授が見舞いに来ると、マクスウェルはボルツマンのことなどまったく頭になかったのだろうが、こう言った。「私自身と呼ばれているものによって成されたことは、私の中の私自身よりも大いなる何者かによって成されたような気がする」[4]
多くの科学的アイデアが、頭の中の意識の制御の及ばない部分で起こったということをマクスウェルが示唆したのは、これが初めてではなかった。彼は父親を失ってまもない一八五六年、次の詩を書いている。

我々の内なる力や思考は
自我がひっそりと身を隠している深みから
一連の意識の動きを通して昇ってきて
ようやく明らかになる

マクスウェルが自分の方程式の中に光を見出したのは、意思による意識的な働きを通してではなく、「訪れてはまた去っていく思考のかたわらで意思と分別が沈黙したとき」[5]だった。

こうした見方は偉大な自然科学者の間では珍しくない。それどころか、彼らは自分の知識の基盤として、無意識を、いや、神秘体験さえも挙げることがよくある。したがって、この線でいけば、マクスウェルの方程式を書いたのはマクスウェルではないことになる。彼の中の彼自身よりも大いなる何者かの仕業というわけだ。

ニュートンとマクスウェルが、大幅に異なる現象についての大幅に異なる理論を一つにまとめるという偉業を成し遂げて以来、物理学者たちは同様の偉業の達成を目指してきた。しかし、首尾よく新たな統一理論に行き当たった者は今のところ一人もいない。たしかに二〇世紀には、ニュートンとマクスウェルのアイデアをもとに、アルベルト・アインシュタインが新しいアイデアを生み出すことに成功したが、運動と重力に関する彼の相対性理論は、息を呑むほど美しくはあっても、自然界の異なる力をまとめ上げたわけではない。

一方、原子の世界を研究している物理学者たちは、重力と電磁力に加えて、自然界における基本的な力をさらに二つ見つけ出した。〈強い力〉と〈弱い力〉がそれで、ともに原子のレベルやそれ以下のレベルで存在する。

弱い力は、いわゆる放射性崩壊でのみ作用する。強い力は原子核の中でのみ作用する。一九六〇年代に、パキスタンの物理学者アブダス・サラムとアメリカの物理学者スティーヴン・ワインバーグが、弱い力の理論と電磁力の理論を統一することに成功し、その結果、この二つの力を一つの力として理解することが可能になった。七〇年代には、強い力も、電磁力と弱い力を組み合わせたこの新しい力の一変種として理解できることを、ほかの物理学者たちが示した。こうして新たな秩序が見えてきたが、実際に物理学者がやったことと言えば、発見されてまもない二つの力を、すでになじみ深い力と組み合わせたにすぎない。これを大統一と呼んでもおかしくはないが、決定的な要素がいまだに欠落しており、それ抜きでは、究極の統一は起こりえない。その欠落要素が重力だ。

一九八〇年代に、〈超ひも〉と呼ばれる素粒子に関する理論がたいへんな関心を集めた。重力の諸理論（アインシュタインの相対性理論）を、電磁力、弱い力、強い力の諸理論（核物理学と素粒子物理学）と統一するのが、初めて夢ではなくなったからだ。超ひも理論には、宇宙のあらゆる物質の基本要素である、信じがたいほど微小な振動性粒子が登場する。しかし、この第三の大統一理論への道は、なかなかたどりづらいものであることがわかった。それに、どのみち、最初の二つの統一理論ほど興味深いものでないことは明白だ。

ニュートンの偉大な貢献は、とどのつまり、天と地を統合したことであり、マクスウェルのそれは、磁気や電気、光といった、ごく日常の現象をひとまとめにしたことだ。しかし、超ひも理論は日常生活とはまったく縁がない。私たちには少しもなじみのない、極端で特異な状況にかかわるものだ。しかも、そうした状況を作り出せるようになるのははるか先のことで、物理学者が実験を行なえる日は遠い。

今日、ジュネーブ近郊にある欧州原子核研究機関(CERN)などで、莫大な資金が精巧な装置につぎ込まれているものの、第三の大統一理論(自然界のすべての力を統合する理論)が近い将来、打ち立てられるなどと本気で考えている者はいない。そのような理論の確立まであと一歩だということがしきりに言われているが、超ひも理論の場合を見ればわかるとおり、そうした統合が行なわれたとしても、私たちの日常生活について、目新しいことは、ほとんど明らかにならないだろう。まったく期待外れの統一理論というわけだ。

とはいえ、一九八〇年代には、数々の驚異的・劇的な躍進が見られ、物理学は二〇世紀に入ってから支配的だった脱日常性の傾向から解放された。二〇世紀の大半を通じて、物理学者は日常生活や、肉眼で観察できる現象からどんどん離れていった。重力に関する諸理論を原子レベルから得られる理論と統合する手がかりを与えてくれるはずだと物理学者が主張する奇妙な現象を研究するために、加速器は巨大化の一途をたどり、ますます精巧な器具が開発されたが、今のところ何の成果も上がっていない。

しかし、一九八〇年代には、カオスやフラクタル、自己組織化、複雑性などの様々な新理論が、私たちの日常生活に再びスポットライトを当てた(図1)。物理学は、多額の費用をかけた研究施設で行なわれる実験を通して多くの物事の厄介な詳細を理解可能にしたが、日常的な現象は依然として説明できずにいる。科学は、自然界に見られる形や、木や雲、山並み、花についてなどの、子供が尋ねるような質問に答えるのが苦手だ。

カオスやフラクタルの理論が一般の人の強い関心を引いたのは、それがほんとうに新しい洞察を含んでおり、それまでにない芸術的な形をもたらしたからだ。とくにコンピュータ・グラフィックスとしてのフラクタルが顕著だった。だが、この新しい動きの最も興味深い側面は別にある。じつは、これらの分野が合わさると、そ

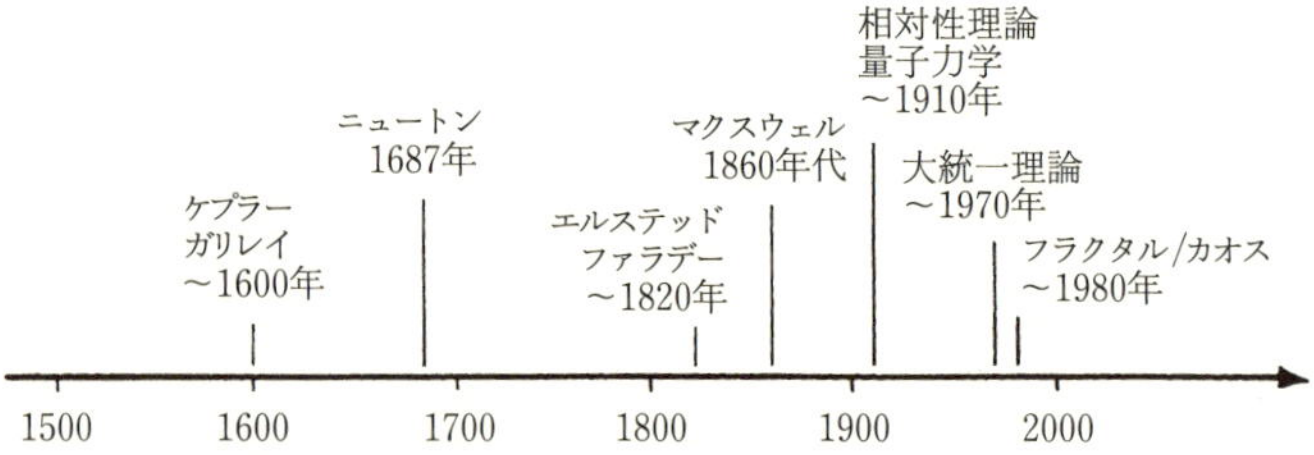

図1　近代物理学における主要な出来事

こには、第三の大統一理論につながるかもしれないような、一連の劇的な概念上の新機軸が含まれているのだ。ただしそれは、重力と原子論を統合する理論ではなく、科学と日常生活を統合する理論となる。すなわち、宇宙の起源と日常の意識を同時に説明する理論、たとえば、なぜ意味の概念がブラックホールのような概念と結びついているかを説明する理論だ。

そのような統一理論は重要さの点で、ニュートンのものやマクスウェルのものに優に匹敵する。そして、それが必ずや誕生することを示す予兆は数多くある。すべては一九八〇年代に、ある難問が解けたおかげだ。それは、一八六七年にマクスウェルが提起したもの、すなわちマクスウェルの魔物という難問だ。

情報という幽霊

「科学には幽霊がとりついている。情報という幽霊が」[6]一九八八年、ニューメキシコ州サンタフェで開催された会議の議長を務めた物理学者ヴォイチェフ・ズーレクは、『共産党宣言』を髣髴させる言葉（訳注　『共産党宣言』の冒頭に「ヨーロッパには幽霊がとりついている。共産主義という幽霊が」とある）で会議を始めた。この会議には、世界中の一流の物理学者四〇人と、数学者が若干名参加し、「複雑性、エントロピー、そして、情報の物理学」について意見を交わした。ズーレクは、物理学のうちで極端に異なる分野の間や、物理学と日常生活との間に見られる数々の「強い類似性」について語った。蒸気機関の仕組みとコミュニケーション理論との間の類似性、原子にまつわる現象の計測と知識の理論との間の類似性、宇宙におけるブラックホールと紅茶茶碗の中に存在する無秩序との間の類似性、コンピュータの中で行なわれる計算と数学の基礎との間の類似性、生物の体の複雑さと宇宙の膨張との間の類似性……。

二年後、同じ物理学者たちが集って開かれた会議では、七九歳になるアメリカの物理学者ジョン・A・ホイーラーが議長を務めた。一九三九年にデンマークの物理学者ニールス・ボーアとともに核分裂の理論を打ち立てたのが、このホイーラーだ。アインシュタインの重力の理論で最も特異な現象に〈ブラックホール〉という名前をつけたのも彼だった。預言者の役割を演じるのを好んだ彼は、この会議で議論された物理学の多くの分野の主のような存在だった。ホイーラーは背が低く、丸々としていて、いつも愛想がよく、幸せそうな表情をたたえている。彼はまず、一九九〇年四月一六日に小さなサンタフェ研究所の講堂に集まった、少数精鋭の科学者たちを見回してから話し始めた。「これは、ただの会議とは違う。週末までに、宇宙がどうやってできたか、きっとわかっていることだろう[7]」

続いてホイーラーは、物理学で神聖視されているいくつかの事柄の真偽を問い始めた。「時間や空間などというものはない」と彼は言い、現実という概念への攻撃にとりかかった。「我々が考えている世界など、我々の周りには存在しない。……一つの宇宙、唯一の世界などという考え方は馬鹿げている。我々はみな、この宇宙の参与観察者なのだ。同一の宇宙観を構築している現状は奇跡に等しい。しかし、週末までには、そうした宇宙観を無から構築するすべがわかっているかもしれない」とホイーラーは科学者の小さなグループに語った。

全員がこれに賛成したわけではない。そして、この会議が私たちの宇宙観を変えることもなかったが、原点に戻ってすべてを考え直してみるべき時が来たという気持ちが広まったことは間違いない。一流の科学者たちが次々に論文を発表し、物理学の基本概念が一つ残らず精細に検討された。

「私は教科書に書かれていないことについてお話したい」と言ったのが、これまた恰幅のいいアメリカの物理学者エドウィン・T・ジェインズだった。彼は一九五〇年代に熱力学の新しい理論的記述を定式化した。そして、その熱力学の理論こそが、この一九九〇年の会議の中心議題であるエントロピーと情報の根幹を成していた。「まあ、公式が存在するという意味では、教科書にも書いてあるのかもしれませんが、その公式が何を意味するかについては、一言も書かれてありません」とジェインズは言った。「私がこれから使う数学は、私たちの能力からすれば、しごく単純なものでしょう。しかし、取り組むべき問題は数学的なものではなく、概念的なものです」

休憩時間に、スタンフォード大学の数学者トマス・コーヴァーは、こう尋ねた。「物理学の会議というのは、いつもこうなんですか。まるでお菓子でも食べているように楽しいものですね」

もちろん、この会議は例外的なものだった。これほど自由に意見が出せる会議も珍しい。そこでは、「それはどういう意味ですか」「どうしてそんなことがわかるのですか」など、小さい頃に学校の先生に訊いてにらまれたのと同じような質問が発せられた。最高の頭脳を持った人々が、「私が世の中について知っていることに、どうして私の車が興味を示さなければならないんです？」などと声高に尋ねるのが聞かれた。

まるで物理学が生まれ変わったかのようだった。すべては、ホイーラーが議論を方向づけるときに掲げた、最初の真剣なトピックのせいだった。すなわち、マクスウェルの魔物である。

熱・エネルギー・エントロピー

熱。もし人間がよく知っているものがあるとすれば、それは熱だ。体温、夏の暑さ、暖房器……。だが、一九世紀のなかばに至るまで、物理学は熱を定義することができなかった。古代ギリシアでは、アリストテレスは火を、空気、土、水と肩を並べる、独立した説明不可能の元素と見なした。彼は、これら四元素の属性は、還元不可能な四つの性質の組み合わせにより規定されていると考え、熱をその性質の一つに数えた。

一八〇〇年代初頭になっても、まだこれに似た考え方が主流で、熱はあらゆる物体を取り囲む特別な物質として扱われ、〈熱素〉などと呼ばれていた。しかし、一七六九年にイギリスの技術者ジェームズ・ワットが効率のいい新型の蒸気機関を発明したため、工業化の道が開かれたばかりか、永久機関に関する広範な議論が起こり、熱とは何かを早急に定義する必要が出てきた。蒸気機関車がヨーロッパ中を走り回るようになると、科学者たちは熱力学を理解しないわけにはいかなくなった。一八二四年に、この分野で最初の重大な貢献をしたのがフランスの物理学者サディ・カルノーだ。父親のラザール・カルノーは、物理学の理論にはなじみがなかったが、熱を使う機械に技術者として取り組んだ経験があり、その影響を受けたサディが、蒸気機関の記述を定式化した。これが数十年後に熱力学の第一法則と第二法則に集約されることになる。

熱力学の第一法則は、この世に存在するエネルギーの量に関するもので、その総和は一定であるという内容だ。エネルギーは私たちが「消費」しても、現れもしなければ消えもしない。人は石炭を熱い蒸気に変えたり、石油を熱に変えたりできるが、そこに関与するエネルギーは一つの形から別の形に変換されたにすぎない。これは、日常的に使われている「エネルギー」という言葉の意味とは矛盾する。なぜなら私たちにとって、エネルギーとは消費するものだからだ。たとえば、どこそこの国は、これこれのエネルギー消費水準にある、などという言い方をする。ところが、物理学の定義によれば、これはナンセンスということになってしまう。ある国が、たとえば石油から熱へという具合に、一つの形のエネルギーを別の形のエネルギーに変換することはできる。だが、エネルギーの総和はつねに一定なのだ。

だからといって、私たちの日常言語も、あながち馬鹿げたものではない。たとえば、家を暖めるとき何かが使い尽くされてしまうことは明らかだ。実際、暖房に使った石油を取り戻すことはできない。したがって、たとえ熱力学の第一法則にあるように、この世のエネルギーの総和が一定で、エネルギーは消費されえないとしても、私たちがエネルギーを「消費」するときに何かしら起こることは間違いない。熱力学の第二法則も認めているとおり、エネルギーは使うことができるのだ。

熱力学の第二法則によれば、程度の差こそあれ、エネルギーは使用可能な形をとりうる。適当な機械を使って取り出せば、人の役に立つ仕事を大量に行なえるような形のエネルギーもある。それを利用すると、たとえば、家を暖めたり、列車を動かしたり、掃除機をかけたりできる。エネルギーはじつに多様な形をとる。そして、総和は一定であっても、その形は一定には程遠い。エネルギーのなかには、様々な種類の有用な仕事をするのに使いうる形のものもある。たとえば、電気は役に立つ形のエネルギーの代表格だ。その一方で、あまり使い勝手のよくないものもある。その典型が熱で、何かを暖める以外にはほとんど使い道がない。

とはいえ、熱はただ「暖める」だけでなく、もっと明確な目的で使いうることも確かだ。たとえば、機関車の動力源にできる。しかし、電流をエネルギー源にした場合と比べると、熱で機関車を動かすのは効率が悪い。熱を使うと、より多くのエネルギーが必要になる。これは、熱が最も質の低いエネルギーだからだ。

蒸気機関のおかげで、エネルギーはたとえ取り出せなくても存在しうることが明らかになった。熱は、電気ほど使いやすくはない形のエネルギーだ。熱で列車を走らせるには、電気よりも多くのエネルギーを変換しなくてはならない。だが、より多くのエネルギーを消費するわけではない。何と言おうと、エネルギーは消費できないからだ。しかし、電気としてではなく熱という形で存在しているときには、利用時に、より多くのエネルギーが無駄になる。より多くが変換されるということだ。

熱力学の第二法則は、これをきわめて的確に示している。すなわち、エネルギーは変換されるたびに(日常語を使えば、「消費される」たびに)、取り出しづらくなる。そこから得られる仕事の量もへる。エネルギーのいかなる変換も、そのエネルギーが以前より取り出しづらくなる結果につながる。(可逆的な形でエネルギーが変換できる、ごく特殊なケースもあるが、教科書にそう書いてあるのを見ることはあっても、日常生活でそれにお目にかかることはまずない。)

この世界に存在するエネルギーは一定だが、私たちが使えば使うほど、その価値は下がっていく。つまり、取り出しづらくなる。

　このように、熱力学の第一法則と第二法則によれば、エネルギーの総和は一定だが、エネルギーはだんだん取り出しづらくなる。一九世紀末には、この二つの法則のせいで、この世界には暗澹たる未来しかないと人々が思うようになった。なにしろ、エネルギーは変換すればするほど取り出しづらくなるのだ。いずれすべてが、熱という、最もエネルギーを取り出しづらい形になってしまう。それを人は〈宇宙の熱的死〉と呼んだ。何もかもが一様に生ぬるい状態に陥り、いっさいの温度差が消え、熱に有用な仕事をさせることが不可能となる状態だ。

　蒸気機関がじつに明快に示してくれたとおり、差異、つまり、二つの温度の差が存在して初めて熱に仕事をさせることができる。蒸気機関車が客車を動かせるのは、ボイラーが周りよりはるかに高温だからだ。熱いものを再び冷ますことができるときにだけ、熱は役に立つ。だが、何か熱いものを周りと同じ温度まで冷ますと、エネルギーを使わないかぎり、再び熱くすることはできない。（ホットプレートの使う電気によって温められた）コーヒーは、いったん冷めてしまえば、（また電気のスイッチを入れるまで）二度と温まったりしない。温度の差異は、元には戻せない形で消し去られてしまうのだ。

　つまり、熱力学の第二法則が言わんとしているのは、私たちの住む世界ではすべてが生ぬるさ、類似性、均質性、どっちつかずの中間領域、つまり〈宇宙の熱的死〉に向かっているということのようだ。もしそうでなければ、世の技術者たちはなんと幸せな人生を送れるだろう。なにしろ、この世界にはたっぷりエネルギーがあり、際限なく使えることになるからだ。苦もなく永久機関を作れる。だが、残念ながら、そうは問屋が卸さない――熱力学の第二法則はそう言っている。

　一八五九年、プロイセンの物理学者ルドルフ・クラウジウスが、これに〈エントロピー〉という名前を与えた。エントロピーは、エネルギーがどれほど取り出しづらいかを表す尺度だ。エントロピーが大きくなればなるほど、使えるエネルギーがへる。そこで、熱力学の第一法則と第二法則は次のように言い換えることができる。第一法則に従えば、エネルギーの総和は一定である。第二法則に従えば、エントロピーはつねに増加する。私たちがエネルギーを変換するたびに、そのエネルギー変換が行なわれた系の中のエントロピーは増大するのだ。

これは依然として、熱の正体は何かという問いの答えにはなっていないが、熱がなぜこうまで特別な形のエネルギーであるかについては、多くを語っている。熱の中には多量のエントロピーがあるのだ。電流の中よりもはるかに多くのエントロピーが。

だがまもなく、熱が何であるかがわかってきた。この過程に大きく貢献したのが、マクスウェルとボルツマンだ。二人は、熱は物質中の運動の一形態であるという古い概念を厳密に定式化できることに気づいた。彼らが前提としたのが原子論、つまり、物質はたえず運動している膨大な数の微粒子から成るという考え方だった。

原子論は一九世紀末には一般に受け入れられていなかったが、今日、あらゆる物質が、たえず運動している原子から成ることは、明白になっている。自然界には九二種の原子が存在しており、その原子が組み合わさって分子という小さなグループを作っている。どんな種類の物質も、何らかのタイプの分子からできている。ただし、運動には様々な形がある。固体は、それを作る分子が運動しているにもかかわらず、形状を保つことができる。液体はもっと流動的で、収められた容器の底にたまって容器と同じ形状をとる。気体は完全に自由に動き回り、容器全体を満たすだけで、特定の形状はとらない。物質は、この固体、液体、気体のいずれかの状態あるいは相で存在する。(じつは、プラズマと呼ばれる第四の状態あるいは相がある。これは、原子が砕かれた状態で、日常生活では火としておなじみだ。)

三つの状態の差は案外小さい。ありふれた H_2O（水素原子Hが二個と酸素原子Oが一個から成る分子）の場合、その三つの状態は、誰もがよく知っている氷と水と水蒸気だ。低温では分子はとてもゆっくり動くので、構造が維持できる。温度が少し上がると、分子も少し動きを速め、お互いに場所を入れ替わることが可能になるが、依然としてまとまっている。摂氏一〇〇度を超えると、すべての分子が離ればなれになり、水蒸気という気体に変わって自由に動き回る。このような、状態あるいは相の変化を、〈相転移〉という。これらの熱運動では、分子はあちらへこちらへと無秩序な動きを見せる。熱が引き起こす分子運動には、方向性はまったくない。

もっとも、物質中で起こる運動は熱運動にかぎらない。電流もまた、運動の一形態だ。だが、電流の場合、すべての分子がでたらめに動き回りはしない。分子を作る原子中の一要素、負の電荷を帯びた電子が、特定方向に流れる。電流の中には、熱が引き起こす混沌とした動きよりも秩序がある。同様に、大気の中を動く風も熱ではない。膨大な数の分子が、ただ入り乱れて動き回るのではなく、特定の方向に流れる。だから、風車は発電方法として優れている。それに比べると、石油を使った火力発電所や原子力発電所は見劣りする。燃料を使って水を熱し、タービンを回すからだ。こうした施設は技術者のお気に入りだが、水を熱するという寄り道は高くつく。

それはともかく、物質を、何らかの運動状態にある微小の同一要素から成るものと捉えれば、多くのことがわかる。運動は、風のように秩序あるものであろうと、熱のように無秩序だったり混沌としていたりするものであろうと、なにがしかのエネルギーを意味する。風は熱よりも発電に向いている。それは、風の運動には方向性があるからにほかならない。とはいえ、熱の中にも大量のエネルギーがあることに変わりはない。ただ、それを利用するのが難しい。なんとも無秩序な運動の中に取りこめられてしまっているからだ。

温度は、運動しているたくさんの分子の典型的なスピードを反映する。熱や温度というのは、じつは、無秩序な運動のことなのだ。

ボルツマンの憂鬱

それでは、ある気体の中の分子は、すべて厳密に同じスピードなのだろうか。私たちがヒーターのスイッチを入れたとき、分子たちはどうやって足並みをそろえるのだろう。これこそまさに、マクスウェルが解決した難題だった。彼は他に先駆けて物理学に統計の概念を持ち込んだ。分子は全部が全部、同じスピードで動くわけではない。途方もない速さのものもあれば、ずっと遅いものもある。だが、そのスピードは、マクスウェル-ボルツマン分布と呼ばれる、特徴的な分布を示す。気体中の分子には特定の平均速度があるが、個々の分子のスピードにはばらつきがあるのだ。その平均が高ければ温度も高くなるし、低ければ温度も低くなる。

しかし、ある温度の物質の中では、分子は様々なスピードを持っている。大半は平均速度に近い。熱い物質の中には冷たい物質の中よりも高速の分子が多い。だが、冷たい物質の中にも高速の分子はあるし、熱い物質の中にも低速の分子がある。これで蒸発も説明がつく。温度が高くなればなるほど、高速の分子がふえる。仮に蒸発を、微小な分子のロケットが宇宙に向かって発射されることだと考えれば、液体が熱ければ熱いほど脱出する分子が多くなるのにも合点がいくだろう。

ところで、速度の統計的分布を認めると、一つ厄介なことが起こる。個々の分子からは、その分子を含む物質の温度を知ることができないのだ。個々の分子は自分が何度の物質の一員であるか見当もつかない、と言ってもいい。つまり、温度とは、同時に多数の分子があって初めて意味を成す概念なのだ。一つ一つの分子に何度か訊いても意味はない。訊かれた分子自身、何度だか知らないのだから。分子はただ一つのスピード、自分自身のスピードしか知らない。

いや、はたしてそうだろうか。しばらく時間がたつうちには、気体中の分子はほかの分子と衝突し、そうすることでほかの分子のスピードについて何らかの「知識」を得るはずだ。だからこそ物質は均質な温度をとることができる。分子どうしが衝突を繰り返してスピードをやりとりし、平衡状態に達する。物を熱するときは、下からやるといい。過熱によって生じる高速は、たちまちすべての分子に広がる。

マクスウェルの功績は、この現象を支配する法則についての学問を打ち立てたことだ。微小な分子の運動と衝突は、昔ながらのニュートンの運動の法則と、ビリヤードの玉の衝突モデルによって見事に説明がつく。もし十分な数の玉があれば（空気中の分子の数は膨大で、平均的な部屋の中にはおよそ

一、〇〇〇、〇〇〇、〇〇〇、〇〇〇、〇〇〇、〇〇〇、〇〇〇、〇〇〇、〇〇〇個、

つまり一〇の二七乗個もある）、ニュートンの運動の法則は、私たちにもおなじみの、物質に関する統計的法則に行き着く。温度と圧力と体積に関する法則や、熱の中のエネルギーがしだいに取り出しづらくなるという法則だ。

しかし、この構図にはどこか奇妙なところがある。ビリヤード玉の動きやそのほかの力学的現象に関するニュートンの法則は、見事なまでに単純だ。どれもが元に戻せる現象を記述しており、時間をさかのぼることができる。ニュートンの世界では、時間が過去に向かって進んだとしても、未来に向かって進んでいるときと区別がつかない。しかし、熱力学の世界では、ビリヤード玉の動きから、熱力学の第二法則のような奇妙なものが生まれてくる。何か熱い物と冷たい物を混ぜると、もう両者を分けることはできない。コーヒーが冷めたときには、もうもとには戻しようのないことが起きてしまっているのだ。

高速で動く一群の分子が低速の分子の群れと混ざる。すると、分子がビリヤード玉のようにぶつかり合って新しい平均速度になる。それによって違いが永久に消し去られ、最初に高速だった分子と低速だった分子を分けることはもうできない。個々の分子は、特定の瞬間に何度の物質に属していたか見当もつかないからだ。

分子というトランプのカードを混ぜたら、二度ともとには戻せない。

マクスウェルは一八七九年に死ぬが、その前後に、こうした事柄を厳密に定式化したのがボルツマンだ。ニュートンの諸法則に従えば、すべての分子が、混ざる前のもともとのスピードに突如として戻ることは、あま

りありそうにない。いや、まず、ありえない。時間がたてばたつほど、混合物は混ざり合う。冷たい物と熱い物は均一化して、生ぬるくなる。

そういうわけでエントロピーが増す。エントロピーは、特定のエネルギーがどれだけ取り出しづらいかを表している。そのエネルギーが、温度として計測される熱という形で与えられた場合、何か熱い物と冷たい物を混ぜる（たとえば、蒸気とその周りの冷気を、蒸気機関を使って混ぜる）ことによってのみ利用が可能になる。しかし、いったん混ぜてしまったら、両者は二度と分離できず、同じプロセスを最初から再現することはできない。

それは、この過程で均一化が起こるからだ。この均一化は逆転できず、したがって、この宇宙のエントロピーはふえる一方で、けっしてもとの状態に戻ることはない。

ボルツマンは熱の一面を理解し、ある洞察を得た。それがまもなく、自然界の最も根源的な法則と見なされるようになる熱力学の第二法則だ。彼はまた、時間の経過がじつは何を意味するかさえ理解したとも言える。分子がスピードをやりとりし、運動が均一化する。新たな平均速度、新たな平衡状態が生まれる。その前と後では差異がある。私たちは差異から均一性へと向かっているのだ。

しかし、同時代の多くの物理学者がボルツマンの見方を批判した。ニュートンの運動法則、言わばビリヤード台上の物理学から、熱力学の法則のような非可逆で取り消し不可能な法則を導き出すことはできないと彼らは主張した。なぜなら、可逆性こそがニュートンの世界観にあれほどの荘重さを与えているからだ。あらゆる方程式は時間をさかのぼることができる。すべてのプロセスは同じように前にも進めれば、後戻りもできる。

一方、日常生活では、実質上どんな経験に基づこうが、この世の中の物事はとうていもとに戻せないと言える。何かが床に落ちて割れれば、自然に直ったりはしない。熱は煙突の中を上るばかりだし、散らかった机はもっと散らかるだけだ。時は流れ去り、すべては滅する。物はみな壊れる。砕け散った破片から皿ができ上がるところを見たことのある人などいるだろうか。

ところが、ボルツマンの批判者たちは、そんなことは意に介さなかった。ニュートンの理論は物理学の理論の理想像だったし、可逆性から非可逆性を、取り消し可能なものから取り消し不可能なものを導き出すような構図はどこか恐ろしく間違っているように思われたからだ。当時の物理学者は、ボルツマンは時間というものを誤解したのだと非難した。

物質が原子からできているという理論は、一九世紀末には一般に受け入れられていなかった。マクスウェルとボルツマンは、熱を膨大な数の分子が作る集団中で起きている統計的現象と見なしたため、この考え方全体の理論的根拠が薄弱だとして、猛攻撃を受けた。アインシュタインやJ・J・トムソンやボーアらの物理学者によって、原子がまぎれもなく存在することが立証されたのは、ようやく二〇世紀前半になってからだった。

一八九八年、空中の分子運動論を扱った本の序言に、ボルツマンはこう書いている。「［私は］これらの攻撃は、たんに誤解に基づいているだけであると確信」しており、「［自分が］時流に弱々しく逆らっている一個人にすぎないことを意識」している。[8]

一九〇六年、六二歳になったボルツマンは、物理学の発展に多大な貢献をしてきたにもかかわらず、ヒーローとしてもてはやされることはなかった。それどころか、憂鬱な気分と、講義をするのを恐れる気持ちに苦しめられていた。けっきょく、ライプツィヒで教授職につかないかという誘いを断り、科学の世界で孤立せざるをえなくなった。その前の年、彼は広く読まれた書物の中で次のように書いた。「私は、これらの古い理論を心から受け入れた人間で唯一残っている者、少なくとも、これらの理論のために全力を挙げて戦う人間で唯一残っている者と言っていいかもしれない」[9]

しかし、彼は力尽きてしまった。一九〇六年九月六日、イタリアのトリエステ近くで夏の休暇をとっている最中に、ボルツマンは自ら命を絶った。[10]

ボルツマンは、ニュートンの崇高な等式の中の可逆性と、日常生活の不可逆性とを統合する運命にはなかったのだった。それこそ、一八六七年にマクスウェルがいたずらな魔物を思いついたときに出くわした問題だったにもかかわらず、だ。この魔物は、その後一世紀以上にわたって続いた議論を通して、ボルツマンには克服できなかった難問に光を当て、それを説明してくれることになる。

デーモン登場

「マクスウェルの魔物はいまだに生き続けている。謎の暮らしを一二〇年以上にわたって送り、少なくとも二度、死の宣告を受けながらも、この架空の生き物は、これまでになく生き生きとして見える」一九九〇年、アメリカの物理学者ハーヴィー・レフとアンドリュー・レックスは、マクスウェルの魔物の歴史的起源をまとめ、この魔物の物語を解明する本を出版するときに、そう書いている。二人にしてみれば、その物語は近代科学史の中で見過ごされてきた一章に思えた。「マクスウェルの魔物は、アイデアとしてはじつに単純だ」と二人は言う。「だが、この魔物には、一流の科学者たちも頭を悩ませてきた。そして、これにまつわる文献は、熱力学、統計物理学、情報理論、サイバネティックス、計算の限界、生物科学、科学史、科学哲学といった多様な分野に見られる[11]」

一八六七年、イギリスの物理学者ピーター・ガスリー・テートは、親友で大学時代の仲間のマクスウェルに手紙を書き、熱力学の歴史をまとめた原稿を出版する前に批判的な目で見てもらえないか尋ねた。マクスウェルは、熱力学の歴史の詳細には明るくないが、原稿の欠点を一つ二つ指摘することぐらいはできるかもしれないから、喜んで引き受けると答えた。続いて、彼は返事の中で、まだ見ていない原稿の理論に空いた大穴を指摘した。すなわち、熱力学の第二法則の欠陥だ。

マクスウェルのアイデアは単純だった。内部が二つの部屋AとBに仕切られた容器に気体が封じ込められて

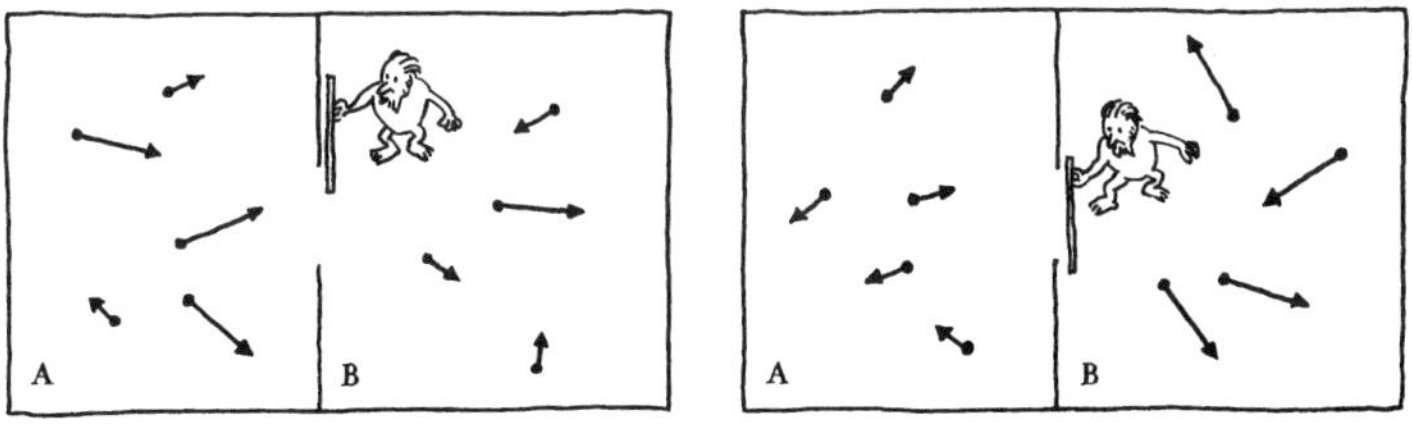

図２　左　二つに仕切られた容器の中にいるマクスウェルの魔物。どちらの部屋の分子も平均速度は同じ
　右　マクスウェルの魔物が分子を選別した後。高速の分子が右、低速の分子が左に入っている

いるとする。仕切り壁には穴が空いていて、その開閉には何の仕事も必要としない。言い換えれば、理想の引き戸だ（図２）。

「さて、ここで、ある有限の生き物を想像してほしい。彼は、さっと見ただけで、すべての分子の進む方向と速度がわかるが、［この］重さを持たぬ引き戸を使って仕切り壁に空いた穴を開けたり閉じたりすること以外、何もできない」とマクスウェルはテートに書いた。[12] そして、こう続けた。この小さな生き物は、左側の部屋の高速の分子が小さな引き戸に向かってくるたびに、引き戸を開ける。同じ部屋の低速の分子が引き戸に近づいてくるときは、閉めたままにしておく。

こうして、高速の分子だけが左の部屋から右の部屋へ入っていく。逆に、低速の分子だけが右の部屋から左の部屋に入ることができる。やがて、右の部屋には高速の分子が、左の部屋には低速の分子がたまってくる。どちらの部屋も、中にある分子の数に変化はないが、平均速度は変わる。右側の部屋は温度が上がり、左側の部屋は温度が下がる。こうして差異が生じる。「それなのに、それまで何の仕事もなされていない」とマクスウェルは書いている。「ただ、観察力がたいへん鋭く、手先の器用な生き物の知性が用いられただけだ」[13]

どうやら、マクスウェルは熱力学の第二法則に穴を見つけたようだ。この利口な生き物は、何の仕事もせずに、生ぬるさから熱を生み出すことができるのだ。マクスウェルはさらに続ける。「つまり、もし熱が物質の有限部分の運動ならば、そして、もしそのような物質の部分の一つ一つを別個に扱えるような道具を使えれば、異なる部分の異なる運動を利用して、温度にむらのない一つの系から、異なる温度の複数の系、つまり、内部の運動状態が異なる複数の系を復元できる。ただ、我々にはそれは不可能だ。我々はそこまで利口でないから」[14]

私たちはあまりに大きく、不器用なために、熱力学の第二法則を出し抜くことができない。だが、もう少し手先が器用で観察力が鋭ければ、キッチンの空気中の分子を選別して、冷蔵庫とオーヴンを生み出せる。それも、電気代をまったくかけずに。

三年後、マクスウェルはやはり物理学者のレイリー卿に手紙を書いた。「教訓――熱力学の第二法則は、もしタンブラー一杯の水を海に放り込んだら、その水を二度とタンブラーに取り戻すことはできないと言うのと同じ程度の真理を含んでいる」[15]

マクスウェルは、熱力学の第二法則が統計的にだけ有効であることを示したかったのだ。この法則は、私たちのレベルには当てはまるが、秀でた知性を持った小さな生き物には当てはまらない。私たちが自ら知っている世界を、膨大な数の分子の集合として表せば、エントロピーが増加し、取り出せるエネルギーがへるという法則は成り立つ。しかし、私たちがあと少しだけ利口ならば、(稀かもしれないが) 高速の分子が夜の霜から部屋の中へ向かって飛んでくるとき、あるいは、低速の分子が部屋から出ていきたがっているときに窓を開けることで、冷たさから熱を獲得できる。

知的な観察に基づいた永久機関というわけだ。

一八七一年、マクスウェルはこの小さな生き物のアイデアを、『熱の理論(*Theory of Heat*)』という本にまとめて出版した。三年後、イギリスの物理学者ウィリアム・トムソンが、この生き物に〈魔物《デーモン》〉というニックネームをつけた。魔物とはいっても、邪悪な生き物ではなく、「自由意思と、りっぱな触覚・知覚機能を持ち、物質の個々の分子を観察し、それに影響を与える能力を備えた聡明な生き物」[16]という意味だった。

マクスウェルの魔物の語る物語は、まったく人を食っている。私たちが冬に暖かさを手に入れるために働かなければならないのは、宇宙ではなく私たち自身の欠陥のせいだというのだ。すべては無秩序と混乱に向かいつつある。それは、私たちがあまりに大きく不器用で、物質の個々の構成要素を操作できないからにほかならない。

こうしてマクスウェルは、個々の分子が大慌てであちらへこちらへとでたらめに動き回る様子の記述（これはニュートンの崇高な方程式によって証明されたもの）と、物質の有限部分の記述（これは熱力学の〈熱的死〉によって証明されたもの）との差異を指摘したのだった。それが数十年後、ボルツマンの死を招くことになる。

熱力学は一つの統計理論であり、人間には知りうるものの、私たちがあまり利口でないため、けっして獲得できない世界を物語ってくれる。現実には、様々なエネルギーの形態の間に差異はない。どのエネルギーも取り出しやすさの点で同じだ——その使い方を知っている者になら、誰にとっても。

エネルギーがだんだん取り出しづらくなるという事実は、このように、私たちの置かれた状況の記述と、その記述によって与えられた世界に干渉できるかどうかの可能性の両方に結びついている。

一八七八年、マクスウェルは『ブリタニカ百科事典』第九版に、エネルギーがしだいに取り出しづらくなり、散逸し、指の間を擦り抜けていき、エントロピーがふえることについて書いている。

彼は特異な事柄を指摘した。もし、二種類の気体の入った瓶があれば、その二つが混ざるのを許すことによって得るものがある。混合の過程で差異がなくなるところから、何らかの仕事を引き出すことが可能だ。しかし、もし気体が同一種のものであれば、二つを混ぜたところで何も得られない。これは、直感的にきわめて正しく、妥当に思える。だが、事は奇妙な展開を見せる。マクスウェルによれば、「ところで、二つの気体が同じというのは、いかなる既知の反応によっても両者を区別できないということだ。したがって、これまでは同種と見なされてきた二つの気体がじつは別の種類であり、今後その違いが発見される可能性、そして、可逆性の過程によって両者を分離する手法が発見される可能性は、低いとはいえ、皆無ではない」のだ。だから、いずれ私たちがもっと利口になり、これまでには気づかなかった差異を感知できるようになるかもしれない。その結果、これまで取り出せるエネルギーがなかったところに、利用可能なエネルギーが忽然と現れうる。エネルギーの散逸は、どうやら、私たちの識別能力にまつわる知識なしには定義しえないようだ。その能力は恒久不変ではないのだから。マクスウェルは、続いて次のような驚くべき言葉を述べている。

「これを踏まえると、エネルギーの散逸という概念は、我々の知識の程度しだいということになる。取り出せるエネルギーとは、望ましい経路ならどんなものにでも導くことのできるエネルギーだ。散逸したエネルギーとは、手に入れることも、意のままに導くこともできないエネルギーで、たとえば、我々が熱と呼ぶ、分子の混沌とした運動状態がそれにあたる。ところで、この混沌とは、相関名辞（訳注「親」と「子」、「右」と「左」、「上」と「下」など）と同様、物質自体の属性ではなく、それを認識する心との相関によって規定される」

マクスウェルはさらに続ける。「メモ帳は、きれいに書き込まれてさえいれば、字の読めない人には、けっして混沌としているようには見えないし、メモ帳の持ち主も内容をすっかり理解しているから、やはりそれを混沌とは見なさないが、誰であれ、それ以外の、字の読める人には、まったくわけのわからないものに見える。同様に、散逸したエネルギーという概念も、自然界のエネルギーをまったく利用できない者や、どんな分子でもその動きを追いかけて、適時に捕らえることのできる者の頭には浮かばないはずだ。両者の中間にいて、うまく利用できるエネルギーも、指の間を擦り抜けていってしまうエネルギーもあるような者にとってだけ、エネルギーは取り出せる状態から散逸した状態へと必然的に移ろうように見える[17]」

マクスウェルの魔物は私たちの鼻先でせせら笑っている。熱力学の第二法則は、私たちが利口でありさえすれば、回避できる。ただ、私たちがそこまで利口でないだけだ。

この魔物を退治することは、二〇世紀の科学的宇宙観における主要テーマの一つになった。なぜなら、マクスウェルの魔物の概念に何か誤りがないかぎり、永久機関の実現を阻んでいるのは、私たち自身の愚かさ以外の何物でもないことになるからだ。人間は利口でないがゆえに、額に汗して生きる糧を稼がなければならないのだ。

だが、マクスウェルの魔物ほど利口になるためには、何か代償を払う必要があるのだろうか。

第二章　情報の処分

魔物がいれば、退治しなければならない。

物質は原子と分子からでき上がっているという見方にとって、二〇世紀の最初の数十年間は、延々と勝利が続いた。そして、原子や分子の巨大な集合が統計的な動きを見せるという、マクスウェルやボルツマンの考えは、正しいことが立証された。もっとも、猛烈な抵抗はあり、それがボルツマンにとっては命取りとなったのだが。

一九世紀末、原子の存在をめぐる議論は依然として熾烈を極めていたので、マクスウェルの魔物に手出しする余裕のある者はなかった。しかし、世紀が変わって月日が流れれば流れるほど、この魔物がなんとも厄介な存在であることがはっきりしてきた。なにしろこの魔物は、熱力学の第二法則に問題があることを示していたからだ。この世界について十分な知識を持ち合わせてさえいれば、人間は物事を思いどおりにできることになってしまう。だが、誰もが知っているとおり、そんなことはありえない（図3）。

シラードの問いかけ

一九二九年、ハンガリー生まれの物理学者レオ・シラードは、じつにすばらしい問いを投げかけた。「人は、この世界に変化を引き起こすことなく、この世界のすべてを知りうるか」というのがそれだ。答えは単純だっ

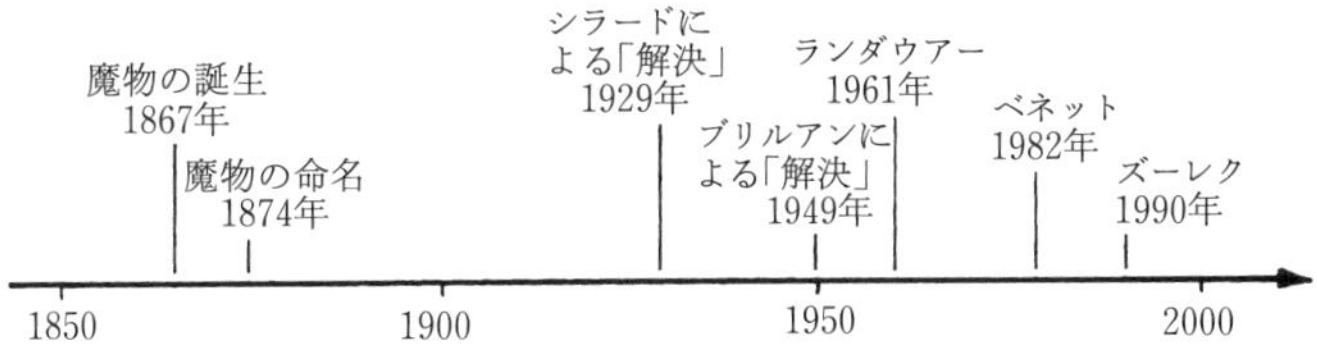

図3　マクスウェルの魔物の生涯における主要な出来事

た。それは不可能だ。

シラードは、「知的生物の干渉による熱力学系中のエントロピーの減少について」という物々しい題がついた論文の中で、知識を獲得するコストを問い、そのコストのおかげで、熱力学の第二法則をマクスウェルの魔物から「救える」か、と尋ねた。

シラードは、自分の質問に自ら答えを出した。知ることのコストは第二法則を救うのにぴったりの大きさだ、というのが彼の結論だった。もしマクスウェルの魔物ほど利口でありたければ、多大なエネルギーを変換しなければならず、その結果、多量のエントロピーが生まれ、知ることから得られるもののいっさいが相殺される。魔物は、一つ一つの分子の動静に注意を向け、閉じた戸の脇でタイミングを見計らうことで、得るものはあるが、それがどんな利益であれ、コストのほうが高くつく。二つの部屋の間の戸をタイミングよく開け閉めできるためには、すべての分子の動きを把握していなければならない。そのためには、すべての分子を計測する必要がある。それが高くつくのだ。シラードは次のように説明している。「計測手順は必然的に一定のエントロピーを生み、それによって熱力学の第二法則はやはり成立することになると想定してよかろう[1]」

独創的な発想だ。コンピュータ科学に基づく情報理論から、分子生物学に至るまで、二〇世紀の科学はこの考え方に決定的な影響を受けてきた。物理学者たちは、魔物は退治されたと大喜びだった。魔物が通用するのは、この世界について何か知っているからだ。そして、その知識が高くつく。シラードがこの回答を提示して以後、今度は科学史家たちが議論のテーマを規定してきた。一九七〇年、科学の歴史と哲学に関する刊行物の中で、エドワード・E・ドーブは、「なぜマクスウェルはそのことを思いつかなかったのか」と尋ね、こう答えた。「彼の魔物は、彼の神学が生み出した生き物だったからだ」[2]

マクスウェルの神学は、近代物理学の創始者アイザック・ニュートンに由来する、とドーブは断定している。ニュートンは、「完全に非人間的方法、完全に非肉体的方法、完全に人知を超えた方法で」すべてを見たり聞いたり理解したりする神について語っている。「盲目の人が色の何たるかを理解しえないように、全能の神がすべてを知覚し、理解する方法を、我々人間はとうてい理解しえない」[3]

シラードは、まさにこの神性を却下したのだ。「マクスウェルの魔物は、人間のようなはかない存在ではない」とドーブは言う。「なぜなら、神をかたどって造られたからだ。そしてこの魔物は神同様、見なくても物が見え、聞かなくても物が聞こえる。つまり、まったくエネルギーを消費することなく情報を得ることができる。……じつのところシラードは、マクスウェルの門番を人間のようなはかない存在に変えてしまったのだ」[4]

マクスウェルの魔物に関するレオ・シラードの分析から、知識を物質界の一部とする学問が始まった。この学問の立場に立てば、洞察とはコストをかけて参与すること、計測とは物質的行為、感覚作用とは代謝、知ることは仕事となる。これは、思考の熱力学であり、精神による、精神自体の物質性に関する洞察だ。

これは、人間の知識の歴史における重大事だった。周りの世界と自分自身に関する人間の認識にとって、画期的な出来事だった。

だとすれば、なおさら驚くべきなのだが、なんと、シラードの分析は間違っていた。彼の理論ではマクスウェルの魔物を退治することはできない。人々は半世紀にわたってシラードを信じてきたが、彼の理論は理屈に合わないのだ。それがわかったのは、ようやく一九八二年になってからだった。

「なぜこの明らかに不適切な議論が、あれほど広く無批判に受け入れられたのかは、科学の社会学における大きな謎の一つだ」一九八九年、物理学者ロルフ・ランダウアーはそう書いている。そして、もどかしさをほとんど隠そうともせず、こう続けた。「近年になってようやく、もっと明晰な議論がなされるようになったが、そうした議論を評価する人はまだ少ない」[5]

ニューヨーク州ヨークタウン・ハイツにあるIBMの研究所で働く、このランダウアーこそが、魔物退治の最終段階につながる洞察をもたらした主要人物の一人だった。そして、この魔物退治は、一九八二年、IBMでランダウアーの親密な同僚だったチャールズ・ベネットによって成し遂げられた。

計測、つまり情報の獲得には、まったくコストがかからない。得た情報を捨てるのにコストがかかる。知識ではなく知恵にコストがかかる。これが魔物退治の核心にある考え方だった。

科学の歴史ではよくあることだが、誤った結論が信じられぬほどの実りをもたらすことになった。レオ・シラードの分析は理屈に合わなかったが、だからといってくだらぬものだったわけではない。彼は肝心な点のほとんどをつかんでいたからだ。じつのところ、シラードはマクスウェルの魔物を退治したなどとはまったく書いていない。すでに引用したように、計測の過程は、特定の量のエントロピーを生み出さざるをえない、つまり、既存のエネルギーの一定量を使えなくしてしまう「と想定してよかろう」と、彼は書いたのだ。その後で、生み出されたエントロピーの量は、魔物が自分の知識を用いて行なう活動を通して得られるエネルギーに、少なくとも匹敵することを示している。このようにシラードは、計測にはエントロピーを増加させるという形で何らかのコストがかかると、たんに決めてかかっていただけというのが事実であって、彼はそれを証明してはいない。

しかし、これに気づく人はあまりいない。ランダウアーにはそれが不思議だった。シラードの議論が、じつは間違っていながら、どうして半世紀にもわたって受け入れられ、多くの成果を生み出すなどということがありえたのだろう。もちろん、一つには、魔物ごときに物理学の最も根源的な法則の誤りを立証されてしまっては面白ないという風潮があった。熱力学の第二法則は物理学にとって基本中の基本であり、どう考えてもマクスウェルの魔物の概念が成立するはずがなかった。もし仮に成立したなら、ありとあらゆる種類の永久機関が作られ、また、凍るような夜気から暖かい空気を取り出せることになってしまう。だから、マクスウェルの魔物の概念は何かが間違っているという見方に異議を唱えられる人間はいなかった。そして、手練の物理学者シラードが、何かが間違っていることを示す洗練された議論を提示した。

シラードの分析に抗議の声がまったく上がらなかったわけではない。声の主の大半は哲学者だった。代表的なのは、二〇世紀有数の科学哲学者カール・ポッパーとポール・ファイヤアーベントとルドルフ・カルナップ[6]の三人だ。もし心的現象が物理的数量として理解されたら、自分たちの哲学とうまく折り合いがつかないというのが、最大の反対理由だった。しかし、物理学の研究結果がたまたま哲学の見方と相いれないからという理由でそうした結果に異を唱える哲学者に、もともと物理学者はたいした敬意を表してこなかった。そんなわけで、彼らの異議はあまり波紋を投げなかった。

そのうえ、シラードが一九二九年に発表した概念は、一九二〇年代に量子物理学が経験していたことと多くの点で似ていた。量子物理学では、物質を作る微粒子の研究にとって計測過程が重要であることに注目が集まっており、ニールス・ボーアと弟子のヴェルナー・ハイゼンベルクは、計測を行なうと、その対象に影響が出ることを、すでに指摘していた。これはシラードの概念とまったく無関係だったのだが、人々は両者を結びつけて考えた。多くの物理学者がシラードの推理に、このうえなく美しい形で肉付けしたからなおさらだった。「マクスウェルの魔物は機能しえない[7]」ニューヨーク州のIBM研究所所属の物理学者レオン・ブリルアンは、ある論文の中でシラードの議論を発展させようとして、そう主張した。彼はすでに、一九四九年に発表した論文「生命と熱力学とサイバネティックス」で、この魔物を取り上げており、『科学と情報理論[8]』（一九五六年）という本で有名になった。ブリルアンはマクスウェルの魔物について論じるにあたって、生命や情報、制御機構（サイバネティックス）といった、たいへん興味深いテーマを持ち出した。彼の議論は一見すると明瞭そのものだ。マクスウェルの魔物は、気体が充満した、ある温度の容器に入れられている。魔物は様々な分子に目を光らせ、スピードによって選別し、速い分子を容器の二つの部屋のうちの一方に集める。

しかし、最初はすべてが一様の温度だった。つまり、容器内の放射も物質も均衡状態にあった。したがって、何も見えない。なぜなら、もしすべてが同じ温度なら、差異が見られないからだ。「魔物は分子が見えないから、境の戸を開け閉めできないし、熱力学の第二法則を破ることも不可能だ」とブリルアンは書いている。[9]

マクスウェルの魔物は何も見えないから仕事をしないというのは奇妙な主張に思えるが、これはあくまで思考実験だ。それは日常生活とは似ても似つかぬ仮想の世界で、極端なまでに単純化された物理の法則を説明するためのものだ。

日常生活では、私たちの目に映る物はすべて、温度が等しいか、ほぼ等しく、室温に近い（ただし、表面がきわめて高温の太陽と星は除く）。だが、普通の世界ではたっぷり光があるので、物が見える。私たちが物を見ることを可能にしてくれる光は、見る対象よりもはるかに熱い物体（たとえば、太陽の表面や電球のフィラメント）から発せられる。私たちが日常生活で物が見えるのは、その日常の世界の物よりも熱いものから光が来るからだ。私たちは複合的な世界に暮らしているから見えるのであり、それにひきかえ魔物は、均衡状態にある世界に暮らしているから、物が見えない。

しかし、ブリルアンは魔物に助け舟を出す。「魔物に懐中電灯を持たせ、分子が見えるようにしてやることができる」[10]だが、懐中電灯はただではない。ブリルアンは電池と電球を想定してみた。光は分子に当たった後、容器じゅうに拡散し、熱に変わる。懐中電灯は、電池から取り出せるエネルギーを、拡散した光から生まれる熱に変える。こうしてエントロピーがふえる。同時に、分子がスピードによって二つの部屋に選別されるので、エントロピーはへる。しかし、こうして利用できるようになるエネルギーの量は、電池が消耗していくにつれて利用できなくなるエネルギーの量より少ない。

ブリルアンはこの分析を発展させ、計測の要素を含む実験を物理学者がどう行なうかという、より一般的な理論を導き出した。彼の結論は明快だった。「実験室の物理学者は魔物と変わりはしない。……物理学者は電池や電源、圧縮ガスなどを必要とする。……電流計などの機器が読めるように、実験室には照明もいる[11]」

知識にはコストがかかるのだ。

情報を忘れることにコストがかかる

シラードの議論には、多方面にかかわるポイントが含まれていたが、ブリルアンはそのポイントを明確にした。マクスウェルの魔物は機能しない、それは、情報が物質的な量だからだ、というのだ。ブリルアンは有頂天だった。「我々は非常に重要な物理学の法[12]則を発見した」と彼は書いている。「どんな物理的計測も、それ相応のエントロピーの増加を必要とする……」これこそ、暗闇の中では魔物は目が見えないことから得られる教訓だった。

だがブリルアンは、マクスウェルの魔物が感触を手がかりとしうるかどうかを問いそこねた。だから彼は、ホログラフィーを発明したデニス・ガボールのような、それ以後の物理学者同様、魔物は懐中電灯を使わざるをえないから熱力学の第二法則は破綻を免れたと結論した。しかし、魔物は利口だから、新たに知識を得るのに光が必要だなどと、誰に言えるだろうか。

一九八二年、IBMの物理学者チャールズ・ベネットは、暗い容器の中でも魔物がうまく立ち回れることを証明した。ベネットは、何のコストもかけずにそれぞれの分子の位置を魔物が特定できるような、巧妙な手法を考案した。まったくエネルギーを変換せずに分子の居所を知ろうというのではない。魔物にとってさえそれは無理だろう。変換したエネルギーが、計測終了後にも利用可能になるような形で、感触を手がかりに行動するという発想だ。懐中電灯を使えば、光は拡散して、けっきょく熱に変わり、エネルギーは利用できなくなってしまう。しかし、手探りで動き回れば、使ったエネルギーを利用不能にせずに分子の位置を知ることができる。

ベネットの考案した装置は徹底的に単純化されたものだった。実際、マクスウェルの魔物の設定でも特別のタイプにしか使えない。容器に一つの分子から成る気体が入っている場合でないとだめなのだ。これは魔物の仮説のずいぶん特殊なタイプのように思えるかもしれないが、一九二九年、そのただ一個の分子の位置を知るのにかかるコストがありさえすれば、熱力学の第二法則を救うに足ることを示そうとしたときに、シラードが想定したのが、まさにこの状況だった。分子は右にあるか左にあるかという、ごく単純な計測のコストを分析するだけで、シラードはその後のあらゆる情報理論の基礎に到達した。つまり、イエスかノーかという問いに対する答えだ。

シラードは、問題をあくまで単純化することで、これほど単純な知識にどれだけのコストがかかるか問うことができた。それ以後、このコストは〈ビット〉という、情報の最小単位として定着し、二〇世紀末までには、日常生活で使われるありふれた専門用語の最たるものになった。こうしてシラードは、マクスウェルの魔物についての論文の中で、近代的情報理論の基礎をそっくり打ち立てたのだった。シラードは、ビットのような小さなものを計測するには、必ずコストがかかると考えた。だが、ベネットは、シラードが想定した状況では、そのコストが思うままに削減できることを証明した。

よく考えてみれば、これは不思議なことではない。分子の位置に関する情報を手に入れるのは、すでに存在している情報をコピーすることにすぎない。状況を「読む」だけでいいわけで、そのような情報のコピーは、利用できなくなるエネルギーの量という観点に立った場合、必ずしも多くのコストがかかるわけではない。なにしろ、コピーは大量に作れるし、そうすることで単価はそうとう低くできる。じつは、これは情報の大きな特徴だ。この点で情報は、たいていの消費財とおおいに異なる。もとを消耗することなく、いくらでもコピーがとれる。情報は使いきることなく使える。ならば、魔物が知識を手に入れるのに、どうしてコストがかかる必要があるのか。

ランダウアーとベネットは、コストなどまったくかかる必要がないことを証明できた。しかし、それでマクスウェルの魔物が熱力学の第二法則を打ち破れることにはならない。必然的にコストがかかるのが計測ではないというだけだ。魔物にとって、コストがかかるのは情報を手に入れることではない。手に入れた情報を忘れることなのだ。

一九六一年、ランダウアーは忘れるときに必ずコストがかかることを証明した。情報を消すことによって処分するときには、エントロピーの増加という形で代償を払わざるをえない。それでも、計測を繰り返すためには情報を処分するしかない。計測装置の目盛りをゼロにセットし直すには、メモリを空にする必要がある。

マクスウェルの魔物にとって、これは次のような意味を持つ。魔物は、知ることの特典以上のコストを払わずに、暗闇の中で分子の位置を知ることができる。しかし魔物は、いったん居場所をつきとめた多数の分子に関する知識をきちんと把握し続けるという難題に、たちまち直面することになる。魔物は過去の観察から得た知識に溺れてしまうわけだ。

一九八七年、ベネットは自分の論点を次のようにまとめた。「というわけで、魔物が熱力学の第二法則を破れない理由を見つけたことになる。魔物が分子を観察するためには、まず以前の観察結果を忘れなければならない。結果を忘れる、つまり情報を処分するには、熱力学的なコストがかかる」[13]

だが、魔物は何でもひたすら覚えていられるとしたらどうだろう。そうすれば、忘れる必要はなく、エントロピーもふえない。人間なら、いくらもしないうちにへとへとになるだろうが、しょせん人間は魔物ではない。へとへとになるというのは、コストがかかっている証拠だ。記憶にはコストがかかる。はるか昔に通り過ぎた分子によって徐々に記憶がいっぱいになるにつれて、エントロピーも蓄積する。この膨大な記憶を把握しておく手間は、そこから得られる利益を超えてしまう。

現実の世界のスケールを考えれば、実際にやるとなると、これがじつに厄介なことがわかるだろう。空気中には気の遠くなるほどの数の分子がある。仮に魔物が、分子一つにつき一ビットの情報（境の戸を開けて通すかどうかという情報）しか必要としないとしても、記憶はすぐにいっぱいになってしまうだろう。世界中のコンピュータを合わせただけの記憶容量（一〇の一六乗ビット）を持った魔物でさえ、空気一グラム中のエントロピーをわずか一〇〇〇万分の一パーセントへらす前に、計測値を保管する場所がなくなってしまう。[14] 分子は恐ろしく小さく、空気中には考えられないほど多くの分子がある。人間の脳が一生かかって処理できる全情報量よりも、たった一リットルの空気中の各分子につきわずか一ビットの割で集めた情報の総量のほうが大きい。[15] それが私たちの住む世界だ。

したがって、ほんとうは魔物はうまく機能しえない。魔物は覚えたことを忘れなければならず、それには、働いた分以上のコストがかかるからだ。これは奇妙なことに思えるかもしれないが、そこにはたいへん重要な事実が示されている——情報に関しておもしろいのは、それを処分することにある、という事実が。情報それ自体は、じつに退屈なものだ。おもしろいのは、それを処分すること、そして処分する手段だ。

たとえば、スーパーマーケットのレジにいたとしよう。レジ係が買い物の合計額を計算する。かごの中の品物の一つ一つに値段がついている。レジ係はその値段を順に打ち込み、合計し、二七ドル八〇セントというように、総額をはじき出す。この額は、たくさんの数字を足す計算の結果だ。

いちばん多くの情報を持っているのは何だろう。合計だろうか、計算そのものだろうか。合計が一つの数字（二七ドル八〇セント）であるのに対して、計算は多くの数字（たとえば、二三種類の値段）の集まりだ。見たところ、結果のほうに多くの情報が入っているに違いないような気がするかもしれない。学校で足し算をしたときには、正しい答えに行く着くのが大切だと先生に教わったことだし。

ところが、実際は、結果には問題よりもはるかに少ない情報しか含まれていない。なにしろ、同じ合計額になる品物の組み合わせはいくらでもある。合計額だけ知っていても、かごの中の品物は特定できない。レジ係とレジ機は、合計額を計算しながら情報を処分する。この場合、レジ係は、お客がどの品物を店から持ち出すか、それぞれの品物がいくらするかなど気にしない。合計の代金さえ払ってもらえればいい。

合計額はほとんど情報を含んでいないけれど、その額が大切だ。より正確に言うなら、ほとんど情報を含んでいないからこそ、大切なのだ。そこには、まさにそのコンテクストで有意義な情報だけが含まれている。計算とは、私たちが興味のない情報を処分する手段だ。無意味なものは捨てるにかぎる。

これは、情報は非常に好ましいもの、良いものという、日常的な感覚に反する。私たちは、情報は好ましいものとする見方に慣れているが、これはまったく不合理なことなのかもしれない。情報化社会の入口に立つ人間を惑わす偏見なのかもしれない。

ベネットの言うとおり、「私たちはお金を払って新聞を配達してもらっているのであって、引き取ってもらっているわけではない。直感的には、過去の行動に関する魔物の記録は値打ちがあるもの（悪くとも無用のもの）のように思える。しかし、魔物にとって『きのうの新聞』（以前の計測結果）は、貴重なスペースをふさいでしまうものにすぎない。そして、そのスペースを空けるコストは、刷りたてだったときの新聞から魔物が得た利益を相殺する。環境汚染に対する意識の高まりや、コンピュータによってもたらされた情報の爆発的増加のおかげで、情報が負の価値を持ちうるという考え方は、これまでよりも自然に受け止められるようになってきたかもしれない」(16)

ＩＢＭの研究所では、情報が、混沌の一尺度であるエントロピーと密接に結びついていることが知られている。私たちはかつて、古い新聞はただ地下室に積み上げておけばよかった。しかし、物事が大量の情報に溺れて混沌状態になるのを防ぎたければ、情報もリサイクルしなければならない。

だが私たちはみな、情報をありがたがり、秩序や緻密さ、正しい結果の表れと見なしている。考えてみれば、小学校で算数をやったときに学んだのは、メモ用紙に荒っぽく計算したものはすべて捨て、きれいな紙に正解をきちんと記すのがいいということだ。私たちは情報を手に入れることではなく捨てることを学んだのだ。それなのに、私たちは、情報化社会で大切なのは情報だと信じるような世界に暮らしている。

つまり、情報に関する私たちの常識には誤りがあるわけだ（でなければ、自然科学者たちが情報の概念を取り違えていることになる。いずれにせよ、両者は相いれない）。マクスウェルの魔物はすでに問題の一部を示してくれた。だが、魔物の手の内には、それ以上のものが隠されている。それを考えるためには、ボルツマンの話に立ち戻らなければならない。

マクロ状態とミクロ状態

マクスウェルが死ぬ数年前、ボルツマンは一連の論文を発表し、（蒸気機関の効率の限界に関する研究から生まれた）エントロピーの概念と、（物質の最小構成要素が統計学の法則に従って動き回っているものという）熱の理論とを結びつけるすばらしい理論を詳しく説明した。マクスウェルは、これらの論文を目にする機会を得られず、歴史家マーティン・クラインの言葉を借りれば、そのおかげで「エントロピーと確率の関係を認識するという喜びを味わいそこなった」[17]

ボルツマンの発想は単純そのものだった。彼は、いわゆる〈巨視的状態《マクロ》〉と〈微視的状態《ミクロ》〉、つまり、物質の巨大な集合体の属性と、その物質の個々の構成要素の属性を区別したのだ。マクロ状態とは、温度、圧力、体積などだ。ミクロ状態とは、個々の構成要素の振る舞いの正確な記述から成る。

気体の温度はマクロ状態で、そこからはミクロ状態についてはほとんどわからない。温度からわかるのは、分子が非常に混沌とした形でお互いの間を動き回っていることだ。分子は気体の温度によって表されている平均速度を持つ。分子のスピードの分布は統計学的なもので、マクスウェル‐ボルツマン分布と呼ばれている。それによれば、ほとんどの分子は平均速度に近いスピードで動くが、それよりはるかに速い分子や遅い分子もある。じつは、これはたいして私たちの関心を引くことではない。温度のようなマクロ状態を知ったところで、個々の分子の状態はほとんどわからない。

無数の分子が、ある温度で飛び回っているときには、分子のスピードがマクスウェル‐ボルツマン分布に沿って分布してさえいれば（分子は互いに衝突を繰り返すため、そのスピードは実際にこの分布をとる）、個々の分子のスピードは問題にならない。無数の分子が特定の温度に呼応するためにとりうるスピードの分布の種類は無数にある。言い換えれば、温度によって示されるマクロ状態と一致するミクロ状態は数多くある。そして、そのうちのどれが実際に存在しているかは、どうでもいいのだ。

温度が高ければ高いほど、スピードの選択肢もふえる。したがって、特定のマクロ状態と呼応するミクロ状態の数は、温度とともに増加する。

言ってみれば、ボルツマンの考え方は、多くの異なるミクロ状態によって実現可能なマクロ状態は、わずかな数のミクロ状態と呼応しているマクロ状態よりも無秩序だ、というものだった。彼によれば、あるマクロ状態と呼応するミクロ状態の数が多ければ多いほど、前者のエントロピーは大きくなる。

「この部屋の温度は摂氏二一度です」というマクロ状態に呼応するミクロ状態は膨大な数に上るので、それをすべて数えるのは非常に難しい。そこでボルツマンは、巨大な数字を扱う数学的手法、すなわち、ルネッサンスの頃から知られている対数という手法を使った。彼は、ミクロ状態の数を対数で表し、その対数をエントロピーと等しくした。これは、ミクロ状態が一〇の一五乗あるか、一〇の一八乗あるか尋ねるかわりに、その対数が一五か一八かと尋ねるというだけのことだ。これなら、把握しておくのが簡単だ。そのうえ、対数を使えば、ミクロ状態の数を数えるときに、ほかにも大きな利点がある。

しかし、このうち最も重要なのは、数学的にどう表そうと、その根本にある考え方だろう。すなわち、エントロピーとは、私たちが把握しておく気も起こらないようなミクロ状態がいくつあるかという尺度であり、ミクロ状態にかわってマクロ状態について語ることを選択する理由である、という考え方だ。私たちがきちんと片づける気がしないものの量、知りたい事柄を教えてくれる一般的な言葉（たとえば温度など）を使うことで人目のつかぬ所へ押し込んでおくようなものの量を表す尺度、それがエントロピーだ。

私たち人間は熱を好む。温度には興味を引かれる。分子の動きなどどうでもいい（これは、政治家が、マクロ状態に影響を与えるほどの数の有権者が出てきたとき、たとえば、選挙の結果を左右しかねないほどの有権者がいるときにだけ彼らに関心を向けることが多いのと、ちょうど同じようなものだ）。マクロ状態は関心事を表したもの、的を射た表現だ。そこには私たちの興味を引くものが凝縮されている。私たちの知りたがっているものが。

ポーカーは格好の例となる。[18] トランプが一組あるとしよう。買ったときには、そのトランプは非常に特殊なマクロ状態にある。一枚一枚のカードがマークと数に従って並んでいる。このマクロ状態に呼応するミクロ状態は、たった一つしかない。工場から出荷されたときの順で全部のカードが並んでいるというミクロ状態だ。しかし、ゲームを始める前にカードを切らなければならない。順番がばらばらになっても、マクロ状態は相変わらず一つしかない（切ったトランプというマクロ状態だ）が、このマクロ状態に呼応するミクロ状態は数限りなくある。カードを切ると、じつに様々な順番になるが、私たちにはとてもそれを全部表現するだけのエネルギーはない。だから、たんに、切ったトランプと言う。

ポーカーを始めるときには、一人一人のプレーヤーに五枚のカード、いわゆる「手（持ち札）」が配られる。するると、今度はこの手が、プレーヤーが関心を向けるマクロ状態となる。五枚の組み合わせは多種多様だ。たとえば、数は連続していないが、五枚全部が同じマークという組み合わせ（フラッシュ）のように、似たもの同士のカードから成るマクロ状態もある。また、同じマークではないが、数が連続している組み合わせ（ストレート）というマクロ状態もある。ストレートには何通りもあるが、極端に多いわけではない。ストレートでない組み合わせのほうが、はるかに多い。

　ストレートというマクロ状態で表される数多くのミクロ状態のうちには、ストレートフラッシュという、強いストレートが少し含まれている。数が連続しているだけでなく、五枚とも同じマークという組み合わせだ。なかでも最高なのはロイヤルフラッシュで、これは、同じマークの10、ジャック、クイーン、キング、エースという組み合わせだ。ロイヤルフラッシュというマクロ状態に呼応するミクロ状態は、わずか四つしかないが、ワンペアというマクロ状態に呼応するミクロ状態の数は、天文学的数字となる。ポーカーの手の価値は、一つのマクロ状態に対していくつのミクロ状態が呼応しているかで決まる。組み合わせの可能性が小さい（したがって、めったに起きない）ものが「強い」手だ。

　確率とエントロピーには明らかに関係がある。ある「手」を作れるカードの数が多いほど、そういう手を配られる確率が高くなる。だから、「弱い手」（エントロピーの多い手）になりやすく、「強い手」（呼応するミクロ状態の数がとても少ないマクロ状態）は、なかなかできない。ポーカーの目的は、誰が最も低いエントロピーのマクロ状態を持っているかを決めることだ。

　じつは、ポーカーのミクロ状態の大半はあまりに退屈なので、それぞれに名前さえついていない。持ち札がばらばらで、勝負の材料にできるのが数の大きい札《ハイカード》だけしかない。このマクロ状態なら、どんなミクロ状態にも呼応できる。ポーカーは娯楽のためにやるので、ミクロ状態（つまり、持ち札）を変えることで、マクロ状態をも変える機会がある。そのおかげで、マクロ状態を、呼応するミクロ状態の数の少ないものへと改善する可能性が出てくる。運に恵まれて、捨てたカードより良いカードを引けば、マクスウェルの魔物の役を演じることができるのだ。

プレーヤーは、持ち札のマクロ状態に呼応するミクロ状態がとても少ないふりをする。実際にそうでなくてもかまわない。これもゲームのうちだ。この「はったり」は、ボルツマンに教えてもらえる以上に高度な理論を前提としている。その理論については第五章で述べる。

エントロピーと確率のつながりを見れば、なぜエントロピーがふえるか見当がつくかもしれない。エントロピーの低いマクロ状態を受け取る確率のほうが、高いマクロ状態を受け取る確率よりも低い。だから、すべてはエントロピー増加の方向に進んでいく。マクロ状態に変化が加わると、よりエントロピーの大きいマクロ状態へと着実に変わり、それにともなって、呼応するミクロ状態の数も最初よりふえる。世の中の状態を把握し続けることは、ますます困難でめんどうになっていく。これには少しも不思議なところはない。いったんマクロ状態が定義されれば自明のことだ。だが、状態を把握し続ける気も起こらぬほど退屈なものを、どうして知ることができるだろうか。

ボルツマンは、エントロピーとは特定のマクロ状態に呼応するミクロ状態の数の現れであると説明した。これは、非常に主観的な概念のように聞こえる。なぜならエントロピーは、私たちが特定のマクロ状態を知っているときに、知らずにいることを表しているように思えるからだ。分子のスピードが上がれば上がるほど、その動きのパターンの組み立て方もふえるから、温度が高いほどエントロピーも大きくなる。部屋の温度が上がれば上がるほど、実際のミクロ状態に関する私たちの無知の度合いも高まる。エントロピーは無知の尺度と言ってもいいが、それは便利な無知だ。事実、部屋の中にある一つ一つの分子がどこに向かっているか、あるいは、どんなスピードで動いているかなど、知る必要はない。

エントロピーは、私たちが物事を記述するレベルにあてはまる、きめの粗さの尺度だ。たとえば、熱は非常に粗い概念で、この概念を使うときには、私たちが喜んで無視している知識が山ほどある。熱という概念は非常に粗く、私たちが持つ気になれない知識、つまりミクロ状態に関する膨大な量の知識を捨て去るものだから、そこに含まれるエントロピーもたいへん大きくなる。風や水流は熱よりもやや粗さが少ない概念だ。私たちは、たんに「外は暖かい」と言うときよりも、「暖かい風が吹いている」と言うときのほうが、分子の動いている方向について、ずっとよく知っているからだ。

エントロピーは、直接私たちの興味を引かない情報、つまり、考えるだけでもうんざりするミクロ状態の尺度だ。エントロピーという概念は、私たちが把握し続ける気になれないものが何なのか説明した後、初めて意味を持つ。エントロピーの概念は、私たちがどのマクロ状態に興味があるかを説明し終えていることを前提としている。しかし、どのマクロ状態を選ぼうと、そのエントロピーはふえていく。

熱力学の第二法則によれば、世の中は記述するのがたえず難しくなっている。混沌が深まり、無秩序が広がり、やがてすべてが摩擦と熱になってしまう。混沌は、あまりにも詳細が豊富な類いの秩序だから混沌なのだ。

私たちは、自らが混沌だと考えるものをどうやって知ることができるだろうか。エントロピーのような概念は、人がどのマクロ状態を想定しているかを説明しないかぎり無意味であることを、物理学の教科書がぜったいに教えてくれないのはなぜなのか。マクスウェルとボルツマンはつねに、私たちがこの世の中を記述する方法に言及していたのに、どうして教師はそれを教えぬまま、高校生や大学生に熱力学を教えるのか。それは、人間が熱に興味を抱いていることを、物理学者たちが無意識のうちに知っているからだ。人間は熱を好む――これが近代熱力学全体の無言の前提だ。だからこそ熱力学は、熱やそれに類するマクロ状態、つまり人間の関心事を扱う。一方、ミクロ状態は原子や分子の配列であり、物理学者の関心事だ。

しかし、エントロピーは、誰がそれを定義したかを知ったときに、初めて定義できる。エントロピーは、観察者の粗さを知るまでは定義できない。物理学の教師にとって、これはあまりに明白なので、生徒に説明する理由が思い浮かばないのだ。

一九九〇年、物理学者エドウィン・ジェインズが、物事——物理の教科書に書かれている事柄——が何を意味するかを問うことの重要性についてサンタフェで講演したときにほのめかしたのが、まさにこの点だった。ジェインズは、熱力学を現代的な言葉で言い換え、はるか昔のボルツマンの論点をじつに明解に説明した。一九七九年、彼は次のように述べている。「熱力学系におけるエントロピーは、その系のミクロ状態に関する唯一の知識が、その熱力学的状態を定義する巨視的な量Xの値だけから成る人間の無知の度合いを表す尺度だ。これは、それがXのみの関数であるという点で、完全に『客観的』量であり、誰の個性にも左右されたりはしない。したがって、それが研究室で計測できない理由はない」(19)

このように、記述のレベルさえわかれば、エントロピーは明確に定義できる。観察者一人一人が独自のエントロピーを持っているわけではないので、その意味で主観的な概念ではない。同一のマクロ状態とミクロ状態に興味を持つ人なら、誰が測ってもエントロピーは同じだ。しかし、エントロピーについて尋ねる人に、いったい何に興味を持っているかを尋ねるまで、エントロピーの概念が意味を持たない点では、主観的なものだと言える。それでも、エントロピーが無知の尺度であることは動かしがたい。なぜならエントロピーは、特定の粗さに伴う無知の尺度にほかならないからだ。

「だが、私が世の中について知っていることに、どうして私の車が興味を示さなければならないのです?」ジェインズがサンタフェでこれらの事柄を説明したときに、ある物理学者が心配そうにそう尋ねた。答えは単純きわまりなかった。「なぜなら、あなたのような人によって作られたからです」——なぜなら、その車のエンジンは、私たちがこの世界を記述するときとまったく同じ粗さをもっているからだ。私たちは熱は感知するが、分子は感知しない。私たちは、こうして感知したことを洗練し、詳述することを通して、この世の中を記述する。だから、その感知した事柄は、感知の経験を通して得た知識をもとに作り上げた機械の中にも再現されるのだ。

哲学者ポール・ファイヤアーベントがボルツマンについて言っているように、「私たちのあらゆる知識が持つ仮定的特性に気づいたボルツマンは、はるかに時代に先んじていた。ことによると、私たちよりも先を行っていたかもしれない」[20]

シャノンの〈情報エントロピー〉

一九四八年、技術者のクロード・シャノンは、ある場所から別の場所へメッセージを伝達するにはどれだけコストがかかるかという、非常に鋭い問いを投げかけた。シラードが計測のコストを尋ねたのに対し、シャノンはコミュニケーションのコストを尋ねたわけだ。彼の出発点には、ビットという概念があった。二つの対等な条件の一つを選別すること、質問に対するイエスかノーの答え、という概念だ。

シャノンの分析は画期的だった。彼はシラードの考え方に基づいて近代的な情報理論を打ち立てた。日常生活で情報について語るとき、私たちは意味のことを考える。しかし、シャノンが興味を持ったのは意味ではなかった。彼は、電話の通話の長さに関心を持ったのだった。

シャノンはアメリカの大手電話会社AT&Tの著名な研究施設、ベル研究所所属の技術者だった。彼は、信号形式でのメッセージ伝達の難点を研究しており、特定の通信回路、たとえば電話やテレックスの配線を介して特定のメッセージを伝達するために何が必要とされるかを定義することに興味を持っていた。どうしたらメッセージ伝達の難しさを測ることができるだろう。シャノンは意外性こそがコミュニケーションの難しさを表していると述べた。それでは、アルファベットから成る文字列の意外性は、どうしたら測れるのか。

私たちは、次に現れる記号が文字であることを知っている。アルファベットが二六文字から成ることも知っている。したがって、私たちが意外に思う気持ちは、次の記号が想定される二六文字のうちの一つであるという事実を通して表される。私たちがその文字を見たとき、それがまさにその文字であり、ほかの二五の可能性の一つではないことに応じた意外性を感じる。

シャノンの理論を言い換えれば、それぞれの記号が二六の異なるミクロ状態（アルファベットの二六文字）と呼応しうるマクロ状態であるということになる。どの記号も意外性を感じさせる能力をはらんでおり、それはそれが二六文字の一つである確率によって表される。このように、ある特定の文字が引き起こす反応には、その文字によって他の二五文字が来る可能性が排除されるという事実から派生する意外性が含まれている。

これによって、コミュニケーションの困難さを正確に表すことが可能になる。文字はマクロ状態であり、その意外性は、そのマクロ状態に呼応するミクロ状態の数によって決まる。

シャノンはこの数値を何と呼んだものか、おおいに頭を悩ませた。彼は〈不確実性〉という言葉や〈情報量〉という言葉を使うことを考えた。今日のコンピュータの持つ論理構造の父として有名なハンガリー生まれの数学者ジョン・フォン・ノイマンは、シャノンを説得して、この意外性のことを〈エントロピー〉と呼ばせようとした。熱力学の概念と酷似していたからで、彼はシャノンに向かって、「どのみちエントロピーとは何かがほんとうにわかっている人間などいないのだから、議論するときに圧倒的に優位に立てる」と主張したと言われている。(21)

けっきょくシャノンは、最後に〈情報エントロピー〉という言葉を選んだが、誰もエントロピーが何かを知らなかったので、彼の理論は情報理論の一つとして歴史に残ることとなった。この経過を考えると、「情報社会」はじつは「エントロピー社会」、無知と無秩序の社会なのだ。この情報の概念は、もし私たちが二進法の数字というたいへん特殊なアルファベットを使ってしかコミュニケーションを行なわなければ、いちばん単純に定義できる。今日、コミュニケーションとコンピュータの業界ではどこでもそうであるように、私たちが二進法の数字を使えば、表現の道具として、０と１のたった二つの基本手段しか持たないことになる。

二進数の一つの位は、マクロ状態としては、等しい確率で想定される二つの可能性としか呼応していない。

私たちが二進数の記号を受け取るとき、そのどちらか一方しかないわけだから、意外性は限られている。しかし、等しい確率で想定される二つの可能性を区別するという、まさにこの意外性の度合いをシラードが発見したのであり、それがやがて「一ビット」と呼ばれるようになった。一つの質問に対するイエスかノーという答えに含まれている情報量、あるいは、二つの可能性を区別する情報量が一ビットだ。一ビットを受け取れば、二つのミクロ状態を区別するのに相当する情報量を受け取ったことになる。したがって、意外性が重大に思えるまでには、かなりのビット数を受け取る必要がある。

アルファベットに含まれる文字は、もう少し多くの情報量を持っている。特定の文字が到着すると、一つだけではなく、ほかの二五の可能性が排除される。そこで、一文字受け取るときには、数ビットを受け取ることになる。より正確に言えば、その値は四ビットと五ビットの間になる。もちろん現実には、話はもう少し複雑だ。言語には余分なもの、不要な記号がたくさんある。何という単語かを知るには、必ずしも綴りを全部見る必要はない。したがって、アルファベットの文字の持つ情報量の平均は、実際は五ビットより小さい。デンマーク語では一文字あたりの情報量はおよそ二ビットだが、ドイツ語のように規則正しい言語の場合は、一文字につき約一・三ビットまで下がる。[22]

また、すべての文字が平等に使われるわけではないので、アルファベットではeという文字を受け取ったときにはzという文字を受け取ったときほどの情報が伝わらない。平均すると、それぞれのミクロ状態（文字）は、異なるミクロ状態の数に比例する確率を持っている。しかし、個々の文字の確率は、使用頻度に比例し、この頻度もまたミクロ状態の全体数と関係している。綴りの一部から単語を当てるゲームをすればわかるが、ある文字の情報量は、その使用頻度に反比例する。使われることが少ない文字ほど、登場したときに多くの情報を持っている。

ビット数として計測できる情報が厳密に定義できたおかげで、シャノンは電話線のメンテナンスや、必要とされるケーブルの太さに関する、数々の非常に有用な方程式を導くことができた。彼の結論の核心は、十分な〈帯域幅〉さえあれば、つねにエラーなしでメッセージを伝達することが可能である、というものだった。帯域幅は、あるコミュニケーションの伝達経路が伝えられる情報量を一秒あたりのビット数で表したものだ。たとえば、電話は毎秒四〇〇〇ビットを伝達できる。テレビはその一〇〇〇倍の四〇〇万ビットを伝達する。高性能のラジオ受信機はその間で、毎秒およそ一万六〇〇〇ビットを受け取れる。[23]

シャノンは、帯域幅がメッセージの単位時間あたりの情報量よりも大きいかぎり、途中で何も失わずにメッセージを伝達できることを知った。

電話線を人に売りつけて生計を立てる人間にとって、これはありがたい知識だ。しかし、これは、日常的な意味での情報とはあまり関係がない。誰もが承知しているとおり、ろくな意味を伝えずに延々と電話の会話を引き伸ばすことも可能だ。たいした意味もなさそうな単語を大量に書き連ねることもできる。

シャノンにとって、「情報」という言葉はあまり重要性を持たなかった。それどころか、彼はこの言葉があまり好きではなかったし、自分が導き出したのはコミュニケーションの理論、情報伝達の理論であり、情報の持つ意味の伝達の理論ではないことを強調している。ある量の情報が、深遠な洞察を含んでいることもあれば、たわごとの塊のこともある。だが、それは関係ない。電話料金に換算した場合には同じことだ。

だからといって、シャノンの分析がたわごとの塊になったりはしない。シャノンが「情報」と呼んだものは、熱力学の先駆者クラウジウズが「エントロピー」と呼んだものと同様、けっしてまやかしではなく本物だ。電話をかけるにはコストがかかる。姑がぺちゃくちゃやるためには、信号が伝達されなければならない。しかし、その信号は、必ずしも意味とは関係がない。情報量は、姑が言いえたことすべての尺度であり、実際に言ったことの尺度ではないのだ。

コミュニケーションの情報量は、伝達しえたコミュニケーションの量を表しており、実際に伝達されたコミュニケーションの量を表してはいない。特定温度のエントロピーが、その温度で分子がとりえた配列の数を表しているのとちょうど同じように、情報量は、別のケーブルを必要とせずに文字がとりえた配列の数を表している。

熱力学は、人間が興味を持つマクロ状態、つまり熱についての学問であり、情報理論は、電話の有用性にかかわるマクロ状態、つまり記号についての理論だ。

しかし、シャノンによる情報の定義には、どこか奇妙なところがある。彼の定義は、意味という概念をいっさい排除し、存在しえたけれど必ずしも存在したとはかぎらない意味だけに関心を向けている。情報というものについての常識に照らすと、これははなはだ漠然とした定義だ。その一方で、信じがたいほど厳密であり、その厳密さの代償として、多少空虚な印象を受け入れるのはやむをえないのかもしれない。

だが、「情報量」というのはいつも厳密な用語とはかぎらない。「情報量」はたいへん主観的な概念であり、あるメッセージに対して人がどれだけ意外性を覚えたかを表している。この概念によれば、aという文字が特定の情報量を持っていることがわかる。なぜなら、ほかの二五文字のどれが伝達されてきてもよかったのに、そうはならず、aが伝えられてきたことを、私たちが知っているからだ。

しかし、二六文字から成るアルファベットを相手にしていることを知らなかったらどうなるだろう。その場合、aという文字は、どれだけの情報量を持つことになるだろうか。シャノンによる情報の定義は、それにはまったく触れていない。

情報は、誰が誰に向かってどういう状況で語っているかを定義したとき初めて定義できる。シャノンの情報は、送り手と受け手がどんな共通の前提を取り決めているかを知るまで、定義できない。だから、シャノンのやり口は特異なものとなる。彼はまず、意味に関する話をいっさい捨てておきながら、続いて情報とは、口に出して語らないほど根本的なつながりに頼るものと定義している。
それぞれのマクロ状態に呼応するミクロ状態の数を知らないかぎり、情報についてはまったく語ることができない。マクロ状態とミクロ状態を定義して初めて、情報の量がわかる。ちょうどエントロピーの場合と同じだ。

情報はエントロピーと密接に結びついている。特定のマクロ状態のエントロピーは、それに呼応するミクロ状態の数で測れる。その数が多ければ多いほど、エントロピーは大きくなる。情報は、どのミクロ状態がかかわっているかを知ったとき、所有することができる。

文書の中のアルファベットは、それが二六文字のうちの一つであるという事実によって定義されるエントロピーを持っている。情報とは、それが二六文字のうちのどれかを知ることにある。どのミクロ状態がかかわっているかを知ることとの情報量は、どれだけの数のミクロ状態がかかわりうるかによって決まる。それぞれの文字は特定のエントロピーを持っており、実際のミクロ状態（どの文字か）を知ることで、特定量の情報が得られる。その量は、その文字の持つエントロピーに呼応している。

こういうわけで、コンテクストを知らなければエントロピーも情報も定義できない。

この結果、多くの誤解が生まれた。とりわけ、「情報」というのが価値に満ちた「プラス・イメージ」の言葉で、それを見聞きすると、私たちは何か「良いもの」を自然と連想してしまうからだ。何十年にもわたって、情報は秩序と、エントロピーは無秩序と、それぞれ結びつけられてきた。

これは、制御システムの理論であるサイバネティックスを創始したアメリカの数学者ノーバート・ウィーナーに由来する考え方だ。ウィーナーは著書『サイバネティックス』（一九四八）の中で、情報理論を思いついたのはシャノンと同じ頃だったと書いている（シャノンは情報理論について一九四八年に発表している）[24]。その数行後で、彼は「ある系の中の情報量が、その系の秩序の度合いを示す尺度であるのとちょうど同じように、ある系の中のエントロピーは、その系の無秩序の度合いを示す尺度である」[25]と言い放っている。
この見方は、シャノンの見方とはずいぶん違う。より正確に言うなら、ウィーナーの見解はシャノンの見解と正反対だ。しかし、この見解は、たいへんな影響力を持っていた。とりわけ、マクスウェルの魔物の研究に関してそうだった。レオン・ブリルアンはウィーナーの考えを熱心に発展させ、〈ネゲントロピー〉(非無秩序、つまり秩序)という概念にまとめた[26]。

じつに興味をそそられる考え方だ。しかし、それが正しいはずがない。事実、無理やり正しくするために、ブリルアンはシャノンの情報の概念を一八〇度変えざるをえなかった。この変換のせいでその後何十年も誤解が続くことになった。シャノンが考えていた情報はエントロピーだった。選択肢の数、ミクロ状態の数、不確定性だった。ブリルアンはプラス・マイナスを入れ替え、情報は秩序、つまり負のエントロピーとした。

情報を秩序と見なす考え方は、シャノンが同じ「情報」という言葉を使って想定しているものより、私たちの常識に近い。だから、ウィーナーとブリルアンのネゲントロピーという概念は魅力的だ。ただし、ここにじつに単純な問題が生じる。等式で正負の符号を勝手に変えれば、もはやその等式は成り立たなくなってしまう。デンマークの物理学者ペーデル・ヴェートマン・クリスティアンセンが述べているように、「人は、無意味のものの符号を変えれば意味をつかめると考えた[27]」のだ。ウィーナーとブリルアンはあまりにも性急だった。

エントロピーは、私たちが知りたいと思わない情報の量の尺度であり、一方、情報は、エントロピーが大きい状態の中に、まとまって見つかるものだ。だからといって、私たちがその情報を所持していることにはならない。情報がただそこにあり、その気になれば手に入れられるというだけのことだ。

情報は無秩序の中に見つかる。秩序より無秩序の中に多くの情報がある。無秩序の度合いが高いほど、情報の量も多くなる。ミクロ状態の数が多いほど、情報量もふえる。一つのマクロ状態に集約されているミクロ状態が多いほど、そのマクロ状態に対して思考を集中するときに、より多くの情報を捨てたことになる。私たちがたんに温度を語るとき、「熱」というマクロ状態には、私たちの知らない、考えられないほど多くのミクロ状態が呼応している。

混沌は説明するのが難しい。詳しく説明しようとすればなおさらだ。

アメリカの物理学者リチャード・ファインマンは、こう言っている。「我々は、内部の配列の仕方に何通りの可能性があるかによって、無秩序の度合いを測る。したがって、外見からは違いはわからない(28)」

エントロピーは、私たちがある系を外から眺めたとき、つまり、気体の中の分子の動きを温度として捉えたり、一連の文字を複数の記号として捉えたりするときに捨てた情報の量の尺度だ。もし私たちがその系の中にいて、その気になりさえすれば、そうした情報も手に入れることができる。外にいれば、それを「捨てて」しまったことになる。あるいは、もともと持っていなかったことになる。

情報は、内側にいるか外側にいるかの差異の現れだ。温度と分子、文字数とメッセージの差異の現れだ。情報とエントロピーは、ある系を内側から記述したり制御したりするか、外側から記述したり制御したりするかの差異について教えてくれる。

気体を外側から眺めれば——つまり熱が興味の中心である、私たちの記述レベルに立って眺めれば——物事を簡潔で全般的な記述にまとめることができる。すなわち、温度という形で計測された「熱」というマクロ状態がそれだ。一方、気体を、「それ自身」の記述レベルに立って眺めれば——つまり運動中の分子からすべてが成り立つレベルから眺めれば——膨大な数の個別の状態(スピードとして計測される分子運動のミクロ状態)を記述する膨大な数のビットを並べ立てなければならない。

気体を外側から眺めると、外側から記述した気体に関する法則である熱力学の第二法則に従っているかぎり、熱から一定のエネルギーを取り出せる。内側から眺めると、気体の分子運動から、はるかに多くのエネルギーを得られる。ただし、この場合、所有している情報をすべて捨てられなくてはいけないが。

外側にいるかぎり、私たちは気体内部の情報について、完全に無関心でいられる。しかし同時に、熱力学の第二法則に従い、その情報を「エントロピー」と呼ばざるをえない。

もし、気体中の分子の混沌とした動きが持つ熱のエネルギーを利用できるものに変えたければ、それまで、熱は特定のエントロピーを持っていると言うにとどめて無視してきた分子運動のミクロ状態を、すべて知らなければならない。全ミクロ状態の一つ一つについて情報を手に入れなくてはならない。だが、そうすると、厄介な事態に陥る。必死になってすべての情報を把握し続けるか、そっくり忘れるかの二つに一つを選ばざるをえない。長い目で見れば、どちらを選んでもあまりにコストが高くつく。

マクスウェルの魔物は、気体を内側と外側の両方から同時に記述しようとしている。それぞれの分子の位置を知ると同時に、熱の恩恵にあずかろうともしている。だが、それは不可能だ。たとえ魔物にとっても、だ。

一九八八年、ヴォイチェフ・ズーレクは重要な疑問を提示した。魔物がとてもずる賢く、まず全部の分子を計測した後、次にその知識を、「すべての分子は左側の部屋に入っている」といった、ごく単純な記述にまとめたとしたら、どうなるだろう。ここで表現された情報のビット数はたかが知れている。じつは、一ビットでしかない。この一ビットを処分するのにも、たいしたコストはかからない。それでいて、そこには大成功を収めるのに使える知識が含まれている。

考えてみると、この世界に関する私たちの知識で何がおもしろいかと言えば、それは、ときおりそれが奇妙なまでの鮮やかさをもって簡潔にまとめられる点だろう。途方もない洞察がほんの数行に凝縮できることがある。ならば、魔物にも同じことができるはずだ。そして同時に、そこに含まれる特典を享受することも可能なはずだ。

とすれば、けっきょく魔物は神なのだろうか。

第三章　無限のアルゴリズム

科学がその目標に到達できるなら、マクスウェルの魔物もまた自分の目標に到達できるはずだ。科学によって発見された、自然界の最も根源的法則に穴を開けるという目標に。

実際、これが一九八八年にヴォイチェフ・ズーレクが提起した疑問の帰結だ。知ったことをすべて忘れるのに大量のエネルギーを消費するというのが、マクスウェルの魔物がうまく機能できない唯一の理由ならば、魔物は、忘れるのにあまりコストのかからない少数の公式に知識をまとめるだけですむはずだ。そうすれば、分子レベルでこの世の中を知ることから得られる利益のほとんどを、コストをかけずに手にできる。凍るような夜気から熱を引き出せるのだ。熱力学の第二法則は打ち破られ、永久機関は実現可能となり、自然科学の世界観はじつに厄介な状態に陥る。

したがって、魔物は自分の知識を、少数の単純な公式やデータに「圧縮」して、それに、自分のいる部屋の中にある分子の全歴史を語らせることは不可能に決まっている。しかし、もし魔物にさえそれが不可能なら、人間ごときに可能なはずがないではないか。昔から科学の目標は、この世の中の様子をできるかぎり簡潔に記述することだった。だが、そのような記述をするときに、その簡潔さにはおのずと限度があるはずだ。そうでないと、マクスウェルの魔物が問題を起こすことになる。

それがズーレクの質問の帰結だった。もし私たちが全世界を任意の簡潔さをもって記述できることを証明できたら、私たちの世界観の中で最も根本的な主張が完全に崩れる。熱力学の第二法則が反故にされてしまうのだ。マクスウェルの魔物は、たんに熱と熱力学の研究にとってだけの問題ではない。この魔物は、私たちの全宇宙観を揺るがす問題だ――全世界がそのあらゆる詳細に至るまで、ほんの少数の短い等式によって記述しうるという概念が間違っていないかぎり。

ヒルベルト、ゲーデル、ラッセルとホワイトヘッド

じつは、その概念は間違っていた。一九三〇年、数学の根底にある最も基本的な問題の研究の中でそれが証明された。これは、数学者と記号論理学者の立場を完全に変える発見だった。この発見のせいで、科学者は、この世の中の事象すべてを証明し尽くすのが不可能なこと、この世界に関する人間の理解には証明しようのない直観的洞察が永久に含まれる運命にあること、そして、人間は形式的な演繹体系を通じて説明しうるよりも多くの事柄を知っていることを、認めざるをえなくなった。この発見が、人類の行なった最も深遠な証明と言われているのもうなずける。それは、人間の知識がどこまで確かかという限界、人間がどこまで証明できるかという限界にかかわるもので、たとえ私たちには正しいとわかっているときにも、すべてを証明することはできないという証明だ。

一九三一年一月、アメリカの数学者クルト・ゲーデルが自分の定理の証明を発表したときには、これが、熱力学や、永久機関は作れないという事実と間接的に結びついていようとは、夢にも思わなかったはずだ。それからさらに半世紀の月日が流れてようやく、まさにゲーデルの定理こそが、マクスウェルの魔物が機能しえない理由の解明につながることがわかり、人々は胸をなで下ろした。なぜなら、ゲーデルの定理の中で、私たちはようやく、形式的体系から得られるあらゆる知識の限界そのものと直面することになったからだ。そしてまた、それによってある意味では、「真実の持つ無限性は、単一の理論に包含することはけっしてできない」という、私たちが今後も持ちうる唯一の確かな知識とも出くわしたからだ。

全世界を理解できるほど大きいのは、世界そのものしかない。どんな世界地図を作ったところで、すべてを含めることはできない。その地図が地球そのものでないかぎりは。だが、もちろんその場合は、それはもう地図ではなくなる。

自らの基礎を説明しようとする現代数学の試みは、一撃のもとに粉砕され、確実性という夢は色褪せた。

一九三〇年九月九日、ドイツの偉大な数学者ダーフィト・ヒルベルトは、生まれ故郷ケーニヒスベルクで名誉市民の称号を授与されたときに行なった、概括的な大講演を締めくくるにあたり、こう述べた。「我々は知らなければならない。我々は知るであろう」[1]

ヒルベルトはその何十年も前から、数学の論理的な基礎を明瞭かつ決定的に説明する可能性を擁護する有力なスポークスマン役を務めてきた。彼は一九〇〇年、数学の基礎を完全に確固たるものにするために、将来解決すべき問題を列挙した。数学が、首尾一貫した、矛盾のない、完全な論理的システムから成る科学であることを示す必要があったからだ。まもなく数学の基礎がそのような絶対的な形で確定できる、そして、いかなる数学の問題も解決可能だと信じるのは理にかなっている――二〇世紀最初の数十年間、ヒルベルトは繰り返しそう力説した。「我々の誰もがそう確信している」と彼は言い、続いて数学者の夢を語った。「つまるところ、我々が数学の問題に取り組むにあたって非常に魅力を覚える理由の一つは、つねに自分の内に声を聞いていることにほかならない――ほら、これが問題だ。さあ、答えを探せ。純粋な思考だけで見つけることができる。数学にはイグノラビムス［知りえないこと］など何一つないのだから、と」[2]

一九三〇年、ドイツの数学の都ゲッティンゲンでの教授職を辞して六八歳になっていたヒルベルトは、生涯に受けた数々の栄誉のうちでも最も喜ばしいもの、すなわち、生まれ故郷の名誉市民の称号を授与された。式典は秋に行なわれることになった。ドイツ科学・物理学者協会がケーニヒスベルクで開く、九一回目の会議に合わせた予定だった。ケーニヒスベルクは、ドイツの知性の歴史の中で際立った役割を果たしてきた。なにしろ、哲学者イマヌエル・カントが一生を送った場所である。ヒルベルトはこの授与式で一大講演をし、その中で、近代最高とまではいかなくとも、屈指の哲学者と目されるカントにまでさかのぼるつながりを築き上げることにした。そして、「自然認識と論理学」という演題のもと、鋭いけれど礼儀正しく系統立てた批判を、ケーニヒスベルクの生んだ偉人に向けた。

一七〇〇年代の末に、カントは人間の知識が経験に先立ついくつかの前提条件に基づいていることに気づいた。私たちが世の中のことを知りうるのは、人間の知識が、それ自体は知りえない時間や空間のような一連の概念あるいはカテゴリーに基づいていればこそだ。私たちは非常に特殊な色眼鏡を通して物事を見るが、その眼鏡に関して問いを発することはできない。なぜなら、眼鏡自体が、人間の視力の前提条件になっているからだ。カントは知識の〈先験的観念〉、つまり、あらゆる理解の、あらかじめ想定された前提条件である概念やカテゴリーについて語ったのだ。ヒルベルトはこれに賛成できなかった。「カントは先験的観念の役割と規模を大幅に過大評価している」と彼は講演の中で語った。「今、我々にはわかる。カントの先験的観念論には、人間中心の傾向が強すぎるまがいものが含まれており、この理論はそれから解放してやらなければならない。それを取り除けば、後に残った先験的観念だけが、純粋な数学的知識の基礎にもなる(3)」

言い換えれば、ヒルベルト計画は、それをもとにすればどんなものでも決定的・最終的な形で証明できるような、一握りの論理的・数学的原則に、数学をつなぎとめるというものだった。これは、論理によって人間の直観の大半は説明がつき、それゆえ、カントの先験的観念は不要になることを意味する。カントによれば、私たちが理解している事柄のうちには、合理的に説明のつかない先験的観念というものがあり、そのせいで、なぜ人間は理解できるかを説明するためには、けっきょく、人間は人間であり、人間は人間なりのやり方で世界を認識するという事実に頼るしかないことになる。ヒルベルトは、この不合理な先験的観念と訣別したかった。

完全に透明な形で人間の知識を説明したかったのだ。

フランスの哲学者オーギュスト・コントは実証主義を打ち立てた。この哲学の学派は、経験か論理的・数学的証明を通して明確に実証できる知識だけを是とすべきだと主張する。それ以外はすべて非科学的と見なされる。コントの態度は、カントに対して非常に批判的だった。その実証主義も、ヒルベルトにしてみれば不十分だった。彼は講演の中でコントを引き合いに出し、「解決不能の問題」という問題（これは、正しいことが証明可能な知識だけを受け入れる類いの哲学が抱える問題なのだが）に関するコントの議論に触れた。「解決不能の問題の例を挙げようとして、かつて哲学者コントは、天体の化学組成を突き止めることに科学が成功することは絶対ないだろうと言った。ところが数年後、この問題は解決された。……私の考えによれば、コントが解決不能の問題を見つけられなかった真の理由は、解決不能の問題など存在しないという事実にある[4]」

思考に限界はなく、すべては理解可能で、やがて何もかも理解される時がくる。

その日ヒルベルトは、ケーニヒスベルクの二人の数学者のはからいで地元のラジオ局を訪ね、スタジオで講演の結論の部分を繰り返した。彼の言葉を電波で伝えると同時に、子孫に録音を残すためだった。コンスタンス・リードは、バランスのとれたヒルベルト伝の中でこう書いている。「マイクに向かった彼の結びの言葉は断固として力強かった――『我々は知らなければならない。我々は知るであろう』原稿から目を上げ、録音係がパチンと機械を止めるとき、彼は声を上げて笑った。ケーニヒスベルク講演の最後の部分を収録したこの録音は現存する。細心の注意を払って聴くと、最後にヒルベルトが笑うのを聞くことができる[5]」

ヒルベルトは知らなかったが、彼の講演の聴衆の中には、二四歳になるウィーン出身の無名の数学者がいた。この学者は二日前の一九三〇年九月七日、同じケーニヒスベルクの町で、同輩の数学者たちに初めて、それもまるで無頓着な様子で、自分の発見を明かしていた[6]。それは、数学の基礎を固めようというヒルベルト計画に基づいた発見ではあったが、その計画を根底から覆すものだった。この若者こそクルト・ゲーデルだ。彼の発表に注意を払う同輩数学者はあまりいなかった。彼がその発表を行なったのは諸科学の認識論に関するセミナーで、そこには当時を代表する大数学者の多くが出席していたが、彼の定理の意義がやっと彼らに理解されるようになったのは、それが論文の形で世に出てからだった。

一一月一七日、ゲーデルは自分の証明を書き記した論文を『月刊数学・物理学（*Monatshefte für Mathematik und Physik*）』誌に送った。論文は一九三一年一月に掲載されたが、前年のクリスマスイヴにヒルベルトの助手パウル・ベルナイスがゲーデルに手紙を書き、校正刷りを譲ってくれるように求めている。[7] ベルナイスがゲーデルの論文のことをヒルベルトに話すと、ヒルベルトは「いくぶん機嫌をそこねた」[8] しかし、彼は人間として、そして科学者としての度量の大きさを見せ、一九三九年、ベルナイスとともに多くの重要な専門的詳細事項を加えてゲーデルの論文を発展させた。

「我々は知らなければならない。我々は知るであろう」という言葉は、ヒルベルトの墓石に刻まれて今も残っている。[9] しかし、けっしてそうならないだろうことは、亡くなるまでに本人にも明らかになっていた。

一九一〇年から一三年にかけて、イギリスの哲学者・数学者バートランド・ラッセルと数学者A・N・ホワイトヘッドは、『数学原理』三巻を刊行した。これは、論理の法則から数学の理論をすべて演繹しようという書物だった。ラッセルは、執筆の準備をしているときに、やがて〈ラッセルの逆理《パラドックス》〉と呼ばれるようになる矛盾に出くわした。そのせいで、二人の構想は事実上、破綻した。数学には固有の矛盾があることがわかったのだ――数学というあくまで論理的なシステムから現れるパラドックスが。とりわけ、数学的な数量による自己言及を始めると厄介なことになった。しかしラッセルは、その問題は解決できると考えた。そして、見事な技術的解決法がどうやら見つかった。

一九三一年一月にゲーデルが発表した論文のタイトルは「『数学原理』およびそれに類する体系における、形式的演繹では論証不能の諸命題について」だった。ゲーデルが自分の発見を発表するにあたって直接引き合いに出したのが、ラッセルとホワイトヘッドの著書だったわけだ。

バートランド・ラッセルはあらゆる分野に通じた知者で、二〇世紀屈指の哲学者となり、哲学のほとんど全般に精力的に取り組んだ（そして、その生涯で哲学における立場を何度も大きく変えた）。その一方、『数学原理』で数学的論理の根本問題を解決したと考えるや、この分野にあっさり見切りをつけた。「数学的論理に真剣に取り組んだのは、もう五〇年も前のことだ」と彼は一九六三年に書いている。「それ以来、この分野で読んだほぼ唯一の著述はゲーデルによるものだ。もちろん、非常に重要な著述であることには気づいたが、不可解だった。もはや数学的論理に取り組んでいなくてよかったという気になった[10]」しかし、まさにそのゲーデルの著述を通して、世紀のテーマが本格的に展開し始めることになる。

「私は嘘をついている」――この言葉、嘘つきのパラドックスは、何千年にもわたってヨーロッパの思索者たちを悩ませてきた。この言葉は、もし正しければ偽りになり、偽りなら正しくなる。自分が嘘をついていると主張する嘘つきは、真実を語っていることになるし、逆に、彼が嘘をついているのなら、そう主張したときには嘘をついていないことになってしまう。このパラドックスを特化させたものはいくらでもあるが、根本はみな同じで、自己言及は問題を来たすのだ。これは、「私は嘘をついている」という主張にもあてはまるし、「有限の数の語句では定義できない数」という定義にもあてはまる。そうしたパラドックスは、じつに忌まわしい。その一つに、いわゆる〈リシャールのパラドックス〉という、数の不加算性にまつわるものがある。

ゲーデルは、そうしたパラドックス（哲学者のお好みの言葉を使えば「二律背反」）を彷彿させる命題を研究することで、数学的論理の望みの綱を断ち切った。一九三一年に発表された論文に、非数学的表現を使った文章は非常に少ないが、その一つにこうある。「この議論は、いやがおうでもリシャールのパラドックスを思い起こさせる。嘘つきのパラドックスとも密接な関係がある[11]」ゲーデルが独創的だったのは、「私は証明されえない」という主張をしてみたことだ。もしこの主張が正しければ、証明のしようがない。もし偽りならば、この主張も立証できるはずだ。ところがこの主張が証明できてしまうと、主張の内容と矛盾する。つまり、偽りの事柄を立証してしまったことになる。この主張が正しいのは、唯一、それが証明不可能なときだけだ。これでは数学的論理は形無しだが、それは、これがパラドックスや矛盾だからではない。じつは、問題はこの「私は証明されえない」という主張が正しい点にある。これは、私たちには証明のしようのない真理が存在するということだ。数学的な証明や論理的な証明では到達しえない真理があるのだ。

ゲーデルの証明をおおざっぱに言うとそうなる。[12] もちろん、もともとはもっとずっと形式的な言葉ではるかに厳密な形で述べられていた。ゲーデルは、一つ一つの命題に数字を割り振り、命題が番号で指し示せることを立証した。そうすることで、自己言及する命題を、数字による自己言及の問題に置き換えた。つまり「この命題は証明できない」という命題を、「○○番の命題は証明できない」と言い換えて、○○の部分にその命題自体の番号を組み込んだのだった。これは単純だがとても深遠なアイデアで、それをもとにすれば、論理のシステムが自らの一貫性を絶対に証明できないことが明らかになる。論理の体系や言語の真理、正しさは、内側からはけっして証明できない。その系の外側に立って、「これは首尾一貫している。つじつまが合う」と言うしかない。一貫性と矛盾のなさは、ある系の内側からはどうにも証明のしようがないのだ。

これについて、後に数学者アンドリュー・ホッジズは次のように述べた。「ゲーデルの特異な主張は、証明不能だから、ある意味で正しい、というものだった。だが、『正しい』と断言するには、言ってみれば、その系を外側から眺められる観察者が必要になる。公理の系の内側で努力しても証明することはできない」[13]

論理は人間なしでは成り立たないのだ。

ゲーデルの沈黙

「人はゲーデルの定理を否定的なものと考えることが多い」一九八八年、イギリスの数学者ロジャー・ペンローズはそう述べた。[14] ゲーデルの発見は普通、人間にできないことといっさいの象徴と捉えられている。あるいは、デンマークの哲学の文献から言葉を借りれば、「無力の公理」となる。[15] 実際、ゲーデルの証明は、無力の証明でもある。だがそれは、人間の無力ではなく、論理の無力の証明だ。

人間は自らの思慮分別の貧しさからけっして免れることはない。だがゲーデルは、自分がどうやって知りえたのかわかる以上のことを人間が知っているのを証明したのだ。人の知性が論理的手段に導かれてどれほど進んでいっても、直観的洞察には遠くおよばない。ゲーデルの定理は、人間の頭脳の創造性に対する、比類のない賛辞と言える。

しかし、歴史的状況の中では、ゲーデルの発見は、新しい時代の幕開けよりも古い時代の終焉を思わせた。ヒルベルト計画は、たんに、二〇世紀初頭の科学哲学に蔓延していた自信過剰が数学という分野で表れたにすぎない。コントの実証主義は、経験か論理的な演繹によって明確に裏づけられない知識を、いっさい否定した。この哲学は一九二〇年代のウィーンで、論理実証主義という線に沿って洗練され、磨きをかけられていった。一群の哲学者と数学者によって、実証主義的必要条件は、知識は実証できて初めて真面目に受け止められるというものにまで研ぎ澄まされた。人は、正しいということを証明できなくてはいけなかった。

皮肉にも、こうした洗練の結果、実証主義は壊滅した。この必要条件は、一連の観察から一般的法則を導き出すという、自然科学で用いられる帰納法と折り合いがつかなかったからだ。なにしろ、次に観察される現象が、想定してみたばかりの法則に反するかどうかは知りようがない。

実証主義がこのような形で崩壊したことは、ゲーデルには少しも不思議ではなかった。彼もウィーンの学者たちの集まりには出席していたが、数学に関する彼の哲学のもとをたどるとカントに行き着く。そのカントは、人間は自分の知っていることすべてを証明するのは不可能で、知識のいっさいは証明不能の前提条件（先験的観念のカテゴリー）に基づいていることを受け入れるしかないと力説している。

だが、ゲーデルはたんに実証主義の敵だったわけではない。プラトン主義者でもあった。数学が扱う数量に関する彼の考え方は、紀元前四〇〇年ごろにイデアの哲学を打ち立てたプラトンに由来していた。プラトンのイデア論によれば、人間が五感を通じて知覚する現実の裏には真の実体があり、それは根源的原理〈イデア〉から成り、人間が認識する現実は、たんにそのイデアの印象にすぎないことになる。しかし、真の実体は、私たちが気づこうが気づくまいが存在する。

二〇世紀の初め、この見方は、大半の数学者の見方と真っ向から対立していた（が、今日ではるかに広範に受け入れられている）。ヒルベルトは、数学とは一種のゲームであり、その正しさを形式上の一貫性を通して示すものと考えた。ラッセルは数学を、応用論理学のたんなる一形態と見なした。ほかの学者、たとえばオランダのロイツェン・ブラウアーは、数学的な数量は人間の営みを洗練したもの、つまり直観だと考えた。

ところがゲーデルの考えによれば、そうした数量の実体は、首尾一貫していると人間が証明できるかどうか、また、理論的に証明したり実践に応用したりできるかどうかとは、いっさい関係がない。整数などの数学的数量は、人間がその存在に気づくはるか以前から、どこか「我々の周り」に存在しているというのだ。

ゲーデルはこうした見方を一九二〇年代なかばから一九三〇年代を通して堅持した。これはちょうど彼が、数学の論理で次々に重大な成果を上げていた時期に重なる。彼は、その見方が自分の科学的業績に不可欠だと考えていた。しかし、それについて論じることはなかった。生涯を通じて哲学は彼の主要な関心事だったにもかかわらず、彼は自分の哲学的見解を発表することは、ついになかった。一九四四年になってようやく、彼の見解は、ラッセルのための記念論文集を通じて公の目にさらされることとなった。数学者で哲学者のソロモン・フェファマンは、その論文に関してこう述べた。「ヒルベルトは一九四三年に亡くなった。ゲーデル出現（一九四四年）の前年である」[16]

「ゲーデルの業績を網羅する書物を近々刊行することになり、彼を紹介する章を準備しているうちに、強い感銘を受けたことがある。それは、ゲーデルが数学の客観的基礎に関してプラトン主義[17]の確固たる信念を抱く一方で、その信念を明かすにあたっては、じつに慎重だったことだ」ゲーデルの論文集の主席編集者だったフェファマンはそう書いている[18]。

この沈黙に対して、ゲーデルはどんな代償を払ったのだろう。彼は、自分の洞察の源を多くの人に漏らすことはなかった。自分がこの世界についてどんなことを信じているかを直接打ち明けたりしなかった。自分が証明できることだけを語った。

ゲーデルは世間から隔絶した暮らしを送り、ごく一握りの人しか信用せず、鬱病と過労の治療のために何度かサナトリウムに収容されている。彼は引っ込み思案で疑い深かった。自分の健康を気にしていながら、医者がかかわってくる状況では、その傾向がとりわけ目立った。鬱病はしだいに悪化し、一九七〇年代にはパラノイアに発展し、毒を盛られるのを恐れる典型的な兆候を示した。一九七七年、妻が入院し、食事の世話をしてやれなくなると、事態は急を告げた。彼は看護婦にもドアを閉ざし、一九七八年一月一四日、胎児のような姿勢で亡くなった。死因は「人格障害」に起因する「栄養失調と衰弱」だった[19]。

これまでに論理的思考から生まれ出てきたあらゆる事象、形式的演繹によって証明可能なあらゆる事象の範囲を超えていく人間の頭脳に対して、ゲーデルはじつに美しい賛辞を示した。しかし、その賛辞は、歴史的視点からは、無力の主張、技術的で瑣末な事項、科学への過剰な信頼に対する局地的反抗と見なされた。ゲーデル自身は次のような言葉を受け入れていた。その言葉は、記号論理学者ハオ・ワンによって現代に伝えられている。「哲学においては、ゲーデルは、世界とその構成要素とその組成の規則を見晴らす新しい見地に到達することを目指したが、ついにそれはならなかった。哲学者の何人か、とりわけプラトンとデカルトは、生涯に何度か、日常の世界観とは完全に異なる、この種の直観的展望を得たと主張している[20]」

ゲーデルにも間違いなくそのような啓示的瞬間があったはずだ。しかし、彼はとてもそれを語る気にはなれなかった。そこから明白に語れることだけしか、あえて明かそうとしなかった。自分に啓示されたことを、それが外側から見える形でしか、あえて人には打ち明けなかった。社会の自分以外の人々から見える形でしか。だが、それだけでほかの人間もその洞察を得ることが可能になったのは、まさに数学の奇跡と言える。

チューリング・マシーン

一九三五年の春、アラン・チューリングは二三歳だった。博士課程を修了したばかりの彼は、イギリスのケンブリッジで数学者M・H・A・ニューマンが行なった、数学の根本的問題をテーマとする講演に出席した。ヒルベルト計画を出発点とする講演だった。ニューマンは、ヒルベルト計画の核心が道理に合わないのをゲーデルが明快に示したことを語った。しかし、ゲーデルも解決しなかった疑問が一つ残っていた。ヒルベルトの、いわゆる〈Entscheidungsproblem（決定可能性の問題）〉だ。

この問題は、逆方向を向いている。特定の命題について語る数学の系があった場合、その系からその命題を演繹しうるかどうか決定できるだろうか。どんな閉鎖系においても、答えようのない疑問が起こることをゲーデルはすでに示した。正しいけれど演繹不可能な命題が発生するのだ。これは数学の命運を決する事実だった。なぜなら、数学のいっさいがすっぱりと解決されるという夢が、実現不可能なことが実証されたからだ。

特定の命題が演繹しうるかどうか決定する問題は、数学者より技術者にはるかに適しているように見える。個々の具体的な疑問にかかわる問題だからだ。もちろん、この問題は数学者の関心事でもあるが、それ以外の人間には、すべてを証明することはできないという根源的な問題そのものに比べると、重要性の点ではるかに劣るように思えて当然のはずだ。だが、そんなことはない。この問いはいかにも退屈なもののように思えるかもしれないが、答えは断じてそんなことはなかった。

答えがあるかどうか調べるために、数学の問題に応用できるような、何らかの「機械的プロセス」を考案す

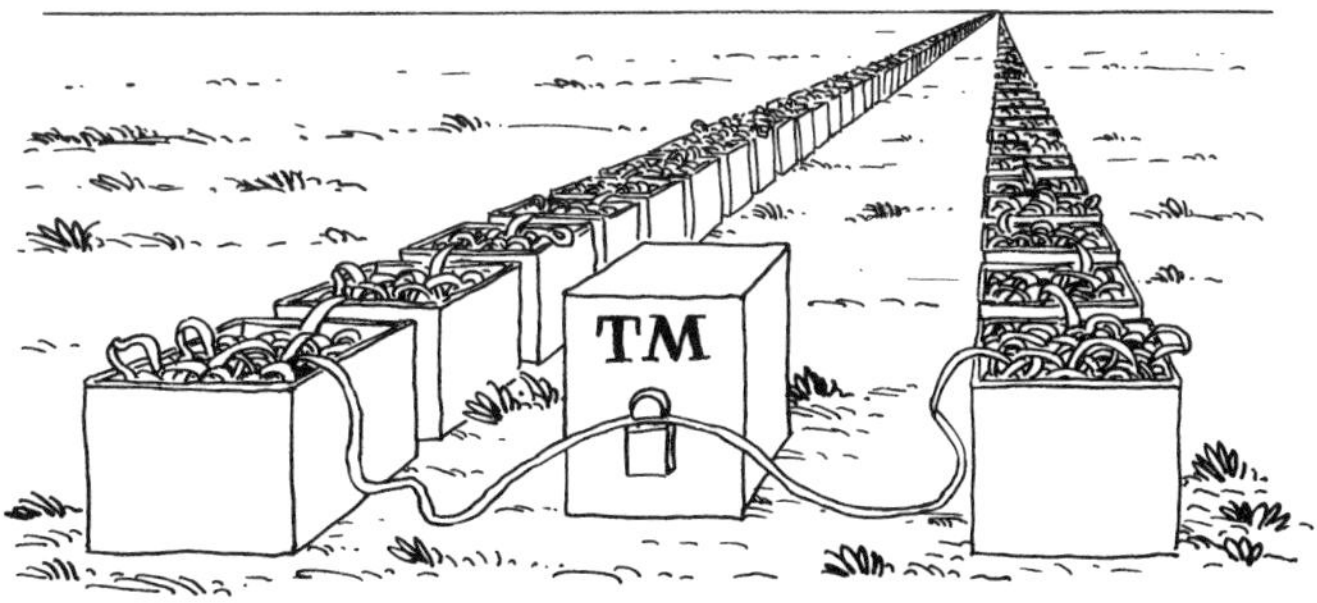

図４　チューリング・マシーン――コンピュータの論理的先駆け。無限の記憶を持つ単純な論理機械

ることは可能だろうか、とニューマンは講演の中で尋ねた。根本的には、ヒルベルトもずっとそれを問い続けていたのだ。一理論から特定の帰結を演繹できるかを判断する方法はあるだろうか、それも、できればあまり想像力が必要ではなく、非常に機械的な手法が。そうした手法のことを、数学者はアルゴリズムと呼ぶ。

「機械的プロセス」か、とチューリングはニューマンの言葉に思いを巡らせた。そして、様々な機械を思い浮かべた。計算のできる機械を考えた。一九三五年当時にも計算機はあったが、とりたてて人の興味を引くようなものではなかった。そこでチューリングは機械のための原理を考えた。数学の問題を解決し、ある命題が一つの理論体系から導き出せるかを判断できるような機械を作るには、何が必要なのだろう。

たいしたものは必要ではなかった。チューリングは単純な論理機械を発明した（図４）。もっともその機械にできることはごく限られていた。ほんのわずかな指示に従い、書いたり読んだり記憶の訂正をしたりできるだけで、タイプライターと大差はなかった。

だがチューリングは、自分の論理機械に無限大の記憶を装備した。無限の長さを持つ巻紙に活動を記録し、その紙を自由自在に進めたり戻したりすることで、ちょうどタイプライターのように、一度に一か所を対象に作動する機械を思い描いた。この無限の巻紙（リボン、あるいはテープ）には情報が無限に記されうるので、指示に従って動く様子が、どんなにぎこちなくてもかまわなかった。記憶の容量も、時間もたっぷりあるからだ。

このような単純な機械（今日〈チューリング・マシーン〉と呼ばれるもの）が、ヒルベルトの演繹の問題の多くを実際に解決できることにチューリングは気づいた。それはまさに、数学のあらゆる構成概念を数字に見立てて扱うという、ゲーデルが発明してくれた明快な論理的手法のおかげだ。チューリング・マシーンは、どんな種類の算術問題でも解ける万能機械だった。実行可能だとわかっている計算はすべて計算できるので、この機械は計算機の原則を純粋で一般的な形で具現化したことになる。

だが、チューリングはすぐ、別のことに気づいた。この計算機が理解可能なやり方では作業をやり遂げられないようなアルゴリズムが書けるのだ。この機械には到達しえない数量があった。その数が大きすぎるからではなく、アルゴリズムがあまりに不可解な場合だ。機械がその数に行き着くかどうかは、実際に行き着くまで判断のしようがない。しかも、行き着くまでには無限の時間がかかるかもしれない。したがって、有限の期間内では、機械が結果にたどり着くかどうか、知りようがないのだ。

これは、ヒルベルトの決定可能性の問題が解決不能であることを意味している。ある数学の系から何でも演繹できるかどうかを判断してくれるアルゴリズムは、作りえないのだ。これは、それ自体、非常に重要な結論だ。偶然にも、チューリングと時を同じくして、アメリカの論理学者アロンゾ・チャーチが独自にこの結論に至っている。

だが、チューリングの発見に関しておもしろいのは、彼がある夏の日に牧場に寝そべっていて、一度に二つのことに気づいた点だ。数学者アンドリュー・ホッジズはチューリングの伝記の中でこう書いている。「アランは、数学のあらゆる問題を解決できるような『奇跡の機械』などないことを立証したが、その過程で、それとほとんど劣らぬほど奇跡的なことを思いついた。どんな機械の仕事も代行できる万能機械というアイデアだ」(21)

チューリングは計算のできる機械のための理論を生み出した。数年後、第二次世界大戦が勃発し、電子計算機の緊急開発に必要な資金や資材、人材が結集されることになった。とくにイギリスとアメリカでは、それが著しかった。イギリスでは、チューリングの指揮のもと、ドイツの秘密暗号を解読するために電子計算機が使われた。アメリカでは、原子爆弾の製造にも電子計算機が使われた。

第二次世界大戦以後、コンピュータは一般大衆のものとなった。無限の可能性を持つコンピュータを使えば、この世の中を制御し、何から何まで監視・統制できるようになるという考えが、人間の頭を占めるようになってから、今ではもう何十年にもなる。しかし、人間にはすべてを計算することはできないことにチューリングが気づいたその瞬間にこそ、コンピュータ計算の概念と理論が発明されたというのが実際だろう。人間の頭脳が万能計算機のアイデアを考案することができたのは、すべてを機械的に計算したりはできないこと、事前にではなく答えられたときになってようやく回答可能とわかるような質問があることが明らかになった、まさにそのときだった。

両者の関係の深さは、まったくなじみのないものに思えるかもしれない。チャーチ-チューリングの提唱は、すでに計算されたことのあるものは何でも計算できると述べているにすぎない。人は、自分にできるのがわかっていることは何でもできる。そして、それ以上できるかどうかは、できるまでわからないのだ。

あらゆる場所にコンピュータが使われている今日、この発見は、「一般に、いつコンピュータが特定の計算をし終えるかを判断できるか」という〈チューリングの停止問題〉の形としてのほうがよく知られている。答えは、ノーだ。いつコンピュータが計算を終えるかを前もって知ることはできない（もちろん、すでに試みたものであれば話は別だが）。

同様に、はたしてコンピュータが特定の計算を終えることができるかどうかは、実際に終えるまでわからない。計算が終わるのか、それとも永遠に続くだけなのかは、答えが出るまで知りようがない。

もちろんこれは、日常生活の単純な足し算の場合にはあてはまらない。人は、そういう計算ならたっぷり経験がある。しかし、足し算にはあてはまらないとわかるのは、経験があるからにほかならない。まだ知らなかったことを何でも教えてくれるような、重要な万能の論理的ルールなどありはしない。チャーチ＝チューリングの提唱やチューリングの停止問題からは、人は経験を通してでないかぎり何も学びえないことがわかる。何が起こるかを予測するすべはない。

この点で、コンピュータは真実の探求者や幼い子供に似ている。私たちにできるのは、「終わった！」という声が上がるのを、ひたすら待つことだけなのだ。

ゲーデルからアルゴリズム複雑性へ

「多くの数学者が、数学の現状を身内にしか明かしたくないと思っているのではないか」一九八〇年、確実性を失った数学についての自著の序文でモリス・クラインはそう書いている。「この苦境を公にするのは、たしなみのないことに思えるかもしれない。結婚生活で抱えている問題を口外するようなものだ[22]」

事実、この危機がほとんど波風を立てないままに多くの年月が流れた。ルーディ・ラッカーは、一九八七年に刊行した本の中で、この間の出来事を次のようにまとめている。「ゲーデルの定理は、人間の思考が従来考えられていたよりも複雑で非機械的なことを明らかにしたが、一九三〇年代にひとしきりもてはやされたあとは形骸化し、専門的な数学の一項目となった。この定理は、記号論理学界の私的財産となり、それが実世界と関係があるかもしれないという意見は、いつも学者たちから白い眼で見られた[23]」

哲学者の態度もこれと大差はなかった。ただし、一九三〇年代初めに、ポーランドの哲学者アルフレッド・タルスキーがゲーデルばりの議論を展開して、ある系の実態はその系自体の中からはけっして演繹できないことを示してはいる[24]。

しかし、ゲーデルの定理はやがて広く知られるようになった。これは、一九七九年にアメリカのコンピュータ科学者ダグラス・ホフスタッターが著した、非常に美しく、難解で、有名な『ゲーデル、エッシャー、バッハ』[25]に負うところが大きい。この作品の中でホフスタッターは、同時代の人に作品が数学的すぎると目されていたヨハン・セバスティアン・バッハ（一六八五〜一七五〇）と、いまだに同輩芸術家の間では正当に評価されていないグラフィック・アーティストのモーリッツ・エッシャー（一八九八〜一九七二）と、ようやく多くの人に知られつつあるクルト・ゲーデル（一九〇六〜一九七八）とが、よく似た関心を抱いていたことを指摘した。

　ゲーデルが衆目を集めるようになったのには、もう一つ別の理由もあった。それは、彼が指摘した現象が、古代ギリシア人の一風変わったパラドックスにだけあてはまるものでないのが明らかになったことだ。証明不能性と決定不能性は、私たちの世界の基本的な特徴なのだ。

　一九六〇年代にゲーデルの定理はさらに発展し、アルゴリズム情報理論、アルゴリズム複雑性、アルゴリズム・ランダム性など、いくつかの名前を与えられたが、どの名前を選ぼうと、その父と呼べる人物は決まっている。レイ・ソロモノフとアンドレイ・コルモゴロフとグレゴリー・チャイティンの三人だ。

　彼らの理論が複雑なものかというと、名前ほどでもない。実際、その理論のおかげで、ゲーデルとその後継者たちの発見したことが何であるかを、はるかに単純に表現することが可能になった。三人がランダム性の正体を気の利いた形で定義しているからだ。これは重大なことだ。なぜなら、その定義から、秩序とは何かという問題の手がかりが得られるからだ。

　その出発点は数にある。ランダムな数とは何だろう。前述の三人は数学者なので、二進数が大好きだった。二進数とは、たとえば 010110100110 のように、0と1から成る数だ。目が痛くなるような数ではあるが、最初のほうにピリオドを打って、たとえば 0.10110100110 とすれば、おなじみの小数に似てくる。これはランダムな数だろうか。これはただ、二進法の数をランダムに書き連ねただけだ。だが、たんなる偶然の結果と言えるだろうか。

コインを二二回放り投げて、表を1、裏を0として書きとめることもできたはずだ。そうすれば、間違いなくランダムな数になったのではないか。実際にやってみればいい。1000100000111。いや、ごまかしはなかった。たしかにコインを二二回放り投げてみた。だが、もう一度やってみれば、たとえば1100110100000のように、確実に別の数になるだろう。

もちろん、まったく違うこともできた。たとえば、二進数についての知識を試すテストをすることもできた。0.0101010101010101などと書いてみればいい。この数字はあまりランダムなもののようには見えない。01の繰り返しだ。そこで、「0、ピリオド、01を六回」というふうに、もっとずっと単純に表現できる。しかし実際には、これはずいぶん回りくどい言い方だ。[26] それ以上に簡潔に表現できる。この数字は、1/3を二進法で表したものだ。十進法の0.428571428571は3/7、1111111111111111は、「1が一八回」となる。ようするに、非常に簡潔に表せる数字があるのだ。1234567891011121314151617181920は、「1から20までの数字の羅列」と書くことができる。

だが、コインを投げた結果は、もっと簡潔に表せるだろうか。いや、それは無理だ。なにしろ、互いにまったく独立した、二二回連続の出来事の結果を表したものだからだ。次の桁に0と1のどちらが現れるかを決めるシステムなど存在しない。たしかに、0と1がたくさん並んでいれば、両者の数がほぼ同じだろうことは予測がつく。表と裏が出る回数は、ほぼ同じはずだからだ。しかし、その順序はランダムだ。そこには何の秩序もない。

もちろん、コインを二二回投げて0101010101010101という順になり、非常に簡潔に表現できることもあるだろうが、めったにそうはならない。何千回もやらなければ、ちょうどそういう順にはならない（それは、どの特定の順にしても同じだ）。とてもやってはいられない。ということで、ランダムな数は簡潔に表しようのない数字ということになる。しかし、表せる数字もある。たとえば、0.428571428 57は3/7と書ける。このように、ランダムな数と秩序ある数とを区別できる。ランダムな数とは、それ以上簡潔に表せない数、秩序ある数とは、より簡潔に表せる数となる。秩序とはそういうものだ。

三人の理論は、このように秩序とランダム性に関してたいへんすばらしい理論があることを物語っている。ランダムなものは、アルゴリズムによってそれ以上簡潔に表すことはできない。ランダムな数は、それ自身よりも簡潔に表せない数だ。

その逆があてはまるのが秩序ある数だ。3/7は一種の数式で、0.428571428 57という数字の連続を得る方法を示すアルゴリズムと言える（ただし、最初の一二桁だけで間に合わせるという暗黙の了解のもとでだが）。だからこの数字の列は、0.328571428 77よりもランダム性が低い。後者は前者に含まれる数字を二つ変えただけなのだが、おそらく単純な分数の形では表しえない。だが、そう言いきれるだろうか。0.328571428 77は単純な分数なのに、私たちがうかつにもそれと気づいていないだけかもしれない。読者のうちには、0.328571428 77を表すアルゴリズムで、この数自体よりも短いものを見つける人がいるかもしれない。そうなれば、この数の列はランダムなものではないことになる。だが、それまでは、ランダムなものと考えておいてさしつかえない。しかし、明敏な読者が何を思いつくかは知れたものではない。そして、ある意味では、それこそゲーデルが証明したことなのだ。

私たちは、ある数字がランダムなものかどうか、つまり、もっと簡潔に表現しうるかどうかを判定する方法を示してくれるような一般原則を明示することはできない。ある数がもっと簡潔に表しうるかどうかは、結果がわかって初めてわかる。それまでは、判断のしようがない。

ランダムな数は秩序ある数よりもはるかに多い。ほとんどの数は、それ以上簡潔に表せない。「(願わくば)ランダムな」数を生み出したときのやり方を考えれば、それは直観的に理解できる。「秩序ある」数（3/7）

を選び、小数として書き記し、二桁の数字を変えただけだ。結果は「(おそらく)ランダムな」数だった。だが、別の二桁を変えることもできたし、実際に変えた二桁を、まったく別の数に変えることもできた。その結果も(おそらく)また「ランダムな」数になっていただろう。(ここで肝心なのは、「ややこしい」数を作る方法を説明するアルゴリズムが、その数自体よりも簡潔に表せることがあってはならない点だ。そうでないと、厄介なことになる。0.328571428 77 は、$3/7-0.1+2\times10^{-10}$ と表せるが、これは数自体よりももう少しで短いくらいだ。もし短かったら、まったくランダムではなくなってしまう。)

ある数がもっと簡潔に表しうることを根拠に、それがランダムな数ではないと証明することはできる。それを表すアルゴリズムを示しさえすればいい。だが、より簡潔に表しえないと言うのは不可能だ。それがゲーデルの発見だった。秩序があるかどうかは、秩序が見えたときに断定できる。しかし、秩序が見えないからといって、秩序がないとは言いきれない。そして、この点に関しては、どんな数学も論理学もコンピュータも助けにはならない。秩序あるものは秩序がある。だが、そうでないものについては、なんとも言えないのだ。

もちろん、ソロモノフとコルモゴロフとチャイティンの三人は、こうした考え方をもっと詳しく説明している。一連の数字を表す最短の方法は、その数を機械にプリントアウトさせる最短の命令の方法でもある。ランダムな数は、それに含まれる数字を全部順番に入力しなければならない。一方、0.428571428 57 のような数ならば、もっと簡潔に $3/7$ と入力できる。

ということは、一連の数字に関するアルゴリズムの情報内容を、チューリング機械にその数をプリントアウトさせる最短のアルゴリズムと定義すればいいわけだ。この概念は、アルゴリズム複雑性、あるいは、アルゴリズム・ランダム性とも呼ばれている。

しかし、それではランダムな数は秩序ある数よりも多くの情報を持っていることになってしまうではないか、という異議が出そうだ。だが、じつはそうなのだ。情報内容は、メッセージ伝達の難易度を示している。電話では、コインを一二回放り投げた結果を説明するには、3/7という数を伝えるよりも長い通話が必要となる。無秩序なものはそれ以上簡潔には言い表せないからだ。

情報は、熱力学における無秩序の尺度であるエントロピーと結びついている。「一二回投げること」というマクロ状態は、「3/7」というマクロ状態よりも多くのミクロ状態（二進法の数字）に呼応している。コインを一二回放り投げることのほうが、多くの情報を持っているのだ。

ランダム性は、無秩序という表すのが難しいものの尺度だから、情報量はランダム性の尺度となる。情報量は意外性の尺度だ。秩序より無秩序のほうが多くの意外性を持っている。実際、これこそが秩序の意味だ。秩序立っているがゆえに私たちを驚かすことができないもの、それが秩序だ。

情報に関するシャノンの考え方は、こうして特異なものから理解可能なものに変わる。情報は、コンテクストを知ったとき、すなわち、どのマクロ状態とミクロ状態について語っているのかが明らかになったとき、初めて定義される。情報は、何をもって秩序とするかが説明されてようやく定義される。

ゲーデルの定理は、何かランダムなものに秩序があるかどうかは、ぜったいにわからないことを示している。私たちの目に留まっていない秩序がありうるのだ。ある無秩序の中にどれだけ情報があるかを知るには、すでにその無秩序の中でどれだけ秩序が発見されているかを知らなければならない。情報の受け取り手がどんな秩序を発見したかを知るまでは、その情報を定義することはできない。情報はコンテクストを知らずには定義しえないのだ。それは、情報に関する私たちの概念に問題があるからではなく、秩序とランダム性の概念にはどうしても主観の要素が入り込んでくるからだ。

ソロモノフとコルモゴロフとチャイティンは、それぞれ独自にアルゴリズムの情報理論に行きついた。二〇世紀屈指の数学者アンドレイ・コルモゴロフはモスクワで、レイモンド・ソロモノフはマサチューセッツ州ケンブリッジで、グレゴリー・チャイティンはニューヨークで、それぞれ研究していた。なかでもチャイティン

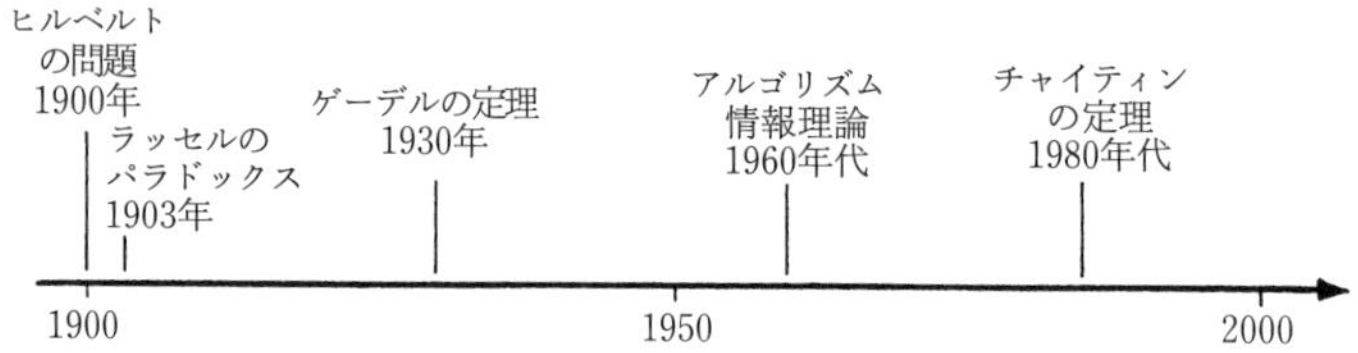

図5　二〇世紀の記号論理学における主要な出来事

は、その理論をさらに追究していった。この理論が誕生した一九六〇年代、チャイティンはニューヨーク市立大学で学んでいた。今は、ニューヨークにほど近いヨークタウン・ハイツにあるIBMの研究所で働いている（ロルフ・ランダウアーとチャールズ・ベネットもそこに勤務している）。

ゲーデルは、一連の限りある公準あるいは公理から成る形式的体系は、どんなものであっても、不完全な命題を必ず含んでいることを示し、チャイティンは、ゲーデルの発見した事柄が自然であり、簡単に理解できることを証明した。そうした系は、内側から探究し尽くすことは不可能だ。形式的証明の手法だけに頼ると、その系を完全に知るまでにはけっして至らない。

「ゲーデルの定理は、情報理論の趣を持つ議論を使って立証できるかもしれない」とチャイティンは書いている。「そのようなアプローチをとれば主張できるのだが、もしある定理が、一組の特定の公理よりも多くの情報を持っているとすれば、その定理がそれらの公理に由来するはずがない。嘘つきのパラドックスに基づく従来の証明とは対照的に、この新しい視点に立てば、ゲーデルが発見した不完全性の現象が異常でも不自然でもなく、自然で一般的であることがわかる[27]」

チャイティンは、自分の定理をゲーデルの定理の延長として導き出した（図5）。彼は、チューリングの停止問題から始めた。ある問題をいつコンピュータが解決して停止するかを知ることができるか、というのがこの停止問題で、その答えは、コンピュータが停止したとき初めて知ることができる、だ。

チャイティンは、チューリング・マシーンが完全にランダムなプログラムを与えられたときに、解答を見つけたために停止する確率がとれだけあるか、考えてみた。そして、その確率は知りえないことを証明した。それを計算することは不可能だ。その確率はオメガという名前で呼ばれる数値になる。オメガは0と1の間のどこかに位置するが、けっしてその値を知ることはできない。これはつまり、整数に関する理論そのものがランダム性に満ちているに違いないことを意味する。チャイティンは、それを証明した。数論はランダムな要素を排除して説明することは不可能だった。

今日、数理科学を論評させたら、明晰さでイギリスの数学者イアン・スチュアートの右に出る者は、まずいない。そのスチュアートが一九八八年、『ネイチャー』誌に次のように書いている。「数学の土台にとって、そしてまた、数学の科学への応用に関する哲学にとってさえも、今世紀は幻滅の世紀だった。独りよがりの仮定が数学者たちの目の前で次から次へと吹き飛んでしまった。形式的体系に基づく算術の構造は厳密で整然としたものであるという仮定は、じつは時限爆弾だったことがわかり、チャイティンがその起爆装置のスイッチを入れたところだ[28]」

同じ年、チャイティンは『サイエンティフィック・アメリカン』誌にこう書いた。「ゲーデルの不完全性定理とチューリングの停止問題と私自身の研究は、数学にどんな影響を与えたのだろう。おおかたの数学者がその結果を無視したというのが真相だ。もちろん彼らも、公理の組み合わせはいかなるものであろうと公理の数に限りがある以上、不完全であることに、原則として賛成しているが、実際には、自分の研究には直接当てはまらないとして、この事実を退けている。しかし、遺憾ながら、当てはまる場合もあるのだ。ゲーデルのおおもとの定理は、実際にはたいして興味を引かないような、変わった数学の命題にしか当てはまらないように見えたが、アルゴリズム情報理論によって、不完全性とランダム性が自然で普遍的であることが明らかになった[29]」

どうやら数学は、数学者たちだけに任せておくには、あまりに重要すぎるようだ。これにはチャイティンもきっと同意することだろう。「多くの数学的問題が何百年も、いや何千年にもわたって、未解決のままになっている事実が、私の主張を裏づけていると言える。数学者はそうした問題が解けないのは、自分たち自身のせいだと思い込んでいるが、原因が彼らの公理の不完全性にある可能性はないだろうか」とチャイティンは述べ、さらにこう続けている。「これはほとんどの数学者には馬鹿げた提案に思えるかもしれないが、物理学者や生物学者には、そう不条理なものには見えないかもしれない[30]」

マックスウェルの魔物はいつ何を知るのか

「ウォーターゲート事件のときに発せられた問い（訳注　ウォーターゲート事件の公聴会でハワード・ベーカー上院議員が「大統領は何を知っていたのか、いつそれを知ったのか」と発言した）をもじると、こうなる。マクスウェルの魔物は何を知っているのか。そしていつそれを知るのか」一九九〇年にサンタフェ研究所で開かれた、複雑性とエントロピーと情報物理学のセミナーの開催にあたっての講演で、ヴォイチェフ・ズーレクは、熱心にそう述べた。ズーレクには答えがはっきりわかっており、その二年前、このグループの最初の会議ですでにそれを説明している。そのときの講演の題は「アルゴリズム情報内容、チャーチ‐チューリングの提唱、物理的エントロピー、そして、マクスウェルの魔物[31]」で、彼の発想は、それまでは本質的に異なると思われていた、これらの物理学と数学の分野を結びつけるものだった。

ランダウアーとベネットも聴衆の中にいたが、ズーレクは、マクスウェルの魔物の問題に対する二人の解答をまず引用した。魔物の抱える問題は、知った事柄をすべて忘れることであるという解答だ。魔物は、スピードの速い分子を片側の部屋に入れられるように、容器の中のすべての分子の居場所と動き方をいったん計測したら、たしかに利益を上げるが、同時に途方もない量の情報を取り込んだことになる。問題は、シラードが、そして後にブリルアンが考えたように、分子の位置を計測することではなく、魔物が得た知識にあった。ランダウアーは、この情報を処分するのにコストがかかることを証明し、ベネットは、そのコストのおかげで熱力学の第二法則が破綻を免れることを証明した。魔物は永久機関の動力供給源にはなりえないのだ。

だが、そこでズーレクにある考えがひらめいた。もし魔物がとても利口で知識を圧縮できたとしたらどうだろう。分子の運動を非常に簡潔な形で記述できれば、記憶を再び空にするのにたいしたコストはかからないのではないか。たとえば、スピードの速い分子がすべて、ある特定の場所（たとえば容器の底）にあると記憶しておければ、それを記述するのにあまりビット数を必要としないし、忘れるときのコストも低くてすむ。とすれば、この頭のいい魔物には、永久機関を作り、私たちの世界観を根底から揺るがせることが可能にはならないだろうか。

ズーレクは、自分がこの問題をどう解決したかを喜々として説明した。魔物が利口だといっても限度がある。物理的な限度が。分子のパターンを、あるがままよりも簡潔に記述することはできない。そして、物理学の法則によれば、物がとりうる複雑さの最低限度も決まっている。

すべての分子が容器の左側の部屋に集まっている状況を記述するのには、たしかに多くのビットは必要ない。しかし、物理的にそのような状況はほとんどありえない。それこそ、利益を得ようとする魔物が、巧みな試みを通じて実現させようとしている状況そのものだ。そこで魔物は、平衡状態にある分子の集まりには、つねに無秩序があるという事実を念頭に置かざるをえないし、実態よりも簡潔にこの無秩序を記述できないという事実にも逆らいようがない。平衡状態からの逸脱も起こるが、稀であり、長い目で見ればまったく無意味だ。

こうして、ズーレクは物理的無秩序を記述の問題に翻訳した。この操作のカギとなったのが、アルゴリズム情報理論だった。分子の巨大な集合体は、非常に長い数字の列として記述しうるからだ。この数字の列は、すべての分子を徹底的に計測することで得られる。これらの数字の複雑さは、分子の状態の複雑さを反映していなければならない。熱のランダムな運動を相手にしているからこそ、分子の運動を説明する数字もまた、ランダム性をたっぷり含まざるをえない。そうしたランダム性の大きな特徴は、思うままに簡潔に記述しえない点にある。

そこでズーレクは、アルゴリズム情報理論を使って物理的なランダム性を最短の記述の長さに翻訳した。そうすることで彼は、魔物が「頭を冷やしておく」にはどれだけの情報を捨てなければならないかを測る尺度を得た。この尺度は、その記述をまとめることで魔物が成し遂げる仕事と見なすことができる。熱力学の第二法則が破綻しないためには、分子のランダム性がそれを表す記述のランダム性に反映されていなければならない。反映されていれば、その記述は長いものとなり、それをまとめることによって得られるものよりも、コストのほうが大きくなる。

ズーレクは、クラフト不等式という式を使った情報理論の定理が熱力学の第二法則を救ってくれることを発見した。「聡明なマクスウェルの魔物でも成功しえないことを示してくれたのが、熱力学の第二法則成立の一世紀後に、コミュニケーション理論という非常に異なるコンテクストの中で提案された定理だったとは！」[32]と、ズーレクは熱を込めて語った。本質的に異なる研究分野を結びつけるこのすばらしい例に、聴衆がざわめき、拍手喝采し、この発見の喜びを分かち合っている間に、ズーレクは数か月前、あるアメリカの大学の聴衆に自分の成功を語ったときの講演の話を始めた。

「そのとき、ある人が質問をした。よくある、答えようのない質問だ。それも、非常に鋭い質問だった」とズーレクは言い、その日の朝からずっと、エントロピーは主観的な概念にすぎないのに、どうして自分の車がそれに興味を示すのかと尋ね続けている物理学者の顔を愉快そうに眺めた。

ほどなくして、聴衆はその質問をしたのが、ヴァンクーヴァー出身のウィリアム・ウンルーであることがわかった。ウンルーは、明敏な生意気さを持つと評するのがぴったりの、物理学のりっぱな系譜に属している知りたがり屋《ハイル・ヴァルム》さんだ。ゲーデルも子供のころ、そう呼ばれていた。この会合でもウンルーはハイル・ヴァルムの役を見事に演じた。「もし魔物が非常に利口で、計測する余裕のある分子だけを計測し、ほかの分子はあっさり忘れてしまったらどうなるのか」ウンルーはそう尋ねたが、ズーレクはそのときは答えられなかった。答えが浮かばなかったからだ。
しかし、サンタフェでの集まりのときには、もう答えを用意してあった。論理的順序を追って詳細に分析した結果、答えは非常に単純であることがわかった。当然ながら魔物は、記憶しておく余裕のない分子のことはすべて忘れるしかなかった。そして、忘れることにこそ、ほんとうにコストがかかるのだ、とズーレクは説明した。「そのとおり！」ウンルーに先導された聴衆が、笑い声を上げながら同意した。ウンルーは、長年にわたって多くの質問（その多くが非常にいい質問だった）をしてきたので、大半がけっきょく馬鹿げたものだったとわかっても、少しも悪びれるところはなかった。[33]

ウンルーの質問によって、この議論が逆転できることが明らかになった。ごく稀にだが、魔物が入っている容器の分子が、すべて左側の部屋に集まっている場合がある。この状況は、物理的には起きる確率はかぎりなく小さいが、逆に、記述するのはかぎりなく単純で、一ビットあれば足りる。めったにないが、忘れるのは簡単だ。記憶を煩わせる「悪い」分子が一つもないのだから。しかし、魔物が（自らの操作によってではなく、たまたま）こういう状況に遭遇したときには、そこから仕事を獲得することができる。そうでなければ、情報理論による分析に、どこか問題が出てきてしまう。物理学者カールトン・ケーヴズの言うとおり、「魔物はときおり勝つことがあるが、長い目で見れば勝ちえない[34]」のだ

ズーレクの論文は、本人だけでなく会議全体にとっての勝利でもあった。参加者は、情報という見地から物理学を記述することを目標とするプロジェクトのために集っていた。たしかに、これは目新しい目標ではない。一九四八年にシャノンが情報理論を発表して以来、誰もが実質上あらゆることを情報という見地から説明しようと努力してきた。

何が新しかったかと言えば、今や、何か結果が得られそうな感じを出席者が受けた点だ。アルゴリズム情報

理論によって、物理的エントロピーと記述についての情報とが急に結びつけられ、無秩序とランダム性が、おもに秩序と規則性を対象とする物理学によって捉えられるかのように思えたのだった。ここでもマクスウェルの魔物がカギを握っていた。この油断のならぬ小さな悪戯者を研究することが、こうした新しい考え方を理解するのにおおいに役立った。

ズーレクが『ネイチャー』誌で使った臆面もない言葉を借りれば、科学者たちは「計算の分野で熱力学の第二法則に匹敵するもの」を生み出すのに成功した。物理的エントロピーは、アルゴリズムの情報理論を通して説明のつく無秩序として理解できる。そして、もちろんそれは、私たちが自ら提供する無知を通して説明のつく無秩序でもある。情報を捨てるのが不可欠である、まさにそのおかげで問題が解決された。「『聡明な生き物』でさえ、その情報処理能力が、普遍的なチューリング・マシーンと同様の法則の適用を受けるかぎり、熱力学の第二法則には手を出せないことを、私は立証した……チューリングの停止理論は、最大の効率を得るために必要とされる情報が、いつまでとも知れぬ長い計算を通してのみ、確保できることを示唆している。ゲーデルの決定不能性の理論は、エネルギー散逸の新たな源と見なすことができる」[35]

マクスウェルの魔物が退治されることはなかった。しかしこの魔物は、もはや熱力学の第二法則を脅かすことはない。有害な悪魔であるのをやめて、真の味方に変わり、この世の中に深遠な親和性が存在することを裏づけ、分子に関して私たちが知ろうとは思わない、そして、それゆえけっして知りえないだろう詳細があることを物語っている。人間は、ぬくぬくとしていることを好むのだ。

もし仮に、この世界が勝手なまでに少ない数のアルゴリズムで表現し尽くしうるとすれば、マクスウェルの魔物が問題を起こすことになる。だが、その心配はない。学者たちが古代から抱いてきた、すべてを網羅する完全な理論、万物を予測する世界の方程式という夢は、時代遅れになってしまった。

ドイツの生化学者ベルント゠オラフ・キュッパースが言っているように「……実世界のあらゆる現象を予測

できるような最小限の方程式を私たちが持っているかどうかは知りえないという主張を立証する、厳密な数学的証拠が、アルゴリズム情報理論の枠組みの中にある。科学的理論の完全性は、原則として、けっして証明しえない(36)」

私たちは、電磁気に関するマクスウェルの方程式のように簡潔で優美な数式を好む。しかし、それ以上に簡潔に表現することさえ可能なのかどうかは、けっして知りえない――表現できる日が来るまでは。

世界は私たちに向かって永遠に開かれている。それがもっと美しい形で表現しえないかどうかは、けっして知りえない。

この世の美は増す一方なのだ。

第四章　複雑性の深さ

「リンゴって、何のことです?」セス・ロイドはすぐに切り返した。間髪も入れずに。なかなか気の利いた悪戯だったが、この一言ですっかり形無しとなった。カリフォルニア工科大学の物理学者ロイドは、聴衆に背を向け、黒板に数式を書きつけながら、情報の概念から物の実存を導く方法を説明していた。

一九九〇年四月二〇日金曜日の午後。週の初めにジョン・ホイーラーが予言したとおりなら、そろそろ宇宙の成り立ちが解明されているころだ。もちろん、ここサンタフェ研究所ではまだその目標は達成されていなかったが、集まった物理学者の多くは、複雑性とエントロピーと情報物理学に関するこの会議が、何か非常に重要なものに肉薄しつつあるのをひしひしと感じていた。「ビット（bit）からイット（it――それ）を」と白髪の預言者ホイーラーがいみじくも表現したように、情報理論から森羅万象を統べる理論を導き出そうという試みが、成功まであと一歩の所まできていたのだ。

セス・ロイドは「論理摩擦」と銘うった講義で、まずリンゴとそのイットネス（itness――それらしさ）について話し始めた。「ホイーラー氏の提案を受けて、ビットからイットを導いてみたいと思います」ロイドはそう前置きして、リンゴをひと口かじった。（訳注　英語で「かじる」という動詞（bite）の過去形は“bit”であり、ロイドの動作は“it from bit”というテーマにかけたしゃれになっている）

しかし話はすぐに、形あるリンゴからもっと理論的な内容へと移り、それを説明する方程式が延々と黒板に連なっていった。一週間続いた会議の最終日の最後とあって、二〇名余りの物理学者たちは、閉じかかるまぶたを必死に押し上げていた。ロイドが何度めかの長い計算をしている最中に、AT&Tの有名なベル研究所の物理学者ジョン・デンカーが、演壇から例のリンゴをかすめ取った。リンゴは消えた。ベル研究所の同僚のヤン・レクンがデンカーのもくろみを察し、計算しながらとめどなく話し続けるロイドの言葉を遮って、「その計算はリンゴのイットネスと何の関係があるんですか」と尋ねた。さほど巧妙な質問ではなかったものの、一同はロイドがどう応じるか、固唾を飲んで待ち受けた。

ロイドは振り返って答えようとしたが、たちまち罠だったことに気づいた。「リンゴって、何のことです?」と言うと、また黒板に向き直り、計算を続けた。しばらくして、今度はもっと真面目な質問で話の腰を折られたロイドは、振り向きざまに言い放った。「リンゴを返してもらうまで、これ以上質問には答えませんよ!」ところが、すでにリンゴは演壇に戻っていて、聴衆は、何を言っているのかわかりませんという顔で白ばくれていた。

講義が終わると一騒動持ち上がった。サンタフェ近郊のロスアラモス研究所で非線形科学の研究グループを率いるドイン・ファーマーが、ロイドのリンゴを取ろうとしたのだ。「どうしてもそのリンゴが食べたい」とファーマーは叫んだが、ロイドも、そうやすやすとくれてやるつもりはなかった。けっきょく、「不和のリンゴ」[*]はサンタフェ研究所の講義室の床に落ちて砕け散った。[†]

＊(訳注) ギリシア神話で、争いの女神エリスが「最も美しい方へ」と書いて神々のあいだに投じた黄金のリンゴ。これをめぐって三女神が美を競い、それがトロイア戦争の遠因となった。転じて、争いの種、不和の原因をいう。

† (訳注) 英語では"smashed to bits"で"bit"を含む言葉遊びになっている。

その週、ビットからイットは導かれなかった。しかし、導かれる見込みが十分出てきたので、科学者たちは複雑性の謎の解明を目指して、早くもしのぎを削っている。

秩序と混沌と複雑性

「複雑性は、秩序と混沌の間に横たわる広大な領域を網羅している」[1] 物理学者ハインツ・パージェルは、洞察に満ちた著書『理性の夢』(一九八八) の中でそう述べた。実際、秩序と混沌の概念だけで宇宙を説明できる可能性は、きわめて低い。

完全な無秩序はつまらない。ただの混乱状態だ。話題にする価値もない。きちんとした説明によって記述することができない。無秩序については、無秩序自体が物語っている以上のことを語りようがない。同様に、完全な秩序にもたいしたおもしろ味はない。たとえば、結晶中の原子の格子は、厳密な配置パターンの繰り返しだ。これほど整然としていると、言うべきことはたちまち言い尽くされ、あとは蛇足となる。したがって、完全な無秩序でも完全な秩序でもない、第三の可能性があるはずだ。断じてありきたりではなく、複雑で、なおかつでたらめではない何かが。それが、複雑性だ。

秩序と混沌の間にあるこの領域には、語るに値するものがすべて含まれると言っていい。様々な生き物、天気の移り変わり、すばらしい景色、親しみのこもった会話、おいしいサラダ、愉快な気晴らしなど、私たちが日常生活の中で話題にし、経験することのすべてが含まれている。

ここで、文字列を例にとって考えてみよう。あくまで規則的で予測可能だとしたら、およそ興味は引かれない。AAAAAAAAAAのような規則正しい文字列には、圧倒的な秩序がある。アルゴリズム情報理論を用いれば、なぜこの文字列がつまらないのかがすぐわかる。同じ字句を再現させる、もっとずっと簡潔な記述がわけなく作れるからだ。「A×10」と書けば事足りる。逆に、LIUQWEGAEIUJOのような、完全にでたらめな字句もさほどおもしろくはない。アルゴリズム情報理論によれば、このランダムな文字列を再現できる最短のプログラムは、文字列そのものしかない。それが、ランダムな文字列だからだ。

情報理論は普及したものの、サルの書いた文字列のほうが有名作家の文章よりもずっと情報量が多いという説明に、人々はずっと首をひねってきた。しかし、考えてみれば当然だろう。サルの書いたものには（少なくとも人間に理解できる）規則体系がなく、それ以上簡潔に表現しようがないのだ。それにひきかえ、作家の書く文章にはいつもかなりの冗長性がある。言語には、なくてもわかる余分な文字がある程度含まれているため、意味のある文章ならば、多少切りつめた表現に直しても必ず理解できる。

四つおき□文字が抜□ていても□にが書い□あるかわ□るのでは□いか？

完全に規則的な字句の情報量はとても少ないので、電話会社の技術者は難なく圧縮して伝送することができる。一方、完全にでたらめな字句は、非常に正確に再現する必要があるうえ、そうしたからといって、格別おもしろくなるわけでもない。だとすれば、文章に関しては、意味と情報量との間にたいして関連性があるとは思えない。同様に、物理的な世界に関しても、複雑さと情報量との間に強い相関はありそうにない。もちろん、ある程度の情報量がなければ意味や複雑さを論じることはできないが、量は主役ではないのだ。情報量というのは興味深い概念だが、複雑さを測定するうえでは、とりたてて優れた尺度ではない。

科学の立場に立った世界観にも、同じ問題がつきまとう。その世界観には、秩序と無秩序は含まれていても、この第三の可能性がない。それこそが、ほんとうにおもしろい部分だというのに、だ。

ニュートンの古典物理学の特徴は、その荘厳なまでの秩序にある。この秩序を表した方程式はどれも、時の流れを反転させても成立する。そこに示されたプロセスのどれもが、じつに整然として規則正しく、逆向きに起こったとしても少しも不思議でないほどだ。たとえば、惑星は明快な規則性をもって太陽を周回しているため、動く向きを逆にして、軌道を反対回りさせたとしても、太陽系の姿に変わりはない。力学をはじめとする古典物理学の諸分野は、可逆性の法則によって成り立っており、時間がどちら向きに進むかは問題にならない。こうした法則は、地上より宇宙空間の状況によく当てはまる。なぜなら、これらの諸法則は、摩擦のない場合にのみ有効であり、現実に地球上で起こる事象には不可避の、空気抵抗や付着力を考慮していないからだ。とはいえ、そうした要素は補正して計算すればすむ。少なくとも、学校ではそう教わる。

しかし、私たちはアメリカの物理学者リチャード・ファインマンにならって、次のように言うことができる。「物理の法則はすべて可逆的だろうか。断じて違う。割った卵がもとに戻せるだろうか。映画を逆回しで見せたら、ものの数分で誰もが笑いだす。あらゆる現象に共通する最も自然な特徴は、その明白な不可逆性だ(2)」

一方、摩擦などの、いかんともしがたい不可逆性を持つ事象をきちんと扱う物理学の分野が行き着く先には、まったくの混沌がある。熱力学は、時間の経過とともにエントロピーが増大すると説く。だから、床に落ちて割れる卵の映像を逆回しにしたら、奇妙に見える。熱力学は、ニュートンの方程式より日常生活に近い。反面、熱力学の終着点は〈宇宙の熱的死〉だ。あらゆるものは、どっちつかずの生ぬるさと莫大なエントロピーに向かって突き進んでいる。基本的に、世界は衰退しつつある。時は流れ、万物は崩壊の一途をたどっている。

そういう熱力学もまた、私たちを取り巻く世界とは合致しない。毎年春ともなれば、木々はいっせいに豊かな緑をたたえ、クモはぞろぞろと物陰から這い出し、生まれたばかりの鳥たちがさえずり始める。冬の寒さは不思議な氷の図柄を窓ガラスに描き、秋の嵐は刻々と形を変える雲を連れてくる。夏には、浜に寄せる波が、砂の面に思いもよらぬ模様を残す。天を仰げば、まっ暗な虚空に星々が輝く。世界はけっして単調ではない。仮に最後はそうなるにせよ、私たちの生活は、そうではないという事実の上に成り立っている。人間には掃除や皿洗い以外にも考えることがある。生命は進化し、しかも化石を見るかぎり、どんどん複雑になっている。だとすれば、何かが欠けている。ニュートンの秩序とも熱力学の無秩序とも根本的に違う何かが、その中間になくてはならない。それは複雑さと関連しているはずだ。あるいは意味と。

生命の営みはもともとややこしいものだし、世界の特徴は昔からその複雑さにある。では、どうして科学は、扱いなれた単純な円より世界のほうがはるかに難解であるという事実に、突如目を向け始めたのだろうか。

それは、第二次世界大戦中から戦後にかけて、コンピュータが登場したからだ。日常の現象を見下していた科学者の傲慢な態度に、コンピュータは終止符を打った。

ニュートンが創始した古典科学は、単純な方程式で理解できるような単純な系からなる、単純でわかりやすい世界を扱っていた。当然、物理学者の窓の外に広がる世界とは、あまり接点がなかった。だが、物理学者は意に介さなかった。どのみち外の世界など理解できなかっただろうから。

科学者は、子供が不思議がるような問題には昔から無関心だった。どうして木はああいう格好をしているの？　なんで雲は子ヒツジやアヒルの形に見えるの？　なぜ世界は幾何学の教科書に書いてあるみたいじゃないの？　より正確に言えば、科学者たちは無関心というより、その種の問いに答えられないことを自覚していたのだ。世界を説明する様々な方程式はわかっていたが、その計算を延々と最後までやり通すのは、あまりに困難だった。それさえできれば、わからないはずがなかったのだ――雲が動物の形に見える理由も、夕暮れどきの露が妖精や小人に姿を変えるわけも……。

日常的な物事はあまりに込み入っているので、わざわざ計算する価値などない。少なくとも、科学者は仲うちでそう言ってきた。そして、何でも知りたがる子供を黙らせる仕事は、親と教師に任せてきた。

ところが、コンピュータが現れ、すべては一変した。突然、徹底的に計算ができるようになり、ごく単純な方程式からさえ、じつに複雑な解が導かれることが明らかになった。なるほど世界は、教科書に見られるとおりの単純なわかりやすい式で記述できる。ただし、ついに計算を終えてわかったのだが、その単純な式が途方もない複雑さを内包していたのだ。なにも、〈カオス〉や〈フラクタル〉といったはやり言葉だけが、この驚異を物語っているわけではない。科学でコンピュータが使われた場合は必ず、最も単純な方程式からさえも、極度に複雑な世界を生み出せることがわかった。

あいにく科学者たちは、特定の式からどんなパターンが導かれるかは予測できなかった。ほとんどの系は、簡潔な手順で答えを出せる計算が存在しない、つまり、計算の上で還元不可能だとわかったからだ。式から現れるパターンを知るには、最後まで計算してみるしかない。この現象は、ゲーデルの定理の一バリエーションであり、その意味合いはきわめて深遠だ。物理的なプロセスは、単純な法則といくつかの基本条件から最終的な答えを導く、一種の計算とみなせる。とすれば、計算理論の中で持ち上がった難題の多くは、物理的な世界を記述するうえでも現れるはずだ。つまり、物質系もまた、計算の上で還元不可能ということになる。物質系がどこで終わるのか、そもそも終わるのかどうか、系そのものを前提とした計算を完了するまでわからない。たとえば、摩擦を無視するような荒っぽい計算など役に立たない。そんな計算をしても、その系がどこに向かっているのか、私たちには知りようがないのだ。

一九八五年、アメリカの二四歳の物理学者スティーヴン・ウルフラムはこう書いた。「計算上の還元不能性は、数学と計算理論で研究されている系で頻繁に見られる。本論文は、それが理論物理学にも当てはまるものと考える」[3]

科学者たちは数百年にもわたって、自分たちの式を完璧に把握していると思ってきた。単純な方程式から単純な振る舞いが導かれると信じてきた。ところが、そうした式は計算上で還元不能と判明した。計算が終わるまで、その式の中身は誰にもわからなかったし、すべてが手計算だった時代には、わざわざ試してみる気になる者もなかった。

そこで、科学者は自分たちの式にしがみつき、窓の向こうの世界に目をつぶった。ところがある日、不思議なことが起きた。単純で整然とした式をコンピュータに与えたところ、複雑な結果が現れたのだ。〈反復法《イテレーション》〉と呼ばれるループで、単純な計算を繰り返し行なうと、十分な回数に達すれば、きわめて複雑な答えが得られることがわかった。世界中のコンピュータ・モニターに複雑な光景が現れたとき、科学者は窓の外に目を向け、見慣れた景色を眺めた。そして気づいた。世界は、整然とした数式と無秩序な日常に分かれているわけではないと。両者は一体だ。秩序から無秩序が生まれることもある。そのプロセスがたまたま複雑なだけだ。

こうして新たな分野が誕生し、科学者たちはそれに殺到した。複雑性は、科学者にとっても十分研究に値する、れっきとしたテーマとなったのだ。そして、コンピュータがその研究の道具となった。「新しいパラダイムが生まれた」とウルフラムは述べている。[4]

ウルフラムは、科学が今後の数十年をかけて取り組むべき課題を示した。「自然界には、全体としての振る舞いが非常に複雑であるにもかかわらず、個々の基本構成要素はごく単純な系が数多く存在する。同一の単純な構成要素が多数集まると、協同作用が働いて複雑性が生まれる。物質系や生命系では、こうした構成要素の性質について、すでに多くのことが判明した。しかし、それらの構成要素が協同現象を起こし、我々に観察できるような、全体としての複雑性を生み出すメカニズムは、ほとんど明らかになっていない。今必要なのは、複雑性の性質と生成を記述するための、数学的一般理論である」[5]

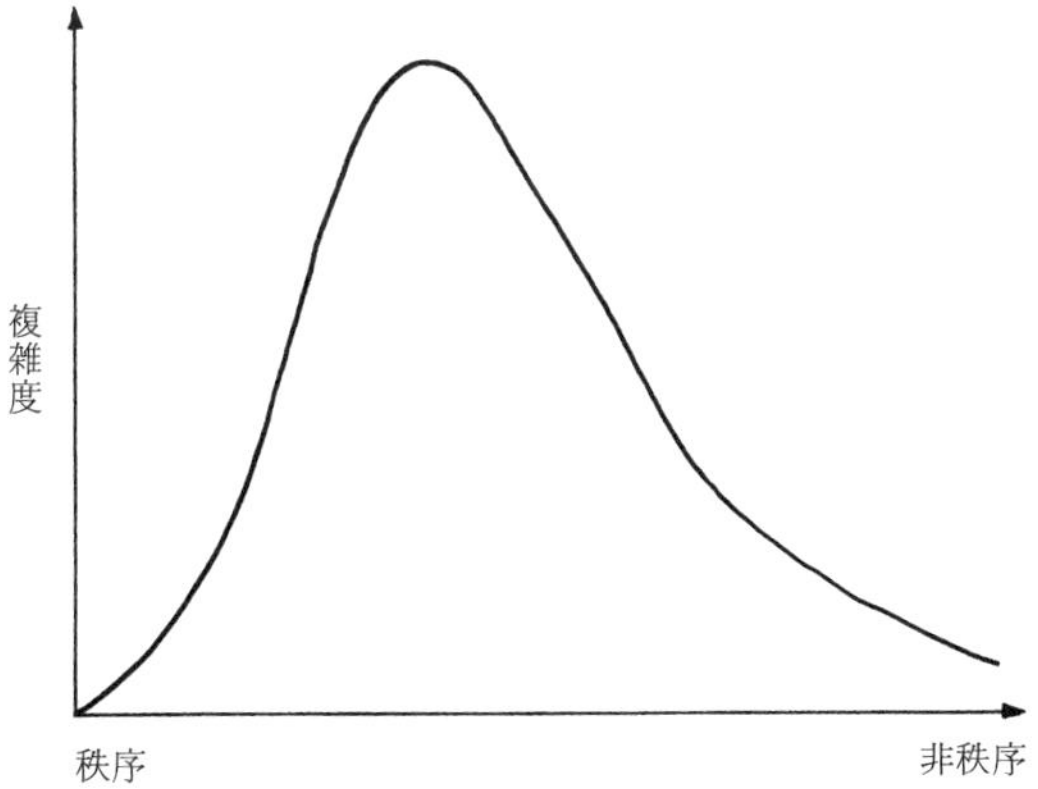

図6　複雑性は秩序と非秩序の間に見られる。このグラフをもって、ベルナルド・フーバーマンとタッド・ホッグは単純だが、重要なつながりを示した

秩序と混沌の間には一つの領野が存在する。それが、複雑性という広大な未知の大陸だ（図6）。この大陸を発見するには、私たちの世界観で対を成す二極——秩序と無秩序、規則性と意外性、地図と地形、科学と日常——の間に針路をとるすべをまず学ばなければならない。物事の構造に見られる秩序と無秩序の間を進んでいくだけではだめだ。複雑性は、予測可能と予測不能、安定と不安定、規則性とランダム性、

階層と平面、閉鎖と開放の間に現れる。つまり、あてになるものとならないものとの間に現れるのだ。複雑性とは、くだらなくないもの、退屈でないもの、誰もが直感的に感知するがうまく言い表せないものだ。

わかりきったことばかりに思えるかもしれない。だが、世界的な影響力を持ち、並外れて見識の広い、ドイツのヴッパータール大学の物理学者ペーター・グラスベルガーが、そもそも複雑性とは何かについての認識が確立していないと認める羽目になったのが、それほど昔のことではないのだから、おもしろい。一九八六年八月にボストンで開かれた、熱力学と統計力学に関する第一六回国際会議の席上で、グラスベルガーはこう述べた。「我々は難題に直面している。従来の複雑性の尺度では、たとえばサルがでたらめに作った音楽よりバッハの音楽のほうが複雑だとは立証しようがない」(6)

当時、広く認められた複雑性の尺度としてグラスベルガーが引き合いに出しえたのは、コルモゴロフの定義だけだった。これは、第三章でアルゴリズム情報理論の父として名の挙がった三人の一人コルモゴロフが提唱したものだ。アンドレイ・コルモゴロフは一九六〇年代に、対象となる事物の複雑度を、その事物の最短記述の長さに着目して測定する方法を提案した。つまり、その事物を表現しうる最短の二進数列をもって、複雑性の尺度としたのだ。コルモゴロフは、この最短記述が長いほど、事物の複雑度は大きくなると考えた。しかし、この方法では、当然ながらランダムな事物の複雑度が最大になる。ランダム性とは、それ以上簡潔に表現できないものを言うからだ。

コルモゴロフの説では、複雑性とランダム性が等しく、したがって、複雑なものほど情報量が多くなる。これは名案とはいえない。サルがめちゃくちゃにキーボードを叩いてできたものが、ヨハン・セバスティアン・バッハの作品より複雑ということになる。

つまり、コルモゴロフの複雑度には、何か決定的に間違ったところがあったのだ。それでいて、この尺度は最もなじみ深いものでもあった。そして一九八六年、この問題が表面化した。「任意のパターンがどれほど複雑かという直観的概念と、どんな特定のパターンにも当てはまり、しかも実際に考えうる、複雑性の唯一の客観的な定義（つまり、コルモゴロフの定義）とが一致しない」とグラスベルガーは説明する。「この難問には、かねてから大勢の人が気づいていたのだろうが、それが活字になったのはごく最近と思われる」[7]

カリフォルニアにあるランク・ゼロックス社パロアルト研究センターのベルナルド・フーバーマンとタッド・ホッグは、複雑性は秩序と無秩序の間のどこかに存在するはずであり、アルゴリズムに基づく複雑度や情報量では測定できないと、一九八五年に指摘していた[8]。二人は複雑性の新しい尺度を提案した。それは、秩序が大きすぎも小さすぎもしない系において複雑度が最大となる尺度だった。

後になってグラスベルガーは気づいたのだが、この二人のアプローチはけっして新しいものではなかった。じつは、すでに一九六二年に、人工知能研究の創始者の一人、ハーバート・A・サイモンによって、同じアプローチが提唱されていた[9]。

それでも、一九八六年になってさえ、グラスベルガーほどの一流の国際的物理学者が、複雑性が秩序と混沌の間に存在し、シャノン式の情報量で測るランダム性とはかけ離れたものだという見解を、まったく新しい概念と受け止めていた。しかし、物理学界でもその高潔な人柄を知られ、謙虚と礼節の塊のようなグラスベルガーは、自分の一九八六年の講演内容が印刷に回る前に、校正刷りの段階で謝罪文をつけ加えた。「本稿執筆中は、あいにくC・H・ベネットの『論理深度』という概念の存在を知らなかった[10]」

複雑性の研究を大きく前進させる画期的見解が、その前年に発表されていたのだった。

情報の意味――〈論理深度〉

「意味を測る基準を一つ思いついたんです」一九九〇年四月、チャールズ・ベネットはサンタフェのパスカルというレストランでのディナーの席で、はにかみながら言った。ベネットと、ＩＢＭでの親しい同僚ロルフ・

ランダウアーは、計算理論の研究から一般人は日常生活についてどんなことがわかるのか、という質問を受けていた。

「コインを連続して投げれば、そこに含まれる情報量こそ大きいが、ほとんど価値はない。月や惑星の日々の位置を一〇〇年分も示した天体暦には、運行を計算する方程式と計算の前提となる初期条件以上の情報は含まれていないが、暦の持ち主が自分で位置を計算し直す手間を省いてくれる」。ベネットは、一九八五年に初めて意味の基準を発表した論文にそう書いた。「したがって、メッセージの価値は、その情報量（絶対に予測不能な部分）や歴然とした冗長性（同じ言葉の繰り返しや数字の登場頻度の偏り）にあるのではなく、むしろ隠れた冗長性とでも言うべきもの、すなわち、予測可能だが、予測には必ず困難が伴う、という部分に備わっていると思われる。言い換えるなら、メッセージの価値とは、その発信者が行なったであろう数学的作業あるいはその他の作業の量であり、それはまた、メッセージの受信者が繰り返さずにすむ作業の量でもある」[11]

〈論理深度〉――これが、ベネットの考案した基準の名称で、メッセージの論理深度は、そのメッセージの意味、その価値を測る尺度だ。送り手がメッセージを仕上げるのに苦労すればするほど、論理深度は大きくなる。頭の中やコンピュータで費やした「計算時間」が長いほど、メッセージの価値は高まる。受け手が自らその作業をする手間が省けるからだ。作業結果の説明にかかる時間がふえようが、へろうが、（電話会社以外には）あまり問題ではない。肝心なのは、送信するメッセージができ上がるまでに、どれだけの時間が費やされたかだ。

一九八五年、ベネットは複雑度を論理深度で測定することを提案した。この深度は、一つのメッセージに含まれる意味の量を判断する基準にもなる。複雑性の尺度となるのは、メッセージの長さではなく、事前に行なわれた作業の量、意味を決めるのはメッセージの情報量ではなく、特定の情報量を持つメッセージを生成する過程で、どれだけの情報を捨てたか、だ。重要なのは、できるかぎり多くを語ることではない。語る前の思考なのだ。「形式にこだわらずに言えば、論理深度とは、あるものとその起源と推定できるものとを結びつける演繹的もしくは因果的経路における、計算ステップの数である」とベネットは説明している。[12] しかし、もっと厳密な定義もできる。

出発点はアルゴリズム情報理論だ。任意のメッセージは、チューリング・マシーンを使ってそのメッセージを再現させうる、最短の記述に圧縮することができる。この最短記述が、メッセージに含まれる実際の情報量を測る尺度となる。しかし、チューリング・マシーンが、最短記述からもとのメッセージを再現するには、ある程度の時間がかかる。惑星運動を支配する法則を、日食表に読み替える作業もその一例だ。圧縮されていた情報を復元しなければならず、それには時間がかかる。この時間を測れば、論理深度が得られる。

七分おきに走るバスの便があったとしよう。バスがターミナルを発車してから一二分で、私の近所のバス停に到着する。始発バスは午前五時にターミナルを出る。今は午後五時半。次のバスはいつバス停へ来るか。答えは五時三四分だ。「五時三四分」の持つ情報量はさほどでもない――表面的には。だが、これを自分で計算するとなると、けっこうな時間がかかる。もう家を出ようかというときなら、なおさらだ。誰かが答えを計算しておいて教えてくれたら、じつに助かる。教えてもらった人間は、自分で計算する手間が省ける。受け取った情報に意味があるからだ。

論理深度は、生成ずみで伝達可能な情報の量ではなく、一定量の情報を生み出すまでのプロセスを測る尺度だ。複雑度や意味とは、生成物ではなく生成過程を測る物差しであり、作業結果ではなく作業時間であり、残っている情報ではなく処分された情報のことだ。したがって、論理深度という概念は、情報の長さではなく、それとは九〇度方向の違う、深さに着目するものと言える。どんなものにも、表面的な情報量がある。しかし、そこからその深さ、つまり、それを生成するのがどれだけ難しかったかまでわかるとはかぎらない。

あるメッセージや生成物の背後には、膨大な量の作業や思考が存在する可能性がある。ただし、目には見えないかもしれない。物事を簡単そうに見せるのは難しい。わかりやすさの陰には深さが必要だ。それにひきかえ、でたらめな言葉の羅列には深さがない。なんの規則性もなく、それ以上簡潔に表現しようがない。だから、その言葉を再現するための最短プログラムは、省略なしのでたらめ言葉そのものとまったく等しくなる。当然、計算時間はいっさい発生しない。かかるのは、そのメッセージを口にする時間だけだ。

　無秩序にも深さはない。混乱しているさまをただそのまま記述する以外に手がない。

　ベネットの提言の趣旨は、意味ある情報、もしくは複雑な情報は、必ず簡潔に記述できるが、実際にそうなっているとはかぎらない、というものだ。だから、そういう情報は短いレシピに圧縮することができる。たとえば生物の青写真は、ほんの一握りの遺伝子で示すことができる。しかし、遺伝コードを読みほどいてその生物を誕生させるには時間がかかる。壮大なオペラもごく限られた数の音符で書けるが、上演まではたいへんな作業が必要だ。一年分の月相を示した表は単純なアルゴリズムから計算できるが、それを作るには時間がかかる。

　一方、無秩序やでたらめ言葉や言い損じは、それ以上簡潔に表現できない。最短のプログラムと、でたらめそのものが等しい。

　ベネットの見解によれば、複雑性とは生じるのに時間がかかるもの、となる。その間に秩序が生み出される。情報が捨てられ、扱う量がへる。コンピュータで計算が行なわれることもあれば、地球上で進化が起こることもある。たとえば生物は、熱力学の法則に従って自己組織化することができる。もちろん、それには大量の食物を燃やしてエネルギーを得なければならない（そして、必然的に外部のエントロピーを増大させる）が、そのおかげで、本が読めるほど複雑な生物にもなれる。ただしそのためには、その過程がゆっくり進行する必要がある。生物が自己組織化するには時間がかかるのだ。生物の進化には長い歳月を要した。人間の赤ん坊が、本を読めるまでになるには時間がかかるのと、ちょうど同じだ。ベネットは、複雑系に適用される「ゆっくりした成長」[13]の法則を打ち立てた。たとえば、無機物から有機生命体へ自己組織化するのにも長い長い時間がかかる。それでも、それは不可能ではない。現に地球では、数十億年をかけてこの変化が実現している。それにひきかえ、死と破壊には少しの手間もかからず、またたくまに膨大な量の情報を生み出すことができる。コインを投げたり、キッチンで皿を割ったりすれば、途方もない情報量が作り出せる。その結果を記述するには大量の情報が必要だ。しかし、そんな記述はあまりおもしろくない。たいした深さがないからだ。

論理深度の概念は画期的だ。この概念は、複雑性を理解するカギが、目に見える情報量ではなく、情報の処分という事前のプロセスにあることを示唆している。重要なのは、以前はあったが今は存在しない情報なのだ。私たちが話題にするに足ると感じるものの大半は、きわめて複雑な事物や思考から成り立っている。非常に深いが、表面積はそれほどでないかもしれない。途中で大量の情報が処分され、もうあまり残っていないかもしれない。言わば、豊かな歴史を持つ状態だ。人が興味を引かれるのは、記述に長い説明が必要なものではなく、知るのに様々な経験を要するものなのかもしれない。

しかし、論理深度にはいくつか重大な問題点もある。まずこの見解は、私たちの話題にすることが、計算結果と同一視できるという前提に立っている。たしかにこの考え方は、生物・無生物を問わず、物理的な量であっても当てはまる場合が多い。物質系や生命系の多くは、一連の法則が、その法則の中に記述されたプロセスを経て作用した結果と見なせるからだ。つまり、一つの系の発達を、コンピュータ上でシミュレーションできる。そのうえで、その計算にかかった時間を測定する。時間が長いほど、その系の深度は大きいことになる。一個の生物は、進化という長い長い計算の結果であり、独創的な科学の法則は、頭の中で延々と計算して導いた答えであるかもしれないし、「イエス」か「ノー」かの決断も、苦労して得た豊かな経験からはじき出されたものかもしれない。

しかし世界は、計算機だけで——ましてやチューリング・マシーンで——できているわけではない。この世でいちばん興味深い計算は、チューリング・マシーンとはまるで違った仕組みの「コンピュータ」、すなわち脳の中で行なわれる。脳による、記号を用いた数学的計算については、すべてチューリング・マシーンで模倣できるかもしれない。しかし、チューリング・マシーンには計算できないものがある。ゲーデルが示したとおり、数学的記号を使って証明できない命題であっても、人間はその真偽が判断しうる。けっきょく、私たちはチューリング・マシーンとは違うやり方で情報を処分している。私たち自身にもわからない方法によって。

したがって、あらゆるものをコンピュータの計算結果と見なさなければならないような考え方には、何か直感的に納得できないものがある。有名な作家や作曲家にも、とうてい気に入ってもらえないだろう（もっとも、論理深度なら、サルのようなキーボードの曲芸師より彼らのほうが優れていることをきちんと認めてくれるのだが）。

ベネットの見解が、アルゴリズム情報理論とその「最短プログラム」の概念に根差している点も問題だ。[14] そもそも最短のプログラムとは何だろうか。ゲーデルの定理に基づくチャイティンの研究によれば、対象物を生成する方法に関して最短の記述が得られたかどうかを、私たちには知るすべがない。そのため、間違ったアルゴリズムを選んだら、計算時間は理不尽なほど短くなったり長くなったりして、本来のものからはるかにかけ離れてしまう。

世界各地の民間伝承に目を向ければ、非常に単純な行為もじつに込み入ったやり方で行ないうるという事例に事欠かない。現代社会には、簡単な解決策にたどりつくのに、とんでもなく複雑な方法をとる専門家がひしめいている。官僚や学者、軍人はその好例だろう。数学の問題にしてもそうだ。問題を作る教師の多くは、直感的には簡単に思える答えをわざわざ解きにくくする達人だ。そうすると、公務員だけがややこしく扱うような問題に、大きな複雑度が与えられかねない。

この、見かけと現実をめぐる問題は、あいにくじつに根が深い。私たちには、見かけの深さがほんとうの深さなのか、形式的手段によって判断することができない。これは、世の中の事物を記述しようとするときに私たちが直面する根本的な問題なのだ。そして、ある概念がそういう問題に行き着くからといって、その概念に恐れをなすにはおよばない。しかし、問題の原因の一端は、ベネットの概念がコンピュータ経由の迂回を必要とする点にある。コンピュータを経由するのは、もちろんその概念の厳密性を期するためだ。ところが、けっして厳密性は得られない。チューリングの停止定理が示すとおり、プログラムの計算に要する時間は、実際に計算してみる以外に知りようがないからだ。

とはいえ、ベネットの論理深度で最も重要なのは、その算出方法ではない。途中で処分した情報量を割り出すという考え方だ。革命的なのはこの着想そのものであって、論理深度をどう定義するかではない。

ドイツのゲッティンゲン出身の化学者ハンス・クーンは、長年これと似た考えを主張し、それを生命系に適用している。彼は生命の起源と進化の謎を解明するために、進化の過程で起こる情報の処分に着目してきた。クーンは生物の進化を、一個の生物が環境とのかかわりにおいて行なう選択の連続と捉えている。環境は生物に圧力をかけ、生物は生き延びるために行動の選択を迫られる。生物の遺伝子には、そうした「生存のための経験」が内包されている。そうでなければ、今この世に生物も遺伝子もまったく存在していないはずだ。

生物は長く生き延びれば生き延びるほど「経験」がふえる。そして、遺伝子の価値も高まる。だから、注目すべきは、遺伝子の数、つまりDNAの長さではなく、その遺伝子に蓄積された豊富な「経験」だ。生物の遺伝子に含まれる情報には、そこに凝縮された経験量に比例した価値がある。注目すべきは、目に見える情報量、つまり遺伝子の数ではなく、処分された情報量だ。クーンはこう書いている。「この質的側面が知識を形作る。この場合の『知識』は、処分された情報の総ビット数で測定する」[15] そう考えれば、生物学の立場から見た知識は、たんに処分された情報として定義されることになる。

この見解にくみするなら、ある問題も解決される。発見されたときに大勢の科学者を悩ませたその問題とは、人間よりユリのほうが、一細胞あたりのDNAがはるかに多いというものだ。たしかにユリは美しい。だが、どう考えようとも、人間より賢くはないはずだ。クーンの提案する生命の起源と進化のモデルそのものには議論の余地がある。しかしこのモデルは、マンフレート・アイゲンと、その助手ペーター・シュスターが組み立てたもっと有望なモデルと密接に関連している。クーンの生物進化観には圧倒的な深みがあり、その深みは彼のモデルの是非によって左右されたりしない。

ベネットとクーンの見解で決定的に異なるのは、その理論の立脚点だ。クーンが歴史と事実に即しているのに対し、ベネットは論理と推論に基づいている。基本的に、クーンが実際のプロセスで処分された情報を問題にしているのに対し、ベネットはそのプロセスを仮想的に再構築する場合に処分が必要な情報を論じている。この違いは必ずしも、クーンの対象が生物学でベネットの対象が物理学であるせいではない。クーンのアプローチをとると、コンピュータに依存するモデル特有の難点が回避できる。したがって、より物理的なアプローチに応用できるのは明らかだ。事実、まさしくそれを応用して生まれたのが、〈熱力学深度〉という概念だった。

〈熱力学深度〉としての複雑性

「あの論文の発表は早すぎました。でも、残念ながらあのときの状況ではやむをえなかったんです」久方ぶりに登場したきわめて有望な論文について、セス・ロイドはそう語る。一九八八年に『物理学年報（*Annals of Physics*）』誌に掲載された、「熱力学深度としての複雑性」のことだ。

論文の執筆者は、ロイド当人と、ロックフェラー大学でロイドの博士課程を指導していたハインツ・パージェルだった。パージェルは前述の『理性の夢』の著者で、この本は一九八八年に出版され、複雑性理論の必要性を広く認識させる役割を果たした。『理性の夢』では、物理学の諸問題に関する該博な専門知識と、このテーマの哲学的側面への洞察力という自然科学者には稀有な資質とが、渾然一体となっている。また、じつに巧みな文章で理解しやすく書かれた本論に、肩肘張らない自伝的な逸話が散りばめられて趣を添えている。パージェルは『物質の究極』『星から銀河へ』などの著書を通じて、幅広い読者層に物理学をわかりやすく説いてきたが、この『理性の夢』も、その路線を見事に踏襲した、難解な箇所のめったにない書物であり、著述家としての見事なキャリアを締めくくるにふさわしい一冊と言える。

パージェルは、一九八八年夏、コロラドでセス・ロイドと登山中に帰らぬ人となったのだった。そのためロイドは、パージェルの指導を受けて進めていた複雑性に関する博士論文の結論を、時期尚早に、重圧のもとで発表せざるをえなかった。これは、科学の伝統そのものをないがしろにしかねないことだ。まだ十分に練られておらず、物理学の体裁をなしていないアイデアには、物理学界は手厳しい姿勢で臨む。物理学者にとっての関心事は、世の中で何が重要かではなく、何を物理理論の対象にしうるかなのだ。科学とは可能なものの学問だ。したがって、仮説を提案するのなら、それが有益であるのはもちろん、形式的記述に発展させて、ほかの研究者がさらに先に進められることが明白になってからでないと、不興を買う。この点を考えると、熱力学深度の発表は早すぎた。

というのも熱力学深度の概念は、複雑性を記述するのにまさしくうってつけだと思える反面、それを理論的に定式化する方法については、『物理学年報』誌の論文には納得のいく解答が示されていないのもまた事実だからだ。熱力学深度は、ある物体を生み出す過程で処分された情報量によって複雑性を定義する考え方にすぎない。論理ではなく歴史に立脚した見方と言える。

問題は定義の方法だ。途中で処分された情報量をどうすれば突き止められるのか。来歴が明明白白な物はともかく、これは容易ならざる問題だ。ある物体がどんな由来を持つのか、私たちにはわからない。誕生の場に立ち会ったわけではないからだ。

ロイドとパージェルは、いちばんありそうな歴史を示すことで、この問題を解決しようとした。対象物を再構築するための（ビットで記述される）最短プログラムを求めるのではなく、生成の方法として最も可能性の高いものを探そうというわけだ。この歴史は、その物体の誕生につながりうる過程を説明した、既存の科学理論に基づくものとする。その過程で処分された情報量は、計算時間で測るのではなく、おそらく利用されたであろう熱力学的資源と情報資源の量で測定する。この手法をとれば、複雑性の定義につきもののある重大問題が、たちどころに解決する。それは、複雑系をどう記述するにせよ、深さは、二個の個体が存在しても一個しか存在しない場合の二倍になるわけではないことが、当然示されなければならない、という問題だ。ロイドとパージェルはこう書いている。「複雑性とは、その物体が誕生するに至った過程、言わば組み立て工程の関数になっていなければならない。物理的な複雑度を、初期状態から最終状態へと発展するプロセスもしくは一連のプロセスを測る尺度と捉えれば、七頭の雄牛が一頭の雄牛よりずっと大きな複雑度を持つような結果にならずにすむ。進化によって一頭の雄牛が地上に誕生するまでには数十億年を要したが、雄牛が一頭と従順な雌牛が数頭いれば、七頭の雄牛は比較的短期間で生み出せるだろう[16]」

難しいのは、この直感的には大きくうなずける概念を、いかに明確で測定可能な数量で表すかだ。この問題は、いまだに解決されていない。

一九八八年の論文でロイドとパージェルは、熱力学深度を、その対象物の二種類のエントロピーの差として算出しようとした。その二種類とは、おおまかに測定したエントロピーと、精密に測定したエントロピーだ。おおまかなエントロピーとは、熱力学で言う普通のエントロピーを指す。たんに温度などのマクロ状態だけを記述するときにも、ミクロのレベルでは私たちのあずかり知らぬ様々な状況が存在することが、このエントロピーからわかる。一方、精密なエントロピーとは、マクスウェルの魔物が思いのままに操るエントロピーだ。人間には温度や圧力といった熱力学的な状態しかわからないのに、魔物は気体の分子のことをよく知っている。魔物は一連のミクロ状態を知っており、それを変えることで、おおまかなエントロピーで余すところなく記述されていた気体の平衡状態を打ち破る。

熱力学深度を、二種類のエントロピーの差の関数と捉えると、任意の系がどれだけ平衡から隔たっているかが深度によってわかる。ある系が環境と熱平衡状態にあれば、周囲と「ちょうど同じぬるさ」になるはずだ。系を冷まして仕事を取り出すことができないかわりに、現状維持のためにエネルギーを追加する必要もない。無機物は外界と平衡状態にあるのに対し、生物は平衡とはほど遠く、何かを食べなければ生きていけない。つまり、ロイド－パージェル説に従うなら、系が複雑と言えるのは、それが非平衡な場合に限られる。もし平衡状態にあれば、おおまかに測定した数量で、その系について知りたいことが全部わかってしまう。分子がでたらめな熱運動をしているときは、温度さえわかればよく、私たちは分子の動きにまで興味はない。この場合、精密なエントロピーとおおまかなエントロピーの値は等しい。これは、無秩序は複雑でないはずだという私たちの直感的予想と、ぴったり一致する。

同様に、極度に秩序だった系にもあまり深さはない。秩序には、高次の概念で記述しても情報量が減少しないという特徴もあるからだ。秩序ある系は、高次から広義の概念ですっかり記述できる。そもそも秩序とは、マクロ状態に対応するミクロ状態の数がきわめて少ないことを言う。完璧な秩序とは、マクロ状態とミクロ状態の一対一対応だ。結晶格子中の原子は、あるべき場所に寸分たがわず整列している。したがって、それをマクロ状態によって記述しても、エントロピーの差は発生しない。こうして、完全に秩序ある状態にも深さがないことがわかる。

これは、じつに深みのある考え方だ。大事なのは平衡からの隔たりなのだ。完全な秩序や完全な無秩序は、当然ながら安定している。塩の結晶は溶解しなければ変化しない。一定温度に保たれている気体の変化は、ミクロレベルの分子運動にしか現れない。だが、私たちはそんな変化には興味がない。マクロのレベルでは何も起きていないからだ。

対象物の熱力学深度からは、その物体に歴史があることがわかる。何かが起きたために、その物体が自然に維持できていた状態から抜け出した。その状態は、何の動きもない自明の秩序だったかもしれないし、あるいは、それの持つ温度でしか語りようのない完全な混沌だったかもしれない。鮮やかな着想だが、残念ながら、二種類のエントロピーの差を測定する方法は誰にもわからない。

熱力学深度の定義方法を議論すると、きまって最後はコンピュータでの計算サイクル数の話になる。[17] それは元来、ベネットの論理深度という概念における考え方だ。そういう話になると、熱力学深度の肝心かなめのポイント、つまり、論理上の再構築ではなく実際の物理的歴史で測定するという視点が、すっかり失われてしまう。そのうえ、ゲーデルの悪夢が再びそっくりよみがえってくる――最短の記述が得られたかどうかはけっしてわからないという悪夢が。

歴史に根差している点が、熱力学深度の強みでもあり弱みでもある。歴史に着目すれば、最短のプログラムがわからないという問題を回避できる。最短のプログラムではなく、実際に起きたプロセスのみを示せばいいのなら、ゲーデル‐チューリング‐チャイティン問題は基本的に霧消し、あとはその対象が実際どうやって誕生したかを突き止めるだけになる。そうすれば、その物体の深さがわかる。

(しかし、この考え方だと、「いたずらに手間をかける」プロセスの深度が大きくなり、処分された膨大な情報量がじつは結果に寄与していない、という事態が想定される。つまり、うわべだけ大量の情報を処分するプロセスに、大きな深度が与えられる。あるいは、より深度の大きい別のプロセスがたまたま関与したために、あるプロセスが突如とてつもない深さを獲得し、しかもその深さが実際には何の意味も持たないという場合も考えられる。ロルフ・ランダウアーはこの点をうまく説明している。「このアプローチでいくと、人間が介在して生まれたとされる石片は、人類の進化の歴史をすべて背負うことになり、同じ石片が自然な地質学的作用によって誕生した場合より、はるかに複雑度が大きくなる」[18] 一九八九年、ヴォイチェフ・ズーレクは〈最小熱力学深度〉の定義を試み[19]、対象物の深度を、実際の歴史ではなく、考えられる最短の歴史によって測ることを提案した。この方法を用いた瞬間、私たちは歴史を離れ、論理のレベルへと移行することになる。しかし、それがもたらす利益は歴然としている。この方法によると、熱力学深度は、初期値と最終値のアルゴリズムの複雑度の差と等しくなるのだ。歴史と事実に基づく視点を失うかわりに明晰さが得られ、いずれ、熱力学深度の概念が定量的なものに研ぎ澄まされていく展望が開ける。ズーレクの提案が重要なのは、厳密さの欠如が熱力学深度のアキレス腱だからだ。〕

一九八八年に万全でないまま発表された熱力学深度としての複雑性の理論は、それ相応の代償を払うことになった。理論物理学の世界では、数式による後ろ盾がお粗末な論文には厳しい制裁が待っている。直感的にはいたってわかりやすいにもかかわらず、概念を数量化するうえでの問題があるために、物理学者の多くはこの説に肩をすぼめてみせただけだった。現時点で、複雑性の定量的概念、つまり複雑性を客観的に測定できる尺度は存在しない。そのため、まだこの領域は、物理学界では相手にされていない。

セス・ロイドとその仲間たちは、リンゴの最初の一口をかじっただけだ。

「定義の定式化にこだわると、より明快な問いを発することが妨げられる危険性がある」[20]ランダウアーは一九八八年、ベネットとクーン、ロイド－パージェルによる深さと複雑性の概念がどう発展してきたかについて論評し、そう述べた。処分された情報量を深さで表すという基本的発想は、おおいに期待の持てるものだ。馬鹿げた疑問をいくつかぶつけることで、深さと複雑性の概念に新たな、あるいは思いがけない側面が明らかになれば、より明確な定式化も夢ではない。

とかく定義というものは、同語反復《トートロジー》、つまり実際は何も語っていない文章になりやすい（「雨は降るだろう。そうでなければ降らない」「独身男性は全員未婚だ」など）。ランダウアーは、ベネットとクーンとロイド－

パージェルについて、『ネイチャー』誌にこう書いている。「これらの定義は、ある意味でトートロジーだ。三者とも大筋でこう言っている。『困難な道のりを通らなければ到達できないものが複雑である』と。とはいえ、それが無意味なたわごとにとってかわるなら、トートロジーもおおいにけっこうだ。ダーウィンは『生き残りが生き残る』と言って異論を一掃した」[21]

ならば私たちもランダウアーの助言に従い、定義だの数量化だの、物理学者が悩むような問題は忘れようではないか。彼らの世界があまりに単純すぎて、深さという概念に対して適切な問いかけができないだけなのかもしれない。論理深度と熱力学深度の違いもこのさい忘れて、深さという概念そのものに内在する明快さ、つまり、生成物の複雑度の指標となるのは、生成の過程で処分された情報量だという考え方にこだわってみよう。どう測定しようと、この考え方が明快であることに違いはない[22]。

シャノンの理論による情報量は、驚きや予測不能性や意外性の尺度だった。対象物の深さは、それが生み出される過程で処分された情報量を表す。とすれば、深さとは、対象物が過去にどれだけの驚きを経験したかの尺度と言える。深さは、あるものが世界と影響を及ぼし合ったことを物語っている。その結果、変化が起きたが、それがそれ自身であることに変わりはない。平衡状態から外れはしたが、それ自身から逸脱してはいない。予期せぬこともあれこれ経験した。それでも、あいかわらず存在している。世界に痕跡を残し、世界によって痕跡を刻みつけられながらも、存在し続けている。

こうして深さを増してきた。

第二部　コミュニケーション

第五章　会話の木

史上最短の通信文は一八六二年に交わされた。『ノートル＝ダム・ド・パリ』の作者として有名なヴィクトル・ユゴーは、この年、名作『レ・ミゼラブル』を上梓してすぐに休暇の旅に出た。だが、本の売れ行きが気になって仕方がない。そこで、出版者に手紙を書いた――「?」

出版者も負けてはいない。真実を少しも曲げることなく伝える返事を出した――「!」

『ギネスブック』にもあるように、出版者の返事は「誤解の余地がなかった」[1] たしかにユゴーには誤解のしようもなかった。小説『レ・ミゼラブル』は大当たりし、その映画やミュージカルは今日でも人気を博している。

この二通の手紙が生まれるまでに、何が起きたかを想像してみるとおもしろい。きっとユゴーは、自分の大作が一般大衆に理解され、受け入れられるかどうか、旅先で知りたくなったのだろう。あれこれ考えたり気を揉んだりしたあげく、出版者に手紙を書くことにした。だが、「おい、頼むよ。本の売れ行きを教えてくれ」とは書かず、含みを持たせた疑問符を送るにとどめた。出版者のほうも、おそらく売れた部数や書評や解説記事に埋もれていて、数字ならいくらでも提供することができたはずだ。だが、彼は気の利く男で、そんなものは役に立たないことを知っていた。ユゴーがほしいのは単純な答えだ。返事がピリオドだったら、ユゴーの休暇はだいなしになっていただろう。

実際に手紙を書く前に、両者がそうとう知恵を絞ったことは間違いない。ビット数で測れば、疑問符一つの情報量は郷里に送る手紙と呼ぶのもはばかられるほど少ない。アルファベット二六文字に句読点などの記号を加え、全部で三〇余りの記号があるとして、それぞれの情報量は平均およそ五ビットとなる。つまり、二人のやりとりは合計一〇ビットほどで成り立っていたわけだ。それでもうまくいった。十分に意思が伝わった。

決め手となったのは伝達されたビット数ではない。情報を送ったときのコンテクストだ。ユゴーとその出版者にとって、『レ・ミゼラブル』が当たるかどうかは、刊行直後のこの時期、最大の関心事だった。二人の頭はそのことでいっぱいだった。二通の手紙はどちらも、思考、感情、事実など、胸の内を駆けめぐった多くの事柄を象徴している。それらは、文面にはなくても、まぎれもなくそこにある。それは、不在でありながら存在する情報だ。この通信文はおびただしい量の情報を示唆している。そうでなければ、意味深長な手紙にはならないだろう。

もちろん、これはどんな通信にも当てはまる。言葉を書く前には、かなりの頭脳労働がなされる。そのすべてが言葉として表されるわけではないが、そこに表れていることに変わりはない。実際に通信文に書かれた情報は、大量の情報を示唆している。ただ、その情報が字面に現れていないだけだ。

ユゴーは、疑問符を書いて示唆するだけで実際には一言も語らなかった情報を、出版者にはっきりと示している。彼は紙に疑問符を書く前に、自分の意識をよぎった多くの情報を捨てた。そして、その情報を手紙に書き記すことのないまま、明確に指し示した。

ユゴーが書いた疑問符は、明白な形で情報を処分した結果だ。もっとも、ただの処分とは違う。彼はたんに全部忘れてしまったのではない。処分した情報を明確に指し示した。しかし、通信文という観点に立てば、その情報はやはり捨てられてしまっている。本書では、この明白な形で処分された情報を〈外情報〉*と呼ぶことにしよう。

＊（訳注）原著とその英訳では exformation という造語が使われている。exformation の ex は、「外の」「外へ」

という意味の接頭辞、情報を表す information の in は、「内の」「内へ」という意味の接頭辞。exformation は information の対極を成す用語と言える。著者によれば原著が書かれたデンマーク語でも完全に同様だそうだ。

情報 vs.〈外情報〉

多くの〈外情報〉を含んだメッセージには深さがある。ある人が最終的なメッセージを作り上げる過程で、意識にある大量の情報を処分し、メッセージから排除すれば、そこには〈外情報〉が生まれる。メッセージの情報量からだけでは、そのメッセージがどれだけの〈外情報〉を伴っているかはわからない。メッセージのコンテクストを理解して初めてそれがわかる。送り手は自分の頭にある情報を指し示すように、メッセージの情報を作り上げる。

コミュニケーションの謎は、どうしてそれが成立するのか、だ。実際に伝達したなにがしかの情報で、どうして、捨て去った膨大な量の情報を示唆できるのか。どうして自分の心の状態を、情報という形の図で表すことができるのか。これ自体、驚くべきことだ。しかも他人がこの図を使って、こちらの心の状態を思い描けるようにしなければならない。それを考えると、当然ながらこれはもう驚嘆に値する。

コミュニケーションの上手な人は自分のことばかり考えたりしない。相手の頭に何があるかも考える。相手に送る情報が、送り手の頭にある何らかの情報を指し示していても、どうにかして受け手に正しい連想を引き起こさせなければ、それは明確さという点で十分とは言えない。情報伝達の目的は、送った情報に込められた〈外情報〉を通して、送り手の心の状態に相通ずる状態を、受け手の心に呼び起こすことだ。情報を送るときには、送り手の頭にある〈外情報〉に関連した何らかの内面的な情報が、受け手の心にもなければならない。伝えられた情報は、受け手に何かを連想させなければならない。

「馬」という言葉を例にとってみよう。作家が「馬」と書くとき、彼は膨大な量の個人的経験に頼っている。

彼は馬を見たことがあり、馬について読んだことがあり、テレビで見たこともある。美や官能、競馬で勝つこと、肥料用の馬糞など、人が馬から様々な事物を連想するのを彼は知っている。そして、自分の記憶から、馬に関して大量の情報を呼び出すことができる。コンテクストがなければ、作家は「馬」と書いたとき自分の心にあるものと、その言葉を読んだとき読者が思い浮かべるものとの間に、たいした関連が生まれることは望めない。だが、彼が競馬の歴史について書いた文章の中で、その言葉を使ったのであれば、自分と読者が同じものを頭に浮かべると思って、ほぼ間違いないだろう。「牛」と言えば、競馬場や富の象徴の話でないことはすでに明らかだ。家畜の話をしているのに決まっている。大きくて、魅力的であると同時に恐ろしげでもあり、鼻を摺り寄せてくる、人懐っこい動物だ。

作家は読者の頭に連想のスペースを呼び起こしたのだ。もし彼が「馬、牛」と書いていたら、結果は違っていただろう。だが、それほどの差は出なかったかもしれない。作家にとって、読者の頭の中に連想の口火を切るのは、たやすいことだ。とはいえ、彼は自分のしていることに思いをめぐらせなければならない。それは読者も同様だ。〈外情報〉の伝達には注意力がいる。

〈外情報〉の伝達? いったい、〈外情報〉を伝えることなど可能なのか。〈外情報〉はコミュニケーションの前に捨てられてしまっていたのではないのか。だからコミュニケーションのときに伝えることなどできるはずがあろうか。そもそも定義からして、表面上伝達された情報中にないものが、どうして伝達しうるのか。作家が「マイ・ウェイ」「フランク・シナトラ」と書くと、読者の頭に独特のムードが湧き起こり、心と体を様々な感情が駆けめぐる。作家はどうしてこんな現象を起こせるのだろう。「イエスタデイ」「クリスマス」「確定申告」——どの言葉にしても同じだ。作家にそれができるのは、膨大な量の経験を読者と共有しているからにほかならない。作家も読者も同じヒット曲をラジオで聞き、同じような行事に参加して、同じように確定申告の用紙を埋めたことがある。そういった経験が、言語を通して伝えられるコンテクストの一部になっているのだ。作家が一つの言葉を書くというのは、心的活動の結果だ。彼の意識をたくさんの経験が駆け抜ける。特定の言葉を選ぶのは、それが読者にも同じような連想をさせると感じるからだ。

だが、作家も確信は持てない。読者も、「クリスマス」という文字を書いたときに何が作家の頭にあったのかはわからない。彼は、おおかたの人が反応を示すのはまず間違いないと思われる言葉を探していただけかもしれない。ひょっとすると、はじめからその言葉にはたいした深さも〈外情報〉もなかったのかもしれない。

そこに情報を伝達する際のリスクがある。送り手がどれだけの情報を捨てたのか、受け手は知りようがない。与えられた情報が、どれだけの〈外情報〉を伴っているのか知れたものではない。はったりか、あるいは知ったかぶりの場合もあるだろう。人が無関心な発言をしていたり、アナウンサーがニュースを棒読みしていたりすることもある。話し手が自分の言葉に注意を払っている保証はどこにもない。人は上の空のまま、口（あるいは指）から山ほど言葉をほとばしらせることがある。それに耳を傾けようと必死で努力したら、すぐにいらいらしてくるだろう。必ずしも、言っていることがおもしろくないからではない。知ったかぶりをする人は、きまっておもしろいことを言おうとするものだ。そうではなく、聞き手がほんとうに望んでいるのは、話し手の頭で何が起きているかをのぞき見ることなのに、相手が情報は提供しても〈外情報〉を伝えてくれなければ、それがかなわないからだ。

良質な会話で、いちばんおもしろくないのは実際に語られたことだ。興味深いのは、会話の最中に話者の頭や体の中で同時に起こる、ありとあらゆる思索や感情の動きだ。

言葉はそこにない何かを示唆する手がかりにすぎない。その何かは、言葉の中にはないが、話している人々の頭の中には存在している。会話とは、お互いの頭の中に関連した状態を作り出し、そのとき起きた出来事を交換し合うということだ。信じない、同情する、反対する、夢中になる、思い出す、気に入る、大好きだ、懐かしむ、理解する……。

〈外情報〉は情報に対して垂直方向を向いており、深さを反映する。表現に至るまでに排除されたものであり、言いたいことを言えるようにするために行なう心的作業の産物だ。〈外情報〉は処分された情報であり、実際には言わないが、私たちが一言でも口をきくときに、あるいはその前に、頭にあるもののすべてだ。一方、情報は実際に口に出した言葉で、現に聞こえるし、量を測ることもできる。実際の発言の文字数、ビット数がその情報量だ。だから「情報が多ければ多いほど、〈外情報〉も多い」といった相関関係は成り立たない。会話の情報内容は、はっきりとそこに表れていて実証できる。しかし、それがはっきりとそこに表れているのは、ほかの何か、存在の見えない言外の何かを示すためにほかならない——ただ存在しないのではなく、存在しないのがわかるような形で不在の何かを。

〈外情報〉の量と情報量は反比例するものではない。しかし比例しているわけでもない。非常に短いメッセージにとんでもない深さがあることもあるし、とても長い雑談がたいへんな深さを持つこともある。そうかと思うと、短かろうが長かろうが、薄っぺらいメッセージもある。しかし概念としては、両者には関連性がある。〈外情報〉はメッセージの歴史であり、情報はその歴史の産物だ。両方がそろわなければ意味がない。〈外情報〉のない情報は無意味なおしゃべりだし、情報のない〈外情報〉は、たんに捨てられた情報にすぎず、〈外情報〉とは言えない。

たいていのコンテクストでは、一つの情報が実際にはどんな〈外情報〉を持っているのか見極めるのは非常に難しい。とても明確なメッセージの場合はわかる。たとえば「それなら、ロータリー式の耕転機《こううん》を持っている人を知っているよ」というメッセージがあったとする。この場合、メッセージの送り手は、機械を使うと楽だろうと思われる農耕作業と、その農機具を貸してくれそうな人のことを考えているのは明らかだ。その人について多くを語る必要はない。耕転機を貸してくれるほど親切な人だということが、相手の農夫にわかればそれでよい。しかし、たいていは、受け取ったメッセージの〈外情報〉は見当がつかない。推測したり感じとろうとしたり想像したりするが、わからない。知らない人と電話で話すときは、面と向かって話すときより、その判断が難しい。しかし不可能ではない。

会話は無知と不確実性のベールをかぶっている。それは物理学者が深さを定義する際にぶつかる問題を思わせる。

熱力学深度にはプロセス全体の歴史が含まれるために、その定義が難しい場合がある。途中で多くの情報が処分されたことには、とくに意味はないのかもしれない。同様に、誰かがある事柄についてじっくり考えたと言ったとき、それが何を意味しているのかはわからない。その人をよく知っていないかぎりわからない。一つのメッセージに到達するのにかかる計算時間に意味があるとは言いきれないために、論理深度を定義するのは難しい。そもそも計算の起点を特定することができるのだろうか。

対象が会話のときにもこのような難しさが見られるのは、別段不思議なことではない。じつのところ、それだからこそ会話が楽しくなるのだ。会話を、交換される情報として外側から捉えたら、とくに意味深いものには見えない。しかし、内側から〈外情報〉として見れば、非常におもしろくなる。コンテクストを知らなければつまらないかもしれない。知らない人についての話を聞くのはとても退屈だ。そういう会話からはほとんど何も伝わってこない。だが、個人的な知り合いであれ有名人であれ、知っている人の話をするのは楽しいものだ。

情報はさほど興味深いものではない。メッセージを受けたとき注目すべきなのは、それが生み出されるまでに起きたことと、受け止められてから起きることであって、情報そのものではない。とすると、一九四八年に電話会社の技術者クロード・シャノンが、情報を意味とは無縁のもの、無秩序と同類のものと定義したのは、けっきょく、それほど馬鹿げたことではなかったのかもしれない。

情報理論の情報に意味を持ち込めるか

シャノンの情報の概念に不快感を覚え、くだらないと言って拒絶する人もいるかもしれない。なにしろそれは、一般の人たちが「情報」という日常語によって理解するもの、つまり意味、内容、概観、秩序とは、かけ離れたものを扱った概念だからだ。このような否定的な見解の人の肩を持つ哲学者は多い。何十年にもわたり、大勢の人文科学の教授や社会科学者が、シャノンの概念は偏狭だとして批判してきた。たとえば、ドイツの哲学者ジビレ・クラマー＝フリードリヒは一九八六年に、「古典的な情報理論は真の意味で情報を扱ったものとは言えない」と書いている。「情報とは科学的な概念というより架空の概念と呼ぶのがふさわしい」[2]

はなはだしくひねくれた陰謀説もある。情報の概念は大手民間企業の技術者がでっち上げてふくらませたもので、彼らはそのあげく、私たち一般人が真理、美、意味、叡智について電話で論じ合うのを待って、一儲けしたのだという説だ。実際、こう思わせる根拠には事欠かない。なにしろ、情報理論の生みの親シャノンはAT&Tのベル研究所の技術者だっただけでなく、彼が最初にこの理論を発表したのが、AT&T発行の科学関連の定期刊行物『ベルシステム・テクニカルジャーナル』ときている。しかも、彼に協力したのが、二〇世紀の科学における最も重要な「陰の功労者」とも言える人物ウォーレン・ウィーヴァーその人だった。

ウィーヴァーは、アメリカでいちばん有名な富豪一族ロックフェラー家のもとで働いていた。彼は物理学者で、巨額の資金を研究に提供するロックフェラー財団の顧問だった。科学の社会史における古典的なテーマの一つに、生物学に与えたウィーヴァーの影響が挙げられる。一九三〇年代、ウィーヴァーはより「物理学的な」生物学、蝶の種《しゅ》の系統分類ではなく、むしろ分子やその他の物理量を扱う生物学、すなわち分子生物学の誕生を望んだ。彼の決意から半世紀後にバイオテクノロジーや遺伝子工学を生み出したこの科学の一分野は、しっかりと情報理論に根差していた。事実、現代の分子生物学は、情報理論や計算理論から導き出された概念に完全に基づいている。そんなウィーヴァーが、AT&Tの一技術者によって開発された情報理論の後ろ盾だったのだ。

というわけで、たしかに産業界が権力を強奪したように見える。彼らが一般の人たちから「情報」という日常語の概念を取り上げ、かわりに電子機器を介する信号の伝達法に関連した、意味とはまったく無縁の概念を押しつけたあげく、生物の遺伝子までこの概念のイメージで捉え直そうとしているように思える。これもまんざらたわごととは言えない。アメリカの文化史学者で、現代科学技術文明の才能豊かな批評家セオドア・ローザックは、情報理論がコンピュータや遠距離通信の分野で実際に役立っている事実について、次のように書いている。「この驚くべき成果は、我々が情報を理解するときの対象を、（送り手としての、あるいは受け手としての）人間から、新たな目覚ましい情報伝達技術へと向かわせることになった[3]」

注意を向ける対象が、情報の送り手や受け手からその情報を運ぶものへと変わった。もっとも、たいていの人はメッセージと媒介物を混同しがちだが。一八七六年にブラジル最後の皇帝ペドロ二世がアメリカ合衆国を訪問したとき、このポルトガル語を母国語とする国の元首は、フィラデルフィアで大規模な展示会に出席した。そこでは、耳の不自由な人の訓練校を開いていたアレグザンダー・グレアム・ベルが、自ら発明したばかりの電話を披露していた。勧められるままに試してみた皇帝は、こう叫んだと言い伝えられている。「これは驚いた！　ポルトガル語を話す機械だ[4]」

情報の概念は、額面どおりに捉えると、ろくでもないものだ。情報理論でいう情報を意味のことだと思うのは、エネルギーを、一般の人たちがエネルギーという言葉で意味するもの（すなわち、暖かくしていたいときに使うもの）と考えるのと同じで、そんな誤解をすれば、失望の憂き目に遭うのがおちだ。

しかし、私たちが情報という言葉で意味するものと、情報理論が語る情報とは違うということを受け入れるつもりさえあれば、情報理論から多くの洞察を得ることが期待できる。それは、先ほど会話を分析したときにわかったように、私たちの言葉はビットで測れる以上のものを含んでいる、と言っただけでは不十分だからだ。

日常の会話に込められた意味や美しさや真実を築き上げているのは、私たちが交わす言葉ではなく、話す前に考えたことすべてだからだ。

情報はとくに重要ではない――情報理論がこれだけはっきりそれを示してくれたことを、私たちは好運と思うべきかもしれない。この理論のおかげで、ほんとうに重要なもの、美しさや真実や叡智の真の源が、ほかにあるに違いないことがはっきりしたのだ。皮肉にも、この「ほか」のものは、私たちの排除した情報、つまり〈外情報〉と言うことができる。意味とは処分された情報のこと、すでにそこには存在せず、存在する必要もなくなっている情報だ。

情報と意味の関係はお金と豊かさの関係に似ている。ほんとうの価値、真の豊かさとは持っているお金ではなく、使ったお金、かつて持っていたお金の問題であり、お金を払って得た利用価値のことだ。お金そのものの量を楽しめるのは、自分のマネータンクで泳ぎ回るスクルージ・マクダック（訳注　ディズニーの作品に登場するキャラクター。ドナルド・ダックのおじさんで、かなりのしまり屋）ぐらいのものだろう。普通の人はみんな、使いたいからお金がほしいのだ。

情報も同様で、人は十分に手にして初めて、それ自体には価値がないことに気づく。

情報理論における情報の概念は中身が貧弱だと、どれだけ腹を立てようと、シャノンやウィーヴァーほか、情報理論の草分けたちに知的な誠実さが足りないと文句を言うのはお門違いだ。彼らの理論の明確さには非の打ち所がない。

情報の概念については、これまでたしかに混乱が多かった。「情報」という言葉が秩序や意味の同義語として使われてきたためだ。しかし、この用法は情報理論からきているのではなく、通信と制御に関する科学であるサイバネティックスから生まれたものだ。サイバネティックスの生みの親ノーバート・ウィーナーや彼に続くレオン・ブリルアンらは、「情報」を「秩序」や「体系」といった肯定的ニュアンスを持つ言葉と混同した。しかしこれが原因で、マクスウェルの魔物をめぐって、半世紀にわたる混乱が生じたことは第二章で述べた。しかしこの混乱は、情報理論本来の言い回しからは生じない。

シャノンは自らの理論を発表した際、「コミュニケーションの持つそうした意味論的な側面は、工学的な問題には関係ない」と述べた。[5] ロックフェラー財団のウィーヴァーはさらに明確に言いきっている。「情報は意味と混同してはならない」[6]

ウィーヴァーはコミュニケーション理論には三つのレベルがあると力説する。技術のレベル、意味のレベル、そして、行動のレベルだ。技術のレベルでは、コミュニケーションに用いる記号の伝達、すなわちシャノンが数学理論で記述したものの実践的応用を扱う。意味のレベルで考えるのは、意図した意味を記述が実際にどこまで伝えるかという問題だ。最後に行動のレベルでは、コミュニケーションが現実にどの程度、送信者の意図した形で（仮にそういう意図があればの話だが）受信者の行動に影響を与えるかを問題にする。

ウィーヴァーは、シャノンの理論は最初のレベルにしか触れていないことを明言している。「二つのメッセージがあり、一方は多くの意味を持ち、他方はまったく無意味な場合でも、この観点に立てば、情報量に関しては両者は完全に等価でありうる」[7] そしてさらに、「コミュニケーション理論において、〈情報〉という用語は、人が実際に言うことではなく、言いうることを指している」と述べている。[8]

情報理論はとても冷めた理論だ。すべての会話を伝達するには電話線をどの程度の太さにすべきかをはじき出すために、コミュニケーションの意味的な側面をいっさい切り捨てる。情報は会話を外側から、心理学ではなく物理学の対象として測る。しかし大事なのは、こんな点にとまどう必要などないということだ。

じつのところ、私たちは情報理論の冷徹さに救われている。外面的な特徴に基づいて、言われた言葉に言われたままの意味があると見なしていたら、次々に問題が起きるところだが、それを防いでくれるからだ。会話を通して伝えられることの多くは（近代技術の助けを借りようが借りまいが）、無意味だ。人間にはお互いのかかわり合いが必要だ。そういうかかわり合いの中で、人は無意味な言葉を発することもあれば、深遠な話をすることもあるが、たいていは黙っているものだ。もし、メッセージの外観だけに頼って、なおかつ意味――ほんとうに伝えようとしていること――を読み取るとしたら、知ったかぶりをする人と経験に基づいて話している人の区別がつかないだろう。丸暗記したことと洞察に基づくこと、はったりと真の理解に役立つことの見分けがつかないだろう。

もちろん、この種の判断はどんなに状況が整っていても難しい。だが、これはなにもAT&Tが出現して始まったことではない。言葉や身振りを額面どおり受け取ることができないのは、人間の交際や会話ではあたりまえのことだ。

だから、問題を電話会社のせいにするかわりに、私たちは自分の考えをしっかり持って、こう主張しなければならない。かかってきた電話にどれだけの意味があるかを判断するのは、電話会社ではなく私たちだ、と。

情報理論の歴史を振り返ると、その冷徹な概念の世界に少しでも「意味」を持ち込もうという試みが数多く見られる。アメリカの哲学者ケネス・セイヤーは、これらの試みを二つのカテゴリーに分けている。情報理論はほんとうは意味に関する理論だと主張するものと、この理論の扱う概念を少し柔軟に解釈することで、意味が持ち込めるとするものだ。

セイヤーによれば、情報理論は本来意味を扱うものだとする、第一のカテゴリーの先駆者は、イギリスの情報理論家ドナルド・マッケイということになる。これは公正な見方とは言いがたいが、マッケイの洞察をほかの科学者が推し進めた結果、そうした情報理論の卑小化につながったというセイヤーの指摘は正しい[9]。しかし、一九五〇年に発表されたマッケイの考えは、一九八〇年代に定式化された深さの概念とそれほどかけ離れてはいない。たとえば、マッケイは情報量は組み立てプロセスの複雑性の数値的表現だと書いている[10]。これは、ある情報に伴う意味は、その情報に至るまでのプロセスで処分された情報量に等しいという考え（チャールズ・ベネットの論理深度の考え方を大幅に言い換えたもの）に似ている。

セイヤーが指摘したもう一つの反応は、情報理論の概念を柔軟に捉える、または修正する傾向だ。「行動科学の分野で、概念の一般的な使い方の枠を広げる、あるいはそれを修正することによって、問題がいくらか解決できるのなら、我々は思いきってそうするべきだ」と、心理学者ウェンデル・ガーナーは一九六二年に書いている。[11]意味の概念を含む修正版の情報理論で、近年最も大きな影響を持つのは、アメリカの哲学者フレッド・I・ドレッケだが、彼は、シャノンの概念とほとんど無縁の情報概念で議論を締めくくっている。[12]

この問題に対するセイヤー自身の取り組み方は、本書のアプローチとたいへんよく似ている。古典的な情報理論を文句なく正統な出発点としているが、関心は情報の消え方に向けられているのだ。[13]

一九七〇年代から八〇年代にかけて、ドレッケやセイヤーといった哲学者たちのおかげで、情報理論と意味に関する議論が活発になされたが、彼らは「性急派」とでも呼べる学者の系譜の典型だった。理論上の概念で実生活におけるすべての現象を記述できないのなら、概念を作り直せばいいという考え方だ。逆に、シャノンやウィーヴァーは「傲慢派」の系譜に属する。実生活の諸現象が理論上の概念で記述できないのなら、現象のほうを無視すればいいというわけだ。

この両方を合わせると最良の結果が生まれるのかもしれない。

「この理論の中で展開された情報の概念は、最初は期待を裏切る異様なものに思える」とウィーヴァーは一九四九年に書いている。「しかしけっきょくは、この分析がこれまで漂っていた暗雲を完全に吹き払ったので、今や、ことによると史上初めて、意味に関する真の理論を考える準備が整ったと言うべきだろう」[14]

しかし、実際に埃が収まり、事態が収拾し始めるのには半世紀近くかかった。シャノンとウィーヴァーは暗雲を払いはしたかもしれないが、意味の問題が情報理論のコンテクストで真剣な議論の対象となるまでには、それから何十年もの歳月を要した。ベネットが論理深度の考えを発表したのは、ようやく一九八五年のことだった。

私たちは、通信技術によって膨大な情報を世界中に行き渡らせられるようになったことに興奮するあまり、それによって何を求めていたのかを忘れてしまった。情報化社会に批判的な人までが情報理論にとりつかれ、問題はこの理論にあると考えるようになった。しかし、現代の情報化社会がほんとうに優れているのは、情報をあちこちに動かせるという点だけだ。はるか彼方との通信は以前とは比べものにならぬほど簡単になった。地球を回る人工衛星や海底ケーブルを通して、膨大なビット数の情報を伝達することができる。おびただしい量の情報がたえず世界中を駆けめぐっている。だが、こういった伝達経路は、私たちは互いに何を伝えたいのだろうという、肝心な問題に答えてはくれない

情報を自由に動かせることに、ほんとうに注目に値するものがあるだろうか。情報伝達が簡単になったからといって、それ自体に何か意味があるだろうか。

情報伝達によって社会的な障害が克服されるというのなら、それはたしかに意味がある。社会にとって意味がある。東欧や旧ソビエト連邦の崩壊は、通信手段と深いかかわりを持っている。かつてあれほど閉ざされた社会の中にいた人が、中央を経由せずに外の人々と交信できるようになったのは、現代的な情報伝達手段のおかげだ。コミュニケーションが不足している社会では、その伝達手段は死活問題なのだ。これは社会的問題であり、それ自体が重要だ。しかし、もっと理論的、概念的な問題もある。純粋に物理的なレベルで熱力学的に言うと、だいぶ様子が違う。物理的現象として測った場合、情報の空間的移動が何らかの重要性を持つ必然性が皆無であことが、ごく最近明らかになった。熱力学の観点に立てば、情報の移送など、物の数に入らないのだ。

ロルフ・ランダウアーは『ネイチャー』誌の論文で、シャノンの情報理論における誤りを正した。[15] それは、シャノンに対して批判的だったからではない。なにしろランダウアーは、彼のことを情報のアインシュタインのような存在として評価している。[16] シャノンが、かつてレオ・シラードがマクスウェルの魔物の分析で犯した

のと同じ類いの間違いを犯していたので、これを正したのだ。その間違いとは、特殊な事例を取り上げて、その結果を一般法則に格上げしたことだった。

シラードは、魔物が分子の動きを計測する方法を研究した結果、特定の計測には熱力学的コストがつきもので、計測の際に必ずエントロピーが生まれてしまうことを発見した。しかし、シラードや彼に続く大勢の物理学者たちが研究した特殊な事例は、無効だった。一般に、計測のとき情報を捨てる必要はない。情報はコピーでき、そのときにエントロピーが生み出されることもなく、計測するときに使ったエネルギーが利用不可能になることもない。シャノンの分析の対象は別のものだった。それは情報の伝達、コミュニケーションだ。彼は、ケーブル内の波動信号を使って情報を伝達するとき、どれだけのエントロピーが発生するかを研究した。その結果、この場合はつねにエントロピーが生じることがわかった。この事例に関しては何の欠陥もない。

しかし、シャノンのもとで学んだ研究者たちはこの特殊な事例の結果を一般法則と解釈して、情報を伝達すれば必ずエントロピー（雑音《ノイズ》という、説明する気にもなれない新たな情報）が生まれると思い込んだ。これが誤りだった。新たなエントロピーを生み出すことなく情報を伝達するのはわけもない。たとえば、本を手渡すこと（そしてその後、返してもらって、運動エネルギーをリサイクルすること）によってもそれは可能だ。

通常、コミュニケーションは情報を生み出したり除いたりすることとは無関係だ。コミュニケーションは情報の移送にすぎない。

遠距離通信回線の物理的サイズにはまったく関心のない一般の人たちにとって、この議論に何か意味があるだろうか。日常生活では何の意味もない。特殊な事例で生じるエントロピーの量は非常に少なく、ほかの手段を使ったときに電話線やテレビ画面上に現れるノイズよりずっと小さいからだ。

しかし、概念的には意味がある。情報の生成や処分が重要だと考えるなら、原則的にコミュニケーションはまったく重要ではないということを教えてくれるからだ。コミュニケーションにおいては、純粋に実際的な目的のために、情報が生成されたり処分されたりする。したがって、ほんとうに重要なこと、つまり情報の意味を探る場所として、コミュニケーションは適当とは言えない。

「情報の重さは？」[17] これは、一九九〇年にサンタフェで行なわれたセミナーでの、ある講演のタイトルだ。講演者で、オハイオ州のケニヨン大学のベン・シューマッハーは、なんとも悪戯っぽい顔で「貧しい学生の情報伝達経路」を紹介した。

それは、こんなシナリオだった。一人の貧しい学生が、故郷を遠く離れて大学に行くことになった。両親は息子がうまくやっていかれるかどうかが心配だ。気を揉むことになるのが目に見えていた二人は、毎週日曜日の四時に無事を知らせる電話をかけるように息子に言う。息子は、お金もないことだし、そんなに家に電話をかけていたら高くつくと反発する。だから、かけたくない、と。そこで三人は一つの解決策で折り合うことにした。息子は困ったことがある場合だけ、日曜の四時に電話をかける。電話がなければ、それはすべて順調ということだ。だから息子はめったに電話をしない。だが、約束は忠実に守っているわけだ。こうして学生はまったくお金をかけずに、日曜ごとに親にメッセージを送る（もちろん、電話回線が正常に機能していればの話だが）。このように、お金も使わず、言葉で表現することもなく、メッセージを送ることができる。ただし、伝達手段のあることが前提だ。もし電話回線に異状があれば、電話がかからない事実からは何も伝わらない。

ここで、ＩＢＭのチャールズ・ベネットがシューマッハーの話を遮って、大声で言った。「電話会社はそんなふうに電話を使う人にも、料金を請求できて当然のように思えるが」考えてみると、ほとんどの人がこういう形で頻繁に電話を使っている。「彼女からはもう長いこと電話をもらっていない。きっとうまくやっているのだろう」といった具合に。しかし、電話会社もその点は心得ている。じつは、電話回線のこんな利用法も、ただではない。ためしに電話料金の支払いをやめると思い知らされるだろう。現代の生活で、電話を不通にされるほど不安なことはまずない。誰が連絡してこようとしているかがわからなくなってしまう。このように、鳴らない電話にもたくさんのメッセージが込められている。ただし料金を払っていればの話だ。〈外情報〉を伝えるのに、情報はまったく必要ない。例の学生は「今週は何もなかった。とくに話すこともない。電話はかけないでおこう」と思う。彼の両親は「息子は宿題をすませてフットボールでもやりに行っているのだろう」と考える。

事前に約束したものを除いて、情報はいっさい使わずに〈外情報〉が伝わったのだ。

ヴィクトル・ユゴーと出版者もこれにはかなわない。何も尋ねないことに多くのメッセージが込められているわけだ。世界でいちばん短い電話の会話は、常時交わされている。電話していてもおかしくない相手に電話しないことで成り立つ会話だ。（相手が知らない人だと、かけない電話は何のメッセージも持たない。メッセージを持つのは、かかってきてもよいのに、かかってこない電話だけだ。）

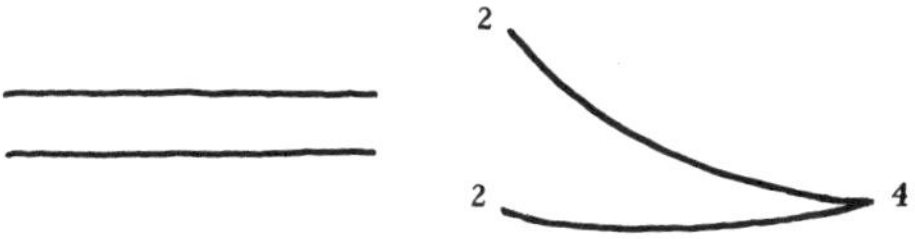

図7　ロルフ・ランダウアーによるコミュニケーションと計算の概念図

会話の木――情報の伝達と情報の処分

ロルフ・ランダウアーは、情報の伝達と情報の処分の違いについて、自らの発想を要約し、二つの図で表した。めんどうな詳細は省略しながらも、きっちり概念を表す、物理学者好みの簡潔な図だ（図7）。

一方の図は情報の伝達がどのように行なわれるかを表す。これには平行した二本の線だけが描かれている。実際には何も起きていない。情報伝達はパイプ、つまりつなぐものにすぎない。

もう一方の図は 2＋2＝4 という計算を表す。こちらでは二本の線が右端で一点に集まっている。肝心なのは、二つの別々の状態（2と2）が集められて、一つの状態

（4）になっているという点だ。ここでは何かが起きている。一つの方向へは進めるが、逆向きには進めない。出発点、すなわち2と2という状態から、4に行き着くことはできる。しかし、ひとたび4にたどり着いたら、たとえ二つの状態から現在の状態に到達したとわかっていても、逆戻りはできない。なぜなら、二つといっても、4は様々な状態から引き出すことができるからだ。1＋3も、213−209も、−2＋6も4になる。

計算をすると、その過程で情報が捨てられる。取り返しのつかない不可逆のことが実際に起きる。これは計算によって情報が処分されるからだ。4は2＋2より情報量が少ない。だから、2＋2という問題が計算の結果に置き換えられたときに不可逆性が生じる。もし、出発点と途中の計算を捨てて答えだけを残すという作業をしなければ、計算は不可逆にはならない。計算を元に戻せるので出発点に戻ることができる。だがそれには、途中の計算をとっておかなければならない。こういった可逆的な計算は、理論的な観点からは非常に興味深いが、現実問題としてはおもしろくも何ともない。計算の意義は情報をへらすこと以外の何物でもない。途中で何か捨てなければ、どんな計算も時間の無駄になる。計算は、可逆的なものと不可逆なものの二つのタイプに分けられる。後者は逆戻りできず、現実におもしろいのはこちらのタイプ、つまり、取り返しのつかない形で情報を処分する計算だ。結果がわかっているからといって、出発点まで逆戻りすることはできない。

しかし、情報伝達は不可逆ではない。プロセスの始めと終わりは同じだ。お望みとあらば、パイプの向きを変えることもできる。むしろ、ここが情報伝達の肝心なところだ。情報はコピーし、送り、動かし、繰り返し、複写することができる。前に進んでも後ろに戻っても、二本の線の間隔は同じだ。原則的に、コミュニケーションはいつでも逆向きにできる。

計算はそうはいかない。〈外情報〉の生成も同様だ。情報を捨てたら逆戻りはできない。どんなミクロ状態から現在のマクロ状態にたどり着いたのか、人は忘れてしまう。忘れたら取り戻せない。情報伝達はこれと異なり、逆戻りが可能だ。

不可逆的な作業は、情報伝達の途中ではなく、その前後に行なわれる。情報伝達で興味深いのは、それによって何かが動くことではなく、何かが移動可能な形に変えられることだ。言葉に関して注目すべきは、それが言えることではなく、言いえることがあったという点だ。

スピーチについて言えば、どう話すかではなく話したいことがあるという点に注目すべきだろう。情報伝達で大切なのは、何を言うかではなく、何を言いたいかだ。

だからこそ、黙っているといちばんよく伝わる事柄がたくさんある。

ランダウアーが二股に分かれた図で示した計算より、少し長い計算も図に表すことができる。たとえば(2＋2)×(3＋3)＝24だ。その図は二重の枝分かれを示している（図8）。まず二つに枝分かれし、各々がもう一度二つに分かれる。こうして小さな木ができる。もっと複雑な計算だと、たくさん枝分かれした木になるわけだ。

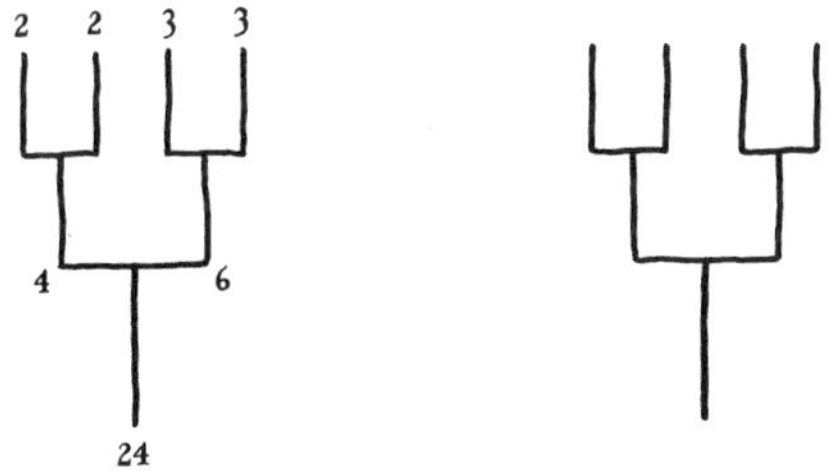

図8　二分木

このような木は、つねに二つに枝分かれしていくところから、〈二分木〉と呼ばれる。現代の数学や物理学の多くの分野で、二分木はたいへん役に立っている。一九八五年にベルナルド・フーバーマンとタッド・ホッグが複雑性の定義と数値化を初めて試みたときも、このような木が使われた（この発想は一九六二年にすでにハーバート・サイモンによって示されていた）。また、近代的情報理論でも採用されている。ビット数を、知りたくもないミクロ状態の数の、二を底とする対数で計算する理由もここにある。

ここで再びコインを投げてみよう。何度も繰り返し投げて、裏が出たら0、表が出たら1とすると、0010111011110といった具合に二進数がランダムに並ぶ。この二進数の連続で、コイン投げの結果以外にも、様々なことが表現でき

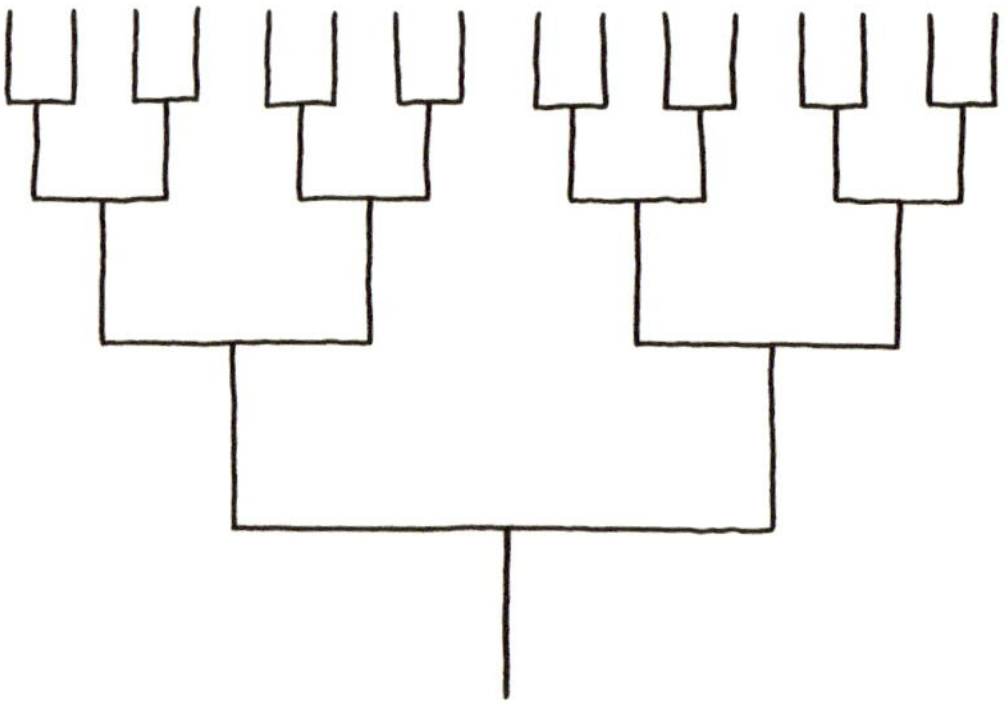

図9　大きな二分木

る。交差点で曲がるたびに行なった、右か左かの選択もこれによって記号で表せる。実際に選んだルートだけではなく、すべての可能性、つまり道路網を表す樹形図を描くことにも意味がある（図9）。このような樹形図では、実際に選択されたルートは、たとえば0は右、1は左とすることで、二進数の列によって記述される。数列の長さが、いくつの選択をしたか、何回選ばなければならなかったかを示す。数列が長ければ長いほど、選択の回数が多い。しかし、選べたのに選ばなかった道の数は、選択の回数よりずっと早いスピードでふえていく。七回選択すれば、2×2×2×2×2×2×2本の道を選ぶ可能性があったことになる。二を七回掛け合わせただけ、つまり「二の七乗」だけあったのだ。選ぶ可能性があったルートは膨大な数に上る。当然ながら、「二の七乗」は一二八と言われても、たいしておもしろみはない。それより、七回選択したと覚えておくほうが簡単だ。ちなみに四回の選択なら選択肢は一六だが、八回だと二五六になる。

「二を底にした対数」は選択した回数を表す。それはその木が何本の枝を持つか、そして何階層の枝を張ったかを示している。

梢の部分はすべての可能性を表す。選択の回数は樹形図の「深さ」、つまり枝分かれの段数で示される。情報理論家たちの興味の対象はこの選択の数、すなわち、言う可能性があったことのすべてであり、選んだルート（実際に言ったことに呼応する）だけではなく、道路網全体であり、通行者が「八回交差点で曲がりました。00101110のルートを取ってここにたどり着きました」と言えるための構造基盤だ。

情報を伝達するとき、私たちはどのルートを選んだかを告げる。自分の選択過程を要約して伝える。このようにして、選ばなかった道がたくさんあったに違いないことを、暗に示すのだ。

たとえば、スーパーで買い物をして支払いをするときなどは、計算によって情報を要約したいところだ。商品一つ一つの値段を言って、別々に支払うことも理屈のうえではできる。しかし、これはいささかめんどうだ。はじめに合計したほうが手間が省ける。誰かに何か伝えたいときもそうだ。相手に言いたいことがある。だが、電話で話そうと面と向かって言おうと、話す時間は限られている。そこで私たちは要約する。情報を捨てる。

情報という概念に関する誤解、たとえば情報量を秩序やネゲントロピーとするノーバート・ウィーナーやレオン・ブリルアンの考え方は、おそらくここから生まれたのだろう。無秩序に情報が含まれているのは確かだ。しかし私たち人間が情報だと思っているのは、伝えたい内容、たいていはすでに計算した結果、つまり要約だ。私たちが日常生活で情報と呼ぶものは、ほんとうはむしろ〈外情報〉なのだ。日常語では、何かが情報を持っていると言ったら、それは〈外情報〉生成の結果を指す。情報の伝達や、買い物の支払いなどの手続きをする際に便利な短縮形、つまり要約を意味する。

というわけで、日常生活で「情報」といえば、私たちはすぐに「情報を捨てた結果としての情報」を思い浮かべる。何かの経験について話を聞いたときに、その経験にはそれ以上の情報が含まれていることには思いがおよばない。私たちが情報だと思っているのは「話」だ。しかし、その話のもとになっているのは捨てられた情報なのだ。情報が処分されて初めて、状況は人が語れる事象となる。いつの時点であろうと自分が置かれている状況全部の話をしろと言われても、それはまさにできない相談だ。情報を処分することで状況がコンパクトにまとまり、一つの事象となって、やっとその話ができる。そのとき初めて、それまでに起きたこと、これから起きること、現在の部屋の状況のいっさいを語ることなく「私は座って本を読んでいます」と言うことができる。

同じように考えると、私たちが話したいと思うのはある程度の深さを持つもの、つまり情報を捨てたものだ。物事は、自分が話したい形に体系づけることができる。だから、そういうものには情報がある、と私たちは言う。人はこの体系があるからこそ、話が情報を持つと思いがちだ。しかし実際には、体系や構造のないもののほうが記述しにくく、したがって、情報量が多い。そういうものについては詳しく話す気にもなれない。そこでこれをマクロ状態と呼ぶ。たとえば熱、めちゃくちゃな状態、汚れた食器の山などがそれだ。

キッチンの話をするとき、「きれいに洗った皿が食器棚に重ねてある」と言うほうが、「これから洗う皿が流し台に積んである」と言うより、情報量がずっと少ない。洗って重ねた皿というマクロ状態に呼応するミクロ状態はごくわずかだ(一般的に、違いがあるとすれば皿を重ねる順番ぐらいで、ほかが変われば家族から苦情が出るだろう)。一方、汚れた食器は、ありとあらゆる積み方が可能なことは、ご承知のとおりだ。しかし、汚れた食器の山に含まれる情報にあまりおもしろみはない。現に、人は進んでその情報を処分する。洗うことでそうする。洗い終えると食器は整然と片づけられる。これが望ましい状態、私たちが情報量が多いと思う状態だ。ところがほんとうはその逆であり、ウィーナーやブリルアンの誤解を招いたのは、このような日常一般の情報概念と科学的な情報概念の対立だった。

私たちが日頃なじんでいる情報の概念は、シャノンの情報概念よりむしろ〈外情報〉の概念に近い。日常言語にはたいへんな知恵が含まれている。私たちが話す気になるのは、情報の欠落という特徴を持つ事柄や状況についてだけであり、その特徴は、時間がたっても安定している体系、秩序、単純という形で表れる。最も情報量の多い事柄は、ごちゃごちゃしていて人の興味を引かない。

ここで人間の理解能力、つまり経験を短い記述にまとめる能力を考え合わせると、おもしろいものとは、何であれ非常に少ない情報で記述しうる事柄であることがはっきりしてくる。アリ塚は松葉の山より興味深い。両方とも同じものでできていて、後者のほうが情報量は多いのに、だ。

情報量とは、完全に秩序立ってもいなければランダムでもない物事のランダム性を記述するのに使うメッセージの無秩序さやランダム性の尺度だ。しかしメッセージは秩序やランダム性といった特徴を持った事象を表すためのものではない。メッセージが情報を持っているのは、内容を予測できないからだ。メッセージがおもしろいのは、ある程度は先の読める事柄に関する内容だからだ。日常生活における情報の概念はこの点を踏まえている。しかしだからこそ、この概念ははなはだ曖昧になってしまう。じつはこれは情報というより〈外情報〉の問題なのだ。私たちが「情報」と言うとき、ほんとうに意味しているものは〈外情報〉に近い。だが、〈外情報〉そのものではない。

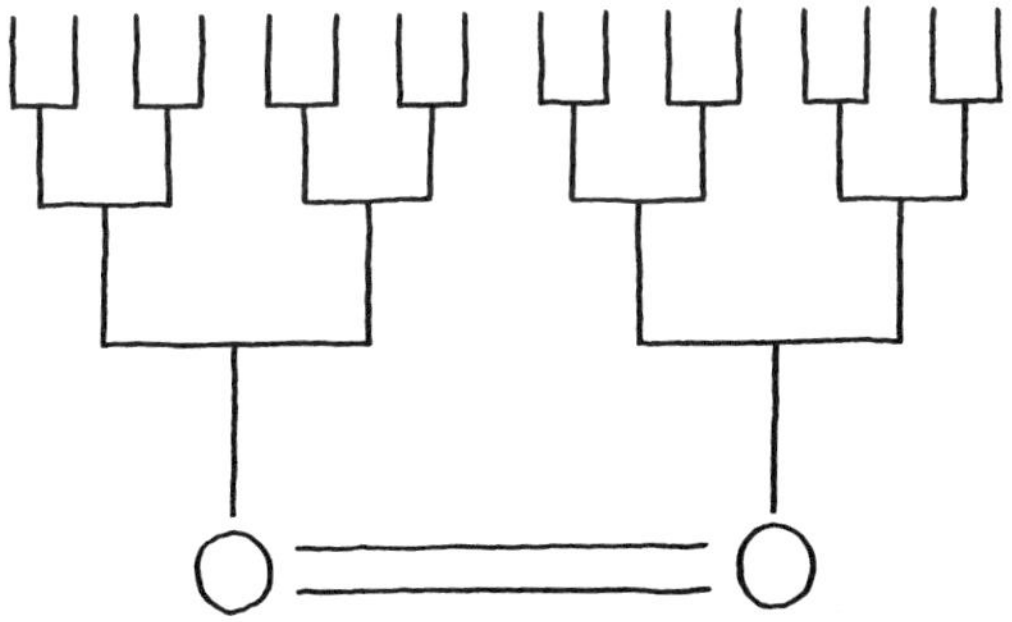

図10　〈会話の木〉

そこで、情報の伝達とその前に行なわれる〈外情報〉の生成を表したモデルを使って、人間同士のコミュニケーションについて考察してみよう。これによって、日常的な情報の概念に、どうして食い違いが生じるのか、解明する手がかりがつかめるかもしれない。ここでは、情報の数学理論では一般的な概念に基づき、木とパイプを組み合わせた図を使うが、〈外情報〉に光が当たるように特別の工夫がしてある。これは人と人とがどのように会話するかを表した図だ（図10）。これを〈会話の木〉と呼ぼう。

まず始めに、左側の人が考える。何かの経験、感情、あるいは記憶を要約しなければならない。計算のときと同様、たくさんの情報が捨てられる（情報の処分という点以外に、計算との関連はない。〈外情報〉の生成は計算とまったく同じだと言っているわけではないのだ）。情報をたっぷり捨てることによって、話し手の心の状態が要約されると、何かしら口に出して言える言葉が残る。それがパイプを通して伝えられる。ここでは情報の処分は行なわれない。パイプの反対側で言葉は受け止められ、そこに込められた意味を明らかにするために頭の中で解きほどかれる。左側の木の先から始まり、根まで下がってきて、地面を通って右に伝わり、右側の木を上っていくという動きだ。左の木では、情報の処分、つまり〈外情報〉の生成を通して大量の情報が圧縮される。思考から言葉が組み立てられる。これを〈集約〉と呼ぼう。右の木では、言葉に含まれるわずかな情報が受け止められる。それが解きほどかれて、より大きな情報となる。この第二のプロセスは〈展開〉と呼ぶことができる。

〈外情報〉の生成を通して、大量の情報が少量の情報に圧縮され、それが伝達される。その情報には深さがある。生成過程で〈外情報〉が生まれたからだ[18]。

今度は伝達した先で情報が解きほどかれる。「馬」という情報なら、受け手は自分がそれまでに見た馬のことを考える。経験、思考、記憶、夢、感情、馬そのものを思い浮かべる。これが〈展開〉だ。ほんのわずかの情報が伝達されただけなのに、受けた側では様々な馬のイメージが呼び起こされる。〈集約〉からコミュニケーション、そして〈展開〉へ。情報を捨て、伝達し、再び呼び起こす。

このモデルは、会話や文章だけに当てはまるわけではない。じつは、もともとこれは、人が音楽を聴くとき何が起きているのかを解説した、デンマークの音楽家ピーター・バスティアンのモデルにヒントを得たものだ。バスティアンはその著書『音楽の霊性』で、作曲家が霊的・知的なものを楽譜に転換し、それが楽器で演奏され、音波が生み出され、その音波が聴き手の耳の中で感じとられ、経験され、音楽に生まれ変わるまでの過程を図解した[19]（図11）。

音楽において肝心なのは音波ではない。作曲家・演奏家が様々な心の状態を一つのパターンに置き換えて、それが聴き手の心の中で同じ（あるいは異なる）状態を呼び起こすという現象だ。バッハであろうがビートルズであろうが、理解したいと思ったら、目を向けなければならないのは、音符が伝える情報よりむしろ、その

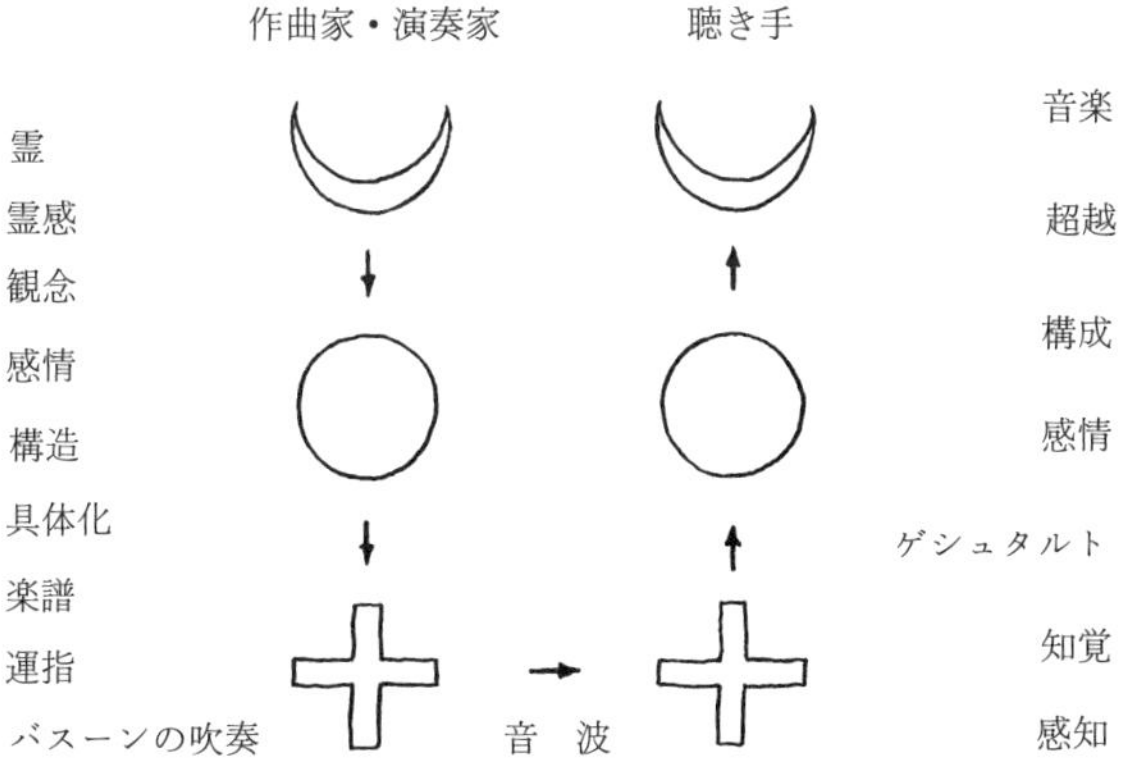

図11　音楽家ピーター・バスティアンの図。音楽が音楽家から聴き手に伝えられる過程を表している。ここではシンボルの形状は気にせずに、〈会話の木〉と構造が似ていることに注目されたい

音符に至るまでの〈外情報〉であり、そしてまたその音符が聴き手の心に呼び起こす〈外情報〉だ。

この考え方は、音楽の知覚に関する研究に広く普及している。心理学者のデーヴィッド・ハーグリーヴスが展開した音楽的嗜好の理論は、『ニュー・サイエンティスト』誌に次のように紹介されている。「この理論は情報理論に基づいているが、重要な洞察は、その『情報』の概念と心理学的な意味での情報とを区別することから得られた。本来作曲において、情報理論に見られるような物理的な情報の記号化からは、興味を引く事柄はまず予測されない。だが、『主観的』な意味での情報の記号化からは、多くが予測される。人がある楽曲を好きになるかならないかは、すでに曲に表れている情報よりむしろ、そこから引き出せる情報にかかっている[20]」

音楽を聴くとき、私たちの心には何らかの状態が生み出される。それは、曲を書いたときの作曲家の心の状態と関係していることもあるが、必ずしもそうとは言えない。音楽を聴くと幸せな気持ちになることがある。だがそれは、誰かが私たちのお気に入りの曲を演奏しているからとはかぎらない。その手の音楽または曲が、たまたまいい気分にさせてくれるだけなのかもしれない。

血圧と皮膚電気伝導率を測ってみると、現に人は音楽の影響を受けていることがわかる。ハーグリーヴスの理論を受けて行なわれた研究では、一つの楽曲の同じ箇所が、異なる人間に同じ影響をおよぼすことまで証明されている。音楽を聴くということは、たとえばベースギター奏者の名前や、その曲のもとになったイタリア民謡の曲名を知るのとは別物だ。その曲の楽譜を見たことがなくても、ヴォーカルの愛人が誰か知らなくても、音楽は楽しめる。それどころか、何一つ知識がなくても大丈夫だ。ただ、自分自身のことは知っていなければならない。そして、自分が知っていることを正直に受け入れる勇気を持たなければならない。音楽が引き起こす心の状態のうちには、思い出したくもないものもある。不快なものだったり、その状態について考えると気が滅入るものだったりするからだ。そうかと思うとすばらしい心持ちになることもある。エネルギーが湧き起こったり、心が落ち着いたり、性的興奮を覚えたり、物思いに耽ったりする。踊りだしたくなることもあれば、笑いだしたくなることもあるし、自由、反抗心、悲しみ、何者かの存在感、プライド、帰属感、いらだちなどを感じることもある。

音楽は音を通して、作曲家・演奏家から聴衆へ感情を伝える一つの方法なのだ。

ライブ公演のときは、伝達が双方向で起きる。演奏家と聴衆が影響し合う。聴衆の心に呼び起こされた感情が演奏家に影響を与える（たとえば聴衆の息遣いや姿勢、表情が変化するからだ）。したがって、稀に極度の興奮状態が訪れると、逆方向の働きかけが起こる。演奏家が音楽を通して自分の気持ちを表現して、聴衆の心にそれと通じる何らかの感情をかき立て、今度はその聴衆の感情によって演奏家の気持ちが高まり、彼はその気持ちを前にも増して鮮明に表現する、といった具合だ。

このように、音楽にもちょうど会話と同じように〈木〉がある。しかしこういった〈木〉は、コミュニケーションにはあからさまに伝達された情報以上の情報が存在するに違いないという考えに基づく、ただの推量の産物にすぎないということはないだろうか。

脳血流実験からの示唆

コペンハーゲン北部にあるビスペビャル病院の地階に、臨床生理学・核医学科という部門がある。その名が示すとおり、ここでは放射性化学物質を使って、人間の生理学（生体がどう機能するかを学ぶ学問）の研究が行なわれている。人間の脳の機能に関して現在詳細にわかっていることのうちで最も重要と言える発見の数多くが、過去三〇年間にここでなされてきた。この部門を率いるニール・A・ラッセン教授が、スウェーデンのルンドにある大学病院から来ていた同僚のダーヴィド・イングヴァルとともに、脳内の血液循環を調べる方法の開発研究をした。

彼らの手法の基礎は、一九四〇年代から五〇年代にかけて、すでにアメリカで確立されていたが、ラッセンとイングヴァルが、人間の脳内の血液循環を詳細に測定できることを実際に証明したのは、一九六〇年代に入ってからだった[21]。これにより、特定の作業をするとき、脳のどの部分が活動しているのかを示すことが可能になった。脳には言語中枢、運動中枢、計画中枢、聴覚中枢などがある。

そのような中枢があることは、おもに、戦争で部分的脳損傷を負った兵士の研究により、一〇〇年以上前からわかっていた。しかし、脳内の血液循環を研究する新たな手法が開発されたおかげで、はるかに日常的なコンテクストでの脳の活動を探究することができるようになった。たとえば、たんに口をきくのと会話するのとでは大きな違いがある（図12）。ただ自分の部屋の様子を描写する人と、（たとえば、クリスマスをどう過ごしたかについて）誰かと会話をしている人とでは、脳内の血流に差異が見られる。

もちろん、個々の思考をのぞくことはできないが、その人が誰かと話しているのか、一人でしゃべっているのかはわかる。同様に、こうした観察からは、人が話す前に考えているかどうかも明らかになる。「椅子」「テーブル」など、実験者によって与えられた言葉の一つをただ繰り返すときと、「座る」「食べる」という具

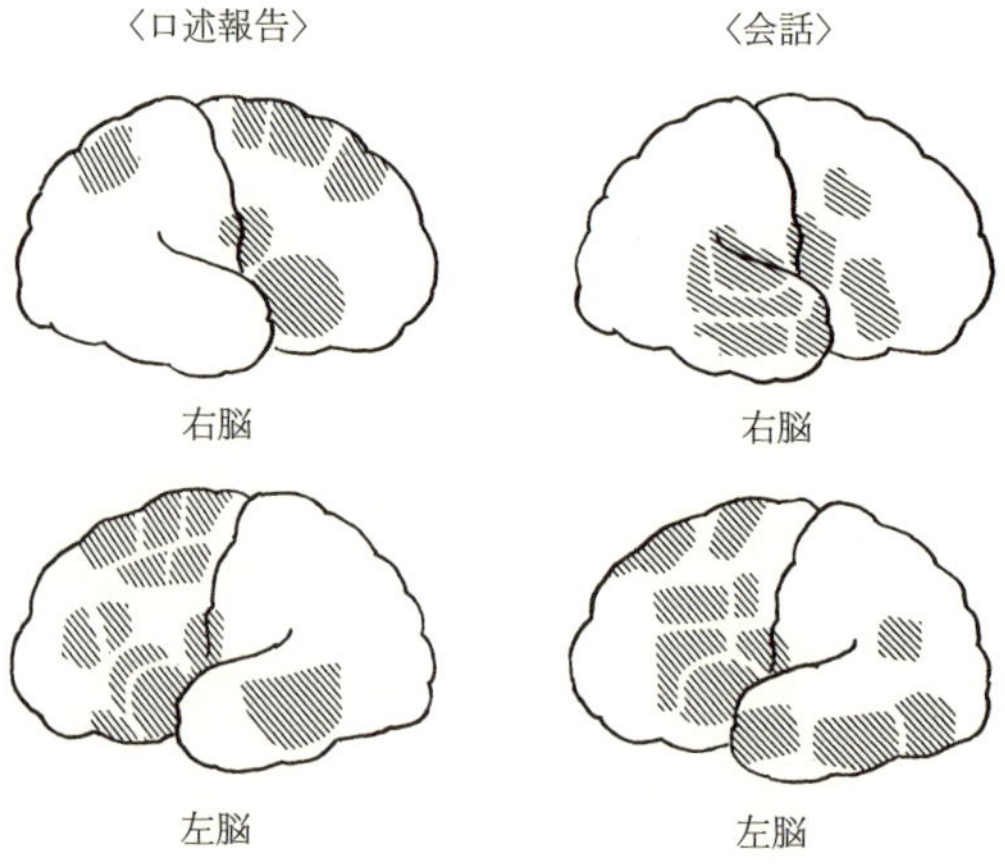

図12　たんに何かを報告するときより会話するときのほうが、頭の中では多くのことが起きている。この図は左右の大脳半球の各領域に循環する血液の量を示している（フリーベルィとローランドに基づく）

合に、与えられた言葉から連想を広げる必要があって、話す前に考えなければならないときとでは、脳の活動パターンが異なる。

ラッセンとイングヴァルの弟子にあたるラーシュ・フリーベルィとパー・ローランドの二人が、一九八五年に、思考中の脳の血液循環に関する研究結果を発表した[22]。それによると、暗算、押韻詩の復唱、視覚記憶を使った課題という、三つの異なるタイプの思考では、血流のパターンに大きな違いが見られるという（図13）。暗算では、被験者は五〇から三を引き、さらに三を引くことを繰り返す。押韻詩の復唱では、デンマーク人なら誰でも知っている、ナンセンスな押韻詩句「okker-gokker-gummi-klokker-erle-perle-pif-paf-puf」を一語置きに思い出す。視覚記憶を使った課題では、被験者は家の玄関を出て、さしかかる十字路を左右交互に曲がっていくところを想像する。

これらの課題のそれぞれについて、一分間続けては、脳のどの部分の血流が目立ってふえたかを順次観察した。その結果、三タイプの思考の間に大きな違いがあることがわかった。最後の課題がほかの二つよりはるかに難しかったようで、実際、いちばん多くの血液を必要とした。

実験で観察された血液の量の変化は無視できないものだった。感覚的な知覚あるいは運動による作業より思考のほうが、脳内に流れる血液の増加は大きい（もっとも、運動時には体全体の血液循環は当然ながら増大する）。また、心的活動中に、脳内の代謝がどの程度増加するかという研究で、ローランドとその同僚は、思考によって（血流と密接な関係がある）脳の酸素代謝が一〇パーセント増加する場合があることを明らかにした。[23] ただでさえ脳は体の中でもエネルギー消費量が多い（全エネルギー消費に脳が占める割合はじつに五分の一に達する）から、これはとても大きな増加率と言える。

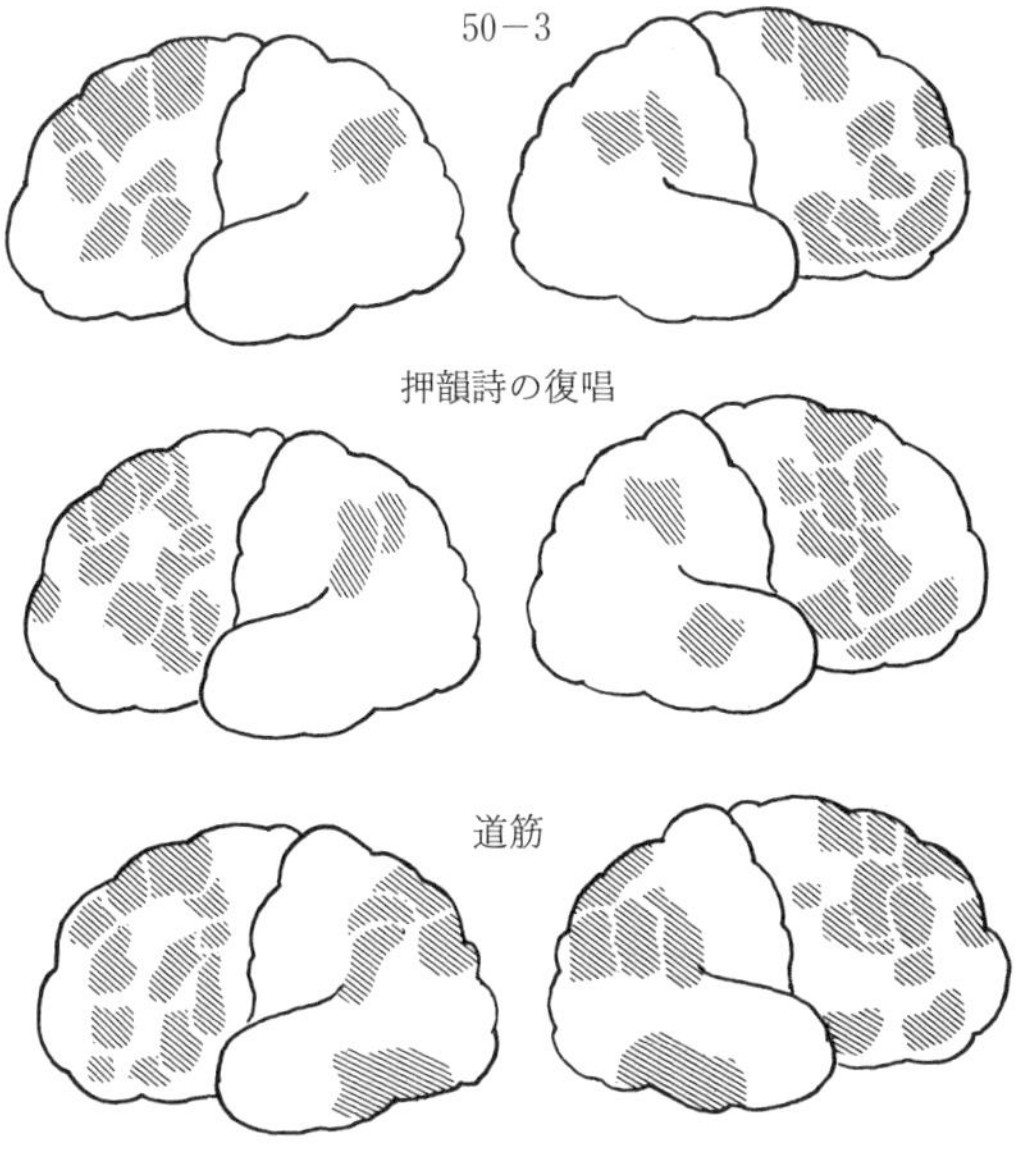

図13　暗算、押韻詩の復唱、道筋の視覚的イメージ化の課題では、脳の活動パターンに大きな違いが生まれる。人が何を思考しているか目で確認できるわけだ。この図は左右の大脳半球における血液循環の様子を示している（フリーベルィとローランドに基づく）

ひどくややこしい問題に取りかかると、どうりで何か食べたくなるわけだ。

また、フリーベルィは、母国語を録音したテープを普通に回したときと、逆回ししたときとでは、聴いているデンマーク人被験者の血流に大きな差が生じることを明らかにした。普通に回したときには、テープから流れる言葉に含まれるメッセージを理解するために、聴覚中枢と言語中枢をはじめ、この作業に関連する中枢の活動が活発になる。ところが、テープを逆回転させると、なんと脳全体が活性化するのだ。[24] 逆回ししたテープは、普通に回したテープより理解しにくい。というより、理解できない。だから、脳は逆回転のテープの内容を消化するために、普通よりずっと多くのエネルギーを使わなければならない。テープが普通に回っていれば、たんに言葉を聞いて特定のコンテクストの中で理解するだけだから、意味は明白そのものだ。ところが逆回しだと、聞こえてくるのはナンセンスばかりで、何らかの意味をつかむのは至難の業となる。

ところで、これは情報理論とどんな関係があるのだろう。普通に回しても逆回転させても、ビット数は同じに決まっていると思われるかもしれないが、じつはそれは聞く人しだいなのだ。

テープを普通に回したとき、聴き手がそれを理解できるなら、その人が経験するのはその言語によって符号化されたビットだけだ。これは聴覚イメージ中に存在する総ビット数よりはるかに少ない。

しかし、テープの意味がわからなければ、普通に回そうと逆に回そうとビット数は変わらない。聴き手は聴覚イメージの中の音の差異という形でしかテープの音声を知覚しないので、どちらに回そうが、聴き手の捉える音の差異の数は同じになるからだ。

正しく回したとき、それが理解可能なテープだとわかっていれば、逆回転させたときよりテープのビット数は少ない。テープに吹き込まれた言語がデンマーク語だとわかっていると、聞き手にとって聴覚イメージの中の意外性はへる。つまり、情報量が少ないということだ。もちろん、デンマーク語がわかる人の場合だが。

意味をなさない録音に含まれる膨大な情報量を消化するには、意味を成す録音を聴くときより多くの働きが脳に要求される。秩序を経験することより無秩序を経験することのほうが、多くの情報を含んでいる。明瞭なメッセージには無秩序な情報がないからではなく、普通の話を聞いたとき、無秩序な情報はいちいち相手にしなくてもいいことを、脳がよく知っているからだ。言葉がわかれば、ほかはどうでもいい。

私たちはメッセージを聞いて、日常の意味でいう情報として知覚する。この行為が明らかにしてくれるのは、じつは、メッセージの情報量はもっとあってもよいはずなのに、意外に少ないということだ。パイプ、つまり私たちが耳を傾ける伝達経路には、メッセージを知覚するときに私たちが知覚するよりはるかに多くの細かい情報が含まれている。だが、私たちはそうした詳細を無視する。そこにあるのはメッセージで、何一つ意味のとれない不可解な暗号ではないことを知っているからだ。日常概念でいう情報とは、ほんとうは捨てられた情報のことだ。日常生活で、メッセージを聞いて情報が豊富だと思うのは、詳細や物理的な情報のすべてに注目しなくても、そこにわずかな数の差異が認められればそれで事足りるからだ。

一方、逆回転で再生したテープは、日常の感覚では情報が豊富だとは思えない。情報を処分して組み立てられたわけではなく、音の差異の寄せ集めにすぎないからだ。私たちにしてみれば、これは（物理的には大量の情報を含んでいるのだが）情報ではなく、ただのでたらめだ。無秩序はあまりに複雑な構造をしているので、逆に、構造など持たないように見えてしまう。

日常的な情報の概念は、「大量のミクロ状態を無視してもいいようなマクロ状態はあるか」という問いと直結している。もしあれば、脳は受けたメッセージを理解して消化するのにそれほど苦労しない。血流も少なくてすむ。

このように、「理解」という概念は、客観的に観察できる生理的プロセスと結びついている。フリーベルィとその同僚は、血流パターンを調べることで、被験者がデンマーク語のわかる人かどうかを、客観的に見極める方法を開発したということになる。お望みとあらばナバホ語でもいいのだが。

一九九〇年にコペンハーゲンで開催された血流研究に関する会議で、大勢のベテラン科学者が、この代謝活動をどう理解すべきかを議論した。脳の中の、何かが起きている領域に多くの血液が流れる原因はいったい何なのだろうか。この分野の草分けである、アメリカ国立精神衛生研究所のルイス・ソコロフによれば、代謝活動の引き金を引き、それによって血液の需要を招く原因は、神経細胞の機能そのものではないという。代謝を必要とするのは神経細胞が次の仕事に備えて準備するときなのだそうだ。言い換えれば、血液が必要になるのは脳細胞が果たしている機能ではなく、次の仕事の準備、つまり老廃物を取り除く作業なのだ。「したがって、代謝の活性化は機能的活動と直接かかわりがあるのではなく、その活動の結果からの復旧と結びついているものと思われる」とソコロフは説明した[25]。

マクスウェルの魔物にとって、ほんとうの問題は、分子の位置に関する知識をどうやって得るかではなく、得た知識をどうやって全部取り除くかだったのと、ちょうど同じだ。

血流は、じつはプロセスの途中で捨てられた情報を測る尺度と言える。この代謝がなければ、神経細胞は今行なった仕事を忘れることができない。

脳のエネルギー代謝の研究は、脳が行なう仕事に関する研究だ。部屋の家具の配置を思い出すといった心的活動も、まぎれもなく物理的・生理的活動であり、純粋に有形の要素と明確に結びついていることを認識しなくてはならない。思考は体内で起きる物質的な出来事であり、運動のような身体的活動とあらゆる点で似ている。思考を体のほかの活動と分けて考える理由は何もない。テニス同様、思考にも熱量が必要だ。だから、私たちが話すときには頭の中に一種の木があると言うのは、じつに理にかなっている。なにしろ、会話する人の頭では何かが起きていることを、測定して証明できるのだ。

〈外情報〉の概念の定義は、情報の定義よりずっと曖昧かもしれない。そして、〈外情報〉を測れるようになるには、まだ何年もかかるかもしれない。しかし、測定可能な生理現象があるのは明らかで、それは、メッセージの背後にある大きな木や小さな木（たくさんの〈外情報〉や、わずかな〈外情報〉）について語るときに示唆される状態と同じ状態を伴う現象だ。

話す前に人がどれだけ考えたかを論じることには意味がある。具体的・生理的な意味がある。ただ、脳内の血流を調べる研究では、各種の方法が開発されているとはいえ、いまだに時間的制約が大きい。これらの手法では、継続時間が一分未満の事象を正確に測定するのは難しい。そのため、会話や思考の過程を詳細に研究するのは困難なのが現状だ。しかし、現在、位置の判定では高い精度を誇っている測定法で、いずれは時間に関してても正確な測定が可能になるのは間違いない。それにより、私たちが考えたり話したり歌ったりするとき、いつどこに血液が流れているのか調べられるようになるだろう。

生理学的見地に立てば、人は話す前に考えているに違いないと主張してもまったくさしつかえない。だが、そうしたからといって、そもそも人はいったいどうやって話し方を学ぶのかという疑問は解消しない。受けた情報の中には実在しない情報を、再び組み立てる能力は、どこから生まれるのだろう。

人は話す能力、そして理解する能力を子供の頃に身につける。それには二、三年かかる。どうやるのかは誰にもわからない。それでも、人はみなその能力を身につける。馬とは何か理解できるようになる。そして、馬についての物語を聴いて、内容を思い描けるようになる。おとぎ話がいい例だ。子供はお話を読んでもらうのが大好きだ。何度も何度も聞きたがる。大人は子供といっしょに座って読んで聞かせる。子供は同じ話を何度でも聞きたがる。理解する練習をしているからだ。大人の協力を得て、彼らは連想という高尚な技を身につけていく。本を書いたときの作者の心の状態、馬でいっぱいの頭の中を想像する技を。

〈会話の木〉の図で示したような特殊な方法が操れるようになるには、何年にもわたるトレーニングがいる。この木を見ると、語り手が多くの情報を圧縮し、わずかな情報にしているのがわかる。左側で下向きに移動して、大量の情報が少量の情報になる。〈外情報〉が生み出される。それから、わずかな量になった情報が水平の「パイプ」を通して伝えられ、そのままの形で受け止められる。次の問題は、どのように連想を使い、木を上向きに広げるか、白馬の王子様とお姫様を思い浮かべるまでに必要な連想をどうやって手に入れるか、だ。

認識のパターンを覚えて、連想の道筋をつける。子供はそれを何度でも練習したがる。

しかし、どうしてこんなことが可能なのだろう。想像を頼りに、物語に出てくる以上の情報にたどり着くことが、どうして子供にできるのだろう。ほんのわずかの情報がなだれのような連鎖反応を起こせるのはなぜか。どうして送り手の〈外情報〉から、受け手は古い情報を思い出せるのか。そのとき意識の中になかった情報を、(馬にまつわるかつての経験から)なぜ思い出せるのか。ある考えとの連想を築き上げる過程で、一度語り手の意識の外に捨てられた情報を再び呼び起こす。それによって、語り手の〈外情報〉が、聞き手の中に、すでに捨てられていた情報の記憶を呼び覚ます。どうすればそんなことができるのだろう。どうして送り手の情報と、受け手の側で思い出され、呼び起こされた〈外情報〉とを結びつけることができるのか。これには、「子供に訊いてごらん」としか言いようがない。この能力を習得する解明不可能なプロセスを実行できるのは子供だけだ。だが、みんなこれをやってきた。誰でも昔は子供だった。だから、どうやって自転車に乗れるようになったかは忘れてしまった(それでいて、乗り方は覚えている)のとちょうど同じように、どうやって習得したかは忘れてしまっても、習得の過程で起きたと思われる出来事を、一部再現するのは可能かもしれない。

いずれにせよ、これだけは言える――話し方を学ぶプロセスでは、実際に話される言葉に含まれる情報より多くの情報が存在していたにちがいない。そうでなければ、言葉を聞いたとき、何を考えればいいのか想像できるはずがない。なにしろ、何か聞いたからといって、それがたとえば「erecacoexecohonerenit」[26]のように、聞いたこともない言葉だったら、頭の中で情報を引き出すことなど、絶対にできないはずではないか。

それでも、たしかに子供は学んでいる。だとしたら、お話を読み聞かせてもらっているとき、ほかにも何かそこにあるはずだ。物語のテキスト以外の何かが。そう、そのとおり。それは大人だ。幼い子供は大人から学ぶことができる。何度も何度も繰り返して。

それならば、子供が話し方を学びとるコンテクストには、何かほかのもの、たんなる言葉以上のものが存在しているはずだ。ただの言葉による情報以上の何かが。

ここから疑問が生まれる。二つの〈会話の木〉の間には、話し言葉以外にも伝達経路があるのだろうか。もしあるのなら、そこにはどれぐらいの情報量があるのだろう。会話はじつのところ、もっと大きな、もっとずっとリアルなドラマのための、舞台装置にすぎないのだろうか。話すことは会話のいちばん小さな小道具なのだろうか。

もしそうだとしたら、私たちは覚悟を決めて、もう一つ厄介な疑問に直面しなければならない。他人と言葉を交わすとき、私たちが意識しているのは話すことだ。話が意識を占領している。しかし、もし会話のほとんどの部分が言葉のやりとり以外のところで起きていて、しかも残りが私たちの頭の中で起きているのだとしたら、私たちはなぜそれに気づかないのだろう。言葉として口から出てくる前に、思考はどんなふうに整理されているのだろう。情報を仕分けする魔物でもいるのだろうか。

意識とは心という氷山の一角にすぎないのか。意識は情報と同じく、痛ましいほどちっぽけであり、いかに自らの重要性を主張したところで、どうしようもなく滑稽なものなのだろうか。その答えはビットにあるにちがいない。

新聞製作

どの新聞記者のオフィスにも新聞が積み上げてある。外国紙やライバル紙、業界紙などが山積みになっている。新聞記者なら誰でも、毎日山ほど新聞を読む。いや、そうするべきだが、実際はいつもそうできるとはかぎらない。情報は、会議や電話、インタビュー、通信社など、ほかの情報源からも集めなければならないからだ。他紙に載ったたくさんの記事が、記者の新聞の翌日版に載る一つの記事に凝縮される。おびただしい量の情報が彼の頭を駆け抜けるが、彼が記事を書く前に切り捨てられていく。編集チームは大量の新聞を一つの新聞に作り変える。山ほどの印刷物が、また一つ印刷物をふやすために捨てられる。できた新聞には膨大な量の〈外情報〉、つまり豊富な処分情報が含まれる。この〈外情報〉は、すべて翌日の新聞の情報に込められている。

新聞は、記事が書かれてレイアウトが決められると、写真的処理が施され、版が作られる。続いてその版から、まったく同じコピーが何万部、何百万部も印刷される。情報は量産される。このように、〈外情報〉は情報の中に表され、複写可能となる。

新聞記者の仕事量は発行部数とは関係ない。記事を書く過程で捨てた他紙の量で決まる。

数多くの新聞のそれぞれ一部ずつから得られた情報が、一つの新聞に凝縮され、数多くのコピーになる。それが新聞発行というものだ。しかし、そうではないこともある。記者がほかの新聞を読んでいない場合も考えられるからだ。スリランカで何が起きたのか、一紙だけ読んで、内容を確認するまでもないだろうと、あとは憶測で書く怠け者もいる。こんな記事にも同じ分量の紙面が割かれ、それを載せた新聞も同じ部数が印刷される。

新聞の情報量は簡単にわかる。ただ文字数を数えればいい。しかし、〈外情報〉の量をつかむのは難しい。恐ろしく難しい。だが、ある程度の期間、読み続けると――同時にほかの新聞にも目を通すといいかもしれないが――記者が外国紙をほんとうに読んでから捨てたかどうか、わかるようになるものだ。

情報は目に見える。〈外情報〉はコンテクストがあって初めて見えてくる。複雑性を測るのは楽ではない。

道路標識

カーブが近づいている。道路標識を見ると、もうすぐ左急カーブにさしかかるらしい。スピードを落としたほうがいいだろう。この標識は、役に立つ情報だ。そこで事故が起きたという事実を踏まえている。去年、一人のビジネスマンが、小売店主の庭に突っ込んだ。道が滑りやすくて、ハンドルを切りそこねたのだ。ニワトリが一羽ひかれた。だが、こんなことを全部知りたいと思う人はいない。その標識に描かれたわかりやすい情報は、そこにはない多量の情報を伝えているのだろうと推察するだけだ。車で通り過ぎるとき、そこにない情報まで取り込む暇などどのみちない。それでも標識には気づく。

標識に描かれているのはそのカーブの地図で、かなり図式化されている。実物の面影をかろうじてとどめているとすれば、カーブしている点ぐらいだろう。だが、このコンテクストではそれで十分だ。道路標識を見れば、これを立てた人がこのカーブについて、標識が示す以上のことを知っているのがはっきりとわかる。知識があったのだ。標識が当局のお墨付きであることからも、それはわかる。最初にあった情報が転換され、もはや存在しなくなった。その過程で、この標識が生まれたということを、標識ははっきりと示している。だからこそ、これはただのペンキを塗った金属板ではなく、標識と言えるのだ。

第六章　意識の帯域幅

『人間生理学』（シュプリンガー出版）は、全三四章、八二五ページから成る医学生用の教科書だ。その中に、最後の四行半がイタリック体で書かれた一章がある。このように重厚な教科書が、学術的な事柄に関する論評をこれほどの強調を施した結論で締めくくるのは珍しい。しかし、ハイデルベルク大学生理学研究所のマンフレート・ツィメルマン教授は、自らが担当した「情報理論のコンテクストにおける神経系」の章で、そうした。それにはそれなりの理由があった。四〇年近く前から知られていながら、しかも、人間とはいかなるものかを明らかにするうえでじつに重要な手がかりでありながら、あまり注目されることのなかった事実が、その結論には含まれていたからだ。ツィメルマンはこう書いている。

「したがって、我々が知覚する情報はつねに、感覚器官から送られてくる、環境に関する情報の流れの、極端に微小な一部分に限られている(1)」

ツィメルマンは別の教科書でも、イタリック体で強調こそしなかったものの、同じテーマに関する章を次のように結んでいる。「したがって、意識による感覚知覚プロセスにおける情報流の最大値は約四〇ビット毎秒と結論できる。これは、受容体［神経終末］で取り入れられる情報量の数値より何桁も小さい。つまり、我々

の知覚は、感覚入力として与えられる豊富な情報の、ほんのわずかな部分に限定されていると思われる」(2)

生理学や神経心理学の分野では、この点に言及していない教科書が驚くほど多い。それは、ツィメルマンの結論が彼独自のものだからではない。じつは、断じて彼独自のものではないのだ。彼は既知の事実を言い直したにすぎず、もととなる結論は一九五〇年代の終わりに出されており、以後、医学や心理学や情報理論の文献で散発的に触れられてきた。ただし、その結論が生理学や神経心理学にも、私たちの文化全般にも、たいした影響を与えることはなかった。

実際には、何百万ビットという情報が、毎秒毎秒、感覚器官を通して私たちの中になだれ込んでいる。だが、私たちの意識が処理するのは、せいぜい毎秒四〇ビット程度のものだ。何百万ビットもの情報が意識ある経験に凝縮される。そのときの情報量は、実質上ゼロに近い。私たちの誰もが、意識と呼ばれる特別な状態に到達するために、つねに大量の情報を捨てている。だが、意識自体は情報とはほとんど関係がない。意識が深いかかわりを持つのは、そこに存在しない情報、つまり途中で姿を消した情報のほうだ。

意識は、情報ではなくその対極、すなわち秩序にかかわる。意識は複雑な現象ではない。複雑なのは意識にまつわるものなのだ。

何十年にもわたり、大勢の科学者が情報は秩序や体系を伴うものだと思い込みがちだったのは、おそらくこの事実のせいだろう。つまり、意識は秩序や体系の経験にかかわるものだからだ。しかし、意識はほとんど情報を処理しない——意識的には。意識は情報で構成されているわけではない。それはちょうど、ある人が食べ物をたくさん食べるからといって、その人は食べ物でできているとは言えないのと同じだ。体が食べ物から養分を吸収するように、意識は情報から栄養を取っている。人間はホットドッグではできていない。それを食べた結果でできている。意識も情報というホットドッグで成り立っているのではなく、それを咀嚼して理解した結果で成り立っている。意識の複雑度は、そのもととなるものの複雑度よりずっと小さい。

この論旨は非常に明快だ。少なくとも数値で表した場合にはそうなる。私たちは、感覚を通して入ってくる情報の量を測ることができる。目の視細胞、皮膚の感覚点、舌の味蕾《みらい》といった、各感覚器官にある受容体の数を数えればいい。それから、脳に信号を送る神経接続の数と、各接続部が毎秒送る信号の数を計算する。それを総合すると莫大な数字になる。目は少なくとも毎秒一〇〇〇万ビットを脳に送っている。皮膚からは一〇〇万ビット、耳からは一〇万ビット、嗅覚器官からさらに一〇万ビット、味蕾からは一〇〇〇ビットほどが、毎秒脳に送られる。合計で、毎秒一一〇〇万ビットを超える情報が、外界から私たちの感覚メカニズムに入ってきていることになる。

しかし、私たちが経験するのはこれよりずっと少ない。意識が処理する情報のビット数ははるかに少ないのだ。科学者たちは、人間の意識が毎秒取り込める情報量を何十年も前から計測してきた。あらゆる方法が取られた。人間が物を読んだり聴いたりするとき処理できる言語のビット数も測られた。しかし、言語だけが研究の対象だったわけではない。複数の閃光を視認して違いを識別する能力、皮膚に与えられた刺激を感知する能力、匂いの違いを言い当てる能力ほか、数多くの研究結果から計算すると、私たちの意識は、毎秒およそ四〇ビットを知覚しているという結論が引き出せる。これでもまだ、実際の数値より多いかもしれない。

感覚器官による知覚の段階では、毎秒何百万ビットもの情報が受け入れられている。ところが、意識はたった四〇ビットだ。情報の流れを毎秒あたりのビット数で測ったものを、〈帯域幅〉あるいは〈容量〉という。意識の帯域幅は、感覚器官が知覚する帯域幅より桁外れに小さい。

一〇〇万分の一しか意識に上らない

一九六五年、キール大学創立三〇〇周年記念講演で、ドイツの生理学者ディートリヒ・トリンカーは、意識の容量を測定した様々な数値を、便利な一般則に要約した。人間の頭には、意識が知覚する情報の一〇〇万倍の情報が入ってくる、というのがそれだ。トリンカーは次のように述べている。「我々の感覚器官から脳に常時流れ込んでくる情報のうち、意識に上るのはほんの一部だ。知覚作用と統覚作用（訳注 心的な内容を明瞭に意識する作用）の容量の比率は、よくて一〇〇万対一である。すなわち、我々の目が見、耳が聞き、その他の感覚器官が伝える情報の一〇〇万分の一だけが意識に現れる」

彼はさらにこう続ける。「たとえて言うなら、意識とはスポットライトのようなものだ。ライトは、一人の役者の顔だけをくっきりと浮かび上がらせる。広い舞台に立つほかの出演者、それに大道具や小道具は闇にまぎれて見えない。たしかに、照らす対象を変えることはできる。だが、暗がりに並んだバックコーラスまで、一人一人すべての顔にライトを当てるには、かなり時間がかかるだろう。……この新たな発見が人間生活のあらゆる領域で、大きな実際的意味合いを持っていることは言うまでもない[3]」そして、この洞察に至る背景の学術的な分析を示し、どの瞬間にも、感覚器官による経験や記憶のうち、「信じがたいほどわずかな部分」しか意識を通過することはできない、と述べた。

意識は、そこに存在する情報より、捨てられた情報によって成り立つ度合いのほうがはるかに大きい。意識には情報はほとんど残っていない。別の言い方をすれば、情報は意識の尺度としてあまりふさわしくない。情報量を測っても意識については何もわからない。バレリーナが食べ物で摂取したカロリーを計算しても、彼女の爪先旋回《ピルエット》については何もわからないのと同じことだ。

だが、バレリーナは朝食をとらなければ踊れない。同様に、意識は情報がなければ生じない。

この事実が、かなり前から知られていながら、ずっと見過ごされてきたというのも奇妙な話だ。おそらく私たちは、どれほどわずかしか意識していないかを意識させられると、思わずむっとして、憤慨の気持ちが意識に上ってしまうからだろう。私たちは一つの対象から別の対象へと、刻々と意識を切り替えることができる。意識の容量が限られていると思えないのは、まさにこのためだ。ある瞬間には窮屈な靴を意識し、次の瞬間には膨張する宇宙に意識を向ける。敏捷さでは、意識の右に出るものはない。だからと言って、瞬間ごとに意識しているものがごく少ないという事実に変わりはない。

読者は今はこのページの文字に意識を向けているかもしれない。いや、自分の姿勢か、かかってくるはずの電話か、あるいは自分がいる部屋か、中欧情勢か、はたまた周囲の物音が頭にあるかもしれない。いずれにせよ、一度に一つしか意識できない。時間的にも空間的にもかけ離れた出来事やプロセス、事実の間で、意識を切り替え、行ったり来たりすることはできる。本人の想像力の限界以外に、何が意識に浮かぶかを制限するものはない。しかし、ある一瞬に意識を流れる情報量は限られている。次の瞬間には、まったく別のことが意識に上りうるにしても、だ。これは至極単純な事実に思えるが、意識の容量は膨大だという、私たちの直感的な認識に反している。

したがって、意識の容量は限られているという結論の根拠は、徹底的に検証するだけの価値がある。なにしろ、一つには、そうすることで、人間の意識が処理する情報は毎秒四〇ビットよりずっと少ないという結論が導かれるからだ。正しい数値は、おそらく毎秒一～一六ビット程度だろう。しかし、これは私たちの直感的認識とあまりにかけ離れていて混乱を招きやすい。もつれた糸を完全にほぐすには、何章にもわたる説明が必要になる。ある経験を意識するというのは、それがすでに過去のものとなっていることにほかならない。[4]

目をつぶっていただきたい。いや、この指示を読んでからだ。目をつぶって、本から目を離すように、首を少し回そう。それからほんの一瞬、まばたきするぐらいすばやく目を開け閉めし、何が見えたか思い出してみよう。さあ、どうぞ。

練習すると、しばらく残像を「つかんで」おいて、その間に、意識でそれを「読みとる」のがずいぶんうまくなる。

首を別の方向に回して試してもいい。さあ、もう一度やってみよう。

要はこういうことだ。一瞬目を開けたとき、何かが見える。電灯でも、ゴムノキの鉢植えでも、本の山でも何でもいい。瞬時に見える。だが、その後また目をつぶっている間に、視界に入ったほかの物も思い出すことができる。もうその姿は「目にして」いないのに、そこに意識を向けることができる。

言い換えれば、まばたき一回の間に、即座に気づくものよりはるかに多くを見ているということだ。まばたきの瞬間につかんだ光景全部を読み取るには、「瞬間」では足りず、それよりずいぶん長い時間がかかる。意識は、本人が見ている間に、目に入る光景全体を読み取ることはできない。人は「電灯」を見るのがやっとで、「鉢植え」や「テーブル」や「もう一つの電灯」も見えてくるのは、その光景を心の目でよく見直してからだ。

意識はゆっくりと働く。ちらりと見て観察した様々な物を、それと認識するには時間がかかる。意識は見たものすべてを、一度に知覚することができない。

もう一つ実験してみよう。この段落のところに指を置いて本を閉じていただきたい。そして、一、二秒表紙を見る。注意してじっと見る。それからこの段落に戻る。さあ、やってください。

この実験をしている間、何を考えていただろうか。表紙を見ていた二秒間に何を考えていたか、本から目を離して考えてほしい。もう表紙のことを考えてはいけない(対象は鉢植えでもよかった)。何を考えたかに思いを巡らせてみよう。思考を再現しよう。ゆっくりでいい。一生懸命考えてほしい。

おわかりだろうか。その二秒間に、かなり多くのことを考えていたはずだ。「著者の狙いは何だろう」「なぜ落ち着いて読ませてくれないのか」「これではまるで、見たばかりの芝居を解剖するようなものだ」「この表紙は嫌いだ」「今すぐリンゴが食べたい」……。

何を考えたかは問題ではない。重要なのは、何かを考えるより、何を考えていたかを自分に説明するほうが、ずっと時間がかかるということだ。

意識の活動は、人間の心的営みよりはるかにテンポが遅い。頭の中では、自分で気づいている以上のことが起きている。止まって考えないかぎり、それには気づかない。

最後に、もう一つ実験をしよう。目を閉じて、耳を澄ましていただきたい。少しの間じっと耳を澄ませた後、周囲からどれだけの音が聞こえるか意識してみよう。何の音かを考えるところから始めるといい。さあ、スタート。

たくさんの音が聞こえた。車の音、人の声、鳥のさえずり、コンピュータのモニターや飛行機やラジオの音、近所の物音……。あるいは、とても静かで、自分の呼吸が聞こえるだけだったかもしれない。いずれにせよ、音はあり、いつでも聞くことができたはずだ。ちょうど「目を留める」ように、「耳を留めれば」、そこにはつねにそうした音があったことがわかるだろう。それまで、ただ気づかなかっただけだ。たいてい、耳や頭には、自分で気づいているよりずっと多くの情報が入ってきている。

こうした実験は、ごく普通の簡単な自己観察だ。同じような実験は、ほかにも思いつくだろう。(5) (体が何を感じているかに注意してみよう。足の位置、ベルトのきつさ、部屋の温度。口の中に広がる味は？　眉は上がっているか？　あごはリラックスしているか？　背中の丸まり具合は？　あたりの匂いは？　きょうの足の状態は？）どれも、自分の体や環境や頭の中身に注意を向けるだけの実験だ。

実験の狙いは単純きわまりない。即座に経験するもの以外に、その気になれば経験できるものが、もっとずっとたくさんある。自分が注意をあちこちに動かせば、感覚器官によってつねに感知してきたものの存在に気づくことができる。光が見えるようになり、音が聞こえるようになる。自分の服装に気づき、姿勢に気を留める。匂いがわかり、温度を感じる。その気になればの話だ。いや、場合によってはその気にならなくても気づいてしまうが。ともあれ、人間は自分の注意を好きなところに向けることができる。

選択肢はじつに多い。意識は、五感が知覚したものではない。私たちは意識するよりはるかに多くを感知している。望むと望まざるとにかかわらず、だ。したがって、意識が取り入れる毎秒のビット数が、感覚器官が取り入れる情報量よりずっと少ないと言っても、それほど驚くこともないだろう。想像してみてほしい。いつでもあらゆることを考えていなければならなかったら、どうなるか。何一つ注目できなくなる。意識には単一性という性質がある。人間は一度に一つの対象を意識するか、一つの感覚様相、つまり、聴覚、視覚、触覚、味覚など、一種類の感覚作用を意識するかのどちらかしかない。

私たちは外部の対象を意識しているとき、あらゆる感覚器官を同時に使い、集めた情報を統合する。ただし、個々の感覚様相には気づかない。しかし、少しのあいだ「聴く」ことに集中しなければならない場合は、ほかの感覚を意識の外に締め出す。一生懸命に聴こうと目をつぶる。私たちが注意や意識を向けることができるのは、一つの対象か、一つの感覚様相に限られる。すべての感覚を一つの対象に集中するか、一つの感覚をすべての対象に向けるかだ。

だが、一度にたった一つのことしか意識できないとは! そんなことがありうるのだろうか。

人間の意識を流れる情報の毎秒のビット数を測ろうという試みは、このような疑問から出発した。クロード・シャノンが独自の情報・コミュニケーション理論を提示してから数年後のことだった。アメリカのジョンズ・ホプキンズ大学に所属する二人の心理学者ウェンデル・ガーナーとハロルド・ヘイクが、光や音などの刺激に関する人間の識別能力をビットで測定した研究結果を発表した(6)。その後何年かの間に、人間の意識が処理できる情報量に関する研究が次々に発表された。

そして、一九五六年に、それらの研究結果のいくつかが要約され、〈魔法の数七〉という重要な概念が形成された。もっともこの数については、昔からよく知られていた。スコットランドの哲学者サー・ウィリアム・

ハミルトンは、一九世紀にこんなことを書いている。「一握りのビー玉を床にばらまいたとき、混乱せずに一度に視認できるのは、六個か多くても七個であって、それ以上は困難だ」[7]

一九五六年三月、心理学者ジョージ・A・ミラーが、『サイコロジカル・レヴュー』誌に論文を発表した。そこには、大量の一般事例と科学的な観察が、「魔法の数七、プラスマイナス二——人間の情報処理容量の限界」という題のもとに、簡潔にまとめられていた。冒頭でミラーはこう書いている。「私は厄介な問題を抱えていた。ある整数にずっと悩まされてきたのだ。この数は、七年にわたってまとわりついてきて、私のごく私的なデータにまで顔を出し、一般の定期刊行物の紙面からも私を襲い続けた」[8]ミラーがそこかしこで遭遇した整数は「七」、いや「七プラスマイナス二」だった。「プラスマイナス二」というのは、ある数にいくらかの不確実性が伴うとき、科学者の使う常套句で、「七プラスマイナス二」とは、五から九の間のある数ということになる。

人間は本気になれば、単語、数、音、音素、印象、思考など、一度に七個は頭にとどめておける。一度に四個を頭に入れておくのは難しくない。五、六、七個と、だんだん困難になっていき、一〇個までいくと、わけがわからなくなる。「人間には、学習によって、あるいは神経系の仕組みによって、ある限界が組み込まれているようである。この限界が我々のチャンネル容量をこのおおまかな範囲内に押しとどめている」とミラーは書いている。[9]

もちろんこれは、人間は七個以上のものを同時に消化できないということではない。七個以上を同時に消化しようとするとき、人はそれを個別のものとして理解するのをやめて、一つのまとまりとして捉え始めるということだ。

たとえば前の段落に出てきた「まとまり」という語だが、読者は、最初に読み方を学んでいたときのように「ま・と・ま・り」とぶつぎれにして読みはしなかっただろう。一つの独立したまとまりとして読んだはずだ。

合成写真のように。一文字一文字意識していれば、綴りを間違えることも、誤字・脱字を見逃すこともありえない。まとめて読むからこそ、誤植に気づかないのだ。このように複数の物をひとまとめにすることを〈チャンキング〉という。これは、たとえば、私たちが物を読むのに必要なことだ。あるいは、大勢の人を群集として捉えたり、たくさんの木を森として捉えたりするためにも必要となる。私たちは事物の数がそれほど多くなるのを待たずに、一つのまとまりとして捉え始める。本書でこれまでに行なってきた熱力学的考察に当てはめれば、ミクロ状態が七つになると、一つのマクロ状態を作りたくなる、と言えるだろう。

逆の見方をすれば、私たちが「あのビー玉」と言ったとき、それが、考えている七つのうちの一つだとわかっているとしたら、その発言に何ビット含まれているかを計算することができる。七個のビー玉を識別できるということは、つまり、一度に七個の状態が頭にあるということだ。いったい何ビットになるだろう。

ビットは、人間の識別能力を表す、情報量の測定単位だ。情報量は、一つのマクロ状態としてくくられたミクロ状態の数の対数と定義される。人間は七個の事物、または七つの異なる状態を知覚できるのだから、七の対数を出してみよう。情報理論で使われるのは二を底にした対数なので、ここでは「二を何回掛け合わせれば、七になるか」を考えればいい。知ってのとおり、2×2は四で、2×2×2は八だ。したがって、七の対数は二と三の間の数、より正確に言えば約二・八となる。そこで、人間の情報処理能力は、一度に二・八ビットを意識にとどめる程度だ、とミラーは主張した。これはまた、微々たるものだ。

そもそも私たちは、たとえば、0100101のように、七つの二進数字を頭にとどめておけたはずではないか。これは七ビットある。(ただし、一度に七つの二進数字を覚えておくには、多少の練習を必要とする。)七つの二進数字を覚えられるのなら、一度に二・八ビット以上を意識にとどめ置けることになる。

あるいは、TIYRFIOのように文字列でもいい。アルファベットの各文字は、選びうる二六文字のうちの一つだから、平均およそ五ビットある。それが七文字ということは、二・八ビットを優に超える。この場合、7×

5で三五ビットになる。（厳密に言えば、これが正しいのは、前述のようなランダムに選ばれた文字列の場合に限られる。普通の単語を例にとれば、情報量はこれより少ない。言語には冗長性があるからだ。）

　言い換えれば、記号はよくできているということだ。人間は一度に七つのものしか頭にとどめられないが、記号の助けを借りて大量の情報を覚えることができる。記号はトロイの木馬のようなもので、私たちはこれを使って意識にこっそり情報を持ち込んでいる。「我々の記憶の限界は、我々が習得しなければならない構成単位や記号の数によって決まるもので、その記号が表す情報量によって決まるものではない。したがって、何かを覚えようとする前に、知性を使ってその内容を体系づけることが有益である」とミラーは書いている[10]。

　記憶の方法としては、内容を賢く体系づけるほかに、オウム返しに復唱して機械的に暗記する方法がある。試験シーズンでもないのに、驚くほど多くの数や単語、列車の発車時刻などを暗記できる人は大勢いる。彼らはそれを順序正しく、ほとんど息も継がずに言ってのけられる。

　しかしそういった記憶術があったとしても、それはミラーが唱えた〈魔法の数七〉と矛盾するものではない。これらの記憶術は、構成単位をつなぐ鎖の形成で成り立っており、一つの項目がその後ろにある項目を引き出し、それがまた次の項目を引き出していく。プロンプターは台詞を全部読み上げてくれないが、それでも役者の役に立つ。カギとなる言葉を一つ与えてもらえれば十分で、後は記憶の鎖が再び動きだす。

　知性を使った記憶法と機械的暗記とを組み合わせると、とりわけ効果がある。スピーチをするときがいい例だ。覚えなければならないことを、詳細に向けてどんどん枝を広げる木のように体系づけておくと、その構造をたどって一つ一つの構成要素に到達できる。ただし、詳細については、ある程度の「妥協」、つまり誤差に対する寛容さを認めることが前提だ。完璧に理解している原稿でも、句読点まで間違いなく完全に暗記するのは難しい。一字一句原稿どおりではないが、話すには困らない程度に覚えるほうがずっと楽だ。いくつかの骨子とその順序を覚えていれば、一字一句暗記していなくてもよいとしたら、頭に入れておく項目も少なくてすむ。しかし、詳細に至るまで正確でなければならないとすると、骨が折れる。覚えていられる七つの主要項目（そして各項目の話を始めたとき、思い出せる七つの小見出し）の内容と矛盾しないミクロ状態の数が、多ければ多いほど、スピーチはしやすい。マクロ状態にエントロピーを持たせることが大切だ。様々なミクロ状態を受け入れてくれるマクロ状態でなくてはいけない。

話の骨格としては、エントロピーの大きいマクロ状態を持ったもの、すなわち、それぞれのマクロ状態に呼応しうるミクロ状態の多いもの、が望ましい。一つの決まった言葉の流れでしか進められないような骨格は壊れやすく、よくない。話のつながりの一つ一つをきっちり決めておかないかぎり、うまくいかないからだ。

このように、知性とは、一度にたくさんのミクロ状態を順番どおり覚える能力ではない。すべてのミクロ状態をまとめるのに最もふさわしいマクロ状態を見極める能力だ。知性の得意技は、大量の情報を覚えることではなく、大量の〈外情報〉を処理することだ。知性は、意図的に情報を捨てて圧縮し、膨大な〈外情報〉を包み込む概念を生み出せる。

大量の情報を〈外情報〉豊かで表面上の情報がわずかな数個のマクロ状態に圧縮する行為は知性的であるばかりか、しばしば非常に美しい結果をもたらす。ぞくっとするほど美しい結果を。ごちゃごちゃに混乱したデータや機械的に暗記した断片的な情報が、明瞭で簡潔なメッセージに圧縮される様子は、見る者をうっとりさせる。自然界の法則はこの圧縮の好例だ。マクスウェルの方程式は、その美しさの最たるものかもしれない。

美、気品、安らぎ、そしてゆとりには、つながりがある。ほんのわずかの言葉、符号、動作、表情、あるいは愛撫で、多くを物語る。これがまさに、美しく、明瞭であり、カタルシスを促すのだ。

大量の情報を圧縮し、明瞭で高度な意識を得たときの陶酔感は、美が持つこの簡潔さが引き起こす。存在しないが、なくなってしまったわけでもないもののいっさいが、そこに込められている。さながら呼吸のように、大量の情報が吸い込まれては、大量の〈外情報〉が吐き出される。

表1　識別能力に関する初期の心理物理学的計測結果[11]

年	実験者	識別対象	ビット数／識別
1951	ガーナーとヘイク	スケール上の点	3.2
1952	ポラック	音の高さ	2.2
1953	ガーナー	音の大きさ	2.1
1954	エリクセンとヘイク	小さな四角形の大きさ	2.2
1954	マクギル	スケール上の点	3.0
1955	アトニーヴ	音の高さ（オーケストラのコンサート・マスター）	5.5
1955	ビービ	砂糖の濃度	1.0
1953	クレマーとフリック	平面上の点	4.4
1954	ポラックとフリック	音程・音の強弱	7.0

ミラーが一九五六年に提示した〈魔法の数七〉は、一九四八年にシャノンが情報理論を体系化した後に次々と行なわれた数多くの研究を統合した結果だった。七という数字に象徴される統合概念がわかったところで、今度はそこに集約された研究結果に目を向けよう。人間の意識がどれだけの情報を処理できるかを調べるために、様々な種類の識別能力が測定された。線上の点、音程、音量、味などの隔たりや違いの識別だ。詳細を述べるまでもないので、多種多様な実験の結果を簡単に表にまとめることにした（表1）。これを見れば、結果に見られる差異が、実際いかに小さいかがわかるだろう。

表の中に、ミラーの〈魔法の数七〉（の対数、約二・八）を見ることができる。オーケストラのコンサート・マスターを除き、ほかの被験者は四〜八つぐらいのものしか識別できない（二〜三ビットに相当）。ただし、複数の次元がかかわる場合は例外だ。平面上の点を見つけるほうが、直線上の点を見つけるより出力する情報量は多い。しかし同時に、正しく識別するのが困難になるため、識別能力に含まれるビット数は二倍までにはならない。音の高さと大きさを同時に識別するほうが、高さだけを識別するよりビット数が多い。これは、ビー玉を区別するのと、二進数字や文字を識別するのとは、ビット数が異なるという事実に一致する。しかしまた、識別しなければならない状態を表す次元がふえれば、識別もそれだけ困難になる。実験のコンテクストを知ったとき初めて、これらの数値は意味を持つ。ラテン・アルファベットなど見たこともない人には、「A」と「Å」の区別はつかないだろう。

ドイツの技術者カール・シュタインブーフは、次のように指摘している。六つの文字があったとして、それが、単語の一部となった場合は、一〇ビットを大きく超えることはない（言語における文字は、それぞれ一〜二ビットだから）と同時に、六つの文字は、アルファベットから意味とは何らかかわりなく抽出された、六つの記号にもなりうる。そのときには、デンマーク語のように二九文字から成るアルファベットの場合、一文字につき約五ビット、合計三〇ビットとなる。しかし、見る人がその文字を、紙についたインクの染みとして捉えることも考えられる。その場合は、シュタインブーフの計算では、一文字二〇〇の点を見たものとして、六文字で一二〇〇ビットになる。[12]

そのように異なる視点で六つの文字を見た場合、識別にかかる時間が違ってくる。「まとまり」という単語を一つのまとまりとして読んだときと、「ま」と「と」で「まと」になり、「ま」と「り」で「まり」ができて、といった具合に、構成している文字を分けて読んだとき、あるいは読むというより、「ま」という活字の縦線の太さなど、印刷体裁上の詳細を吟味するときとでは、かかる時間が異なる。

だから、一度に頭にとどめられる記号の数の研究は、時間的要因と組み合わせなければならない。私たちがほんとうに知りたいのは、意識が毎秒何ビットの情報を処理できるかだ。だが、これもまた、一九四八年にシャノンの理論が発表された後に研究されている。

意識は何ビットの情報を処理できるか

一九五二年、イングランドのケンブリッジにある応用心理学研究所のエドマンド・ヒックが、被験者に情報の伝達役を務めさせる実験を行なった。点滅する光源をいくつも設け、被験者は複数のキーのうち一つを押して、どのランプが点滅しているか示す。こうして、被験者を介して間違いなく情報を伝えるのにかかる時間を、どこまで短縮できるか調べた。すると、間違いを犯さずに伝えられるのは、毎秒五・五ビットであることがわかった。この実験を少し変えて、間違えてもいいから、もっと速く反応するよう被験者に指示したところ、毎秒の判断回数がふえ、キーは前より頻繁に押された。だが、結果に間違いも混じってきた。速さは増すが、間違う確率も大きくなる。誤りの増加で、反応時間短縮のメリットが相殺された。

ゆっくりと間違いなく反応するか、間違いはしてもすばやく反応するかにかかわらず、正確な伝達は毎秒五・五ビットという結果は一定していた。ヒックの実験では、毎秒五・五ビットが、人間が情報を伝える速さの限界であるように見える。[13]

その後何十年もたってから、イギリスの著名な実験心理学者リチャード・グレゴリーは、著書『オックスフォード 心の手引き』(一九八七年)の中で、ヒックの実験に対してこんな論評を加えた。「しかしながら、この実験のみならずほかのどんな実験でも、人間の神経系における伝達ビット数を測る技法には大きな問題がある。なぜなら、普通、人間の選択肢は実験者から与えられたものだけに限られているわけではないからだ」グレゴリーはさらに続ける。「たとえば、ヒックの実験における被験者(じつは、なんと『心の手引き』の編集者だった)は、自分が反応している光以外のあらゆる事象を、見ることも聞くこともできた。したがって彼の可能性の幅は、実験者が把握した、あるいは考慮に入れることのできた幅より、つねに大きかったことになる」[14]

人間は毎秒五・五ビットを超える情報を処理できるかもしれない。対象が点滅する光などという、退屈なものでなければ、だが。

アメリカのヘンリー・クワストラーが行なった研究の対象はピアノ演奏で、その結果は一九五六年に刊行されている。この研究で、演奏家は鍵盤を毎秒約四・五回、叩けることが判明した。これは二二ビットに相当する（実験に使われたピアノの鍵の数は三七だった）。「非公式な推定だが、熟練した校正者や腕のいいテニスプレーヤーによる情報伝達速度も、ほぼ同じ結果で、およそ二五ビット毎秒となった」とクヮストラーは書いている。この研究は、一九五五年九月にロンドンで開催された、情報理論シンポジウムで発表された。その際の議事録によれば、クヮストラーの論文が発表されると、それから何十年か後にフラクタル図形という崇高な美しさを持つ数学的図形の研究で世界的に有名になる数学者ブノア・マンデルブローが、質問を投げかけたという。「人間が自分の記憶を検索している際の、容量に関する推定はないのでしょうか」クヮストラーはこう答えた。「［それに関する］研究は、曲を聞いてできるだけ早く曲名を言い当てるという、クイズ番組の回答をデータに使って試みました。曲が流れ始めた時点から測った処理容量は、およそ三ビット毎秒でした[15]」

「これまでに、情報理論と心理学について、思い出せないほど、いや思い出したくもないほど多くの文献を読んできた」ベル研究所の技術者ジョン・R・ピアースは、著書『サイバネティックスへの認識』にこう書いている[16]。ピアースには、毎秒あたりのビット数の測定を試みた広範におよぶ文献が気に食わなかった。しかし彼は、ヒックをはじめとする研究者たちの測定結果を要約した後、この件に関する独自の見解を提示した。一九五七年にJ・E・カーリンとともに行なった一連の研究で、被験者にその能力を限界まで発揮させると、ピアースは毎秒四四ビットという結果を得た。ただし、この結果を出すためには、実験に文字を使う必要があった。「これらの実験で得られた情報伝達率は、これまでに実証されたうちで最高だった[17]」とピアースは書いているが、それで満足したわけではない。「では、伝達率を制限しているのは何だろう」

通信技術者にとっては、この結果は非常に不穏当なものだ。テレビなら一つのチャンネルで、毎秒四〇〇〇万ビットを伝送できる。電話は四〇〇〇ビットだ。ピアースとその雇い主は、毎秒何千ビットも伝送可能な電話システムを売って生計を立てている。それなのに人間の意識は、四〇ビット毎秒以上知覚できないとは！　電話線を引くのは、くるみを割るのに大きなハンマーを使っているようなものなのか。

「そこで、ミラーの七プラスマイナス二の法則も速読実験の結果も、厄介な意味合いを持つことになる」とピアースは書いている。「速読実験が示すように、もし人間が毎秒約四〇ビットの情報しか伝達できないのなら、そこそこの質を持ったテレビの画像や音声、電話の声を、毎秒たった四〇ビットの情報を使って伝送できることになるのだろうか。答えはノーだろう。では、どこがおかしいのか。人間から出てくるものを測定し、入っていくものを考えていないところに間違いがある。たしかに人間は、場合によっては毎秒四〇ビット相当の情報にしか気づくことができないかもしれないが、何に気づくかを選択することはできる。たとえば、女の子に目を留めることもあれば、その服装に目を留めることもある。もっと多くのことに気づくのかもしれないが、それは、当人が描写できないうちに、頭から消えてしまう」[18]ピアースは思い知らされた。人間には意識が気づく以上のものがあるのだ。もしそうでないと、質の高い電話を作る理由がなくなってしまう。人間の意識が表現できる経験の毎秒のビット数は、非常に少ない。だからといって、人間はそれ以上経験していない、ということにはならない。意識は、感覚器官が知覚するもののごく一部の尺度でしかない。

一九五〇年代末から六〇年代初頭にかけて、ドイツのダルムシュタットにある工業大学のカール・キュプフミュラー教授が、人間の入出力情報量に関する数多くの研究を再検討した。彼の測定によれば、入力情報は一〇〇〇万〜一億ビット毎秒だが、意識を経る出力情報はそれよりはるかに少ない。自ら再検討した研究とドイツの科学者たちによる推定に基づいて、キュプフミュラーは、意識の情報処理能力を次のような表にまとめた(表2)。

キュプフミュラーの数値は、普通の話し方を使って出した数値と一致する。ラジオ番組を制作する人たちの経験則によると、声を出して一ページを読むのに二分半かかる。一ページは四〇行、一行は六〇文字分なので、一五〇〇秒で二四〇〇文字、平均すると毎秒一六文字だ。一文字は平均二ビットなので、これは三二ビット毎秒に相当する。声を出して読むと、文字だけより必然的に情報量が多くなる。そこで、リズムやイントネーション、声の高さなどを考慮に入れたビット数まで合計すると、ピアースが提示した四〇ビット毎秒に近い数値に到達する。ここでもまた、情報の流れを文字の情報量に基づいて測定することに意味があると仮定しての話だが。キュプフミュラーはこれらの数値に関して次のように結論している。「メッセージの処理にかかわる人体のメカニズムはどれも、五〇ビット毎秒という上限を設定されているように思われる」[20]

　情報処理システムの入出力ビット数が、何をしてもほぼ同数というのは注目に値する。読むにしろ書くにしろ、言語の帯域幅はほとんど変わらないのだ。

　ベルリンにある教育大学のサイバネティックス研究所に所属するヘルムート・フランク教授も、キュプフミュラーと同じ頃、意識の容量に関する研究を発表した。フランクはもっと理論的な観点に基づいて研究を進め、毎秒一六ビットという、キュプフミュラーより若干低い数値に到達した。二人のドイツ人の大きな違いは、キュプフミュラーが実験的データを集めたのに対し、フランクは、「中枢での情報流の最大値」は一つの一般的な属性が様々な技能に現れたものとして捉えるべきだ、という見解に基づいて理論を展開したところにある。意識の容量は決まっており、それが種々の技能に現れ、様々な心理物理学的手法で測定できる、とフランクは考えたのだった。

　意識の帯域幅、つまり容量を、一六ビット毎秒としたフランクの主張は、非常に明快だ。彼は、〈心理学的な瞬間〉を表すSZQ (subjektives Zeit-quant)、すなわち〈主観的時間量〉の概念を使った。これは私たちが経験できる最小の時間枠のことで、人間の知覚における時間の分解能を示す。

　フランクの指摘によれば、人間の耳が音のパルスに接すると、毎秒一六サ

表2　意識による情報処理[19]

活動	ビット／秒
黙読	45
音読	30
校正	18
タイプ	16
ピアノ演奏	23
二つの数の掛け算と足し算	12
物を数える	3

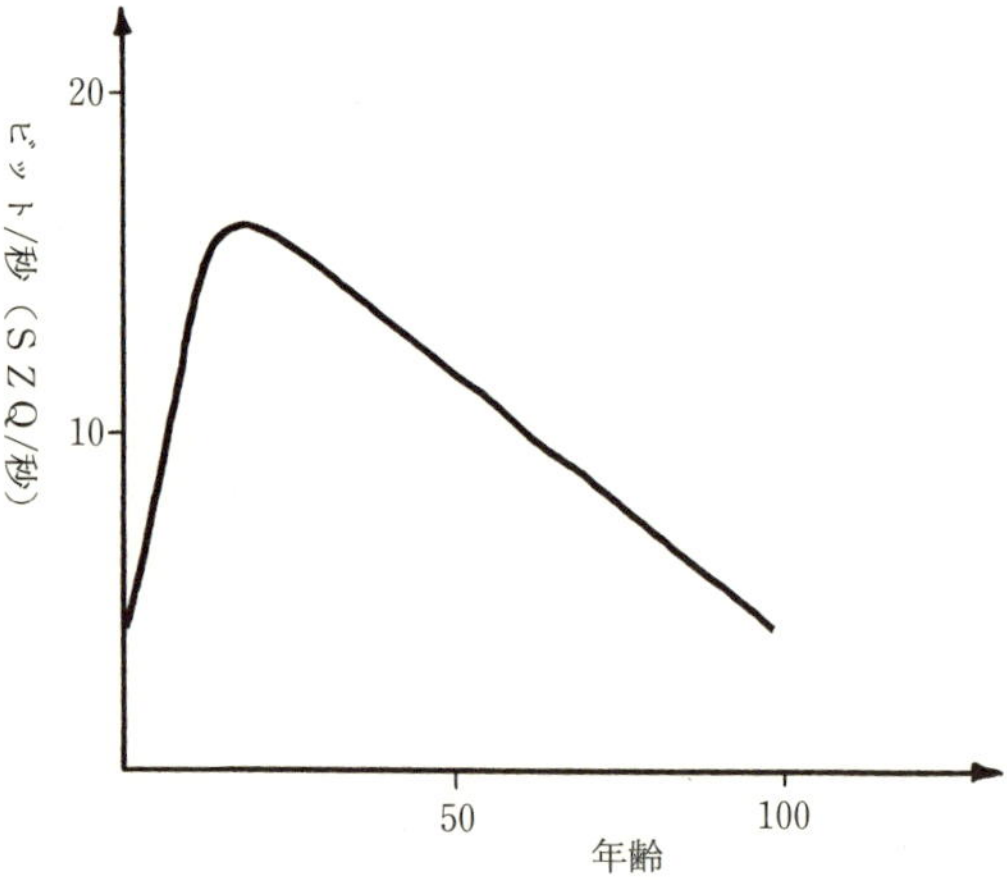

図14　意識の帯域幅と年齢の相関関係。帯域幅は思春期後期にピークを迎え、毎秒16SZQ（主観的時間量）となる。（フランクとリーデルに基づく）

イクル以下の周波数なら個別のパルスとして捉える。しかし、毎秒一六サイクルを超えると、耳はまったく別のもの、つまり連続した音としてそれを聞く。視覚的イメージにも同じことが言える。一秒に一六コマ未満の画像が目の前で次々に明滅すると、それはチカチカと途切れた画像に見える。ところが、毎秒一六〜一八コマ以上が映し出されると、画像は途切れず、動くイメージに見える。[21] 映画は毎秒二四コマ、テレビの場合は毎秒二五ないし三〇コマになっている。

　これらをはじめとする多数の観察結果に基づき、フランクは、SZQの長さはきっかり一六分の一秒と定義できると考えた。言い換えれば、私たちは一秒間に一六SZQの経験をする。ただしこれは、思春期後半、心的機能がいちばん充実しているときの話だ。年齢とともにSZQは長くなり、一秒間に経験できるSZQ数もへってくる（図14）。また、SZQの長さは生物ごとに異なる。カタツムリの場合は四分の一秒と言われている。[22] 意識の容量はこうして簡潔な形で確定された。人はSZQごとにちょうど一ビット処理できる。だから、心的機能の絶頂期には、人間は一六ビット毎秒の帯域幅を持つことになる。[23]

　フランクの説は、弟子のジークフリート・レールに受け継がれてさらに発展し、今日、反応時間や頭の回転の速さなどの概念に関連した、知能の研究に応用されている。レールのほかにも、何十年にわたり、知能の概念を反応時間と結びつけようとしてきた科学者が二人いる。知能を遺伝と環境に関連づける議論で、いちばん派手に物議を醸してきたその二人とは、ロンドンのH・J・アイゼンクとカリフォルニアのアーサー・ジェンセンだ。[24]

一九八五年、ドイツのエルランゲンにある精神医学大学診療所所属のレールと、バーデンのベルント・フィッシャーが、キュプフミュラーとフランクの見解の相違を明示した。そこには、二つの学問上の流れが密接かかわり合う場合によくある、熱のこもった批判が見られる。二人はフランクの弟子だから、どちらを支持したかは明らかだ。ただし、『人間サイバネティックス（*Humankybernetik*）』誌に掲載された論文の題では、二人は「キュプフミュラーとフランクによる、中枢での情報流の最大限度——五〇ビット／秒か一六ビット／秒か」と問うにとどまっている。しかし、「情報心理学の普及におけるキュプフミュラー説の功罪」という副題には、学術論争によく見られる激しい論調がすでに現れている。レールとフィッシャーは次のように結論づけた。「キュプフミュラーによる研究発表の悲劇は、当初それが心理学者たちにプラスの効果をもたらしたことにある。認知における可変要素が、情報理論に基づく手法で定量化できるという事実に、心理学者の興味を向かわせたからだ。しかしながら、その一方でこの研究は、情報流の帯域幅の普遍性を否定する論拠を暗に提示した。これにより、帯域幅の普遍性という発想の有用性が疑わしくなってしまった。このように、後に心理学者が情報心理学に対する興味を失っていったことに対して、キュプフミュラーには大きな責任があると言えよう」[25]

意識の帯域幅に関する研究は、事実上、終焉を迎えた。一九五〇年代にイギリスやアメリカで行なわれた分析も、一九六〇年代初頭のキュプフミュラーやフランクによる分析も、それ以上研究されることはなかった。一九六九年にまとめられた文献で、イギリスの心理学者E・R・F・W・クロスマンはこう書いている。「このような研究方法は、シャノンの研究が脚光を浴びてから一〇年間は、盛んに取り入れられた。しかし、ひとたび主要な数値が出そろうと、その勢いが衰えたように思われる」[26]

一九六〇年代前半以降、格別重要な研究は、ほとんど発表されていない。それまでの研究で得られた、非常に衝撃的な洞察の重みを考えると、なぜこの分野が消滅するにまかせられたのかは、大きな謎だ。これは、キュプフミュラーであろうと誰であろうと、その分野の一研究者を責めてすむ問題ではない。しかし、この謎には今後も注目し続ける価値がある。この点に関しては、次章でまた触れることにしよう。

ともあれ、実際、意識の容量を評価する研究には、数値を高く想定しすぎたものが多いと考えるに足る有力な根拠はある。たとえ、情報を処理する技能を測定しても、その処理が意識して行なわれているとはかぎらない。植字工は何が書いてあるかなど、まったく理解しなくても、間違いなく原稿の活字を組むことができる。人は自分のしていることなど意識しなくても、ピアノを弾くことができる。実際、何をしているのか考えずにするほうがうまくできる技能はたくさんある。

意識しなくてもできる高度な仕事

一九七五年八月、コーネル大学の三人の心理学者、エリザベス・スペルクとウィリアム・ハーストとアルリク・ナイサーが、アメリカ心理学会に、ある実験の結果を報告した。ダイアンとジョンという二人の若者を、学生アルバイト斡旋所を介して雇って行なった実験だ。二人は口述筆記をしながら短篇小説を読む。つまり、文章を読みながら、同時に口述された言葉を書き取らなければならない。最初はうまくできなかったが、数週間練習すると、状況はだいぶ変わった。「ダイアンとジョンは、読むのに専念したときと同じぐらいの精度とスピードで内容を理解して読みながら、同時に単語を書き取り、単語間の関連性を見つけて、意味に応じて分類することができるようだ。この驚くべき能力は、どう説明すればよいのだろう」三人の科学者はそんな問いを投げかけた。[27]

これは、かなり高度な活動でも、「自動的に」、つまり意識を呼び起こすことなく行なえるものが多いと考えれば、説明がつく。ただし、練習期間が必要だ。技能を自動的なものにすることはできるが、それにはまず練習しなければならない。あるいはスペルクとハーストとナイサーが書いているように、「人間は、特殊な状況で技能を身につける能力が非常に高いので、心的作用の容量に一般的な限界を定めることはできないのかもしれない」[28]

一つの技術を習得して、自動的に行なえるまでになったとき、私たちは無意識のうちに膨大な量の情報に複雑な処理をすることができる。この点については、たいてい誰でも日常生活で思い当たることがあるだろう。たとえば、車の運転がそうだ。これを考えると、意識の容量を研究するにあたって、処理される情報を多く見積もりすぎないように、注意しなければならないのがよくわかる。大量の情報に取り組んで有意義な処理をしたからといって、それが自動的な技能なら、情報が意識されていたことにはならない。

意識容量の測定値の多くは、技能を習得して一部自動的に行なっている活動や、文字や数字を含む図を使ったパターン認識から算定されたものだ。だから、かなりのビット数の情報が、被験者の意識にはないのに、行動には入り込んでいる。

したがって、こういった、意識に発見されることなく人の行動に情報を送り込む、トロイの木馬のような要素を考慮に入れない研究は、意識の能力を過大評価してしまう。だから、意識の容量はおそらく四〇ビット毎秒よりずっと少ない。一六ビット毎秒のほうが近いだろう。だが、それでもまだ大きすぎる可能性がある。実際には、通常の意識容量は毎秒二、三ビットにすぎないのかもしれない。

しかし、それはたいした問題ではない。大切なのは、私たちが自分で気づくよりはるかに多くの情報を頭に受け入れているということだ。

ドイツの著名な神経心理学者で、フライブルク大学所属のリヒャルト・ユングは、フランクやキュプフミュラーほかの研究から学んだことを次のようにまとめている。「これらの数値はすべて、おおよそのものである。

……対数で割り出した数値に多少の違いはあるものの、意識に現れるとき情報量が減少していることに関しては、みな意見が一致している」[29]

ツィメルマンがまとめた数値を引用しよう（表3）。

表3　感覚系および意識による知覚における情報の流れ[30]

感覚系	総帯域幅（ビット/秒）	意識の帯域幅（ビット/秒）
視覚	10,000,000	40
聴覚	100,000	30
触覚	1,000,000	5
味覚	1,000	1
嗅覚	100,000	1

これだけビット数を絞り込むためには、かなり高性能のコンピュータが必要だ。毎秒毎秒、何百万ビットという情報を、ほんの一握りの情報に圧縮しなければならないのだから。だが、この圧縮のおかげで、私たちは重要でないことには必ずしも気を取られることなく、周囲の状況を意識していられる。

では、最終的に意識される経験だけが残るまで、膨大な情報処分作業を行なうには、実際どれだけ大きなコンピュータがいるだろう。当然、私たちが感覚器官から取り込む一一〇〇万ビットより多くの情報を処理できるものでなくてはならない。なにしろ、体の維持管理もする必要があるし、私たちが心に抱く、風変わりで不思議なイメージや考えも生み出さなければならないのだ。脳のチャンネル容量を実験によって測定するのは難しいが、概算でその規模をつかむことはできる。

キュプフミュラーは、毎秒一〇〇億ビットという、人間が環境から取り入れる情報量よりはるかに大きな数値に到達した。神経細胞の数が一〇〇億で、それぞれが毎秒一ビット処理できるとして計算したのだ。これはとても控えめな数値だ。神経細胞の数はおそらく一〇〇〇億に近く、その一つ一つが他の神経細胞との接続を平均一万個持っているので、処理できる情報量も一ビット毎秒などというものではない。正確な数値がどんなに大きくなるかはさておき、それが天文学的と言えるものであることは確かだ。銀河系には一〇〇〇億ぐらい星があるだろう。そして私たちの頭の中には、それに匹敵する数の神経細胞がある。その接続の数に至っては、一〇〇〇億個の細胞間に一〇〇〇兆あるのだから、私たちの理解をはるかに超えている。

これほど大がかりな神経機構を備えていながら、私たちの意識に届く経験には、毎秒一〇～三〇ビット程度しか含まれていないのだ！

脳の観点に立てば、入力量とちょうど同じぐらいの情報が出力されている。感覚器官からの神経接続と、運動器官への神経接続の数は、ほぼ同じだ。キュプフミュラーは、脳に（感覚器官と体から）情報を送る神経接続の数を三〇〇万個、逆方向に送るのは一〇〇万個としている。逆に向かう情報はすべて最終的には、生存を含め、快適な生活の確保を目的とした運動の形で現れる。

周囲に対して人が表現するもののビット数を測ろうとすれば、五〇ビット毎秒より小さい数値になる。行動に含まれる値はもっと大きいが、意識という観点に立てば、人間は話そうが踊ろうが叫ぼうが、毎秒五〇ビット以上を表すことはできない。

一九七一年にキュプフミュラーが人間を通過する情報流の概観を描いたグラフは、次のような形になる[31]（図15）。

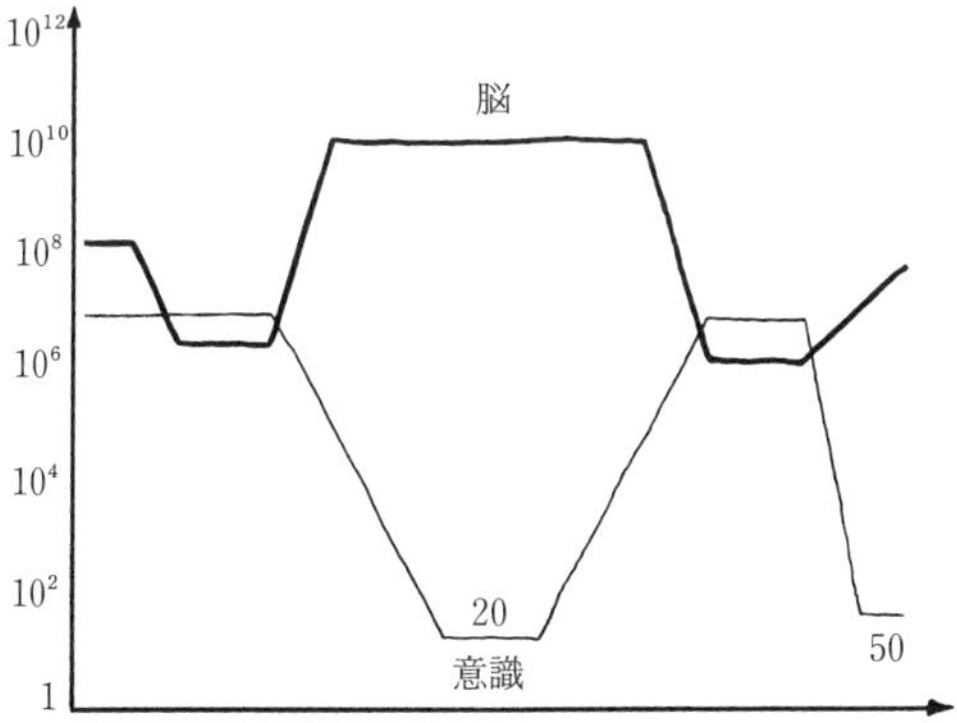

図15　人間を通る情報の流れを示したキュプフミュラーのグラフ。感覚器官から脳（そして意識）を経て運動器官に至る流れを示す。太線は、何百万ビットもの情報が感覚器官から神経接続を経由して脳に送られている様子を示している。脳は非常に大きな帯域幅を持っている。情報は脳から体に送られる。体は感覚器官が受け取るのとほぼ同量の情報に対応できる。細線は、意識がその情報のごく一部しか処理していないことを示している

注目すべきなのは、脳は大きな帯域幅で膨大な量

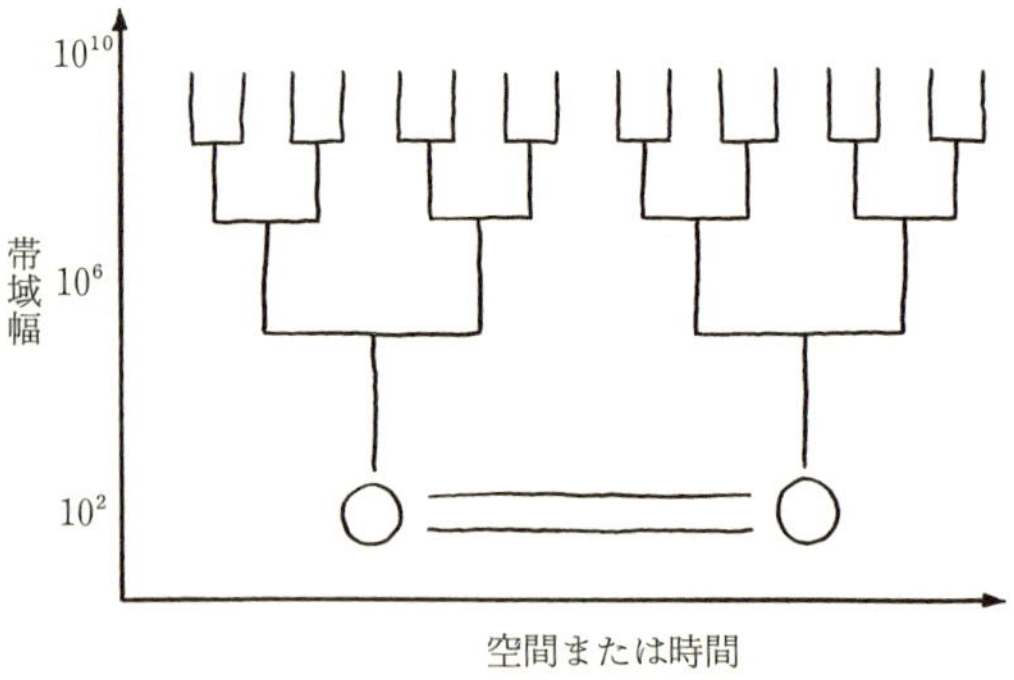

図16　毎秒あたりのビット数で表した帯域幅と〈会話の木〉。数値は推定。横軸を空間として捉えれば本図は会話を表し、時間として捉えれば回想を表す

の情報を受け入れるが、それでもなお、受けたよりずっと多くの情報を処理できる点だ。その後、脳はまた大量の情報を体に向けて放出する。受けた情報とほぼ同じ量の情報だ。それはよしとしよう。しかし、意識は何が起きているのかほとんど知らされていない！ここに示された数値は、日常のごく平凡な経験の数々を表わしているが、そこには穏やかならぬものがうかがえるのではないか。私たちは経験していることのほとんどを、互いに言葉で伝え合えない。人は毎秒何百万ビットも経験しているが、口に出して言えるのは二、三〇ビットにすぎない。息継ぐ間もなく話し続けたとしても（そういう話し方をする人もいるが）、感覚器官が実際に取り込んだ情報のほとんどは語ることができない。

　しかし、意識していることはすべて話せる。私たちにできるのは、それが最も重要な情報であるのを願うことのみだ。

　意識的な言葉を介した結びつきを考えると、私たちはみな、根本的に孤独な存在だ。しかし、誰もがそうであり、その点で私たちは孤独ではない。この孤独は誰にでも当てはまり、人はそんな孤独について語ることもできる。私たちは胸が張り裂けるような沈黙を分かち合っている。経験しているもののほとんどが言葉では分かち合えないという経験を分かち合うことができるのだ。〈会話の木〉はこの関係を表そうとする一つの試みだ。私たちが話すときに起きていることを、今、数値で表すことができる（図16）。実際の会話は、毎秒非常に少ないビット数で交わされているが、ここで話題にしている心や感覚のプロセスは、それ

よりずっと多いビット数で起きている。私たちは何らかの方法で、それらすべての経験を話の形に要約し、図式化し、圧縮する。意識が存在するには、どうしてもこの圧縮が必要なのだ。

おとぎ話とコミュニケーション

お話を読んでもらっている子供は、言葉のチャンネルだけを使っているのではない。単語やその発音だけが、子供の脳に入っていくわけではない。子供は親の全身と、それが表すものも経験している。親がその話をどんなふうに経験しているのかを、目で、耳で、鼻で感じる。そこには、膨大な量の非言語的コミュニケーションが存在する。言葉では必ずしも表現できないことを、体はじつにたくさん伝えてくれる。こうして子供は、「緊張感」とは何か、誰の味方についたらいいかがわかるようになる。善人と悪人、救出する者と監禁する者がいることを学ぶ。

子供は繰り返し読んでもらいたがる。お話自体に多くの情報があると思っているからではない。そもそも、たいした情報はないのだ。文字数で測ると、子供の本の情報量は大人の本よりずっと少ない。子供が繰り返してほしがるのは、物語の真のドラマを追体験できるからだ。頭の中で情報を〈展開〉する楽しみを味わえるからだ。何度も何度も、王子様やお姫様やドナルド・ダックを「想像」できる。自分なりに頭を働かせて、お話の中に入っていかれる。

おとぎ話は、〈アトラクター〉、つまり意味を引き寄せる磁石、自分の中へストーリーを引き込んでいく概念を、身につけさせてくれる。子供はありとあらゆる基本的プロットを学び、ヒーローと悪漢、敵と味方、主役と端役、行動と知恵、緊張とその解放といったものの大切さを知る。だが、何より大事なのは、大人に読んでもらってそれを学ぶことだ。そうすれば、ストーリーが緊迫するとお父さんの息遣いが変わり、ドラゴンが火を噴くとお母さんの額がうっすらと汗ばむのに子供は気づく。何度も何度も。情報が処理されて〈外情報〉

になっているのだ。文字で表された話の内容が処理されて、お父さんお母さんの中で〈外情報〉になる。こうして実際の出来事に関する情報は処分され、忘れられるが、それでも心に不思議な痕跡が残るので、勇敢な王子様のお話を聞くと、その情報がよみがえってくる。

ハンス・クリスティアン・アンデルセンやカーレン・ブリクセンといった偉大な物語作家は、人の心にどんな〈アトラクター〉があるかを正確につかむ達人だ。彼らは、年齢を問わず誰の心にもある、この最も根本的、元型的、動的な心像を、的確に利用することに長けている。彼らは、非常に少量の情報を使って、それまでに生成されていたあらゆる〈外情報〉を、子供であれ大人であれ、人の頭の中で大きくふくれ上がらせるのが、たいへんうまい。その技が、物語を私たちの頭にある元型的イメージと結びつける。このような〈原始心像〉の概念を最初に論じたのは、精神分析学者のC・G・ユングだった。その弟子にあたるデンマークのエィイル・ニーボルィは、一九六二年に、アンデルセン童話を分析する先駆的文献で、こう指摘した。「後世に残る詩的散文（そして芸術作品一般）はどれも、元型的基盤をよりどころにしている[32]」

おとぎ話は子供だけのために作られるわけではないのだ。子供だけのものだったら、役目が果たせない。おとぎ話の真の力は、子供と大人がいっしょに物語の驚異を体験できるところから生まれる。あれほど情報量の少ない物語が、読み手や聴き手の心に「共感の木」を生み出すという驚異を、ともに体験するところから。

子供だけのために書かれた児童書は、読んで聞かせるのにはふさわしくない。そういう本だと、話を通して何が経験できるのか、親を手本に学ぶことができない。繰り返し読んでもらってもおもしろくない。親の心に何の感情も呼び起こさないからだ。その手の本は、大人の心に〈展開〉を引き起こさない。（『タンタン』[*]や『ドナルドダック』のような漫画を、楽しみながら読んで聞かせる大人は少ないが、これはおそらく問題が別だ。漫画の絵は情報が多すぎて、読み手と聴き手が同じような「木」を作るのは難しい。）

＊（訳注）ティーンエイジャーの新聞記者タンタンと愛犬のスノーウィーを主人公としたベルギーの冒険漫画（一

九二九年連載開始）。ヨーロッパばかりでなくアメリカでも人気を得た。

おとぎ話同様、大人向けの芸術や大衆芸術も、心的活動を「呼び起こす」のに適している。誰かの人となりを知りたかったら、いっしょに映画を見に行くといいだろう。何も特別な映画である必要はない。暗い観客席で、二人の「心が通う」かどうか試すと参考になるのだ。二人の頭に互いを高め合っていかれるような「木」が生えるかどうか、お互いに相手の心の内を感じとり、スクリーンの俳優の演技から受ける経験（たとえそれがお粗末なものであっても）を同じ気持ちで受け止めているかどうか、試してみるといい。メディアの利用が急増したせいで、人と人との間に距離ができたり、心の貧しい世の中になったりすることはあるかもしれない。しかし同時に、私たちは非言語的経験を分かち合う新たな機会を得ている。出版物や映画に対して、人が全身で示す反応を感じ合う機会、お互いの「木」を知る機会がふえている。物語の読み聞かせで肝心なのは、言葉自体ではなく、言葉が読み手と聴き手に与える影響だ。ライブのコンサートで大切なのは、音楽自体ではなく、その音楽が演奏家と聴衆にどんな影響を与えるかだ。スタジアムで観客が見るフットボールでは、試合そのものより、試合が選手と観客に与える影響が重要なのだ。

テレビは、見るという経験の間、人を孤立させる。しかし、何百万という人が、同じ瞬間に同じ興奮を覚えていると思うと、大きな連帯意識も生まれる。だが、たった一人でテレビの前に座わり、見ているものについて誰とも何も話さないとしたら、何かが足りない。体で感じる経験がない。自分の経験が他人に認識されない。情報は人間に知覚されて初めて意味を持つ、という認識が欠けている。

キュプフミュラーのグラフと前章で紹介した〈会話の木〉を組み合わせると、次のようになる（図17）。

意外なことに、コミュニケーションのチャンネルは、言語による経路、つまり非常に容量の小さい意識上のコミュニケーション・チャンネルのほかにもありそうだ。なぜもっと大きな割合で――たとえば目線で――コミュニケーションができないのだろう。いや、できる。じつは、それがあってこそ、会話が可能になるのだ。

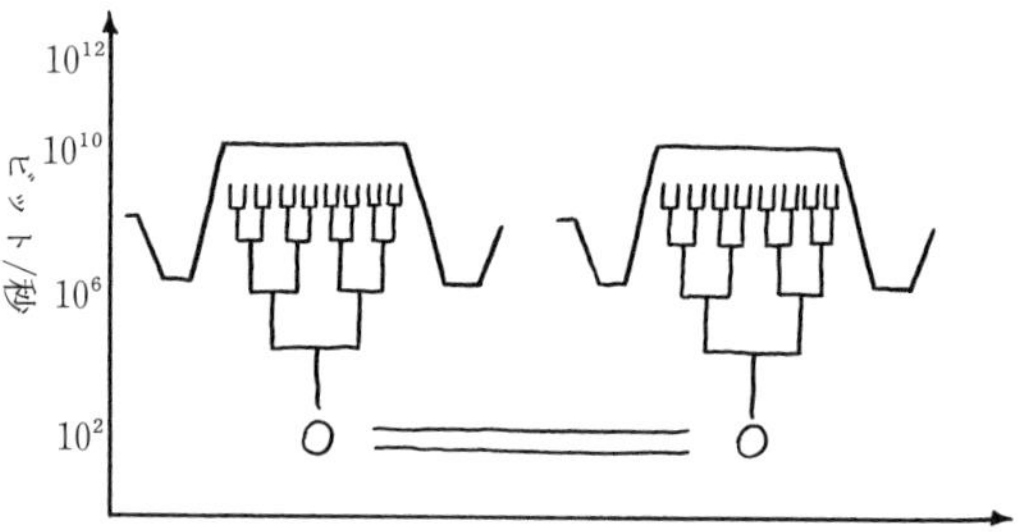

図17　キュプフミュラーのグラフに組み込んだ〈会話の木〉。二人の人間が低い帯域幅で会話するが、それぞれが頭の中に「木」を持っており、その「木」は、キュプフミュラーのグラフで脳にあてがわれた大きい帯域幅に向けて伸びていく

「情報とは、差異を生む差異である」という名言の生みの親で、アメリカの人類学者・サイバネティックス研究家でもあるグレゴリー・ベイトソンも、意識の帯域幅が限られていることを指摘した。ベイトソンは、体によるコミュニケーションに関連したパラ言語的領域、〈動作学《キネシクス》〉に言及している。私たちは言葉で言わないことをたくさん言っているというのだ。「哺乳動物の一種である我々は、おおむね無意識ではあるものの、自分たち相互の関係を伝え合うという習慣に親しんでいる」一九六六年、イルカとのコミュニケーションの難しさに関する論文で、ベイトソンはそう書いている。「ほかの陸生哺乳動物と同じように、我々もそれを目的としたコミュニケーションは、たいてい体の動き、随意筋の不随意な緊張、表情の変化、ためらい、話や動作のテンポの変化、声に込められた含み、不自然な反応などの、動作的《キネシクス》・パラ言語的なシグナルによって行なう。犬の鳴き声の『意味』を知りたければ、口元や、首筋の毛、しっぽなどを見る。そういった体の『表現豊かな』部分から、犬が周囲の何に向かって吠えているのか、吠える対象に対して次の数秒間にどのようなかかわり合いのパターンをとりそうかがわかる。我々は、とりわけ犬の目や耳や鼻といった感覚器官に注目する」[33]（図18）

問題は、実際に私たち人間が、自分が動物であることを認めたがらない点にある。私たちは自分の意識こそ自分自身だと思っている。だから、自分が言うことはすべて言葉に表されたままに自分を捉える。会話の重要な部分は情報だと思っている。

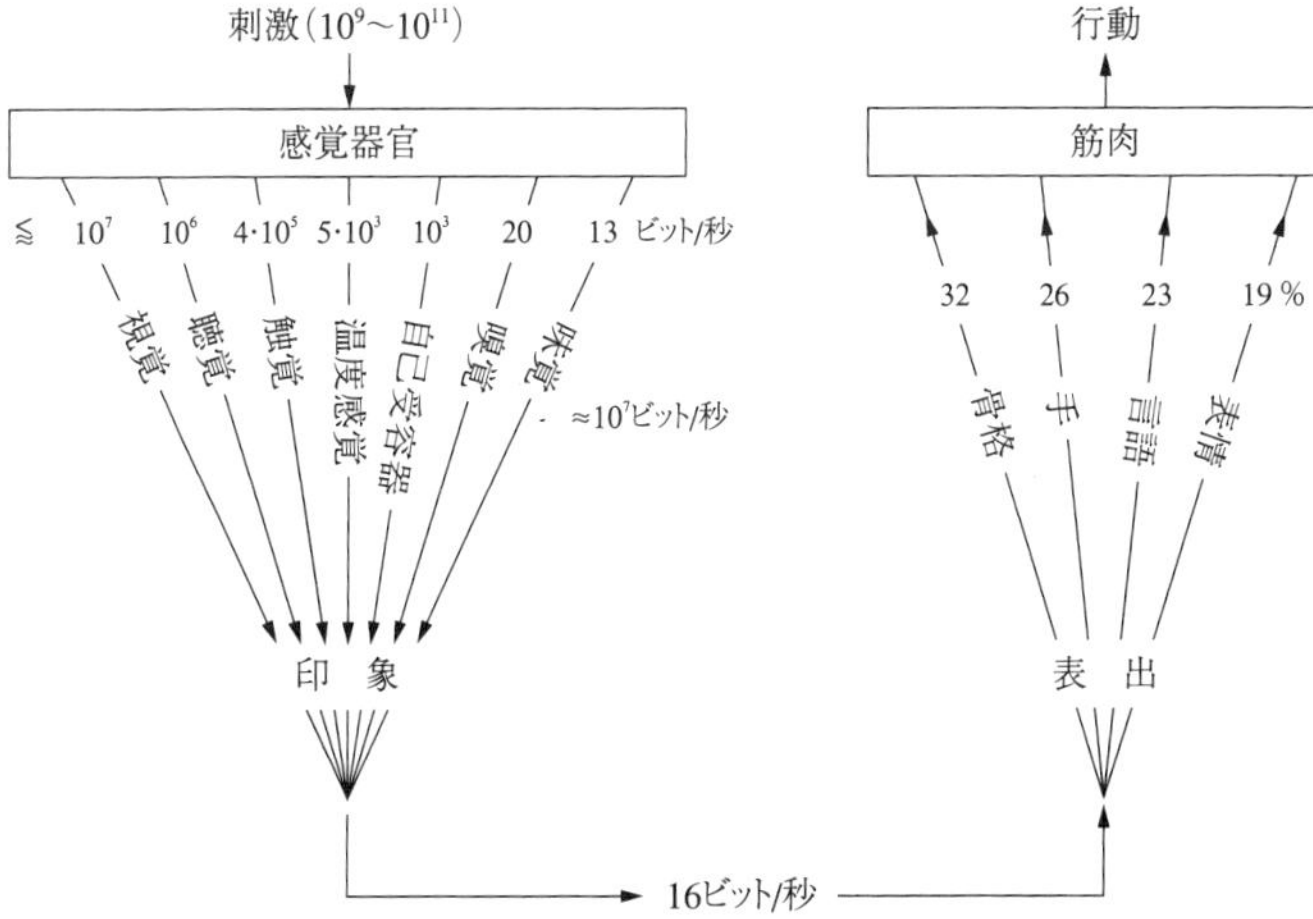

図18　エルランゲン学派(フランク、レールら)が描いた、人間における情報の流れの概観。いわゆるオルガノグラム(組織図)。キュプフミュラーのグラフ同様、人間は意識が知覚する以上の情報を入出力していることが示されている

一九五〇年代、様々なレベルのコミュニケーションに関してベイトソンが他に先駆けて行なった研究から、一連の洞察がもたらされた。そのうち最も重要なのは、統合失調症に関する〈二重拘束理論《ダブル・バインド・セオリー》〉だ。統合失調症とは（たとえば「多重人格」のように）、患者が自分の心的プロセスや意思を自ら制御できない精神障害だ。この病気の患者は言われたことをあくまで文字どおりに受け止めることが多い。

「たとえば、統合失調症患者に、心を決める前に『頭を冷やしなさい』と言うと、水道の蛇口の下に頭を突き出しかねない」心理学者ベント・エルゴールは、ベイトソンのコミュニケーション理論に関する著書の中で、こう述べている。「また、ある統合失調症患者は、足場を失うのがこわいと言って、何日も床に足をつけてベッドに座っていたという[34]」

本書特有の表現を使えば、彼らは〈外情報〉の解釈に問題を抱えている。言外に込められた〈外情報〉が想像できない。メッセージを文字どおりに理解し、情報を額面どおりに捉えてしまう。

ベイトソンの考えは、そういった統合失調症患者

特有の行動の原因を、子供時代の二重拘束で説明しようとするものだ。親が、口で言う言葉とは逆のことを体で表現する。子供は繰り返し繰り返し、大人の嘘を経験する。これにより、受け入れがたい状況に追い込まれる。親の言葉を額面どおりに捉えると、自分を偽らなければならない。言葉とは逆のメッセージを、親からはっきり感じとっているからだ。言葉によるメッセージは、寝不足はあなたの体によくないからもう寝なさい、かもしれないが、大人が全身の動きや口調で表しているメッセージが、私の都合にさしつかえるからもう寝なさい、であることがある。

子供は、大人の言葉を信じるか、自分の感覚を信じるか、どちらか選ばなければならない。この耐えがたい状況から、子供はジレンマに追い込まれ、自分が感じたものの知覚の仕方に一貫性が持てなくなる。ベイトソンのモデルによれば、これが統合失調症につながりうるという。

ベイトソンの二重拘束モデルは、心理療法諸派の基本理念となっている。そしてまた、ほとんどの人の子供時代に多少なりとも当てはまることだろう。知的な事柄で子供をだますのはたやすいが、逆に、感情的な事柄で子供に嘘をつくのは難しいという、一種独特の経験は、体は言葉以上に物を言うという基本的な知識を、子供がまだ「卒業」していないことを物語っている。(しかし、知的な発言の多くは意識の世界でしか生まれないため、ボディランゲージには現れようがないということに、子供は気づいていない。)

だがこれは、私たちが精神病を理解するときにだけ関係ある現象ではない。体や顔が物語るものの多くが、口から出た言葉と必ずしも一致するとはかぎらないというのは、誰にでも当てはまることだ。

これまたアメリカの人類学者エドワード・T・ホールは、一九五〇年代から六〇年代にかけて、言葉に表れないメッセージを表現するのに、どのように体の動き使うかを、時間的・空間的観点で捉えて、文化による違いを示した。多国籍企業では、この違いが大きな問題の原因となる。たとえば、オフィスのドアを開けておくという行為一つで、ドイツ人とアメリカ人とでは、ほぼ逆の意図を表している。ドイツ人は、ドアは閉まっているのが当然で、それを開けて出入りするものだと思っているが、アメリカ人は、ドアが閉められていると、拒絶されたと感じる。だが、ドアの例は枝葉にすぎない。体が語る言葉のほうがよほどドラマチックだ。それは、口で話す言語よりずっと多くを物語るからにほかならない。「人格のかなりの部分は、本人の意識の外にあるが、他人であれば誰でも見ることができると考えると、恐ろしく思えるかもしれない」とホールは書いている。「無意識は本人以外の目にはあらわだが、本人は幼児期に自分にとって大切な人から認められなかった、この無意識の部分には、目をつぶっている[35]」

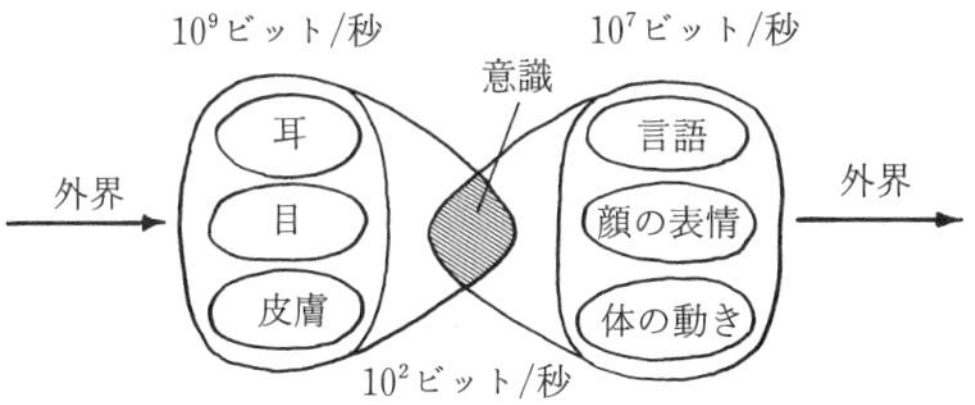

図19　エルランゲン学派のW・D・カイデルが描いた、印象と表出の間にある意識

自分自身より他人のほうが自分のことを知っている。脳にありながら意識に届かない何百万ビットもの情報を、他人は私たちのボディランゲージを通して知ることができるからだ。つまるところ言語は、人間の生物的進化の過程では、ずいぶんと新しい発明にすぎない。人に会ったとき、相手が上品な言葉遣いで自己表現ができるかどうかを見極めるのが重要になるずっと前から、おとなしく振舞う人かどうかを見抜くことのほうがはるかに大事だった。

〈外情報〉は情報より重要である。人が口にした言葉を理解するより、その人の頭で起きていることを知るほうが大切なのだ（図19）。

とはいえ、人の言葉とその真意に矛盾がある場合、長い目で見ると、それは当人の精神に異常を来たしかねない。口で何か言いながら、体で逆のことを示す人がいたら、その人に対して気分を害したほうがいい。さもないと、自分の精神を害してしまう。

対人関係では、意識的な言葉の占める部分は非常に小さい。言語情報に行き着く前に、あまりにも多くの情報が処分されるからだ。これを理解していないと物笑いの種になる。子供の間では、仲間言葉を理解しない子、情報に込められた〈外情報〉のわからない子は、いつもからかわれる。高慢な態度や排他的風習、党派的感情、偏見、少数民族の迫害はすべて、情報に潜む〈外情報〉がわからない人たちに対するあざけりの要素を含んでいる。

そのような低俗な情報ファシズムに対処する武器はユーモアだ。ジョークは、情報が首尾一貫しないことを証明する。言葉がジョークの始めに与えた印象と逆のことを意味していたり、別のコンテクストがあって、それが最初に思ったコンテクストの貧弱さや誤りを暴いていったりする。うまいジョークは、痛快なオチでそれを思い知らせてくれる。だが、そのためには、オチに出くわしたとき、その時点までに語られてきたことのいっさいを突如根底から解釈し直させるような運びに、話を意識的に組み立てなければならない。その例として、情報理論の基礎を築いた本の脚注が挙げられる。クロード・シャノンとウォーレン・ウィーヴァー著の『コミュニケーションの数学的理論』で、ウィーヴァーは、神経科学者カール・ラシュリーの次のような言葉を引用している。「驚異的な言語能力と数学的能力を示すとされていたエルバーフィールドの馬が、たんに調教師の頭の動きに反応していただけであることを、プフングストが実証したとき、馬の所有者であるクラール氏は、じつに直截的な方法でそれに応酬した。彼が馬に向かって、そんな小さな動きを見分けることができるのかと尋ねたところ、馬はそれに答えて、力強く『ノー』という意思表示をした」[36]

言語を操る意識が自らの非力を自覚したときに、寛大な笑いが生まれる。他人の意味情報や内的情報の貧弱さを暴くようなユーモアは、なんとも卑しい。

イタリアの記号論学者で作家のウンベルト・エーコの言葉を借りれば、悪魔は「微笑みのない信仰」だが、「人間を愛する者の使命は、真理を笑わせること」となる。[37]

「私は嘘をついている」一九三一年、この言葉からゲーデルの定理が生まれ、それがきっかけで、二〇世紀の中心テーマ――森羅万象を公式と意味論の体系によって記述し尽くすこと――が実現可能であるという信念が崩れた。科学、哲学、思想の分野で、世界は思考や言語の網では捕らえられないことが明らかになった。

問題は、言語や形式的体系があたかもすべてに対処でき、すべてを記述できるかに思われがちなことにある。嘘つきのパラドックスのような意味論上のパラドックスは、言語は地形を表す地図であって地形そのものではないという事実を、言語がしぶしぶ認めた例と言える。ゲーデルの定理は、形式的体系が自らを形式的体系と認めたものであり、哲学的パラドックスは、体で示す真意と口から発する言葉とが一致しない大人を目のあたりにした子供の苦悩を、知性の世界の次元で捉えたものだ。

嘘の可能性は、意識の代償の一つだ。「人は意識的に嘘をつくことはできるが、無意識に嘘はつけない。嘘発見器はそれを示す好例だろう」[38]カールスルーエにある工業高校のカール・シュタインブーフは、一九六五年、自著『オートマトンと人間』にそう書いている。嘘がつけるのは、まさに意識の情報量が少ないからだし、自分を否定するのが可能なのも、動かす情報量があまりに少ないからだ。意識的な言葉と体の表現が一致している人は、嘘のつきようがない――それは子供がいちばんよく知っている。[39]

しかし古代ギリシア人は、あまりにも文明化を進め、意識こそ人間そのものだという信念を深めすぎたため、嘘つきのパラドックスに突き当たった――「私は嘘をついている」

二〇世紀になって、数学の世界で、嘘つきのパラドックスがバートランド・ラッセルによって再発見された。ラッセルは〈論理階型〉のルールを確立することにより、このパラドックスを取り除こうとした。概念の自己言及を禁じるべきだというのが、彼の主張の骨子だった。概念と、それが述べる内容とを組み合わせるのを禁じるわけだ。ラッセルの試みは、問題の存在を認めると同時に、それを数学的論理の隅に押し込める方法を見つけようとするものだった。

統合失調症の特異な論理に関するベイトソンの記述は、嘘つきのパラドックスを連想させる。事実、彼は、このパラドックスを起点に、ラッセルとA・N・ホワイトヘッドの『数学原理』（一九一〇～一三年）の基本理念に基づいて、自らの認識論を展開しており、ラッセルについて何度も言及している。

ベイトソンと同時代の研究者の中には、これを奇妙に思った人もいる。一九八〇年に、科学史家スティーヴン・トゥールミンは、ベイトソン最後の著書『精神と自然』の刊行に関する記述の中で、「ベイトソンが哲学者の盟友を求めるにあたって、ラッセルを選ぶとは、多くの意味で意外としか言いようがない[40]」と書いている。たしかにラッセルは、ベイトソンが体系づけた、言ってみればそれまでの認識論の枠を広げる認識論を支持したわけではない。だから、なぜ彼がラッセルに執心するのか、トゥールミンには理解できないのだろう。しかし、統合失調症――そして広い意味では、人間のコミュニケーション全般――に関するベイトソンの考えと、ラッセルによる嘘つきのパラドックスの再発見とは、奥底で深いつながりを持っている。

もっとも、ベイトソンがラッセルに強い関心を寄せるのはおかしいとトゥールミンが思ったところで、イデオロギーの次元で間違っていることにはならない。実際、ラッセルは嘘つきのパラドックスの研究で、ベイトソンとはまったく異なるものを追求していた。ラッセルにとって、このパラドックスは病的な事態、つまり数学的論理の基礎における病気のようなもので、取り除くべき不幸だった。一九三一年にゲーデルが、ラッセルのパラドックスは、そのときわかりかけていたもっとずっと深い問題を指し示しているにすぎないことを明らかにしても、ラッセルはまったく関心を示さなかった。

一方、ベイトソンにとって嘘つきのパラドックスは、日常言語から認識論の観点での諸現象の記述に入る入口だった。口から出た言葉は額面どおりには受け取れないのであり、言葉の意味を理解したければ、コンテクストを知らなければならない、というわけだ。

ラッセルとベイトソンは、ともにこのパラドックスに関心を抱いていたが、そこに求めたものは、実際、正反対だった。共通していたのは、どちらもゲーデルの研究にとくに関心を示さなかったことぐらいだろう。

ゲーデルと、その後のグレゴリー・チャイティンの研究により、有限の形式的言語で世界を記述しようとすると必ず、嘘つきのパラドックスが影を落とすことが証明された。

いかなる言語も記述も意識も、〈外情報〉生成の結果として残る情報で構成されている。意識が生じる前には、膨大な量の情報が処分されなければならない。だから、けっきょく、そのような意識とその表出を理解し把握するには、大量の情報を捨てたもの、すなわち体と、しっかり結びつけて考えなければならない。

私たちは、自分の中を通り過ぎていくもののほとんどを知覚しない。意識ある〈私〉は、全体のほんの一部にすぎない。子供が「私、嘘ついてるの」と言うことを覚えるとき、子供にはもうわかっている。嘘をつくことを体に許されていると思っている、思い上がりもはなはだしい〈私〉こそが、最大の嘘である、と。

三つのメディア

新聞、ラジオ、テレビ。三つのメディアの制作過程はそれぞれ違う。だが、出発点は同じであることが多い。あるテーマについて自分より知識を持った人へのインタビューがあり、何時間も続いた話が、二分間で終わるものに凝縮される。情報が捨てられる。二時間の会話が、二分で読み終わる新聞記事に、二分間分のラジオ放送やテレビ放送になる。

しかし、それぞれに与えられている自由の範囲はかなり違う。一つのインタビューを短い新聞記事に編集する場合は、インタビュー中いつ述べられたかに関係なく、発言を大幅に並べ替えることができる。二つの文の一部を切り取ってつなげても、あまり問題ないこともある。というのも、記事にはたいして情報がないからだ。会話の特色はほとんど伝わらない。ボディランゲージも、周囲の音も、話者の表情も、すべて消えてしまう。残るのは言葉だけだ。新聞記者の編集作業はやさしい。

少なくとも、ラジオ番組を作るジャーナリストと比べれば楽だ。ラジオの場合、一つの発言を途中でカットすることはできない。変に聞こえてしまう。話し言葉にはテンポやリズムがある。インタビューを受ける人はしだいに調子が出てくる。だから、飛び飛びに順序を入れ替えるわけにはいかない。発言が話の最初のほうのものか最後のほうのものかは、イントネーションでわかってしまう。インタビューの録音テープには、会話を文字で再現した原稿よりはるかに多くの情報が含まれている。ラジオ番組の編集は、新聞記事の編集より難しい。それでも、テレビのインタビューの編集ほどではない。

テレビの場合は、身振りや目の動きもわかる。顔は、話し手がどんな気持ちで話しているのかを、はっきりと伝える。インタビューの編集をするジャーナリストは、視聴者の許容限度に関する一定のルールを尊重しなければならない。話し手が身振り手振りを交えて話を核心にもっていこうしているところで、編集によって画面からカットされてしまったら、視聴者は見る気を失う。おそらく音声からはカットされたことはわからないだろうし、書き起こした原稿からは絶対に知りようがない。だが、その人は何か重要なことを言おうとしていたのだ。たとえ、たまたまそれが視聴者にとって重要ではなく、編集したジャーナリストの判断が正しかったにしても、人の映像が途中でカットされるのは、見ていて嫌なものだ。だから、ラジオよりテレビのほうが編集に骨が折れる。

同じインタビューでも、テレビ放映はラジオ放送よりずっと情報量が多い。もちろん、書き起こした記事の比ではない。

どれだけの情報を伝えるかを調べれば、三つのメディアの違いを測定することができる。帯域幅、つまり何ビット毎秒を伝えるか、を比べればいい。テレビには一〇〇万ビット毎秒以上の帯域幅がある。ラジオは一万ビット毎秒以上だ。文章を読み上げた場合は、およそ二五ビット毎秒になる。これは必ずしも、ジャーナリストが全情報を制御できるとか、情報の受け手にそれができるとかいうことではない。しかし、ジャーナリストが聴きとろうとしていること以外に、ボディランゲージが何かを語っている可能性があるのだから、どれだけ合理的に編集しようとも、録音原稿をもとに再構成したインタビューの映像は、放映したとき、まったく情報伝達になってない。

第七章　心理学界の原子爆弾

意識の容量に関する研究はなぜ、一九六〇年代に急速に勢いを失ったのだろう。その研究が導き出した画期的な人間観は、どうして完全なまでに無視されたのだろうか。科学の別の分野で起きた出来事に、一つの説明が見出せるかもしれない。それは実験手法の点で意識容量の研究と密接なかかわりを持つ分野、すなわち閾下《いきか》知覚*の研究だ。

＊（訳注）閾下知覚の閾下は英語で subliminal（サブリミナル）という。sub は「下」を意味し、limin は「閾」、つまり「境」「敷居」を指すラテン語 limen に由来する。

一九世紀末に人間の知覚の研究が始まったとき、一つの中心的概念を成していたのが、生体の知覚できる最小刺激を定める〈閾〉の考え方だった。閾が存在するというのは、それを超えた刺激は意識に上るが、それより弱い刺激は意識されないということだ。たとえば、一定の音量がないと、私たちの耳には音は聞こえないし、ある程度の明るさがない星は、肉眼では見えない。閾下知覚とは、閾より低い刺激を感知することを言う。閾下知覚に関しておもしろいのは、人が意識の上で刺激に気づくかどうかで閾が決まる点だ。閾下で知覚される刺激はどれも、感知はされるが、弱すぎて意識上は知覚されないものだ。

一九一一年、デンマークの哲学者・心理学者ハラルド・ヘフディングは、普通は意識される心的活動の多くが、無意識裡にも起こりうることを指摘した。「通常は意識上で起きる心的活動も、ちょうどそのとき意識が

ほかのものに向けられている場合は、識閾下で起きることがある」(1)

体内に取り込まれたまま意識に届かないでいる情報によって、人間の行動が影響されうるという考え方は、つねに大きな恐怖をもって迎えられた。イギリスの心理学者ノーマン・ディクソンによれば、「人は自分ではまったく気づかない外部刺激に影響されているかもしれないという提言ほど、行動科学において物議を醸した仮説はまずない」という。(2) ディクソンは、閾下知覚とそれが巻き起こした論議について二冊の本を出している。彼は、一九七一年に出版された最初の本で、人々が過去に閾下知覚の存在をどの程度信じてきたかをグラフで示している(3)（図20）。

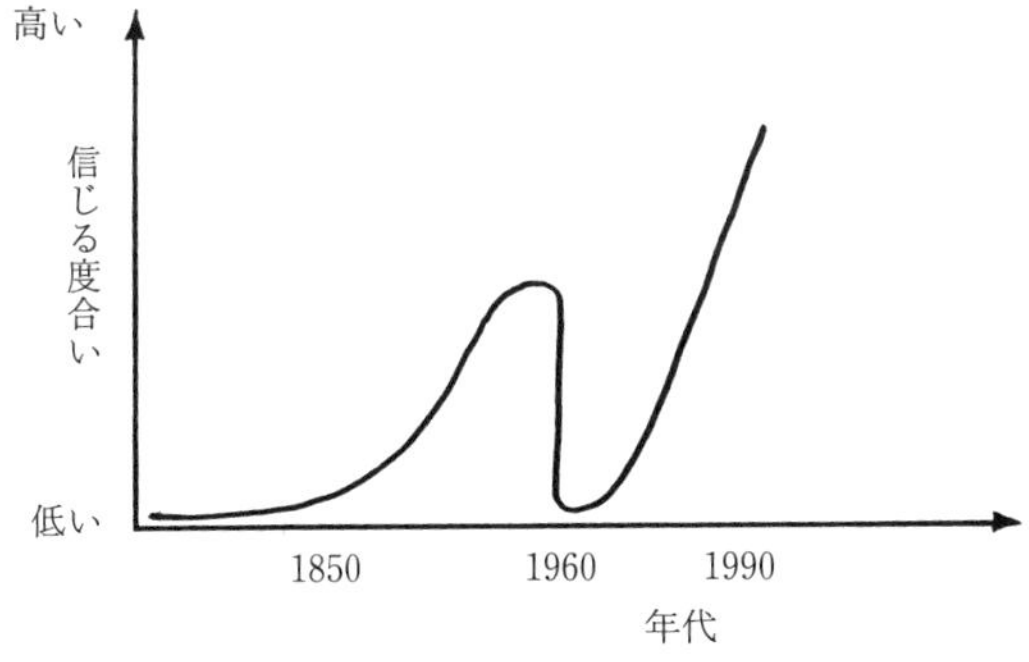

図20　閾下知覚の存在を信じる度合い——近代・現代の動向（ディクソンに基づく）

　信じる度合いは強まる傾向にあるが、一九六〇年頃に、グラフは一度急激な落ち込みを見せている。これは、もちろん人々が閾下知覚の存在を信じなくなったことを意味するが、それだけではない。科学者がその研究をしなくなったということでもある。

　この急落の原因は、「心理学界の原子爆弾」と呼ばれてきた。

サブリミナル広告の衝撃

一九五七年、プリコン・プロセス・アンド・エクィプメントという、ニューオーリンズの一企業が、広告や映画に閾下メッセージを挿入するサービスを提供し始めた。意識では知覚されないが、存在するだけで人の購買意欲をそそるに十分の影響力を持ったメッセージとのことだった。無意識、あるいは前意識《プリコンシャス》で働くメッセージだから「プリコン」というわけだ。同じアイデアを使った企業には、サブリミナル・プロジェクションという会社もあった。この会社は、事業開始にあたって、ニューヨークで記者会見を開いた。全米のラジオ局やテレビ局がこぞって、閾下知覚を利用したコマーシャルの放送時間枠を売り始めた。視聴者は、コマーシャルを見たり聞いたりしたことに気づかないが、宣伝された商品がほしくなるので、この技法を使って宣伝活動をすれば売上げが大幅に伸びるというふれこみだった。

意識に捉えられぬほど短時間しか提示されない画像でも、人の行動に影響を与えうることは、心理学の研究ですでに証明されていた。それが、商業目的で利用されることにつながった。

当然ながら、大衆からの反発はすさまじかった。人の頭にメッセージを忍び込ませる方法があり、しかも本人は刺激を受けたことを知りようもないとは、とんでもない話だというわけで、抗議の嵐が巻き起こり、アメリカやほとんどの西側諸国で、閾下メッセージの宣伝利用は中止された。そこまで完全に操作されるのはごめんだ、と消費者が突っぱねたのだ。これで当面の問題は解決した。しかし、未解決のまま残った問題がある。閾下知覚とはいったい何なのか。私たちの日常生活で、どれほど重要なものなのだろう。

「確立されて久しい心理学の原理を商業目的に使うという発表は、悪夢のような響きを持つにいたり、心理学者は、個人のプライバシーの侵害者、社会の敵という役回りを、不本意ながら演じる羽目になった」アメリカの心理学者、J・V・マコーネル、R・L・カトラー、E・B・マクニールの三人は、一九五八年、この件についてまとめた論文でこう書き、次のように続けている。「閾下知覚の『発見』に一般大衆が見せたきわめて感情的な反発を、我々心理学者は教訓とすべきである。なぜなら、世間から鋭い視線を浴びるなかで、今後の事態の兆しだけでなく、切迫した倫理問題も見えてきたからだ。$E=mc^2$という理論的概念が現実に応用されて原子爆弾が生まれたとき、物理学者は科学に対する責任のみならず社会に対する責任をも強く意識するようになった。閾下知覚という、社会にとっては原子核に相当する事象について、事実のごくごく一部に直面しただけで大衆があれほど厳しい警告を発したのだから、心理学の発見が実際に応用される時代となった今、我々もそんな時代につきものの倫理問題に取り組む必要があるのは明らかだ」[4]

こうしてマコーネル、カトラー、マクニールの三人は、科学者として、自らの発見がどのように使われ、社会にどんな影響を与えうるかを認識する責任を認めた。しかし奇妙な話だが、心理学界はこの責任を引き受けなかった。そして、すべては誤解だったかのような態度をとった。ディクソンは、その様子を以下のように書いている。「五〇年代末に生まれたこの恐怖心は、心理学界に驚くべき影響を与えた。かつて閾下知覚の存在を主張していた者が、考えを変え始めたのだ。それまでの研究やその結果が、盛んに見直されるようになった」ディクソンはこれに続けて、心理学者仲間の行動を次のように評した。「第一線でこの見直しにあたっているのは心理学者であったし、彼らの非難の対象には、原子爆弾の使用ほど劇的なものはなかったので、マコーネルらが言及した『倫理問題』の解決は、物理学者に求められたものほど困難ではなかった。物理学者が核分裂の現実を否定するのはほぼ不可能だったが、心理学者は閾下知覚に関して、それほどの窮地に立たされはしなかった。人が自分でも気づかぬ情報に影響される可能性を示す証拠は十分あることをきっぱりと認め、そのうえで、この現象が商業的あるいは政治的な目的に悪用されることのないよう、策を講じることで、一般大衆の不安を和らげるという手もあった(し、また、そうすべきだったのかもしれない)が、彼らはそうせず、安易な道を選んだ。閾下知覚などないのだから何も心配することはない、と証明する方向で議論を展開したのだ」[5]

ディクソンの評価は、心理学者はただしっぽを巻いて逃げただけだという、手厳しいものだった。世論も好意的とは言いがたかった。一九五〇年代末、世論をリードし、この議論に大きな影響を与えた人物の一人に、アメリカの著述家ヴァンス・パッカードがいる。一九七八年に出版された本の中で彼は、閾下知覚を表舞台から追い落としたこの議論の影響を振り返り、こう書いている。「じつのところ、閾下知覚に対する関心は今もなお続いているのだが、以前ほど表立った形では現われていない。私の手元には、近年行なわれた一四の研究の報告書と、多数の研究に関する文献が届いている。また、心理学者のジェームズ・マコーネルは、教科書として広く採用されている近著『人間行動への理解』の一章を『閾下知覚』に充てている[6]

パッカードは、そもそもこの分野の研究が行なわれていること自体納得できなかったのだ。心理学者はこれ以上かかわらないほうがいいと思っていたのだろう。

数十年後には、この問題は古典的命題となっていた。社会は科学技術の進歩をどのように制御すべきか。研究を禁ずるか。あるいは、研究成果の技術的応用を禁ずるか。私たちは研究の段階から断念すべきなのか、研究で得た知識の利用を禁ずるべきなのか。

閾下知覚のケースでは、科学界は自己検閲の道を選んだ。しかし、それは一時しのぎにすぎず、やがて事態は時間切れを迎える。

閾下知覚に関する研究は一九七〇年代を通して続けられ、一九八〇年代には、人間を通過する情報のほとんどは、たとえそれが行動にはっきりとした影響を与えていても、人の意識には上らないことが明らかになった。これによって、今やパラダイムにかかわるジレンマが生じた。この研究は、宣伝ばかりか、あらゆる種類の世論の形成や操作に濫用される恐れがある。だから危険なものだ。しかし、別の見方もある。自分の中で起きていることにほとんど意識がないという事実に気づくことは、人類が文明社会を生き抜くうえで決定的な重要性を持っている、という見方だ。人の営みの中で意識が、おおかたの人の思うほど大きな役割を果たしてはいないという洞察は、人類の生命線と言えるかもしれない。文化が人類の存亡にかかわる深刻な問題を抱えた今、その文化を一変させることができるのはこの洞察だけだからだ。

これについては本書後半の数章でさらに詳しく論じることにするが、もしこの見解に多少なりとも正当性があるとしたら、閾下知覚の研究を禁止すれば、短期的には広告代理店による濫用を防げるかもしれないものの、長期的には、人類が生き延びるうえで不可欠な自己認識への道を閉ざすことになりかねない。これは、科学界のあらゆる検閲の概念に当てはまるジレンマだ。しかし、研究に歯止めがかかることはなかった。それどころか、一九九〇年代は、人間は自分自身にとってガラス張りの存在ではないという科学的認識が、大きな進展を見せる時代となった。この進展の芽は、三〇年以上前からわかっていた事実の中に存在していた。人間が感知する情報と知覚する情報との比率は一〇〇万対一、という事実の中に。

しかし、ひとたびこの事実が発見されると、この件に関する研究は途絶えてしまった。それが、その後何十年もたって、再び脚光を浴びることになる。

デカルト、ロック、ヘルムホルツ……

人間の心に関する研究は、過去何百年の間に、何度となく一八〇度の方向転換を経てきた。意識に付与される重要性も、時代によって大きく変わった。

近代哲学はルネッサンス期に、意識を人間の中核とする見方から始まった。一六一九年、ルネ・デカルトはすべてに疑いの目を向けた後、たった一つ確信できることがあると結論を下した。それは自分が疑っていることだった――「我思う、ゆえに我あり」意識こそ存在の証であり、意識そのものだけは、疑うことができなかった。

イギリスではジョン・ロックが『人間知性論』を発表し、人間の自己認識と、己を知る能力を主題として扱った。この、人間はガラス張りの存在であるという見解は、人間の心に関するほとんどの思想に影響を与えた。とくに英語圏の国々ではそれが著しかった。

一九世紀末、ガラス張りの人間という考えに、激しい反論が浴びせられた。ドイツの物理・生理学者のヘルマン・フォン・ヘルムホルツは、一八五〇年頃に人間の反応を研究し始め、自分の集めた専門的なデータに基づいて、人間の頭で起きていることのほとんどは意識されないという結論を出した。感知は、意識の力のおよばぬ推論に基づいている。意識的な心は、たとえそれがどんな推論かを理解し、知っていても、それを変えることはできない。ヘルムホルツはこんな事実を指摘した。閉じたまぶたを軽く押すことで、光を感じる経験を引き起こすことができる。光を受けたときにメッセージを送るように作られた視細胞が、何か（光ではない）刺激を受け、何かを見たというメッセージを送る。視細胞が知っているのは光だけなので、圧力による刺激を受けたときも、光を報告する。たとえ、圧力は実際の光という放射とは何ら関係がないとわかっていても、光が見えるのはどうしようもない。「目に圧力を加えられたとき、視野に光の現象があると思う仕組みはわかりきっているかもしれないが、それでも我々には、視野の中のその場所に、実際に光が見えるという確信を拭い去ることができない」とヘルムホルツは書いている。[7]

一九世紀末、無意識の推論という考えは明らかに不評で、強い反感を買った。その反感に再び火がついたのが、世紀の変わり目に、精神分析学の生みの親ジークムント・フロイトが無意識の概念を発表したときだ。フロイトの説は、ガラス張りの人間というロックの考えと真っ向から対立するものだった。人間の行動の多くは衝動によるもので、その衝動はたいてい意識されないというのがフロイトの主張だ。これらの衝動は、おもに幼少期のしつけで植えつけられた様々な文化的原因により、抑圧されている、とりわけ性衝動は、最も重要であるとともに、最も強く抑えつけられている、という。

とはいえ、精神分析学の目指すところもまた、無意識の衝動を抑圧しない、ガラス張りの人間だった。精神分析学は、衝動を抑えすぎたために心の病に陥った人の研究から生まれた科学で、患者に自分の過去に対する深い洞察を持たせれば、抑圧を克服させることができるとしている。

ヘルムホルツもフロイトも、意識がすべてを完全支配するという説と対立する見解を示したが、ヘルムホルツのほうが過激だった。彼は、無意識の衝動によって、意識による決定が影響されたり変えられたりすることがある、と指摘するにとどまらなかった。私たちが望むと望まざるとにかかわらず、意識は必然的に、無意識のプロセスの結果であるにちがいないと主張した。

心理学はその後、奇妙な方向へ発展した。ヘルムホルツやフロイトの分析により、内観は人間の心を研究する方法としては確実でないことが明らかになった。内観とはたんに、自己観察、つまり自分の心に目を向けることを意味する。当然ながら、それは自分の意識に関する唯一の情報源なので、内観に難点があるということになれば、意識の研究に深刻な問題が生じる。

ところが、二〇世紀初頭、こんな事態から新しい運動が生まれた。意識の概念や内観といった方法を受け入れない運動だ。行動主義と呼ばれるこの運動は、一九二〇年代から五〇年代にかけて、イギリスとアメリカの心理学界を席巻した。そして、環境的要因、行動、刺激、反応などの視点から、人間をあくまで客観的に捉える研究が提唱された。「意識」や「心の状態」といった概念はどれも不要でナンセンスだった。印象を表出と結びつける何らかの法則がある（としたら、その事実が内側からどう見えるかは問題ではない）か、何の法則もない（としたら、外からどう見えるかは重要でない）かのどちらかだからだ。行動主義者は、意識の問題を研究から排除し、そうすることで、注意などそれに関連する一連の概念も否定し、当然ながら、閾下知覚に関する議論もいっさい禁じた。

いかなる種類の内観も自己観察も排斥しようとする行動主義者の過激な姿勢をいちばんよく物語っているのは、こんなジョークだろう。二人の行動主義者がベッドをともにした。ことがすんで、一方がもう一方に尋ねたという。「君にとっては申し分なかったようだが、僕にとってはどうだった[8]？」

第二次世界大戦後、行動主義は姿を消し、続いて起きたのが、一九五〇年代のいわゆる認知革命だ。ミラーの〈魔法の数七〉は、人間を一つの情報処理生物として捉える認知科学の基盤となる洞察の一例だ。認知革命の中核を成す要素は、言語とコンピュータの研究から導かれた。計算が、人間を記述する際の中心的な概念となった。当時のコンピュータにこなせるタイプの計算、つまりコンピュータの中央モニターユニットがすべてを制御する逐次的な計算だ。

認知科学は特別、意識にかかわる学問ではない。むしろ、人間の心を記述するには、どのような論理的法則やアルゴリズムが必要かを理解しようとする試みで、無意識の計算などというわけのわからない性質のものではなく、明確な論理的法則があることを前提としている。

一九五八年、イギリスの心理学者ドナルド・ブロードベントが、〈フィルター理論〉を提唱した。彼は、人間には意識に入る情報よりはるかに多くの情報が入っているという知識を起点にした。そして、感覚情報は短期記憶に保存され、そこでフィルターが瞬時に、意識に送る情報を決定していると考えた。彼の理論が画期的なのは、感覚器官の帯域幅が大きいのに対し、意識の帯域幅は小さいことに目を向けようとしている点だ。しかし、たちまち問題が持ち上がる。ブロードベントの理論では、ほとんどの情報は処理されないまま処分されることになる。意識の段階で不要であれば、情報は姿を消す。カクテル・パーティでは、聞きたい情報は何かを長期記憶がフィルターに伝えておくと、フィルターは単純にそれ以外の情報を捨てる。人は自分が聞いたことを聞く。そして、耳に聞こえないことに心が痛むはずもない。

しかし、これこそまさに閾下知覚の観点から反論が出る見解だ。意識に上らなかった情報も、意識の中身や決定に影響を与えうる。少なくとも閾下知覚の説は、そう説く。

一九八〇年代に認知心理学は一新され、従来の考え方にかわって新たな発想が生まれた。並列分散処理（PDP）がそれだ。なにやら物々しい呼び名で、実際、コンピュータが絡んでいる。ただし、従来の認知心理学が、中央処理装置（CPU）がすべてを制御する既存のコンピュータを起点にしたのに対し、PDPの発想は人間の脳を模して作られたコンピュータ、つまりすべてをモニターするCPUを持たない並列型コンピュータを起点としている。今日では並列処理装置の開発が急速に進められているが、あらゆる並列的活動をいかに連繋させるかが大きな課題になっている。

ＰＤＰモデルには、高次の意識が情けをかけた情報以外、すべて処分してしまうような特別のフィルターはない。このモデルでは、脳全体の機能が、意識という心の状態を生み出す膨大な計算として捉えられる。心の中の無意識のプロセスは、猛スピードで並列的に情報を処理する。一方、意識的なプロセスはもっと遅く、逐次的で、旧来のコンピュータのように一度に一つの処理をする。

閾下知覚……様々な証拠

このように、行動主義という奇妙な中休みを別にしても、心理学者はつねに、意識が人間のすべてではないということを認めてきた。だが、ここ一〇年ぐらいの間に、状況はゆっくりと変わってきている。今では、無意識裡の並列的で謎めいたプロセスは理解しやすく、逆に人間の意識のほうが、ほとんど理解できなくなってしまった。

アメリカの哲学者・認知心理学者ダニエル・デネットは、この変化について次のように書いている。「たとえ内観ではまったく捉えられなくとも、人間の中では仮説検証・記憶検索の複雑な推論――ようするに、情報処理――が行なわれているという趣旨の様々な主張を、我々はまったく不可解に思うことなく受け入れるようになった。無意識の活動は、フロイトが提示したような抑圧されたもの、つまり意識の『視界』から追放された活動ではなく、どういうわけか、完全に意識の領域の下もしくは外にある、ただの心的活動である」

デネットは不安な気持ちをほとんど隠そうともせず、こうつけ加えた。「他人が心にアクセスできるばかりか、心的活動のなかには、心の『持ち主』本人より他人のほうがアクセスしやすいものさえあるのだ(9)」

これは普通に考えても由々しき事態だが、一般大衆をうまくそそのかして無理な買物をさせたりするのを仕事にする人の多い世の中では、いちだんと恐ろしさを増す。

フロイトと精神分析学のおかげで、欧米人は無意識に対して真剣に取り組むようになった。しかし、自然科学界は二〇世紀の大半を通じて、精神分析学も、それが提唱する無意識の衝動の学説のいっさいも、まともに相手にしなかった。科学者も哲学者も、精神分析学はいささか一面的だと考えていた。だから、無意識のプロセスが、人間に関する心理学の研究でも自然科学志向の研究でも、等しく中心的位置を占めるようになった今日、精神分析学に改めて批判の目を向けるのは、不当に思えるかもしれない。だが、二〇世紀が終わりに近づくにつれ、人間の心の機能に占める無意識の重要性がはっきりと認識され、ついには従来の精神分析学は無意識を過小評価していると批判されるまでになった。今日、批判者たちはこう言う。「たしかに精神分析学は無意識を真剣に捉えるよう我々に教えてくれた。だが、彼らの主張まだまだ生ぬるかった」

フロイトの弟子の中には、精神分析学に基づきながら、無意識の心的プロセスにたっぷり働きの場を与える人間観を築いた者もいる。カール・グスターフ・ユングは、意識された「私」より上位にあって、意識のプロセスも無意識のプロセスも同じように包み込む、「自己」の概念を構築した。また、ヴィルヘルム・ライヒは、無意識のプロセスが直接現れたのが体の機能である、という考えを展開した。

ユングは、フロイトは無意識の重要性を過小評価していると批判した。著書『自我と無意識』の導入部に、ユングはこう書いている。「周知のとおり、フロイトの考え方によれば、様々な無意識の内容は、許容できない特質を持つために抑圧された幼児期の性向に限られている。抑圧は、幼い頃に周囲の道徳的影響を受けて始まり、生涯続くプロセスである。精神分析によってこの抑圧が取り除かれ、抑えられていた欲望が意識化される。この理論によれば、無意識はいわば、意識にあってもおかしくないような人格の一部、基本的にはしつけを通してのみ抑えつけられている人格の一部だけを含んでいることになる」自身の見解については、こう書いている。「無意識には、抑圧された要素に加えて、感覚の閾下知覚など、閾下に入ったあらゆる心的要素が含まれることを強調しておきたい[10]」

最近では、無意識の認知機能に関する新しい考えが、現代の精神分析学にも反映されるようになった。そして、ある理論の生みの親というイメージが否定されるときにままあることだが、こんな主張が聞かれる——ほかの精神分析学者はみなフロイトの著述の一部しか読んでいないが、晩年の著書からは新しい学派が生まれてもおかしくないのだ。

アメリカのサンフランシスコにあるマウント・ザイオン心理療法研究グループ（訳注　現在はサンフランシスコ心理療法研究グループ）のジョゼフ・ワイスと同僚たちは、精神分析学の解釈を改め、無意識は、思考、計画、決断といった「高次の」心的機能において、重要な役割を担うとした。

ワイスが伝統的な精神分析学の見解を批判するのは、それが無意識を、意識ある自己に容認されなかったために幼児期に抑圧された、一連の心的経験が集まった場所として捉えているからだ。そうした経験には、大人の中で抑圧的な力によって抑えられている性的衝動や攻撃的衝動などがある。ワイスによれば、この見解は基本的に「フロイトの初期の著述から生まれたもので、人間は無意識の心的営みを、ほとんどあるいはまったく制御できないことを想定している[11]」

これに代えてワイスが提示した見解は、フロイトの後期の著述に基づいており、人間には無意識とうまくつき合う能力があることを強調する。無意識の衝動を抑えつけているのは抑圧や禁圧ではなく、無意識のうちに下された決断だという。その決断はつねに適切であるとはかぎらないが、治療によって変えることができる。その治療の核心は、患者の無意識の決定には意味があると考えて対応することだ。たとえば、セックスに危険は伴わないと無意識の心が気づくように、手助けしてやらなければならない。「無意識の心の認知能力は、過小評価されていたように思われる。何か目標を達成するための実行計画を立てるといった知的な課題も、人間は無意識のうちに数多くこなせるようだ」とワイスは書いている[12]。

無意識は、抑圧された性的欲望や禁じられた憎悪のたんなる泥沼ではない。人間の心の、活動的で不可欠の部分なのだ。

意識の容量はあまりに小さく、頭の中で起きることの大半は、意識に上りようがない。だから、私たちの無意識にあるのは、抑圧された性的欲望や死の願望だけではない。そこにはもっと地味で身近なものも存在し、そちらのほうがはるかに多い。

とはいえ、無意識ではたしかに驚くべき活動も起きている。閾下知覚の研究によって、フロイトの考えの多くが正しいことが、決定的に示された。

一九一七年、神経学者O・ペーツルが、人は覚醒時に受けた閾下刺激を夢の中で思い起こせることを発見した。

被験者は絵を見せられた。しかし、あまりに瞬間的で、意識のうえでは何を見たのかわからないし、目が覚めている間はそれを思い出すこともできなかった。ところが、その絵が夢の中に現われたのだ。間違いなく夢の解釈に役立つ洞察だ。〈ペーツル現象〉として知られるこの現象は、夢だけでなく、多くの実験で繰り返し観察された。白昼夢、自由連想や自由なイメージ形成といった、精神分析で使われる技法でも、閾下で知覚された画像を再現させることができる。

ペーツル現象の研究を支えた実験技術は、閾下知覚の研究にしばしば採用されている。使用する器具はタキストスコープ（瞬間露出器）といい、実験心理学の様々な分野の研究で中心となる道具だ。これを使えば、被験者が意識のうえで知覚できないほど短い間、たとえば一〇〇分の一秒間、画像を見せることができる。（テレビ番組は一秒に二五コマから三〇コマでできている。ビデオテープの編集に慣れている人が非常に注意深く見ていないかぎり、一瞬のうちに過ぎていくコマを見分けることはできない。コマの間隔がそのように短いと一つ一つを区別できないので、私たちはテレビの画像を「動く映像」として知覚する。)

ペーツルは実験によって、被験者が瞬間的に見た画像が、覚醒時には思い出されなくても、夢の中に再び姿を現すことを証明した。[13] 以来この現象は、対照実験で何度となく裏づけられてきたものの、当然ながら数々の異論も出ている。

ペーツル現象は、近代的な手法で研究された、閾下知覚の最初の例である。

一八八四年一〇月一七日、アメリカ科学アカデミーで、感覚の微小な差異に関する講演が行なわれた。その内容は後に同アカデミーによって出版された。著者は数学者・哲学者チャールズ・サンダーズ・パースと知覚心理学者ジョゼフ・ジャストローで、二人は共同で簡単な実験を行なった。知覚の閾という概念を、効果的な方法で見事に退ける実験だった。

起点となったのは、二つの刺激の区別が可能になる前に、その二つの刺激から受ける感覚に何らかの差異が出るにちがいない、という発想だ。つまり、識別のための別の閾があってしかるべし、というわけだ。ジャストローとパースは、意識に識別できない二つの感覚の差異を、生体機能が区別できるかどうかを調べた。

二人は微小なおもりを使って皮膚に圧力を加える実験により、意識の上では何の差異も経験しない場合にも、感覚の違いは識別できることを実証した。どちらの刺激が強いかを「推測する」能力があまりに優れていたため、人間に差異がわかるかどうかの限界は意識上の識別能力で決まるとは言いがたかった。

パースとジャストローはこう書いている。「この漠然とした事実は、現実問題として非常に重要な意味を持っている。お互いの心に何が起きているかを推測するとき、我々はその大部分を、確たる自覚もないほどかすかな感覚に基づいて行なっており、そのため、どうしてその推測に行き着いたか説明できないという解釈があるが、それを信じる新たな根拠をこの事実が与えてくれるからだ。女性の第六感も、ある種の『テレパシー』

現象も、これによって説明がつくかもしれない。そのようなかすかな感覚は、心理学者が徹底的に研究し、誰もが熱心に養うべきものである[14]」

人は科学的な仮説を立てたり日常生活から何かを知覚したりする際に、「無意識の力に頼る」。このプロセスを表すのに、パースは〈仮説形成《アブダクション》〉という言葉を用いた。彼はジャストローとの実験の何年も前に、次のような体験をしている。ボストンからニューヨークに向かう船の中で、高価な時計を盗まれた。犯人が誰かを言い当てられたが、どうしてわかったのかは説明できなかった。パースに詳しいデンマーク人のペーデル・ヴォートマン・クリスティアンセンはこう書いている。「パースが自信を持って泥棒を特定できたのは、主として論理的な推理力のおかげではない。心の中の意味論的な問答をやめ、ふだんは大脳皮質からの雑音に埋もれてしまっている非意味論的な信号を素直に受け止める状態に自らを置く能力のおかげである[15]」

意識のあずかり知らぬ情報を環境から感じとり、それに基づいて行動する能力が人間に備わっていることを示す、非常に説得力があり反駁の余地のない例に、〈盲視 (blind sight)〉という現象がある。これは一九七〇年代に発見されたもので、この現象を起こすのは、視覚刺激を処理する脳の部位に重大な損傷があるために、視野の大部分で何も見ることのできない患者だ。

だが、ほんとうは見えているのかもしれない。視野の中の見えない領域に物体を呈示されたとき、患者はそれを指し示すことも、つかむことも、正しく操作することもできたし、それが置かれている向きを述べることもできた。ところが、本人は見えていないと言う。困惑した医者と心理学者は、たとえば棒がどちらを指しているか判断するといった一連のテストを実施した。すると、目が見えないはずの患者が、何も見えないと言い張りながら、棒の方向をつねに正しく言い当てた。

心理学者L・ワイスクランツは、著書『盲視』の中で、彼がテストを行なった患者のD・Bについて次のように書いている。「そのような『推測』テストを数多く行なったが、回答にはほとんど間違いはなかった。テストの後、優秀な成績だったことを本人に告げた。続いて録音インタビューを行なった。その中で、D・Bはかなり驚いた様子を見せている。『こんなに答えが合っていたことは知っていましたか』と訊かれると、彼は『いいえ、知りませんでした。何も見えなかったのですから。何一つ見えなかった』と答えた。『どうやって言い当てたか説明できますか。棒が縦向きか横向きか、どうしてわかったのか』『いいえ、ぜんぜんわかりません。何も見えていないのですから。ほんとうにわからないのです』最後に『では、答えが正しいことはほんとうに知らなかったのですね』と念を押されたD・Bは、『そのとおりです』と答え、まだ信じられないといった様子だった」[16]

これは、目からの視覚情報が、普通とは別の脳領域で別の方法で処理されているためであることがわかった。普通のルートだけが意識に通じている。目と脳をつなぐ別の経路をたどると意識には到達しない。だから、脳の一部が機能していないため、あるいは切除されているために、視覚情報を処理する通常のルートが使えない場合、患者は物を目にするという経験を持たない。しかし、それでも見えてはいる。行動がそれを証明している。

意識には上らぬ知覚の存在をこれほど端的に示している例は、ほかにはまず想像できないだろう。

一九八〇年頃、〈プライミング〉（訳注　プライミングという英語には「呼び水」という意味がある）と呼ばれる現象が、盛んに研究されるようになった。この現象が興味深いのは、なんと言ってもそれが、明らかに「認知」のプロセスにかかわるものだからだ。〈プライミング〉は普通の知覚だけでなく、単語をはじめ、意味を持った対象の認識にもかかわっている。

〈プライミング〉の実験では、たとえば、タキストスコープで二つの画像を見せる。最初の画像の呈示時間はあまりに短いので、被験者は何を見せられたのかわからない。そして、二番目に呈示したもの（単語や絵）について被験者は、本物の単語か、とか、実在する物か、とか考えることを求められる。二つの画像に関連があると、そうでない場合よりずっと正確にずっと早く、二番目の画像に何が示されていたかがわかるという。

言い換えれば、短すぎて知覚しえない刺激からも、人は何かを学ぶことができるのだ。被験者は、自分がどうしてうまく答えられるのかわからない。

これは科学的に興味深い結果であるのはもちろんだが、日常生活に当てはめてみるとまたおもしろい。

一九八七年、心理学者ジョン・F・キルストロームは、〈プライミング〉をはじめとする閾下知覚の観点について、『サイエンス』誌に次のように書いている。「このような情報処理活動は、二重の意味で無意識の活動と言えるだろう。刺激そのものも、それをもとに行なわれる認知プロセスも、本人は自覚できないからだ。しかし、そのような二重に無意識のプロセスは、対人関係に重大な影響を及ぼしている。たとえば、私たちは社交上の判断用に定型化された手順を踏んで、相手に対する特定の印象を抱くが、その印象に至った知覚的・認知的根拠については、意識の上でまったく気づいていない[17]」彼はさらにこう続ける。「社交上の判断や推論の多く、とくに第一印象を左右するものは、このような無意識のプロセスを経ているように思われる[18]」

これはなにも、一目惚れだけの話ではない。ほかの人のことをとっさに評価するときに、しばしば当てはまる。もちろん、私たちはそういう評価をいつも望んでやっているわけではない。好きになりたい相手なのに、出だしでつまずいたために、初めに抱いた悪い印象を拭い去ることができないという経験を、私たちは何度繰り返しているだろう。親近感を感じ合えたらとせつに願う場面で、どうしてもうまくいかず、残念な思いをすることがどんなに多いだろう。

〈プライミング〉のような現象は、〈会話の木〉に帯域幅の大きな伝達経路があることを直接的に示す証拠と言える。言語より速く情報を伝え、意識より速く働く経路だ。目から入った情報が、意識のチャンネルを通して言葉やイメージを読みとる能力に影響を与えているのだ。

一九九〇年に、カナダのエンデル・タルヴィングとアメリカのダニエル・シャクターという二人の心理学者が『サイエンス』誌にこう書いている。「〈プライミング〉に関しては、研究の初期段階にある現在、まだ比較的わずかしかわかっていない。とはいえ、人間が経験する出来事においてこれが果たす役割は、この現象の発見が遅れた事実とは裏腹に、たいへん重要であることは明らかだと思われる。〈プライミング〉は一般に、入念に統制された実験条件のもとでしか観察されないが、実験室の外でも、同じような条件が自然にそろうことは頻繁にある。したがって、日常生活のいたるところで〈プライミング〉が起きていると考えてもおかしくない。……〈プライミング〉の注目すべき特徴の一つは、ほかの形の認知記憶とは異なり、それが意識されないことである。見覚えのある物体を知覚するとき、人は自分が知覚したのは知覚の現れであると同時に記憶の現れであることに気づかない。おそらく、人が〈プライミング〉に気づかないということが、その発見を遅らせた理由だろう。存在するとは思ってもみない現象を研究するのは困難だ[19]」

日常生活の経験の多くは、無自覚の認知プロセスを伴っている可能性がある。既視感を経験する場合（それが何かはわからないものの、見覚えがあることはわかる場合）だけでなく、特定の家や女性やチョコレートケーキが一目で気に入るような場合も同様だ。

これには広告業界が新たな関心を寄せ、心理学者の間では倫理問題に関する議論がまたしても巻き起こりそうだ。

「閾下の自己は優れている」

しかし、意識が私たちの内部で起きている現象の大部分に通じていないことを教えてくれるのは、閾下知覚そのものだけではない。日常的な技能には、私たちが意識せずに使っているものがいくらでもある。訓練で自動的なプロセスを身につけ、無意識に実行するといちばんうまくできるようになることもある。物事が上手というのはそういうことだ。

人は自転車には乗れるが、どうやって乗っているのかは説明できない。書くことはできるが、どうやって書いているのかを書きながら解説することはできない。楽器は演奏できても、うまくなればなるほど、いったい何をどうしているのか説明するのが困難になる。

こういう技能を習得する作業は意識の支配下にあるが、習得した技能を使う行為は違う。外国語を学んだり、新しいゲームを習ったり、道を覚えたりするとき、初めはしくじりながらたどたどしく、まごつきながら不器用に手探りで前に進む。ところが、そのうち突然変化が起き、何をしているのか考えないときにいちばんうまくこなせるようになる。自分は今、まともに話せない外国語を話しているのだと思った瞬間、やろうとしていることを意識する。すると、とたんにうまくできなくなってしまう。

夢中歩行も、本人は周囲の状況をはっきりと知覚しているようでありがなら（実際子供は眠ったまま、途中にある椅子をよけてトイレに行かれるのだから）、何が起きているかまったく気づいていない行動の一つだ。最後にもう一つ。私たちはそうとは気づかないが、体は環境について、たとえば温度や酸素圧、交通量など多くのことを感知している。無意識の知覚や行動選択の力を借りずに現代社会で生きていかれるかどうか考えてみれば、すぐにわかるだろう。私たちの頭の中では膨大な量の閾下活動が行なわれているにちがいない。

「今やこれだけは明らかだ」キルストロームは一九八七年、『サイエンス』誌にそう書いた。「意識は特定の知覚・認知機能、すなわち刺激に対する識別反応、知覚、記憶、あるいは判断や問題解決に伴う高次の心的プロセスといったものと同一視すべきではない。これらの機能はすべて意識の外で起こりうる。意識はむしろ、こういった機能のいずれにも付随しうる経験的性質だ[20]」

私たちの内部では、自分で気づかないことが多く起きている。これはじつに明白だ。それでもまだ批判や異論が出る。最近も一九八六年に、ベルギーの心理学者ダニエル・ホレンダーが、閾下知覚の存在や技能の自動的な実行を確信する根拠となった研究のなかには、問題を抱えるものがあることを明らかにした[21]。

人が自分で気づかぬものに影響されていることを証明するのは、方法論の観点から言って、当然ながらかなり難しい。だが、閾下知覚は人間という存在のじつに重要な部分であるからこそ、徹底的かつ誠実に研究するよう力を尽くす必要がある。また、人間のこの一面は、人を操作し支配する目的に使われる可能性が、言葉に表しようもないほど大きく、だからこそ、この現象の研究が営利目的のない科学者によって進められるよう、一般庶民は目を光らせることが肝心となる。一九六〇年当時の心理学者がしたように、問題から目を背けてはならない。閾下知覚は実在のものであり、その存在を認識することが非常に重要だ。閾下知覚は間違いなく起きている。それは、常識的に考えれば明白そのものだ。意識の容量が感覚の容量より桁違いに小さいことを思い出してほしい。感覚器官になだれ込む情報が、私たちの意識に上るごく少量を残して、すべてあっさり捨てられているだけだとしたら、意識しているものが適切な情報だとどうして言えるだろう。

意識や自覚が、本を読む暇のある人に許された、たんなるぜいたくではないのなら、その存在には何か理由があるはずだ——生物学的な理由が。なぜ人間は、理解しがたいほど膨大な情報を環境から集める体や感覚器官を持っているのだろうか。本人は集めた情報に気づかないというのに。それは、人間は生存のために、ジャングルの動物の動向や交通信号の変わり方を知らなければならないからだ。しかし、もし意識が入力情報からランダムに情報を選んでいるとしたら、大量に集めた情報など実際たいして役に立たない。そこで起きる情報の仕分けには、必ずやなにがしかの「知恵」が働いていなくてはならない。そうでなければ私たちは、実際に何が重要かとは何らかかわりなく、ただランダムに選ばれた情報を意識しながら生きることになってしまう。

意識は膨大な量の情報処分に基づいている。意識の精巧さは、情報の所持ではなく、意識以前の情報処分にあるのだ。

電話をかけなければならないちょうどそのとき、相手の番号を思い出せたら非常に便利だ。しかし、電話をかけたいと思った瞬間、一〇〇もの電話番号や買い物リストを思い出すようでは、およそ賢いとは言えない。森を散策していてキイチゴを見つけられたらすばらしい。だが、後ろにトラが迫っていたら、キイチゴに目を留めているのは賢明ではない。

意識が精巧なのは、何が重要なのかを知っているからだ。しかし、それを知るための情報の仕分けや解釈は意識されない。閾下での知覚と情報の仕分けこそ、意識を支える陰の立役者なのだ。

日常の例は枚挙にいとまがない。地元の大通りを思い出してみよう。布地屋はあるだろうか、ないだろうか。多くの人は、専門店のそばに何年も住んでいながら、そこにその店があることに気づかない――ちょうどそんな店が必要になって、人に教えられるか自分で見つけるかするまでは。だが、その存在を知ってからは、店に気づかずに通りを何度も行ったり来たりしていたことが信じられない。

「意識が心的営みに占める割合は、我々が意識しているよりはるかに小さい。というのも、我々は意識していないものを意識することができないからだ」アメリカの心理学者ジュリアン・ジェインズは、一九七六年に発表した画期的な著書『神々の沈黙』にこう書いている。この本については、第十二章で詳しく論じるが、彼は次のように続けている。「これは言うのは非常に簡単だが、十分に理解するのはなんと難しいことか。暗い部屋で、まったく光の当たっていない物を探してほしいと、懐中電灯に頼むようなものだ。懐中電灯は、どの方向であろうと自分が向く方向には光があるので、どこにでも光があると結論づける。これと同じように、意識は心のどこにでも行き渡っているように思えてしまう。実際はそうではないのに、だ」[22]

ジェインズは例として、人はどれだけの時間、意識を働かせているかという問題を提起した。日中起きているとき、ずっと意識があるのだろうか。私たちは、「もちろん」と即答するかもしれない。しかし、それには次の質問が待ち受けている。人は、ただそこに存在しているだけで何も意識していないときのことを、どうして意識できるのか。ちょうど、明かりがついているときだけ見える懐中電灯と同じで、ある瞬間に意識を働かせているとわかるのは、意識が働いている場合だけだ。ただそこに存在するだけの場合、何も意識していないことを意識しようがない。「つまり、我々は思っているほど意識を働かせてはいない。意識していないときのことは意識しようがないからだ」とジェインズは書いている。[23]

これに対しては、こんな反論もあるだろう。それは夕方の散歩に出ているときや、鼻の掃除をしているときには当てはまるかもしれないが、進行中のことにつねに意識を向けているときもある、たとえば、何か考えているときや読書しているときがそうだ、と。

「今読んだ文の意味は思い出せるが、正確な言葉は思い出せないというのは、普通よく見られる現象だ」イギリスの心理学者リチャード・ラットとジョン・キャンピオンはそう書き、こうに続けている。「この文を読んでいるときも、いったい何に意識を傾けているのかを記述するのは、実際非常に困難だ。明らかに何かに意識を向けてはいるのだが[24]」

しかし、ほんとうにそうだろうか。だが、思考は……。たしかに思考は意識的な活動だ。誰もがそう思うのではないか。

「私が実際に思考しているとき、頭の中に言葉はまったく存在しないと断言できる」フランス系アメリカ人の数学者ジャック・アダマールは、一九四五年に有名な著書『数学における発明の心理』に書いている。「質問を読んだり聞いたりした後でも、それについて考え始めたとたん、言葉は一語残らず消えてしまう。その問題を解決するか投げ出すかするまで、言葉が私の意識に再び現われることはない。……『思考は言葉で具象化された瞬間に死ぬ』とショーペンハウアーは書いているが、私はこれに全面的に同意する[25]」

アダマールは前述の本を書くにあたり、当時の大勢の偉大な数学者に質問表を送り、思考中に意識があるかどうか尋ねた。回答を寄せた数学者の一人、アルベルト・アインシュタインはこう書いている。「書かれたり話されたりするような言葉あるいは言語は、私の思考のメカニズムの中ではなんの役割も演じていないように思います。思考の要素として機能していると思われる心的存在は、『自発的に』再現したり組み合わせたりできる、何らかの記号やそこそこ明快なイメージです[26]」

意識と言葉は同じではない、と反論する人がいるかもしれない。たとえそのとき言葉で表現しなくても、何をしているのかを意識することはできる、と。

最後に夕食に魚を食べたのはいつだろうか。ずっと前だからといって、なにも恥じることはない。魚が体にいいことはたしかだが。金曜日だったか。祝日だったか。きょうだったか。

質問を受けた人は、たしかに質問に意識を留め、答えにも意識を向けている。しかし、最後に魚を食べたのはいつかを思い出そうとしている間、何について考えていただろう。頭の中で何を探していたか。政治家を気どってこう言っていた（もしくは考えていた）かもしれない。「えー、手元の資料に基づいてお答えしますと、はっきりは申せませんが、それはおそらく……」ところが、はっ！と突然思い出す。「先週です。マスを食べました。おいしかった」

「えー」は、私たちが何かを考えているとき、意識が働いているように見せようとして使う言葉だ。だが、実際には思考はきわめて無意識的に行なわれる。ジェインズの言葉を借りれば、「思考過程は、普通それこそ意識の本質だと思われているが、実際はまったく意識されていない。……意識の上で知覚されるのは、思考の準備と材料、そして最終結果だけである[27]」これは都合のよいことでもある。想像してみてほしい。最後に魚を食べたのはいつかという質問が引き金となって、ここ二、三週間の食事すべてを意識の上で振り返ることになったらどうだろう。口に合わなかった食事まで全部意識的に思い出すとしたら。あるいは、年中行事のときに出される伝統的な料理を、一つ一つ意識しながら思い出すとしたら。思考は、じつに耐えがたいものになるだろう。

では、食事うんぬんより高等な質問はどうだろう。ジェインズは次のような実験を考案した。

○△○△○△○……

次に来る記号は何か。わかった！　答えは見つけた瞬間に現れる。「えー、これは難問だ」と思ったかもしれない。しかし、答えはわかった瞬間にわかるものだ。そしてそれは「えー」と思うこととは関係がない。

思考は無意識の活動だ。あるいは、フランスの偉大な数学者アンリ・ポアンカレが一九世紀の終わりに言ったとおり、「ようするに、閾下の自己は意識ある自己より優れているのではないだろうか」[28]

一八九〇年に、アメリカの哲学者ウィリアム・ジェームズは『心理学原理』を出版した。これは、多大な影響力を持つ作品で、その明晰な理論とそれに劣らぬ明確な表現をもって、二〇世紀心理学の礎となった。この大作に書かれた文章の多くには、一〇〇年余りたった今日でも、時代を超えて訴えてくる力強い響きがある。様々な見解が生まれた一九世紀後半の、心理学の誕生期を背景に、ジェームズは人間の心に関して、行動主義や実証主義がその後半世紀にわたり心理学の議論から排除した、数多くの側面を記述してのけた。同書で最も有名と言える「意識の流れ」の章で彼は、意識はつねに選択していることを強調する。「意識は思考の間中、つねにその対象の一部にほかの部分より強い興味を向け、受け入れたり拒絶したりしている。つまり選択しているのだ[29]」

意識を構成するのは選択、拒絶、すなわち情報の処分だ。ジェームズはこの注目すべき見解を、「意識の流れ」の章の結論として述べている。

「端的に言えば、自ら受け止めた情報に心が取り組むとき、それはちょうど彫刻家が石の塊に向かうようなものだ。ある意味では、彼の彫り出す彫像は悠久の昔からそこに立っていた。しかし、石の中にはそれと違う無数の像があり、ほかならぬその彫像が出現したのは、ひとえにその彫刻家一人のなせる業だ。我々一人一人の世界もこれと同じで、世界観がどれほど異なっていようと、すべては最初から存在する感覚のカオスに埋め込まれており、このカオスは我々すべての思考にたんなる素材を公平に提供している。望みとあらば我々は自分の推論により、科学が唯一の真の世界と称する、あの暗くつなぎ目のない空間の連続と、群れ動く無数の原子の段階まで、すべてを解きほぐすこともできる。しかしその間もずっと、我々が感じる世界、そして生きる世界は、我々の祖先や我々自身が選択というノミをゆっくり振るい続けることにより、感覚のカオスから彫り出した世界なのだ。ちょうど彫刻家のように、我々は与えられた素材から何らかの部分をあっさり排除して、この世界を彫り出していく。同じ石からでも、彫刻家が違えば違う彫像が生まれる！　同じ単調で無表情なカオスからでも、心が違えば違う世界が生まれる！　私の世界は、一様にカオスに埋め込まれた無数の世界の中のたった一つにすぎず、無数の世界のそれぞれは、それを抽出しようとする者にとって一様に現実だ。アリやイカ、あるいはカニの意識に映る世界は、どんなにか異なっていることだろう！」[30]

この記述から一〇〇年後、ドイツの著名な神経生理学者ハンス・H・コルンフーバーが、ジェームズほど詩的にではないにせよ、同じ事実を述べている。「このように、神経系では膨大な量の情報削減が行なわれる。ちなみに、脳内を流れる情報のほとんどは意識されない。心は体より『豊か』だとは言えない。それどころか、私たちの中枢神経系で行なわれる情報処理のほとんどが知覚されない。無意識の営み（これは、フロイトよりはるか昔に発見され解明されていたのだが）こそ、神経系の最も普通のプロセスなのだ。我々はただ結果を見ているにすぎない。ただし、注意の向かう先を変えることはできる」[31]

それでは、意識が無意識のプロセスの上に築かれている様子を、もっと詳しく見ることにしよう。視覚について考えれば、不安すら覚えるほどまでに、それがあからさまになることだろう。

第八章　内からの眺め

「人間が目で物を認知する仕組みにはいまだに不明な点があることを、一般の人に理解してもらうのは難しい。なんの造作もない行為に思えるからだ」一九九〇年、著名な生物学者・神経科学者フランシス・クリックはそう書いた。「ところが、見るプロセスを調べれば調べるほど、その複雑さと意外性が明らかになってくる。ただ、これだけは間違いなく言える。我々は、常識で考えると当然と思われるやり方では物を見ていない[1]」

　人間の視覚が実際いかに優れているかがわかったのは、物を見ることのできるコンピュータを作ろうとする、ここ数十年来の取り組みに負うところが大きい。一九五〇年代の末以降、いわゆる人工知能の研究によって、人間の心的活動を肩代わりできる機械を作る試みが続けられてきた。それは、ブルドーザーや拡声器が代行するような、たんなる物理的機能や、コンピュータがこなすようなただの計算や複式簿記会計機能だけでなく、診断、パターン認識、論理的推論といった、真の意味での高度な機能まで担える機械を作ろうという試みだった。

　今のところ、人工知能研究は芳しい成果を上げていない。むしろ、大失敗の部類だろう。これまでに私たちが完成させたコンピュータやロボットは、まだお世辞にも知能が高いとは言えない。しかし、人間の機能を模倣しようとする過程で、だいぶ明らかになってきたことがある。人間とはどういうものか、より正確に言えば、どういうものでないか、だ。人工知能研究では人間を、一連の明確な規則と手順、つまりアルゴリズムに従って機能する生物と捉える。人間とは、詳細まで明示できる、理解可能なガラス張りの存在というわけだ。この見解は、すでに論じた認知心理学でもしばしば強調される。認知心理学は人工知能製作の試みと密接に関連しているのだ。

しかし、歴史の皮肉とでも言おうか、この研究は自らが拠って立つ基盤、すなわち、人間は意識と理性を備え、自らの行動を説明できる存在だという考えを、覆すこととなった。奇しくも、人工知能製作の試みそのものから、人間の心で中心的役割を果たすのが無意識のプロセスであることが示唆されたのだ。

チェスや計算をするコンピュータを作るのは、さほど難しくない。コンピュータは、私たちが学校で習うような課題は楽々とやってのける。しかし、子供が学校に上がる前に覚えるようなことには非常に手を焼く。たとえば、逆さまに置かれたカップをカップと認識する、障害物をよけつつ裏庭を動き回る、顔を識別するといった行為、つまり「物を見る」ことだ。

当初、研究者たちは、コンピュータに物を見ることを教えるなど、いとも簡単と高を括っていた。「一九六〇年代には、機械視覚の実現が難しいことに気づいている者はほとんどいなかった」と、この分野でもひときわ明敏な科学者、故デーヴィッド・マーは、悲運にも死後の出版となった先見的な著書『ビジョン』（一九八二年）の中でそう述べた(2)。

マサチューセッツ工科大学（ＭＩＴ）人工知能研究所でマーの盟友だったトマソ・ポッジオは、一九九〇年にこう書いている。「人工知能研究のおかげで、ごく最近わかってきたのだが、視覚をはじめとする知覚の作業の多くは、計算で割り出すのが難しい。内観では把握できないものだけに、ついつい知覚の難しさを甘く見がちだった。見ることが造作ないように思えるのは、私たちがそれを意識しないからだ。それに引き比べて、チェスが難しく思えるのは、頭を使わなければならないからだ。思うに、私たちがいちばん意識しやすいのは、賢い脳が最も苦手とする分野、つまり、論理、数学、哲学といった、進化の歴史では新しいもの、一般的問題解決、計画立案などであって、脳の真の力、たとえば視覚は、まず意識されることがない(3)」

私たちは、自分で解けない問題に頭を使う。そもそも、非常に得意なことについては頭を悩ませる理由がない。ただ実行するだけだ。意識もせずに。

人間を機械で再現しようという研究によって、この事実がくっきりと浮き彫りになった。とはいえ、これはけっして目新しいことではない。

盲点と錯覚……文化的背景も影響

左目を閉じ、右目でこのページの左端にある小さな菱形を見ていただきたい。次に、菱形の上に右の人差指を置き、右に向かって動かしていく。菱形を見つめたまま、人差指の動きを追っていくようにする。目を動かさないようにするのは難しいので、何度かやってみるといい。すると、思いがけないことが起こる。指がページの右端に近づくと、指先が消えてしまうのだ。だが、さらに数センチ動かすと、指は再び現れる。

指先の消える場所がわかったら、その前後で何度か指を動かしてみて、たしかに視野に盲点があるのを確認してほしい。

これは、コンピュータの出現を待つまでもなく、わかっていたことだ。盲点の存在は何世紀も前から知られており、いたって妥当な説明が与えられてきた。網膜上のどこかに視神経線維や血管が眼球から出ていく場所があって、そこは視細胞が存在しないにちがいない、というものだ。そのため視野には「欠損」があり、それが盲点と呼ばれている（図21）。

◆

しかし、盲点の存在自体はどうということはない。興味深いのは、私たちが盲点に気づいていないという事実だ。人は普通、両方の目を使うし、両目はたえず動いているから、盲点に気づかなくても不思議はない。ところが、たとえ片目しか使っていなくても盲点には気づかない。網膜の該当箇所は、周囲と同じような情報で埋め合わされてしまう。私たちは、わざわざページの上で指を動かしでもしなければ、この欠損部の存在に気づかない。もし指を動かさず、ただページを見ているだけなら、欠損部はページに埋没してしまう。

実際、これは盲点などではない。心理学者のジュリアン・ジェインズに言わせれば〈無点〉となる。[4] 視野で何が起きているか、この点からは何の情報も得られないというのに、私たちは欠損など感じず、すぐ周囲の特徴をならした光景、平均化した光景が見えてしまうだけだ。目にしているのがトリックであり、化粧を施されたものだとは気づかない。

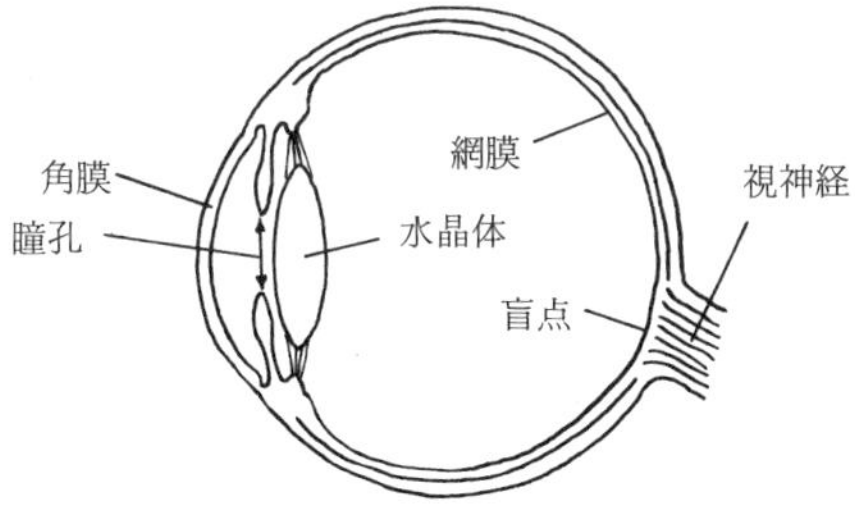

図21　盲点

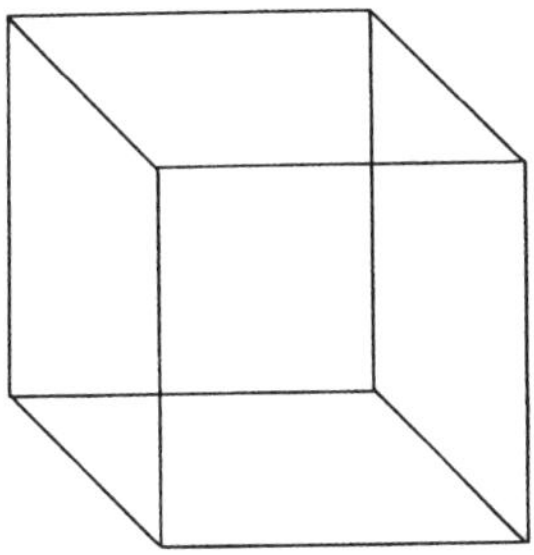

図22　ネッカー・キューブ

図22を見てほしい。これは錯視の例として最も古く、最も有名なもので、一八三二年にスイスの結晶学者ルイス・A・ネッカーが考案した。〈ネッカー・キューブ〉と呼ばれるこの図形は、どう頑張っても意識が自らの経験を制御できないことを示す絶好の例だ。[5] これが立方体《キューブ》に見えるのはおわかりだろうか。どの面が手前にあるように感じるだろう。いちばん遠くにある辺をじっと見てほしい。ページの表面からいちばん奥まって見える部分だ。すると、おや不思議！　今度はその辺が手前に来る。

〈ネッカー・キューブ〉には二通りの見方がある。三次元イメージが二種類あるわけだが、絵は一つで、しかも、二次元の紙面に数本の線が描かれているにすぎない。それ以外の情報、つまりこの図に立体感を持たせる要因はすべて、見る側が補っている。そして、この絵を立方体と解釈している。しかし、立方体にしか見えないとしても、立方体などどこにも存在しない。二通りの見方の間を行きつ戻りつする（そして、いちばん遠くの角に注目することで、どちらを見るかをある程度、選択する）ことはできる。しかし、立方体のイメージを拭い去ることはできないし、同時に二通りの見方をするのも無理だ。

紙に何本か線が描かれているだけだと百も承知なのに、どうしても立方体が見えてしまう。私たちの意識は、二つの選択肢の一方を取ることはできても、両方とも捨て去ることはできない。ひとつの面に印をつけて、「こっちが手前だ」と言ってみても、立体イメージが切り替わればその印も動いてしまう。

最初に線が見えて、それからそれを立方体の絵だと解釈するのではない。いきなり解釈を目にする。解釈のもとになるデータが先ではない。

今度は次の図を見ていただきたい（図23）。三角形が見えるだろうか。これらは、考案者であるイタリアのトリエステ大学の心理学者ガエターノ・カニッツァにちなんで、〈カニッツァ・トライアングル〉と呼ばれている。(6)

ほんとうは三角形《トライアングル》など存在せず、いわゆる〈主観的輪郭〉があるだけだ。図形を見てほしい。じっくり眺めてみると、三角形の内側はこころもち明るいように思えるはずだ。だが、それは間違いだ。三角形の輪郭線に当たる部分をよくよく見てほしい。その内外ではなんの違いもない。これはまったくの錯覚なのだ。しかし、「ほんとうは三角形などない」といくら自分自身や自分の意識に言いきかせても、三角形のイメージを消し去ることはできない。どうしても見えてしまう。

図24の三つの図形は幾何学的錯視の例だ。それぞれの図の線の長さは、見かけと実際が異なっている。Tを

図23　カニッツァ・トライアングル

逆さまのT　　ポンゾ錯視　　ミュラー－リエル錯視

図24　幾何学的錯視

逆さまにした図の二本の線は、じつは長さが等しい。〈ミュラー－リエル錯視〉の場合も同様だ。〈ポンゾ錯視〉でも、水平に引かれた二本の線の長さは等しいのに、私たちは絵に遠近感を「読み込んで」しまい、上の線が遠くにあると考える。そのため、二本が同じ長さに見えるのだから上の線のほうが長いにちがいない、と解釈する。それが正しくないとわかっていても、だ。[7]

逆さまのTの例から、月が地平線に近いほど大きく見える理由がわかる。私たちには、上を向いたときの距離感と水平方向を向いたときの距離感とが違っているのだ。月と同じことが星座にも当てはまり、星座は空に低くかかっているときにやはりいちばん大きく見える。低いのならそれほど遠くない、と知覚するためだ。考えてみれば、上方に一〇〇メートル移動するのと、地面を一〇〇メートル移動するのとでは、相当な違いがある。上方に見えるものを遠いと知覚するのに慣れているのも無理はない。これはまた、上方のものを小さく感じることでもある。おもしろいことに、月は高かろうが低かろうが、その直径は視角にしてつねに〇・五度で、網膜（または写真）上の像は、月の高低にかかわらず一定だ。ところが、月の見かけの大きさには歴然とした差がある。空高くかかる月は小さく遠く見えるのに、地平線のすぐ上にあるときはぼうっと巨大な姿に映り、手が届きそうなほど近く感じる。

　図25を見ていただきたい。この図は、私たちが恒星を周回する惑星に暮らしていることを如実に物語っている。まず、それぞれの円盤の凹凸を考えてみる。出っ張っているかへこんでいるか、凹面か凸面か。おそらく、四つが出っ張って、二つがへこんで見えるはずだ。では本を逆さにしてみよう。すると、ほら、見え方が変わった。これでわかるように、私たちの視覚は光が上から来るものと想定している。影の部分が上にあれば、その図形はくぼんでいるはずであり、下にあれば出っ張っているはず、というわけだ。

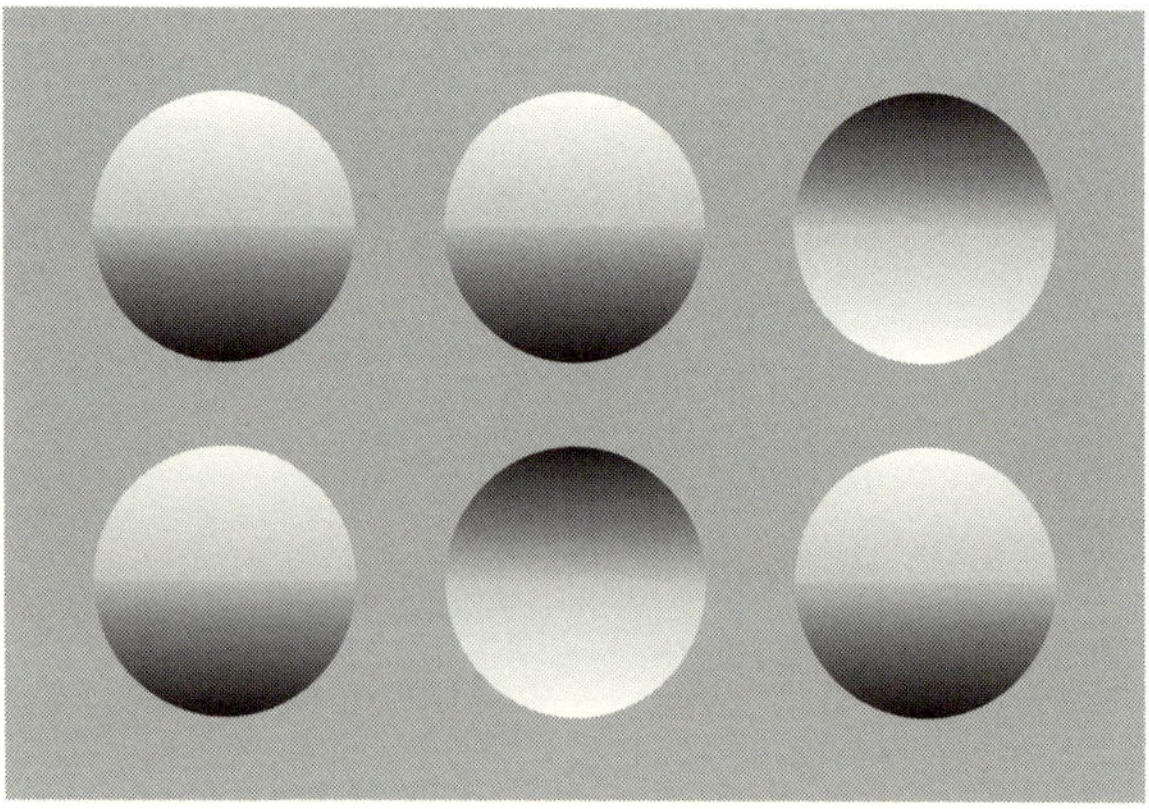

図25　凹凸の錯視

　地上が明るければ、その光は地面からではなく空から来る。人間の視覚はそれをすっかり承知している。だが、カリフォルニア大学サンディエゴ校の心理学者ヴィラヤーナー・ラマチャンドランがこの見事な例を考案したのはほんの数年前にすぎない。ただし、光の当たる方向によって凹凸の見え方が変わるという現象そのものは、すでに一八〇〇年代に物理学者デーヴィッド・ブルースターによって記述されている(8)。

　図26の考案者は、デンマークの心理学者エドガー・ルビンだ。より正確に言えば、もともと一九一五年にルビンが考案したダブルイメージ〈ルビンの杯〉を下敷きにして、アメリカの写真家ジーク・バーマンがさらに

工夫を凝らしたものだ。(9) 白い顔を背景にして黒い杯を見ることもできるし、黒い杯を背景にして白い顔を見ることもできる。どちらを形に見立ててどちらを背景にするかは選択できるが、両方を同時に選ぶことはできない。私たちは自然にシグナルとノイズを区別する。この例の場合も、目にするのは生のデータではない。見るのは解釈であり、しかも一度に一つの解釈だけだ。ちなみに、バーマン版の〈ルビンの杯〉は絵ではなく、本物の顔のシルエットが使われている。この図はバーマンから着想を得て絵にしたものだ。

図26　ルビンの杯

次ページの絵（図27）をちらっと見るだけで、見た人の老若がわかる。顔をそむけた若い女性が見えるなら、たぶんその人も若いだろう。老婆が見えるなら、おそらく青春の真っ盛りではあるまい。少なくとも、この絵（考案者はアメリカの心理学者E・G・ボーリング）が展示されているサンフランシスコのエクスプロラトリウム*でのおおかたの反応からは、そういう結論が得られる。(10) 普通、娘と老婆を切り替えるには時間がかかる。しかし、切り替わったときの効果はじつに劇的だ。（絵に慣れたら、どちらを見るかはいとも簡単に選べる。見たいほうの顔の目になる部分を注視すれば、たちどころに女性の全体像が浮かび上がる。）

＊（訳注）一九六九年に物理学者フランク・オッペンハイマーが考案・設立した体験型科学博物館。館内には様々な展示や実験装置があり、入館者は自分で触ったり動かしたりと、遊びを通して楽しく科学のおもしろさを学べる。

イギリスの神経心理学者リチャード・L・グレゴリーは、生涯を通じてこうした錯視の事例を収集してきた。そこから、人間の物の見方について多くのことがわかるからだ。グレゴリーは、錯覚に関する自らの見解をまとめ、人間の視覚は実際には仮説によって、つまり周りの世界の解釈によって構成されている、と述べている。私たちは目の前にあるデータを見ているのではなく、解釈を見ているのだ。

視覚心理学の教科書として広く使われている著書『脳と視覚』（一九六六年）の中で、グレゴリーはこう記した。「感覚は周りの世界の模様を直接教えてくれるわけではない。むしろ、目の前に存在するものに関する仮説を検証するための、裏づけを提供している。実際、対象物の知覚は仮説そのものと言っていい」[11] 彼はさらにこうも述べている。「〈曖昧図形〉から浮き彫りになるのは、単一のパターンないし目への刺激から異なる知覚がいくつも生まれうること、そしてその知覚は感覚が受け取ったデータ以上のものとなることだ[12]」

図27　娘か老婆か？

こうした錯視は、感覚と経験のみならず、科学と哲学を理解するうえでもきわめて大きな役割を果たしてきた。ルートヴィヒ・ヴィトゲンシュタインなどの哲学者や、ノーウッド・ラッセル・ハンソン、トーマス・クーンといった科学史家が、実証主義的思想に異を唱え、知るという行為の主体と切り離して知識を説明することはできないと主張した際、これらの錯覚を例に引いて議論の出発点とした[13]。

これらの錯覚の多くは、ゲシュタルト心理学の一テーマとして、二〇世紀の初めに研究・検討された。ルビンをはじめとするゲシュタルト心理学者は、感覚を勝手な小単位に分けて個別に調べるべきではないと主張した。人間の感覚には全体性があり、それを無視することはできない。私たちは単一の線画を目にしていながら、二通りの立方体が見える。部分を知覚する前に全体性を経験し、個々の構成要素に気づく前に形態（ドイツ語で「ゲシュタルト」）を見ている。

ゲシュタルト心理学は、行動主義が全盛を極めた二〇世紀初頭には影が薄かったが、今日、名誉と権威を回復しつつある。全体性と仮説の観点からでないと視覚を理解しえないことが明らかになったからだ。[14]

私たちは感知したものをそのまま目にするのではない。感知したと思うものを見る。意識に上るのは解釈であって、生のデータではない。意識されるはるか以前に、無意識のプロセスによって情報が処分され、その結果、私たちは一つのシミュレーション、一つの仮説、一つの解釈を目にする。しかも、私たちに選択の自由はない。

〈ネッカー・キューブ〉の場合、私たちは二通りの見方の一方を選択できるが、選択肢自体は選べない。そもそも二つの可能性が存在するという事実も変えられない。何がおもしろいかと言えば、それは当然ながら、私たちが実際に選択したり、視覚に欺かれるのを実感したりできる場面は非常に少ないという点であり、〈ネッカーやポンゾらの〉錯視は、そういう数少ないケースのいくつかを、入念に研究し洗練させたものなのだ。

では、たった一つの解釈しか見えない場合はどうなるか。あるいは、形状を歪めて見ていることに気づかない場合はどうだろう。そんなときにも、知覚以前に無意識の情報処分が行なわれているはずではなかろうか。

もちろんそうだ。ただし、人はそれには気づかない。どんな視覚もどんな経験も、私たちが経験している内容を意識するずっと前に起きた大量の決定や情報処分や解釈に基づいている。錯覚は、それを教えてくれる特殊ケースなのだ。

私たちは、外の世界を生のデータとしては経験しない。意識が外界を経験するはるか以前に、感覚情報は無意識のうちに処分され、物事の解釈がすんでしまっている。

私たちの経験する事柄は、意識される前に意味を獲得している。

神経系の配線の具合だけが、こうした錯覚の原因ではない。文化的要因の占める比重もきわめて大きい。たとえば、西洋以外では、絵に遠近法を用いない文化が多い。したがって、錯覚には、絵をどう「読む」かという文化的慣習がしばしばかかわってくる。だからといって、そうした慣習が意識されやすくなるわけではない。生まれ育った背景から自分自身を切り離すのは難しい。絵を意識的に「見る」ことを始めるずっと前に、大量の情報が処分されているからだ。

エチオピアのメ・エン族を対象に、画像知覚を調べた文化人類学の研究がある。絵を見る際に処分される情報の一例として、この研究を引いてみよう。学者たちはメ・エン族の人に絵を見せ、これは何かと尋ねた。「彼らは紙に触り、匂いをかいだ。紙を丸め、クシャクシャという音に耳を傾けた。それから、少しちぎって口に入れ、嚙んで味わった[15]」紙に描かれた図柄は彼らの興味を引かなかった。メ・エン族の人にとって、絵とは布に描かれたものだからだ。(もっとも、布に描いた西洋画をメ・エン族に見せたところ、西洋人の基準からすれば読みとれて当然の情報が読みとれずに苦労していた)。

文化人類学者コリン・ターンブルは、コンゴのピグミー族の研究を行なった。ピグミーは一生を森の中で過ごすため、遠くにある物体の大きさを判断するという経験がない。ターンブルは一度、案内人のケンゲを森の外に連れ出した。「ケンゲは平原を見渡し、数マイル先のバッファローの群れに目を留めた。あれは何という虫か、と訊くので、あれはバッファローだよ、と言って、君も知っているフォーレスト・バッファローの二倍はある、と答えた。ケンゲは大声で笑い、そんな馬鹿な話はよしてくれ、と言った。……車に乗り込み、バッファローが草を食《は》んでいる場所に向かった。ケンゲはバッファローがだんだん大きくなるのをじっと見ていた。そして、どのピグミーにも劣らぬ勇敢な男性でありながら、席を移って私に身を寄せ、これは魔法だ、とつぶやいた。本物のバッファローとわかったときには、もはやおびえていなかったものの、どうしてあんなに小さく見えたのかを判じかねていた。最初はほんとうに小さかったのに突如大きくなったのか、それとも何かのまやかしなのかと、すっかり当惑していた[16]」

西洋人にしても、西洋画の理解に苦しむことはある。それが芸術という隠れ蓑を着ているときはなおさらだ。パブロ・ピカソはあるとき、列車で同じコンパートメントに乗り合わせた乗客から、なぜ人を「ありのままに」描かないのか、と尋ねられた。ピカソが、それはどういう意味か、と問い返すと、男は札入れから妻の写真を取り出して言った。「妻です」ピカソは答えた。「ずいぶん小さくて平べったいんですね[17]」

消防車はなぜ赤いか

私たちが見ているのは、生データの複製ではない。では、何を再現したものだろうか。

色覚は、その答えを知るうえで興味深い手がかりを与えてくれる。ご存知のとおり、消防車は赤い。朝、昼、晩、赤い。消防車が鮮やかな赤であり、二四時間赤いままだということには、誰も異を唱えないだろう。原理的には、闇の中でもその色は変わらない。ただ暗くてそう見えないだけだ。

ところが、光は一日中一定ではない。朝と夕方の光は、日中よりかなり赤みがかる。太陽が空の低い位置にあると、日光は大気の中を「斜め」に進むことになり、空気中を通過する距離が伸びるため、青色の光の多くは散乱して届かないのだ。

それでも、消防車は一日中同じ赤に見える。だが、人の目が消防車から受け取る光は同じではない。この現象を〈色の恒常性〉という。色覚の基盤となる情報は変化しているのに、私たちには同じ色に見える。これはじつに都合がいい。一日を通じて、消防車の色が刻々と変わったら、不便でならない（毒キノコのベニテングダケの色が変わったら、ますますもって不都合だ）。

私たちの見る色は、脳が行なった計算の結果だ。脳は、対象物から受け取る電磁波を、視野のほかの部分から受け取る電磁波と比較する。それをもとに、対象の色を計算する。だから、目が対象から得る情報が変化しようとも、同じ対象は同じ色として知覚される。これが〈色の恒常性〉だ。色は対象に固有の性質というより、脳の属性なのだ。

色を使った目の錯覚も引き起こすことができる。たとえば〈色影（colored shadows）〉という現象では、黄色と白の二つのライトで照らした物体の影が青く見える。〈混色（mixed colors）〉では、赤いライトと緑のライトを重ねると、照らされた部分は黄色になり、さらに青いライトを重ねれば白く見える。色は計算の結果であって、人間の目に映る色は外界に存在するものではない。私たちが見るときにのみ色は現れる。色が外界の属性だとしたら、私たちは〈色影〉の錯覚は経験できない。

色覚が便利なのは一貫性があるからだ。同一の対象は、光の状態にかかわらず同じ色に見える。赤い消防車を目にするとき、私たちが経験するのは計算の結果だ。たとえ受け取る情報が変化しても、脳は計算をすることで、同じ物体には同じ経験を付与してくれる。この計算は、三種類の視細胞から脳に送られる情報をもとに行なわれる。三種類とも、それぞれ特定の波長を「見る」のに長けている。ビデオカメラも同様のシステムを採用しており、三色を読み取ることができる。その三色の組み合わせでテレビ画像ができる。しかし、ビデオカメラは人間ほど器用ではないので、周囲の見え方を自分では決められない。そのため、光の加減を教えてやる必要がある。そうしないと、映像に色の不具合が生じる。テレビのニュース番組で、窓際にいる人物をインタビューしている場合に、よくこの不具合が見られる。黄色みの強い人工的な室内照明に合わせてカメラを調節しておくと、自然光は非常に青く映る。逆に自然光に合わせると、電灯はかなり黄色く見える。

実際には、録画前にカメラに白い紙を見せることでこの問題は解決する。カメラは白がどう見えるべきかを知り、その場に適した光を「計算」できるようになる。

人間の視覚が消防車を捉えるたびに行なっているのが、この〈ホワイトバランス〉だ。白いはずのもの、たとえば家などを見て、前もって白がどう見えるかを把握しておく。そうすれば、目に入ってくるものをそれに合わせて修正できる。消防車から受け取る反射光の実際の組成など、どうでもいいのだ。ホワイトバランス調整は無意識のうちに行なわれる。私たちは、「これは昼の日光を浴びた赤い消防車だ」というふうに知覚するのではなく、いきなり赤い消防車を知覚する。(18)

ただし、ホワイトバランスも意識に影響される場合がある。より正確に言えば、その状況に関する知識によって左右される。次の話はその好例だ。

薄暗い地下室に張られた物干し綱には、まだ干せる場所がたくさんあった。洗った白い下着を手に男が部屋に入ったときには、女物の白いセーターが一枚干してあるだけだった。男が下着を干していると、どうもそのセーターがまっ白ではなく、ピンクがかっているように見えてならなかった。そこでぼんやりと考えた。きっと、赤い靴下といっしょに洗ってしまったんだろう、と。よくある話だ。少しすると、セーターの持ち主が地下室に入ってきた。男が同情の意を表すまもなく、女性は大きな声を上げた。「あらまあ、あなたの洗濯物はみんなうすら青いじゃないの」

じつは、うっかりしていたのは男のほうで、白い洗濯物に何か青いものを混ぜて洗ってしまい、すべてが薄青くなっていたのだった。この男性自身のホワイトバランスは、無意識のうちに自分の白い下着を基準に調整されていた。白い下着は洗濯後も当然、白い下着に決まっているというわけだ。そのため、やや青みがかった色合いを白と決めつけ、それを基準に、白いセーターをピンクと認識した。だが、いったんその事実に気づいたら、苦もなく正しい色が見えたのだからなんとも不思議だ。

色はたしかに頭の中で生じるものだが、私たちが洗濯機に色の違う靴下を入れた犯人を突き止められなくなるほど主観的でも独断的でもない。

地球上のどんなパレットよりも人の心を魅了するのは、空だ。雲と海と夕陽が一体となって水平線上に描き出す光景のなんとすばらしいことか。深く揺らめく色彩と微妙な明暗がくり広げる饗宴は、何時間でも見飽きることがない。日によって、また土地によって移ろう光は、人間工学的に適正で単調なオフィスの人工照明から解放されて休暇を過ごす者にとって、癒しの源泉となりうる。空を一目見るだけで、頭がはつらつとしてくる。なぜだろう。色を見るというのは、計算し、情報を処分する能動的なプロセスであって、それが何かの経験につながるからかもしれない。新しい空は新しい課題、新しい光は新しい経験だ。その新しい光のもとで何を目にするかは、さほど問題ではない。たえまなくうねる海の水面《みなも》が映す自然の色彩は、深く、不可思議なほど繊細かつ複雑で、豊かな明暗を持ち、刻々と移りかわっているのではないか。目が仕事を与えられるとき、処分する情報があるとき、そして、感覚を目で消化して経験へと変容させる過程が、パリパリした野菜や新鮮な魚を味わうように喜ばしいものであるとき、私たちは歓喜するのではないだろうか。ファーストフードのように味気なく、たやすく吸収できる空には、めったにお目にかからない。年齢を重ねるほど、類い稀な空を愛でる喜びは増していく。

「カエルの目はその脳に何を伝えるか」

リチャード・グレゴリーは大物だ。体格も堂々たるものだ。背は高くがっしりしたイギリス人で、目鼻立ちがはっきりしている。実験心理学者にして錯視の権威にふさわしい風貌と言える。経験は仮説であるというのが、長年の実験研究に基づく彼の持論だ。経験を解釈と捉える立場から、私たちが経験する現実全体は解釈であって現実の再現ではないとする立場に至るには、それほど大きな飛躍は必要ない。本書を執筆するため、グレゴリーに現実とは何だと思うかと尋ねると、にっこりしてこう答えた。「現実とは一つの仮説だ。私はそう呼んでいる。仮説、と」実験心理学における彼の貢献の大半は、この言葉に集約される。これ以上の仮説は得られそうもないという話でひとしきり笑ったあと、今度はこう尋ねた。「現実をシミュレーションと捉えるのはどうでしょうか」

「ああ、その言い方のほうがよさそうだ[19]」とグレゴリーは言下に答えた。大物である。

シミュレーションは、あるものの再構築、複製、模倣だ。あるプロセスのシミュレーションができるというのは、その重要な側面を再現することによって、必ずしもプロセス自体を実行しなくてもプロセスの終点を割り出せるという意味だ。シミュレーションは動的な解釈であり、仮説であり、したがって一つの予測でもある。私たちが現実を経験するときは、外界で起きていることを自分でシミュレートし、それを経験しているとも言える。

錯視を通して鮮烈に実感されるように、私たちはけっして物事をじかに経験したりしない。解釈として見る。〈ネッカー・キューブ〉はどうしても立方体に見えてしまい、努力しないかぎり、ページに描かれた数本の線と捉えるのは無理だ。まず私たちは解釈、つまりシミュレーションを経験する。感知したままではなく、感知したことのシミュレーションを経験する。

感知、経験、シミュレーション、解釈・評価・推量の順ではない。感知、シミュレーション、そして、次に経験だ。いや、そうとも言いきれない。ときには経験をさし挟む時間的余裕がなく、感知、シミュレーション、行動となる場合もある。

これが錯視の教訓だ。感知し、シミュレートし、そしてようやく経験する。じつに過激な教えである。

「カエルの目はその脳に何を伝えるか」というのが、『電波技術者研究会報』誌に掲載された注目すべき科学論文のタイトルだ。この研究プロジェクトの資金提供者として、アメリカの陸・海・空軍がそろって名を連ねている（また、ベル電話研究所も支援していた）のだが、論文のテーマは、カエルがどのように世界を見ているかであり、それ以上の何物でもない。「この研究はカエルを対象にしたものであり、我々の解釈もカエルにのみ適用される」[20]論文の執筆者で、いずれもMIT所属のジェローム・レトヴィン、ウンベルト・マトゥラーナ、ウォーレン・マカロック、ウォルター・ピッツの四人はそう書いている。

しかしその結果は、カエルでなく人間の世界観を揺さぶることとなった。国防総省が資金源だった（一九五〇年代には、基礎研究の資金は軍が提供するのが普通だった）からではなく、この研究が認識論上の視点を提供したためだ。四人は、遺伝的にカエルに組み込まれた〈先験的観念による総合判断〉の存在を証明したのだった[21]。

〈先験的観念による総合判断〉とはイマヌエル・カントの用語で、取り除くことのできない知識の前提を指す。カントは一七〇〇年代、（第三章で述べたように）哲学に革命をもたらす指摘を行なった。人間の知識には、時間、空間、因果関係などのように、経験に先立ついくつかの前提、すなわち〈先験的観念〉が必ず備わっているというものだ。こうした前提がなければ何物をも知りえない。しかし、それがあるために、あるがままの世界を認識することはない。私たちの知る世界は、〈先験的観念〉という眼鏡を通して見たものにすぎない。ありのままの世界は知りえず、ただ、私たちにとっての世界を知るのみだ。そこでカントは、「物自体（Das Ding an sich）」と「我々にとっての物（Das Ding für uns）」を区別した。

そして今、国防総省の資金提供を得た四人の科学者が、カエルにとっての物を見つけたのだった。

カエルの目が外界について脳に伝えることは、たった四つしかない。すなわち、（一）コントラストの明瞭な境界（これで水平線などの位置を知る）、（二）照度の急激な変化（これで天敵のコウノトリの接近などを知る）、（三）動くものの輪郭（これでコウノトリの動きなどを知る）、そして最も重要なのだが、（四）小さく黒っぽい物体の輪郭の曲線で、この四つが視野のどこに見られるかが脳に伝わる。執筆者たちはこの四番目について、「虫検出器」と呼びたくなる、と書いている。

カエルの脳は景色に関する情報は受け取らない。いや、受け取りはするが、興味の対象となる景色の一部、つまり、敵、味方、そして水面についての情報に限られる。カエルの脳は、周囲の「リアル」なイメージを組み立てることには関心がない。興味があるのは、自らが食べ物とならずに食べ物を捕えることに尽きる。

外界を見るうえでのこうした特性は、カエルの解剖学的構造に組み込まれている。目と脳を結ぶ視神経は、一本一本が多数の視細胞と接続している。したがって、特定の視細胞が光を検知したかどうかだけでなく、一つのパターンも伝える。脳が受け取るのは計算の結果だ。四人の執筆者は以下のように述べている。「本研究の結論として、基本的に次のことが言える。目は、すでに高度に体系化されて解釈のなされた言語によって脳に語りかけるのであり、受容器が検知した光の分布をほぼ正確にコピーして伝えるのではない[22]」

だからカエルは、キスされるまで相手がお姫様だと気づかない。

カエルの視覚を研究したのは、この四人が最初ではない。一九五三年にはイギリスの科学者ホレス・バーローが、カエルの視覚に関する研究結果を発表している。その二〇年後、彼はこう記した。「この結果からにわかに思い知らされるのだが、カエルの摂食反応に関与する感覚機構の大部分は、実際には網膜に存在するのであって、生理学的手法では解明しがたい神秘的な『中枢』にあるのではないかもしれない[23]」彼は、さらにこうも言っている。「個々の神経細胞は、これまで想像されていたよりはるかに複雑かつ微妙な課題を遂行できる。……網膜の神経細胞活動こそが、思考プロセスそのものと言える[24]」カエルの無意識は、その目に宿っているというわけだ。

以後、これに類する、目での情報処分が、カエルより高度な摂食習性を持つ動物でも確認された。ネコ、サル、ヒト、その他様々な動物も、カエルと同様、環境からの情報を分割して検出していることがわかっている。

人間の場合、目から脳に送られる神経インパルスは複雑なルートをたどる。信号はまず、脳の深奥部に位置する視床という構造に達し、そこから大脳皮質の視覚野へと送られる。インパルスの到達する第一次視覚野には、一億個の神経細胞がある。目の視細胞が数百万個しかないことを考えると、これは相当な数だ。一九六〇年代に、アメリカのデーヴィッド・ヒューベルと、アメリカで研究していたスウェーデン人のトーステン・ウィーゼルは、視覚皮質の細胞に特殊な役割があることを示した。これらの細胞は、辺、線、コントラスト、方向など、視野の特定の属性を検出できるのだ。ヒューベルとウィーゼルの研究により、人間の視覚の仕組みは解明できるという強い確信が生まれた。二人の業績は、バーローらによるカエル研究の流れを明確に受け継ぐものだった。

見た物の解釈に視覚野のあらゆる細胞が関与しうるという発見は、当初、熱狂的に迎えられた。しかし、科学者たちはしだいに失望の色を濃くしていった。そして、一九七〇年代になると、肝心なものが何か欠けていることがはっきりした。[25]たとえばバーローは一九九〇年に、視覚野の一億個の神経細胞がそれぞれ視野の特定の属性を解釈していることについて、次のように述べた。「これは、イメージの表象方法としては興味深い。それに、個々の神経細胞が重要な情報を伝達していると考えると、イメージが『消化』される仕組みの解明に向けて少し前進したような気になる。しかし、どうにも釈然としない点もある。ずらりと並んだ一億個の細胞一つ一つが、視野の小部分のいささか限定的な特徴に反応したとして、それがいったい何の役に立つのか。我々が頭の中で見慣れているイメージは、まとまりを持っており、有用性がある。だが、ジグソーパズルのように無数の小ピースに細分化された表象には、その両方が欠けているように思える。なぜこのようにして表象されるのか。ジグソーパズルに描かれた絵はどうやって検知されるのか。より正確に言えば、どのような神経メカニズムによってイメージ分析が先のステップに進むのか。そして、そのステップは最終的にどこへ向かうのか。思うに、最大の障害は、我々が真の問題を把握していないことではなかろうか」[26]

ことによると真の問題は、ジグソーパズルのみがあって全体イメージなど存在しないことかもしれない。まずイメージがあって、それからそれが一億個の神経細胞によって分割され、再び統合されて視覚／経験される——バーローは暗に、そう想定している。

私たちには世界が見えているから、イメージはあるはずだ、という声も出るだろう。目は、外界の様相を一つの像に組み立てる。なるほどそうだ。だが、ジグソーパズルの一億個のピースを通さずに世界を見た者がいるだろうか。つまるところ、私たちが見るのは「我々にとっての物」にすぎず、「物自体」は誰も見たことがないのだ。

人は目を通さなければ見えず、そうするには脳の第一次視覚野（なぜか目のすぐ後ろではなく後頭部にある）の一億個の神経細胞を経由するしかない。私たちは色や辺や形やハエやカエルを見る。しかし、見えている物はあくまで計算とシミュレーションの結果だ。

目に映る物が対象物の真の姿に似ている保証など微塵もない。

だが、何が見えているかという点に関しては見ている者全員の意見が一致するではないか、という反論が聞かれるかもしれない。同じ木、同じバス、同じ赤い消防車を見ているではないか、と。たしかにそうだ。会話を通じて意見がまとまる次元においては。しかし、私たちの会話は、ごく狭い帯域幅で進行する。その帯域幅は毎秒数ビット、つまり、意識の容量しかない。この程度では、赤を経験するという行為の属性をすべて伝えることはできない。ただ対象を指し、それがたしかに消防車や木のこずえやバスだと話を合わせるのが関の山だ。

見ている物を絵に描いてはどうだろう。そうすれば、間違いなく同じ物が見えていると確認できるではないか。もちろんできる。ただし、相手がメ・エン族やピカソでなければの話だ。彼らはえてして、こちらの一生を物語らなければ答えられないような質問をぶつけてくるだろうから。

私たちは物の外見については意見が合うが、赤とは何かについても合意できるだろうか。他人の赤と自分の赤は同じと言えるだろうか。これは、哲学の古典的難問だ。アメリカの哲学者トマス・ネーゲルは、この難問をじつに的確に言い表している。「友達と二人でチョコレート・アイスクリームを食べているとき、自分が感じる味と相手が感じる味とが同じだとどうして言えるだろう。相手のアイスクリームを味見することはできる。だが、たとえ同じ味がしたとしても、自分にとって同じ味という意味でしかない。相手にとってどういう味かを経験したわけではない」ネーゲルは続ける。「この種の疑念をどこまでも突き詰めていくと、自分と友人にとってアイスクリームの味は同じかどうかという無害で穏当な懐疑論が、自分と相手の経験にいささかでも類似性があるのかという、ずっと根源的な懐疑論に変わってくる。……相手が意識を持っているかどうかさえ、わからないのではないか。そもそも自分の心以外にも心が存在するのか、どうして知りえよう。心と行動と解剖学的構造と物理的環境との間の相関関係から、直接観察したことのある唯一の事例は自分自身しかない[27]」

これがいわゆる〈他我問題〉という難問だ。この世には自分以外にも心が存在するのだろうか。手ごわい問題だ。なにしろ、むろん自分以外にも心は存在するのだから。もしそう思わなければ、読者もわざわざこの本を読んだりしないだろう。

もっとも、興味深いのはほかに心があるかどうかではない。現にあるのだ。哲学者はこの問題を何世紀にもわたって議論してきたというのに、たしかに〈他我〉が存在することを筋の通った確固たる議論でいまだに証明できない点こそがおもしろい。いつの世でも、若手主体の頑固な哲学者の小集団が、独我論を主張してきた。存在するのは自分だけだ、と。「我のみ、これあり」もちろんたわごとだ。「私が独我論者だとしたら、たぶんこの本を書いていない。ほかに読んでくれる人がいるとは思えないだろうから」とネーゲルは書いている。[28]〈他我問題〉は、外界が存在するかどうかという問題と密接に関連している。そもそも外に世界があるとどうして言えるだろう。デンマークの哲学者ペーテル・ツィンカーナーゲルは、外的現実が存在しないという発言自体が無効だと指摘して、この問題に答えを出した。外的現実が存在しないとしたら、言語で語るべきことが何もないと主張するに等しく、そうなれば言語は完全に破綻を来たすからだ。[29]

同様に、〈他我〉の存在を認めなければ、コミュニケーションもまた完全に破綻すると言っていい。あらゆるコミュニケーションは、意思を伝えようとしている相手も同じ人間であり、内に〈会話の木〉を持っていることを前提としている。この前提がなければ会話する意味がない。とはいえ、自分以外にも心（さらに言えば外的現実）が存在することが、これで証明されるわけではない。議論しえない問題の存在が言明されたまでだ。なぜなら、議論という行為自体が、話す相手がいることを前提としているからだ。

したがって、〈他我〉の存在を認めないかぎり、このような自分の見解を語る相手もいないことになる。

意識という名のサーチライト

目から大脳皮質に向かう神経インパルスの経路を、いま一度、振り返ってみよう。なぜこの経路は脳の奥深くにある視床を通るのだろうか。視床には、視神経を通してインパルスを送る特殊な構造がある。これには、corpus geniculatum laterale（外側膝状体）といういかめしい名前がついており、該当する英語名（lateral geniculate）を略してLGNと称される（図28）。

このきわめて重要な構造について、デンマークの医学生はこう教わる。「数々の研究から、外側膝状体はたんなる中継核ではなく、統合機能を持つと考えられている。このような言い方は、脳に関する我々の知識がかなり貧弱なために、響きばかり大仰だが空疎な表現が使われる一例だ。『統合機能』という言葉は神経生理学で古くから使われているものの、さしたる中身があるわけではない。むしろ、説明できないものが存在することを暗に告げているようなものだ[30]」

視床（図29）とLGNは、脳が外界からの感覚データを処理するうえで大きな役割を果たす。一九八六年にフランシス・クリックはこう書いた。「大脳新皮質の重要な特徴の一つは、一部の嗅覚情報を除き、外界から受け取る情報のほぼすべてが（感覚の末梢系からであれ、皮質下の様々な中枢からであれ）視床を経由する点だ。……このため視床は、しばしば大脳皮質への『入口』と呼ばれる[31]」

視床はただの入口ではない。皮質からのフィードバックも受け取る。視床と、皮質の「高次」機能との間には、盛んな情報のやりとりがある。視床内の様々な中枢、つまり神経核がこの相互作用に関与している。視覚の場合、それがLGNというわけだ。

ロシアの神経生理学者イヴァン・パヴロフと言えば、二〇世紀初頭の犬の実験で最も有名だろう。犬に餌を与えるときに毎回ベルを鳴らして条件反射を引き起こすと、犬はベルの音を聞いただけで唾液を分泌するよう

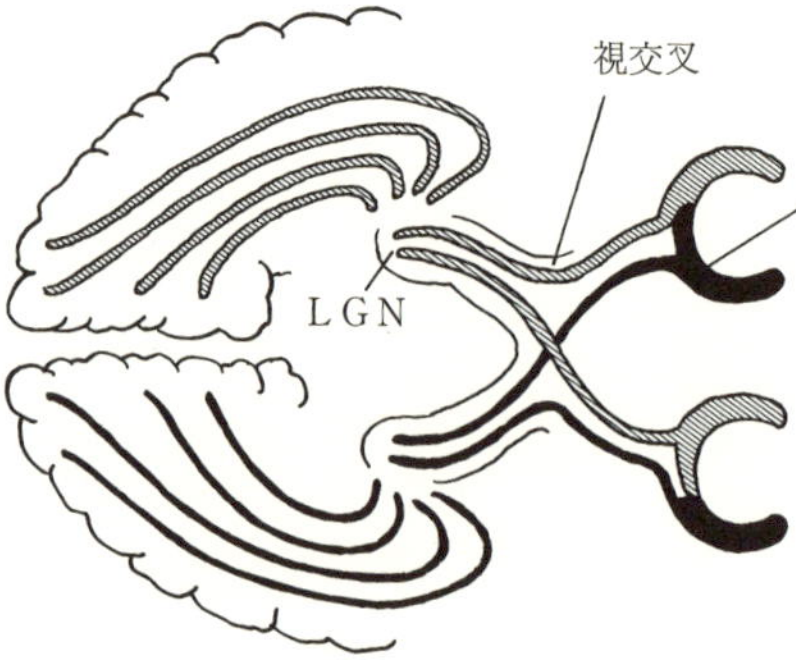

図28　網膜からの情報は、視床内のLGNを経由してから、後頭部にある脳の視覚中枢に達する

図29　視床は脳の深奥部に位置し、皮質への入口としての役割を持つ。外界から入ってくる情報は、ほとんどが視床を経由してから皮質に達する

になるという、あの実験だ。

　パヴロフは、脳の深奥部にある諸構造が、皮質本体に対して重要な役割を果たしていると指摘した。外界からの情報を実際に処理するのは皮質だが、皮質の活動レベルは視床をはじめとする深部の構造によって制御される。皮質の全般的活動レベル（皮質トーヌス）は、覚醒状態から睡眠状態まで様々に変化する。同様に、覚醒状態では、私たちが注意を向ける対象が変わるたびに、皮質上の活動位置が変化する。パヴロフは、こうした注意の移動を、「サーチライトの光が、活動の変化に合わせて皮質上を移動して照らし出す」模様になぞらえて捉えていた。やはりロシアの偉大な神経学者であるアレクサンドル・ルリヤが、パヴロフの見解の要約にそう記している。[32]

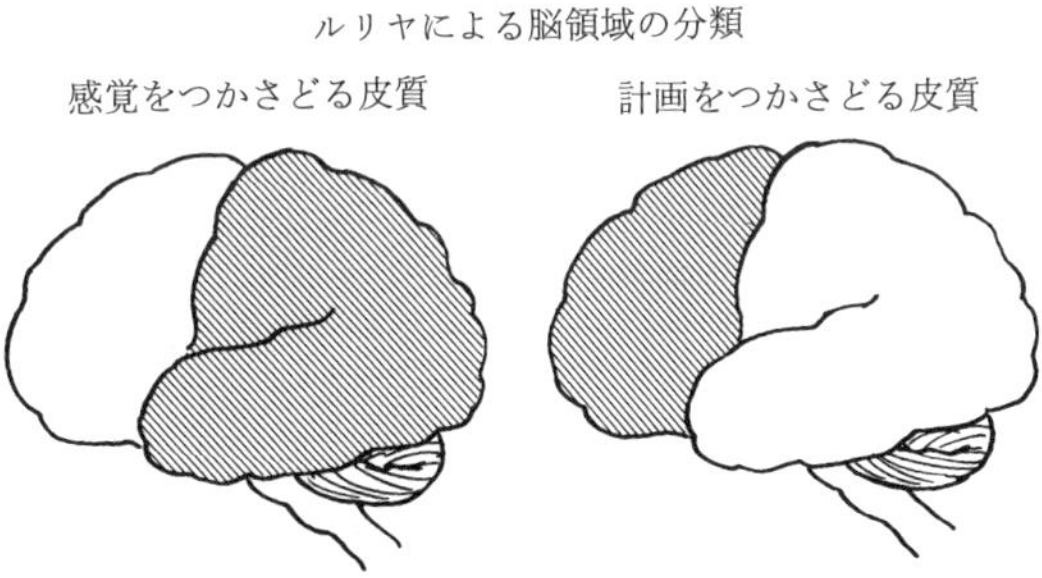

図30　脳は全体が大脳皮質に覆われている。視床をはじめとする数々の重要な中枢は、脳の深奥部に位置している。皮質は、おもに感覚入力を処理する後部と、とくに計画や概念を処理する前脳とに分かれる

　ルリヤはパヴロフの考えをさらに進め、脳を三つのブロックに分類した。すなわち、覚醒／トーヌス／注意を制御するブロック（深部の諸構造）、感覚データを処理するブロック（皮質後部）、そして計画と認知を行なうブロック（皮質前部）だ（図30）。視床は、最初のブロックで主要な役割を果たす。

　ということは、第一ブロックをサーチライトと見なしていいかもしれない。この第一ブロックが皮質のどこを照らすかを決め、それによって注意を向けるべき対象を定めるのだ。暗い部屋を動き回るスポットライトに意識をなぞらえる比喩はすでに紹介したが、これはそれを解剖学的表現で焼き直したものだ。クリックは一九八〇年

代なかばに、このモデルを明確化しようとして、視床の周りにある視床網様核という構造が、意識のサーチライトを制御していると示唆した。[33] しかし彼は後に、この発想が単純すぎることに思い至った。

とはいえ、これはそれなりにりっぱな比喩になっている。注意と意識は、様々なことが同時進行しているステージ上で、特定の何かを選んで照らし出すサーチライトであると言って何らさしつかえなかろう。

「カエルの目はその脳に何を伝えるか」の共同執筆者ウンベルト・マトゥラーナは、ここ数十年、同じくチリ人のフランシスコ・ヴァレーラとともに、次のような見解の主唱者となっている。すなわち、私たちは周囲の世界を経験する際、対象を頭の中に写し取って再現しているわけではない、外界の表象や反映は経験プロセスには関与しない、という考え方だ。真実はもっと複雑だ、と二人の生物学者は言う。一九八七年にヴァレーラはこう書いた。「通常、LGNは皮質への『中継』点と表現される。だが詳しく調べてみると、LGNのニューロンが受け取る情報の大半は、網膜からではなく（網膜からの情報は全体の二〇パーセント未満）、脳内のほかの中枢から来ている。……網膜から脳に達する情報は、進行中の内的活動をわずかに攪乱するだけだ。内的活動は（この場合は視床レベルで）調整されることはあっても、指令を受けたりはしない。この点が肝心だ。神経活動プロセスを反表象主義の立場から理解するには、どんなものであれ媒体から伝わる攪乱は、システムの内的一貫性によって規定されるという点を指摘すれば事足りる」[34]

言い換えればこうなる。私たちに物が見えるのは、そもそも網膜からメッセージ（これからしてすでに、たんに網膜が感知した光以上のもの）を受け取ったからではない。外界からのデータを内的活動と内部モデルに結びつけるための、広範囲にわたる内的処理の結果だ。[35] しかし、こう要約すると、二人の主張が正しく伝わらない。実際には、マトゥラーナとヴァレーラは、外界から何かが入ってくることをいっさい認めていない。全体が閉回路だと二人は言う。神経系は環境から情報を収集しない。[36] 神経系は自己調節機能を持つ一つの完結したまとまりであって、そこには内側も外側もなく、ただ生存を確実にするために、印象と表出――つまり感覚と行動——との間の整合性の保持が図られているだけ、というわけだ。これはかなり過激な認識論だ。おまけに二人は、この見解自体を閉鎖系と位置づけている。とくにマトゥラーナは、認識論に見られる数千年の思想の系譜と自説の関連について議論するのを、断固拒絶することでよく知られている。完璧な理論に行き着いたのだから、問答は無用という理屈だ。

　では、カエルの目の論文にあったカントにまつわる議論については、どう思っているのだろうか。じつは、かなり冷めた見方をしている。「外界の記述というのは、外界に関するものなどではなく、私たちについてのものなのです」マトゥラーナは一九九一年にそう語った。[37]「経験があるだけです。それを説明しているにすぎません。認識論的に言えば、ほかに何もありません」と彼は言う。私たちの存在を抜きにして世界自体を語るなど、ナンセンスだ。第一、語りようがないではないか、と。

　マトゥラーナとヴァレーラの説をたとえて言うとこうなる。私たちは、一生を潜水艦の中で過ごす乗組員と同じような形で世界を知覚している。乗組員はレバーを操作し、自らの干渉行為の影響を観察して記録することはできる。しかし、潜水艦の外にある世界を直接経験することはない。実際の世界は、乗組員がこれまで蓄積した経験と食い違わないというだけで、彼らの想像とはかけ離れている可能性もある。[38]

　マトゥラーナとヴァレーラの見解は、彼らの研究分野で少数意見だという意味では異端だ。しかし、首尾一貫していて矛盾がない。ふたりの説は、論理的構成において、量子力学、つまり原子の物理学の、いわゆる〈コペンハーゲン解釈〉を彷彿させる。これは、ニールス・ボーアを中心に提議された解釈だ。「物理学の務めが、自然のありようを突き止めることだと考えるのは間違っている。物理学にとって重要なのは、自然について我々が何を言いうるかだ」[39]とボーアは述べ、私たちが世界を記述しているという事実を記述に含めずに、世界を記述することはできない、と力説した。

〈コペンハーゲン解釈〉の現在の唱道者たちは、マトゥラーナの思想に興味を持っていないし、マトゥラーナも量子力学の諸概念には関心がない。だが、両者の類似には目を見張るものがある。私たちが自分の記述について語るうえでの大きな問題点は、世界とは、自分が頭の中で記述し、描き、再現し、複製し、表象しているものだと考えたくて仕方がない点にある、といずれも論じている。

しかし、そういう考え方では、曖昧さを排して明瞭に話すことはできないかもしれない。(同様に、「我々の考えている世界など、我々の周りにはまったく存在しない」といったスタンスで、曖昧さを排して明瞭に語ることも、明らかに至難の業だ。本章ではほぼ一貫して、世界が存在するという伝統的視点に立ってきた。そうでなければ、錯覚を錯覚として語ることはできない)。

どうやら、内と外という考え方自体がすたれつつあるようだ。物理学と神経生理学の両方から、そういうメッセージが聞こえてくる。それを最も端的に言い表したのが、第一章でも引用したジョン・ホイーラーの言葉、「我々の考えている世界など、我々の周りには存在しない」だろう。

これは特筆に値するのだが、〈コペンハーゲン解釈〉とマトゥラーナ＝ヴァレーラ説との類似性から、これらの主張は完全か、という疑問が浮かんでくる。その記述に矛盾がないことを受け入れるなら、それがすべてを網羅しているかどうかを尋ねざるをえない。答えはノーだ。不可能なのだ。クルト・ゲーデルがまさしくそう証明した。ゲーデルの定理によれば、どれほど完璧で完成された理論でも、無矛盾であると同時に完全であることはできない。無矛盾だとしたら、その理論内では真偽を決定しえない命題が必ず存在する。たとえ別の手段ではそれが真理だとわかるとしても、だ。

一九三五年、ゲーデルの長年来の親友であるアルベルト・アインシュタインは、次のような疑問を投げかけた。「量子力学は完全だろうか」アインシュタインは巧みに考案した思考実験を用いて、その不完全性を証明しようとした。これが、量子力学の完全性を主張するボーアを相手どった長い論争へと発展した。やがて、一九八〇年代に行なわれたいくつかの実験により、アインシュタインの思考実験が理屈に合わないことがついに証明された。

量子力学は完全である。原子の世界については、量子力学が語る以上のことを知りようがない。私たちの知るかぎりにおいては。(40)

マトゥラーナとヴァレーラの主張に対しても、同じ疑問を提起できる――彼らの観点は完全か？　断じて違う。たしかに潜水艦内の生活については、完全で首尾一貫した記述だろう。しかし、この記述は潜水艦の外に世界が存在することを前提にしている。しかも、存在するということだけを想定している。そうでないと、つじつまが合わないからだ。

マトゥラーナとヴァレーラの視点から、潜水艦内の経験についてはすべて説明できる。しかし、その視点は外には世界が存在するという前提の上に成り立っている。そうでなければ、まったくのナンセンスだ。ただし、潜水艦の中からはそのことに気づきようがない。

ある仮説に対しては、無矛盾性を求めるだけでは足りない。世の中には、矛盾がなくてもつまらない主張が山ほどある。「我のみ、これあり」という独我論もその一例だ。

マトゥラーナ＝ヴァレーラ説は正しいかもしれないが、ある意味で、とりたてて重要とは言えない。

〈結びつけ問題〉と〈意識＝同期発振〉説

今日、神経科学は重大な問題に直面している。〈結びつけ問題〉とも呼ばれるものだ。外界からの情報は、分割されて脳内の様々な中枢で分析される。インパルスが、視覚や聴覚といった感覚の種類別に脳の異なる領域に送られ、分析されるだけではない。それぞれがさらに無数の神経細胞の間で細分化され、個々の細胞は辺、形、動き、色、光量、コントラスト、方向、空間内での位置といった細目の一つを検出する。こうした特徴を残らず分析してからそれを再構築し、今、馬に乗っているのなら馬の合成イメージに組み上げなければならない。そのうえ、この視覚イメージを、嗅覚や聴覚、触覚、喜びと関連づける必要もある。それだけではない。そのすべてを同時に、しかも落馬しないうちにやり遂げるのだ。

人間の脳は毎秒一一〇〇万ビット以上の情報を受け取り、それを数億の神経細胞間で分割したうえで、巧みにその連係をとりつつ処理している。その結果、これほど様々なインパルスが結びつけられ、特定の状況に関する一つのイメージにまとめ上げられて意識に上る。この作業を、睡眠時を除く一日一六時間、休まず続ける。その間、経験の統一感が乱れることはけっしてない。

これが〈結びつけ問題〉だ。〈図と地の問題〉と言ってもいい。[41] 二三二ページで見た杯と顔のような曖昧図形（図26参照）では、脳は処理するデータのうちのどれが杯でどれが顔かを、どうやって判断するのだろうか。一つの対象物の様々な特徴を、どのように統合しているのか。さらに言えば、一目見た瞬間にその光景のどこが図（形）でどこが地（背景）かを、どうやって決めているのだろう。

〈結びつけ問題〉は、外に世界が存在するか否かにかかわらず、きわめて深遠な問題だ。

一九八九年から九〇年にかけて、意識の現象を初めて自然科学の俎上に載せたと思える主張が登場し、熱い視線を浴びた。熱狂の原因の一端は、この主張が〈結びつけ問題〉を解くメカニズムを論じていたことにある。この仮説は、二人の研究者が共同で提起したものだ。一人は、カリフォルニア工科大学の生物学部門で計算と神経システムの研究室を統括する若いドイツ人物理学者クリストフ・コッホ、もう一人は、カリフォルニア州ラ・ホーヤのソーク研究所で研究に従事する、イギリス人の物理・生物・神経科学者フランシス・クリックだ。二人の仮説はじつに包括的で、大胆かつ単純だったため、まともに相手にされなくてもおかしくはなかった。ところが、二つの信じがたいめぐり合わせによってそれを免れた。

一つは、提起者の一人が、ほかならぬクリックだったことだ。なにしろ彼は、一九五三年にアメリカのジェームズ・ワトソンとともにDNA分子の構造を発見して遺伝の謎を解き、一躍名を成し、二〇世紀を代表する伝説的科学者の一人に数えられる人物だ。有名なDNAの二重らせん構造は時代の象徴となった。クリックは一九五三年以降も再三にわたり、簡潔で、不遜なほど大胆で、（ときとして）正しい仮説を発表しては、科学界の論争の趨勢を激変させてきた。

もう一つの驚くべき幸運は、二人の説に実験的裏づけがあるように思えたことだ。一九八九年にドイツのフランクフルトの科学者ヴォルフ・ジンガーらが、同一の対象を見ているネコの神経細胞が足並みをそろえて振動することを発見した。その振動数は一秒間に四〇回で、どうやら細胞が同一の対象を見ていることに同意を表しているようだった。(42) ジンガーらが自分たちの発見を発表すると、信望あるアメリカの科学誌『サイエンス』は、「心が暴かれたのか」という題でこのニュースを伝え、「ヴォルフ・ジンガーは細胞レベルで意識の基盤を発見したのか」という問いかけとともに彼らの論文を紹介した。(43)

クリックとコッホの説は、ジンガーの発見した振動こそが意識の基盤であるというものだ。同一の対象から刺激を受け取る全細胞が「連動して」同期発振し、それが短時間持続する。

この仮説はもともと意識的な視覚に当てはまるものだが、(44) クリックとコッホは、これであらゆる意識の基盤が説明できるかもしれないという見解を隠そうとしなかった。ちなみに、神経細胞間での協調的発振を最初に提唱したのは、ドイツ人のクリストフ・フォン・デル・マルスブルクで、一九八六年のことだった。(45)

一九九〇年夏の熱狂はすさまじいものだった。ジンガーの実験結果とクリックとコッホの大胆な仮説によって、科学界は、意識の謎に迫りつつあるという感懐に久方ぶりに浸った。しかし、以後、数々の実験が行なわれたが、あまり希望の持てる結果は得られていない。サルの脳で同じ現象を確認するのは非常に難しいことがわかり、数年前までこの仮説をとり巻いていた楽観ムードは、目に見えて冷めてきている。類人猿の脳では、同様の振動が起きている徴候はかすかにしか認められず（振動に関与する細胞は全体の五～一〇パーセントにすぎない）、人間を対象にした研究には着手すらできずにいる。(46)

だが、この仮説の優れた点は、同時に「注意」の説明にもなるところだ。注意は外界に向けられた意識の中核を成す。多数の神経細胞が四〇ヘルツ（毎秒四〇回）で同期的に振動しているとすれば、それこそが注意と言える。周囲の対象物（机、椅子、本、原稿、馬など）に応じて異なる神経細胞群が同期的に振動し、その振動パターンのうち一つが他を圧する。それが意識だ。ある振動パターンが一瞬他を制して、私たちが何かに気づくとき、そのパターンによって無数の神経細胞が結びつけられ、意識が形成される。意識できるのは一度に一つの事物（厳密に言えば、七プラスマイナス二個の事物）のみで、それは特定の瞬間に支配的となる振動パターンは一つだからだ。

ある事物がこの四〇ヘルツの振動の対象となるたびに、私たちはそれに気づいたことになる。そして、それは記憶に残る。記憶の中にある事物に対応する振動パターンは、未知の対象物を表す新しい振動パターンよりも、他を制しやすい。後者の場合、これまでいっしょに発振したことのない神経細胞どうしの組み合わせとなるからだ。振動を引き起こしたものの、特定の瞬間に他を制することのなかった無数の事物は、後にその振動パターンが優勢になって注意の対象となる。あるいは、そうならないまま終わることもある。

脳内では、たえず多数の神経細胞が同期発振しているが、振動が四〇ヘルツに増幅されてほんの一瞬でも支配的になるものは、そのうちごくわずかしかない。それ以外の振動はすべて、注意の対象にはならない。それらは、脳による無意識の情報処理を表している。

「視覚系の神経活動には、完全には自覚されないものもたくさん存在する」とクリックとコッホは書いている。「その多くは、入ってくる膨大な情報から、最善の解釈、つまり過去に獲得して分類・貯蔵された情報と合致する解釈に到達するための、計算作業に相当する。我々の意識に上るのは、この『最善の解釈』だ」[47]

この仮説の強みは、多種多様な対象物の間を意識がこれほど迅速かつ効率的に行き来できる理由を、直感的に理解させてくれることだ。つねに大量の神経細胞が同期発振している。しかし、そのうちたった一つの振動パターンだけが勝ち、意識される。残りは、意識の寵愛を求めて競い合う、というわけだ。

このように、四〇ヘルツの振動によって一種のサーチライトが移動し、脳内の様々な活動が照らし出される。ただし、たんなるサーチライトと違い、この比喩はもはや空間的な意味合いを持つだけにとどまらない。神経細胞のまとまりは、空間のみならず時間にも規定される。

クリックとコッホはこう語る。「入ってくる情報に関して複数の解釈がありうる場合、一つの解釈がライバルを制して定着するには少し時間がかかる可能性がある。有名な〈ネッカー・キューブ〉の例のように、『ライバルとの競争』が起きるとき、知覚による認識結果が交互に変わるのは、最初に定着した振動がやがていくぶん慢性化する結果、それに関連した振動を別の解釈が定着させて優位に立ち、その過程でライバルを押しのけるからだと考えられる。しばらくすると今度はその解釈が押しのけられ、競争が続いていく[48]」

こうして話は、錯視と、人間の視覚に関するゲシュタルト心理学の研究に戻る。「我々が提案する四〇ヘルツ振動の役割を考えると、ゲシュタルト心理学者の考え方がいくつか頭に浮かぶ。これまで『対象物』と呼んできたものは、『ゲシュタルト』と呼ぶほうがふさわしいだろう」とクリックとコッホは述べ、さらにこう続けている。「心理学者の目には特定のゲシュタルトと映るものを、神経科学者は同期発振する特定のニューロン群と捉える[49]」

クリックとコッホの説が正しい見込みは薄い。またこの仮説は、理論モデル以上のものとして意図されたわけでもない（と、ほぼ言える）。あくまで、意識の正体を考えることが有意義であるという裏づけになっているだけだ。二人の提案は、たとえ理論自体が理屈に合わなくても、この先何年も影響力を持ち続けるだろう。

クリックとコッホが仮説を発表した論文は、次のような言葉で始まる。「認知科学も神経科学も、その研究の大半は意識（もしくは『自覚』）についてまったく言及していないのは、驚くべきことだ。しかし、心を神経レベルで捉えるうえでの最難関は意識だというのがおおかたの見解であり、現に今も、意識を深遠な謎と見なす者が多いのだから、なおさらだろう。……我々は、神経組織を意識の基盤と捉えて研究する機が熟したと提言する(50)」

意識と注意の研究に向けて道は開かれた――これまで実証重視の「現実的な」自然科学が総じて黙殺し、人文科学が自然科学的世界観と対置してみようとしなかったテーマに向けて。

しかし、クリック－コッホ説の最も重要な意義は、これを機に神経科学者が〈結びつけ問題〉を真剣に考えるようになることが見込まれる点かもしれない。とかく自然科学指向の神経科学者は、〈ネッカー・キューブ〉や〈ルビンの杯〉のような「ややこしい」問題をなおざりにしがちだ。しかし、人間の経験世界に関するゲシュタルト心理学的な研究こそが、神経細胞の働きを説明する「現実的な」科学理論にとって重要であることを、四〇ヘルツの振動説は示している。マトゥラーナやヴァレーラのように過激な結論に飛びつき、外の世界などどうでもいいと宣言することを望もうが、もっとオーソドックスな認識論を擁護することを望もうが、〈結びつけ問題〉の中にこそ非常に重要な課題があるという事実は、けっして避けて通れない。

とりわけ重大なのは時間の謎かもしれない。一つの事象はいくつもの要素に分解され、脳内の別々の場所で分析される。それなのに、分析プロセスに関与するニューロンはどうやって同期発振し、私たちにその事象の様々な側面を同時に経験させうるのか。馬に乗っているときは、味覚、嗅覚、視覚、平衡感覚、そして聴覚が一体となって機能する必要がある。そうした連係はどういう仕組みで適切なタイミングで行なわれるのか。

意識は非常に深遠な現象だ。意識が生まれる過程では、大量の情報が処分されなければならない。膨大な数のプロセスが、どうして一糸乱れず進行しうるのか。それらのプロセスにはどれだけの時間がかかるのか。本書もなかばにさしかかった今、ここで一息つき、これまでの流れをまとめてみたい。次章では、意識と時間の問題の答えを提示する。それは、なんとも不穏なものとなる。だから、それを必然的帰結として受け止められるように、以下の事柄を再確認しておこう。

小休止──第一部・第二部のまとめ

マクスウェルの魔物は、知識が周りの世界とは切り離せないことを教えてくれた。情報という概念が、熱と蒸気機関を理解するための熱力学に根差していることも教えてくれた。世の中の事物についての知識を持つにはコストがかかる。必ずしも、知識を得るのにコストがかかるからでなく、得た情報を捨てるのが困難だからだ。ほんとうにコストがかかるのは、純粋で澄みきった意識を得ることだ。この澄みきった意識がなければ世界について何事も知りえないが、その反面、一瞬前まで持っていた情報を残らず処分しなければ、そうした意識は得られない。

計算と認知を成り立たせているのは、情報の処分、つまり、重要なものを選び、そうでないものを捨てることだ。この情報処分がまさしく熱力学的であり、これにコストがかかる。

情報が興味深いものとなるのは、一度それを得てから不要なものを捨て去ったときだ。大量の情報を取り込み、重要なものを抜き出し、それ以外を処分する。情報自体は、ランダム性や意外性や不確定性の尺度と言っていい。情報は秩序より無秩序に近い。秩序とは、存在しうる情報量に比べて実在の情報量が少ない場面で生まれるからだ。情報量は、現に存在するメッセージではなく、ほかにどれだけのメッセージが存在しえたかを測る物差しだ。言ったことではなく、言いえたことの尺度だ。

物質系や生命系の世界の複雑さは、「深さ」、つまり処分された情報量として記述できる。最大の情報量を持つもの、それゆえに最長の記述を要するようなものには、私たちは関心を抱かない。それは、無秩序や乱雑さや混沌と同じだからだ。また、あまりに規則正しく先の読めるものにも心を引かれない。そこにはなんの驚きもないからだ。

私たちの興味をそそるのは、歴史を持つもの、つまり、閉じて動かぬことによってではなく、外界と相互作用を行ない、途中で大量の情報を処分することによって長い間、存続してきたものだ。だから、複雑さや深さは、〈熱力学深度〉（処分された情報の量）またはそれと密接に関連した〈論理深度〉（情報の処分に要した計算時間）で測定できる。

会話には情報交換が伴う。しかし、そのこと自体が重要なのではない。交わされる言葉にはわずかな情報しか含まれていない。肝心なのは、言葉になる前に行なわれる情報の処分だ。メッセージの送り手は大量の情報を圧縮し、情報量をごくごく小さくしてからそれを口にする。受け手はコンテクストから判断し、実際に処分された大量の情報を引き出す。こうして送り手は、情報を捨てることで〈外情報〉を作り出し、その結果生まれた情報を伝達し、相応量の〈外情報〉を受け手の頭によみがえらせることができる。

つまり、言語の帯域幅（毎秒伝達できるビット数）はいたって小さい。毎秒せいぜい五〇ビット程度だ。言語や思考で意識はいっぱいになるのだから、意識の容量が言語より大きいはずはない。一九五〇年代に実施された一連の心理物理学実験から、意識の容量は非常に小さいことが判明した。毎秒四〇ビット以下、おそらくは一六ビットを下回る。

感覚器官を通じて取り込む情報量が毎秒約一一〇〇万ビットであることを思うと、この数字は桁外れに小さい。意識は、五感経由で間断なく入ってくる情報のほんの一部を経験するにすぎない。

とすれば、私たちの行動は、感覚器官を通して取り込まれながら意識には上らない大量の情報に基づいているはずだ。毎秒数ビットの意識だけでは、人間行動の多様性は説明できない。事実、心理学者は閾下知覚の存在を確認している（ただし、このテーマに関する研究の歴史には奇妙な空白期間があり、その背景には、そうした研究から得られた知識が商業目的に悪用されることへの具体的懸念と、人間の得体の知れなさに対する漠とした恐れがあるようだ）。

意識にはこの閾下知覚のことはわからない。それは、それが閾下の現象だからにほかならない。しかし、錯覚やその他の日常的現象を観察すれば、私たちの経験が感覚のシミュレーションであることがわかる。情報を処分し、それによって感覚情報を解釈するプロセスは、その解釈が意識に上るはるか以前に起きている。私たちの心の営みは、その大半が無意識のうちに行なわれている。しかも、フロイト流の抑圧の結果としてだけではなく、正常な機能として、だ。

意識は内側から理解できる。ただしそうすると、意識は、感じたままを経験していると言い張る、なかば偽りの閉じたシステムということになる。錯覚の事例からわかるとおり、真実がそれほど単純であろうはずがない。意識は外からも捉えられる。しかし、そうすると今度は、経験した現実を表す完全で一貫したイメージが、意識に供される大量の情報から最終的にどうやって生まれるのか、理解しがたくなる。内から見た意識と外から見た意識の関係は、重大きわまりない問題なのだ。

人間の意識の持つ複雑度は非常に大きい。意識は相当な「深さ」を持つ現象だ。生み出される過程で大量の情報が処分される。意識の特徴は、非常に大きな複雑度を持ちながら、情報内容が少ない点にある。

物理学者のチャールズ・ベネットは、対象物の生成に伴う計算時間で〈論理深度〉を定義した。計算時間が長ければ長いほど深度は大きくなる。深さは、処分された情報量を表すからだ。情報の処分には時間がかかる。大理石の塊から美しい彫像を解き放つには時間がかかるのと、ちょうど同じだ。ならばいよいよ、こう問わざるをえない。「意識を生み出すのにも時間がかかるのか。経験する前に感覚情報をあらかた処分するには、時間がかかるのか」と。

答えはイエスしかない。とすれば、真に問うべきなのは、どれぐらいの時間がかかるか、だ。これは、非常に切迫した問題でもある。なぜなら、私たちは絶え間なくものを感じ、(ほぼ)四六時中意識があるからだ。したがって、意識に時間がかかるのなら、意識はつねにいくらか遅れていることになる!

なんとも奇妙な考えではないか。私たちはリアルタイムで生きているのではなく、外の世界の事物を、時間差を置いて経験しているというのだから。もちろんそのおかげで、あらゆる錯覚を把握し、〈結びつけ問題〉をすべて解決する時間が得られる。言い換えれば、脳内の無数の経路を通じて様々な方法で処理される多種多様な感覚データを、一つの世界、一つの経験、一つの対象物にまとめ上げることができる。しかしそれはとりもなおさず、私たちの経験が虚偽であることを意味する。なにしろ私たちは、意識に上る経験が実際より遅れていることを感じないのだ。

閾下知覚があるからといって、必要計算時間の問題が軽減されるわけではない。閾下知覚からわかるのは、意識されるよりずっと多くの感覚情報が、最終的には私たちの意識に影響を及ぼしうるということだ。もしドナルド・ブロードベントの〈フィルター説〉が正しければ、事はそれほど深刻でなかっただろう。最後に意識に残るわずかな部分を除いて、ほかの感覚データをばっさり切り捨てればいいだけになる。しかし、閾下知覚の見地そのものが、ブロードベントの〈フィルター説〉を否定している。すさまじい勢いで脳に流れ込む数百万ビットもの感覚情報の大半は、何らかの形で間違いなく処理されている。現に、意識はそのかなりの部分にアクセスできる——注意を払う気になりさえすれば。もっとも、感覚器官に事前予告をするわけではない。注意の対象は瞬時に切り替えられる。これは、大量の情報が、間断なく即時処理されていればこそできることだ。

頭の中のコンピュータには、計算時間が絶対必要なはずだ。それは避けようがない。意識は現実より遅れる。

唯一の疑問は、どれだけ遅れるかだ。まったくもって穏やかならぬ疑問ではないか。

脳自体についても、脳が情報を処分する仕組みについても、まだ十分解明されていない現状では、この問いには答えようがない。理論のうえでは、まだ答えが出せない。

しかし、私たちにこうした疑問を抱かせたものとは別の科学の分野によって、じつは答えが出されている。しかもそれは、すでに一九八三年から知られている。その答えもまた、問いに劣らず穏やかならぬものだ。

意識はどれだけ遅れるか？　〇・五秒だ！

第三部　意識

第九章　〇・五秒の遅れ

アメリカの神経生理学者ベンジャミン・リベットが投げかけた疑問は、じつに目のつけどころがよいものだった。その出発点となったのは、ドイツの神経生理学者ハンス・H・コルンフーバーとその助手リューダー・デーッケによる発見だ。この発見自体、驚くべき内容であり、デーッケはその成果を盛り込んで博士論文を書いた。コルンフーバーとデーッケは、データ収集・処理のための近代的手法を利用して、二人が『『自発的』事象に先立つ神経系内の生体電気現象」[1]と呼ぶもの、すなわち、何の変哲もない手の随意運動と、脳に現れる電気的パターンとの関連性を調べた。

一九二九年、オーストリアの精神医学者ハンス・ベルガーは、被験者の頭皮に電極をつけて頭蓋骨の外側の電気活動を測定すると、脳の活動状況がわかることを発見した。この手法はEEG（脳波記録法）と呼ばれ、それを用いると、アルファ波をはじめとする様々な脳波パターンをたどることができる。そして、たとえばアルファ波が出ていれば、被験者が安静状態にあることがわかる。

コルンフーバーとデーッケは、覚醒や睡眠といったおおまかな状態だけでなく、もっと具体的な現象を研究できないかと考えた。そこで、被験者が動作を行なっていることがEEGからわかるかどうかを調べた。神経細胞は電気によって活動する。神経細胞、つまりニューロンの状態は、細胞膜の内と外の電位差によって決まる。ニューロンが刺激されると、電位が変化する。この変化はニューロン内を伝わり、さらにはシナプスを経

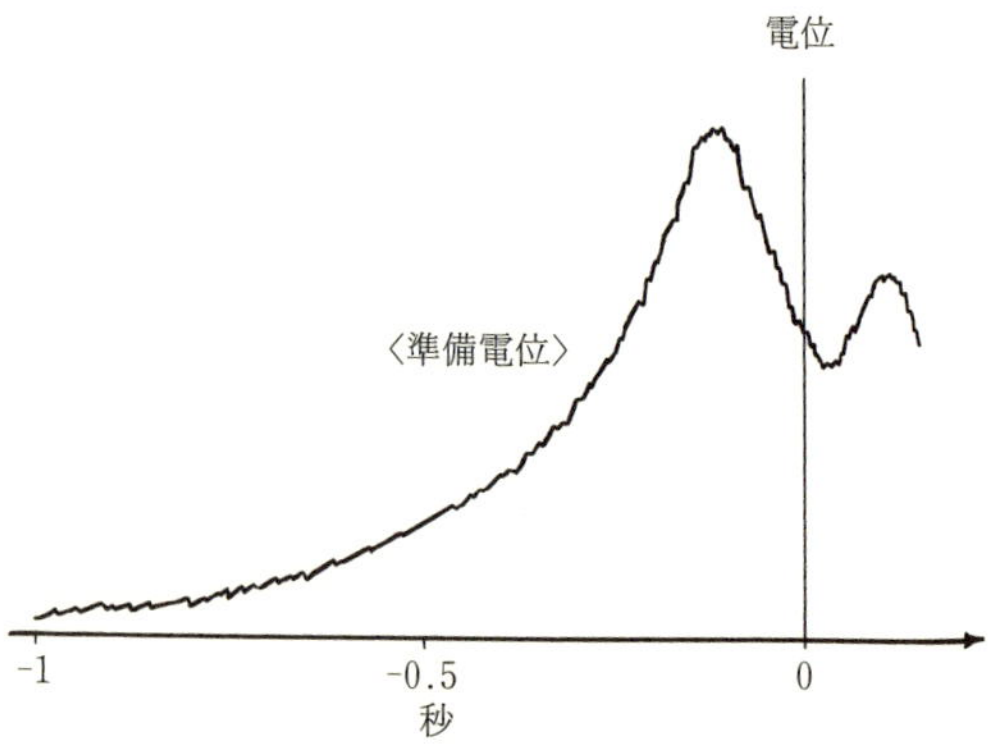

図31　〈準備電位〉——動作が行なわれる一秒前に、脳の電場に現れる変化（コルンフーバーとデーッケに基づく）

て他のニューロンに達する。ニューロン間の実際のコミュニケーションはおもに化学的に行なわれるが、ニューロン自体の言語は主として電気的なものだ。しかし、多数の神経細胞が活動しなければ脳の電場の変化として現れないため、ＥＥＧではごくおおざっぱな測定しかできない。しかも、頭蓋骨越しに測定せざるをえないという難点がある。

　コルンフーバーとデーッケは、膨大な数の実験データを加算することでこの問題を解決した。二人は被験者に、指を曲げるなどの単純な動作を何度も繰り返すよう指示した。それから、ＥＥＧ測定値をすべて足し合わせた。動作をしたときに特別な脳波が現れていれば、測定値を数多く加算することでシグナルが増幅される。しかし、シグナルをかき消さんばかりのノイズは、測定値を加算しても増幅されない。ノイズはランダムなものだから、互いに打ち消し合うのだ。

　二人はこの手法を使い、手や足を動かすといった単純な動作に先立って脳内に活動が見られることを明らかにした。このとき脳が示す反応、すなわち動作の準備が行なわれていることを示す電位変化を、二人は〈準備電位〉と呼んだ（図31）。この電気的パターンの変化は、脳の神経細胞（二人の実験では大脳皮質の、いわゆる補足運動野の神経細胞）が活動したことを示している。[2]〈準備電位〉が存在するというのは理にかなっている。脳が、ある動作をどのように実行するかを計算することで準備しているのだ。ただ一つ奇妙なのは、その発生のタイミングだった。当然ながら、〈準備電位〉は準

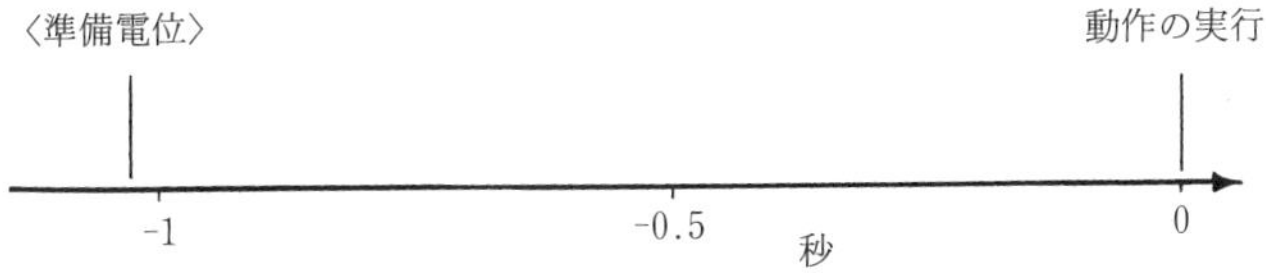

図32　〈準備電位〉は動作の一秒前に現れる

備の対象となる行為に先立つ必要がある。しかし、コルンフーバーとデーッケが立証したほど準備に時間がかかるというのはどうも不自然だ。実験結果はまるまる一秒だったのだ（図32）。（実際の平均値は〇・八秒なのだが、最大一・五秒という事例も記録されている。）これは長い。

二人が記録したのは、刺激に対する反応ではなく、被験者自身が起こした自発的行為だ。被験者は自分で決めて指を曲げた。ところがその一秒前には、脳が行為に備えている徴候が現れた。「一九七〇年代から、この線に沿って考えるようになりました」[3] ベンジャミン・リベットは、コルンフーバーとデーッケによる〈準備電位〉の発見を背景にして発した問いについて、こう語っている。この疑問は、リベットがサンフランシスコのカリフォルニア大学医療センターで神経生理学の教授として行なっていた研究の一環として投げかけたものだった。

その後何年もたち、この研究を終えて答えを出してから、リベットはその疑問をこう表現した。「〈準備電位〉が発生してから自発的動作を行なうまでに長い間隔（平均約八〇〇ミリ秒）が空くことから、自発的動作を行なおうという衝動も同じ程度までさかのぼって意識されるものなのかという、きわめて重大な疑問が提起される」[4]

言い換えればこうなる。指を動かすといった単純な行為が、筋肉が活動する一秒も前から脳内で始まっているとしたら、私たちがその行為の開始を意識的に決定するのはいつなのだろうか。

ほんの少しでも考えてみれば——リベットがすでに疑問を提示してくれたおかげで、簡単なはずだ——わかるのだが、〈準備電位〉と日常生活での実体験を比べると、何かがひどくおかしい。

指を曲げるにせよ爪先をくねらせるにせよ、私たちが動作を決意してから実行するまで一秒もかかりはしない。絶対にかからない。一秒は非常に長い。一秒の経過はわけもなく感じることができる。何かに手を伸ばしたり、ネコを蹴飛ばしたりするとき、決意から行動まで一秒はかからない。かかっているならそれと気づくはずだ。

したがって、決意を意識するのが、〈準備電位〉の発生と同時であるとは考えられない。そうでないと、決意から行動までほんとうに一秒かかることになる。(もちろんそういうことはままある。何年もかかる場合も多い。しかし、ここで言っているのは、指をパチンと鳴らすといった類いの行為を、自発的に、やりたいからやる場合の決意なのだ。)

というわけで、自己観察をもとに考えれば、〈準備電位〉の発生と同時に決意が生まれるという可能性は除外していい。実体験に照らせば、何らかの行為を意識的に決意するのは行為の直前だと考えるほうが、ずっとしっくりくる。まるまる一秒ではなく、〇・一秒前ぐらいだろうか。

しかし、それはそれで、一見底の知れぬ問題を含んでいる。指を動かそうと決意する前に脳が始動しているのなら、人間に自由意思があると言えるだろうか。

私たちがショーの開始を決める前からショーが始まっていることになる。演ずることを決意する前から演技は始まっていることになってしまう！　これもまた、どう考えてもうまくない。この点をリベットはこう表現している。「行為を行なうという意識のうえでの意図もしくは決意が自発的事象を始動させるのだとしたら、この意図の主観的経験は、行為を生み出す脳内プロセスの開始に先立つはずだ。あるいは、少なくとも一致するはずである」[5]

自由意思を行使するとき、私たちは意識的に自らの行動を決意している、という考え方を多少なりとも普通の日常的な感覚で理解するなら、決意する一秒前に決意が実行され始めていることなど、当然あってはならない。

このように、決意の意識がいつ生じるのかという疑問には、明白な答えが見あたらない。答えが見つからず、しかも不思議でならない疑問があるとしたら、科学実験を行なう十分な理由となる。こうして、リベットは実験に着手した。彼の実験は単純そのものだったが、そこからは画期的な結果が得られた。被験者は、気が向いたときに指を曲げるか、あるいは手を動かす、という簡単な動作を行なうよう指示され、それを実行した。

リベットの実験

その過程で何が起きるかを調べるため、リベットと同僚のカーティス・グリースン、エルウッド・ライト、デニス・パールは、かなりの数の装置を用意した。そして、手の電気活動を測定することで、手や指が動いた時点を記録した。また、被験者の頭に取りつけた電極を通して、〈準備電位〉が現れ始めた瞬間を記録した。さらに、行為の実行を意識的に決意したときに、それを被験者に報告してもらった。この三種類のデータがあれば、それらを比較することで、決意の意識が生じる時点と、〈準備電位〉が現れ始める時点との時間的関係を突き止められる。

三番目、つまり決意を意識した瞬間をどう測定するかは論議を呼ぶ部分であり、実験の生命線でもあることはリベットも承知していた。彼は、意識の研究においては新参者ではない。じつは、世界ですでにこのテーマに関して本格的な実験を行なったことのある、数少ない神経生理学者の一人だった。

リベットは、意識の研究を始めた一九六〇年代なかば以降、意識が一次的現象であることをきわめて明確に認識してきた。意識をほかの何かに、たとえば測定可能な脳の属性などに還元することはできない。人は意識のうえでの決意を経験するが、その経験について語れるのは本人をおいてない。何か「客観的に」測定できるものと関連づけて意識を調べることはできない。

意識は意識以外の何物でもない、とリベットは悟る。「意識的経験とは、物体や事象を自覚することと理解されますが、これを経験できるのは本人だけであって、外から観察する者にはわかりません」したがって、「行動にどんな徴候が現れていようと、それが本人の確固たる内観的報告を伴うものでなければ、意識的で主観的な経験の現れと見なすことはできません」つまり、意識ある経験をしているかどうかは、本人がしていると言わないかぎり、はたからは知りようがない。

「これは、行為が適切かどうかとか、行なっている認知的・抽象的な問題解決プロセスが複雑かどうかなどとはまったく関係がありません。そうした行為やプロセスはすべて、本人が自覚しなくても無意識のうちに実行しうるものであり、実際、実行していることが頻繁にあるのですから」行為が意識的であるように見えるだけでは足りない。本人がその行為の経験を意識しているのでなければ、意識が介在しているとは言えない。

だから、被験者の意識については、本人を通してしか知りようがない。被験者に尋ねるほかない。ところが、いつ腕を曲げる決意をしたかと尋ねても、あまり厳密な答えは得られない。時機の特定はどう考えても無理だ。「今です」と答えるのにも時間がかかる。

そこでリベットは別の方法を思いついた。被験者をテレビ画面の前に座らせる。画面には、時計の秒針のように円を描いて動く点が映っている。ただし、普通の秒針と違って、六〇秒ではなく二・五六秒で一周する。これを使えば、決意を意識したときに点が時計のどの位置にあったかを尋ねることで、その時機を特定できる。普通の時計の場合、文字盤の1から2に秒針が進むには五秒かかるが、リベットの時計では約〇・二秒なので、かなりの正確さが期待できる。

検証のために一連の対照実験を実施した結果、この方法での時機特定が有効であることが確認された。すなわち、被験者の時機特定能力を確認するため、皮膚を刺激して感じた時間を判断させたところ、この方法が実

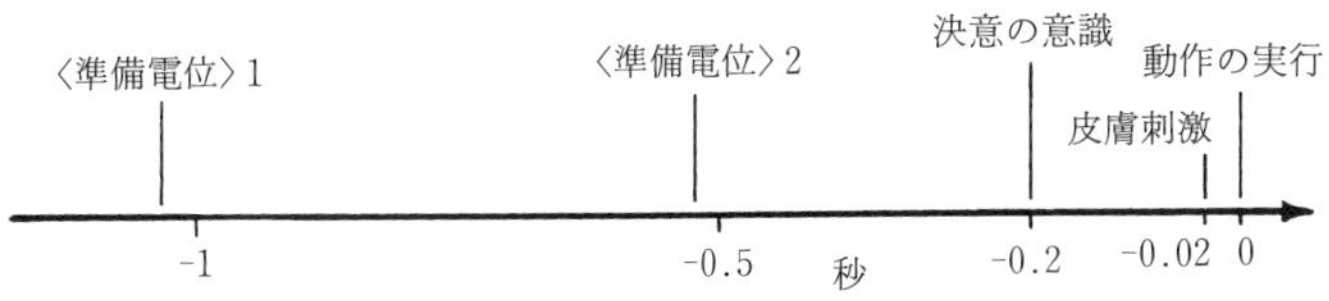

図33　ベンジャミン・リベットが測定した意識の遅れ——動作は0秒の時点で実行される。時機特定*における被験者の個人的傾向を確認するための実験では、皮膚刺激は平均-0.02秒で感じられた。発作的ではなく事前に考えて動作を行なった場合、実行の1秒前に〈準備電位〉が見られた。発作的に動作を行なった場合、〈準備電位〉は実行の0.5秒前に確認された。図の-0.5秒の時点だ。しかし、実行しようという決意が意識されたのは、ようやく-0.2秒になってからだった。つまり、意識的に選択したはずの行為を、すでに脳が実行し始めていることに意識が気づくまでには、0.3秒以上かかっていることになる（リベットに基づく）

＊(訳注)　皮膚刺激を感じた時機の特定　本実験のように、二つの感覚刺激に同時に注意を払う場合、注意の主要な対象となる先行する認知課題（この場合で言うと文字盤の注視）が、もう一つの刺激（皮膚刺激）の認知に影響を与えることがある。そのため、実際に刺激が与えられた時点より若干早めの時機を被験者が答える傾向が見られた。本実験では、ここで得られた傾向を勘案して、決意を意識した時点のデータを修正した。

際かなり正確であることがわかったのだ。

点に円運動させるのは、実験心理学における古典的手法だ。ドイツの心理学者ヴィルヘルム・ヴントは、一九世紀にこの方法で反応時間を調べた。この装置は〈ヴントの複雑時計〉と呼ばれている。(6)

リベットの実験は次のように進められた。まず被験者は快適なラウンジチェアに座り、リラックスするように指示される。合図とともに時計の文字盤中央に目を向け、点がぐるぐる回るのを見ながら、好きなときに指を曲げるか手を動かすかする。被験者には、実際にそうしたくなるまで、つまり衝動や決意や意図を感じるまで待つことを強調しておく。(7)被験者はそうした衝動を感じるまで待ち、それからそれに従う。同時に、動かそうという衝動を感じた瞬間の、時計上の点の位置を記憶しておく。

この方法により、リベットは三種類のデータを手に入れた。被験者が行為を行なう決意を意識的に下した時点と、実際に実行した時点、そして〈準備電位〉が現れた時点だ（図33）。実験は、一九七九年の三月と七月に、二〇代の学生五名を対象に実施された。「その正確さには驚きました」と、リベットは一〇年以上前の実験を振り返る。結果は首尾一貫しており、実験データの分析からは有意な結論が得られた。比較検証のため、皮膚刺激を感じた瞬間を特定させる実験と、自分が実際に動作を行なったと思う瞬間を特定させる実験を行なったが、その結果と、決意を意識した瞬間を特定させた結果は、いずれも統計的に見て矛盾のないものだった。

結果に疑問の余地はなかった。〈準備電位〉が動作の〇・五五秒前に現れ始めたのに対し、意識が始動したのは行為の〇・二〇秒前だった。したがって、決意の意識は、〈準備電位〉の発生から〇・三五秒遅れて生じることになる。言い換えれば、脳の起動後〇・三五秒が経過してから、決意をする意識的経験が起きたわけだ。

数字を丸めれば（データの出所が明らかな場合はさしつかえなかろう）、自発的行為を実行しようという意図を意識するのは、脳がその決定を実行し始めてから〇・五秒たった後という結論になる。

つまり、三つの事象が起きている。まず〈準備電位〉が発生し、ついで被験者が行為の開始を意識し、最後に行為が実行される。

行為を実行したいという欲求が意識的に感じられるかなり前に、脳はその行為を開始している。ただし、意識が行為の実行に先立つことにちがいはない。

「脳が行為の開始を、あるいは少なくともその準備を『決める』のが先であり、その後でそうした決意が生じたという報告可能で主観的な自覚が起きることは明らかだ」と、リベットと同僚たちは結果をまとめた論文に書いている。彼らはさらに続ける。「結論を言えば、本実験で調べたような自由意思による自発的行為でさえ、脳レベルでは無意識のうちに始動しうるのであり、また、現に通常、始動しているのだ[8]」

その数年後のリベットの言葉を借りれば、こうも言える。「以上のことから、あらゆる意識的かつ自発的な行為が行なわれる五〇〇ミリ秒程度前には、特別な無意識の脳プロセスが始動していると考えられる[9]」

なんと、私たちの行動は無意識のうちに始まっている。自分で意識的に行動を決意したつもりでも、実際はその〇・五秒前から脳は動き出している。意識が行為を始めているのではない。無意識のプロセスが始めているのだ。この結論を聞いても、異を唱えようと躍起にならない読者がいるとしたら、奇妙な話だ。この結論は、人間はかくあるべしと私たちが日頃思い描くイメージと、真っ向から対立する。私たちは意識に欺かれているわけだ。

何をするかは私たちが決められる、と意識は言う。しかし、どう考えても、意識は水面に立ったさざなみ程度の存在にすぎない。実際には意のままにできない物事を掌握しているふりをして、いい気になっているだけだ。意識は、決定を下すのは自分で、自分が私たちの行動を引き起こしている、と主張する。しかし、実際に決定がなされるときは、その場にいもしない。意識は遅れてやって来るのに、そのことを黙っている。意識は自らを欺いている。だが、意識の持ち主たる私たちを欺かずに自分自身を欺くことなど、可能だろうか。意識の自己欺瞞は、私たち自身の自己欺瞞にほかならないのではないのか。

想定される反論

いや、ここではあまり熱くならないようにしよう。こうした実験には、曖昧でうさん臭いところがたくさんあるに決まっている。自分のものとばかり知覚してきた存在のいっさいが自己欺瞞の上に成り立っていると結論づける前に、考えられる疑問を吟味してみる必要がある。

たとえば、まず第一に、こう反論できる。この実験では、意識が生じたことをいつ感じるかを調べているにすぎない。もちろん、プロセスを始動させるのは私たちの意識だ。ただ、そのことにしばらく気づかないだけだ。

なるほどそうかもしれない。だが、意識せずに意識的決断を下すなどということがありうるだろうか。けっきょくのところ、意識が興味深いのは、それが一次的だからだ。決意したことを意識していないが、決意したことは確かなら、それが意識的決意だったとどうして言えるだろう。

意識は一次的現象であって、意識的経験を通してしか評価や測定ができない。だからこそ、意識の有無を決める基準は意識以外にありえないという事実から、私たちは目を背けてはならない。何かを意識していないのなら、それを意識してはいない（ジュリアン・ジェインズの言うとおり、私たちには自分の意識していない時間がどれぐらいあるのか知りようがない）。実際これは、意識というものを考えるときに必ず思い出すべき判断の拠り所だ。つまり、意識があって初めて意識ができる。しかも、容量を考えれば、意識される量はたかが知れている。

だが、第二の反論がある。実験の被験者は、行為の衝動を感じた後で、画面の点の位置を確認するのに約〇・三秒かかったのであり、そう考えればこの現象も説明がつくはずだ、と。しかし、だとしたら、皮膚への刺激を感じた時点と実際に筋肉を動かした時点の特定を、被験者がきちんと行なえた事実をどう説明すればいいのだろうか。このリベットの実験をとってみても、実験心理学の歴史を振り返ってみても、〈ヴントの複雑時計〉は精査し尽くされた手法であり、信頼できる結果を生み出している。皮膚刺激の実験からは、リベットが過去に行なった皮膚刺激認知の研究から予想されるとおりの数値（実際の皮膚刺激の約〇・〇二秒後）が記録されている。

第三の反論として、どう見てもこの結論は妙だ、と言うことができる。人間の反応時間は〇・五秒よりはるかに短い。熱いものに触れて指を引っ込めるのに、〇・五秒もかかりはしない。だから、自由意思で指を動かすのに、〇・五秒もかかるはずがない。自発的に何かするほうが、外からの刺激に反応するより遅いとは、はなはだおかしいではないか。ところが、そんなことはない。刺激への反応は意識的なものではないからだ。私たちはまず指を引っ込め、それから「あちっ！」と思うのであって、その逆ではない。反応時間は、意識的に行動を起こすのに要する時間よりずっと短い。

第四の反論はこうだ。意識というのはおもに、劇場に行く、あるいは本を読むといった、頭を使う物事を扱うものであり、そういうことを行なうのなら、一秒どころかずっと前に間違いなく決意できる。もっともな意見だ。たしかに重要な決断の大半は、長い長い検討の末に下される。買い物に行こうと決めるときは、出かける前に自分の決意を意識する時間が十分にある。とどのつまり、リベットの実験は、(手を伸ばすというような)私たちが始終下している類いのすぐに実行される決意が、ほんとうに意識的なものなのかどうかについて何かを語っているにすぎない。だが、それが意識と無関係だというなら、私たちはどうやって店にたどり着くのだろうか。

ならば、第五の反論がある。「そもそもこの結論のどこが変だというのだ? 意識自体が脳活動の産物だとしたら、意識が生じる前に脳活動が始まっていてどこもおかしくないではないか」実際、始まるほかない、とつけ加えてもいい。それに対する答えは、まさにそのとおり、だ。意識が自由に空中を漂っているのでもないかぎり、必ず脳内のプロセスと結びついているはずであり、そのプロセスは必然的に、意識が生じる前に起動しなければならない。意識がそのプロセスを始動させるのではない。意識があって初めて意識ができるからだ。

このことから重要な事実が浮かび上がる。意識が物質的基盤を持つものであって、脳の活動によって引き起こされると考えるなら、意識が先に現れることは絶対にありえない。意識が生じる前に、何かが始動していなければならない。奇妙に思えるとすれば、始動してから決意を意識するまでに時間がかかりすぎる点だけだ。ここで再び第一の反論を考えてみよう。プロセスを始動するものが意識でないなら、意識がすべてを掌握しているとは言えないではないか。意識があって初めて意識できるのであって、退屈すぎて私たちが意識しない脳プロセスの結果として意識が生まれるのなら、意識がすべてを取り仕切っているはずがない。

この点から、私たちの意識観に問題があることが浮き彫りになる。心と体は一体だと考えるなら(そして、精神と肉体がかけ離れた別世界に属しているという心身二元論的見方をとらないなら)、意識が先でありえないことは明白だ。リベットの実験は心身を全体論的に捉えたものでもなければ、その当然の帰結でもない。行為の実行を意識するのが、脳の始動する〇・五秒後だということを告げているにすぎない。もちろん、意識が先にくることなどありえないという結果があらかじめ決まっていたことに、実験を終えてから気づくというのはおもしろい話だ。とはいえ、ほんとうにここまで遅れる必要があったのだろうか。

第六に、ノーベル賞受賞者で二元論者のジョン・エクルズのように、人間は信じがたいほど巧妙にできているのだ、という反論もできる。行為を始動させるのは断じて〈準備電位〉などではなく、私たちの意識である、ただし意識は、必ず一瞬前に〈準備電位〉が現れたのを見計らって行動を開始させる、というわけだ。エクルズはこの仮説によって、精神と物質をまったく異なる存在と捉える自らの二元論を救った。いわば、時刻表は乗客の到着時刻を決めるだけで、乗客が電車に乗ること自体を決めるわけではない、と言うのに近い。エクルズ説の問題点は、その論拠となる一連の前提が、既存の技術では検証できないことだ。

エクルズ説をとるなら、たとえば次のような前提に立つ必要がある。まず、脳内の電場にはある種の周期的変動があり、電場が変化するちょうどそのときに行動を起こすと都合がいい。〈準備電位〉の場合と同様だ。そうした周期的変動があれば、意識は脳内の電気的変化の波に乗ることを選び、脳波にただ乗りすることができる。その結果、行為が始動され、その時機が、波のスタートからちょうど一秒後に相当する。意識が脳波でサーフィンをするのだ。

なんと精妙な理論だろう。エクルズはこう結論づける。「自発的に行動を開始しているという内観的経験が幻想にすぎないとする見方に、科学的根拠はない[10]」私たちの意識が決めるのは、行為を行なう時機ではなく、行為を行なうことのみというわけだ。たしかに、意識はそのことを持ち主に教えたりしないが、少なくとも命令を発しているのは間違いない。ただ、正確なタイミングまでは選ばないというだけだ。

この仮説でリベットの発見は説明がつく。しかしそれはまた、〈準備電位〉をそっくり偽りの現象として片づけることでもある。意識はちょうどそうした脳内変化が起きたときに選択的に活動するために、〈準備電位〉というものがあたかも存在するように見えるだけだということになってしまう。

この反論は、原理的には正しいかもしれない。脳波の背景ノイズについて（今は測定できないが）いつかもっと理解が深まれば、意識は乗れる波があるときにはいつも行動の開始を選ぶことがわかる可能性もある。したがって、決意の前に必ず波があるからといって、決意が後から来るという結論は出せない。

しかし、この論法にも、前もって脳波をすべて監視していなければ意識が始動できないという問題がある。「意識はあらゆる脳波を監視する必要がありますが、脳内の雑音量、把握しておくべき脳波の数が膨大なことを考えると、それはありえません」とリベットは言う。波に乗るのを決めるのが意識だとすれば、意識は脳波を意識しているはずだ。ところが、指を曲げるだけの単純化された実験でさえ、私たちはこの背景活動に気づかない。だとしたら、日常のごたごたの中で意識が脳波のすべてを把握するなど、どうしてできるだろう。なにしろ、今ここではまるまる一秒という長い時間を問題にしているのだ。

エクルズの説明は実際はぞっとするほど入り組んでいて、なにやら惑星の運行を周転円で記述しようとした中世の天動説を彷彿させる。宇宙の中心は地球ではなく太陽だというコペルニクス説が提起されるや、たちまち脇に押しのけられたあの理論体系だ。

エクルズのもののように、論理的には一分の隙もない反論が科学実験に向けられるのは珍しくない。むしろ、科学の歴史を振り返ればごく普通のことだ。どんな実験にも盲点はある。だから、一つの実験の評価は、論理的な分析ばかりでなく、その実験に即した観察の積み重ねにも基づいて行なわれる。それに、人の頭の中で起きていることの大半は意識されないという説を支持する、非常に強力な根拠はまだある。きっかり〇・五秒にわたって意識されないという証拠が。

前述の反論の多くは、一九八五年に『行動科学と脳科学』誌上に掲載された、リベットの実験結果をめぐる徹底的な議論から引いてきた。[11] この雑誌は情報の宝庫だ。重要な分野の総説の後に、その分野のほかの科学者からの反応が次々に続く。これを見れば、科学文献では通常あまり公に行なわれない議論を、部外者が概観することができる。議論が行なわれている分野の支配的な風潮をうかがい知ることができる。リベットの実験をめぐる議論は、『行動科学と脳科学』誌の歴史のなかでもきわだって刺激的なものであり、そこでは、熱狂的賞賛から怒りを含んだいらだちまで、ありとあらゆる反応が見られた。

すでに述べたように、デーッケとコルンフーバーの大発見、つまり〈準備電位〉の発見がリベットの実験の土台となった。当のデーッケによるリベットへの論評には、次のような一節が見られる。「補足運動野における〈準備電位〉の『前意識的』発生なるものが仮にあるとしても、神経学者にさしたる動揺はない。神経学者は意識下の様々な脳活動を熟知しているし……なぜ系統発生（生物の進化）が意識を生み出したのかと自問しているからだ。答えは、データ削減のため、だ。内観法に限界があるのはそのせいである。内観がうまく機能しないことがありうるが、内観によって到達できないものがすべて超自然的だということにはならない」[12]

さて、リベットの実験結果だが、奇妙なところはあるかもしれないが、超自然的なものは何一つない。それでもデーッケは、そこから「形而上的」要素を残らず取り除きたいと考えた。[13] リベット自身は、「形而上的」なものの存在をいっさい否定している。（一般に科学界では、科学的手法では研究できずに推測するしかない現象を、ことごとく「形而上的」という言葉でくくってしまう。）言葉の調子からして、デーッケがリベットの実験結果を快く思っていないのは想像にかたくない。

コルンフーバーとデーッケの研究からリベットが抱いた疑問は、たしかに目のつけどころがよかった。以後人々は、同じことを思いつく者がなぜほかにもっといなかったのかと首をひねってきた。

もちろん思いつく者はいた。だが、実験を行なって追究する者はなかった。いや、実際にはいたのだろうか。科学の歴史を振り返るとよくあるように、このきわめて重要な実験も繰り返し実施された。ただ、リベット以外は、結果をあえて科学文献に発表するほど、この問題を真剣に捉えていなかっただけだ。

〈誘発電位〉の研究で昔からよく知られているフィンランドの心理学者リスト・ネーテネンは、一九八五年の誌上討論に次のような言葉を寄せた。「まず、私自身が一〇年以上前に行なった試験的研究のいくつかから判断して、リベットの実験のデータ基盤は信頼に足るものと確信している。〈準備電位〉が発生してから実際の行動が起きるまでには、かなりの時間がかかる。ところが、反応時間実験で調べるような予告なしの運動反応でさえ、刺激開始後ずっと短時間で起きる。当時この事実に頭を悩ませた私は……T・イェルヴィレヒトと試験的実験を行ない、脳の〈準備電位〉発生源の『裏をかく』ことを試みた。つまり、読書に集中している状態から、『だしぬけに』思い立って反応スイッチを押す、というものだ。こうすれば、動作に先立つ〈準備電位〉は発生しないか、発生してもきわめて短時間のはずだと考えた。ところが、思いがけぬ結果が出た。被験者は、スイッチを押すという不意の自発的衝動に（即座に）従ったと感じていたにもかかわらず、依然として、かなり長時間にわたる〈準備電位〉の存在が確認されたのである」[14]

これとは別の驚異的先例をリベットに教えてくれたのは、アメリカの著名な心理学者アーサー・ジェンセンだった（黒人のアメリカ人は白人のアメリカ人より遺伝的理由から知能が低いとする説を一九六〇年代に発表して悪名を得た、あのジェンセンだ）。彼は一連の反応時間実験を行ない、〇・二五秒というごく正常な反応時間を得た。しかしジェンセンは、わざと遅く反応している被験者がいるのではないかという疑念を抱いた。どうやら彼らは、ジェンセンがこの実験結果を何に使うか知れたものではないと思っているらしい。ごまかしがないかどうかを確かめるため、ジェンセンは、反応を少しずつ遅らせてみてほしいと頼んだ。ところが、誰一人それができなかった。反応を〇・二五秒より遅らせようとしたとたん、値は最低でも〇・五秒に跳ね上がってしまう。ジェンセンはわけがわからなかった。リベットの実験のことを耳にするまでは。

リベットはこう語る。「ジェンセンは私の所にやって来ると、言ったんです。『おかげで私の突拍子もない実験結果の説明がつきましたよ』と」リベットは嬉嬉としてこの話をしてくれた。人間はとてつもなくすばやく反応できても、その反応をわざと少しだけ遅くはできないことを、ジェンセンの実験が如実に物語っていたからだ。無意識的な反応よりも少し反応を遅らせようとすると、意識的に反応しなくてはならない。そうすると、ずっと遅れてしまうのだ。[15] だからこそ、すばやく行なう必要のあることは、無意識のうちに行なわれる。意識は、それより少しだけゆっくり行なうということができない。ずっと遅くしかできない。なぜなら意識とは、急ぐ必要のない場合に用いられるものだからだ。

リベットの実験（続き）——意識は遅れて知覚する

リベットの実験はほかの科学者によっても追試され、同じ結果が出ている。リベットの結論に冷めた目を向ける科学者がやってみても、結果は同じだった。一九九〇年、ミュンヘンの神経心理学者Ｉ・ケラーとＨ・ヘックハウゼンは、リベットの結果を再現する研究内容を発表した。決意の意識が生じたのは、〈準備電位〉発生の〇・二六七秒後だった。

ただし二人は、リベットの解釈には納得していない。通常は無意識のうちに進行する何かに被験者が気づいたためではないか、というのが二人の説明だ。「内的プロセスを内観で監視するようにと指示されたために、被験者は『動きたい』という感情を知覚したのである」[16] つまり、ケラーとヘックハウゼンによれば、リベットの実験に現れた意識はとうてい「本物」とは言えず、擬似意識であって、考慮に値しないというのだ。

この議論は、リベットの実験を支える決定的に重要な根本原理との訣別を意味する。その原理とは、人が何を意識しているかは、そもそも他人がとやかく言える問題ではないし、また、人から意識を取り上げることもできない、というものだ。誰かが、指を曲げる衝動を意識したと言っている以上、その意識が偽物であるなどと他人が言い立てることはできない。意識は一次的現象であって、実験者にそれをあげつらう権利はないのだ。

より平易に言うならこうなる。実験者の指示があったために、通常なら気づかないような感情に被験者が気づいたのだ、と主張する者がいても（実際、人間はほとんどの場合、とくべつ意識せずに指を曲げている）、たいした問題ではない。重要なのは、意識的行為を行なっていることを被験者が自覚している事実、そのうえでこの意識的経験を他の測定結果と関連づけうるという事実だ。どのような科学理論にのっとろうと、人の経験を本人から取り上げるようなまねをしてはならない。それをしてしまったら、意識ではなく何か別のものを調べていることになるからだ。

とはいえ、ケラーとヘックハウゼンの反論自体はさほど重要でないにせよ、二人の実験結果は非常に重要だ。なにしろ、リベットの結果が再現されたのだ。事実上、これはリベットの実験の細部に不手際がなかったこと、彼が誤った結果を得たと見なすべき証拠は存在しないことを意味する。第三者が実験を追試して同じ結果が出せるのなら、もとの実験は信頼するに足る。

意識の遅れについては、実験によるかなり強力な裏づけがある。この遅れが、私たちの常識に大きな哲学的問題を突きつけることは間違いない。しかし、そうした観念的な問題を持ち出す前に、時計を三〇年前に戻し、何がきっかけでリベットは意識が遅れる度合いを調べることになったのか、本人に尋ねてみよう。「とくべつ何かあてがあったわけではありませんが、〇・五秒の遅れを発見したとき、これは重要に違いないとすぐにピンときました」今や七〇代のリベットは、一九六〇年代に幸運な機会を得て成し遂げた発見について、そう語る。「それで、この問題を追究することにしたのです」

その結果、人間が何かを感じるのは、大脳皮質が電気インパルスで最低でも〇・五秒間刺激された場合に限ることが判明した。それより短い刺激は、まったく感じられないのだった。

もちろん人間は、脳を電流で刺激されるような構造にはなっていない。進化のおかげで避けられるようになったことがあるとすれば、それは脳をいじられることだ。

ただし、そうした刺激に対する防御は破られる場合もある。頭蓋骨を開くことは可能だ。脳外科手術は人がおもしろ半分に行なうものではない。一九六〇年代には、慢性の痛みや、パーキンソン病による制御不能の激しい震えを軽減するため、現代人の目から見ればそうとう荒っぽい方法が開発された。患者の頭蓋骨を開き、脳に発熱体を挿入する。そして、発熱体を摂氏六〇度まで熱して神経細胞群を破壊し、慢性の痛みなどの深刻な苦痛を和らげるというものだ。この種の脳手術の第一人者が、サンフランシスコのマウント・ザイオン病院の外科医で生理学者の故バートラム・ファインスタインだった。ファインスタインは、手術で生まれる絶好の機会を活用して人間の機能を研究することに同意し、良き友人であるリベットが手術室に入るのを許した。当時リベットは、カリフォルニア大学サンフランシスコ校の医学部で研究していた。「ファインスタイン以外の外科医だったら、あんな機会は与えてくれなかったでしょう」とリベットは語る。「脳外科医のほとんどは、患者の頭を開いて閉じることにしか関心がありませんから。中身を調べることには興味がないのです」

だが、ファインスタインはリベットに中を見せてくれた。「脳に何をすれば患者が『それ、感じます!』と言ってくれるのか、私は知りたかったのです」

リベットは、ファインスタインの患者のむき出しになった脳に、短い電気刺激を与えた。手術時間の延長が最小限ですむよう、実験は入念に準備されていた。手術と実験が行なわれる間、患者には完全に意識があった。実験は、全面的に本人の同意を得て行ない、出血も痛みも伴わなかった。

そうは言っても、あまり気持ちのいい研究とは思えない。他人の脳に手を出す権利などあるのだろうか。かわりに動物で同じ実験はできないのだろうか。

「人間にできても動物にはできないことが一つあります。質問に答えることです」とリベットは説明する。一九九一年春のある午後、サンフランシスコのパーナッサス街にあるカリフォルニア大学医療センターを訪ね、リベットが自由に使っている小さなオフィスでインタビューした折のことだった。このときリベットは名誉教授で、もはや現役の教授ではなかったが、ファインスタインの患者の研究で得た手がかりをあいかわらず追究していた。というのも、「この感覚はどのように感じられますか[17]」と患者に尋ねたとき、いくつかじつに興味深い答えを受け取ったからだ。

ここが肝心な点だ。重要なのは、患者の反応を客観的に観察することだけではない。患者自身がどう思ったか、それについて何を語れるか、を知ることだった。内側から見た脳と外側から見た脳を比較するのだ。

内観や自己観察で人間の機能を理解するのは至難の業であることが、一九世紀にヘルムホルツやフロイトなどの先駆者によって明らかにされた結果、多くの科学者が内観への興味を失った。意識や自覚は重要研究テーマのリストから外れた。人が自分自身について語ることは信頼できないからだ。心は自らを内側から理解することができない。そのため、多数の学者が外側からのみの研究を選び、心が活動している客観的徴候を観察するというのが科学の主流になった。

しかし、信頼できないからといって、主観的経験が人間の生活から消えてなくなるわけではない。むしろ、生きていくうえで、今起きている物事を主観的に経験することほど重要な行為はあまりない（それ以上大事なものなど何もないとさえ思えるかもしれない）。

とすれば、重要きわまりない問題が手つかずになっている。つまり、外側から見た心の機能と内側から見た心の機能との関係だ。客観的に記録される事象と主観的に経験される事象との間には、どんな関係があるのだろうか。前者をもって後者を判断するという誘惑に駆られることなく、この問題を提起したところに、リベットのまさしく天才的な閃きがあった。動物では用をなさないのも、このためだ。動物は自分の主観的経験についてまったく、あるいはほとんど、フィードバックをしてくれない。

リベットは早くも一九六五年に、内側から見た心と外側から見た心の関係を測定する方法を入念かつ体系的に検討し始めた。主眼を置いたのは内側から見た心だ。意識的経験は一次的現象であって、別の何かに還元することはできない。「何かに気づいているのを主観的もしくは内観的に経験しているかどうかが、意識的経験の有無を判断する最も重要な基準である」[18]リベットは、ファインスタインの患者を使った研究の背後にある考え方をまとめた文章に、そう記している。言い換えれば、彼は患者から経験を取り上げたくなかったのだ。人が意識的経験として知覚するものにじかに到達できる者は本人しかいない。意識を研究する際に知りたいことは、まさにそれ——内側から見た心だ。

外から見れば、心は脳でできている。そこでリベットは考えた——脳を外側から刺激したら、内側では何が経験されるのだろうか。目でも耳でも脊柱でもなく、脳を刺激したらどうなるか。直接、しかも電気インパルスという脳自身の言語を使って。感覚器官経由という通常のルートで刺激したのでは、刺激が主観的経験に変容するまでの過程で何が起きるのかがわからない。

大脳皮質に電気刺激を与えると、身体的反応や手足がむずむずするなどの感覚が得られることが、一九世紀末に患者の観察を通して明らかになっている。負傷兵や実験動物を対象にした初期の野蛮な（そして、評判の悪い）[19]研究以来、電気刺激は脳を調べる非常に重要な方法となった。一九三〇年代、ワイルダー・ペンフィールド率いるモントリオールの研究者グループは、大規模な研究に着手して大勢の患者を調べ、体の各部に対応する皮質領域の正確な位置を特定した。その結果、体の各部からの情報を受け取る皮質上の部位と、同じ部分を動かすのに使われる部位、そしてそれら各部位の大きさを示す脳地図ができ上がった（図34）。この地図を見ると、脳内で大きな領域を占める体の部分がわかる。大きい順にいうと、口、手、顔、足、そして生殖器で、役割こそ違え、生存に欠かせないものばかりだ。

体の触覚に関連する脳領域に電気刺激を与えると、体に触れられた、という感覚が生まれる。人間には、皮質への刺激を感知する触覚がない。通常は頭蓋骨が刺激から脳を守っているからだ。脳への刺激はけっしてないのだから、それを感知する生物学的な意味がない。頭蓋が開かれているとしたら、ほかにもっと憂慮すべきことがあるわけで、感覚皮質への刺激で爪先がうずくかどうかなど考えていられない。皮質は何も感じない。したがって、知覚のうえでは、脳のどこを刺激してもそれは体に投影される。私たちはその刺激を、脳へのものではなく体へのものとして経験する。大脳皮質へ電気刺激を加えると、感覚器官への刺激によって引き起こされる皮質ニューロン活動に相当する結果が得られる。皮膚が刺激されたのか、脳そのものに電流が流れたのか、脳自身には区別できない。どちらも、皮膚の刺激感として知覚される（ただし、刺激された脳領域に皮膚触覚の中枢が含まれている場合に限る）。電気信号は脳の言語なのだ。

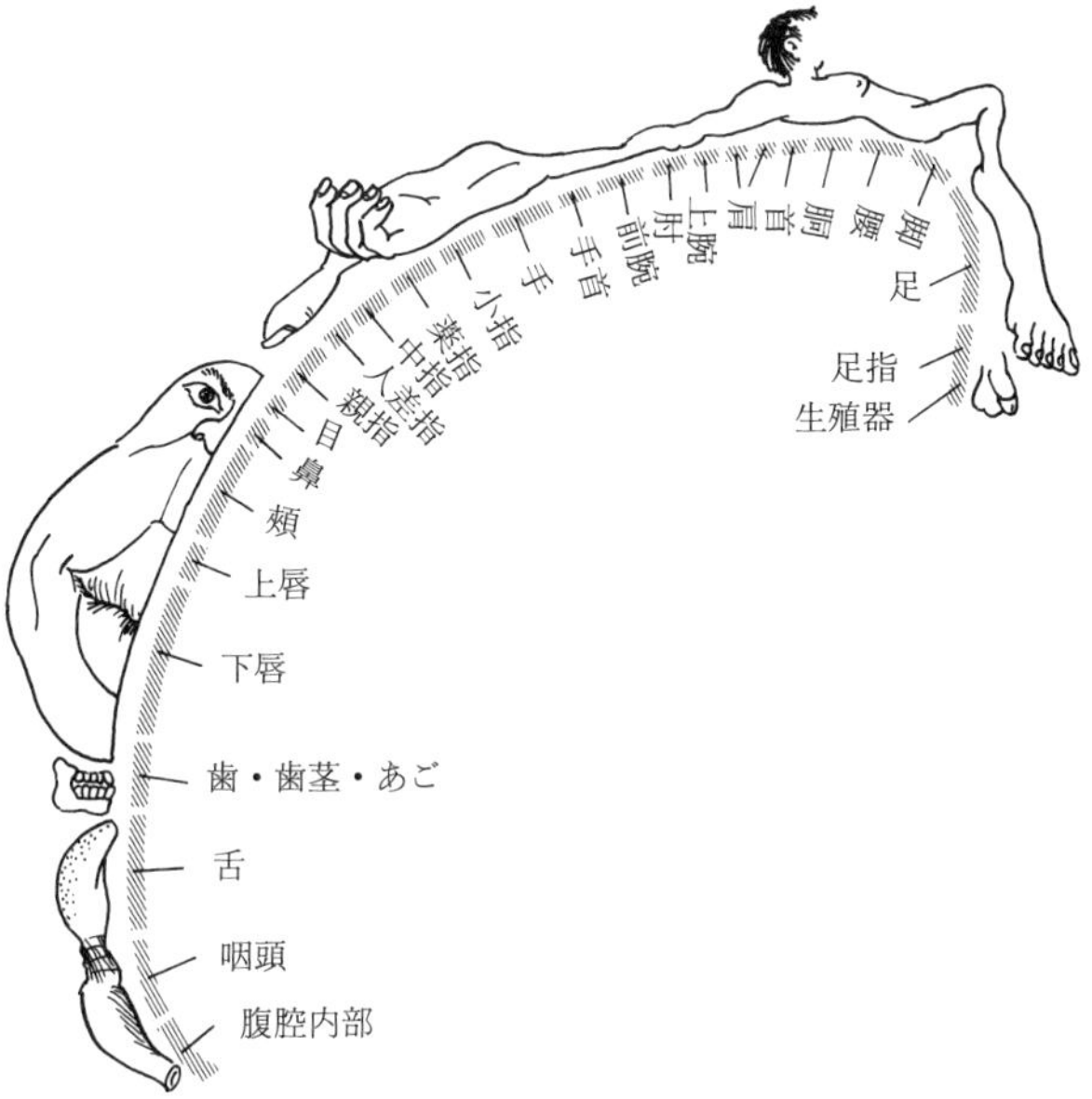

図34　体の各部との対応を示した脳地図――皮質は体の各部から情報を受け取るが、皮質上で必要とするスペースは必ずしも均等ではない（ペンフィールドらに基づく）

　リベットは電気刺激を用いることによって、脳を外から刺激しながら、頭蓋を開かれた意識ある患者にそのときの感覚を尋ねることができた。患者には、皮膚触覚に関連する皮質領域に、短い電気パルス（電気ショック）を与えた。個々のパルスは千分の一秒未満というごく短いものだったが、それを「パルス列」として与えた。つまり、刺激を繰り返し、最長数秒間にわたって与え続けたのだ。「ただどうなるか知りたかっただけで、とくべつ何かあてがあったわけではありません」とリベットは説明する。ところが、驚くべき重大な結果が得られた。皮質への刺激時間が〇・五秒に満たないと、患者は何も感じなかったのだ。「何も感じないと言うのです。パルス列が〇・五秒以上持続すれば何かを感じるほど強いパルスだったのに。何か重要なことに行き当たったのだと、すぐにピンときました」

というのも、刺激されたのが皮膚なら、何か感じるまでに当然〇・五秒もかからないからだ。五感への刺激は、それがごく短いものでもきちんと感じられる。ではなぜ感覚皮質は、私たちが何か経験するまでにこれほど時間を要するのだろうか。

リベットはこう解釈した。皮質への刺激は、〇・五秒間持続して初めて感覚として意識される。感覚器官への刺激は、皮質内に一連のニューロン活動を引き起こし、その一連の活動のおかげで、〇・五秒後に刺激が感覚として意識される。

この説明は奇妙だ。皮膚への刺激は即座に感覚として意識されるではないか。刺激に気づくまでに〇・五秒の脳活動が必要とは、どういうわけだろう。

皮膚を刺激すると、脳内で電気活動が生じる。この電気活動は、リベットがファインスタインの患者の脳に与えた電気刺激に相当する（そして、患者には両者の区別がつかない）。〇・五秒持続しない電気刺激が感じられないのだとしたら、脳への電気刺激と、感覚器官経由で引き起こされる脳活動とが同等だと、どうして言えるだろうか。皮膚への刺激は瞬時に感じられるのに、その刺激を感じさせるための皮質内の活動が最低〇・五秒必要だとは。

「この実験結果は、じつに厄介な含みを持っている」と、生理学者のブルース・ブリッジマンは書いている。

「皮質が〇・五秒間刺激されなければ意識的感覚が生じないのだとすると、意識はどうやって『リアルタイム』を保っているのか。我々が外界の事象から〇・五秒遅れて生きているわけでないことは明らかだというのに[20]」

一九七九年、リベットと同僚たちは、感覚皮質への直接刺激と皮膚への刺激を比較した研究結果を発表した[21]。研究の目的は、皮膚に与えた刺激を感じるのがいつかを調べることだった。刺激を受けたときか。それとも、感覚皮質の神経細胞が〇・五秒の活動を終え、感覚が意識に反映されるときだろうか。

その驚くべき答えはこうだ。たしかに、感覚皮質で〇・五秒間活動が持続しないと意識は生じないかもしれないが、主観的にはもっと早い時点、つまり実際に皮膚が刺激された時点で被験者は刺激を感じるのだった。意識は遅れるのに、主観的には遅れたように知覚されない。

この注目すべき発見の背景には、一九六七年にリベットが同僚とともに発表した研究がある。感覚器官が刺激されると、脳には〈誘発電位〉が生じる。脳の電場に変化が起こり、それがEEGで確認できる。通常のEEG測定では、頭蓋骨の外側に電極をつけるため、脳波の微妙な変化は捉えられない。しかし、微弱な刺激の後に生じる〈誘発電位〉を測定したかったリベットは、ファインスタインの患者の脳表面に直接電極をつけた。その結果、皮膚にごく弱い刺激を与えると、意識的感覚は生じなくても、〈誘発電位〉が発生しうることがわかった。つまり、脳は刺激を感じているのに、意識はそれを知らされなかったことになる。刺激をもっと強くするとやはり〈誘発電位〉が生じるが、その場合は意識も生まれる。

これは、閾下知覚が起こりうることを示す、きわめて強力かつ直接的な証拠だ。脳が皮膚への刺激に気づいても、意識がそれに気づかないことを、リベットは実証できたのだ。

さらに、刺激に注意するように言っても、患者は意識的感覚を報告できなかった。それでも、〈誘発電位〉は発生し、脳がその刺激を感知していたのがわかる。「この事実は、いわゆる『閾下知覚』に何らかの生理学的基盤が存在する可能性を示唆しているとも受け取れる[22]」リベットと同僚たちは、一九六七年に『サイエンス』誌にそう書いている。

この実験でリベットは、感覚皮質を直接刺激することもできた。その結果、電気刺激の短いパルス列は意識されないのに対し、長いパルス列は意識されることが確認された。これは、ファインスタインの患者を対象にした最初の研究結果と一致する。こうしてリベットは、脳が外界からのメッセージを受け取ると二通りの反応が現れることを発見した。一つは、ＥＥＧでは記録されるものの自覚されない脳波の変化、もう一つは、〇・五秒持続すると自覚される電気活動だ。

脳波の変化を引き起こすだけの刺激は、自覚されるとはかぎらない。強さや長さが十分で、最低〇・五秒の電気的活動を引き起こす刺激だけが意識に上る。もともとの皮膚への刺激は、ごく短時間のものであっても、感覚皮質に一連の活動を引き起こし、その〇・五秒後には意識される。

こうして、例の興味深い疑問をファインスタインの手術室で調べるお膳立てが整った。つまり、〇・五秒間の脳活動の後に意識される皮膚への刺激が、主観的にはいつ感じられるのか、という疑問だ。私たちが刺激を経験するのは、刺激されたときか、それとも〇・五秒が経過してからか。

この疑問を解くため、リベットはじつに巧みな実験を考案し、それが一九七九年の発見につながった。彼は被験者の感覚皮質領域を刺激して片方の手にチクチクした感じを生じさせる一方で、もう片方の手の皮膚を刺激したのだった[23]。こうすれば、患者に「最初に何か感じたのはどちらですか。右手ですか、左手ですか」と尋ねさえすればいい。患者は「左が先」「右が先」あるいは「同時」と答える。

実験の段取りを工夫し、刺激の順序、つまり感覚皮質が先か皮膚が先かという順序と、間隔を変えられるようにした。

実験の間、患者も観察者も、どちらの刺激が先に与えられるかを知らされなかった。こうした刺激を何度も繰り返した後、統計の専門家デニス・パールが、個々の刺激が自覚されるまでの時間を分析した。

この仕立ての巧妙さは、患者に求める答えがたった一ビット――右か左か――である点にある（厳密に言えば、「同時」という第三の選択肢もあるので約一・六ビットとなる）。こうして、感覚の経験という漠然とした行為が、順序を識別してそれについて語るという、意識が得意とする行為に煎じ詰められた。経験した瞬間を特定するという困難きわまりない問題も、人間に備わった二つの手に生じるチクチクした感じを比較することで解決された。

リベットの予想では、刺激が皮膚からのものであれ感覚皮質からのものであれ、経験されるまでには感覚皮質で〇・五秒の活動が必要という結論が示せるはずだった。左手の皮膚を刺激するのと同時に、右手に対応する皮質部位を刺激したとすれば、左手への刺激のほうが後に感じられるはずだった。なにしろ、経験が意識されるまでには〇・五秒が必要なのだ。

ところが、予想は裏切られた。右手に対応する感覚皮質を刺激してから〇・四秒後に左手の皮膚に刺激を与えた場合でも、患者は「左が先」と答えた。なんとも奇妙な結果だ。感覚皮質への刺激を意識するには、〇・五秒かかる。皮膚刺激の場合も、同じようなもののはずだ。刺激が感じられるまでには、何らかのニューロン活動が必要だからだ。それなのに、わずか〇・一秒の間に、皮膚への刺激が感覚皮質への刺激の前にこっそり割り込むことができた。

リベットは仮説の修正を迫られた。皮膚への刺激を感じるまでに〇・五秒の脳活動が必要であるという見方を断念するほかないのか――だが、それはやりたくなかった。そうでなければ、仮説の枠組みを広げるしかない。

リベットは、意識的経験が生じるには〇・五秒の脳活動が必要という見解を改めるのは、あまり気が進まなかった。この見解には強力な裏づけがある。皮膚を刺激した〇・二秒後に皮質に強い刺激を与えると、皮膚への刺激のほうはまったく感じられないことを、リベットはすでに実証していた。[24] 皮膚感覚が意識されるまでに

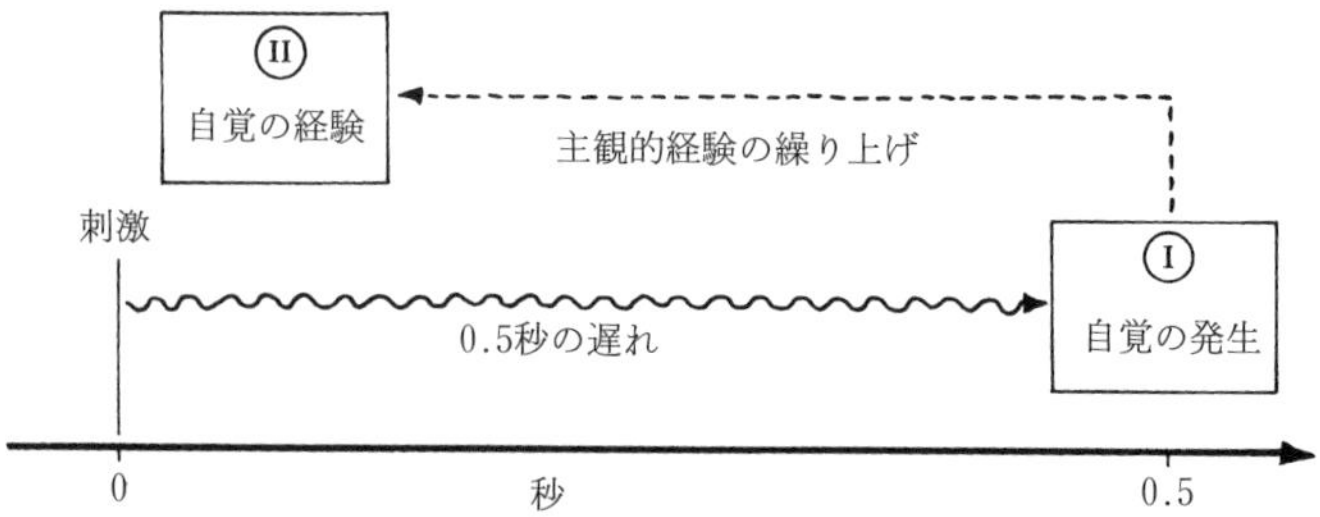

図35　0.5秒の遅れ――皮膚を刺激すると皮質内に一連の活動が引き起こされ、それが0.5秒後に意識につながる。しかし、主観的には、意識が刺激の直後に生じたかのように経験される。主観的経験が、時間をさかのぼって繰り上げられたためだ（リベットに基づく）

〇・五秒かかるからこそ、後から感覚皮質を刺激した結果として皮膚刺激が感じられなくなるとしか考えられない。

そこでリベットは仮説をさらに発展させた。脳による皮膚刺激の記録には二つの側面があり、一方が時間を記録し、もう一方が意識を生じさせる、というものだ。一九六七年の研究からわかるように、脳が反応するとEEGで測定した脳波パターンに〈誘発電位〉が現れる。これは、皮膚への刺激が弱すぎたりして自覚されない場合も同様だ。この〈誘発電位〉自体は意識につながるわけではないが、皮膚刺激の直後、およそ〇・〇二秒後に発生する。

新しい仮説はこうだ。自覚は皮膚を刺激してから〇・五秒後に生じる。しかし、あたかも脳が〈誘発電位〉を示した時点で生じたかのように経験される。主観的な時間の繰り上げが起こり、自覚はまだ始まっていないが脳が無意識のうちに反応した瞬間に、皮膚刺激が起きたように、意識のうえでは経験される。この瞬間は、皮膚刺激を自覚した時点より、皮膚刺激が与えられた時点に近い（図35）。主観的経験が時間的に繰り上げられる結果、EEGで〈誘発電位〉が記録された瞬間に意識が始動したように感じられる。この主観的感覚は、皮膚が実際に刺激されてから約〇・〇二秒で生まれる。自覚が生じるのに必要な〇・五秒よりずっと早い。EEGに現れる変化という、タイムマーカーの役割を果たす〈誘発電位〉現象自体が、自覚を生じさせるわ

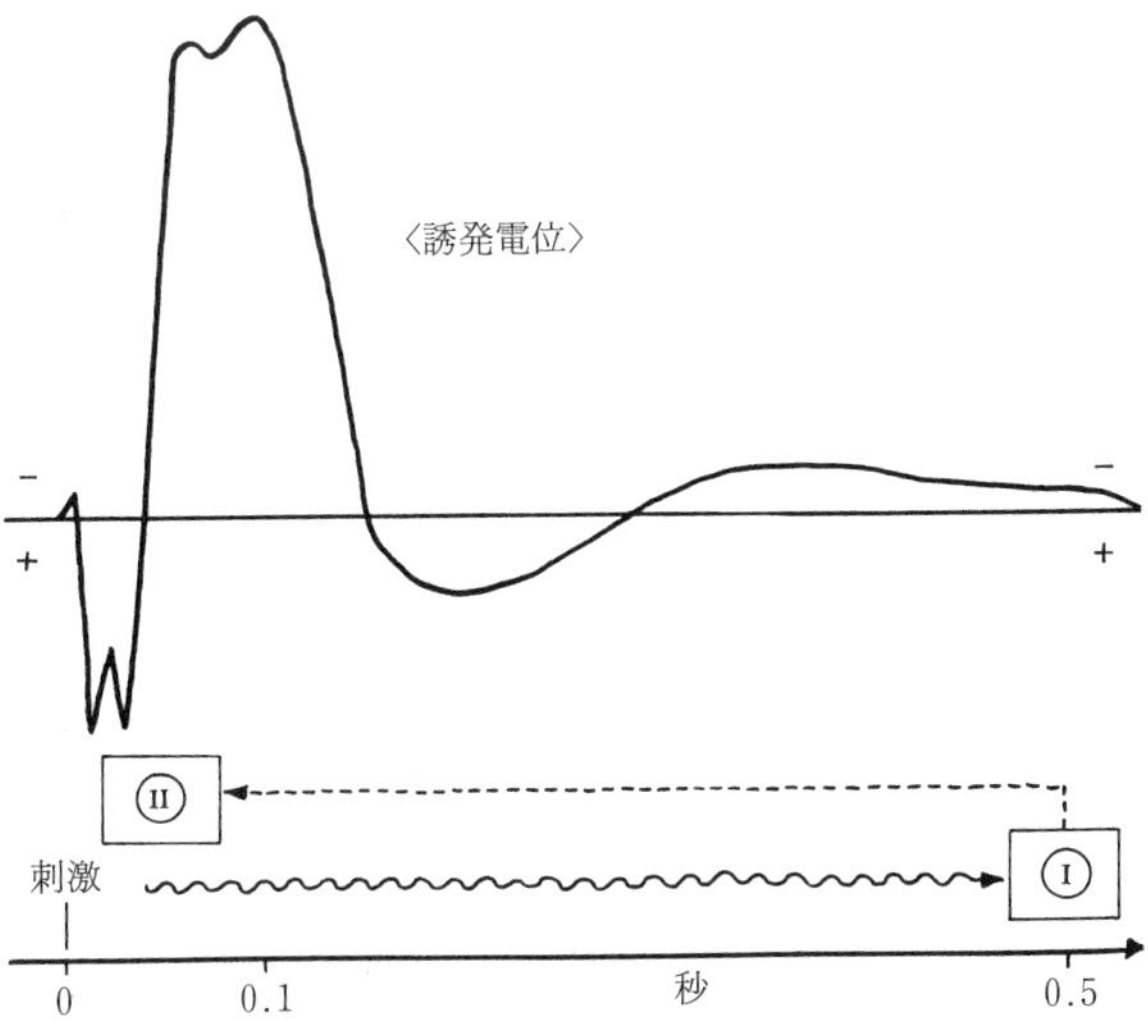

図36　脳の電場には、皮膚が刺激された直後に〈誘発電位〉が現れる。それ自体は意識につながるわけではないが、皮膚が刺激された時点を判断するための指標として使われる（リベットに基づく）

けではない。脳の電気活動が〇・五秒間持続してはじめて、自覚が始まる（図36）。

言い換えれば、感覚皮質への刺激が体に投影されるのとまったく同じように、意識的経験が時間をさかのぼって投影されるのだ。

つまり、私たちの経験は偽りということになる。経験する前から経験していたように経験されるからだ。しかし、このごまかしには利点もある。私たちが知りたいのは、いつ皮膚がチクリとしたかであって、いつそれを意識したかではないのだ。

一方、感覚皮質への刺激にはこのような時間の繰り上げは起きない。刺激は〇・五秒経過してから、そして、刺激開始の〇・五秒後に、感じられる。主観的時間の移動が起きるのは、感覚器官や皮膚への本物の（そして生物学的に見て実際にありうる）刺激だけであり、大脳皮質への刺激などという不自然な現象は、こうした編集の対象にはならない。

以上がリベットの仮説だ。しかし、仮説を立てるのと実際に観察するのとは話が別だ。自説の妥

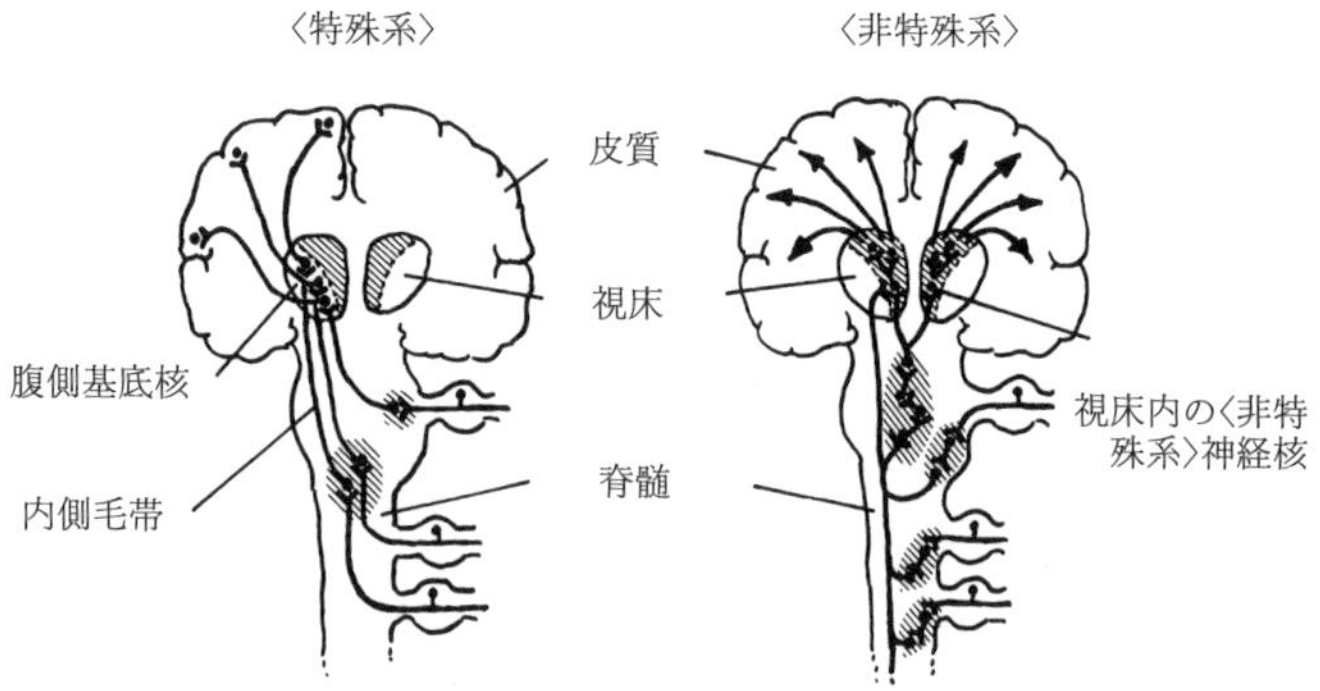

図37　〈特殊系〉と〈非特殊系〉。〈特殊系〉は、体の特定領域と皮質の特定領域とをつなぐ。その途中で、視床の腹側基底核という部位を通る。〈非特殊系〉は視床で全身からの情報を集め、情報はそこから大脳皮質全体に送られる

当性を検証するため、リベットはじつに巧みな実験を考案した。「対照実験で検証されていなかったら、あの結論を発表する勇気はなかったでしょう」リベットは何年も前のことを振り返ってそう語る。

哺乳類の場合、感覚信号はまったく異なる二つの経路を通って皮質に達する。一方の経路は系統発生的に非常に古く、人間以外の様々な動物も持っている。もう一方は新しく、主として人間とサルに見られる。古いほうは〈非特殊系〉として知られ、新しいほうは、五感のうちそれぞれ一種類からの信号を脳の特定領域に運ぶことから、〈特殊系〉と呼ばれる[25]（図37）。

リベットの実験の狙いは、次の点を突き止めることにあった――皮質のすぐ下にあって〈特殊系〉の経路である視床の特定領域を刺激したら、何かを感じるまでにどれぐらいの時間がかかるのか、そして、いつ経験したものと感じるか、だ。

この方法の巧妙なところは、視床の当該領域への刺激が、皮質への刺激と同様に不自然で異常なものであり、何かが経験されるまでにはやはり〇・五秒間の刺激を要する点にある。それでいて、この領域を刺激すれば、EEGで記録した皮質の脳波パターンに〈誘発電位〉が現れる。つまり、〈特殊系〉の経路にあたる視床の特定領域を刺激すると、EEG測定値から判断するかぎり、皮膚

刺激を受けたように見えるものの、〇・五秒の刺激が必要という点では皮質への刺激と同じなのだ。

視床への刺激は、主観的な時間経験の点でも皮膚刺激と似た結果を生む、とリベットは予想した。とはいえ、これはあくまで不自然な刺激であり、〇・五秒以上持続しなければ感じられない。このように、視床を刺激すれば、皮膚と皮質への刺激が単純には比較できないという問題が克服される。リベットは、どちらの刺激も意識されるまでに〇・五秒のニューロン活動が必要と考えた。しかし、皮膚を刺激した場合、刺激自体は非常に短くても〇・五秒続く一連の脳活動を引き起こすという点が、皮質への刺激の場合と異なる。視床への刺激は皮質への刺激に似ているが、皮膚を刺激した場合と同じ結果がEEGで測定する脳波パターンに現れる点だけが違う。

したがって、「この仮説は視床への刺激にも当てはまるのか」と問えば、意識が生じる前に主観的時間が繰り上げられるという見解を検証することができる。実際に当てはまるなら、患者は視床が実際に刺激されたときにそれを感じるはずだ。たとえ、最低〇・五秒持続しなければ刺激が意識的感覚にはならないとしても、だ。[26] 〇・五秒に満たない刺激はけっして意識されることはないが、それ以上持続すれば刺激が始まったときに始まったように経験されるのだ。

皮質への刺激の場合は、こうした奇妙な事態は起きない。刺激は、〇・五秒が経過してから、〇・五秒後の時点で始まったように経験される。それ以前ではない。

つまり、主観的時間知覚の繰り上げ説を検証するには、この現象が皮膚刺激の場合と同様、視床への刺激でも起きるか否かを調べればいい。結果は、起きる、だった。ファインスタインの患者は、視床が刺激された時点でそれを感じた。正確に言えば、〈誘発電位〉の発生時点に相当する、刺激自体の〇・〇二秒後だった。

時間の繰り上げは証明された。

リベット実験の余波

神経学者サー・ジョン・エクルズと哲学者サー・カール・ポッパーは、名著『自我と脳』の中でこう書いている。「この時間の繰り上げ手続きは、いかなる神経生理学的プロセスをもってしても説明不可能と思われる」[27]驚愕したのはエクルズとポッパーだけではない。多くの哲学者が、一九七九年の研究結果が誤りであることを証明しようとしてきた。

パトリシア・チャーチランドは著書『神経哲学』（一九八六）の中でこう述べた。「エクルズとリベットによれば、心的事象が、その原因となる脳状態に時間的に先行することを、実験データが示しているという」[28]だが、リベットはそんなことは主張していない。[29]ただ、そのように経験される、と言っているだけだ。

ほかにもこの結果をめぐっては、自己矛盾あるいは的外れ[30]という評価や、あらかじめ何もかも決まっているのだから、人間が自由意思を持たないことの証明だ、[31]という見解など、様々な反応があった。しかしいずれも、リベットが私たちに突きつけた奇妙な経験を無効にするほど強力ではない。

リベットのデータを実際に解釈しようとする試みの一つに、時間軸の上に意識を正確に位置づけることなど、どだい不可能だ、という見解がある。これは、物理学者ロジャー・ペンローズが著書『皇帝の新しい心』の中で提唱したものだ。ペンローズは同書でリベットの一九七九年の実験結果を要約し、そのうえでこう書いている。「意識について考えるとき、時間に関する通常の物理法則を適用すると、とんでもない間違いを犯すことになるのではないか」[32]しかしペンローズは、意識という現象をどう扱えばいいかには触れていない。ただ、きわめて深刻な問題が存在しうることを示すにとどまっている。

意識が経験する時間が一つしかないという観念そのものを捨てるべきだ、という論旨を含む解釈を提案したのは、マサチューセッツ州のタフツ大学のアメリカ人哲学者ダニエル・デネットだ。一九九二年六月、デネットは同僚のマーセル・キンズボーンとともに、『行動科学と脳科学』の誌上討論向けに論文を発表した。そのなかで二人は「多元的草稿モデル」[33]を提案し、意識には一つの絶対的な時間の流れがあるわけではなく、多数の「草稿」が並行して存在する、と主張した。著書『解明される意識』[34]にも登場するこのモデルを使えば、リベットのデータはリベット本人よりうまく説明できる、とデネットは考えた。この見解に対し、リベットは当然ながら異議を唱えている。[35]

デネットのモデルが抱える最大の難点は、意識の草稿が多数並行して存在するという考え方では、人が意識のあるときに経験する明らかな主観的統一感を説明できないことだ。したがって、このモデルは、様々な経験や思考がどのように連係して、「意識が決断している」という幻想を生み出しているのかという、最も重大な問題の答えにもなっていない。

デネットとキンズボーンの見解は、前章で取り上げた〈結びつけ問題〉を出発点としている。デネットがアメリカの意識哲学における有力者であることを思うととくにそうなのだが、〈結びつけ問題〉が生理学者のみならず哲学者にとっても確実に重要テーマとなりつつあることが、二人の研究からうかがえる。外界から受け取る印象の数々は、脳内での処理時間がまったく等しいはずがないのに、どうやって一つにまとめ上げられ、誰もが当然のように享受している、よどみない、統一感のある現実として経験されるのだろう。しかも、人生二〇億秒のうち、一秒たりとも途切れることなく。

リベットが示した意識の遅れは、結びつけ問題を解決する時間的余裕を与えてくれる。外界を経験するまでには少し時間がかかるのだが、私たちはそれにはおかまいなしに時をさかのぼってその経験を過去に置き直すことにより、リアルタイムで世界を経験しているように感じている。哺乳動物は、体外からの信号を「経験者」へと運ぶ特殊なシステムを持つことによって、実際には少し遅れて経験しているにもかかわらず、物事がいつ起きたのかを把握している。

目に盲点があるのとちょうど同じで、私たちは外界を感知する仕組みに欠陥があっても、それには気づかないのだ。意識は遅れ、それを隠すために手を尽くす――自分自身から隠すために。意識は欺く。意識は自己欺瞞だ。だが、それはじつに都合がいい。ともかく、時間があるときには。

画鋲の上に座ってしまった経験があるなら、反応に〇・五秒もかからないことはご承知のとおりだ。こういうときは、まず飛び上がり、それからようやく振り返って考える時間ができる。人は、自分が思うほど意識を使っていない。少なくとも、妙な物の上に座ってしまったときには絶対に使いはしない。

意識とそれが基づく脳内の活動に関するリベットの研究は、大きく二つに分けられる。一つは、ファインスタインの患者に対する一連の実験であり、これが、意識が生じるまでには〇・五秒の脳活動を要するという、驚くべき発見をもたらした。この研究が後に、さらに驚嘆すべき発見へとつながる。すなわち、意識は時間的な繰り上げ調整を行ない、その結果私たちは、外界からの刺激の自覚が、実際は刺激の〇・五秒後に生じるにもかかわらず、あたかも刺激の直後に生じたかのように感じる。

ファインスタイン医師が一九七八年に亡くなると、リベットは新たな手法による取り組みを始めた。健康な被験者の正常な脳波をEEGで調べたのだった。この研究は〈準備電位〉という不思議な現象を出発点とし、行為を行なう意識的決意を意識のうえで経験するのが、脳の始動から約〇・三五秒後であることを明らかにした。

この二組の研究を合わせると、一つの注目すべき結論が浮かび上がる。それは、意識が生じるにはほぼ〇・五秒の脳活動を必要とする、というものだ。これは、感覚経験であれ意思決定であれ変わらない。前者の場合、主観的時間の繰り上げが起きるため、感覚刺激の発生時点で自覚が生じたように感じられる。後者の場合、意識的決意がプロセスの第一段階として感じられ、その前に起きている約〇・五秒の脳活動は自覚されない。

一九九一年、リベットは五名の同僚とともに『脳』誌に研究成果を発表し[36]、意識が生まれるには〇・五秒を要するという仮説と、閾下知覚の存在の両方を、一挙に証明してみせた。

この研究は、ファインスタインの患者と似て、痛みを緩和する目的で脳に電極を埋め込む患者を対象に行なわれた。このような方法で科学を研究するのはなんとも不気味ではないか、と訊かれたリベットは、患者は治療中のいい気分転換になると喜んでいる、と答えた。実際、患者たちが参加したこの実験はなかなか楽しいものだった。自分が電気ショックを受けているかどうかを当てるというものなのだ。といっても、痛みはいっさい伴わない。研究対象となる感覚は、識閾すれすれのものだった。患者は、視床に埋め込まれた電極経由で、長短二種類の微弱な電気刺激を与えられた。短いほうの刺激は〇・五秒に満たず、もう一方はそれより少し長かった。すると、長いパルス列の刺激だけが意識された。次に患者は、特定の瞬間に刺激が与えられているかどうかを推測するよう求められた。

長いパルス列を受けている場合は、刺激されているという意識的経験が生じるのだから、正しく「推測」できたとしても驚くには当たらない。ところが、短いパルス列を受けているときも、やはり正しく推測できた。本人も自覚しない何らかの方法で、患者の生体機構が刺激を検知し、「正しい」推測を導くことができたのだ。刺激の長さが四分の一秒もあれば、患者は理由はわからぬものの正しく推測できた。刺激が〇・五秒続けば、理由を自覚したうえで正しく推測できた。

このことから、意識が生じるには〇・五秒かかるというリベットの主張が裏づけられた。同時に、意識と無意識の違いが、〇・五秒持続するプロセスを伴うか伴わないかの違いであることも確認された。

意識はその持ち主に、世界像と、その世界における能動的主体としての自己像を提示する。しかし、いずれの像も徹底的に編集されている。感覚像は大幅に編集されているため、意識が生じる約〇・五秒前から、体のほかの部分がその感覚の影響を受けていることを、意識は知らない。意識は、閾下知覚もそれに対する反応も、すべて隠す。同様に、自らの行為について抱くイメージも歪められている。意識は、行為を始めているのが自分であるかのような顔をするが、実際は違う。現実には、意識が生じる前にすでに物事は始まっている。

意識は、時間という名の本の大胆な改竄《かいざん》を要求するイカサマ師だ。しかし、当然ながら、それでこそ意識の存在意義がある。大量の情報が処分され、ほんとうに重要なものだけが示される。正常な意識にとっては、意識が生じる〇・五秒前に〈準備電位〉が現れようが現れまいが、まったく関係ない。肝心なのは、何を決意したかや、何を皮膚に感じたか、だ。患者の頭蓋骨を開けたり、学生に指を曲げさせたりしたらどうなるかなど、どうでもいい。重要なのは、不要な情報をすべて処分したときに意識が生じるという事実だ。

実際、リベットの発見した〇・五秒の遅れは、本書の目的にこのうえなくかなっている。なにしろ、チャールズ・ベネットの〈論理深度〉から、意識とは時間をかけねば到達できないものに違いないことが示され、ついでリベットによって、〇・五秒という絶好の材料が与えられたのだ。この〇・五秒で、世界最強のコンピュータ（つまり脳）は一一〇〇万ビットの感覚情報から一〇〜五〇ビットの意識を生み出し、その過程の痕跡を消す。〇・五秒あれば余裕を持ってこなせるはずだ。[37]「数理神経科学」を自称する分野の研究者にとっては、じつに取り組みがいのある理論的問題と言える。手持ちのニューロンは一兆個、制限時間は〇・五秒、そして課題は、一一〇〇万ビットを一六ビットに煎じ詰め、その一六ビットに一一〇〇万ビットを表す地図の役割を果たさせること。原理のうえでは、これを解くには数十年かかるかもしれない。しかし、〇・五秒はこの計算問題の境界条件であり、それがある以上、この問題が解決可能であることは直感的に明らかだ。万事問題はない。

意識の禁止権説と自由意思

だが、自由意思の問題はどうなるだろう。画鋲の上に座ったとき、つべこべ言う間もなく飛び上がることは、この際、脇に置いておこう。リベットの実験結果は、私たちに自由意思はない、と言っているのだろうか。意識以外に、自由意思を行使できるものはありえないのだから。手を伸ばして物を取ることを決めたと思ったときには、すでに脳が活動しているのだとしたら、人間に自由意思があるとは言いがたい。

リベットの〈準備電位〉の実験を振り返ってみると、じつはこれまで話題にしなかったきわめて重要な事実が残っている。たしかに意識が生じるのは脳が動いた後かもしれないが、それは手が動く前でもある。決意を意識してからそれが実行に移されるまでには、〇・二秒の余裕がある。だとしたら、意識はどうにかして実行を中止できるのではないだろうか。

このこと、つまり意識は禁止権を持つ、というのが、リベット自身による自由意思の救済案だ。意識には、行為の実行までにその行為を禁止する時間が十分にある。事実リベットは、そうした禁止メカニズムが働くことを示す実験的裏づけを得ている。被験者が、実行しようと決めた行為を途中でやめたと報告したとき、やはり〈準備電位〉は発生していたが、実際に実行したときと比べると、終わり（すなわち実行する時点）に近づくにつれて電位変化の様子が違っていた。被験者は自分の行為を思いとどまることができた。つまり、自由意思を持っていた。意識は行為を起こすことはできないが、実行をしてはいけないという決断はできるのだ。リベットは自由意思と意識の機能に関する禁止権説を構築した。「個人の責任と自由意思に関連するプロセスは、自発的行為を起こすのではなく、意思決定の結果を選択ないし制御する目的で作動する(38)」

この見解は、たいへん興味深い。歴史的に見ると、とりわけそうだ。自由意思は選択を通じて働くのであって、立案を担っているのではない。自由意思は、環境が自然淘汰を通して生物の進化を方向づけるのに似ており、日常生活における意識的選択の仕方を想像したときに、たいていの人が自然に思い浮かべるように、意識が計画や青写真を作るというわけではない。意識は、脳内の僕《しもべ》に指令を下す高位のユニットではない。無意識が提供する多くの選択肢の中から選りすぐること、それが意識であり、その結果、生じるのが意識だ。意識は提案を退け、無意識が勧める決定を拒むことによって機能する。意識とは、処分された情報、却下された選択肢、「せっかく《ノー》だけれど、けっこう《サンキュー》」なのだ。

意識を禁止権限と捉える考え方はじつに鮮やかで、含蓄に富んでいる。思想史をひもとけば、ダーウィニズムと自然淘汰以外にもこの見解の類縁を見出すことができる。

禁止の原理は、いつの世にも人間の道徳に見られる。「倫理的拘束は、十戒のほとんどがそうであるように、ある種の行為を禁じるものである場合が多い」とリベットは一九八五年に記し、さらにこうつけ加えた。「行動しようという最終的意図が無意識のうちに生じるのならば、体の動きという形での行為の成就は意識的に制御できても、そうした意図が生じること自体を意識的に妨げることはできない(39)」

リベットは、体の動きとしての行為と、心的現象としての行為の衝動とを区別し、行為は制御できても衝動は抑えられない、と結論づけている。この区別はきわめて深遠な意味を含んでいる。してもいいことを説く道徳観と、したいと思ってもいいことを説くものとでは、大きな違いがあるからだ。

リベットはこう語る。「ほかに、フロイトの言う衝動の〈禁圧〉*が作用する仕組みが考えられるでしょうか。行為の衝動と行為そのものの間に違いがないのなら、〈禁圧〉など機能しようがありません。〈禁圧〉のための時間が、どうしても必要なのです」

＊（訳注）不快な、あるいは不都合な観念や情動を、意識から締め出そうとする精神作用。同じような作用をもつ抑圧が無意識的プロセスであるのに対し、禁圧は意識的プロセスである。また、禁圧された内容も、無意識の領域に押し込められるのではなく前意識にとどまるため、思い出すことが可能。

リベットの発見によって援護できるのは、なにもフロイトにとどまらない。リベット自身の宗教も擁護できる。ベンジャミン・リベットはユダヤ系二世のアメリカ人だ。両親はもともとリベッツキーという苗字で、旧ソ連からシカゴへと移住してきた。その後、ベンジャミンの喘息を抑えるのにいいからと、サンフランシスコに移った。

していいことといけないことに関して、ユダヤ教とキリスト教は大きく異なっている。ユダヤ教は禁止的物言いで行ないを説く。殺してはならない、盗んではならない、姦淫してはならない……という旧約聖書の十戒は、ユダヤ教の道徳基盤を成している。一方、キリスト教は心の持ちようについて語る。十戒が禁じる行為のいくつかについては、そうしたいという衝動を持つこと自体を非としている。してはならないことは、実際にしなくても、しようと思うだけで罪となるのだ。

「律法学者《ラビ》のヒレルのことはご存知ですか」禁止権説について話し合っているとき、リベットはそう訊いてきた。「ヒレルはキリストより五〇年早くこう言いました。『自分が人からされたくないことを、人にしてはならない』と。これは、キリスト教の説く『人からしてもらいたいことを、人にもしなさい』よりずっとわかりやすい掟です。キリストの言葉をよく考えてみると、そこから何の意味も引き出せません」

たしかにそうだ。男性が、女性からしてもらいたいことを女性にしようとしたら、嫌がる女性は多いのではないだろうか。

リベットはプリンストン大学のアメリカ人哲学者ウォルター・カウフマンと、その著書『異端者の信仰』を引き合いに出した。カウフマンの指摘によると、キリスト教の神学者たちは、自分がしてほしいことを他人にもせよという教えをなんとか実用的な道徳的指針にしようと、昔から多大な苦労をしてきたという。「このイエスの教えに従って生きようとすれば、我慢ならない厄介者になるしかない」とカウフマンは言う。「ためしに、そこから性的モラルを引き出そうとしてみるといい[40]」

ヒレルが先の言葉を思いついたのは、ある異教徒から、すべてのトーラー、つまり律法を、「片足で立っていられる間に教えてほしい」と言われたときだった。「ヒレルは異教徒に言った。『自分にとって憎むべきことは他者にも行なってはならない。これが律法のすべてである。他はみな注釈にすぎない。さあ、行って学ぶがよい！』[41]」

ヒレルはモーセの十戒すべてを凝縮し、十戒の論理構成とその禁止的性質を生かした一つの言葉にした。道徳とは、何をしてはいけないかの問題だ。やはり、道徳とは何をしたいと思うかではなく、実際に何をするかの問題である、ということになる。

キリスト教が生まれた背景には、こうした視点を排斥しようとする考え方があった。いわゆる「山上の説教」でイエスは次のように語っている。「『あなたがたも聞いているとおり、昔の人は「殺すな。人を殺した者は裁きを受ける」と命じられている。……あなたがたも聞いているとおり、「姦淫するな」と命じられている。しかし、私は言っておく。みだらな思いで他人の妻を見る者はだれでも、既に心の中でその女を犯したのである。……だから、人にしてもらいたいと思うことは何でも、あなたがたも人にしなさい。これこそ律法と預言者である。[42]』」

山上の説教は心の倫理を提起している。隣人の妻と寝てはいけないのはもちろん、そうしたいと思ってすらいけない。欲望を抱くことさえご法度なのだ。「だから、ジミー・カーターはいささか困ったでしょうね」アメリカ政治史でもとりわけ馬鹿げたエピソードの一つを思い出し、リベットは思わず笑いだしながらそう言った。カーターが大統領候補だったとき、『プレイボーイ』誌のインタビューで、浮気をしたことがあるか、と質問され、したことはないが、したいと思ったことはある、と答えた。キリスト教文化の国では論外の発言であり、抗議が殺到した。

山上の説教でもう一つ重要なのが、人からしてほしいと思うことをせよという、いわゆる〈黄金律〉で、これは、何をしてはいけないかではなく、いかに行動すべきかの指針だ。

キリスト教は、正しいことをせよ、悪いことはしたい気になってさえいけない、と説く。ユダヤ教は、悪い行ないをしてはならない、と教える。キリスト教が禁じるのは、間違ったことをしようとする衝動であり、ユダヤ教が禁じるのは悪事を働くことだ。そのうえでキリスト教は、正しい行ないをしなければならない、と説く。

リベットの禁止権説の観点に立つと、ユダヤ教とキリスト教の違いがはっきりする。(衝動が生じたときに、意識はそれを知らされもしないのだから)行為の衝動を意識が制御できないのであれば、自分の衝動や夢に責任を持てというのは無理な相談だ。隣人の妻に欲望を抱いたり、上司を始末したいと思ったりしてはいけないというキリスト教の教えは、リベットが実験から得た知見が正しいとしたら、問題を抱えることになる。意識には欲望を抑えられないからだ。そんなことは科学実験から教えてもらうまでもない、という声もあろうが、それは軽率な発言ではないだろうか。キリスト教が説くのは、ほとんど罪と救済の物語と言える。自らの罪深き心に苦しむ人間が、誘惑の魔手にかかるまいとする、永遠の苦闘の物語だ。カウフマンはこう言う。「キリスト教が道徳の面で成功しなかったのは、キリスト教徒が真のキリスト教徒になりきれなかったからではなく、ほかならぬキリスト教の本質のせいである[43]」人々はこれまでずっとキリスト教のおかげで、罪深い考えを抱くのは自分自身に問題があるからだと、まんまと思い込まされてきたわけだ。

ところが、ユダヤ人の神経生理学者が現れて、自分の理論によれば、意識ある〈私〉には意識に上る衝動を制御することすらできない、と言う。リベットの見解とその実験からは、旧約聖書と新約聖書、ユダヤ教とキリスト教の違いが画然と浮かび上がる。してもいいことと、したいと思っても許されることを区別するのは、ヨーロッパ文化に古くから根づいていた考え方だ。意識ある〈私〉に行為の衝動が抑えられないのなら、隣人の妻を見るたび情欲を覚える者をどうして責められるだろう。それなのに山上の説教は、まさしくそういう者を咎めよ、と説く。

逆の意味で、リベットの発見はユダヤ教の問題点をも指摘している。実行さえしなければ、お互いについて何を思い、何を感じようと自由、という点についてだ。「他人にとって実際に問題となるのは、自分が自らの意志で行動するかしないかだけ、ということになりかねません」リベットは、お互いに関して好きなことを考えてよいという思想がもたらす道徳上の帰結についてそう語る。現実問題として重要なのは、その人の心の持ちようではなく行動、というのがユダヤ教の説く道徳の真髄だ。だが、はたしてこれは正しいのだろうか。そうでないとしたら、どのような結果を招くだろうか。

ユダヤ教は、他者に対して酷薄な――それどころかよこしまな――思いや望みを抱くことを許す、魂の免罪符となる危険を孕んでいる。自分がされたくないことを人にしない（あるいは十戒を破らない）かぎりにおいては、何を考え、何を感じようとかまわない。ユダヤ教の思想に心の倫理規定がないために、シェイクスピアが『ヴェニスの商人』で描いたような内面の無慈悲や邪悪さが生まれることになる。それでも、相手に影響を与えるのは行為だけなのだから、内面的な問題はすべて許容される、とユダヤ教は語る。たしかに数十年前までならば、科学的に見てそう信じる根拠はあったかもしれない。しかし、これは絶対に間違っている。

問題は、閾下知覚や〈プライミング〉といったものが存在するのなら、じつは私たちは自覚している以上に他者の考えや気分がわかっている、という点にある。だから、お互いについて何を考え何を感じるかは、ほんとうは重要な問題なのだ。たとえ、「あんなやつは、ひっぱたかれて当然だ」と心の奥底で思っているだけなら誰にも害はないというのが、意識の告げる常識だとしても、だ。[44]

他者に影響を与えるのが言葉と行動だけなら、何を考えどう感じようと問題にはならない。だが、この見方は人間の実像を正しく捉えていない。実際、ユダヤ人であるリベットの発見は、ブーメランのようにユダヤ教の倫理観に跳ね返ってくる。意識は遅れるというまさしくその理由から、どれだけの思考が現実の行動と化すかはなかなか制御できないのだ。ユダヤ教の難点は、意識がほんとうは抑制できない内面の酷薄さを容認していることだろう。私たちが自覚する以上のものが、ボディランゲージなどを通じて表に現れることを許すからだ。一方キリスト教は、内なる善を求めるのはいいが、それを意識に要求しているところに問題がある。意識には、心の内に生じることを制御する力などないからだ。

近年、意識の意味合いについて新たな認識が生まれつつあることを受け、基本的な道徳の問題を抜本的に見直す議論をする必要性を、この二つの問題点があいまって示している。

とはいえ、禁止権説が興味深いのは、高尚でスケールの大きい道徳的議論との関連のみからではない。この説は、いたって日常的な問題を考えるうえでも、じつにおもしろい視点を提供してくれる。

リベットの禁止権説は、意識が機能する仕組みを鮮やかに記述する一方で、日常生活における人間の実像を、根本的に誤解させる説明とも言える。「意識があって初めて意識ができる」という、あの基本原則を思い出してほしい。このコンテクストで考えれば、意識的な禁止を実行できるのは意識だけ、ということになる。ありとあらゆる無意識の欲望に無意識の禁止を課すことはできるが、そうすることは意識にはまったく関係がない。意識的な禁止とは、私たちが意識できる禁止だ。では、行為を実行する〇・二秒前にその決意を禁じるようなことを、実際私たちはどれほど頻繁に行なっているだろうか。

たしかに状況によっては、自分の衝動をひっきりなしに意識的に禁じるようなこともある。しかし、たいていそんなことはしない。頻繁には起きない状況でしか、禁止が頻繁に起きることはないものだ。たとえばこんな場面だ。恥ずかしさと緊張のあまり足がもつれ、言葉がつかえ、いても立ってもいられず、唐突な身振り手振りを使い、やりかけたことを不自然な形で中断し、「ええ、もちろん……いや、本気ではなかったんです」などと言い、奇妙奇天烈な言葉を口走っては、周囲の人々を愚弄したり当惑させたりする。でなければ、たとえば、外国語やゲーム、ダンスなど、覚え始めのことに苦労している場合が考えられる。まだうまくできずにぎこちなく、自分のできることとできないことに、せつないくらい自意識過剰になり、やりかけては途中でやめ、いかにもきまり悪げな初心者といった面持ちで立ちつくす。

あるいは、自分にとって非常に大切なことがあって、それが大切であるがゆえに、まさしくそのために、まったく馬鹿げたことをしでかして、うまくいくものもだいなしにしてしまう場合もある。映画『ボギー！　俺も男だ』のウディ・アレンのように、女性に触れようと奮闘する間中、自分で自分の行為を中断するようなおかしなまねをする。つまりそれは、自分自身について意識したり、行動への衝動を繰り返し抑えていることに気づいたりする、なんとも嫌な場面と言える。

何かをしたいという衝動を禁じるのが不快なのは、神の罰を怖れるときばかりではない。そのプロセス自体が不快なものだ。ぎこちなく、ぶざまで、不自然なのだ。

やりかけて途中でやめることを繰り返すのは、うまくやれる自信がなかったり、他人の日が気になったりするからかもしれない。私たちは、人に笑われるのがこわい。自分を意識しているとき、私たちはとかく自分に批判的になり、自分を外側から他人の目を通して眺めがちだ。

意識的禁止が必要な唯一の理由は、意識的な意図と無意識の衝動の求めるものが違う点にある。無意識的な衝動を禁じる行為には、意識と無意識の好みに違いがあるという事実が表れている。この意識の禁止権を発動させせずにすまそうと、人はアルコールや、精神安定剤や、その他もろもろの薬物を際限なく自らに注ぎ込む。私たちは、どうにかして自分の衝動を禁じるような場面を避けたいと願う。ユダヤ教徒であれキリスト教徒であれ、その思いにはいささかも変わりがない。

とはいえ、意識と無意識との対立という視点は、リベットの見解とうまくなじむ。日常生活における禁止権についての手紙の中で、リベットはこう記している。「意識的禁止が不快な場面でより多く現れるというのは、なかなかいい視点だと思います。ただ、私としてはあまり狭く限定したくありません。ほかにも、愉快とは言わないまでも少なくとも不快でない状況で、意識的禁止はしばしば重要な役割を果たしています。たとえば、人に(外見や行動について)何か言いたくなるのを思いとどまる場合や、子供が今にもやりかねないことを止めたくなる気持ちを抑える場合(ただし、やらせてあげるのがその子の成長にとってプラスなら)などです。しかし、意識的な意図と無意識的に始動する衝動との対立などの結果として禁止権を捉える貴殿のお考えは、けっして瑣末なものではなく、十分主張する価値のあるものです」[45]

二〇世紀初頭、デンマークの哲学者・心理学者ハラルド・ヘフディングは、禁止権説についても、禁止に不快感が伴うという考えについてもむろん知る由はなかったが、この点についてきわめて明確にこう述べている（傍点はヘフディング）。「無意識の行動傾向が意識的な思考や感情と同方向を向いているかぎり、人はその傾向にはなかなか気づかない。……ほとんどの場合その力は、意識に上る動機の力と一体化している。そして、行為全体の名誉や不名誉は、意識的動機のほうに帰せられる」[46]

言い換えれば、私たちが無意識に気づくのは、それが意識に反する場合のみということになる。というのも意識は、自分と自分の持ち主を同一視したがり、無意識の衝動に屈するのをよしとしないからだ。〈禁圧〉された経験が前意識的性質を持つことを、フロイト派がとくに強調してきた理由は、このメカニズムで説明できるのかもしれない。無意識は意識されないという、まさしくそのために、意識は無意識の存在を認めたがらない。そして、人間には意識以外のものもあることを意識が認めざるをえなくなるのは、意識と無意識との間に葛藤がある場合に限られる。そのため、逆説的ながら、かえって（ほぼ）〈禁圧〉された衝動ばかりが目につくことになる。

＊（訳注）意識の現前野から外されている心の領域。とっさには意識されないが、無意識へと抑圧されたものではないので、比較的容易に意識化される。

禁止プロセスがたいてい不快感を伴うとしても、そうした意識的禁止を行ないうることには変わりがない。使わなくても禁止権は存在する。使ってもいいが楽しくはないというだけだ。それはまた、私たちがいちばん心安らかでいられるのは、意識が自由意思を行使しないとき、ということでもある。人は、意識を介さず無意識の衝動に従うときが最も幸福だ。ただ行動するだけのときがいちばん満ち足りている。

しかし、こう考えると、気分のいいときに主導権を握っているのは意識ではない、という事実を突きつけられることになる。するといやおうなく次のような疑問が浮かぶ。人間は不快なときにしか自由意思を持たないのだろうか。それとも、気分のいいときにも自由意思はあるのだろうか。そうだとしたら、それは誰の自由意思なのか。

第十章　マクスウェルの「自分」

ロンドンのウェンブリー・スタジアム。広大な芝生の半分が、ミカエル・ラウドルップ一人のものになっていた。アラン・シモンセンの放った絶妙なパスが、イングランドのディフェンスをまんまと欺き、ラウドルップをノーマークでミッドフィールドに送り込んだ。ゴールキーパーのピーター・シルトンを除いて、イングランドの選手は全員デンマーク側にいたので、一九歳のラウドルップを遮る者はなかった。

一九八三年九月二一日のこの試合は、始まってまだ一分もたっていなかった。ラウドルップがイングランドのゴールに向かって無人のピッチを駆けていく姿は、八万二〇〇〇人の観客にとって、ちょっとした衝撃だった。イングランドはつねに世界有数のチームだったが、デンマークはそうでなかったからだ。なるほど、デンマークのヴァイキングたちは試合の前に、デンマークは世界を舞台に大躍進を遂げようとしている、と豪語していた。だが、イングランドを負かす、しかもホームグラウンドで破るのは、至難の業だ。しかし、一九八四年にフランスで行なわれるヨーロッパ選手権の決勝ラウンド進出という、真のゴールにたどり着くためには、勝ちをもぎ取るしかなかった。デンマークかイングランドか。勝ったほうが決勝ラウンドに進む。

試合開始後わずか五〇秒で、デンマーク・チームはアウェーでの国際試合ではめったに見られないようなチャンスを作り出した。キーパーのシルトンが飛び出してきたが、ラウドルップは巧みなフェイントでその脇をすり抜けた。あとに残ったのは、ラウドルップと、ボールと、広々とした芝生、そしてがら空きのゴールだけだった。ラウドルップは、シルトンをかわすときにゴールエリアの脇へと向きを変え、ゴールラインのすぐそばまで来ていたが、ゴールは空いていた。最後にボールを一蹴りすればいいだけだった。

「僕には時間がたっぷりあった。何をするべきか考えたよ。そして、しくじったんだ」(1)ラウドルップは、選手は何かプレーをするとき自分が何をしているか意識する時間があるのか、と訊かれてそう答えた。彼は、ボールをサイドネットに引っ掛けたのだ。デンマークが最初の一分でリードするチャンスはついえた。ラウドルップには、行動する前に意識する時間があった。その結果が、何百万というテレビ視聴者の記憶に今日まで残るミスだった。

だが三五分後、ラウドルップはイングランドのペナルティ・エリアで転倒させられた。そしてアラン・シモンセンがゴールを決め、デンマークは一対〇で勝利した。その後「デンマークのダイナマイト」チームは、一九八四年のフランスでも、八六年のメキシコでのワールドカップ決勝トーナメントでも、たいへんな好成績を上げた。そして、ラウドルップは国際サッカー界の大スターの仲間入りをすることになる。

サッカー選手はグラウンドにいるとき、意識して考える時間はない。展開が早すぎる。だが、ミカエル・ラウドルップのような選手に注目していると、考えているのがわかる。いろいろと考えているのだ。

考えるべきことはたくさんある。ボールのこと、ほかの選手のこと、グラウンドの状態。最近のサッカーはこれまでになく複雑な競技になってきている。その昔、揺籃期のサッカーはポジションのゲームだった。チームメートにパスをするのは、その選手がいい位置に立っているからだった。やがて動きが加わり、それ、つまり、敵の動きに対してチームメートがどう動いているか、を把握しなくてはならなくなった。そしてこの二〇年ほどで、サッカーは加速度がすべてのスポーツに変貌した。今や、動きを追うだけでは足りず、それらの動きがどう変化するかまで見極めなくてはならない。

しかも、ラウドルップのような選手は、非常に複雑なパターンを頭の中で組み立てる必要がある。選手とボールが動き回っているなかで、彼はプレーを読み、流れを予測する。そのうえで、誰も予想しないことをやらなくてはならない。

徹底して練習した多くのパターンを使うのが、最近のサッカーの特徴だ。ペレ、クライフ、ネッツァー、マラドーナ、そしてラウドルップなど真の天才プレーヤーは、その型を破り続けている。だからこそ、あれほどうまいのだ。チームメートにパスしようとするとき、ラウドルップはボールをコントロールしながら、両チームの選手数人の動きと加速度を把握しなくてはならない。同時に、いちばん簡単で真っ先に思いつくパスは、敵の選手たちも待ちかまえていて、阻止しようと画策していることを、肝に銘じておかなくてはならない。

だが、考える時間はあまりない。かなめとなる選手は、パスしないとすぐにタックルされる。はた目には、ラウドルップが頭の中でやっている計算は複雑なものとしか思えない。だが、それが瞬時に行なわれていることもわかる。そこで、「プレー中、選手はゲーム運びを意識できるのだろうか」[2]という疑問が湧く。ラウドルップの答えは、単純明快なノーだった。「プレーあるのみだ、それも、瞬間的な！」

サッカー選手はプレーしているとき、意識を働かせていない。だが、サッカーという競技に多少なりとも通じている人なら、ラウドルップのような選手が絶妙のパスをするとき、すばらしい独創的な精神作用が頭の中で起きていないなどと言うはずがない。高度な計算がいくつも行なわれるのだが、意識には上らないのだ。だが稀に、状況をよく考える時間がある場合がある。そしてそんなとき、失敗が起こるのだ。

ベンジャミン・リベットの目が、異常に分厚い眼鏡の奥で輝いた。「ジョー・モンタナも同じことを言っていますよ！」リベットは、ヨーロッパのサッカー選手の話に対してアメリカンフットボール界屈指の名選手の話を持ち出し、熱のこもった声でそう断言した。「ジョー・モンタナは史上最強のクォーターバックです。彼もあるインタビューの中で、プレー中は意識していない、と言っていました」

〇・五秒の遅れの意味を考えたいのなら、スポーツは人間の行動のうちでも、じっくり研究するに値する分野だ。演劇や舞踏、音楽、子供の遊びについても同じことが言える。

サッカーをしているとき、あるいは子供と遊んでいるとき、〇・五秒という時間は非常に長い。しかし、大人として行動しているときは、取るに足らない。慎みのある洗練された行為は、非常にゆっくりしたペースで行なわれることが多い。たとえば、会話というのはごくゆったりと交わされるものなので、〇・五秒はあまり大きな意味を持たない。一つの文がどういうふうに終わるのか、終わる少なくとも〇・五秒前にはたいがいわかっている。したがって、耳にしていることを意識するのに〇・五秒かかっても、会話についていき、すばやく返事をすることができる。

だが、サッカーの試合ではそうはいかない。人間が示す反応のほとんどは、〇・五秒よりずっと速く起こる。反応時間は通例〇・二〜〇・三秒でしかない。だからこそ、ディフェンスはたちまち反射的に割り込んで、危険なゾーンからボールを出すことができる。だがこれは、練習で身につけた反応をたんに実行しているだけだ。一方、ミカエル・ラウドルップは天才的プレーヤーだ。そこで、習得したことをやるだけでなく、斬新で驚くようなことをつねにやってのける。彼は実際、プレー中に考えている。ただ、本人がそれを知らないだけだ。アルベルト・アインシュタインが頭の中の作用など意識していないと言ったのと同じように、ラウドルップもそれを意識していないのだ。

しかし、いったいどうしたら意識しないうちに反応するなどということができるのだろう。

〈マスキング〉実験と西部劇の主人公

一九九〇年、オーストラリアの生理学者ジャネット・テーラーとD・I・マクロスキーは、人間の反応時間に関するきわめて明快な研究結果を発表した。二人の出発点は、閾下知覚の研究用に開発された〈マスキング〉という手法だった。
〈マスキング〉は、時間的・空間的に近接した二つの異なるもの、たとえば二種類のフラッシュを、被験者に見せることで引き起こされる。非常に明るいフラッシュとごく弱いフラッシュを続けざまに見せることで後者を覆い隠す《マスクする》と、被験者は弱いフラッシュに気づかない。弱いフラッシュを先に見せた場合でさえそうなる。この〈逆マスキング〉を使えば、感覚器官に入ってきたものを消し去り、意識に上らないようにすることができる。テーラーとマクロスキーはそれを応用し、刺激に反応して行動するように指示された被験者が、その刺激がマスクされていても反応できるかどうか調べた。結果はイエスだった。人は意識に上らない刺激に反応できる。反応は、何に反応しているのかという認識とは必ずしも関係がない。

テーラーとマクロスキーが研究した反応行動は、画鋲を踏んで飛び上がるというような、反射的な反応ではなかった。もっと複雑で、ある程度頭の中での連係が必要なものだった。被験者は、連係するパターンで両腕を動かし、最後に両腕を合わせる形にすることを求められた。しかし、この連係は練習で身につけることができ、動きに意識を持ち込まなくても実行できるようになった。「したがって、人は単純な動作をあらかじめ頭に組み込んでおくことが可能であり、その後は、とくべつ意識的な決断をしなくても、その動作を引き起こすことができる、と結論づけられる。……より複雑な動作についても同様である[3]」

人がどうやって、サッカーや自転車乗りや喧嘩のような、迅速かつ複雑な反応を要する活動をするのか理解したいのなら、この結論そのものも興味深い。しかし、この洞察はまた、不穏当なものでもある。私たちは、なぜそうするのか意識しないうちに、行動できるということだからだ。行動することの意味がわからないだけではない。何が私たちを行動に走らせたのかもわからない。

テーラーとマクロスキーはこう述べている。「運動反応のほぼすべて、そして、その他の運動行動の多くは、引き金となる刺激が意識的に知覚される前に起こっているにちがいない。そのうえ、そうした刺激は、運動反

応は引き起こしても、意識的に知覚されるに足るニューロン活動レベルには到達しないかもしれない[4]

換言すると、刺激がきわめて短ければ、意識にはまったく上らないが、それでも人はその刺激に反応する。つまり、人はまったく意識しないものに対して反応しうる。私たちには、自分が何に反応したのかわからないのだ。この状況は、心理学者が閾下知覚を研究しているときに発見した現象を思い出させる。ここでもまた、入ってきたものが意識に上らないのに、行動にははっきり影響するという現象が起きている。テーラーとマクロスキーは、こういう現象がどうして起きるのかを説明するなかで、刺激が意識に達するのに〇・五秒かかるとする、ベンジャミン・リベットの説に言及している。

こうした観察結果は注目に値する。無意識のうちに刺激に反応するより、行動を決意するほうが時間がかかることを示しているからだ。理由を意識せずに反応することは可能だ。複雑な行動パターンを頭に組み込み、理由がわからなくても即座に実行に移せるようにすることが可能なのだ。ひょっとすると私たちは、何が起きたのかが意識に伝えられることなしに、反応したり対応したりしている場合が多いのかもしれない。自分のやることは万事承知しておくのが大事だという考えの人は、この話に不安を覚えるかもしれない。だが別の見方をすれば、これである種のパラドックスの説明がつく。たとえば、西部劇で決闘に勝つのはいつも主人公だ、という事実もそうだ。

一九二〇年代から三〇年代にかけて、コペンハーゲンにあるニールス・ボーアの理論物理研究所で活躍した、創造力豊かな国際的物理学コミュニティの勤勉な理論家たちは、しばしば映画を見に出かけた。ボーア自身もB級西部劇の愛好家で、いいかげんなものが多いそうした映画の筋書きの粗探しをするのが大好きだった。そういう西部劇では、いつも主人公が撃ち合いに勝つ。ロシア生まれのアメリカの物理学者ジョージ・ガモフは、ボーアについてこう述べている。「彼は映画館にいるときでさえ、理論家ぶりを発揮していた。彼は、いつも悪役が先に拳銃を抜くのに、主人公のほうが早く撃って悪漢を殺せるのはなぜか、それを説明する理論を打ち立てた。ボーアの理論は心理学に基づいている。主人公からしかけることはけっしてないので、悪漢のほうがいつ撃つかを決めなくてはならない。これが悪漢の動きを妨げる。一方、主人公は悪漢の手が動くのを見た瞬間、反射的に動き、まったく無意識に銃を抜く。私たちはこの理論に異議を唱え、翌日おもちゃ屋に行って、ホルスター付きの拳銃を二丁買ってきた。そして、ボーアを相手に撃ち合いをした。ボーアが主人公役を演じ、弟子を全員『射殺』した」(5)

〈私〉と〈自分〉と自由意思

しかし、それでは自由意思はどうなってしまうのだろう。行動は、意識の関与なしに引き起こされ、遂行されうる。それどころか、私たちの日常的な行動の多くは、そういうものだと言える。私たちの行動には、意識の支配下にない大きな領域がいくつもある。しかし、意識の概念は自由意思の概念と切り離しては考えられない。それならば、意識ある〈私〉は、自分が何をするのかを決めることがまったくできないのだろうか。意識を伴わない〈私〉など、定義のしようがない。〈私〉の特徴は責任能力と一貫性だ。行動の責任を負う能力と、行動を引き起こす能力は、〈私〉という観念のきわめて重要な構成要素だ。しかし、〈私〉が本人の行動の傍観者になることも多い。

彼はいつものように遅れていた。自転車に飛び乗ったときには、会議に遅刻するのがわかっていたので、通常三〇分弱かかる道のりで、できるかぎり遅れを取り戻すことを願うしかなかった。

エステルブロ通りを行く途中、ストランド大通りを渡るとき、彼はバスのずっと前を走っていたので、待っている客がバスに乗り込もうと自転車道に群がり出てくる前に、難なく停留所を通り過ぎるはずだった。そう彼は思っていた。

ところが突然、一人の男の子が彼の二、三メートル前で自転車道に踏み出した。自転車は高速で動いている。ものすごいスピードだ。彼にはどうすることもできなかった。まるで夢の中にいるか、薬物でハイになっているかのように、時間の流れがゆっくりになるのを感じ、そんななか、彼の〈私〉は自分自身の行動の傍観者になった。決断が必要だった。男の子と衝突するか、わざと自転車をひっくり返して転倒するか。ほかに選択の余地はなかった。左手にはラッシュアワーの道路、右手にはバスを待っている大勢の人々。まるで映画でも見ているように、彼は男の子を守る決断が下されるのを見ていた。自転車は横倒しになり、彼は男の子との間に残された数メートルを、舗道の上を滑っていった。痛みはあったが、それだけですんだ。彼にはかすり傷が何か所かと、会議に遅刻する絶好のいいわけができた。そして話の種も(もう一方の選択肢を選んでいたら、おそらく人には話さなかったのではないだろうか)。

決断したのは誰なのか。彼の〈私〉ではない。彼の〈私〉は傍観者だった。だが、その男の子でもない。もちろん、ミカエル・ラウドルップでもなかった。

彼の中の何者かが決断したのだが、その経験は明確で紛れのないものだった。決断したのは彼の〈私〉ではなかった。彼の〈私〉は傍観者として蚊帳の外におり、機能を停止していた。前もって発言を封じられていたのだ。なにしろ考えている時間はぜんぜんなかったのだから。

彼の〈私〉には、この決断に関して自由意思がまったくなかった。しかし決断を下したのは間違いなく彼だった。

この状況は、ベンジャミン・リベットが研究した状況に酷似している。実際に行動を引き起こしたのは、意識ある〈私〉ではない。だが、その人自身であることは明白そのものだ。〈私〉は、その人のすべてではない。「私は、自分が自分の〈私〉以上のものであることを知っている」

しかし、〈私〉はそれを認めたがらない。意識を持ち、考える〈私〉は、あくまで自分が主役であり、現に物事を牛耳っている者であり、管理者であることにこだわる。だがそれはできない相談だ。リベットの研究結果を真剣に受け止めるのであれば、それは無理な話だ。彼の研究結果は、意識ある〈私〉が人の行動を引き起こすのではないことを、はっきり示している。意識が禁止権を行使する暇などなく、〈私〉が蚊帳の外に追いやられるような状況はたくさんある。〈私〉は自分が行動していると思うかもしれないが、それは錯覚にすぎない。

こうなると、自由意思はどこかに消え去ってしまうように思える。〈私〉は風と天気に翻弄される、意思を持たぬただの一片の流木、それも、「進路を決めているのは私だ!」としきりに自分に言い聞かせている流木なのだ。

リベットの実験は、人には自由意思などないという説を裏づける究極の証明と解釈できるかもしれないが、[6] それは誤った解釈だろう。なぜなら、選択行動が無意識に引き起こされるのは、自由意思が存在しないことの証拠だ、と言えるとすれば、それは〈私〉信仰という前提があるからだ。人の何たるかは、〈私〉という概念によって完全かつ明確に説明しうると主張したら、リベットの発見した〇・五秒の遅れに照らし合わせると、自由意思について、どうしようもない問題を抱えることになる。人が決定することはすべて意識的に決定される、あるいは、人が成すことはすべて意識的に成される、と主張しようとすると、自由意思という考え方が立ち行かなくなる。なぜなら、意識の帯域幅は、人がやることすべてを制御するには、なんとしても小さすぎるからだ。

リベットの発見した遅れが示しているのは、いつ行動を起こすかを決めるのが自分自身ではないということではない。肝心なのは、行動のプロセスを始めるのは人間の意識ではなく、ほかのもの、つまり無意識である、という点だ。決めるのは本人だが、決める力を持っているのはその人の〈私〉ではない。〈自分〉なのだ。

これで、自由意思の問題に対する解答を定式化することができる。人には自由意思があるが、それを持っているのは〈私〉ではない。〈自分〉である。

私たちは、〈私〉と〈自分〉を区別しなくてはならない。〈私〉は〈自分〉と同一ではない。〈自分〉は〈私〉以上のものだ。〈私〉が決断しないときに決断するのは〈自分〉だ。〈私〉は意識ある行為者であり、〈自分〉はその人全体である。〈私〉に支配権がない状況は多い。たとえば、急を要する場合がそうだ。〈私〉の担当は、考える時間がある無数の状況だ。だがいつも時間があるとはかぎらない。〈自分〉という言葉には、〈私〉、意識ある〈私〉、が引き起こすことのない、あるいは実行することのない、体の動きや精神作用すべての主体が含まれる。〈私〉という言葉には、意識に上る体の動きや精神作用がすべて含まれる。[7]

意識の帯域幅の測定や、閾下知覚、そしてリベットの実験から得られる実験的証拠から、〈私〉は、自分で思っているほど多くの決断を下していないことがわかる。〈私〉は、〈自分〉が行なった決定や計算、認知反応を、自ら行なったような顔をしがちだ。それどころか、〈私〉は、〈私〉自身と同一でない〈自分〉の存在を頑として認めない。〈私〉にとって〈自分〉は得体の知れぬもの、説明のつかぬものであり、〈私〉は自らがすべてを取り仕切っているふりを続けている。

これは、リベットの発見についての解釈としてはけっして目新しくない。実験の結果から生じる自由意思の問題について、その解決の可能性をどう見るかと訊かれて、リベットは、(第八章で引用した)アメリカの哲学者トマス・ネーゲルの意見に言及した。一九八七年、ネーゲルは『ロンドン・レヴュー・オヴ・ブックス』誌に寄せた論文の中で、リベットの研究とその結果について触れている。「脳はその持ち主が気づかないうちに選択しているようだ。ある哲学者に、この実験について詳しく説明したところ、彼はその結果の意味するところは明らかだと、皮肉たっぷりにこう言った。『人の脳には自由意思があるが、人にはない』[8]」

だがネーゲルは、この状況に、すんなりとは受け入れがたいものを感じている。「この種の実験は、なんとも不穏な可能性を提起しているように見える。すなわち、人間が自由な行動と見なしているものは、たんに我々の身にふりかかってきたものにすぎず、自らに選択権があるという意識は錯覚であり、我々は事が起きてから、自分に支配権があると思い込んでいるだけかもしれないのだ(9)」

それにしても、なぜネーゲルの論文に登場する哲学者の「人の脳には自由意思があるが、人にはない」という公式ではだめなのか、疑問に思えるかもしれない。

なぜだめかといえば、〈自分〉の概念が脳以外のものにまでおよぶからだ。そこには、何をおいても、まず体が含まれる。感情が胸の内や腹の底から湧き起こる、と私たちが表現するのにはそれなりのわけがあるのだ。自分を脳と同一視されて喜ぶ人はまずいないだろう。

したがって、現に物事を操っているのが意識であるはずがなく、それゆえ〈私〉でもないはずのとき、それは脳だとするのは早計のようだ。それは〈私〉でないもの、と言うにとどめるほうが賢明だろう。それは〈私〉ではないが、たとえどんなに目立たない形であっても、その人を形成していることに変わりない、その人の一部だ。自分であって〈私〉でないものを表現するのには、〈自分〉という言葉が適切に思える。なぜなら、余計な憶測を含まないからだ。

同じように、フロイトの無意識の概念も〈自分〉の概念に含まれている。ただし、二つの概念の関係については、どちらの概念も、意識に上らない、したがって〈私〉ではない、その人の部分に関係している、ということ以外には触れずにおく。じつのところ、〈自分〉という概念のポイントは、あまり多くを語らぬところにある。〈私〉が自由意思を持たないのなら、その人の別の部分が持っているはずだ。それがすなわち〈自分〉である。私には自由意思があるが、私の〈私〉にあるのではない。〈自分〉にあるのだ。

この〈私〉と〈自分〉の区別は、見かけほど単純でも浅薄でもない。二〇世紀末の今、人間であるとはどういうことかという認識に根本的な変化が起こりつつあるが、この区別はその変化を端的に表している。人は感知していることのじつに多くを意識していない。人は考えていることのじつに多くを意識していない。人はやっていることのじつに多くを意識していない。

人はたいてい意識していない。人はたいてい無意識だ。意識ある〈私〉が、入ってくるものと出ていくものすべての管理人であるという考えは、錯覚だ。役に立つ錯覚かもしれないが、それでもやはり錯覚であることに変わりはない。

〈私〉が無力で〈自分〉が強力であることに気づくと、不安が湧いてきて、それなら私は何者なのか、私はいったい何をやりかねないのだろう、と問いたくなるかもしれない。〈私〉の外側にありながら、〈私〉が自分とまったく同一だと信じている人間の内側にある何者かの存在が、〈私〉を不安に陥れる。

自分という人間の中で作用しているのに〈私〉には行使できない力の存在を、〈私〉は本質的に受け入れることができない。だが、もしこの拒絶の立場を維持しようとすれば、自分の考えている人間には自由意思がないという事実を必然的に突きつけられる。

〈私〉という全能の存在が人間を支配していると言い張るのは、自分という人間の無能化を意味し、そうなると自由意思はないことになる。

私たちはリベットの発見した遅れによって、〈私〉と自由意思のどちらかの選択を余儀なくされている。私たちは自分で思っているものをはるかにしのぐ存在だという事実、自覚しているよりはるかに多くの資質を持っているという事実、そして、気づいているよりも広い世界に影響をおよぼしているという事実と、向かい合わなくてはならない。

哲学の分脈のなかで

哲学史では古くから、自由意思の問題は決定論についての議論と密接に結びついている。決定論あるいは運命論とは、あらゆるものはあらかじめ運命を定められているとする説だ。世の中の諸現象を支配する法則がある。初期の条件が与えられれば、それらの法則が、容赦ない論理のもとに、あらかじめ定められた結果へと導いていく。人間にもそうして法則が働いていると考えれば、人は与えられた状況の中で、その法則が命じることをやっているにすぎない、ということになる。あらゆることはあらかじめ定められているのだから、自由な選択などいっさいない、と決定論者は主張する。選択の自由があると思うのは、自分が何をするかを決定する、内的あるいは外的な状況を知らないからにすぎない。私たちはロボット、それも非常に愚かなロボットであり、自分自身を理解していないから、自分がロボットだということも知らない。愚かで無知だからこそ、自分には自由意思があると信じている。(この愚かさそのものも、私たちの力のおよばない状況がもたらした結果だ。)

決定論に対して最も強く異議を唱えるのが、実存主義だ。一九世紀にデンマークの哲学者セーレン・キルケゴールが創始し、二〇世紀にドイツのカール・ヤスパースやマルティン・ハイデッガー、フランスのアルベール・カミュやジャン゠ポール・サルトルが発展させた実存主義は、実存による〈選択〉を重視し、人間は基本的に、いわばその自由によって定義される「選択者」であるとする思想だ。

この二つの基本的見解は、別々の角度から人間を眺めていると言える。決定論は人間を外側から眺め、人間に作用している一連の要因の結果と見なしている。人間は、周囲および内面で作用している自然の法則の産物である。一方、実存主義は人間を内側から眺め、環境に対して外向きに働きかける、自らの原因たるものと見なしている。人間は選択者であり、周囲に影響をおよぼす。

だが、外側からあるいは内側から、いったい何を眺めているのだろう。人間の全体像ではない。もし人全体が「内側」なら、外から作用する要因が行動と精神生活を完全に決定していると主張するのは、最も強硬な決定論者ぐらいのものだろう。その場合、人間は周囲の状況の結果でしかなくなる。決定論的見解は、遺伝の仕組みから個人的な記憶にいたるまで、私たちの内側にあるものが役割を果たしていると主張せざるをえない。ただし、行動選択の決定を助ける要因という役割に限られるが。外側から、あるいは内側から、眺められているのは、意識ある選択者だと言ったほうが正確だろう。外側から眺めると、この意識を持った行為者は、計測可能な特徴を備えた存在であり、外界と内面の無意識の世界という二つの世界の両方から生じる一連の作用に等しく反応する。内側から眺めると、この行為者は、ごく単純に選択者となる。

しかし内側と外側を区別するのは、およそ単純とは言えない。その難しさがきわめて深遠なものであることは、アラン・チューリングの死にまつわる議論が例証している。

第三章に登場したチューリングは、類い稀な数学の天才で、ゲーデルの不穏な洞察を計算理論に発展させた人物だ。計算がいつ停止するかは、実際に停止しないかぎりけっしてわからない、とチューリングは主張した。この発見、いわゆる〈チューリングの停止問題〉は、情報理論にとってきわめて重要な意味を持っている。

一九五四年六月七日の晩、アラン・チューリングは個人的な停止問題を解決した。性規範の厳しい一九五〇年代のイギリスに生きる同性愛者だったチューリングは、訴えられ、虐げられ、打ちひしがれて自ら命を絶ったのだった。いや、はたしてほんとうに自殺だったのだろうか。六月八日、彼は泡を吹いてベッドに倒れているところを家政婦によって発見された。青酸中毒による死であることは明らかだった。ベッドの脇には、数口かじりかけたリンゴが転がっていた。家の中には青化物の瓶がいくつかあった。チューリングが電気分解の実験に使っていたものだ。リンゴの分析はついに行なわれなかったが、状況は明白だった。そのリンゴは青酸に浸されたにちがいない。そして、チューリングは知識のリンゴを一口かじり、それ以上同性愛者として犯罪者扱いされることを免れたのだ。

公式の調査の結果からは、紛れもない自殺と思われた。だが計画性を示すような証拠はまったくなかった。

劇場のチケット、コンピュータの時間予約、そして夕食の約束が彼を待っていた。

チューリングは電気分解による銀メッキや金メッキを趣味としていたが、青酸を使うため、彼の母親は前々から心配していた。「手をお洗いなさい、アラン。そして爪をきれいにするのよ。それから指を口にいれちゃだめ」と口癖のように言っており、いちばん近いところでは、一九五三年のクリスマスにも注意していた。[10]

数学者アンドリュー・ホッジズは、チューリングの伝記にこう書いている。「あれは事故だったと唱える人もみな、自殺に等しい愚行だったことは確かだと認めざるをえなかったはずだ。チューリング自身も、事故と自殺の境界線、自由意思の概念によってのみ明確になる境界線を引くことの難しさには、興味をそそられただろう[11]」すべては母親の気持ちを傷つけないための配慮だったのかもしれない、とホッジズは書いている。母親は自殺だとはけっして認めなかった。

外側から眺めれば自殺のように見えた。だが状況は、決着をつけられるほど明確ではなかった。内側から眺めれば、事故なのか、自殺なのか、はたまた死を賭けたゲーム（ロシアンルーレット）なのか、明白だったにちがいない。

だがこの内側そのものは、チューリングが死んだときに消滅した。残されたのは外側だけで、そこからは何が起きたのかはわからない。自由意思だったのか、それとも悲劇的な事故だったのか。それを外側から決められるのは、手紙か痕跡か、あるいは明白な現場か、ともかくも内側からのメッセージがある場合に限られる。したがって、自由意思とは、内側から経験される主観的実在と絶対的な連鎖を持つ特性ということになる。自由意思による自殺は死ぬ意思を意味し、そこが事故や病気と異なる。

だが〈私〉が持っている支配者という自己イメージが間違っているとしたら、自殺について、ひいては自由意思について、いったいどう論じることができるのだろうか。

日常生活を理解するカギ

自由意思の問題は、自殺のような極端な状況と結びつくことがあるから興味深いのではない。私たちの日常生活を理解するカギとなる考えだからこそおもしろいのだ。

今にも事故が起こりそうで、すぐに何かをしなくてはならないとき、人は自分自身の行動の傍観者となる。選択する者としての自分を内側から眺めるかわりに、難題に反応して行動する者としての自分を外側から眺める。自分を、選択する者として内側から眺めるのは、決断を下す時間がたっぷりあって、〇・五秒以内に実行する必要のないときだ。緊急の場合、自由意思を経験している暇はない。

自由意思の経験は、〈自分〉があえて〈私〉に決断させる状況で起こる。もっとスピードが要求されるときは、〈私〉とその自由意思は一時停止し、〈自分〉が淡々と反応する。〈私〉が自由意思を経験するのは、〈自分〉がそれを許すときだ。

〈私〉のほうから〈自分〉に求めて、〈私〉を一時停止してもらう状況もよくある。プレーをしにサッカークラブや競技場に行くとき、私たちの〈私〉は、〈私〉に発言権がまったくない状況に自分自身を置くという決断を下しているのだ。人はこうして得られる刹那的な経験をしきりとしたがる。そういう経験を求めて余暇の多くを費やし、スポーツやダンスやゲームに興じ、濃密な会話を交わし、セックスをし、酩酊する。〈自分〉が最大限に生かされるように〈私〉を一時停止させている他人を見る、という娯楽もある。芸術や演劇、第一級のスポーツと呼ばれているものの鑑賞だ。

演劇というのは、情報理論の視点から見るとおかしなものだ。演じられる作品の帯域幅は非常に小さい。たとえば、『ハムレット』の台詞を様々なスピードで言うことはできるが、言語の帯域幅の範囲を超える速さにはけっしてならない。しかも、もともと観客が台詞を知っている場合も多いし、すっかりそらんじている人がいてもおかしくない。同じように、コンサートに行く人にも楽譜を暗記している人は多い。それなら、なぜ行くのだろう。

役者の帯域幅は、言語のそれよりずっと大きい。身ぶり手ぶり、声の抑揚、動き、視線、そしてカリスマ性がある。これらの非言語コミュニケーションを、観客はおおむね意識的に知覚している。同様に、音楽家はたんに譜面を演奏しようとしているのではなく、休止やアクセント、楽句の区切り、その他もろもろの魅力を補って、調べを奏でたいと願っている。監督や指揮者は、役者や演奏者と協力して、台詞や譜面のごくわずかな情報を、演技や演奏ならではの、はるかに多くの情報に変換する。

優れた役者は、たんに台詞を言うだけでなく、演じている役になりきる。役者は、登場人物が劇中の状況に応じて持っているであろう精神状態に相当する、豊かな精神状態を再現する。演劇鑑賞の体験にとって肝心なのは、舞台上の役者にリアリティがあるかどうかだ。憎しみに満ちた台詞を口にするとき、憎しみを感じているかどうか。愉快な台詞を言うとき、喜びを感じているかどうか。愛を演じるとき、それを感じているかどうか。役者にリアリティがあれば、観客席にいるのはすばらしい体験となる。それがなければ、劇場に足を運ぶ意味がない。家でシェイクスピアを読んでいたほうがましだ。

同じことは音楽や学術的な講演にも言える。名指揮者ヴィルヘルム・フルトヴェングラーは、こう言っている。「[聴衆が講演の内容を理解するために]絶対不可欠な唯一の前提条件は、講演者自身が自分の話の中身をわかっており、自分の言葉の意味を理解していることだ。これは、当然しごくのことに思えるが、音楽家にとってはけっしてそうではない。人が言っていることが正しく聞こえるのは、それが本人の理解と一致しているときに限られる。歌や演奏が正しい形をとり、他人の理解を得られるのは、それが歌ったり演奏したりしている本人の心情と一致しているときだけである」[12]

よい芝居をするのが難しいのは、演技の間、役者が全人格をもってリアリティを示すために必要な大量の情報に、〈私〉の手が届かないからだ。人はたいてい情報を無意識のうちに変換するので、意識ある〈私〉が、よい演技のために必要な情報をすべて自動的に活性化することができない。〈私〉は台詞をなぞることはできるが、それだけでは不十分だ。〈私〉は、〈自分〉が役になりきるのを許さなくてはならない。役の人物像が浮かび上がるのにつれて、それを感じ取らせてやらなければならない。演劇では、〈自分〉を解き放ち、本領を発揮できるようにしてやる必要がある。〈私〉が〈自分〉を解放しなければ、やたらに禁止権が発動されて、演技はだいなしになってしまう。意識はつねに制御し監視したがる。その結果、演技がぎくしゃくし、迫真性を失う。どんな感情も、意識に制御され、妨げられているかぎり、真実味を持ちえないからだ。

だが問題は、この自由を〈自分〉に与えるところにある。それをするには、〈私〉の側に信頼が要求される。そして、その信頼を生むのは練習だ。練習を積み、リハーサルを重ね、さらに練習を繰り返す。あらゆる演技のカギを握るのが練習と準備だ。即興のセンスが望まれる演技についても、当然これが当てはまる。練習で最も重要なのは、〈私〉が〈自分〉を信頼するようになることだ。〈自分〉がしかるべき感情を感じ、しかるべき動作を行なうことができると信じることを、〈私〉が学ぶのだ。

練習によって、無意識の技がたくさん身につく。使っていることを意識しなくても使える技だ。〈私〉は、練習の間は目を光らせているが、実際の演技のときは奥に引っ込む。

同じことが、球技や自転車乗り、そしてセックスにも言える。私たちは許されている。大胆にやる。自分自身を信頼している。

演奏者はみな、一見矛盾とも思えるものに多かれ少なかれ悩まされる。それは、成功したときの恥ずかしさだ。奇妙な現象だがまさに現実に起こる。役者や演奏者は拍手喝采を素直に受け入れづらく思う。なかには、いっさいなしにしてもらいたがる人さえいる(13)(希代のピアニスト、グレン・グールドは、一九六二年に、「拍手を廃止せよ!」というタイトルのエッセイを書いている)。

画期的な著書『音楽の霊性』が出版されたときのインタビューで、ピーター・バスティアンは、彼自身、なぜ拍手を受け入れがたく感じるかを語った。「『おまえはたいしたものだ』と自分に言う勇気はなかなか持てないものです。もちろん、私が演奏すると、聴衆は拍手をしてくれましたが、私は心の奥底で、自分は聴衆をだましている、と思っていました」

しかし、かなりの努力をして自己修養に励んだ後、バスティアンは自分の特殊技能、すなわち自由自在にインスピレーションを引き起こす能力を、認める勇気が持てるようになり、そのために、思いきってほかの人たちからの賞賛を受け入れられるようになった。人々の拍手喝采を受容できる心構えを、彼はこう説明している。「自分が自分自身に多大な努力を課してきたことを認めます。自分が自分自身を鍛えてきたことを認めるのです[14]」

これは心理学的に自明の理のように思えるかもしれないが、そうではない。すばらしい演奏の裏にある苦労や苦心のもとは、すべて練習とリハーサルと鍛錬だ。意識ある〈私〉がその練習を強く求め、その結果、練習をこなした〈自分〉への信頼が生まれ、〈自分〉には務めを果たす能力があると思えるようになるのだ。しかし、演技や演奏をするのは意識ある〈私〉ではない。もちろん監督や指揮者でもない。やるのは意識のない〈自分〉だ。

演奏が終わって観客が拍手を始めると、まるで催眠状態から覚めるかのように、意識と〈私〉が喝采の真っただ中に戻ってくる。演奏をしたのは〈私〉ではなく〈自分〉だったために、恥ずかしい思いがこみ上げてくる。ピーター・バスティアンの告白の言葉を少し変えれば、まったく同じことを言っているのが明らかになる。「〈私〉は」〈私〉が〈自分〉に多大な努力を課してきたことを認めます。「〈私〉は」〈私〉が〈自分〉を鍛えてきたことを認めるのです」

だが功績はすべて〈私〉のものになる。

演奏や演技は、この矛盾の上に成り立っている。技巧や表現や調和についての明確で秩序だった〈私〉の意識が一方にあり、それらの意図すべてに、無意識で、禁止の束縛を受けない感情移入の流れによって息を吹き込む、〈自分〉のやり方が他方にあり、その間を行ったり来たりすることで、成り立っている。

これらの要因が当てはまるのは舞台芸術だけではない。日常生活でも同じ現象が見られる。バスティアンはこう書いている。「私の言っていることを理解するのに、音楽家である必要はない。毎日の生活でも同じ状態が自然に起こるのを、私は目のあたりにしている。食器を洗っているときにさえ起こるのだ！　突然何もかもがバレエの中のように滑らかに動き始める。皿はガチャガチャ音を立てるのをやめ、食器洗い用のブラシが食器の表面で、際限なく心を満たすアラベスクを奏でる。まるで、瞬時にして理解できる天啓のようだ[15]」

私たちには、自分がやっていることと、幸いなる完全無欠の一体感に達する才能があるという実例は、日常生活に数多く見られる。エネルギーがほとばしり、力がみなぎっているという、自然で直接的な感覚だ。この手の経験は、十分に訓練された活動、たとえば仕事や親しい人間関係において長年鍛錬と忍耐をもって育ててきた活動と、結びついて起きることがとりわけ多い。

アメリカの医師でイルカの専門家ジョン・リリーは、一九六〇年代の終わりに人間の意識の研究を始めた。それ以前、彼は何年もかけて、イルカとのコミュニケーションを試みた。イルカは高度な知能を持った動物で、その脳は体重比で人間のそれに匹敵する。[16]だが、リリーはイルカとの会話に成功しなかった。そこで彼は、人間とイルカの知能には差がありすぎる――イルカが賢すぎるのだ、と結論づけた。そして人間の研究に乗り換えたのだった。意識の科学的研究のために、一九六〇年代に利用可能だった数多くの作用物質（LSDなどの薬物）を幅広く探求しているうちに、リリーはチリのオスカーという魔術師の家にたどり着いた。その男は、意識の非常によい状態と非常に悪い状態を記述する方式を持っており、リリーはそれを採用した。ここで詳細を紹介する必要はないので、重要な点にだけ触れておく。

オスカーとリリーは、「プラス二四」あるいは「プロの基本的な状態」と呼ぶ状態を取り上げていた。この

「プラス二四」というのは心地よい状態で、リリーによれば「活動に没頭し」、「仕事のプロセスが楽しくて、もはや自我がない」状態だ。彼はこう書いている。「プラス二四の重要なところは、楽しいということ、そして無意識に何かをやっていること、そしてそれに加えて、自分や自己が失われ、自我《エゴ》がないことである」[17]

本書の用語に置き換えると、〈私〉からの制御をいっさい受けず、無意識に何かをするのを、〈自分〉が許されている状態ということになる。禁止も自覚もない、心地よい状態だ。こういう経験は、心配や恥ずかしさとは無縁で、心安さ、くつろぎ、そして平穏な気分を特徴とする。

リリーがこの状態を仕事と結びつけているのは、奇妙に思えるかもしれない。なんと言っても、普通、仕事という言葉には、自己を超越する至福感という響きはない。だが、これには深遠な意味合いがある。四六時中、意識的に制御する必要のないことをするのも、私たち人間にとって大きな喜びとなる。そういう経験は、心安さ、くつろぎ、そして信頼にあふれている。

仕事も最高潮のときは、まさにそういう感覚を生み出す。たとえ給料が少なかろうが、すばらしいアイデアを上司に却下されることが多かろうが、関係ない。物事がうまく運ぶときは、すらすらと進むものだ。備えは万全で、技が冴える。仕事中毒の風潮が社会の様々な分野で蔓延しているのは、じつは私たちが、この無意識でいる状態を追い求めているからなのかもしれない。

宗教と社会生活とプラシーボ効果と……

しかし、自分がやっていることと一体になる喜びを味わえるのは、仕事や家庭の場だけではない。宗教の教えを実践する人たちは、昔からそういう感覚について口にしてきた。宗教もその性質上、祈りや礼拝、賛美歌、典礼、祭儀、儀式、暗唱など、従うべき規律の強力な伝統を体現している。それらのしきたりに伴う精神状態は、必要に応じて引き起こすことができるようになる。それが、ごくありふれた日常的なものになるからだ。

たとえまったくそうは思われていなくても、だ。

仕事をしているときであれ、家にいるときであれ、自然あるいは宇宙と心を通わせているときであれ、非常にすばらしい経験というのは、外からはありふれたものに見えるかもしれない。本人は普段やっていることをやっているだけだからだ。だが内側から眺めると、少しもありふれたものではない。

アメリカの心理学者アブラハム・マズローは、このような恍惚感を表現するのに〈至高経験〉という言葉を編み出した。マズローは、自覚しているものを変えることを望まない自覚の状態を、（東洋哲学にならって）「老荘哲学的」と称している。「物事の本質の会得へ向けての老荘哲学的なアプローチは……一般的な意味でのテクニックというよりむしろ、自然に対する態度……である。あるいはアンチテクニックとさえ呼ぶべきかもしれない」と、マズローは書いている。「老荘哲学的な真の受容は、成しがたいものである。それは、予断、分類、改良、否定、評価、賛成、反対を排し、語られている事柄に逆らわずに、耳を傾けられることである……そんなふうに耳を傾けられることは、めったにあるものではない」かといってマズローは、自覚にはこのような不干渉という手立てだけを用いるべきだと考えているわけではない。「具体性の経験と理解についても、具体性に伴う混乱状態から把握可能な抽象概念への体系化についても、科学には両極端の考え方がある」[18]

しかし、意識があって言葉を操る〈私〉が後ろの方に押しやられると言うことによって、宗教的な「恍惚状態」をどうやって説明できるだろうか。つまるところ、主の祈りであれ加持祈禱の呪文であれ、祈りや瞑想の特徴は言葉が語られることだ。なぜそれが〈自分〉の喜びにつながるのだろうか。

物事を行なう能力を高めるための、数ある解説書の一冊『インナー・ゲーム・オヴ・ミュージック』は、重要なテクニックとして〈過負荷〉を提唱している。テニスやゴルフ、スキーに関するこの著書の中で、W・ティモシー・ゴールウェイは、自己《セルフ》1と自己《セルフ》2という概念を展開し、この二元論が提起する問題を示している。セルフ1は、本書で言う〈私〉におおむね相当する。問題は、セルフ1がどうしても万事を制御し、決定したがる点にある。だがテニス選手や音楽家として、事を遂行するのはセルフ2だ。うまいフォアハンドの打ち方を知っているのはセルフ2なのだが、セルフ1は自分がどう見えるか、次のショットをどう打つべきか、今のフォアハンドはどうだったかなどを気にする。セルフ1は妨害し、混乱を引き起こす。それに対して、セルフ2は可能性の宝庫、私たちがやってのけられることすべての母体だ。

音楽家やテニス選手やスキーヤーにとって厄介なのは、内面におけるセルフ1とセルフ2の葛藤だ。そっとセルフ2を働かせておけば、すばらしい出来になるかもしれないのに、心配症のセルフ1がたえず邪魔をする。目標は、セルフ2が象徴する、「是非の判断をしない、純粋な自覚の状態」に達することだ。それが許されるときの話だが。

ゴールウェイと、共著者で音楽家のバリー・グリーンは、セルフ2に才能を発揮させるテクニックをあれこれ示している。なかでも非常に重要なものとして、〈過負荷〉が挙げられる。「取り組むべき課題を過剰に与えて頭をショートさせると、注意を向けることが多くなりすぎて、もはや心配している暇などなくなる。そして、セルフ1が『チェックアウト』し、セルフ2を『チェックイン』させることもある」[19]単純な発想だ。バイオリンの弓の扱い方を覚えたかったら、何かほかのことに注意を集中しながら試みるのが、よいアイデアだということもありうる。「それまでコントラバスを弾いた経験のない人が、『メリーさんの羊』を、フルサウンドで正確に演奏すること、しかも笑顔で歌い、聴衆にもいっしょに歌うように指示しながら演奏することを、わずか一五分のうちにすっかり覚えられると言われたら、私はまったく信じなかっただろう」[20]と、グリーンとゴールウェイは書いている。

〈過負荷〉がかけられているということは、意識ある〈私〉、つまりセルフ1にチャンスがないということだ。二人が提案するテクニックには、「馬鹿げた考えに身を委ねる」というものもある。たとえば、自分はコントラバスを弾いている魚だと思うといい。自己を過大視することがなくなり、物事がずっと容易になる。

これこそ、祈りや瞑想が人間の心に確かな影響を与える原因ではないだろうか。呪文や聖句を唱えているために、言葉のチャネルがいっぱいになる。わずかしかない言語の帯域幅が、慣れ親しんだ言葉で占められてしまうので、思考の入り込む余地がなくなる。考えないようにすることも、瞑想における重要なポイントだ。あれこれ思案させられることのない、おなじみの事柄に言語のチャンネルを集中させることで、頭の残りの部分が、祈りや瞑想の対象に解放される。

習慣化した言葉は、「内面の無線送信機」を遮り、〈自分〉に自由に力を発揮させる呪文になりうる。

舞台監督キース・ジョンストンは、あらゆる演技の基礎、とりわけ、自由な即興演技の基礎となる、類い稀な没頭術が身につくように、役者を訓練する一連の手法を開発した。最大の問題は、当人の勇気、率直さが求められる点だ。自己制御と自己開発の関係にまつわる、貴重な経験的知識の宝庫である著書『即興演劇』に、ジョンストンはこう書いている。「もし観客の前でなりゆきに任せて即興をするのなら、自己が奥底までさらけ出されるのを覚悟しなくてはならない」どんな場合も、問題は自分自身を信頼する勇気があるかどうかだ。ジョンストンによると、役者は「失敗することが心配なら、まず考えなくてはならないだろう。遊んでいる気分なら、自分の手が勝手に決断するのを許すことができる」[21]

〈私〉はコミュニケーションができるし、他人とのコミュニケーションを制御することもできる。〈自分〉もコミュニケーションができるが、その内容についての自覚は同じではない。〈私〉は社会性があり、他人の〈私〉と契約を結ぶことができる。問題は、〈自分〉がその契約に従うかどうかだ。

社会的な場は社会契約によって成り立っており、そうした協定は言葉によって結ばれる。したがって、私たちの社会生活における結合力というのは、容量あるいは帯域幅が非常に狭い。言語の帯域幅にはたいした情報はないのだが、それでもそれに社会生活全体の監督を任せなくてはならない。

約束を守り、ルールに従う社会的動物であることにまつわる問題は、個人の問題でもある。それは、約束をする〈私〉と、行動を起こさなくてはならない〈自分〉の関係なのだ。言い方を変えると、こうなる。社会生活は意識的に作られた契約によって取り決められているが、人はたいてい無意識のうちに活動するので、意識によって結ばれた契約に無意識を従わせられるかどうかが問題だ。

こうして、「あなた」と「私」の関係は、〈私〉と〈自分〉との内面的な関係になる。人と人との間に繰り広げられるドラマの多くは、じつは、個人個人の内側で、〈私〉と〈自分〉との間に繰り広げられるドラマなのだ。〈私〉は〈自分〉の中にある社会的な側面を代表している(図38)。

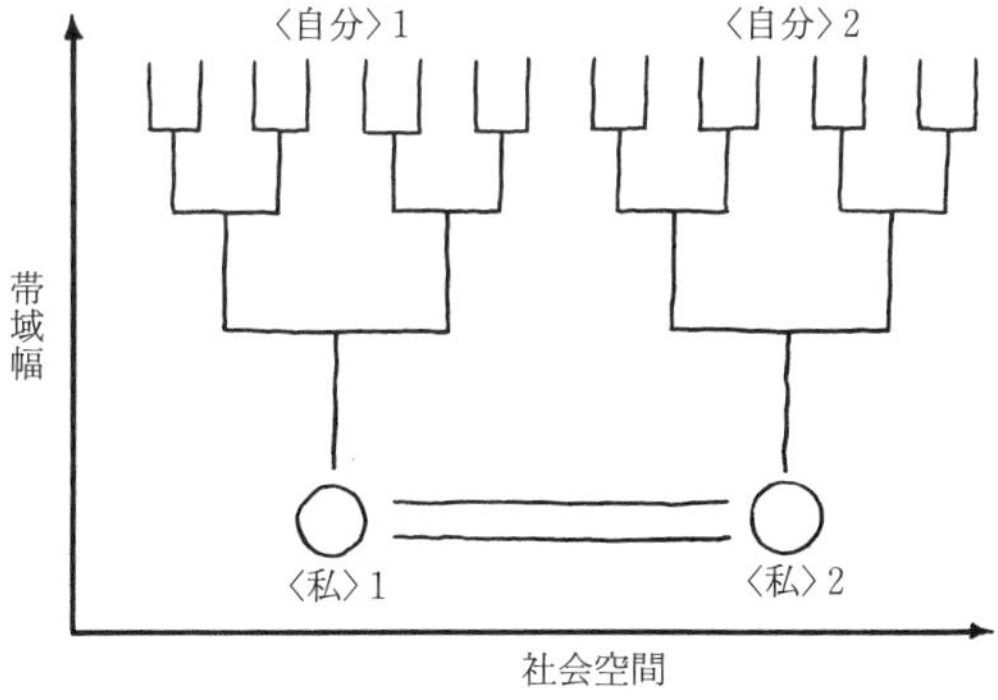

図38 〈社会の木〉。非常に広い帯域幅で働いている二つの〈自分〉は、〈私〉の非常に狭い帯域幅で結ばれた契約に従わなくてはならない

〈自分〉と〈私〉の関係は生やさしいものではない。だがそれは、誰の人生においても中心となるテーマだ。この難しさをよく知っているのは、音楽や演劇のプロだけではない。実生活の多くは、この関係を基本テーマとしている。

困難は、〈私〉が〈自分〉の対処能力を信頼しなくてはならない点にある。ここで、現代生活における典型的なテーマをいくつか見てみよう。

自由意思について考えるとき、いちばん問題になるのは法哲学だ。人には自由意思があり、それゆえ行動を自律的に制御できるという前提に、わずかでも問題があるとしたら、正義に関する周知の基本原理は、その多くが消えてなくなる。人が何かしでかしたとしても、本人が自ら決めてやったのでなかったら、どうして罰することができるだろう。自由意思が消えると、統制ある社会という概念も消滅するのではないだろうか。

本書は、自由意思が消えたと主張するものではない。自由意思は〈私〉ではなく〈自分〉によって行使されると言っているのだ(両者のどちらが決定を下すかを決めるのは〈自分〉だという意味で、だ)。ところが、社会的な契約を結び、社会的にどこまで許容されるかを知っているのは〈私〉であり、しかも、〈私〉が行使できるものは、お粗末な禁止権しかない。

したがって、個人にとっての問題は、社会に対する責任を負うのは〈私〉なのに、行動するのは〈自分〉だということになる。〈私〉は、完全に自分に任されているわけでもないことについて、責任を引き受けなくてはならない。〈自分〉に責任を持つという重要な教訓を学ばなくてはならない、と法律は命じている。

心理療法は、現代社会の重要な要素になった。個人にとって、自分の内側で働いている力を制御するのは、どんどん難しくなってきている。潜在意識から噴出するかもしれない憎しみや不安、湧き上がってきかねない、行動への衝動、他人から求められないがために、与えたくても外に出せない愛情、周囲の人々に対する嫌悪、それらをすべて受け入れるのはつらい。心理療法のテーマは、〈私〉による〈自分〉の受容と考えることができる。現代の文化全体が、人がほんの少し信心深く敬虔になろうとさえすれば〈私〉は行為の真の動機を制御できると言っているが、じつはそうではないという事実を、〈私〉が受け入れること、それがテーマなのだ。個人にとって心理療法とは、〈自分〉を受け入れるという教訓に尽きる。

ここ二、三〇年で、宗教的なものや治療目的のものに限らず、精神性を重視する流れが次々に出現している。それらに共通しているのは、人間の本質を知ろうとする点、神性から無分別で動物的な強情さまで広範囲にわたる、非常に複雑な自分自身の本質を理解しようとする点だ。

ある意味で、精神性とは、自分と自分の可能性を知り、それによって、自分自身の人生を真剣に捉えるだけのことなのだろう。だが、これはあなどりがたい問題だ。なぜなら、私たちの大半は自分の内に、思いもかけぬような不快なものを多数抱えているからだ。気高い精神性を伴う人格は、経験と自己認識と受容が発するオーラを特徴とする。仏教信者にとって、最も高い理想は、何物にも驚かされないことだ。精神性にとって大事なのは、〈自分〉を知っているという恐ろしい真理に到達することだと言える。

敢然と立ち向かうなどというのは、現代の文化では忘れられかけていることだが、問題は、〈自分〉を信頼するという自信の有無にある。

まだまだ続けられるが、まとめると、次のようになる。

法哲学　〈自分〉に責任を持つ。
心理療法　〈自分〉を受け入れる。
社会的関係　相手を受け入れる。
個人的関係　〈自分〉が相手を受け入れる。
精神性　〈自分〉を知っている。
勇気　〈自分〉を信頼する。

〈私〉と〈自分〉の関係は、両者がもっと目立たない場面にも現れる。たとえば医療の現場がそうで、〈有能な〉医師はみな経験的に知っているのだが、たいていの調合薬は治療効果がはっきりしない。主要な伝染病が撲滅されたのは、薬ではなく、衛生状態や生活環境の改善のおかげだ。食事や住まい、下水設備がよくなったからこそ、結核のような病気は消滅した[22]。

だからといって、医学的な治療の効き目がないというわけではない。ただ、効果を上げるのは薬に限らないということだ。既知の薬のうちで抜群の効き目を持つのが、「喜ばせたい」というラテン語に由来する〈プラ

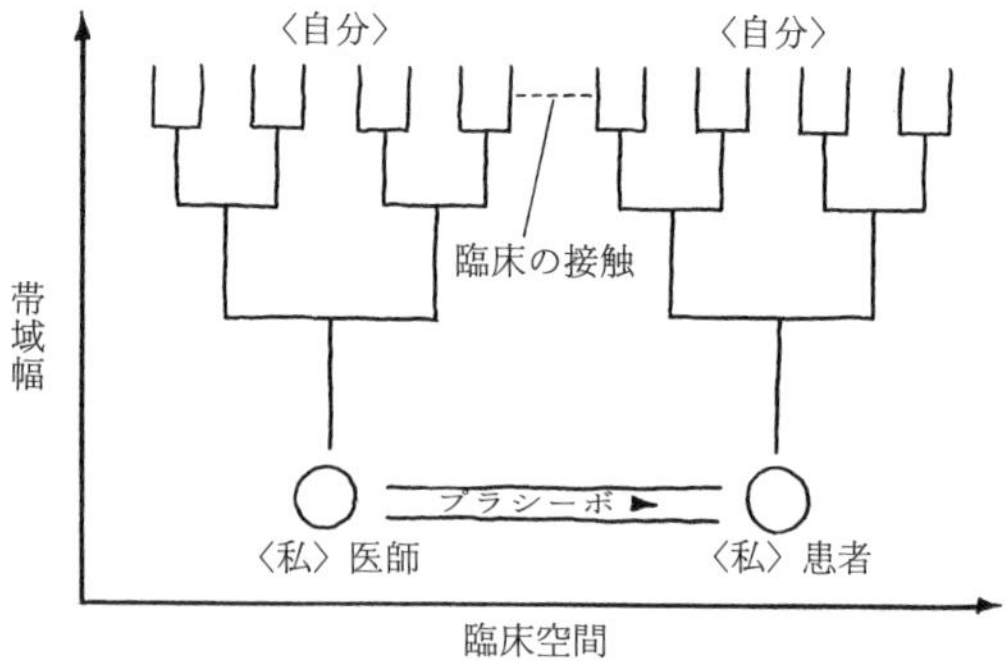

図39　〈プラシーボの木〉。（広い帯域幅での）医師と患者との臨床の接触は、患者の〈自分〉の自己治癒力に対する信頼を確かなものにする。患者の〈私〉はプラシーボを与えられ、ラテン語の医学用語を聞かされるので、〈自分〉は邪魔されずに自分自身の治癒に専念できる

シーボ〉だ。プラシーボが効くのは、処方された錠剤や水薬のためではない。効き目があると患者が信じているから効くのだ（図39）。

優秀な介護人は、臨床での触れ合いの重要性を知っている。優れた医師や看護婦の理解と思いやりによって、患者は回復を信じることができる。そういう状況では、多くの患者にとって薬の使用そのものは不可欠だが、どの薬が使われるかは、それほど重要ではない。

プラシーボとして薬が使われると、〈私〉は〈自分〉が自分を治す力を再び信じ始める。病気は、自分自身の力に対する信頼をなくすような危機にともなって起こることが多い。たとえば、過労、失望、あるいは不幸のために、体が「もう、たくさんだ」と悲鳴を上げ、風邪をひいて寝込んだりする。このように危機的な状況から病気が始まるというのは、自分がその状況にうまく対処して回復できると、もはや信じていないということだ。〈私〉は〈自分〉の思いどおりになって衝動に屈してベッドに入り、お菓子を食べながら連続ドラマを見たり雑誌を読んだりするのを嫌う。〈私〉は〈自分〉の自己治癒力を信じていない。つまり、治療する人とされる人の関係もまた、（ことによるとたいていの場合）じつは患者の〈私〉と〈自分〉の関係なのだ。

同じことが星占いにも言える。一九九一年、『ニュー・サイエンティスト』誌に載った記事は、現代社会に見

られる不可解な占星術人気について、様々な解釈を提示している。

「筆跡学や占星術による解釈や判断などに人気がある理由のうちでも信憑性があるのは、逆説的に聞こえるが、当たるから、というものである」[23]と、心理学者エイドリアン・ファーンハムは書いている。星占いには、一般的で、おもに肯定的なコメントが並んでいる。一九五〇年代、アメリカの心理学者ロス・スタグナーは、六八名の人事担当責任者を集めて、性格診断テストを行なった。そして、個別の診断書のかわりに、同じ内容の偽のリストを全員に渡した。そのリストには、星占いから引用したコメントが書かれていた。診断書がどれぐらい当たっているかという質問に対して、大勢の人が、「あなたの性格には弱点がいくつかありますが、あなたはそれらの弱点を、おおむね補うことに成功しています」といった文章は自分にとてもよく当てはまる、と答えた。

この文章が当たっていないと思う人などいるだろうか。大半の人が、自分のことを正確に言い表している、と思うような一般的なコメントを考え出すのは難しくない。そういうコメントを読むと、自分の秘密が暴かれたと感じることさえある。ドイツの心理学者クリューゲルは、学生を対象に筆跡学の実験を行ない、自分の筆跡の分析結果に基づくレポートを評価するよう指示した。学生たちはみな、そのレポートが自分個人を正確に言い当てていることに驚いた。しかし、彼らは全員、まったく同じレポートを受け取っていたのだ。そのレポートにはこうあった。「あなたは根本的に心の奥底では弱くて臆病だが、どうすれば幸せで強い人間のように見えるかを知っている」

〈自分〉から回ってくる多種多様で複雑で矛盾に満ちた決定を、すべて理解するよう試みなくてはならないために絶望的になっている〈私〉に、星占いは、こうすればつじつまが合う、と教えてくれる。私たちは星占いが正しいと思うだけでなく、秘密を明らかにしてくれたとも感じる。それでほっとする。もはや自分自身をそれほど恐れる必要はなくなるのだ。こう考えると、星占いは現代文化の中で重要な役割を果たしていることになる。星占いのおかげで、〈私〉は〈自分〉が信頼できる。星占いがこの信頼の根拠を提供してくれると信じるだけのもっともな理由がないことは問題でない。この信頼が生まれることが大事なのだ。なぜなら、現代文化に顕著な心理学的問題は、人々が〈私〉を超える〈自分〉の存在を受け入れたがらないことだからだ。〈私〉にとって問題なのは、〈自分〉を受け入れるほかに選択の余地がないことだ。人はあるがままのその人であり、その事実から逃れることはできない。しかし、人は〈自分〉が受け入れるのを拒否するような契約を、自分自身や他人と結べることは確かだ。

ちょうど、法哲学の中心的な問題が、〈自分〉に対する〈私〉の責任の扱いであるように、実存主義における中心的な問題は、〈私〉による〈自分〉の選択だ、と言い換えることができるだろう。人は自分自身を選択するしか道がなく、それゆえ〈私〉は〈自分〉を選択するしかないとはいえ、その選択はたやすくできるものではない。〈自分〉は何から何まで〈私〉が受け入れられないものだからだ。〈自分〉は予測不能で、無秩序で、強情で、すばやく、強力なのだ。

キルケゴールは人生の三つの段階、考えうる三つの選択肢について論じている。この三つは、いつもではないが時折、順番に現れる。最初に登場するのが審美家で、感覚的な経験に生き生きと没頭している。ある意味で、これは無頓着に心ゆくまで自分の人生を生きている、自由で悩みなき〈自分〉と言える。第二段階は、道徳家で、おとなしく勤勉に、家庭と仕事に心を配り、すべての契約に従う。ある意味で、これは純粋な〈私〉だ。キルケゴールの第三段階は宗教家で、神に対して謙虚になり、ほかの二つの段階を融合させる。

キルケゴールの後継者たちも、同じテーマを繰り返し論じている。サルトルは、自分を内側から眺めることの重要性を強調した。ハイデッガーは、人は世界をどうにでも解釈できるのに、解釈によってしかそれを経験できないことに対する不安を語った。〈自分〉でないことに対する〈私〉の不安である。

実存主義は、〈私〉による〈自分〉の受容という根本問題を言葉で表そうとする、壮大な試みだ。純粋で完全な存在の重みは、人が選択するものから生じるのではない。人が選択するから生じるのだ。大事なのは、どの選択肢が正しいかを〈私〉が熟慮することではない。〈私〉が一つを選択して、それを（仮にそうでなくても）自分自身のものとして固守することだ。

不安、吐き気、疎外、混乱、不気味——実存主義の語る、困惑するような経験はすべて、〈私〉による〈自分〉との接触の欠如と解釈することができる。これを最も弁証法的に表現したのがキルケゴールだった。彼は、不安は魅力と嫌悪の交錯だとしている。「不安とは、共感に基づく反感であり、反感に基づく共感である[24]」彼は例として、デンマークの北シェラン島の断崖の上を歩く場面を挙げている。石につまずいて転落するのは恐ろしいかもしれないが、不安のもとは、飛び降りたいという突然の衝動にある、というのだ。このような衝動こそ、〈自分〉の内に湧き上がってきかねない種類のものだ。

『死にいたる病』の中で、キルケゴールは絶望感に触れ、絶望感には三つのレベルがあり、すべて自己の状況にかかわっている、と書いている。ここで言う自己とは、精神あるいは意識であり、自分自身が自分自身と関係することだ。自分自身と関係することで陥る絶望には三通りある。「自己を持っていることを自覚していない絶望、自分自身であることを欲しない絶望、自分自身であろうと欲する絶望」だ[25]。

この三つの絶望を、〈私〉と〈自分〉の区別の観点から「翻訳する」ことには意義があるかもしれない。たとえ翻訳は、翻訳されるものの一面しか再現できないにしても、だ。

第一の絶望は、〈私〉と〈自分〉の間にいっさい関係がないという事実を語っている。〈私〉は根無し草なのだ。第二の絶望は、〈私〉と対になっている〈自分〉を受け入れない〈私〉にまつわるものだ。「私は〈自分〉になりたくない」〈私〉は関係を渋るが、いつも失敗するので絶望する。キルケゴールの言う第三レベルの絶望は、〈自分〉でありたいと素直な気持ちで願っているにもかかわらず、思いきって〈私〉自身を捨てて〈自分〉を受け入れることのできない〈私〉の絶望に相当する。「私はなんとしても〈自分〉でありたいと思っている。だが、ふんぎりがつかない」

もちろん、〈自分〉の中にあるのは、美しく優美なダンスのステップや見事なサッカーのパスばかりではない。〈自分〉には著しく不快な性質のものもたくさんあることは、とりわけ精神分析学によって、きわめて明白になった。同様に、〈私〉は禁止したり制御したりするだけでなく、人生を通して、あるいは友人たちの間で、考えを伝えたり主張したりすることができる。人が持っているこの二つの面は、良いものにも悪いものにも富んでおり、これまで述べてきた「現象学的な」分析から感じられるより、はるかに豊かであることは確かだ。

しかし、〈私〉と〈自分〉とはいったい何か、より詳細な考察を試みる前に、ここに至るまでにすでに問題を一つ解決したことを指摘しおいてもよかろう。すなわち、マクスウェルの方程式を書いたのは誰だったのか、というボルツマンの疑問だ。ジェームズ・マクスウェルが臨終の床でホート教授に言った言葉を思い出していただきたい。「私自身と呼ばれているものによって成されたことは、私の中の私自身よりも大いなる何者かによって成されたような気がする」

本人にそのつもりはなかったのだが、この言葉は、同輩物理学者のルートヴィヒ・ボルツマンが、マクスウェルの驚異的な方程式はどこから生まれたのかと、畏怖をもって投げかけた疑問に対する答えになっていた。

ボルツマン「これらの記号を書き記したのは神だったのか」

マクスウェル「いや、それは自分だ！」

私の中の私自身よりも大いなる何者かである。

第十一章　ユーザーイリュージョン

「西洋思想が二〇〇〇年にわたって強力に主張してきたのが、人間の行動は統一された意識体系の所産であるという説だ」と、コーネル大学の神経学者マイケル・ガザニガは書いている。「この説は大多数を代表する見解であり、これを前提に構築された制度や科学的信念は枚挙にいとまがない。この説に対して異議を唱えて成果を上げるには、時間と非常な努力、そしてつねに、裏づけとなる、より多くのデータが必要とされる」(1)

ガザニガとその同僚たちは、左右の脳が分離されている患者の研究を通じて、様々な観察結果を示している。意識は人間に一つしかない現象だと思っている人がそれを見たら、仰天するはずだ。

なかでも最も劇的なのは、P・Sという名で呼ばれる患者を対象にした研究だろう。

P・Sは癲癇《てんかん》を患う一六歳の少年で、思いきった処置が必要なほど症状が重かった。投薬治療では効果がなかったため、一九七五年一月、アメリカの神経学者たちは、二つの脳半球を外科手術によって分断することにした。この手術は、癲癇の発作が片方の脳半球から他方に広がりうることが明らかになった一九四〇年以来、用いられてきた処置だ。荒療治ではあったが、手術後、生活の質は著しく向上する。副作用も驚くほど少なかった。だが、その副作用は、科学の観点からはじつに興味深いものだった。

ほかの人と同じように、P・Sの二つの脳半球にも役割分担があり、それぞれ異なる仕事をしていた。アメリカの神経科学者ロジャー・スペリーは一九六〇年代に、二つの脳半球の得意分野が大きくかけ離れていること

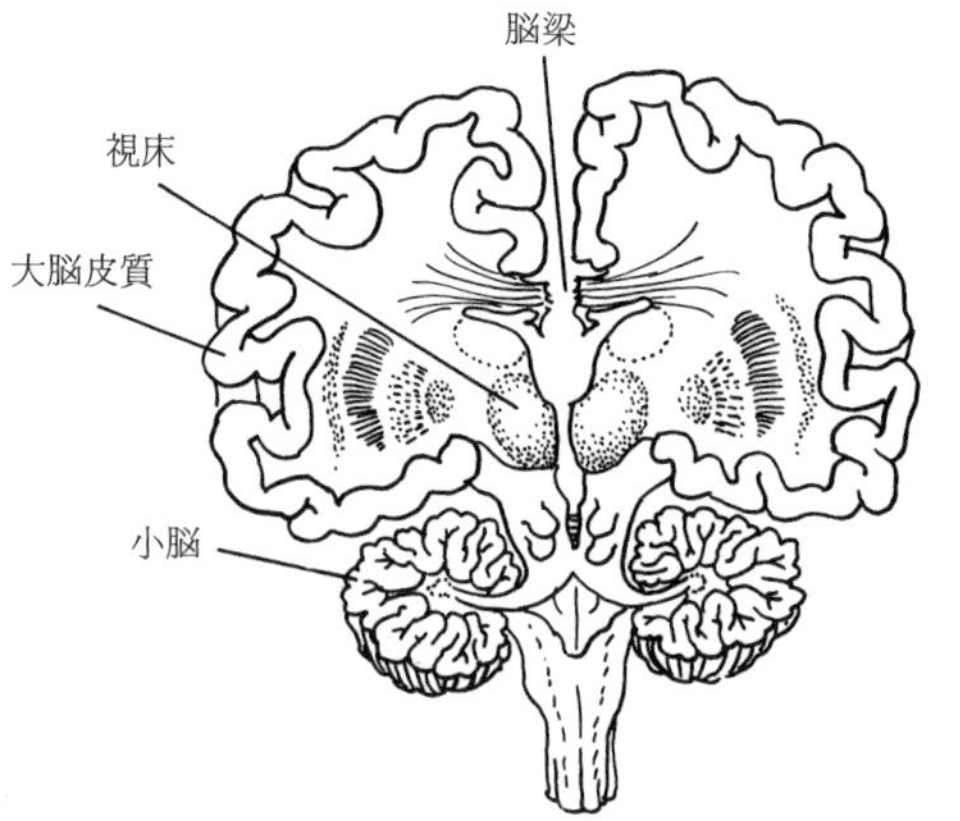

図40 両耳を通る面で脳を垂直に切断したときの、二つの半球の断面図。半球どうしは脳梁によってつながっているが、手術でこの脳梁を切断される患者もいる

とを発見した。左半球が言語的・分析的・理性的（「男性的」と言う人もいる）なのに対し、右半球は空間的・全体的・直観的（「女性的」と言う人もいる）だった。やがてこの脳の区分けが、脳の「西洋」半球と「東洋」半球とにまつわる作り話を次々に生むことになった。そうした作り話は事実無根ではないにせよ、実際それほど白黒がはっきりしているわけではない[2]。コペンハーゲンとルンドの神経科学者ニール・A・ラッセンとダーヴィド・イングヴァルは、脳半球内の血液循環の研究によって、たとえば発話の機能は左脳だけにあるわけではないことを実証した。右脳がイントネーションやリズムなど、言葉の非言語的側面、つまり、メロディ（言語学で言う〈韻律〉）を補う。右脳と左脳が協力することで、正常な発話機能が得られる。だが、左脳が言語をつかさどるというイメージは、おおむね正しい（ただし、右利きの人の場合であって、左利きの人の場合、状況はもっと複雑だ）。

二つの脳半球のつながり（図40）を切断された患者の場合、片方の半球が言語とのつながりを失う。そういう患者に対し、視界の二つの領域のそれぞれに異なる絵を見せれば、この分離現象を研究することができる。私たちの視覚は、両目の視野の右側が脳の左半球で処理され、左側は右半球で処理されるようになっているので、（どちらの目も両側を見ているものの）各半球が別々の視野を処理する（図41）。

分離脳患者の研究から

二つの顔を合成した顔（たとえば、右側は少年で左側は女性の顔）の写真を分離脳患者に見せると、どちらの脳半球に尋ねるかによって、異なる回答が返ってくる。言語的半球、つまり写真の右側を見ている左脳に尋ねると、その写真は少年だ、と答える。様々な男女の顔の写真から一枚選び出すように言うと、患者の右脳は女性の顔を選ぶ。こうして得られる答えは二つとも、完璧に有効で、有意であり、判断力を伴っている。だが患者は違いがあることを知らない。右脳と左脳はつながりを切断されているため、それぞれ独立しているのだ。

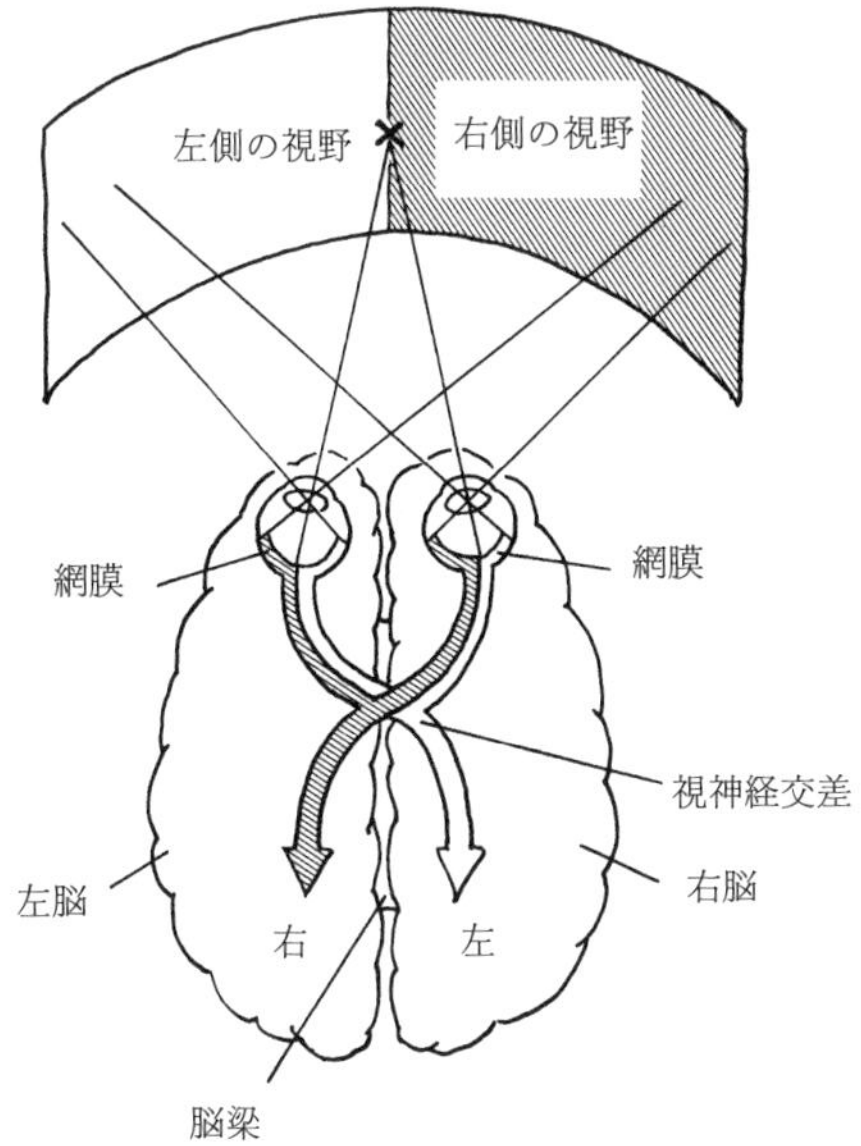

図41　交差する視覚の経路。対象の左半分は、両方の網膜の右側に映り、両目の右側からの情報は右脳で処理される。一方、対象の右側は左脳で処理される

　ところが、P・Sは特別だった。研究対象となった患者としては初めて、右脳もはっきりした言語能力、つまり、言葉に韻律を与えるだけでなく、すらすらと自己表現する能力を示した。（彼の右脳は話すことはできなかったが、文字カードで言いたいことを表現した）。この能力は、手術するずっと前に受けた左脳の損傷のせいで生じたのだろう。その損傷のために、P・Sは右脳を言語のために使うことを余儀なくされていたのだ。

P・Sの右脳と左脳は、いつも意見が一致するとはかぎらなかった。たとえば、左脳は(発話を通して)大人になったら製図工になりたいと言っているのに、右脳は「レーシング・ドライバー」になりたいと綴った。

これほど顕著な差異があることを知った脳半球研究の先駆者の多くが、人は二つの意識を持つことがありうると考えた――二つの半球のつながりが切断された場合には。様々な言葉(名前や用語)を好む度合いについて、二つの半球の意見が食い違うこともあり、その不一致の程度は、テストのたびに変わりうる。P・Sの場合、二つの半球の意見が一致する日は、最高に気分が良かった。

だが、P・Sの研究でいちばん信じがたい結果は、言葉で自己表現できる右脳の能力に起因するものではなく、分離脳患者に典型的なパターンである左脳優位に由来するものだった。「このような事象に出会うと、なんとも言い表しがたいほど強烈に魅了される」ガザニガは、ある実験でP・Sが示した反応について、そう書いている。その実験は、以後何百回となく再現された。

P・Sは、例によって合成の絵を見せられた。視野の右と左には別々のものが描かれている絵だ。そして、ほかのものが描いてあるカードを何枚か与えられ、見たものと関連のあるカードを選ぶように指示された。右脳は雪の風景を見たのに対し、左脳はニワトリの足を見た(図42)。そしてP・Sは、(右脳に対応している)左手でシャベルを指差し、右手でニワトリを指し示した。もちろん、これは完全に理にかなっている。右手はニワトリに関連するものを見ている側の脳から指示を受けており、一方、左手は雪という、シャベルで取り除かれるものを見ている側の脳から指示を受けているからだ。

しかし続いて起こったことに、ガザニガは愕然とした。「彼が答えを示した後、私はこう尋ねた。『ポール、なぜそう答えたんだい?』するとポールは目を上げ、何のためらいもなく、左脳で答えた。『簡単ですよ。ニワトリの足はニワトリと関係があるし、トリ小屋を掃除するのにシャベルが必要だからです(3)』」

P・Sの左脳は、雪に関するものを何も見たり聞いたりしていない。知っているのはニワトリのことだけだ。

ところが、（右脳に対応している）左手がシャベルを指しているのは見える。そこで左脳は即座に、ちゅうちょなく、左手がやっていることについての答えを考え出した。片方の手は、もう一方の手が何をしているのか知らないが、脳にはそれを説明する用意がある。

ガザニガはこう書いている。「脳が分離されているため、左脳は右脳が何を見ているか関知していない。だが、患者の体自体が何かをしている。なぜそうしているのだろう。なぜ左手はシャベルを指しているのだろう。左脳の認知システムとしては理屈をつける必要があり、この特定の課題に関して自分が与えられた情報から、筋の通る論理をたちどころに考え出したのである[4]」

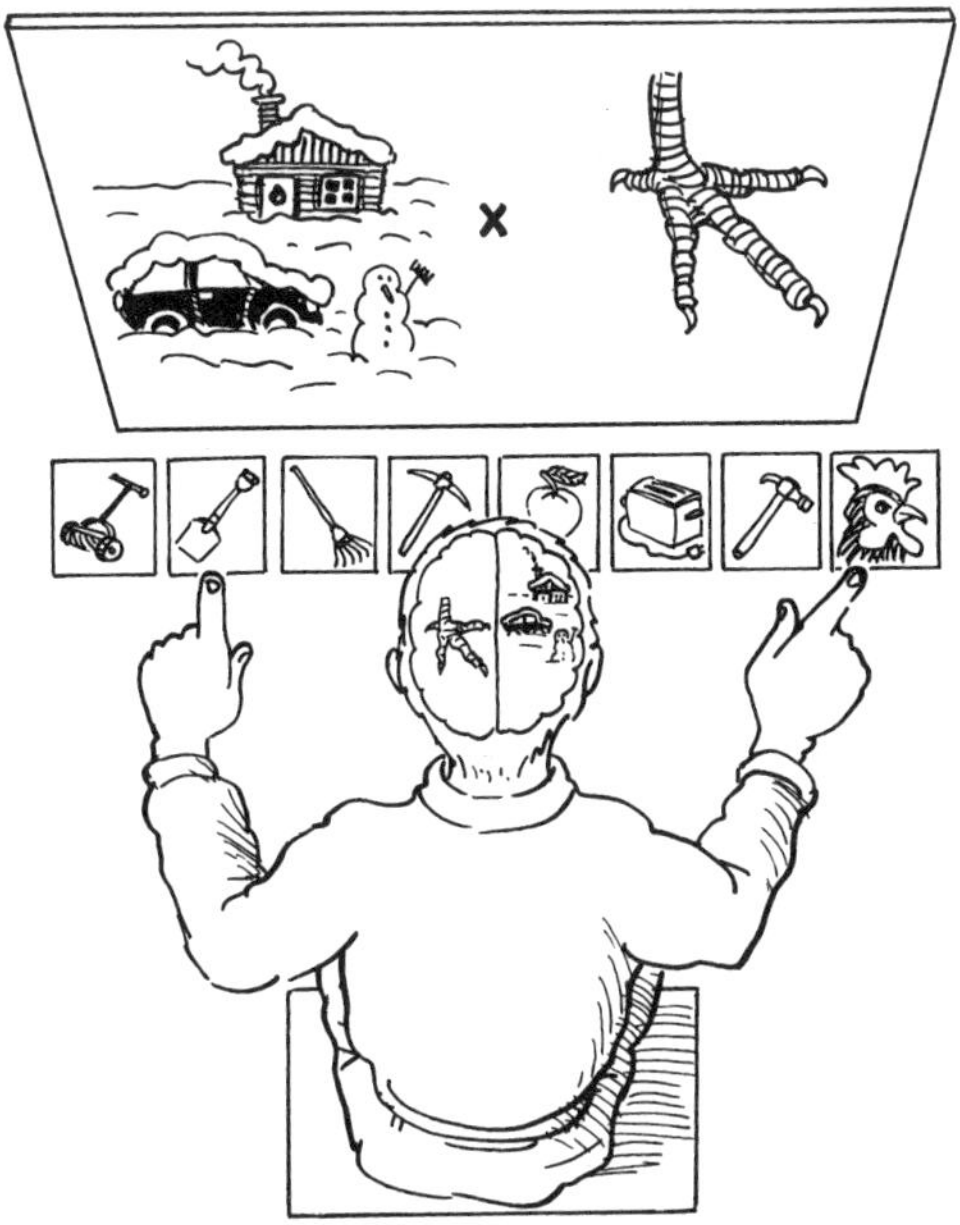

図42　二つの脳半球を分離された患者は、各半球で一つずつ別の絵を見ている。患者は、下の絵の中から関係のあるものを指し示さなくてはならない。だが、片方の手は、もう一方の手が何をしているのか知らない。その結果、患者の言葉による説明に、研究者たちは魅了された（ガザニガとレドゥーに基づく）

この臨床実験の観察結果で注目に値するもの、そして、研究者を魅了するものは何かといえば、P・Sの答え方に、ためらいもなければ、心もとなさもなかったことだ。P・Sの左脳は、自分の行動に、実際はありもしない理屈をつけるため、まったくちゅうちょすることなく、喜んでちょっとした作り話を編み出した。P・Sには、自分についてガザニガとその同僚たちが何を知っているかなど、理解のしようがなかった。左脳には、右脳が何を見たか想像もつかない。研究者たちがすべてを見ていたことも知らない。そこでおしゃべりな左脳は、自分の行動の理由がわからないと認めるかわりに、作り話をすることを選んだのだ。

P・Sに関する実験は、ガザニガとジョゼフ・レドゥーによって行なわれ、記述された。「脳と心と言語」についての論文で、レドゥーはこんな疑問を呈している。「無意識のうちに働いているシステムによって行動が生じるとき、何が起こるのだろう。つまり、無意識から生じた行動に対して、意識ある人間はどう反応するのか。このような問題の研究には、脳を分断された患者が理想的だということがわかる」[5]

レドゥーは、シャベルとニワトリの足とP・Sを使った実験の結果に基づいて、次のような答えを与えている。「このような状況で、発話能力のある左脳は、体が行動反応を起こしているのを目撃し、即座にその反応を、その状況に対する自らの見解に組み込んだのである。これらの観察結果はもちろん、日常生活で、意識のある自己が無意識のシステムによって生じた行動に直面することが立証されうるのであればこそ、意義がある。とはいえ、これまで見てきたように、これは実証できる事実ではないにせよ、理にかなった説ではある」[6]

レドゥーがこれを書いたのは、一九八五年のことだった。だが、ベンジャミン・リベットの研究の重要性が明らかになり始めている今日、指を曲げるといったごく平凡で些細な行動も、無意識の作用の結果であることは明白そのものだ。意識は自分がそういう行動を起こしていると思っているが、じつはそうでない。

そこで、P・Sや同様の患者の研究で得られた知見から、こんな疑問が生じる。日常的な行動のうちどれだけが、意識の上で、事後の完全なこじつけによって説明されているのだろう。私たちは自分の行動の動機について、どれほど頻繁に自分自身に嘘をついているのだろう。

第六章にも引用したように、人類学者エドワード・T・ホールは一九五〇年代に、人間の頭の中で起こっていることについては、本人より他人のほうがよく知っている場合がままあることを指摘している。

分離脳患者が、「歩け」という指示を無言の右脳で受け、すぐに席を立って実験室を出ていくときに陥りうる状態に、普通の人々はどれだけの頻度で陥るのだろうか。そんなとき、どこに行くのかと訊かれると、左脳が「コーラを飲みに家に帰るのです」などと答える。[7]自分がしていることを意識していなかったとき、人はよくこのような偽りの説明を考え出す、とレドゥーは指摘している。私たちは、車を運転しているという意識、あるいはどの道を通ったという意識がなかったとき（経験豊富な運転者にはよくあることだ）、道路はずっとまっすぐだったとか、眠っていてもできることだとかいった屁理屈をひねり出す。

「このようないいわけは、意識ある自己が、自らの許可や助けなしに意図的な活動が行なわれたという事実に直面した結果である。意識ある自己は、そうやって自らが受け入れられる話を作り上げようとする」とレドゥーは書き、さらにこう続ける。「私たちは、頭の中で処理される情報も、自分の起こす行動の原因も、自分の経験する感情の源も、そのすべてを意識的に自覚しているわけではない。しかし、意識ある自己は、それらをデータとして利用し、筋の通った話、自分なりの話、主観的な自己像を、組み立てて維持する」[8]レドゥーにとって、結論は明白だ。「自己とその世界にまつわる話を作り上げるのは、意識の重要な機能である」[9]

分離脳患者の研究から、自己、つまり（本書で言う）〈私〉は、まったく理解していないものについて、筋の通ったイメージを作るために、嘘をつきまくる、ということがわかる。嘘をついて、自分の行動に統一性と一貫性を認識するのだ。

しかし、私たちは自分に対してほど、他人に対しては嘘をつかない。自分に対する嘘は一般的な意味の嘘（誰かをだましていることがわかっている嘘）ではなく、意識に特有の特別な意味の嘘、他人をだますのではなく、自分をだます嘘だ。

「自己と思考と個人的体験の、主観的一貫性は、自意識システムの限られた能力によって生じる錯覚である」[10]

心理学者デーヴィッド・A・オークレーとレスリー・イームズは、二つの脳半球や催眠状態、（感覚器官へのインプットが抑圧されたり、誇張されたりする経験を伴う）ヒステリー症などについて観察した結果をまとめる試みの中で、そう書いている。どうあがこうと、意識には、意識体験の裏にある活動をすべて伝える能力はない。したがって、内的な多様性は隠されてしまう。そのため私たちは、一貫性を経験するが、それは必ずしも正確なものではない。「自分自身の意識作用についての統一ある全体像は、自意識という限定された窓からそれらの意識作用を見ることによって課せられる制約の結果である」とオークレーとイームズは言う。(11)

〈隠れた観察者〉の発見

〈隠れた観察者〉は一九七三年、偶然発見されたと言われている。この年、催眠術で耳が聞こえなくなるという現象の公開実験が、学生の目の前で行なわれた。被験者は三つ数えたら耳が聞こえなくなり、催眠術が解けると聴力が戻る、と言われた。催眠術はうまくかかり、被験者は、質問されようが、背後で思いがけない大きな音がしようが、何の反応も示さなかった。このような実験はごくありふれたものだ。「催眠術」と聞くと、うさん臭く思う人が多いが、これは、人間の心的現象のうちでも、わかりやすいもので、よく研究されており、フロイトが精神分析学を発展させるにあたっても、中心的役割を果たした。

ところが一人の学生が、その実験を指導していた科学者アーネスト・ヒルガードに質問をぶつけた。催眠状態にあっても、被験者の「一部」は何が起きているかわかっているということはありうるだろうか、と。

そこでヒルガードは、催眠術をかけられた被験者に、「私が今、話しかけているあなたには、私が話しかけているのとは別の部分があって、そちらのほうがたくさんのことを知っています」と語りかけた。そして彼は次のような指示をした（〈隠れた観察者〉を確認するために後に行なわれた実験の報告からの引用）。

「さてここで、あなたの心についておもしろい話をしましょう。今のような催眠状態のときには、物事が普通の現実とは違うように思える体験がいろいろとできます。物の匂いを感じられなかったり、実際にそこにあるものが見えなかったり聞こえなかったりすることもあれば、実際にはそこにありもしないものを心に描ける場合もあります。普通の現実とは異なる、じつに幅広い体験ができるのです。けれども、あなたが普通の現実を意識せずにそういう体験をしている間も、ほんとうは何が起こっているのか、現実がわかっている隠れた部分が、あなたの中にあります。それはあなたの心の一部、特別な部分です。催眠状態のあなたは何が起こっているか気づいていなくとも、あなたの体は知っています。あなたの心の隠れた部分は知っているのです。ところで、これと同じような身体作用の調整装置はたくさんあります。たとえば、自分の呼吸について何も知らなくても、呼吸は続きます。同じように、あなたの心には、進行中のことを知っている部分があります。そして、催眠状態のときは、心のその部分に接触することができます。さて、私があなたの自己のその隠れた部分に話しかけたいときは、こんなふうにあなたの肩に私の手を置きますね。手をあなたの肩に置いたとき、私はあなたのその隠れた部分と通じ合うのです。私たちは話し合うことができます。でも、あなたの催眠状態にある部分、つまり今、私が話しかけている部分は、私たちが話し合っているのを知ることはないでしょう[12]」

学生への公開実験中のヒルガードは、それから被験者に指示を与えた。もし何が起こっているか自分の一部に聞こえているのなら、右手の人差し指を上げるように、と彼が言うと、驚くべきことが起こった。被験者は指を上げ、続いて、催眠状態から抜け出したい、とはっきり言った。彼は指がひとりでに動くのを感じて、説明を求めたのだ[13]。

その後、隠れた観察者の存在は、痛みを与えられても感じない催眠状態を引き起こす実験でも実証された（痛みに耐えている人の中の隠れた観察者は、その痛みを感じていたわけだ）。同じことが麻酔をかけられている患者にも当てはまる。

心理学者ジョン・キルストロームは、この現象について次のように解説している。「隠れた観察者とは、刺激という入力を心が無意識に表象したものと、その表象に到達する手段とを、比喩的に表現したものである。この手法が成功したということは、無痛覚の被験者は、自分の感覚・知覚系が完全に処理した刺激に、気づかないかもしれないということだ(14)」

この現象からは、じつは私たちが意識とは何かについて、いかに無知であるかということもわかる。私たちは、麻酔中でも、隠れた観察者が感じるような形で痛みを感知し、処理できるのだ。たとえ「私たち」はその痛みを感じなくても、だ。

一九九一年、歯科医のジョン・クッリと神経科学者のクリストフ・コッホという、まったく違う分野の科学者二人が、次の疑問を提起した。「麻酔で意識はなくなるのだろうか」

彼らはこのテーマに関する論文の冒頭で、次のように述べている。「全身麻酔による手術は、アメリカだけでも年間三〇〇〇万件が日常的に行なわれているが、手術中、麻酔をかけられた患者に意識があるのかないのか、信頼のおける判断はできない。結果として、手術の間も断片的に意識がある患者や、手術後いくつかの場面を思い出せる患者がいるかもしれない。したがって、麻酔をかけられた患者の意識状態を評価する、何らかの実験方法を、どうしても開発する必要がある(15)」

クッリとコッホは、麻酔医が思っているようには事態が進まなかった、ぞっとするような事例をいくつも引き合いに出している。「何をすることもできず、恐ろしいかぎりでした。私は意識があることを手術のスタッフに知らせようとしたのですが、指一本どころか、まぶたさえも動かせませんでした。万力で押さえられているような感じで、自分がにっちもさっちもいかない状態にあることが、だんだんにわかってきました。そのうち息ができないような感じがしてきて、もうこれまでだ、と諦めました(16)」

幸い、この患者は死なずにすんだので、事の顚末を語ることができた。しかし、この話から私たちが意識という現象についてあまりにも無知であることがわかる。もちろん、だからといって、麻酔とは何かがわかれば、意識の本質を明らかにすることができるわけではない。麻酔されていないラットがいても、そのラットに人間と同じ次元での意識があるということにはならない。しかし、患者を確実に無意識にできないまま、これだけ多くの手術が行なわれているのは、やはり異常なことだ。

意識のトリックを体験しよう

意識とは奇妙な現象だ。意識は嘘や自己欺瞞に満ちている。麻酔で意識は消し去ったと確信していても、何かが意識されることがありうる。意識ある〈私〉は、自分の体がやっていることに合理的な説明をつけるためなら、喜んでどんな嘘でもつく。感覚刺激の知覚は、感覚器官へのインプットに時間のうえで手の込んだ置き換えを施した結果だ。意識が行動することを決めたと思ったとき、脳はすでにその行動にとりかかっている。脳の中には複数の意識が存在するようだ。意識的自覚は情報などほとんどないのに、まるで膨大な情報があるかのように思われている。意識とは奇妙なものだ。

しかし、ベンジャミン・リベットの研究のおかげで、これらの奇妙な特性をすべて生み出すために、〇・五秒の時間があることがわかった。意識的自覚にともなって時間的繰り上げがあるというリベットの発見を出発点とすれば、次のような図式が浮かんでくる。

皮膚を刺されるといった外部からの刺激は、二通りの方法で脳に伝えられる。一つは、特殊神経系による迅速な報告で、意識的自覚は引き起こさないが、刺激がいつ現われたか、意識的自覚に時間情報を刻印する。もう一つは、非特殊系によるゆっくりした報告で、それが〇・五秒の活動につながり、さらにそれが意識的自覚を引き起こす。

皮膚への刺激について考えると、それをコンテクストなしに体験することはありえない。蚊に刺されたのか、それともキスをされたのか。画鋲の上に座るところだったのか、それとも誰かが内緒話をしようと肩をつついたのか。自分が動いているのか、それとも周囲の何かが自分に向かって動いているのか。

人は皮膚への刺激を、コンテクストの中で体験する。まず皮膚刺激として体験し、それから解釈するのではない。何かを意識的に体験するとき、私たちはすでにそれを解釈している（そしておそらく、すでに椅子の上の画鋲から飛び上がるという反応をしている）。

夜遅く、彼の意識の流れはどこか彼方の、高度に抽象的な問題の間をさまよっていた。彼の思考作用はずっと働きどおしで、彼はソファーの上で、内に引きこもってぼうっとしているような状態だった。目は覚めているものの、心はそこになかった。

まるで身を守りたかったかのように、突然、腕が動いた。だがその動きはすぐに、「テーブルがちょっとたわむくらい何でもない」という意識によって止められた。そのとき初めて、彼は音を聞いた。テーブルが小さくきしむ音だ。その音は、まったくどうということもなく、冷たい夜気に吸い込まれていった。

この体験の順序は、（1）反応する、（2）反応する理由はなかった、（3）（1）と（2）を引き起こした音を聞く、となる。

「私も独立記念日に、似たような体験をしたことがあります」とベンジャミン・リベットは言う。「花火が炸裂するのが聞こえる前に飛び上がることがありますよ」[17]

テレビとヘッドホンを使えば、人間は解釈をすませるまでは音を体験しないことを劇的に実証する、斬新な実験ができる。手順は簡単だ。ニュースか何か、人が話すのが中心の番組を視聴する。ヘッドホンからは、二つの異なるパターンの音が流れているのに気づくだろう。（1）話している人の声と（2）雑音だ。

音声がどこから聞こえてくるか（もちろんヘッドホンから出ているわけだから、正確にはどこから来ると感じるか）自問してみるとおもしろい。話し声は明らかに、中で人が座ってしゃべっている箱（テレビの映像）から聞こえてくる。ところが、雑音はヘッドホンから聞こえてくるではないか。雑音は、画面上でしゃべっている人ではなく、つけているヘッドホンのものと見なされる。聞くという体験は、耳に入ってきたものを無意識のうちに解釈し、信号と雑音、つまり図と地に分類している。図である音声の源は、それに対応する視覚的な形のある場所に帰されるのに対して、雑音は別のものが音源とは解釈されず、物理的にそれを発している所から来るものとして体験される。

（この現象を引き起こすには、ビデオを使うのがいちばん簡単だ。ビデオテープのサウンドトラックにはたくさんの雑音が入っているからだ。あるいは、雑音が大きくなるようにテレビを調整することもできる。）

ユーザーイリュージョンとしての意識

意識が私たちに示す感覚データは、すでに大幅に処理されているのだが、意識はそうとは教えてくれない。意識が示すものは、生のデータのように思えるが、じつはコンテクストというカプセルに包まれており、そのカプセルがなければ、私たちの経験はまったく別物になる。つまるところ、私たちはキスされた、あるいは蚊に刺された、という体験をするのであって、皮膚に漠然とした刺激を体験してから、それを解釈する羽目になるのではない。

意識の内容は、人がそれを経験する前に、すでに処理され、削減され、コンテクストの中に置かれている。意識的経験は深さを持っている。すでにコンテクストの中に置かれている。たくさんの情報が処理ずみだが、その情報が私たちに示されることはない。意識的自覚が起こる前に、膨大な量の感覚情報が捨てられる。そして、その捨てられた情報は示されない。だが、経験そのものは、この捨てられた情報に基づいている。

私たちは感覚を経験するが、その感覚が解釈され、処理されたものだということは経験しない。物事を経験するときに、頭の中でなされている膨大な量の仕事は経験しない。私たちは感覚を、物の表層をじかに感知したものとして体験するが、ほんとうは感覚とは、体験された感覚データに深さを与える処理がなされた結果なのだ。意識は深さだが、表層として体験される。

意識は、世界に対する大幅に異なる二つのアプローチを結びつけるというトリックをやってのける。一方は外界から感じる刺激にまつわるアプローチであり、もう一方は、そういう体験を説明するために持つイメージに関するものだ。

人は生の感覚データを経験するわけではない。光の波長形を見るのではなく、多彩な色を見る。ニュースキャスターの声は、ヘッドホンからではなくテレビから聞こえる。キスをされたとき、蚊に刺されたのかもしれない、とは思わない。そういう色やニュースキャスターの声やキスを、今ここで起きているかのように経験する。あたかも自分が体験しているとおりのものであるかのように、経験する。だがじつは、それらはシミュレーションの結果なのだ。

人が体験するのは、生の感覚データではなく、そのシミュレーションだ。感覚体験のシミュレーションとは、現実についての仮説だ。このシミュレーションを、人は経験している。物事自体を体験しているのではない。物事を感知するが、その感覚は経験しない。その感覚のシミュレーションを体験するのだ。

この見解は、非常に意味深長な事柄を述べている。すなわち、人が直接体験するのは錯覚であり、錯覚は、解釈されたデータをまるで生データであるかのように示す、というのだ。この錯覚こそが意識の核であり、解釈され、意味のある形で経験される世界だ。

なぜ人は単純に、感覚器官から入ってくるものを経験しないのだろう。それは、毎秒何百万ビットという、あまりにも多くのインプットがあるからだ。だから、感知するもののごく一部、すなわち、そのコンテクストで意味を成すものだけを経験する。

しかし、経験するデータが処理ずみであること、そしてほんの少しの情報が示される前に、膨大な量の情報が捨てられていることが、なぜ私たちにはわからないのだろうか。

一つの可能性として、こう考えられる。この深さに達するには時間がかかるが、そんな時間が過ぎたことを知っても役に立たないからだ。その間になされる途方もない量の計算は、この世界における私たちの行動に関係がない。私たちは、〈結びつけ問題〉を解決してからでなくては、まったく何も経験できない。まず、音がどこから来ているかについての仮説を立てなくては、その音は聞こえないのだ。

ベンジャミン・リベットは、感覚器官から脳につながる特殊系の神経線維が、感覚の時間調整を許していることを実証した。非特殊系の神経線維が〇・五秒の活動を起こし、その結果、経験されうるようになるまで、その感覚は経験されない。

こうして、たとえ様々な感覚様相（聴覚や視覚など）からの入力を脳の中で処理するのにかかる時間が同じでなくても、同一の対象からの刺激を受けた様々な感覚様相が送り込んでくる情報を結びつけて経験することができる。もし、入力情報に同時性を持たせるための〇・五秒がなかったら、リベットが言うように、私たちは現実の認識に乱れを経験するだろう。

意識は、周囲の世界について、意味あるイメージを示さなくてはならないので、遅れる。だが、示されるイメージは、まさにその周囲の世界のイメージであり、脳によってなされるすばらしい仕事すべてのイメージではない。

事は、感知、シミュレーション、経験の順に起こるのだが、シミュレーションについて知っても意味がないので、その段階は経験から外される。そして私たちは、編集された感覚を未編集のものとして体験する。

意識とは、表層として体験される深さだ。

人はたまに、あるアイデアに出くわしたとたん、なぜかはわからないが直感的に、自分にとってとても重要だと思えることがある。理由はわからないのに、ほんとうに好ましく思える人に出会うときのような感じだ。私にも経験がある。アイデア自体はすでに登場していたのだが、ようやくそのアイデアが、リベットの実験に興味を抱いた私にとって決定的な意味を持つに至ったのは、それが世に出てから数年たってからだった。だが、出会った瞬間にひらめくものがあった。

そのアイデアは、コンピュータの設計に由来している。〈利用者の錯覚《ユーザーイリュージョン》〉と呼ばれる概念で、認識論のうえでそうとうの深さを持っており、先に述べた意識のイメージを非常にうまく象徴している。

ユーザーイリュージョンという概念は、著名なコンピュータ科学者アラン・ケイが書いた論文に登場した。ケイは、サンフランシスコの南、シリコンヴァレーにあるゼロックス社のＰＡＲＣ（ランク・ゼロックス・パロアルト研究所）で働いていた。一九七〇年代、ＰＡＲＣは革命的なコンピュータ言語、スモールトークの開発の本拠地だった。ランク・ゼロックスには先見の明がなかったため、スモールトークのとてつもない潜在能力の実用化は、アップル社に譲ることになった。その結果でき上がったのがマッキントッシュのようなマシン、つまり、友達といっしょにお茶を飲みながらおしゃべりするような感覚で手軽にコミュニケーションができるコンピュータだ。

その根底にあるのは、コンピュータはプログラムしてやればどんなことでもこなせるのはもちろん、愛想よく協力的に自己表現するべきだ、という考えだった。つまらない仕事をするべきなのはコンピュータであって、ユーザーではない。

これはあたりまえのことに思えるかもしれないが、アップル社がコンピュータを発売するまでは、まったくそんなふうには考えられていなかった。主流を占めるコンピュータの形式は、年がら年中コンピュータの仕事をしている技術者が開発した原則に基づいている。当然ながら、そういう技術者は、コンピュータ内部の状態を表現する、ありとあらゆる奇妙な符号や略語を平気で覚える。なぜなら、彼らにとって興味があるのはコンピュータそのものであって、それを使って何ができるかではないからだ。

ところが、一般の人々にとってはその逆だ。場合によっては、コンピュータそのものが、おもちゃやステータスシンボルとして、興味の対象になることもあるが、大切なのはコンピュータではなく、それを使ってできることだ。今、私はこの文章を、アップル社のマックで書いている。画面には言葉が並び、余白にはシンボルがいくつか表示されている。そのシンボルを使えば、ページをスクロールさせることができる。だが、ユーザーには、今この瞬間にタイプしている単語がどうやってコンピュータに保存されているのか、正確なところはまったくわからない。それでも、必要なときに言葉が画面に表示されるかぎり、そんなことはおかまいなしだ。

もちろん、大勢の技術者やソフトウェア・プログラマー、設計者が、この単語を保存するために、巧妙な仕掛をコンピュータにたっぷり組み込んだのだが、ユーザーにしてみれば、そんなことなどどうでもいい。コンピュータがきちんと作動してくれさえすればいいのだ。

その昔、といってもコンピュータの場合、ほんの二、三〇年前のことだが、コンピュータに意思を伝えるためには、何をするべきか厳密に説明する言語を使わなければならなかった。何をどこに保存するべきか、コンピュータに説明する必要があった。コンピュータを働かせるためには、それがどう機能するのか、頭の中にイメージを持っていなければならなかった。

ユーザー側に負担の大きいコンピュータから手軽に使えるコンピュータへの大変革が遂げられたのは、スモールトークが開発され、それにユーザーイリュージョンが適用されたおかげだった。ユーザーイリュージョンという概念は、ユーザーインターフェース（モニターやキーボードなど、人がコンピュータとのコミュニケーションに用いる部分）の革新的な変化を意味する。初期のコンピュータを開発した技術者たちは、ユーザーインターフェースのことなどあまり配慮しなかった。ユーザーはすべて専門家だったからだ。そのため一般人には、コンピュータは不可解で扱いにくいものに思われた。アラン・ケイはこう書いている。「かつて、ユーザーインターフェースは、システムの中で最後に設計される部分だった。それが、今では最初に設計される。なぜ最優先に考えられているかといえば、初心者にとってもプロにとっても、感覚器官が接するのはコンピュータなのだ。ゼロックスのパロアルト研究所で、私と同僚たちが〈ユーザーイリュージョン〉と呼んでいたのは、システムの動きと次にすることを説明する（そして推定する）ために誰もが作り上げる、単純化された作り話である[18]」

つまりユーザーイリュージョンとは、ユーザーが描くコンピュータのイメージだ。このイメージは、筋の通った妥当なものでありさえすれば、正確かどうか、あるいは完璧かどうかは、じつのところ問題ではないことに、ケイと同僚たちは気づいた。たとえ不完全で比喩的であっても、コンピュータがどう作動するのかというイメージがあるほうが、まったくないよりましだ。

したがって、大切なのは、コンピュータがどう作動するかをユーザーに説明することではなく、首尾一貫した適切な作り話をでっち上げることだ。それも、コンピュータではなくユーザーの立場に立って。現在この単語を記録しているコンピュータは、ユーザーである私に対して、デスクトップのフォルダに整理された一連のテキストを表示している。私は、出来の悪い章をドラッグして右下のごみ箱に放り込む。一つの章が長すぎるかどうかを知りたいときは、机の引き出しのアイコンから電卓を取り出して使うことができる。

しかし、コンピュータ内部にはフォルダもごみ箱も電卓もない。大量の0と1が並んでいるだけだ。その量たるやとても書き表せるものではない。コンピュータには何千万という0と1が入る。だが、ユーザーはそんなことはまったく気にかけない。ユーザーにとって必要なのは、原稿が仕上がったとき、それをコンピュータから引き出すことだけだ。ユーザーは、大量の0と1にまったく無関心でいられる。ユーザーにとって興味があるのは、ユーザーイリュージョンが示すもの——書きかけの章、完成した章の入ったフォルダ、未解決の事柄やメール、出来そこないの文章、未整理の考えなどが収められたフォルダ、といったものだけだ。

ユーザーイリュージョンはメタファーであり、実際の0と1など相手にしない。そのかわり、0と1が全体として何ができるかを問題にする。そう考えると、ユーザーイリュージョンは、意識というものを説明するのにふさわしいメタファーと言える。[19] 私たちの意識とは、自己と世界のユーザーイリュージョンなのだ。意識は、世界全体や自己全体のユーザーイリュージョンではない。自分が影響をおよぼせる世界の諸側面と、意識が影響をおよぼせる自己の一部の、ユーザーイリュージョンだ。

このユーザーイリュージョンは、まさに自分独自の自己の地図であり、自分がこの世界に関与する可能性を示している。イギリスの生物学者リチャード・ドーキンスが言うように、「意識が生じるのは、脳による世界のシミュレーションが完全になって、それ自体のモデルを含めねばならぬほどになったときであろう」[20]

意識が、私が抱く私自身のユーザーイリュージョンであるならば、意識は、私というこのユーザーこそが、まさしくユーザーなのだと主張せざるをえない。そして、使われる側ではなく、使う側の視野を映し出さなくてはならない。その結果、意識というユーザーイリュージョンは、〈私〉という名のユーザーとともに機能しているわけだ。

〈私〉の経験では、行動するのは〈私〉ということになる。感じるのも〈私〉、考えるのも〈私〉だ。だが、実際それをしているのは〈自分〉だ。私は、私自身の、私にとってのユーザーイリュージョンなのだ。

コンピュータの中にはユーザーにとって興味のないビットが山ほどあるように、〈自分〉の中には〈私〉にとって興味のないビットが山ほどある。〈私〉は、どうやって心臓が〈自分〉の隅々にまで血液を送っているのか、気にかけてなどいられない。少なくとも、四六時中、気にしていなくてもよい。それに〈私〉は、どういうふうに〈自分〉の中で連想が起こるのかも気にしてはいられない。〈私〉は〈私〉自身に関係のあることのほうが知りたいのだ。

しかし、個人のアイデンティティとして、また、行動の主体として経験される〈私〉だけが錯覚なのではない。私たちが実際に経験しているものもまた、ユーザーイリュージョンだ。私たちが見たり、注意したり、感じたり、経験したりする世界は、錯覚なのだ。私たちの周りの世界には色も音も匂いもない。それらは私たちが経験するものだ。だからといって、世界がないということではない。実際にある。だが、世界はただ存在するのみなのだ。人が経験しないかぎり、世界には何の属性もない。少なくとも、色や匂いや音のような属性はない。

私は、視野の中に広がる光景を見ているが、それは私の感覚器官に届いたものと同一ではない。感覚が受け取ったものの再現であり、シミュレーションであり、プレゼンテーションだ。解釈であり、仮説なのだ。

世界をじかに体験したら……

人が世界をじかに体験することができたら、どうなるのだろうか。まず始めにシミュレーションするのでないとしたら。体験を消化し、その消化された体験が、体験されたデータと同時に起こったかのように示されるための〇・五秒を必要としないとしたら。

オルダス・ハクスリーはそのような体験を、著書『知覚の扉』（一九五四）に綴っている。この本は、一九六〇年代以降、西洋文化に影響を与えてきた、現実の知覚に関する大変革の前触れのようなものだった。幻覚作用のあるメスカリンを服用したハクスリーは、次のように書いている。

「私は一一時に薬を飲んだ。一時間半後、書斎に座って小さなガラスの花瓶を一心に見詰めていた。花瓶には三本だけ花が挿してあった。一本は満開の『ポルトガルの美女』というバラで、色は黄みを帯びた薄いピンクだが、わずかながら花びらのもとのところは、もっと熱い炎のような色合いになっている。そして深紅とクリーム色の大ぶりのカーネーション。あと一本は、折れた茎の端に、紋章のようにくっきりとした輪郭の薄紫色の花をつけたアヤメだった。たまたま、まにあわせに投げ込まれたこの小さな花束は、伝統的な美的感覚の決まり事をすべて破っていた。その日の朝食のときには、花の色がいかにも不釣り合いに思えた。しかし、もうそんなことはどうでもよかった。私が今、見ているのは、一風変わった生け花ではない。アダムが、創造された日の朝に目にしたもの、刻一刻と展開していく、ありのままの存在という奇跡だった」

ハクスリーはこう続ける。「私は花を見つめ続けた。そしてその花々の生き生きとした光の中に、呼吸に等しい性質のものを見出した。しかしそれは、出発点に戻ることのない呼吸で、回帰する引き潮はなく、ひたすら美からより高度な美へ、深遠な意味からさらに深遠な意味へ、たえず一方向に向かう流れであった。『恩寵』や『変容』といった言葉が頭をよぎった。むろんこれこそ、そうした言葉の意味が最もよく当てはまるものなのだ[21]」

ハクスリーはメスカリンによる幻覚状態の間、自分のズボンの折り目や本棚に並ぶ本の背などを目にするたびに、「これこそ、本来の物の見方だ」という言葉を繰り返した。その体験によって、本書で言う「情報を処分した結果としての意識」について、彼は次のような見解に達した。

「自分の体験を振り返ると、高名なケンブリッジの哲学者C・D・ブロード博士と意見が一致する。すなわち、次のような意見だ。『記憶と感覚知覚に関しては、［フランスの哲学者アンリ・］ベルクソンが提起した種類の理論は、これまで軽視されがちだったが、もっとずっと真剣に考えるのが賢明だろう。そうした理論は、脳と神経系と感覚器官の機能が、おもに排除であって創出ではないことを示唆している。人は誰もが間断なく、自分に起こったことをすべて記憶し、宇宙のあらゆる場所で起こるあらゆることを知覚できる。脳と神経系の機能は、ほとんどが無用で的外れの大量の知識に圧倒され、混乱させられたりしないよう、私たちを守ることである。さもなければ、膨大な量の事柄をつねに知覚し、記憶しなくてはならなくなる。そのようなものの大部分を締め出し、実際に役に立ちそうな、ごく少量の特別なものだけを選りすぐって残すことで、脳と神経系は私たちを守っている』このような説によると、私たち一人一人は、潜在的に〈普遍精神〉である。だが、私た

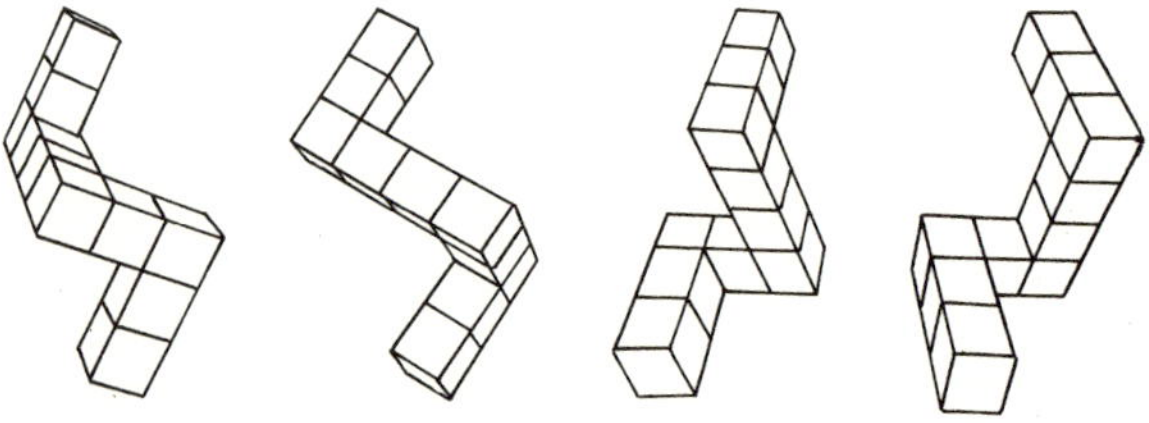

図43　一つの物体を回転させた図（シェパードとメッツラーに基づく）

ちが生き物である以上、何としても生き延びることが務めだ。生物的生存を可能にするため、〈普遍精神〉は脳と神経系の狭い減量バルブを通さなくてはならない。バルブの先から出てくるのは、ごくわずかな意識のしずくであり、その助けを借りて、私たちはほかならぬこの地球という惑星の表面で生き続けるのである[22]」

しかし、このような体験は麻薬常習者だけのものではない。アメリカの哲学者チャールズ・サンダーズ・パースは、二〇世紀に誕生した概念の多くを一九世紀末に予測した人物だが、世界をじかに知覚することを、〈個性原理〉（「このもの性」）の観点から語っている。デンマークのパース研究家で物理学者のペーデル・ヴェートマン・クリスティアンセンは、〈個性原理〉を次のように説明している。「それは、対象を直接、強烈に体験することだ。言葉は、あたかも赤熱状態の金属板の上に落ちる一滴の水のように、消えうせてしまう。私たちは、指を差して『それ』と言うことしかできない[23]」

クリスティアンセンは、人類学者カルロス・カスタネダが著した、南アメリカの呪術師ドン・ファンとその教えに関する一連の有名な著書の一節を引用して、パースの視点を解説している。「『ちょっと考えてみろ』と彼は言った。『世界は自らを直接私たちに委ねているのではない。世界と私たちの間には、世界についての説明が介在する。だからほんとうは、私たちはつねに一歩離れた所にいるのであり、私たちの経験する世界というのは、いつもその体験の回想だ。私たちはたえず、たった今過ぎたばかりの瞬間を思い出している。万事は回想、回想、回想だ[24]』」

アメリカの心理学者ロジャー・シェパードが有名な実験を思いついたのは、二五年前のある朝、目覚める直前のことだった。シェパードの目の前に、いくつかの絵が浮かんだ。彼はそれをコンピュータ画面上に再現した。レゴで作りかけた模型のように、小さなブロックが単純な形につながっている単純な絵だった（図43）。

一九七一年、シェパードは同僚のジャクリーン・メッツラーとともに、そのような物体の絵に関する研究を『サイエンス』誌に発表した。被験者たちは、前述のような構造物の絵を一対ずつ比べるように指示された。被験者が見せられる絵に描かれている二組のブロックは、回転させてあるため、一見したところ同一ではない。その後、被験者は、それぞれの組のブロックが同じ構造のものかどうかを訊かれた。

おもしろいのは、回答にかかる時間だった。ブロックの回転の度合いが大きいほど、両者が同じものなのか、それとも、たとえば一方が他方を鏡に映した構造なのか見極めるのに、余計に時間がかかった。

結論はこうだ。二つの物体を比較しなくてはならないとき、人間は実際に頭の中でその物体を回転させる。つまり、回転をイメージする。目で見て経験したイメージは、想像上の回転によって、頭の中で巧みに操作し、扱うことができる。

人はたんに見ているのではない。シミュレーションしている。比較できるようにモデルを作っているのだ。「ジャクリーン・メッツラーとともに行なった、想像上の回転に関する最初の実験のアイデアは……半醒半睡状態のとき（目覚める途中）に、三次元の物体が空間をおごそかに回転する動的なイメージという形で湧いてきた」と、シェパードは著書『心の目』に書いている。彼は、それを思いついたのが目覚める直前だったのは偶然でない、と考えている。「瞑想しているとき、ぼんやり物思いに耽っているとき、夢を見ているとき、あるいは眠りと目覚めの中間にいるときなど、意識による管理がないときに、最高の頭脳労働がなされることがあると、多くの科学者や独創的な思想家が認めている」[25]

それにしても、夢というのは、ユーザーイリュージョンやシミュレーションとの関係で考えた場合、どういう現象なのだろうか。一つ頭に浮かぶのは次のようなことだ。人は夢を見ているとき、シミュレーションをしているようなものではないか。何かを視覚化し、そこにある（しばしば唐突な）つながりを理解する。しかし、体験している最中は、このシミュレーションを使わない。夢を見ている状態のとき、いわゆるレム睡眠のとき、私たちは手足の自由を奪われている。動きを制御する脳の運動野が抑制されているからだ。夢睡眠は、ユーザーがいないのに大量の錯覚《イリュージョン》がある状態だ。夢睡眠の機能がほとんど説明されていない事実を考えると、夢を一種のシミュレーションの実験場だと言っても的外れではない。

脳は、新しい結びつきを試したり、新しい（あるいは非常に古い）記憶と経験を統合したりすることで、自分が行なう現実のシミュレーションをテストする。しかし、とんでもない可能性を試すには、そのシミュレーションが実際に使われないことが前提条件となる。だから、夢睡眠の間はわざわざ運動が阻止される。一方、その他の身体機能はフル回転する。脈は上がり、呼吸量はふえ、眼球は動き、脳内の酸素代謝は目覚めているときと同じぐらい活性化する[26]。

もし夢が、特異な新しいシミュレーションの試行だとすれば、それは意識があるのに〈私〉が外に追いやられている状況の一例だろう。人は夢を見ているときには、体を動かして行動できないし、〈私〉が夢に影響をおよぼすこともできない。それでも完全に意識がある。ユーザーのいないユーザーイリュージョンだ。反対に、夢遊病者は、イリュージョンを抱いていないユーザーと言える。夢遊病者として行動するが、本人には行動しているという意識がない。

ユーザーイリュージョンという言葉の持つ柔軟な可能性を、さらに発展させれば、催眠術は別のユーザーがいるイリュージョン、瞑想はユーザーもイリュージョンもない状態と言うこともできるだろう。

角膜移植手術は成功したが……

一九五八年一二月、イングランドのロイヤル・バーミンガム病院で、五二歳の男性が角膜の移植手術を受けた。自分の角膜は、生後わずか一〇か月のときに目の感染症にやられ、それ以来、全盲だった。手術は大成功という評価を受け、イングランド中で大々的に報道された。『デイリー・テレグラフ』紙は、その男性の視覚が手術後わずか二、三時間で機能を回復した様子について、連載記事を組んだ。

　そうした新聞報道の読者の中に、心理学者リチャード・グレゴリーがいた。彼は認識にまつわる心理学に興味を持っていた（錯視に関する彼の研究には第八章で触れた）。そして、同僚のジーン・ウォーレスとともに、その患者に世界はどう見えるかを研究し始めた。二人は学術文献の中では、患者をS・Bと呼んでいる。

　手術前のS・Bは活動的で満ち足りており、普通、目の不自由な人がするとは思わないような活動を、数多く習得していた。（目の見える人に肩を支えられながら）自転車に乗ることも、様々な道具を使いこなすこともでき、白い杖なしで歩いた。手探りで歩き回り、義兄の車を洗いながら、その形を想像するのを楽しんだ。

　グレゴリーは、手術後に起こったことを、次のように報告している。「初めて目の包帯が外され、もはや盲目ではなくなったとき、彼は医師の声を耳にした。そちらを向いたが、何かがぼうっと、おぼろげに見えるだけだった。声を聞いていたから、それが顔にちがいないとは思ったが、よく見えなかった。彼には、私たちが閉じていた目を開けたときのようにすぐには、物のあふれる世界が見えなかった[27]」

　しかし、それから二、三日で視力を回復すると、S・Bは、動物、自動車、手紙、時計の針など、かつては感触でしか知らなかったものをいくつも、難なく認識することができた。すぐに絵を描くコツを覚えたが、ときどき珍妙な間違いを犯した。たとえば、一九六〇年代には、もうバスにスポークタイヤは使われていなかったのに、そういうタイヤのついたバスを描いた。彼が子供の頃、バスに触るのを許されたときには、確かにスポークタイヤだったからだ。

　S・Bが心から驚いたものはあまりなかったが、例外の一つが月だった。彼は空に浮かぶ三日月を見て、あれは何かと尋ねた。そしてその答えに当惑した。三日月（訳注　英語で新月と半月の中間の月（半月の半分、満月の四分の一）は「四分の一の月」と呼ばれている）というのは、スポンジケーキを四等分したような形だと、ずっと思っていたからだ。S・Bは物を見るとき、それを触ったときの記憶に頼っていた。月は触ることなどできないから、形は想像のしようもない。

S・Bが使ってみたいとずっと夢見てきたものの一つに、旋盤があった。グレゴリーとウォーレスが、ロンドンの科学博物館で、ガラスケースに入った旋盤を見せたが、S・Bは見えないと言う。ケースが開けられ、S・Bは目を閉じて、しばらく旋盤の上に手を滑らせ、それから一歩下がって目を開けると、こう言った。「さあ、これで触ったから見えるぞ」[28] このように、初めのうちS・Bは、触感を通して知っているものしか見えなかった。

S・Bの話は悲劇的な結末を迎える。手術のわずか一年後、彼はすっかりふさぎ込んで死んだ。世界を見て、幻滅させられたのだ。S・Bは、夜、明かりを消してじっとしていることが多かった。S・Bの話は、前もってシミュレーションしたことのないものを見るのが、いかに難しいかを物語っている。見れば信じられる、というのは真実ではない。信じるから見えるのだ。

普通の人が世界を知覚するとき、様々な感覚器官から入ってくる感覚が結びついて、内面で一つのイメージになる。それを私たちは体験する。人は、一つの感覚を使って別の感覚を助ける。スピーチは、話し手が見える場合のほうが聞き取りやすい。

しかし、一つの感覚器官からの感覚データに不足があるときだけ、ほかの感覚を使うわけではない。経験という作用、ひいては意識という作用は、多くの異なるインプットを、自分が知っているものの単一のシミュレーションにまとめることに尽きる。

グレゴリーが、S・Bの事例から提起した疑問に、次のようなものがある。「子供のとき、見えるけれど触れることのできない、鏡の中のような世界で、じかに物に触れる経験をせずに育ったら、どれだけ物が見えるようになるだろう。その答えは、ほとんど見えない、であることは、まず間違いない。そういう状況で目にするのは、物体でなく、パターンだからだ。知覚が『物体仮説』を打ち立てるために必要な、相互関係が欠如しているのだ[29]」

グレゴリーが、物に触るというような実体験を重視する科学博物館「探検館《エクスプロラトリ》」に肩入れしているのは、人の視覚にとって触感がいかに大切かを、このように経験的に知っているからだ。

この知見から、教師は物に触ることの重要性を学べる、とグレゴリーは言う。そして、彼は学習を次の三種類に分類している[30]（表4）。形式型学習とは、たとえば、形式的な数学の仕組みを習得することによって、数字を足したり操作したりできるようになることで、何が起こっているのか必ずしも知らなくてもよい。おなじみの、従来型の手法だ。直観型学習は、受け手に理解できる常識に基づいた説明で成り立っている。メッセージを伝えるのは（形式学習と違って）言葉や記号ではない。理解は直観的な感覚によって伝えられ、その感覚は、教師がジェスチャーを使うことで伝わる。対話型学習とは、物を触る学習であり、自分自身で調べ、実践的に試し、自らの手を汚す学習だ。

表4　学習の三形態

形式型	（取っ手を回す）
直観型	（手を振る）
対話型	（手で触れる）

エクスプロラトリ（といっても、世界のあちこちに出現しているまがいものではない）は、まさにこの対話型学習の発想に基づいている。エクスプロラトリは、実験装置を自分の体で扱うことを通して、遊びながら知識を身につける機会を、大人にも子供にも提供する。この手法が有意義なのは、たんに、形式型の学習がどうしようもなく退屈だからではない（形式型の学習では、理由がわからなくとも正答にたどり着く）。直観法による学習では、非言語的信号を通して伝えられるのが教師の理解している事柄であり、それが長い目で見ると不満のもとになるからでもない。

「手で触れる」手法が重要なのは、人は意識でのみ学習するのではないことを教えてくれるからだ。

第一の手法である形式型は、純粋な意識、純粋な情報によるものだ。人は符号を覚えるが、それが何を表す符号かは習わない。そこには、目に見える記号のほかは何もない。第二の手法、直観型は、意識と無意識の両方、とくに無意識によるもので、情報と〈外情報〉の両方にかかわるものだ。学習者は教師のシミュレーションを習得する。教師の言葉とジェスチャーによって伝えられる論理と精神状態に基づいて、それを自分の頭の中で再現する。ここでのコミュニケーションは、第一の手法よりも大きな帯域幅で起こる。なぜなら、言語と記号の帯域幅だけでなく、視覚の帯域幅も使われるからだ。第三の対話型の手法は、純粋な形式型学習よりもずっと広い帯域幅を伴う。しかし、教師はいない。学習者は、自分で情報を入手し、処分しなくてはならない。とはいえ、学習者は、知的に設計された実験装置によって、自分のシミュレーションを改めることができる。その実験装置が示している現実の局面に対する、自分の認識を改めることができるのだ。

もし私たちが意識でのみ学習するのであれば、そして、自分の持っているすべての知識が〈私〉のおかげで身につくとしたら、いったいどうして、自転車に乗ることや、踊ることや、考えることを覚えられるだろうか。説明はできないが使える技能はたくさんある。それどころか、説明のつかない技能のほうが多いほどだ。

〈暗黙知〉の重要性

マリリン・モンローはどんな顔をしているだろう。ためしに説明してみるといい。金髪。にっこり笑っている。ほくろがある。そのとおりだ。だが、もっと詳しく説明できるだろうか。たいていの人はそれ以上言えないが、写真を見せられれば、いや、たとえ写真の一部分でも見せられれば、すぐに彼女だとわかる。

それでは、自分の家族の顔はどうだろう。上司は？　同僚は？　隣家の男の子は？　知っている。もちろん知っているのだが、言葉で表すことはできない。顔のごく細かいところまで表現するのは不可能だ。たとえそういう細部のたった一つでも見れば、誰の顔か思い出すには十分であるにしても、だ。

イギリスの哲学者マイケル・ポラニーは、一九五〇年代にこの現象を〈暗黙知〉と表現した。私たちは、知っていることの大半を言葉で言い表すことができない。顔の例はポラニーが引き合いに出したもので、その見解をスウェーデンの哲学者イングヴァル・ヨハンソンがこうまとめている。「人は、たとえばある顔に注意を向けるとき、同時に、その顔の細部からは注意をそらしている、とポラニーは言う。私たちは、暗黙知のあるものからは注意をそらす。知識があるときには、つねに何かしらに注意を向けているわけだが、もしそうなら、必然的に何かから注意をそらしていることにもなる、と言えるかもしれない。仮にも知識というものが存在するのであれば、暗黙知は不可欠である[31]」

暗黙知という概念の核心にあるのは、技能――たとえば職人の技――には言葉で表現しうる以上の知識が含まれている、という考え方だ。植物を育てる才能は説明書で伝えられるものではない。土にまみれて初めて獲得できる（それでも獲得できない人もいるが）。

日常生活には、このような例が数えきれないほどある。だが科学という、おそらくほかのどんな活動よりも、言葉に表現された明白な知識に根差すと考えられている営みにおいても、同じようによくある話なのだ。一九六二年、ポラニーの洞察に続いて、アメリカの科学史学者トーマス・クーンが科学のパラダイムに関する著名な理論を打ち立てた。クーンにとって基点となったのは、まさに、科学の世界はそれ自体の価値と規範、ひいては自らの理論さえも説明できない、という考えだった。人は科学者になるのに、いくつかの手本を学び、それを繰り返す。こつこつと計算をしてニュートン物理学を学び、暗黙知を身につける。いくつかの例を再現し、実験を重ねることで、メンデルの遺伝学を学ぶ。人は物事をやることでそれを習得する。言い換えれば、人は言葉ではなく行動を繰り返すことで学習する（たとえ、繰り返し学習が、言葉の意味まで言えるかどうかに関係なく、ただ言葉を繰り返すのが上手な人にこそ報いるものであっても、だ）。

現代の科学哲学において、「パラダイム」という言葉には、クーンが初めてそれを用いたときに考えていたものとは違う意味合いがある。今日、パラダイムとは「世界のイメージ」というようなものを意味している。多くの人が「新しいパラダイム」なるものについて語っているが、そんなとき彼らは、新しい世界のイメージ（その何たるかは知れたものではないが）のことを言っている。

クーンは、「パラダイム」という言葉（本来「名詞や動詞をはじめとする品詞の語形変化系列」を意味するギリシア語）を二一通りの意味で使っている、と批判されたとき[32]、言葉を変え、〈模範例〉についてこう記した。「科学教育を受け始めたときから、実験室で、テストで、あるいは科学の教科書の各章の終わりで、生徒たちが出会う問題に対する、具体的な解答である[33]」

〈模範例〉には、公式が教えてくれないあらゆる暗黙知、つまり記号が意味するものが含まれている。それを体験するには、記号を実際に試さなくてはならない。記号を使って情報を処分しなくてはならない。記号にただ目を凝らしているだけでは、何も学ぶことはできない。記号は、それが公式化されたときに存在した〈外情報〉を多少なりとも再現できる、生きた人間の心と結びついて初めて、力を発揮する。

〈プライミング〉、つまり意識的な経験に影響をおよぼす閾下知覚の研究は、今日、〈潜在記憶〉と〈顕在記憶〉と呼ばれる二つの記憶を区別するのに使われる[34]。ちなみに、潜在記憶とは意識を使わずに働く記憶、顕在記憶とは意識を使って働く記憶だ。

任務の遂行は、遂行中には意識されない記憶に影響されることがありうる。記憶にあるものは、思い出したときには意識に上るが、使われているときは意識に上らない。ジョン・キルストロームは、この現象について、こう書いている。「潜在記憶の効果は、概念上、閾下知覚の効果に似ている。どちらも、出来事の体験や思考や行動に対する影響、意識的自覚には力のおよばない影響を明らかにしてくれるからだ。ただし、この二つの効果は、区別されるべきである。閾下知覚とは対照的に、潜在記憶の効果のもととなる出来事は、主体によってはっきりと感知され、注意を向けられたものであり、起こったときには、現象として自覚されていたのだ」[35]
このような現象は、重度の記憶喪失患者に最も顕著に見られる。もはや意識的には呼び起こすことのできない記憶が、たとえば、単語の始めを示されたときに残りの部分を推定する力に影響する。患者は自分がそれを知っていること、あるいはどこで知ったかを思い出すことはできないが、彼らの行動には、それを知っていることが表れる。実際のところ、重度の記憶喪失患者には、不完全な単語を提示されたとき、その単語全体を「推定」する力があることが実証されたからこそ、そもそもプライミングに対する昨今の関心が生まれたのだ。[36]
だがこれは、記憶喪失患者にだけ見られる現象ではない。そのような潜在記憶の作用、つまり意識のうえでは気づかなくとも、記憶が行動に影響をおよぼす例は、おそらく日常生活でもよくあることだろう。
顔の認知は、私たちが言葉で表せない知識に基づいている。このポラニーの主張を強力に裏づけたのは、相貌失認症患者、すなわち、顔を認知する能力に関して重度の記憶喪失に陥った患者の研究にほかならない。
二人の相貌失認症患者が、五〇枚の顔の白黒写真を見せられた。そのうち四二枚には、患者がまったく知らない人が写っていたが、残りの八枚は、近親者か著名人で、患者にもなじみのある人の写真だった。患者は既知の顔を認知することもできなければ、知っている顔と知らない顔を区別することもできなかった——意識のうえでは。ところが、患者の体には、それができた。
アイオワ大学のダニエル・トラネルとアントニオ・ダマシオは、患者に写真の顔が誰だか思い出せるかどうか訊くだけでなく、皮膚の電気伝導率も測定して反応があるかどうかを調べた。これは、嘘発見器で使われる手法だ。ただし、嘘発見器という言葉にはどことなくいかがわしい雰囲気があるが、皮膚の電気特性の測定というのは、非常に有益な科学的手法だ。
トラネルとダマシオは、自分たちの発見について、次のような見解を述べている。「認知したという体験がないのに、皮膚電気は認知したことを示すというこの乖離が意味するのは、これらの被験者の中で、認知の生理的過程の初期段階は依然として起きているが、その作用の結果が意識に提供されていない、ということかもしれない[37]」

以前に行なった研究[38]をもとに、トラネルとダマシオは、人が顔を認知する方法のモデルを提示した。まず顔を知覚した後、視覚その他の感覚を通してその顔と結びついている記憶の認知が起こる。そうなって初めて、意識体験が起こるのだ、とトラネルとダマシオは言う。換言すると、感知、シミュレーション、経験という体系と似た順番だ。

体は意識よりもよく顔を覚えている——相貌失認症の患者はそうだ。ほかの人たちも同じような体験をするのだろうか。もしそうならば、そしてそのことが広く知られるところとなれば、いつの日か、相手を侮辱せずにこんなことが言えるようになると思ってよいかもしれない。「あなたと前にお会いしたことがあるのは覚えているのですが、どなたなのか思い出せません」

だが、言うまでもなくこれは、女性を引っかけるのが得意な人の間では使い古されている手だ。「前にどこで会ったんでしたっけ」というのは、その手の達人が、たとえ今見ている顔を覚えていなくても、皮膚の電気伝導率特性の変化を体験していれば、使ってよいセリフなのだ。

このような知見に照らして考えたとき、学習や技能にとって、意識ある〈私〉が重要性を持つとしたら、それはどういうものなのだろうか。自転車に乗るのも、科学の実験をするのも、手や顔を洗うのも、意識に上らないお決まりの手順に従っているのなら、〈私〉が果たす役割など、あるのだろうか。

学習における〈私〉の役割は、無意識の〈自分〉に練習させること、稽古させること、あるいは、とにかく関心を向けさせることに尽きる。〈私〉は〈自分〉に何を練習するべきかを指示する上司のようなもの、あるいは、〈私〉は〈自分〉の秘書なのだ。〈私〉主導の学習期間は、あまり成果が上がらない。自転車に乗ったり、外国語を話したりできるようになるのは、じつに難しい。だが、習得する最中に、習得しようとしていることを意識しても、ちっとも楽にはならない。自分の試みを他人が見守っているのがわかっている場合はなおさらだ。そういうときは、自分自身の目だけでなく、他人の目も自分に注がれているからだ。

意識は、学習中にも技能の訓練中にも邪魔になる。だからこそ、前章で述べた過負荷や呪文が助けになりうる。

しかし、意識と〈私〉は、コンテクストを理解し、自分がやりたいと思わないようなこと、たとえば練習などに、目的を見出せるから役に立つ。人が何か自信を感じることをやっているとき、〈私〉は大きな喜びを〈自分〉にもたらすことができる。なぜなら、言うまでもなく、自信というのはそれまで自信がなかった状況で何かを達成することから生まれるからだ。たとえ一秒あたりのビット数がごくわずかであっても、〈私〉は鍛錬を促すことができる。

だが、〈私〉の真の力が発揮されるのは、〈私〉が〈自分〉に対して謙虚さを示すときだけだ。なんといっても、〈自分〉のほうが帯域幅がはるかに大きいのだから、ずっと多くのことができる。意識は自分の限界を知ったとき、最高の存在となる。

一般的に、意識は自分の限界を知っている。AT&Tの技術者ジョン・ピアースが一九六〇年代初期に、人間の意識の容量は多くても毎秒五〇ビットしかないことに気づいて、いかにショックを受けたかについては、すでに言及ずみだ。彼も疑問に思ったように、それならなぜ、わざわざテレビで毎秒何百万ビットも送る必要があるのか。それはもちろん、テレビを見ているのが意識だけではないからだ。意識ある〈私〉は、テレビ番組や映画の中で起こっていることを、たいして知覚していない。知覚しようにも、できないのだ。なにしろ〈私〉の帯域幅はあまりに限られている。人が捉えられるより、はるかにたくさんの情報が(原理上は)送られている。

実際には、この現象は次の事実にはっきり表れている。フィルムやビデオテープの編集者は、映画やテレビ番組の芸術面の責任者といっしょに、何時間もかけて、動画像の最終的なシークエンスの一分一秒まで編集する。時間にしてわずか二、三秒のたった一つのシークエンスに、まる一日が費やされることもある。決めなくてはならない情報が山のようにあるのだ。一つ一つの編集項目、編集と文字とグラフィックスのリズム、音楽や効果などが、一度に幾層にも重なり合うことが多い。しかし、フィルムが編集段階に至る前に、すでに数えきれないほどの決断が下されている。撮影中、照明はどうするべきか。シャープな光かソフトな光か、暖かみのある明かりか冷たい明かりか。役者あるいはシーンを、クローズアップで撮るべきか、それともロングショットにするべきか。上からか下からか。カメラを動かすか。フォーカスを変えるか。背景の音声と前景の音声はどういう比率にするか。枚挙にいとまがない。

動画像を扱う人は、視聴者が気づかないような細部に何日も費やすことがよくある。そもそも肝心なのは、視聴者にそのような細部に気を留めさせないことだ。それでいて、視聴者はそうした細部を知ることになる。人を「うっとりさせる」作品は、詳細に対するじつにこまやかな気づかいで満たされている。あらゆるカメラアングル、あらゆる編集作業、あらゆる音声が、計算されており、全体にぴったり調和して収まっている。映像は始めから終わりまで、様々なレベルの事物を表現する物語の、よどみない流れとして体験される。動画像の質は、視聴者が意識的には体験しないものの、無意識のうちに心に留める細部にかかっている。

あるテレビ番組が良いものであれば、直感的にわかる。しかし、それがなぜ良いかを言葉で表現することは、その番組を作った人自身にしかできない。これは、おおむねあらゆる技能や技巧に当てはまる。自分自身で努力して初めて、つまりその技能や技巧に長い歳月の間、意識を傾けて初めて、質の高さの何たるかを言葉で表し、意識することができるのだ。

しかし、ぜひとも強調しておきたいのだが、優れたものを体験するかどうかの基準は、それを意識するかどうかではない。たいていの人は、バッハやビートルズやボブ・ディランは優れている、と思う。しかしだからといって、その人たちがバッハのオルガン曲の数学的構造について講義できるわけではない（そういうことができる人には、実際に音楽を体験するのに苦労する人もいる）。もしも芸術が、よい考えや感情や気分につながるような、すばらしい感動的な経験を人にもたらすように「作用する」のなら、なぜそう作用するかはあまり重要でない。自分でそれをやりたいのでないかぎりは。

芸術家や職人や科学者の仕事、さらに言えば、あらゆる人々の仕事には、何がどう人々に作用するかについての、膨大な暗黙知が示されている。この暗黙知は、質の高いコミュニケーションのために必要だが、必ずしも受け手に体験される必要はない。抜け目ないソングライターなら誰もが、聴き手をどう感動させればユーロヴィジョン・ソング・コンテストで賞を獲得できるか、心得ている。全身全霊で打ち込みたいという思いもなく、職人の暗黙知をシニカルな形で人を感化するために利用すると、じきに陳腐な作品になってしまう。だが、人間の表現はすべて、「ヒットすることを狙ったシニカルなもの」と心の底の感情との間を揺れ動いている。

テレビ番組にしろ、ほかの種類のコミュニケーションにしろ、そこには、伝えられている情報よりずっと大量の〈外情報〉が込められている。大衆のほとんどは、その〈外情報〉を意識のうえでは体験しない。だがそれはそこにあり、確実に作用している。

「映画かテレビ番組を、音も聞こえなければ顔を識別することもできないほど遠くから見ると、ぽつぽつと途切れて見えることにきっと驚くだろう。これは、同じものを間近で見ていたら気づかぬ現象だ[39]」

これはテレビ業界の研修マニュアルから引用したものではない。一九八六年にイギリスの学士院で行なわれた講演会の記録からの引用だ。テーマは「イメージと理解」で、ほとんどの講演が、視覚や視覚が捉えているものについて知られていることを、科学的見地から扱う内容だった。

しかし、講演者の一人、ジョナサン・ミラーは、動画像に的を絞った講演を行なった。「問題は、成功している編集者ほど、つまり編集者が経験を積むほど、その人の作品にどれだけの技巧が注ぎ込まれているかを見分けるのが難しくなることだ(40)」

これは、フィルム編集者版の禅の真理とでも言えるかもしれない。対象に注ぎ込むものが多ければ多いほど、それが気づかれなくなっていくのだ。観客に、状況設定を意識させずにメッセージを理解させることが肝心、という発想だ。しかし、ミラーの主張の要点は、フィルム編集者はたいてい、人が映像をどう見るかについて、一般の人の多くが知らない事柄を知っている、ということにある。視聴者が内容を信じられるような映像の組み立て方には、ある程度明確に定義された一連のルールがある。ニュース報道に二人の人間を編集で挿入するときは、たとえ二つのカットがまったく違う状況で撮られたものであっても、二人が向き合う形にしなくてはならない。たとえば、銀行の支配人と行員組合の代表の映像を挿入するなら、顔を見合わせるように配置しないと、どうも二人は話し合いができないのではないかという印象を視聴者に与えてしまう(実際、できないのかもしれないが)。

私たちは、人の物の見方についてフィルム編集者が知っていることに関心を持つべきだ、とミラーは考えている。映画を作るためではなく、視覚を理解するために、だ。なぜなら、フィルム編集者のトリックがうまくいくのは、そこで使われている原理を知らない人々を対象にしているからだ。フィルム編集者は、万人の物の見方に本来備わっている暗黙知(あるいは、たいていの人が聞いたことはなくても無意識のうちに知っている、文化的に習得された決まりから成る暗黙知、たとえば、ブルーの照明のもとで撮影されたシーンは、夕方か夜の場面と見なされる、といった事柄)、すなわち、シーンがどう表現されうるかに関する暗黙知を利用している。

したがって、視覚を研究する科学者が、フィルム編集者から学べることは多い。ただし、映画を見下していれば、そのかぎりではないが。科学史をひもとけば、きわめて重大な科学理論の多くが、実際に利用されているものの後追いであることは明らかだ。蒸気機関は、熱力学によってその働きが言葉で表されるずっと前から使われていた。医者が治療効果を説明できると公言するずっと前から、病気は癒されていた。クロード・シャノンが情報理論を考え出すずっと前から、人々は電話で話をしていた。

一般に科学とは、すでに用いられている知識の、明瞭な表現であり解説であると考えられる。科学は技術の蓄積に言葉を与える。するとその技術を発展させ、びっくりするような新たな局面、言い換えれば、まだ地図にはない領域を示すのが、はるかに容易になる。この見解は科学を軽視するものではない。その逆だ。世界について人がすでに知っているのに、互いに伝え合えないことを、科学は言葉で表現してくれる。

あるいは、ジョナサン・ミラーの見事な表現を借りればこうなる。「重要な情報源は、映画編集者が共有している直感的な言い伝えなのだが、この実践的な知恵を、わざわざ明白な言葉にしようとは、今まで誰も思わなかった[41]」

これからの数世紀、意識とコミュニケーションの科学は、役者やラジオのプロデューサーや映画編集者から多くのことを学ぶのかもしれない。過去数世紀にわたって、熱力学がボイラーマンや花火師や炭焼き人に多くを学んだように。

「科学のすべては、日常的な思考を精緻にしたものにすぎない[42]」一九三六年、物理と現実に関する論文にアルベルト・アインシュタインはそう書いている。この論文は、現代の量子物理学に関するニールス・ボーアとの論争に刺激されて書いたものだ。量子力学は、人が世界を記述している事実を考慮せずに世界を記述するのは難しいということを立証した。アインシュタインは、ボーアが精力的に擁護したこのイメージが気に入らなかった。アインシュタインが言いたかったのは、「もっとずっと難しい問題、日常的な思考の本質を分析するという問題を、批評眼をもって考える[43]」ことなしに、物理学者が自分の物理学について考えるのは絶対に不可能だ、ということだった。

これは、世界で最も著名な科学者が見せたたんなる謙遜ではない。日常生活は、科学の世界よりもずっと複雑だ。なぜなら、科学が講じているのは、手に負えないものはすべて無視するという策にほかならないからだ。

しかしそれでもなお、日常生活とそこで使われる言葉は、日常生活の問題よりずっと単純な問題を扱うときにさえも、科学的思考に対して強い影響を与えている。科学の世界の深さに比べた日常の世界の深さという問題については、ボーアとアインシュタインは完璧に意見が一致していた。「私たちは、どちらが上でどちらが下かわからないような状態で、言葉の中を漂っている[44]」とボーアは述べた。彼が言いたいのは、ようするに、科学とは、私たちが互いに紛れのない形で口に表すものである、ということだ。実際のところ、この事実こそ科学の特徴と言える。私たちが紛れのない形で語り合えるものはみな、科学なのだ。

それは、人が体験し、感知し、考えることのいっさいと比べると、たかが知れているし、人が感じるものとは比べるまでもない。科学とは、互いに伝え合える方法で世界を理解することを目的とした、共同プロジェクトだ。知識は、他人がその知識を再現できるようなやり方、それも紛れのない形で再現できるようなやり方で語られて初めて、科学的知識となる。

それ以外の人間の知的活動は、このような束縛を甘受していない。芸術が扱うのも、人々が共有できるものだが、紛れのない形で共有できるかどうかは問題でない。だからこそ、こうした知的活動は、〈明示性〉、つまり、明確に表現しうることを、強く求められてこなかった。しかし、この明示性こそ科学の特質だ。

明示の必要性があるため、科学では、たとえば電子は波動と粒子の両特性を同時に備えているというような、日常の言葉では表現しにくい現象を扱うときでさえ、日常生活の言葉を放棄することはできない。たしかに、科学における言葉の選択には、ひどくとっぴなものが多い。だが、どんな場合も、新しい世代の科学者たちが、それらの符号や記号を紛れのない形で学べることが前提になっている。大学で一〇年も過ごせば、何についての話かがわかるようになるという前提だ。したがって、原子の現象が日常生活の概念や言葉にどうしても呼応しないからといって、科学はあっさりそれを放棄するわけにはいかないのだ。科学で学ぶ内容は、若い学生が使う言葉で説明できなくてはならない。

学ぶべき言葉は、必ずしも、長い時間それについて熟考することで習得されるとはかぎらない。むしろ、使うことによって習得されるのかもしれない。「つまるところ、厳密に言えば、いかなる考えも意識的に分析していたら、すぐに用いることはできない」とボーアは書いている。[45]ならば、科学教育とは、膨大な数の実験と計算と議論をこなすことであり、その結果、他人がそういう活動によって意図するものを学生が理解できるようにすること、となる。同じ実験をする者はみな、意識しているとはかぎらないものの、紛れのない形で、同じ結果に到達する。たとえ、細かいところまで完璧に同一ではないし、そうはなりえないにしても、だ。

意識的な学習と無意識の技能の関係に似たものが、科学とバレエを比べると見えてくる。科学にせよバレエにせよ、本質的には言葉に表せないが大勢の人たちと共有できるものを習得するために、一生懸命努力しなくてはならない。

私たちの日常的な知識は、くだらないどころか非常に深いものであり、だからこそこの事実は、私たちがけっして日常的な知識を捨て去れず[46]、知的活動のすべてをそこまでさかのぼらなくてはならないことを意味している。このさかのぼり問題は、量子物理学の哲学における真の問題だ。「私たちは言葉の中を漂っている」[47]が、言葉は私たちが言いたいことを表現できない。

私たちは言葉を放棄することはできない。もしそうしたら、話し合うことができなくなってしまう。それに、言いたいことも言えない。メッセージを伝える手段は言葉しかないからだ。

つまり、科学の問題、あるいはさかのぼりの問題は、比較的平凡な要因に帰せられる。それは、言葉の帯域幅が感覚の帯域幅よりずっと小さいという事実だ。世界について知っている事柄のほとんどを、私たちは互いに言葉で示すことはけっしてできない。

量子物理学が厄介なのは、平凡な要因がとりわけ深刻になったからにすぎない。その要因とは、人間どうしの社会言語学的交わりが、毎秒一六ビットの帯域幅でのやり取りに基づいているという事実、それにひきかえ、人と世界との直接的で自然な交わりは、毎秒何百万ビットもの容量の帯域幅でのやり取りに基づいているという事実だ。

したがって、私たちが大切な事柄について語ることができるのは、話すのではなく行動するときだけだ。人は互いに物事を見せ合うことができる。物事をともに感じ、互いの技術を学び合い、互いの技能を楽しむことができる。だが互いに、それらを細部まで言葉で表現することはできない。

〈私〉は、「私は自転車に乗れる」と言うかもしれない。だが〈私〉には乗れない。乗れるのは〈自分〉だ。

老荘哲学の基礎を築いた中国の学者、老子が、死を迎えるために山中へと馬を進める前に記したように、「知る者は言わず、言う者は知らず」[48]なのだ。

第十二章　意識の起源

一〇〇年前、心理学者たちが内観をまだ真剣に受け止めていた頃、ウィリアム・ジェームズがこう書き記している。「意識に関する普遍的事実とは、『思考や感覚が存在する』ということではなく、『私が考える』そして『私が感じる』ということだ[1]」

意識ある〈私〉は、人が最も身近に経験するものだ。〈私〉は、ほかのどんな経験にも先行する。現代人なら誰もが、この〈私〉という視点から、人間を生み出した世界を眺める。

だが、〈私〉自体は、どこから生まれたのだろう。

〈二分心〉の崩壊と意識の誕生

一九七六年、プリンストン大学のジュリアン・ジェインズは衝撃的な仮説を発表した。『神々の沈黙』の中で、三〇〇〇年前の人類は意識を持っていなかった、と主張したのだ。「もしこの推測が正しければ、会話や判断、推理、問題解決にとどまらず、我々がとる行動のほとんどを、まったく意識を持たない状態でこなす人類が存在しえたことは、まず間違いない[2]」

古代ギリシアの大叙事詩、ホメロスの『イーリアス』や『オデュッセイア』には、意識を持たない人間たち、内から聞こえる神々の言葉によって行動する自動人形のような人たちが描かれている。とくに『オデュッセイア』のほうは、人類の歴史に意識が登場し始めた時代に書かれたことが、よく現れている。意識の起源は、ある歴史的プロセスであり、そのプロセスは現存する最古の文明遺産にその形跡をたどることができる、とジェインズは主張した。

彼の解釈では、次のようになる。意識は人間が機能するうえで、一般に思われているほど重要なものではない。意識は比較的近い過去に誕生したもので、一つの歴史的現象だ。〈私〉という概念は、意識が形成する歴史的産物の一部である。意識と、〈私〉という概念は、歴史とともに創られたものであり、それゆえに歴史とともに変化しうる。

ジュリアン・ジェインズの仮説は注目を集め、同時に批判も浴びた。なぜならそれは、意識に対する認識を変えるだけでなく、じつに広範な史実に対する認識を変えるものだったからだ。ジェインズは意識の起源を主題に据えて、人類の歴史を解釈し直していく。

彼の考えはこうだ。大昔、三〇〇〇年以上前には、意識も、〈私〉という概念も、人間が自分の内に心を持っているという認識もなかった。だからといって、社会の構造や人間の経験や言語がなかったわけではない。人間行動の認識の仕方が、今日とはまったく違っていたということだ。当時の人々は、神々の命令によって行動したのであり、自らの衝動によって行動したのではない。彼らにとって、感情や欲求や決断は、人間を通しての、神々の働きかけの結果だった。すべては神々の介入によって生じるものだった。

ジェインズによれば、人間の心は二分されていた。つまり、左右の大脳半球に呼応して、心も二つの部屋に分かれていた。右脳で行なわれる非言語的活動はすべて、人の頭の中で聞こえる話し声の形をとって、左脳へ伝達された。統合失調症の患者がありもしない声を聞くのと同じように、古代人たちは自らの中で、何をなすべきかを告げる神々の声を聞いていた。社会秩序は、神々の声という形をとり、〈二分心〉を経て、個人へ語りかけることができた。現代ではそのような声が聞こえることを、「幻聴」と呼んでいる。

人間観における、古代人と私たち現代人との根本的な相違は、古代人の頭の中で独立した内観活動が行なわれていなかった点にある。古代人には意識もなければ、決断もなかった。そういうことはダイモンと呼ばれる神々がめんどうをみてくれた。

当時の人類には自由意思がまったくなかった。それどころか、私たちが言うような意味での意思すらなかった。「人には、我々のような意識はなかった。自らの行動に責任はなく、それゆえ、数千年という長い間になされたことのどれ一つに対しても、彼らをたたえるわけにも責めるわけにもいかない」とジェインズは述べている。(3)

だが、はたしてそんなことがありうるだろうか。意識を持たない人間が、どうして町や船や道を造りえたのか。どうして人として機能しえたのか。

ジェインズの考えは奇想天外に聞こえるが、じつはそれほど想像しがたいことではない。繁華街へ出かけるときのことを思い浮かべてほしい。最も使い慣れた交通手段と、ほとんど毎日のように通る道順を選ぶことにする。そんなとき、どうやって繁華街に到着するかを考えてみよう。私たちは、どんどん進んでいく。人や車の往来はさほど気にせず、目的地に着いたらやることに気をとられているかもしれない。あるいは今朝の天気か、まったく別のことが頭にあるかもしれない。実際の移動行為は、おおむね自動的に行なわれる。手と足に任せておけば、あれこれ考える時間がたっぷりある。もちろん道中の交通と完全に無関係ではいられないが、心はほかの様々なことに向いている。自覚を伴わずに、じつに様々な行動がとられている。意識は、どこかほかのところにあるのだ。

「さてここで、その意識を取り除きさえすれば、〈二分心〉を持つ人間の境地を味わえる」とジェインズは書いている。(4)

私たちはたいがい、自分のしている行為以外のことについて考えている。それは、つまり、意識は人間の通常の機能にさほど重大な意味を持っていないということにほかならない。なにしろ、そうでなければ、人間は自分が今していること以外は考えられなくなってしまう。

したがって、何か別の事柄についてたえず考えている点を抜きにすれば、現代人は意識を持たない人間と何ら変わりはない。唯一違いが現れるのは、予期しないこと、注意を要することが起きたとき、たとえば、交通渋滞に巻き込まれたときだ。そんなとき人は、仕方なく注意を払う。何が起きているか、何をするべきかを意識する。一方、〈二分心〉を持つ人間は、神々からの指令、すなわち、何をすべきかを告げる内なる声を待たねばならない。彼の人生経験は、意識ある回想や内観の形ではなく、無意識から聞こえてくる神々の声を通して表現される。

人は、〈私〉という意識を持たなくても、たしかに機能しうる。事実、たいていの人間は、多くの時間を〈私〉という意識なしで過ごしている。ただ、そのことに気づいていないだけだ。なぜなら、無意識に行動している間はそれを意識しないからだ。もし意識できるのなら、それは無意識ではないということになる。私たちは、意識していないことを意識できない。意識があって初めて意識できる。「内なる神々は、言語の進化過程で生まれたただの副産物であると同時に、ホモ・サピエンス自身が誕生して以来の、生命の進化における、最も注目に値する特徴でもある。私はたんに詩的な意味でそう言っているわけではない」とジェインズは述べている。「内なる神々は、断じて妄想から生まれた虚構などではない。人間の意志作用だったのだ」[5]

ところが、長い目で見るとそれはうまく機能しなかった。けっきょく、神々は人間を見捨てた。「神は私を見放した」[6]現存するメソポタミア最古の文献の一つにそうある。「女神も私を見捨て、よそよそしい。寄り添って歩いてくれた守護天使も去ってしまった」

紀元前の第二千年期《ミレニアム》(紀元前二〇〇〇年～一〇〇〇年)は困難な時代だった。自然災害や戦争、人口の大移動によって、中東の諸文明圏で大変動と大混乱が起きた。民族間の交流が進み、書き言葉が話し言葉の力を弱め、内なる神々の声の中に示された、昔ながらの知恵はもう時代遅れになった。世界は一変していったのだ。〈二分心〉が崩壊し、文化が激変し、それが意識の起源となった、というのがジェインズの仮説だ。

人間の心の仕組みがどう発展してきたかを明らかにする資料として、ギリシアの叙事詩を読み解くという考えは、それ自体、新しいものではない。精神分析学では昔からこの手法がとられてきた。たとえばフロイト派では、オイディプス王（父を殺害し、母を妻とした男）やナルキッソス（水面に映った自分の姿に恋をした青年）の神話が取り上げられている。

一九四九年、C・G・ユングを祖とする学派の精神分析学者エーリッヒ・ノイマンは、意識の起源を理解するうえで、『オデュッセイア』は重要な証拠資料である、と述べた。『オデュッセイア』は、イタケー島のオデュッセウス王の物語だ。オデュッセウスはトロイア戦争で名を揚げた。なかでもいちばんの功績は、籠城中のトロイアに、空洞の木馬の計略を用いて兵とともに潜入したことだ。故郷への帰路、オデュッセウスは海神ポセイドンの機嫌をそこね、数々の苦難に見舞われる。危機の多くは、オデュッセウスに伸びる誘惑の魔手という形をとる。しかし、オデュッセウスは、セイレーンの美しい歌声や邪悪な巨人たち、求婚者をみなブタに変えてしまう妖婦などの誘惑に、意志の力と狡猾さで打ち勝つ。

アメリカの歴史家モリス・バーマンは、ノイマンの解釈を要約した文章で、次のように述べている。「オデュッセウスは、無意識で未分化の女性的な力の激しい引きを幾度となく経験する。それは、かつてほんの赤ん坊だった頃や母の胎内にいた頃と同じように、再びその力に溶け込んで一体になりたいという回帰の欲望、無意識の状態に戻りたいという欲求だ。しかし、彼の英雄たる所以は、そうした誘惑を退けた点にある。オデュッセウスは、無意識の持つ暗黒のエネルギーには興味を示さなかった。彼の無意識に対する『勝利』は、一つ目の巨人キュークロープスの目をつぶすことに象徴されている。キュークロープスの目は、直観的な理解をもたらす『第三の目』だからだ」

バーマンはこう続ける。「この英雄の誕生は自我の誕生にほかならないのだが、それによって、世界は二面性を持つようになった。世界は、男性と女性、黒と白、右と左、神と悪魔、自我と無意識に引き裂かれた。こうして壮大なドラマが始まり、世界中の文化が（ノイマンによれば）それに巻き込まれていった[7]」

しかし、この解釈によると『オデュッセイア』は、意識の起源のはしりと、無意識が意識に見舞う誘惑を描く物語の域を出ない。

ジェインズは、意識の起源を厳密にたどると、ギリシアの為政者で立法家、アテネのソロンまでさかのぼれるとしている。ソロンは紀元前六四〇年頃から五六〇年頃にかけて生きた人物だ。タレスやアナクシマンドロス、ピタゴラスらによってギリシア哲学の基礎が築かれた世紀に、アテネに民主政治を導入したのが、このソロンだった。

ソロンが「noos」という単語で主観的な心を表していたことは間違いないとされている。同時代に活躍した様々なギリシア人思想家たちが言ったという説もあるが、ソロンのものとされる言葉に、かの有名な「汝自身を知れ」がある。これは人が、外側から眺めた自己という概念を持っているときにだけ、意味を成す言葉だ。自己を外側から眺めるのは、自分が何者であるかという考えを前提とする、高度の心の働きと言える。

ジェインズは、意識の起源とおぼしきものを、ギリシア文明、インド文明、中国文明、エジプト文明といった多くの文明に見出している。紀元前五〇〇年前後に、この地球上の様々な文明で数々の目覚ましい進歩が一度に起こったが、ジェインズの見るところ、そのうちでも意識の起源を最もよく記述している文献は旧約聖書だ。旧約聖書には、神々が姿を隠し、意識が心の支配権を奪うまでの一部始終が一息に語られている。

そのうえ、旧約聖書の信仰は一神論を説いている。多神教の信仰が〈二分心〉に対応する一方で、一神教は意識ある心に対応している。

多神教と一神教の非常に大きな違いは、迷信や幻覚、あるいは雨乞いの踊りなどにかかわるものではなく、誰が人間の行動の実権を握っているのかという認識にある。

意識時代の前段階、〈二分心〉の時代には、人々は自由意思を持っていなかった。それどころか意思というものをまったく持ち合わせていなかった。意識が出現して、人は自由意思をある程度までは与えられた。やがて倫理問題が発生し、モーセが神から授かった十戒が記された二枚の板を手に、シナイ山から降りてきた。突如、人には考えるべきことができた。人はどのように行動すべきか、だ。一方には「汝自身を知れ」という信条と道徳律があり、もう一方には〈二分心〉による免責がある。両者の落差がいかに大きいかは、次に引用したジェインズの著書の一節にありありとうかがわれる。「シュメール人には、『ただちに行ない、汝の神を喜ばせよ』と訳されている古いことわざがある。この含蓄ある翻訳が、知られざるシュメール人の思想を模索した推測にすぎない点は、しばらく脇に置いておくとして、この好奇心をそそる命令は、現代人が持っている主観的な心理に投げかけられた言葉と言ってもいいかもしれない。『考えるな。〈二分心〉の声が聞こえたら、その命に従うのを一瞬でもためらってはならない』」[8]

意識の介入なしに自由気ままに行動をしてよいと感じるときこそ人間はいちばん幸せだ、という考え方は、この古代のことわざにさかのぼることができる。

本書の内容に照らし合わせて、このシュメール人のことわざを訳し直すと、「禁止権を発動させるな。〈自分〉を喜ばせろ」となる。しかし、そこには劇的な意味の変化がある。なぜなら、現代の人間には、神々の声が聞こえないからだ（聞こえる人は病院に収容されてしまう）。そこで、内なる声に従うことよりも、意識や事前の熟考をしすぎないで行動することに重点が置かれる。

しかし、意識的な考慮なしに行動せよという、この主張自体は、コンテクストから切り離して行動原理として採用してしまったなら、おそらく現代人にとってだけではなく古代シュメール人にとっても不合理なものとなったことだろう。

〈二分心〉から意識ある心への変遷の過程で、長期にわたって変化が起きた。その過渡期には、内なる神々の声が聞こえる人間はさほど多くなかったが、まだ聞こえる者の言葉に耳を傾ける人間は大勢いた。「ギリシアの神託は〈二分心〉の崩壊後、一〇〇〇年以上にわたって、重要な決定を下す際の主要な手段だった[9]」とジェインズは書いている。なかでも最も有名なデルポイの神託は、質問を与えられたうら若い巫女たちが、狂おしく口を動かし、身をよじって答えるというものだった。質問は些細なものではなく、植民地や戦争、法律制定、飢饉、音楽、芸術に関する重大なものばかりだ。そして、これまた驚くべきことだが、「神託は、熟考の間もなく、ただちによどみなく告げられた」とジェインズは書き、さらにこう疑問を投げかけている。「ごく普通の農村育ちの娘たちが訓練を受け、世の中を動かす判断を即座に下せる精神状態まで自分をもっていかれるようになるなどということが、どうしてありえたのだろうか[10]」

デルポイの巫女たちが、ほんとうはどれほど無学だったのかは疑問がある。たとえば、アリストテレスの弟子アリストクセノスは、数学者で哲学者のピタゴラスの伝記を書いた人物で、彼にまつわるこんな話が残っている。「ピタゴラスは道徳的教義のほとんどを、デルポイの巫女テミストクレイアから授かった」とアリストクセノスは言っている[11]」うら若い巫女たちが告げた神託が、どこまで断定的なものだったかも疑問の余地がある。ヘラクレイトスは次のように書き残している。「デルポイで神託をお与えになる神は、はっきり語られるわけでもなければ、ことさら何かをお隠しになるわけでもなく、ただしるしをお示しになるのだ[12]」つまり、巫女たちは答えを与えたかもしれないが、その答えは、まず解釈してからでなければ役に立たなかった。しかし、細かい点はどうあれ、ギリシアがデルポイの神託の助けで統治されえたことは注目に値する。

ジェインズの考えでは、これは一つの一般的なパターンで説明がつく。それは、特別に選ばれた人間を介して、共通の信仰が現れる、というものだ。選ばれた人間は、儀式やトランス状態を通して、(自分の内にある)力と接触できるが、ほかの人間は、もはやその力とは接触できない。魔術師や呪医、託宣者、魔女、易者、そして、現代におけるその後継者ら、多種多様な人間はみな、〈二分心〉が行なってきた内なる神々との交信を持つことへの切望を体現している。時代とともに人は、内なる神々の意思を今も感じられるごく少数の人間への信頼を失いつつある。あるいは、神々からのメッセージは、今や別の方法で伝えられているのかもしれない。

一神教と多神教と意識と……

〈二分心〉の時代は終焉を迎え、人間の自己像は変わった。そして、それにともない、神に対する考え方も変わった。人々を庇護していたギリシアの神々は、意識の宗教であるキリスト教に道を譲った。「イエスがユダヤ教の改革に挑戦したのは、〈二分心〉を持つ人間ではなく意識を持つ人間のために新しい宗教が必要だったからだ、という解釈は可能か。ここで徹底的に論じれば、それが明らかになるだろう」とジェインズは書いている。「この段階にきて、人間の行動は、モーセの法によって外側から形作るのではなく、むしろ新しい意識の内側から変化させねばならぬものとなった。罪やその償いのあり方も変わった。十戒に背く外面的な行動を、神殿に生け贄を奉げる儀式や、共同体の刑罰で償っていたものが、意識的な欲望を意識的な悔恨で償うようになった[13]」

ジェインズは、こうした宗教史の考察をさらに推し進めてはいないが、基本的な論点は、ベンジャミン・リベットの禁止原理をもとにした、ユダヤ教とキリスト教の比較から発生するものと同じだ。すなわち、ユダヤ教が社会的儀式と倫理的禁制を通して、人間の心に外側から影響をおよぼすのに対し、キリスト教はそれまで心の外側、社会的連帯感の中にあった抑止力を、自ら行使できるような性質を人々が持つよう要求することで、心を内側から変えようとする。キリスト教は意識の宗教であり、それは、人間の行動を制御する任を、何か外側のものではなく、意識に負わせるからだ。

これまでの議論は、歴史的プロセスが三つの段階に分かれていることを示唆している。まず最初に前意識の段階があり、この段階では、人々は自由意思を持たず、神々の命令を受けて、そのまま何も考えずに行動する。次に、社会的意識の段階が続く。自由意思は、唯一神の声を聞く特別な能力のある人間（モーセ）によって宣告された社会的契約（十戒）を通して規制され、共同体と儀式に焦点が当てられる。第三段階である個人的意識の段階では、人と唯一神の関係は前意識の段階と同じように再び内的なものになるが、今度はその関係が意識される。つまり自由意思には、行ないだけでなく心でも罪を犯す可能性が含まれている。

すべての多神教は第一段階に含まれ、ユダヤ教と、ある程度はローマカトリック教も、第二段階に属している。新教《プロテスタント》は純粋に第三段階の産物だ。

だが、問題は、人間を完全に意識を持ったガラス張りの存在にするという、キリスト教の伝統的試みが成功しうるかどうか、だ。もしリベットが正しく、意識は無意識の衝動を禁止でき、そのため衝動が現実の生活で実行されることはないものの、意識は衝動の源を支配することは絶対にできないのであれば、ルネッサンス以降の西洋の哲学や宗教が主張してきたほど人間がガラス張りの存在であるとは、とうてい言いがたい。はるか昔には意識など存在しなかったのに対し、無意識など存在しないと主張する試みを続けてきたのが現代だ。

ジェインズによる意識の起源の分析で非常に重要なのが、「私」と「自分」という二つの概念だ。「私」は、世界という概念が生まれるのと同時に誕生する。人が外の世界というイメージを思い描けるなら、その世界にいる自分も思い描ける。人は自分を外側から眺められる。様々な状況を想定し、どう反応するかを自分に問いかけることができる。「私」という概念は、外側から自分を眺めること、自分も存在している世界の地図を持つということと、密接に結びついている。「自分」という概念が「私」という概念と比べて不明瞭なのは、ジェインズ自身も認めるところだが[14]、彼の言う「自分」もまた、外側から眺めた自己とかかわっている。

〈私〉と〈自分〉を区別する観点に立つと、こうも言える。前意識の人間は〈自分〉でしかないのに対し、意識を持つ人間は、自分は〈私〉でしかないと信じている。人間は〈自分〉しかない段階から、見たところでは

〈私〉しかない段階へと移行してきた。〈自分〉の段階では、行動は神々の声に支配されていたが、〈私〉の段階では、意識が自らすべてを支配していると考えている。

〈私〉はひとたび誕生すると、人間を支配しているのは〈私〉だと主張せざるをえない。それこそが〈私〉の存在理由だからだ。自由意思を持つ〈私〉という概念は、内なる声を通して命令を下す神々とは両立しない。なぜなら、神々の声の言いなりでは、〈私〉が決定を下していないことになるからだ。

しかし、逆に〈私〉は、支配下にある人間の内面で起こることを何から何まで説明したり受け入れたりはできない、という問題に直面する。〈私〉がすべてを監督し、管理しているという〈私〉の主張は明らかに事実に反する、という問題にぶつかる。人は幸福や喜びを感じたり、憎しみや不快感を抱いたりするが、〈私〉はそのどちらについても何も説明できない。

〈私〉は、〈私〉よりも大いなる何者かに対して、必然的に屈服し、ひざまずくしかない。しかし、この大いなる何者かも、〈私〉に属する人間本人のはずがない点が、〈私〉の主要な特質となる。なぜならその人間は〈私〉によって支配されているからだ。

この問題の解決策は一神教に見出せる。唯一無二の神が存在するという考えだ。唯一神という概念は、〈私〉には説明のつかない〈自分〉の特質と対峙したときの、〈私〉の救済手段となる。唯一神は〈私〉よりはるかに強力で、世界のあらゆる事象、出来事を通して力を振るう。神の介入は、表向きは〈私〉が管理し、支配していることになっている人間の内面で、〈私〉に説明できない事柄のいっさいを説明するのに利用することができる。

この考えをさらに進めて、唯一神の概念は、〈自分〉のうち、〈私〉には含まれない部分を網羅する、と主張することも可能だ。〈私〉には説明できない閾下知覚や無意識の思考、そのほか人の内的な営みの数々を認めるかわりに、〈私〉はこう言うことができる。そうした摂理とそれに伴う能力を具現化しているのは、人間ではなく、神の原理なのだ、と。
〈自分〉を説明できない〈私〉の無力は、このように唯一神という概念によってかばってもらえる。神という概念は、〈私〉が自らの属する人間の中に存在を認めない不合理を、容認してくれるのだ。

意識は、自らが人間を支配していないという事実は受け入れられない。その一方で、意識は、すべてを監視しきれないことも認めなければならない。よって一神教が登場する。

一神教のほとんどは伝統的に、「天国はあなたの中にある」という、かなり根強い主張を持っている。神の原理はすべての人の中にある、どこかそのへんにあるだけでなく、人の内側にもあるものなのだ、という主張だ。

オルダス・ハクスリーは著書『永遠の哲学』で、数千年におよぶ宗教思想の要約を試みるなかで、まさにこの内在する唯一神を際立たせている。「内なる神と外なる神というのは、二つの抽象概念であり、悟性によって把握し、言葉によって表現できる。だが、この二つの概念が指している事実は、『魂のうちでも最深部、核心中の核心』以外では、実感することも経験することもできない。そして、これは、内なる神だけでなく外なる神にも言えることである」[15]

宗教は、〈私〉よりも大いなるものがあることを、〈私〉が必然的に理解しなくてはならない事実を掘り下げてきた。また、この大いなるものに対して〈私〉が平静を保つのを助ける、一連の手法を培ってきた。宗教はこうした事柄について教えを乞う人々に手を差し伸べ、仲間内へと誘い、手ほどきをする。

祈りと瞑想、儀式と祝福が、この内なる神性への接触行動であると解釈することもできる。だが、さらに一歩先に進んで、〈私〉が祈りや詠唱、聖典を通して接触しようとしているものは、〈私〉が意識して存在を打ち消さざるをえない〈自分〉にほかならない、と主張できる。

ハクスリーが言及した「内なる神」でとくに重要なのは、意識には説明できない人間の一面だ。もしそこまで主張するなら、次のように言うことができる。宗教の主題は、じつは意識の主題を焼き直したものであり、したがって、〈私〉の主題の焼き直しにほかならない。そしてその主題とは、人間は自らが知りうる以上の存在であるという事実を甘受することだ。

このように、私たちには、宗教体験を真剣に受け取るもっともな理由があるわけだ。無神論的な視点からも、やはり宗教には真性に満ちたものが含まれていることを認めざるをえない。それはたんに、〈二分心〉の人間が持つ単純さや無垢さへの憧れだけでなく、人間の内部における意識と無意識の関係という、きわめて現代的で本物のドラマにもかかわるものだ。無神論者もまた、宗教が描き出す葛藤とともに生きなければならない。宗教は無神論者にとってもあまりに重要であり、信者たちに任せておくわけにはいかない。

意識は再び姿を消した!?

意識の起源を調査したのは、なにもアメリカのジュリアン・ジェインズだけではない。ドイツやフランスの「心」の歴史家も、〈私〉という意識の歴史を研究してきた。しかし、彼らの結論はジェインズのものと必ずしも一致しない。

一九七六年にジェインズは、初めて意識が誕生したのは紀元前一〇〇〇年頃だという仮説を発表したが、ヨーロッパの学者による研究は、どうやら意識の確立がその仮説ほど円滑にはいかなかったことを示している。その後意識は再び姿を消したというのだ（図44）。

意識の消滅は、西暦五〇〇年頃に起こり、五〇〇年以上続いた。モリス・バーマンは、この時代を扱った最近の様々な研究について、次のように述べている。「理由はあまり明確ではないが、人間の自意識はこの間、消滅したように思われる。そしてその後、一一世紀になると不思議にも再び登場した。西暦五〇〇年から一〇五〇年にかけての期間における人間の行動には、一種『機械的』、あるいはロボットを思わせる特性があった」[16]

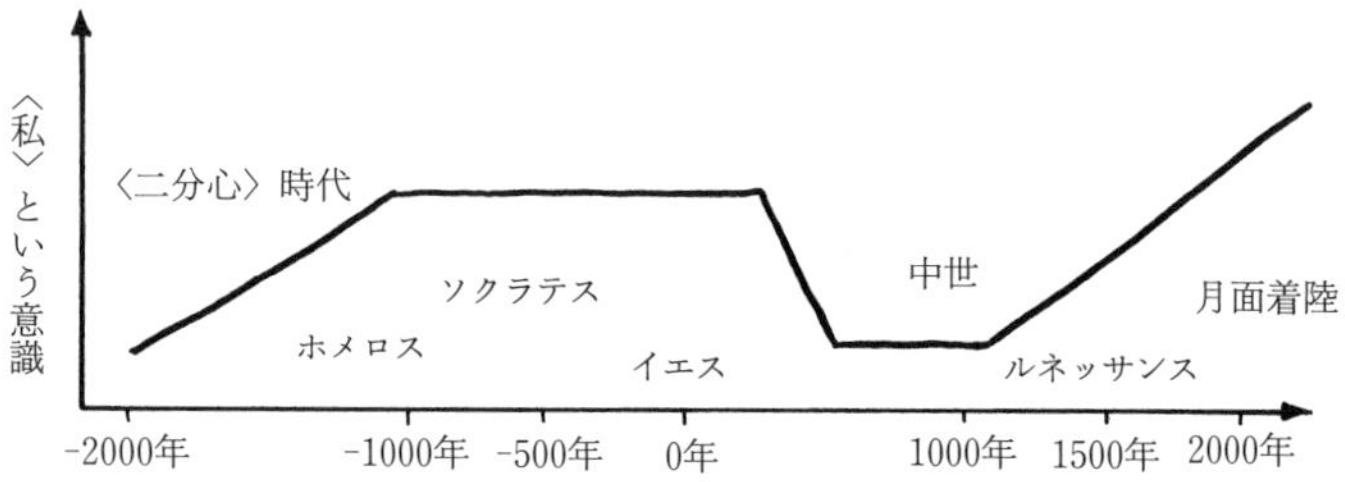

図44　意識の歴史における主要な出来事

犯罪に対する見方も変わった。「犯罪の故意性という問題に関する議論は、事実上皆無だった。重要視されたのは行ないのみ、つまり目に見える身体的行動だけだった[17]」

中世末期の特徴として、意識の復活と自意識の飛躍的発展が挙げられる。バーマンは、西暦一五〇〇年前後の時代を次のような、驚くべき記述で表現している。「自意識の増大と、鏡の製造量の増加、およびその品質の向上とが、時を同じくして急速に起こったことがわかる[18]」

鏡の使用が広く行き渡ったのはルネッサンス期、すなわち、個人の復活という刻印を押された時代であり、それはまた、近代の始まりでもあった。鏡に映った自分を見る、つまり外側から自己を眺めるというのは、とりもなおさず自意識や〈私〉という意識のコミュニケーションだった。また、礼儀作法の本も広まり、他人の前での振る舞い方が教えられた。人々は、食べ方や装い方、会話の仕方を身につけ、いかに「洗練された」人間になるかを学んだ。

鏡の急激な普及をこのように解釈するのは、まったくもって馬鹿げたことに思えるかもしれない。だが、鏡はまさに、他人の目に映る自分を見せてくれる道具だ。前意識段階の人間は、世界と、その世界における自分の行動を内側から眺めるだけだった。自己と他者を比較するという考えは、自己を他者の目で見られることを前提としている。鏡はそれを可能にする。

（いや、ほんとうにそうだろうか。私たちは鏡の中に、二重の意味で自分自身が映っているのを見る。視覚的存在としてばかりでなく、社会的存在としても映っているのを。だが、じつのところ私たちは、他人が見るようには自分を見ていない。なぜなら、鏡の中に見えるのは、自分自身しか見ない人間だからだ。それは閉回路ようなもので、私たちが他人を見るときのような社会性はない。）

赤ん坊の意識

フランスのアナール派歴史研究家やドイツのノルベルト・エリアスをはじめ、多くの歴史家が、鏡と意識が手を携えるようにして進歩していくという奇妙な歴史的事実を調べてきた。重要なのはむろん鏡そのものではなく、そこに映ったものだ。つまるところ、自分の姿が見たければ、穏やかな水面をじっくりとのぞき込めば事足りる。鏡の科学技術は、たいていの科学技術と同じく、ある結果――この場合は、外側から自分を眺めるという結果――を得たいときには、いつでもそれを可能にする手段にすぎない。水面では、穏やかなときしか自分を見ることができない。

水面に映った自分の姿に恋する、古代ギリシア神話のナルキッソスの話には、多くの次元があり、様々な解釈が可能だ。現在最も広く受け入れられているのは、ある男が自身の姿に恋してしまったために、強く心を寄せる魅力的な女性エコーに興味を示さなかった、というものだ。それがもとで神々の怒りを買い、彼は花の姿に変えられてしまう。このコンテクストでは、この神話は外側から眺めた自己、つまり他人の目で見た自己に夢中になりすぎるという行為が孕む危険性を表していると解釈できる。夢中になった結果、人は自分の要求をただちに、じかに感じる能力を失う。ナルキッソスの問題は自分を愛したことではなく、他人の目に映る自分を愛したことにある。

自意識や鏡、よい食事作法から一つの問題が起きてくる。人の行動範囲は、自身の欲求の駆り立てるところや、法の許可するところだけには、もはやとどまらなくなった。そして、他人から向けられる視線が突如として重要になった。こうして、必然的に〈私〉が支配権を握る。なぜなら、他人が考えることを想像できるのは〈私〉だけだからだ。〈自分〉はそれ自身の衝動しか知りえない。

イギリスの精神分析学者ドナルド・ウィニコットは、赤ん坊にとっては母親の顔が最初の鏡だ、と指摘した。「個の発育において、鏡の役割を最初に果たすのは、母親の顔である」[19]とウィニコットは書いている。もし母親が赤ん坊を見るときに感情を表さなければ、赤ん坊はしだいに落ち着きのない支離滅裂な表情を見せるようになることが、研究によってわかっている。

しかし、赤ん坊には自己の意識がまったくない。「赤ん坊などという単独の存在はありえない」というのがウィニコットのたいへん有名な言葉だ。赤ん坊は、母親や周りの人間といっしょにしか存在しない。「私」という概念、アイデンティティという概念は、三歳になるまで現れない。赤ん坊が置かれる最初の状態は非独立、アイデンティティ不在の体験だ。

モリス・バーマンはこの自他の差異の学習を、現代人の世界観における「基本的誤り」と呼んだ。「人が意識を持つのに決まった時期などまったくない。普遍的に変わらないのは『私』が『ここ』にいて、『あれ』(何であろうと人が目にしているもの、あるいは、人の外側にあるもの)は『そこ』にあるという自覚だ」[20]「内」と「外」の区別を確立するのは意識の特性であり、また問題点でもある。「[人生の]この時点までは、私たちの誰もが、自分と外界がおおむね一続きになっていると感じている。意識を持つというのは、そのつながりにほころびが生じることであり、『自己』と『他者』との間に境界線を引くことである。『私は私』という思考によって、新しい実存の次元が私たちに開かれる」とバーマンは書いている。[21]

それは痛みを伴わぬ過程ではない。一九五一年、ウィニコットは、子供はテディベアを内と外の間の〈移行対象〉として使っていると解釈できることを示唆した。自己と自己以外の世界との行き来を容易にするために、子供たちはおしゃぶりやテディベアを使う。年齢が高くなると、より高度なものがそれにとってかわる。芸術や宗教、アルコール、薬、本などがそうだ。世界から切り離されたという認識からくる根源的な不安を、人間は手段を選ばず和らげる。

バーマンは注目すべき著書『分別に目覚めるとき』の中で、自分の肉体やそれに付随して経験する感情を否定するのはなぜかを理解するカギとして、この子供時代の分離を取り上げている。自己と自己以外の世界とを区別するときに、軋轢が生じるからだ。自己と自己以外の世界は、どうやって折り合いをつけるのだろうか。私たちは意識の存在を否定する（そして、我を忘れることによって、世界と一つになる恍惚の境地を経験する）こともできる。逆に、外界とその「異質さ」の存在を否定し、矛盾を起こさずに意識と〈私〉の支配を許すこともできる。

バーマンは、ウィニコットやエリアス、精神分析学者ジャック・ラカン、哲学者M・メルロ＝ポンティといった人物を含めた、精神分析や哲学の流れに関する幅広い知識を背景にし、私たちの文明で主流を占めるのは、外界とその「異質さ」の存在を否定する戦略だ、と主張する。自己と「異質さ」との区別は、歴史に繰り返し登場するテーマとなる。私たちは敵と味方、おとなしいものと乱暴なもの、世俗的なものと神々しいものとを区別することを学習する。自分の支配権は自分が持っているという考えを何とか維持しようとする姿勢は、（鏡や自意識と同時期に発生した）国家と常備軍の中に見られる。

しかし、こうした外側の軋轢はほんとうのドラマではない。バーマンにとっては、内側の軋轢こそ真のドラマなのだ。人は肉体を持つが、その肉体を認知したがらない。肉体は制御しがたく、奇妙で、反逆的だからだ。人は何であれ自らが制御できないものを心底恐れる。クモ、性衝動、感情、不安、そして、自分の肉体を恐れる。

言い換えれば、それは〈私〉がどれほど望んでも制御できないものすべてということだ。制御できないものを認めない場合、激しい虚無感に襲われ、〈移行対象〉を使ってたえず穴埋めを必要とする内面的不安を覚えることになる。独裁者が、あえて反対する者が一人もいなくなったためにとうとう正気を失うのと同じで、〈私〉は絶望感を一生抱き続けるはめになる。制御不能なものはすべて〈私〉にとって脅威となるので、私たちは農薬や動物園、テレビを徹底して使用することによって、その撲滅を図る。私たちは「異質なもの」を自らの制御下に置かずにはいられない。一九四四年にドイツの哲学者マックス・ホルクハイマーとテオドール・アドルノが書き記しているように、「『外界』のことを考えただけで、真の不安が生じる」からだ(22)。

二つの肉体と意識

「ある意味で肉体は、人生において最も永続的で不可避な存在である一方で、不在を本質的特徴とする一面も持っている」アメリカの哲学者ドリュー・レダーは、著書『不在の肉体』(一九九〇)の中でそう書いている。そして、彼は次のような疑問を投げかける。「肉体は経験の場であるにもかかわらず、なぜ直接的な経験から遠のきがちなのか(23)」

レダーは、二〇世紀の哲学界における、いわゆる現象学派の流れを汲んでいる。現象学を確立したのはドイツの哲学者エドムント・フッサールで、彼は科学と日常生活における、あらゆる知識の基礎を見出そうとした。彼がまず取り組んだのが〈現象〉、すなわち、私たちがじかに経験するものだった。そして、一九一三年頃、〈超越的自我〉を土台として、あらゆる経験を記述し始めた。「超越的」という言葉は、フッサールが経験自体を超越し、それに先立つものについて語っていることを示している。〈超越的自我〉は〈経験的自我〉、つまり人そのものとは異なる。むしろ、本書の言い方を使えば、ユーザーイリュージョンの背後にあるシミュレーションの原理と言える。しかし、重要なのは、フッサールが示したように、人はたんに抽象的概念だけでなく、人間としての経験、つまり私たちがじかに知覚する現象も、分析できるという点だ。

フランスのモーリス・メルロ＝ポンティは、こうした直接の経験は、肉体の感覚にしっかり根差していると力説している。私たちが、ものを感じられるのは、ひとえに肉体があるからだ。

しかし、レダーはフッサールやメルロ＝ポンティよりさらに先へと進む。というのも、彼らの思想の核となっているのが、知覚と〈運動性〉だからだ。「私たちが世界を直接経験し、世界に働きかけるのは、これらの感覚様相を通してである」とレダーは書いている。「しかし、こうした機能は、一連の非人格的領域の中で発生する。誕生前の胎児の肉体、呼吸や血液循環の自律性リズム、睡眠中の静止した肉体、死体にまつわる謎といった領域だ。こうした人体の状況は、様々な形で経験の欠如を伴うからこそ、これまで経験主義の哲学者から軽視されがちだった[24]」

レダーにしてみれば、哲学的肉体観の根本問題は、哲学者が体と心を区別していることだった。両者を区別するというのは、肉体と世界との深いつながりを、哲学者がいまだに理解するに至っていないことを意味する。私たちは食べたり、呼吸したり、経験したりするし、動いたり、踊ったり、手を振ったりもする。肉体は、私たちが経験しない形で環境につながっている。なぜなら私たちは、たとえば呼吸を意識しないし、公には、自分がトイレに行くという事実を意識したがらないからだ。

「宗教のほとんどが特定の姿勢や身振りを神との対話に入る手段として用いる」とレダーは書いている。「肉体は、宇宙の生命力の土壌に根を下ろしていくが、意識はそこまではついていけない[25]」

肉体は、意識には感知しようのない、世界とのつながりを知っている。だからこそ、ほとんどの宗教には特定の姿勢が、そして多くの治療法には特定の体勢が、つきものなのだ。宇宙に対する私たちの体勢は、意識が知っているよりもはるかに多くを表すと言えるかもしれない。私たちは、体の前で腕を交差させることで、仲間の人間たちに対する閉鎖性を表す。逆に、手足をいっぱいに広げることで、幸福感や満足感を経験し、信頼を表す。なぜなら、四肢を伸ばしたとき、人は無防備になるからだ。

一九八一年、デンマークの心理学者オーラヴ・ストーム・ヤーンセンは〈二身〉説を打ち出した。〈二身〉説には、レダーの見解と重なる点が多く見られる。ヤーンセンは、意識によって制御できる肉体（〈認知・自発性身体〉もしくは〈自我身体〉）と、意識では制御できない肉体（〈感情・自律神経性身体〉）とを区別している。[26]

意識に制御されている肉体は、意思や思考にかかわること、つまり、そうしたいと思えば、体を使って「自分ができる」ことのいっさいを処理する。もう一つの肉体は、「自分」が制御できないことを万事取り計らうもので、血液循環や反射作用、消化作用、性衝動、感情的反応を処理する。この二つの肉体を結ぶ最も大切な架け橋が呼吸だ。普通、呼吸はもっぱら無意識の肉体によって制御されている。私たちは、自分が呼吸していることなど考えもしない。興奮したり驚いたりしたとき、いつのまにか呼吸を止めていることさえある（それどころか、私たちは電話で会話するときに、呼吸がとても重要な要素になっていることさえ知らない）。しかし、呼吸を意識して制御することも可能だ。信仰や精神修養のテクニックの多くは、まさにこの点、つまり、呼吸法を身につけることを原点としている。

二つの肉体にとって、もう一つの大切な架け橋となるのが性衝動で、これは意識的身体だけで制御することができず、勝手な方向に進んでいってしまいがちだ（不感症やインポテンツ、肉体に対する神経症的不安、そのほかの機能不全がこれにあたる）。

しかし、意識ある肉体はその特質上、無意識の肉体が機能するのを妨げられない。呼吸はせいぜい一分ほどしか止められない。数時間以上は排尿を我慢できない。望むと望まざるとにかかわらず、性的機能を停止させることもできない。

この事実を別の、いささか不気味な形で表現することもできる。自殺を果たすのは非常に困難だ。つまるところ、意識による制御が効かない肉体の部分が、死に至るほどの長時間、呼吸を止め続けることを許さないからだ。同様に、肉体的触れ合いや性衝動、飲食、排泄、睡眠を制限することは難しい。

このように、人間に対して意識が持っている監督権は、ごく限られている。「もう一つの肉体」は意識の支配がおよばないところで、勝手に独自の生を送っている。〈私〉が〈自分〉に何でも思いどおりにやらせる、というわけにはいかない。途方もない数のプロセスによって、意識のまったくうかがい知ることのない、途方もない量の情報がさばかれている。

人は現在進行中のことを意識が知るべきかどうかを、ある程度は制御できる。私たちは、もし注意さえ向ければ、衣服を身につけていることや、椅子に座っていることを感じることができる。しかし、体を守る免疫が、今この瞬間も、ありふれたウイルスを退治しているという実感は持ちえない（免疫を補強するために体温を上げるなどの措置がとられるほど問題が深刻なときにだけ、私たちはそれを感じる）。血液が左の太腿を通過していくのも実感できない。

たとえば東洋の意識集中術を使うなどして、長年その分野の修養を積んだ人のうちには、血圧や体温など、生命維持に必要な身体機能をある程度まで意識的に制御できる人もいる。ビジュアリゼーションやバイオフィードバックといった西洋の技法も、近年、疾病の治療法として導入されており、希望の持てる結果を出している。患者は体の中の病巣や、バランスを崩した個所に注意を向けながら、肉体の持つ治癒機能をイメージし、そうすることで肉体の自己治癒能力を意識する。心と免疫力の関連性を研究する精神神経免疫学は、最近、医療研究の重要な分野となっている。

しかし、根本的には、無意識の肉体は意識の管理下にはない。私たちがそれを望もうが望むまいが、関係ない。肉体は、地球上の生命系との間で行なわれる生物学的な代謝の一部だ。そしてこの営みには、意識の力はおよばない。私たちは各自が地球上で果たしている役割を、肉体自体の持つ手段を通して変えることはできない。私たちは、一つの生命系の一部であり、あまりにその系に順応しているために、そこから逃れる自由はない。

中国の賢者、林語堂も言っている。「どれほど精神修養を積んだ者でも、食べ物のことを忘れていられるのは、せいぜい四、五時間がいいところだ[27]」

肉体は世界と相互作用を保つ状態にある。私たちは飲んだり食べたりするし、物質を自然のサイクルに送り返しもする。わずか五年のうちに、体中の原子が一つ残らず新しいものと入れ替わってしまう。大多数の原子はもっと頻繁に入れ替わっている。アイデンティティや体の構造、外見、そして意識は維持されるが、同じ原子がとどまることはない[28]。個の連続性という感覚は確かなものだが、そこに物質的な基盤はない。物質の連続性は、もっと大きなサイクルの中にしか見られない。

一九五五年、アメリカの物理学者リチャード・ファインマンは、それを次のように述べた。「脳の中にある原子は、次々に入れ替わっている。かつて脳にあった原子は、一つも残っていない。だとすれば、私たちのこの心とはいったい何だろうか。意識とともにある、これらの原子の正体は？　先週食べたジャガイモだ！　今頃はもう、あのジャガイモが私の一年前の心境を思い出せるのだ[29]」

記憶、〈私〉、人格、個性――それは円舞であり、繰り返しであり、世界を巡る渦だ。物質の流れの中の一パターンにすぎない。「いかなる肉体も、川の流れのようにたえず変化しており、肉体を構成する要素が途切れることなく入り込み、出ていっている」と、先見の明のあるドイツの哲学者ゴットフリート・ヴィルヘルム・ライプニッツが一七一四年に書いている[30]。

一七世紀の末、ライプニッツは数々の論文を書いて、数学、物理学、哲学の各界に貢献した。そうした論文に繰り返し現れるテーマは、彼の研究対象だった微小な差異の重要性で、これは、自然界におけるあらゆる変化は、流れるように起きているのであって、けっして唐突に起きたりしない、という持論に基づいている。ライプニッツは人間の心の研究にも興味を持っていた。デンマークの哲学者ハラルド・ヘフディングは次のように述べている。「ライプニッツは（数学や物理学でもそうしたように）、心理学において、微小の要素の重要性に注意を向けさせた最初の人物だ。……無意識の要素（彼はそれを『小さな知覚対象』と呼んでいた）を用いて、個と全宇宙との結びつきを説明している。個は、自身が意識しているよりも、ずっと深く全宇宙と結びついている[31]」と。

閾下知覚と無意識の心的活動は、人間と世界の絆が、意識の推測をはるかに超えるほど強いことを物語っている。ライプニッツはそれを知っていたし、心理学界も一九世紀終盤にはそれに気づいた。だが、二〇世紀に入ると、この絆はしだいに忘れ去られ、人間は意識によってのみ世界とつながっているのだと考えられるようになった。

しかし、今また風向きが変わりつつある。人は再び、自分が自ら知りうる以上の存在であることに気づき始めている。

科学者は科学の美しさに、しばしば驚きで心を満たされてきた。しかし、科学の出発点は、世界の背後に隠されている神の原理を解き明かそうという試みだった。ジュリアン・ジェインズが見てとったように、科学の起源は、〈二分心〉が崩壊していくさなかにアッシリアで始まった予兆の研究にある。古代ギリシアのピタゴラスは、数の世界に表された神の原理を突き止めたいがために、数学を研究した。近代科学の偉人たちの動機は、信仰に深く根差していることが多かった。ケプラーもしかり、ニュートンもしかり、アインシュタインもしかりだ。ジェインズは、こう書いている。「ガリレオは、数学を神の言葉と呼んだ[32]」

思考は意識されない。科学的思考もまた意識されない。しかし、意識の概念は、人類が自らの所産として誇るものすべてを包括する。もちろん、科学もそれに含まれる。

しかし、科学の研究において美がこれほど大きな役割を果たすのは、それほど不思議なことではないのかもしれない。なぜなら、そもそも考えているのは、意識ある〈私〉ではなく無意識の〈自分〉だからだ。〈私〉

にはすべてを説明することはできない。
そこで、第十章の終わりのやりとりを、こんなふうに続けることができる。
ボルツマン「これらの記号を書き記したのは神だったのか」
マクスウェル「いや、それは自分だ！」
神「そうとも、私が書いたのだ」

第四部　平静

第十三章　無の内側

「外側から撮影した地球の写真を眺めることができるようになれば……歴史に残る新しい概念がまた一つ生み出されるだろう」(1)とイギリスの天文学者フレッド・ホイルは書いた。一九四八年のことだった。

そのわずか二〇年後、世界中の人がそうした写真を見る機会を得た。一九六八年のクリスマスに、三人の男を乗せたアメリカの宇宙船アポロ八号が月を周回する軌道に乗り、月の地平線上に浮かぶ、このうえなく美しい地球の写真を送ってきた――ほかならぬ、この地球に。

人間はあまりに小さいので、写真に写っていたわけではないけれど、私たちは外側から自らを眺めた。初めてこの地球という惑星は、鏡に映る自分の姿を見たのだ。

それによって、私たちが抱いていた自己像が根本から覆された。人はそれまでも、天空に浮かぶ恒星や惑星を、その外側から眺めてきた。自分たちの惑星についても知ってはいたが、それはあくまで地表から見える範囲での知識だった。人間は天と地を区別していた。天について知っているのは、地上から知りうることだけだった。地球について知っているのは、この地上で知りうることに限られていた。

だが突然、地球は天体の一つとなった。

ガイア理論登場

宇宙開発計画は、超大国の国防上・産業上の利害に基づくもので、科学的興味が直接の動機ではなかった。ましてや地球環境に対する関心から始まったものではない。だが結果として、飛び立った後になって初めて、飛び立った場所を発見するという奇妙な事態になった。私たちは肩越しに振り返った。そして、美の深淵を見た。無限の中に浮かんでいる、えもいわれぬほど美しい淡青色の惑星。目を見張るような色彩。それは今まで見てきたどんな天体とも違う場所だった。

月の表面は、クレーターだらけの砂漠だ。月という死んだ岩の塊と、太陽系をあてもなく飛び回る隕石が衝突した、ふぞろいで乱雑な跡が残る、命のない球面だ。宇宙計画は、宇宙で地球に最も近い隣人である火星と金星が、同じように不毛でクレーターだらけの砂漠であることも教えてくれた。

天と地を比較できるようになると、宇宙には、人類の知るかぎり、地球とほんのわずかでも似ている場所などど一つもないことが明らかになった。私たちの惑星はきわめて特異なのだ。

なぜ特異なのだろうか、と科学者が考え始めたとき、人類の知るかぎり、地球とほんのわずかでも似ている場所など一つもないという事実には、理由があることがはっきりした。宇宙で地球以外に生命を育む場所を、私たちは一つとして知らないのだ。

地球が人間にとって宇宙で唯一無二の場所なのは、地球上に生命が存在するからにほかならない。といっても、生命の存在する場所が、宇宙にはほかにありえないというわけではない。ただ今のところ、まだ見つかっていないだけだ。

人類は外側から地球を眺めて衝撃を受けた。そして、鏡に映る自分の姿を初めて見たときに劣らぬほど強烈な自意識の高まりがそれに続いた。私たちが居住する場としての惑星環境に対する自覚と認識が、目覚ましい勢いで地球上に広がり、一九八〇年代の終わりには、人類共通のものになっていた。

先進工業国では、技術水準の高い生活に慣れている豊かな人々の認識が変わってきた。産業化以前の文明は地球上の生活環境に関する経験の宝庫であること、そして、その経験から科学文明は多くを学べることに、人々は少しずつ気づき始めた。アメリカでは毎年地球の日《アースデー》になると、著名な文化人がテレビのニュース番組に登場し、先住民の文化が永遠に消え去る前にそこからまだ学べるのは幸運なことだ、と主張するのが聞かれた。旧ソ連にしてもそうだ。抑圧されているシベリアの仏教やシャーマニズムの文化は貴重な知識を持っており、中央集権型の産業主義は、そこから自然について多くを学ぶことができるかもしれない、という認識が徐々に広まった。

科学と意識を至上とする文明社会に変化が起こり、じつは人類には、鏡に映る自分を眺めるようになる前の時代に、何か別の――ひょっとすると、もっと重要な――能力があったことに、人々は気づき始めた。これもすべて、鏡に映る自分の姿を眺めるようになった人類によって、この惑星が初めて外側から自分の姿を眺める機会を得たからだ。

宇宙飛行のおかげで、私たちは地球を一つの惑星として見られるようになった。一九六〇年代、NASAは、イギリスの大気化学者ジェームズ・ラヴロックをはじめとする多くの科学者に課題を与えた。その課題とは、宇宙探査機を火星に着陸させた後、火星に生命が存在するかどうかを調べるには、どうすればいいのか、だった。結論を出すのに数年かかったものの、ラヴロックの答えは単純だった。火星に生命が存在するかどうを調べるには、火星に行く必要はない、火星に生命が存在しないことは、地球からでもわかる、というのだ。火星に宇宙船を送る計画を推し進め、生命の有無の探査を大きな目標に掲げて資金調達を図っていた組織にしてみれば、これははなはだ都合の悪い答えだ。だがそれは、非常に重要な答えでもあった。なぜなら、それを逆手にとり、地球に生命が存在することを、火星から見てとれる、と主張できるからだ。

外側から眺めれば、地球に生命が存在することがはっきりとわかる。生命がなかった場合とは、大気の組成がまったく違う。たとえば、生命体がなかったら、大気中には遊離酸素など存在しなかったろう。遊離酸素があるということはまた、大気がとても澄んでいて透明であることを意味しており、そのおかげで、はるか彼方からでも地表が見える——青い海洋という姿をした地表が。青い海は大気の色を反射しているのであり、その大気を内側の地上から眺めると、青い空として目に映る。もし地球上に生命が存在しなかったら、空は青でなく黄色がかった色かピンクになるだろう。(2)

大気の組成、温度、海の塩分、陸地の岩石の侵食、雲の形成、太陽光線を反射する地表の能力など、地球上のじつに様々な要素を、生命体がいっしょになって調節している。そこでラヴロックは、アメリカの生物学者リン・マーギュリスとともに、〈ガイア理論〉を創案し、地球は一つの生命体である、と主張した。ガイアとは、古代ギリシア人が大地の女神に与えた名前だ。

ラヴロックとマーギュリスは、歯に衣着せぬ物言いをする類いの科学者であり、地球を一つの生命体として捉えるのはいきすぎではないかとする同輩学者たちを相手に、少しもひるむことなく科学的議論を戦わせている。二人が言うように、私たちが生きている環境のあらゆる面が、生命によって調節されているという事実を、受け入れていいのではないか。地球全体が一つの大きな生命体である、と言っていいのではないか。

私たちが食べるものはどれも、かつては生きていた(あるいは、まだ生きている場合もある)。食卓塩でさえ、生命活動によって海水の塩分濃度が調節された結果だ。私たちが吸っている空気も、すべて生命活動によってもたらされる。生命維持に必要な酸素は、植物の光合成の産物であり、植物は植物で、太陽光線からエネルギーを得ている。人間は、植物(あるいは植物を食べる他の動物)から得た化合物を、これもまた植物の営みから生まれる酸素と結合させる。植物性物質と植物の排出物(酸素)をこうして結合させることによって、エネルギーが取り出され、それによって人間はさらに多くの植物を育てたり、採集したりできる。

植物性物質と酸素が結合すると、二酸化炭素が放出される。その気体を植物が吸い込み、栄養分を得る。空

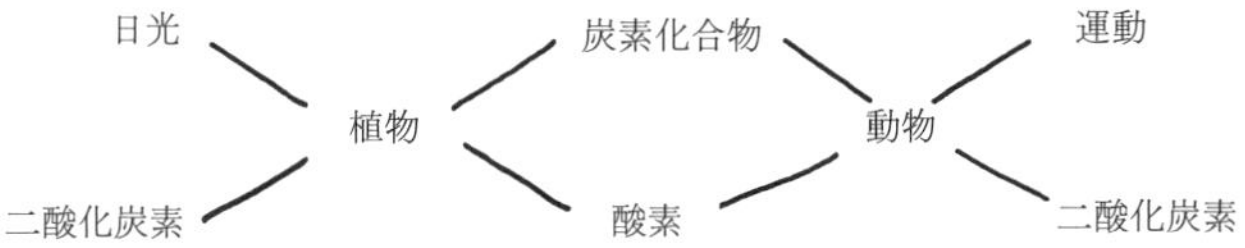

図45　植物相と動物相。一連のやりとりが、太陽エネルギーを運動に変換し、複雑なサイクルを継続させる

気は植物の食物なのだ。動物と植物は、一方の生物の排出物がもう一方の生物の食物となる循環の一部分を形成している（図45）。動物は植物を食べ、呼気の形で植物に食物を放出し、排泄物の形で肥料を提供する。動物にそれが可能なのは、酸素という植物の排出物を利用しているからだ。この二つの生命形態がいっしょになって、太陽エネルギーを利用するための効果的な協力関係を構成している。植物はその場を動かず、日光の助けで育つ。動物は走り回って植物性物質を集める。植物と動物の間で、一方が排出したものをもう一方が取り入れながら、果てしなく呼吸が続いていく。

人間をはじめとする動物は、この循環の中で明確で重大な役割を担っている。私たちは呼吸をしているからこそ、その役割を果たすことができる。私たちは、恒星からの放射に照らされた惑星上で物質の循環を必要とする巨大な生命体の一部であるという事実を、呼吸によって一瞬ごとに確かなものにしている。

ガイア理論の観点に立つと、人間の重要な役割は、呼吸をすること、そして、（それよりは少しゆっくりしたサイクルではあるものの）その呼吸に呼応して、固体物質を取り入れたり排出したりすることだ。呼吸はガイアへの架け橋であり、私たちが生命系の一部であることの証しなのだ。

細胞内共生と個体の意味

私たちは有機体、つまり〈自分〉として、この循環の中に根を下ろしている。呼吸や消化、性衝動、生存など、人の肉体に関して意識によって制御できない部分こそ、ガイアにとって最も重要だ。食物の獲得、生殖パートナーの選択、老廃物の排出など、意識的に制御している部分は、ガイアにとって最も重要な機能を支える活動だ。

意識と人間社会は、こうした活動が組織化され効果的に行なわれるようになったものだが、つねにその前提となっているのが、地球上の生命体から成る循環内で活動しなければならない、という制約だ。過去数百年間、意識の文化はこうした活動が極端なまでに発展するのを許してきたため、生きている惑星地球における循環に様々な問題を引き起こした。汚染や資源の枯渇、特定の種に対する優遇あるいは冷遇などによって、地球上の物質とエネルギーの重要な流れが変わってしまった。

人間の意識が誕生したせいで、この惑星の発達がまったく異なるものになった。それは、無意識の機能の範囲と性質が変わったからだ。だが同時にそれは、こうした活動のおかげで、人間が月から撮った写真を通して、ガイアが自分の姿を外側から眺められるようになったからでもある。(外側から撮った地球の写真を人間が見たからといって、当然ながら、ガイア全体が自分の姿を見たことにはならない、と反論する人もいるかもしれない。たしかにそうだ。だが、人間の場合も、耳は鏡に映る自分の姿を見ているわけではない。)

しかし、どんなに大きな変化が起こってきたにせよ、〈自分〉がより大きな生命体の一部であることに変わりはない。人間はこの惑星に根を下ろしている。〈私〉と〈自分〉の関係は、意識ある人間と地球の関係でもある。私たちが体の表面と感覚器官を通して受け取る情報量がどんなに膨大でも、それは、肉体内部の表面である肺や消化器官でたえず交換されている情報の膨大な流れと比べれば無に等しい。私たちは呼吸し、食べ、そうすることで膨大な量の物質とエネルギーと情報を、生命系としての地球と交換している(図46)。ガイアは私たちの体の中を、上から下まで貫いている。人間は、ガイアからあふれ出る物質の周囲を取り巻く渦のようなものだ。ガイアの中の渦にできた渦なのだ。

〈私〉は〈自分〉の中に根を下ろしている。〈自分〉はガイアの中に根を下ろしている。「私」は「自分」の中にある。「自分」はガイアの中にある。

現代生物学は、一九世紀に確立されたダーウィンの進化論に基づいている。その概念は単純だ。生命体はひとたび誕生すると、自然淘汰が起こるので発達する。うまく機能する個体は多くの子孫を残すので、その数が増大する。それゆえ、淘汰の過程は常時起きており、それが次々に進化につながっていく。

数十億年の進化の後に、人類のようなすばらしい存在がどうして出現しえたのかを直観的に理解するのは、昔から困難だった。人間の目のような驚くべき仕組みが、盲目的な進化の結果だと考えるのは難しい。

リン・マーギュリスは、ガイア理論の最大の提唱者ジェームズ・ラヴロックとともに、〈細胞内共生説〉と呼ばれる、ダーウィン理論の変形版を打ち出し、何年にもわたってそれを支持する議論を展開してきた。その基本概念は、人間のような生命体はそれ自身が、多くの異なる有機体による共生の結果である、というものだ。

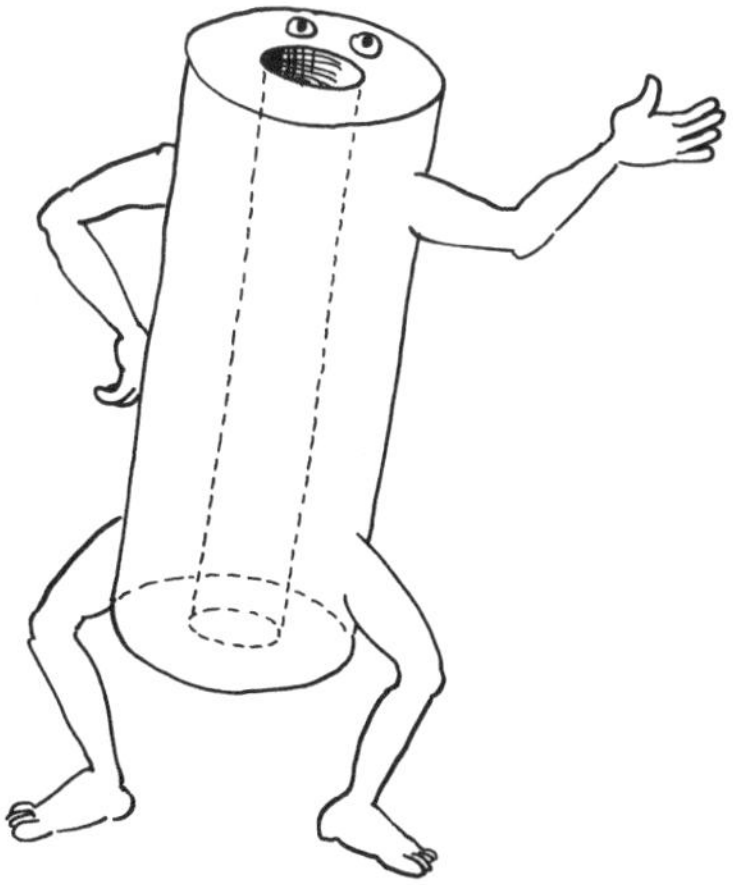

図46　内側の表面。唇から反対の端へと、物質がとぎれなく人間の中を流れている。膨大な量の情報が、この内側の表面を経てガイアと交換されている

多くの有機体が寄り集まって細胞を形成し、その細胞が私たちを形作っている、というのだ。

生命の進化の過程がまず行き着いたのが、自らの生存を確実にする特性を発達させた、バクテリアのような微生物だ。最初、バクテリアは仲間のバクテリアを食べようとしたり、その中に侵入しようとしたりした。だが、一つだけが戦いに勝つかわりに、共同作業をするようになった。そうした有機体は、互いに非常に強い影響を与え合ったので、やがて共生関係を発達させ、互いの存在がなければ生存することができなくなった。共生関係は自然界ではありふれた現象だが、マーギュリスの概念が特異なのは、

そのような関係が細胞の中に、つまり生命体自身の中に、存在しうるとしているからだ。このように、有機体は内部の共同作業から成り立っている。すなわち、〈細胞内共生〉だ。

この理論のすばらしさは、飛躍的な進化が起こりうる説明になっている点にある。互いから大きな利益を得られるような二つの特性、たとえば、運動能力と酸素を燃焼させる能力が、突然結合する。これによって劇的な向上が起こり、それが他の有機体の生育環境を変え、そのため他の有機体も変わらざるをえなくなる。そこでまた、共同作業が起こるかもしれない。

マーギュリスの理論は、一九六〇年代に発表されたときには物議を醸したが、その後、かなり受け入れられてきている。動物細胞の主要部分の一部は、かつては独立した生物だったことが、今日では立証されているからだ。それらの生物、すなわちバクテリアは、自分より大きなものの一部になることによって生き残ったのだ。これは、動物細胞内で酸素代謝を受け持つミトコンドリアや、植物細胞内で光合成を受け持つ色素体(葉緑体)など、生命維持に不可欠な構成要素にも当てはまる。これはつまり、動植物細胞の中で大きな循環を促進させている、まさにそうした部分が、もともと独立した微生物であり、それが共同作業という形態を選んだ、ということだ。

そこで、植物はバクテリアのための作業台と見なすことができる。バクテリアは葉の中の色素体になることによって、この作業台で持ち上げられ、光を浴びられる。また、動物はバクテリアを運ぶ熱タンクと見なすことができる。バクテリアは、このタンクで植物性の栄養物がある場所に運ばれて、その栄養物を空気中の酸素と結合させられる。

マーギュリスは人を挑発するのが好きで、よくこんなことを主張する――人類は「歩く微生物生態系」であり、ガイア理論の視点に立つと、人間の究極の使命は、植物用の二酸化炭素を生成する微生物数キログラムのために熱タンクの役割を果たすことだ。(3)

ガイア理論と細胞内共生の考え方を合わせると、入れ子細工になっているロシア人形が頭に浮かぶ。人体のどの細胞の内部でも、もともと独立していた微生物が共同作業をしている。この共同作業は歩く生態系を構成していて、その生態系自体もずっと大きな生態系の一部になっており、最終的には地球全体がそれに包含される。共同作業所の中に共同作業所がある。そして、唯一の問題は、境界線をどこに引くべきか、だ。個体とは何なのだろうか。

〈自分〉の内部で共同作業が行なわれ、〈自分〉は別の共同作業の一部であり、その中で共同作業をしている他のあらゆる種の動植物は、〈自分〉の内部で共同作業しているのと同じ微生物の構成要素から成っているのならば、〈自分〉が非常に異質で特別なものだと主張することに、何の意味があるのだろう。

さらに、もし私たちの原子がすべて五年以内に入れ替わり、肉体など、もっと大きな流れの中の一パターンにすぎないのなら、自己と、この地球という生命体の残りの部分とを、そこまで明確に区別することに、何の意味があるだろうか。全体を、内部共生の中で内部共生が行なわれ、そのまた中で内部共生が行なわれている複雑な系と見なすほうが、よほど意味があるのではないか。とはいえ、生命体がたえず入れ替わる原子から成っているにしても、特定の生命体の間に境界線を引くことに意味がないと言っているのではない。ただ、個体や生命体といった考え方が、生命の循環を考えるうえでの一つの見方にすぎないということを、強調しているのだ。

これは人間の心と類似していると指摘する人もいるかもしれない。人間の心も、多くの異なる人格の層や要素から成っていて、その層や要素は被験者となったとき、実験者の質問に誰が答えるべきかを、嬉嬉として議論するように思える。内部共生的〈私〉という仮説を打ち出すことも可能かもしれない。意識、つまりユーザーイリュージョンは、たんなる心的共生者、あるいは一つの視点にすぎず、それが一つの共同作業の支配権を握り、その作業には他者も含まれているのを認めることを拒否している、という仮説だ。

共生相手がいなければ、この内部共生的〈私〉は絶対に生存することはできないだろう。だが、意識を獲得する競争に「勝った」共生者が、他の共生者の言葉に耳を貸そうとしないのは良いことだ、とさえ言ってもさしつかえないだろう。もし私たちが空腹のときに、どこへ行くべきかを体内のバクテリア全員が投票で決めなければならないとしたら、私たちはまったく動くことができないかもしれない。

しかし、けっきょく、地球上の生命系は途方もなく大きな生命体であり、中に次々と小さな人形の入った入れ子式のロシア人形のような巨大なシステムから成っている。どこに境界線を引くかは、それほど重要ではない。人はえてして、やや偏狭な目で自らを眺めている、とは言えるかもしれないが。

人間は一つの生命体内部の共生者であり、その生命体の外側の膜組織が、私たちの頭上に広がる青空であると考えてよかろう。

地球への彗星衝突と太陽の恩恵

地球を一つの生命体だと言うのは、馬鹿げているように思えるかもしれない。なんといっても私たちの惑星の大部分は、地表のはるか下にある死んだ岩からできているのだから。この反論に対してジェームズ・ラヴロックは、巨木も、実際に生きているのはその表面だけではないか、という比喩で応じる。

だが、地球は太陽系の残りの部分と結びついているという、近年現れた考えに基づいて、別の答えを思い浮かべることもできる。

地球という惑星は、二つの異なる時期に形成された二つの異なる層からできている。一方は地球の大部分を成しており、太陽系が四六億年前に生まれたときに形成された。銀河の星々の間にある物質の巨大な雲が収縮し、一つの恒星とそれを取り巻く物質の円盤を作り、その円盤が後に惑星になったのだ。地球の外側の層、とりわけ海洋は、その後にできた。太陽系が二層に分かれていたからだ。地球が位置している太陽系の内側の層では、新しく生まれた太陽の熱で揮発性物質が蒸発したため、おもに重い元素が残った。太陽系の外側の層では、揮発性の高い物質が集まって木星や土星のような大きな惑星を形作ることができた。そして、さらに外側は、彗星の天下だった。彗星は、巨大な雪球だ。軽い揮発性物質が、母星とは遠く離れた場所で凍りついて生まれた。彗星は太陽系の漂泊者だ。その数は途方もなく、一部は太陽系の内側へ移動し、そこで、重い物質の小さな集塊によって形成されている惑星に衝突する。

　そうした彗星の衝突で、地球の外側の軽い層が形成されたのであり、その最たるものが海洋である、という証拠は多々ある。これは、太陽系がずっと若かった三五億年から四五億年前にかけて、彗星が雨あられと降り注いだときのことだ[4]。後に生命体の基礎を作った最も重要な有機物質も、どうやらこうした彗星衝突にもとをたどれるらしい[5]。

　この考え[6]方に従えば、地球の外側の層に住む生き物は、宇宙の深奥を源としていることになる。太陽系の歴史は、次のような過程から成る。まず、重い惑星が内側の領域で形成されたが、そこでは揮発性物質は凝縮できなかった。その後、凍った揮発性物質の塊が重い惑星の上に落ちて解けたものの、岩だらけの惑星の重力によってそこにとどまった。蒸発しては降水を繰り返すという微妙なバランスが、惑星の一つ、つまり地球の上ででき上がったが、その他の惑星は水分をとどめおけなかった。解けた彗星の生んだ揮発性の層を、地球が手放さずにすんだ決定的な理由は、生命体の出現だった。生命体が、水分保持のカギとなる天候状態を調節し、一定に保ったのだ。

　地球のような惑星は、このように彗星が解けて生命体となる場所だ。この背景を考えると、地球は生きている、と言うのはそれほど的外れではない。生きているのは地球全体でなく、そのうちでも比較的新しい、外側の層だけかもしれない。だが、その外側の層が、私たちの生活条件のいっさいを構成している。土や空気、火、水など、日常生活でおなじみのものすべてを形作っている。

日常生活でなじみ深いものはどれも、彗星を料理した成分からできている。私たち自身も、言わば彗星を具にした料理なのだ。

重い物質からなる初期の地球は、太陽系の遠い隅々からやって来た彗星を捕まえた。それが水と土と空気の層を形成し、生命を帯びた。このような形でガイア理論を考えると、地球は生命を帯びた、と言える。

生命の特徴は、秩序を持っていることだ。原子とエネルギーの巨大な流れの中で、一つの形が生まれ、すべての原子はたえず入れ替わるものの、そのアイデンティティは維持される。流動的な流れの中で安定した形態が次々と生まれる。時がたつうちに、こうした形態はどんどん育ち、やがて死を迎え、姿を消す。原子が好き勝手な方向に去ってしまい、新しい原子に置き換わらなくなるからだ。

熱力学の第二法則に支配されているこの世界で、どうしてこんなことが可能なのだろうか。なにしろ、この法則に従えば、秩序ではなく無秩序が増大し続けるはずなのだから。それが可能なのは、宇宙が膨張しているからだ。ところが、奇妙なことに、この膨張は、無秩序が増す理由にもなっている。

生命体は開かれた系であり、エネルギーと物質を周囲と交換している。つまり厳密に言えば、無秩序は必ずしも生命体の内側で増す必要はない。生命体とその環境の中の無秩序が全体として増していれば、熱力学にはいっこうにさしつかえがないのだ。

赤ん坊がバナナを食べ、それを大便に変えるときには、スプーンの中よりもおむつの中に多くの無秩序がある。無秩序の最終的な増加は、赤ん坊の周囲で起こる。赤ん坊は自分の周囲に、一部は排泄物の形で、一部は熱として、無秩序を生む。赤ん坊がたえず栄養物を必要とするのは秩序を体内で生み出すためだが、その一方で、周囲には無秩序が生み出される。

だが、ほかの生命体も、赤ん坊と同じ環境の中で生きなければならない。そうした生命体も、放出するよりも多くの秩序を取り込まなければならないというのに、どうしてそれが可能なのか。あるいは、こう尋ねてもいい。おびただしい数の生命体が惑星上を這い回り、食べ、排泄し、呼吸をしているのに、生命を帯びた惑星と見なされている地球が、全体として、どうやってこの生存の法則を遵守しうるのか。

地球は、取り込むよりも多くの無秩序を放出しなければならない。さもなければ、地球上に生命は存在できない。そして、これこそ、地球がしていることだ。

太陽光線は非常に整然とした放射から成り、その放射が地球に届いて、生命体の内部で組織を作るのに役立つ。そして、こうした生命体は、物質の閉鎖回路の中で互いを食べ合い、それが熱を生み、その熱が環境へ伝わる。最終的には、その熱はマイクロ波の形で地球から放射される。

地球が受け取るエネルギーと放出するエネルギーを調べると、その量に差はない。地球はしだいに温かくなっているわけではない。熱放射の形で地球から送り出されるマイクロ波の中には、地球が受け取る太陽光線の中と同量のエネルギーがある。地球のエネルギー収支はバランスが取れている。帳尻は合っている。地球は周囲からエネルギーをまったく奪っていない。もっと正確に言えば、奪ったのと同量のエネルギーが、宇宙空間に再び放出されている。だが、決定的な違いが一つある。太陽光線の波長は、地球から放出されるマイクロ波の波長よりも短い。波長とは、電磁放射の山間《ピーク》の距離を表している。光が短波であるのに対し、マイクロ波は長波だ。

地球は一定量のエネルギーを短波である光の形態で受け取っているが、同量のエネルギーを長波であるマイクロ波の形で返している。その違いは劇的だ。同量のエネルギーといっても、光の形態のときとマイクロ波の形態のときでは、大きな差があるからだ。量子力学によると、すべての放射エネルギーは量子の形態をとる。量子とは、それぞれの波長の放射の、言わば最低通貨単位を構成している微小な塊だ。だが、そこには違いがある。光の場合の量子はマイクロ波の場合の量子よりも、一つ一つが多くのエネルギーを含んでいる。だから同量のエネルギーであっても、光として存在するときよりマイクロ波として存在するときのほうが、量子の数

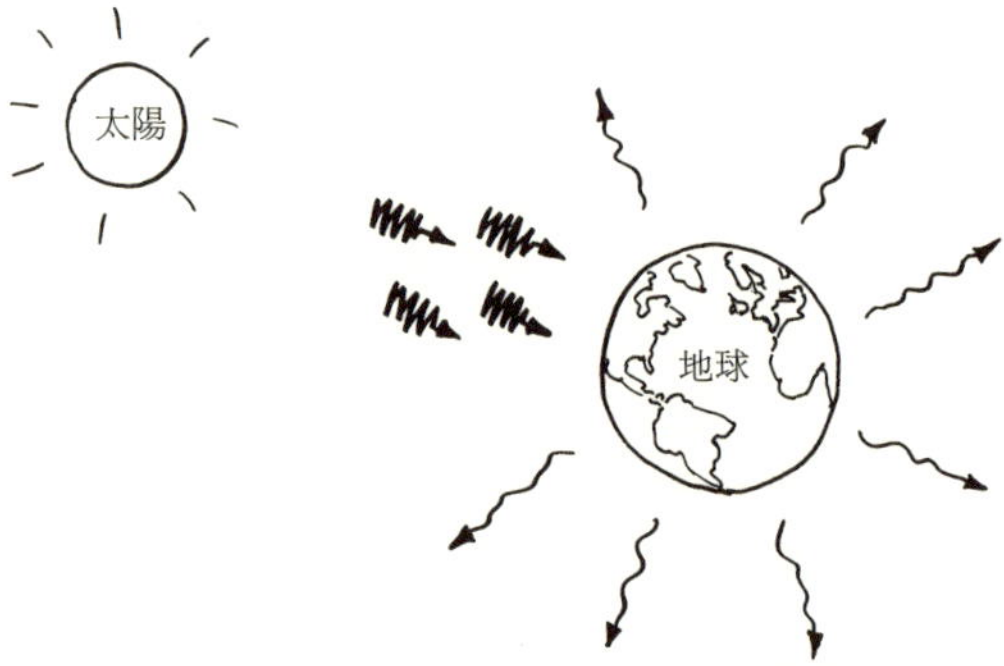

図47　地球のエントロピー収支。地球は、非常に整然とした太陽光線を受け取り、雑然とした熱放射を送り出している。二つの放射形態のエネルギー量は同じだが、熱放射の中にはより多くのエントロピーがある

がはるかに多くなる。

したがって、地球は太陽から受け取るよりも多くの量子を放出している。「大きな塊」の形で受け取ったのと同量のエネルギーを、「小さな塊」の形で送り出しているからだ。

より多くの量子が地球から放射されるなら、それは無秩序が多くなることを意味する。同量のエネルギーを記述するにしても、光の形態よりもマイクロ波の形態のほうが難しい。把握しておかねばならない量子が増し、ばらつきも大きくなり、記述しうる方法もふえるからだ[7]。

というわけで、地球は無秩序、つまりエントロピーの輸出超過になっている。地球は、受け取るよりも多くの無秩序を送り出している（図47）。

ガイア理論によると、もし地球が生きていなければ、気温は今日よりも数百度高くなっているはずだそうだ[8]。もし気温がそれだけ高ければ、太陽からのエネルギーを宇宙に再輸出する放射は、生命が存在する今日よりも、ほんの少し熱い物体から起こることになり、したがって、今日よりも太陽からの光線に近いものになるだろう。地球からの放射は、ほんの少し波長が短くなるはずだ。けっきょくこれは、地球から送り出される量子の数の減少を意味し、無秩序の輸出も少しへるわけだ。

生命が地球の気温を制御し、地球が不毛だった場合よりも少し低く抑えてきたので、その分だけ多くの無秩序が輸出されていることになる。この差異があるからこそ、地球上で秩序が生み出されうるのだ。

地球からのエネルギー放射を記述するのは、地球に到達するエネルギーを記述するよりも難しい。把握すべき量子の数が多いからだ。無秩序の度合いが高いということは、より多くの情報を伝達しうることを意味する。つまり、地球は膨大な量の情報を捨てているのだ。地球は秩序を受け取り、それを熱に変換し、情報の処分という形で再び放射する。こうやって情報を捨てているおかげで、複雑さが生命の形で地球上に現れることも可能になる。

赤ん坊に当てはまるのと同じことが、地球にも当てはまる。外に出ていくものより、中に入ってくるものを記述するほうがやさしい。

宇宙に情報を捨てられる理由

だが、これらすべての情報を、地球から送り出されたすべての混沌を、宇宙空間はどうして内包できるのだろうか。宇宙は膨張している、というのがその答えだ。宇宙はつねに大きくなっている。ますます多くの空間が現れ、そのおかげで、あらゆるものがたえず冷却されている。

宇宙では二種類のプロセスが起きている。膨張と収縮だ。宇宙全体は劇的に膨張している。誕生してから一五〇億年間、膨張し続けている。つまり、物質間の空間は広がるばかりだ。銀河と銀河の隔たりは、ますます大きくなりつつあるのだ。その一方で、宇宙の中では局所的に、膨大な量の物質が重力によって収縮し、恒星が形作られている。物質はこのように圧搾されると発熱し、光を放ち始め、エネルギーを宇宙空間に送り出す。

宇宙は膨張しているのだから、概して暗く冷たい。そして、ますます暗く、冷たくなっている。恒星は光を暗闇に送り出し、光はそこに吸い込まれて姿を消す。

だがその途中で、光は小さな惑星にぶつかることもある。その惑星はすでにいくつも彗星を捕獲しており、その彗星が解けて惑星に生命を帯びさせている。宇宙が膨張しているからこそ、その惑星の生命は、増大する無秩序、つまり生命が捨て去る情報を、処分できる。

夜、頭上の天空を見上げると、広大な暗闇に輝く恒星が点在している。しかし、昼間、空を仰ぐと、恒星はたった一つしか見えない。その星はとても近くにあるので、ほかの恒星はその輝きに隠されてしまう。地球は太陽という一つの恒星から光を受け取っているが、自分のマイクロ波を四方八方に放出している。太陽からの高度に秩序化されたシグナルは、分散されて無秩序のノイズになり、あらゆる方向に放出される。

宇宙の膨張は、エントロピーの増大を意味する。一般に、あらゆるものはつねにお互いとの距離を増していく。隔たりは大きくなり、より多くの空間が出現しているが、そこに存在する物質の量がふえることはない。すべてのものは無によって希釈されている。ますます自由の度合いが大きくなる。物事は記述するのが難しくなっていく。だが、宇宙の膨張は、局所的な秩序の蓄積が可能であることも意味している。恒星が出現し、何の問題もなく光を捨て、輝きを見せることができる。星が輝きを送る空間は多くある。だから、周囲より温かい惑星が現れ、自分のエネルギーを外へと送り出すことができる。

全宇宙のエントロピーが増大し、しかも局所的には減少して命ある世界に収束することを、宇宙の膨張は一挙に可能にする。あらゆる情報を捨てられる場所が、どこかそこにあるのだ。

「大局的には無である。局所的には非常に活性化している」[9]アメリカの宇宙論学者ジェームズ・ピーブルズは一九七九年、宇宙の大規模構造を調査した結果を説明するように求められて、そう述べた。大局的には、宇宙の物質と放射は一様に分布していて、構造も方向もない。だが、局所的には数多くの銀河があり、そこには恒星が点在し、恒星の周りの軌道を惑星が回り、そしてその惑星には——少なくとも、そのうちの一つの惑星には——すばらしい小さな生物が住みついていて、その生物は星の光の中であちこち動き回っている。

大局的には、宇宙は物質から成る、むらのないスープであり、つねに膨張している。何もかも似通っているが、たえず無が増している。すべては均等に分布していて、無によって果てしなく希釈されている。だが、局所的には構造がある。局所的には差異があり、そうした差異は消えることがない。たんに希釈されるだけだ。そして、希釈されていく一方で、複雑性が出現しうる。

複雑性が出現しうるのは、宇宙が希釈されているからだ。希釈のおかげで、細胞壁や皮膚、青空などの境界に包まれた局所的まとまりから、情報を捨て、無秩序を放出するのが可能になる。こうした境界の内側、つまり生命体を取り囲んでいる膜組織の内側で、秩序が出現する。この秩序は、大量の情報を含んではいない。途方もない量の情報が、細胞壁や皮膚、青空といった膜組織で仕切られた領域を通り過ぎていった結果、こうした秩序が生じたのだ。

宇宙が膨張しているので、膜組織の内側で複雑さが増大することができる。宇宙が膨張しているので、周囲と生命体を隔てている膜組織を通して差異があふれ出ることができるし、膜組織の内側に秩序を生むことができる。この局所的な秩序は、宇宙の膨張によって全体としてはさらに多くの無秩序、さらに多くの自由度が生まれていることと矛盾しているように思える。

だが、そこには何の矛盾もない。大局的には、無秩序は増大しているし、まさにそのおかげで、無秩序を放出することを通して局所的に秩序が誕生しうる。宇宙の膨張は、このように無秩序を送り出す余地の存在を意味する。

宇宙が大局的には無であるので、局所的には活動が起こりうる。その活動によって、私たちが生命体としてよく知っているものすべてが生まれる。そして、そうした生命体がつねに内部の無秩序、つまり情報を、放出しているので、局所的には意識が誕生することができる。この意識自体、膨大な情報を捨て去り、無秩序を劇的に放出した結果だ。すべてがたえず無によって希釈されているので、私たちは無をすべてとして経験することができる。

宇宙は〈無〉から始まった

宇宙の膨張は一五〇億年前に、ビッグバンとともに始まった。今日でも、天空の銀河が分散していく様子を見れば、その膨張が観測できる。遠くにある古い星の集まりは、近くにあるもっと新しい星の集まりよりも速く私たちから遠ざかっている。遠いものほど、高速で後退しているのだ。

これは〈ハッブルの膨張〉と呼ばれる現象で、一九二〇年代末に、アメリカの天文学者エドウィン・ハッブルによって発見された。すべてが私たちから遠ざかっているというのではなく、宇宙のどこを観測点としても、他のすべてが自分から遠ざかっているのが見える、という現象だ。ふくらんでいく風船の表面にいるアリたちが、互いにどう見えるか、というのによく似ている。どのアリも、ほかのアリがみんな自分から遠ざかっているのだ、と思うことだろう。だが、風船がふくらんでいるのでこのように見えることに気づくアリはいないかもしれない。

今日ビッグバン理論は、宇宙を全体として考える科学である宇宙論において、主流の見方だ。ハッブルが発見した膨張から逆算すると、膨張が始まったのは、一〇〇億年前から二〇〇億年前の間だと結論づけられる。宇宙の最古の星団はおよそ一二〇億歳なので、膨張が起こったのは少なくともそのぐらい昔にちがいない。だから、一五〇億年前というのは、妥当な数字だろう。

この一五〇億年間に起きたことを、天文学者と宇宙論学者は、しだいにはっきりとイメージするようになってきている（このジグソーパズルを完成するのは難しいことではあるが）[10]。宇宙を満たしている放射の中に、いまだに名残が見られるような、物質が一様に分布していた状態から、銀河という銀河が現れ、そこから無数の星の群れや太陽系が形成された。物質の均等な分布が、どのようにして、今日、物質に見られる乱雑さに至ったのか、私たちにはわからない。たとえば、私たちはなぜ暗闇の中に、物質の薄い雲でなく恒星があるのか、わかっていない。だがこれは、いずれにしても、いちばん重要な疑問ではないのかもしれない。

最も切実な疑問は、膨張が始まったとき、すべてがどのように始まったか、だ。膨張はあらゆるものが無に希釈されることから成る。もし時間をさかのぼれば、すべては依然としてそこにあるものの、無はより少なくなる。さかのぼるにつれて距離は縮まり、世界は小さくなっていく。物質は存在するものの、空間はより小さくなっていく。

はるか一五〇億年前にさかのぼれば、空間はほとんどなくなるものの、物質と放射はたっぷりあった。密度は時刻ゼロに向かって桁違いに大きくなっていく。宇宙論学者は、宇宙が誕生した数秒後にまでさかのぼった宇宙を、見事に記述してきた。それどころか、今では、宇宙の歴史が始まった直後の、一秒にも満たない時点まで、いや、〈プランク時間〉と呼ばれている時間まで、さかのぼってわかっている。〈プランク時間〉は、ドイツの物理学者マックス・プランクにちなんで名づけられた。彼は、一九〇〇年に量子を発見し、まったく新しい物理学の領域を切り開いた。それが後の量子力学で、原子や他の粒子を記述する学問だ。

〈プランク時間〉は、すべてが始まった後の

0.0000000000000000000000000000000000000000001 秒（10^{-43}秒）

間にあたる。私たちが今日観測できる宇宙全体は、そのとき、無によってほとんど希釈されていなかった。すべては非常に密度が高かった。実際には、すべては一つだった、と言ってもいい。だが、ごく小さな空間を占めていた。今日の宇宙に対応するその空間は、直径一〇〇分の一センチよりも小さかった。

宇宙を記述しようとしても、〈プランク時間〉までさかのぼると、私たちの通常の概念がすべて壊れてしまう。そこでは、時間と空間と物質を分けて語ることはできない。すべてのものが、量子的なゆらぎという特徴を示す。このゆらぎは、量子力学がこの世界の特徴と見なす不確定性の根本的性質と結びついている。〈プランク時間〉では、時間と空間はたえず入れ替わっている。今日の宇宙で通用する方法で、時間と空間を区別することはできない。

実際、そのような世界では、物理学の法則は機能しない。私たちは、今日知っている自然法則を適用することはできない。多くの天文学者は、宇宙の歴史を〈プランク時間〉までさかのぼるだけで満足している。「こうした物理的状態はあまりにも極端なので、〈プランク時間〉を宇宙誕生の瞬間と見なすのは、適切そのものに思える」[11]アメリカの天文学者ジョゼフ・シルクは、宇宙論についての定評ある教科書の中でそう書いている。だが、すべての宇宙論学者が満足したわけではない。当然ながら、真の疑問は、宇宙誕生の瞬間に何が起きたかであって、その直後に何が起きたかではないからだ。万物の始まりを見つけるために頭の中で一五〇億年も時間をさかのぼる旅をしておきながら、すべてが始まる直前でその旅を中断するのは、とうてい納得がいかないというものだ。

「私たちはアルバカーキから車で来る間、それについて話し合った」とジョン・ホイーラーは語った。「だが、私たちが唯一見出すことのできる答えは、ブラックホールだった」一九九〇年四月一六日月曜日、キャニオン・ロード一一二〇番地にあるサンタフェ研究所の瀟洒な建物の講堂では、「複雑性、エントロピー、そして、情報の物理学」と題するセミナーが始まったばかりで、その道の権威たちがその週の討論に向けて、疑問点を活発に発表していた。

ホイーラーは、ニューメキシコ州最大の都市アルバカーキの空港から、美しい山の街サンタフェまで車を走らせてきた。知ったふうな口をきく人は、この街をスペイン語で「空想する」という単語に引っ掛けて「ファンタセ」と呼ぶ。住人のほとんどが、アート・ギャラリーやクリスタル・ヒーリング、原子爆弾の製造にかかわっているからだ。観光地として、先住民の様式にならった建物の並ぶサンタフェは、比類のない高原の風景に囲まれた、芸術と霊性の一大中心地だ。そこには壮大な美しさがある。その美しさにひかれたJ・ロバート・オッペンハイマーが、第二次大戦中、ロスアラモスと呼ばれる近くのひなびた町を選び、そこに設立された研究所で、俗世から自らを隔離した何百人もの世界に名だたる物理学者たちが、極秘に原子爆弾を作ることになった。以後ロスアラモスは、アメリカの核兵器研究の——そして、科学全般の——重要拠点となっている。

サンタフェ研究所は、複雑性の学際的研究を行なう世界的中心地の一つだ。現在アルバカーキで働いている元教え子たちと車に乗っている間、ホイーラーはとても単純な質問をした。ホイーラーの質問はこうだ。「熱を測る温度計を作れるなら、無秩序を計るエントロピー計をなぜ作れないのか」

ある物理系のエントロピー量を明確に示すことのできる器具を、なぜ私たちは設計できないのだろうか。最初の答えは、エントロピーとは、観察者のミクロ状態とマクロ状態を定義することが、つねに要求される量であるから、というものだ。エントロピーについて述べるには、まず系の外側にいる観察者に言及しなければならない。観察者の能力を知って初めて、系の中に存在するエネルギーのどれだけが、何の目的にも使われえないと言うことができるからだ。観察者の記述の粗さを——そしてそれによって観察者の能力を——知っているときにだけ、その観察者が系から何を取り出しうるかを言うことができる。つまりエントロピーは、情報とちょうど同じように、私たちの分析がどれほど粗いかを明確に述べられるときだけ——釣りに持っていく網の粗さを知っているときだけ——定義される。

したがって、ある系の無秩序の度合い、つまりエントロピーを計るエントロピー計を作ることはできない。

唯一の例外は、ブラックホールだ。

ブラックホールは、重力理論と相対性理論のじつに興味深い帰結であり、アインシュタインの弟子であるジョン・ホイーラーはそれらの理論の第一人者だ。事実、一九六八年にこの特異な現象を〈ブラックホール〉と名づけたのが、このホイーラーだった。ブラックホールは、重力があまりにも強いために何一つそこから脱出することのできない、宇宙の領域だ。すべての物質は、強力な重力場によってそこに取りこめられている。光にしても同じだ。ブラックホールから脱出するためには、光速よりも速く移動しなければならないが、それができるものなど何もない。つまり、ブラックホールは、内部への一方通行しか許さない膜組織によって囲まれているのだ。

そうしたブラックホールは、恒星の一生の最終段階として出現することがある。そのときには星を存続させる放射エネルギーはもうなくなり、恒星は自身の重力の持つ巨大な力で崩壊するのみだ。ブラックホールは、若い銀河の中心で多くの恒星が集まって生み出されることもある。

一九六〇年代には、ブラックホールは理論のうえで研究されているだけだったが、七〇年代になって、実際に宇宙に存在することが明らかになった。今日では、ブラックホールは多くの宇宙現象で非常に大きな役割を担っていると考えることができる。

しかしある意味では、ブラックホールは、何からできているかはまったく問題にならない。ただ黒いだけだ。ブラックホールについては、内部にどれだけの質量があるかだけしかわからない。ほかのことはすべて、外側にいる者にはまったく知りようがない。そこに残っているものは、重力場だけだ。それ以外はもはや存在しない。忘却の彼方へ消えてしまっている。

ブラックホールの内部にあるものは、ある意味では私たちの宇宙の外側にある。こちら側の私たちには到達できない。

ブラックホールを包む膜組織の表面は、そこからはもう引き返すことができないという境界になっている。いったんその中に入ったら、二度と出てこられない。したがって、ブラックホールの表面領域は、増大するのみだ。新たに物質を吸い込むことはできるが、何一つ放出することはないからだ。質量が大きくなればなるほど、膜組織の表面積は大きくなる。しかも、質量はつねに増大している。

つまり、ブラックホールの表面領域もまた増大する一方で、減少することはありえない。二つのブラックホールが合体して互いを吸収したら、その表面積はもとの二つの表面積を足したもの以上になる。この法則は、ロジャー・ペンローズ（とR・M・フロイド、スティーヴン・ホーキングら）によって発見された。

一九七〇年、プリンストン大学でのホイーラーの教え子ジェイコブ・ベケンシュタインが驚くべき発言をした。たえず増大するブラックホールの表面は、物理学のまったく異なる分野で扱われている別の物理量と似ている、というのだ。それは、やはり増大するのみでけっして減少することのないもの、すなわちエントロピーだった。

ベケンシュタインはブラックホールと熱力学の類似性を探求することにし、ブラックホールにはエントロピーがあるという、画期的な結論に達した。[12] ブラックホールのエントロピーは、それを囲んでいる一方通行の膜組織の表面積という形で単純明快に表わせる。ブラックホールが大きくなればなるほど、エントロピーは増大する。そして増大することしかできない。

ブラックホールが何でできているか知ることができないという事実が、まさにその説明になっている。膨大な量の物質が崩壊してしまったので、私たちにはそれらの物質を見ることができず、わかるのは、重力場があることだけだ。何がブラックホールを形成したかについての知識は失われてしまっている。その中に何があろうとも、それについて知ることができるのは、それがそこにあり、重力場を生み出しているという事実だけだ。外側からは、中に何があるかは問題にならない。外側の世界はその情報をすっかり失っている。

どんなミクロ状態がブラックホールになろうと、すべては同じマクロ状態、すなわち重力場の形で表される。ブラックホールが表しているのは、外側の世界からは知りようのない大量の情報、隠された歴史だ。「私たちは二〇世紀になって、エントロピーとは利用できない情報を表すものであることに気づくようになった」[13] ジョン・ホイーラーは、重力と時空間に関して今日わかっていることを詩的に概観するなかで、そう書いている。物理学者がこうした理解に至ったのは、ベケンシュタインの発想を基礎とするブラックホールの理論的研究に負うところが大きい。

ブラックホールのエントロピーは、その大きさによって表される。だが、大きさというものは純粋に幾何学的な属性であり、空間の構造にかかわる。空間にかかわるものが、蒸気機関を作るための法則に関する学問である熱力学から得られる属性を持っているのだから、驚嘆に値する。

さらにおもしろいことに、ブラックホールが持っているエントロピーは、明確に定義される。それを定義するために、誰がエントロピーについて尋ねているかを尋ねる必要はない。観察者のきめの粗さを尋ねる必要はない。理由は単純だ。ブラックホールの外側にいる観察者はすべて、まったく対等の立場にあるからだ。自分が中に入らないかぎり、ブラックホールの中に何があるかは誰も知ることができない。したがって、ブラックホールは、外側から観察する者なら誰にとっても、明確に定義されたエントロピーを持っている。どのようにブラックホールを調査しようとも、その中に失われた知識の量は等しい。

歴史を振り返ると、ベケンシュタインの発想は、ブラックホールは温度も持っているという、重要な結論につながった。温度があるというのは、量子力学の過程を通して、実際に周囲に放射することができるということを意味する。だが、スティーヴン・ホーキングによって発見されたこの放射は、ブラックホールを創り出したものとはまったく関係がない。ホールの表面にだけ依存している。歴史は忘れられたままであり、情報が失われてしまっていることに変わりはない。

ベケンシュタインの着想で最も重要なのは、それが最初のエントロピー計に行き着いた点だ。このシステムにより、エントロピーを明確に定義し、「ここでどれほどの情報が失われたか」と尋ねることが初めて可能になった。

たとえば、宇宙の始まりである〈プランク時間〉までさかのぼり、現在の宇宙に匹敵する質量を持つブラックホールを取り上げて、「そのとき宇宙はどれほどのエントロピーを持っていたのか。そうした宇宙の中には、どのぐらいの情報があるのか」と問うことができる。これは、この若い宇宙は何通りの方法で形成されえたか、と尋ねるのに等しい。どのぐらい多くのミクロ状態が、生まれたばかりの宇宙として記述されるマクロ状態に呼応しているのだろうか。

今日、宇宙は非常に大きな情報内容、非常に大きなエントロピーを持っている。私たちは宇宙のエントロピーを、宇宙を満たしている〈暗黒背景放射〉――むらなく行き渡ったビッグバンの名残――のエントロピーとして計算している。

現在の宇宙には非常に多くのエントロピーがある。宇宙を余すところなく記述するには、途方もない量の情報が必要とされる。なんといっても、熱力学の第二法則が一五〇億年にわたって適用されてきたのだ。生み出された混沌は途方もない量であり、計算にあたっては、それをすべて考慮に入れなければならない。

今日の宇宙のエントロピーを記述する整数、つまり宇宙のビット数は、1の後ろに0が八八個ついた数（10^{88}）で表される。全宇宙を一つのブラックホールに圧縮すると、エントロピーは幾分大きくなる。ビット数は1の後ろに0が一二〇個つく数（10^{120}）で表される。だが、〈プランク時間〉のエントロピーはどのぐらいの大きさだったのだろうか。

この疑問は、一九八〇年代の終わりに提起された。[14] 答えは衝撃的だった。〈プランク時間〉には、熱力学の第二法則に従ってエントロピーが生成され始めたばかりであることを念頭に置いたとしても、だ（エントロピーを記述するのに、情報が必要となる）。もしこの生まれたばかりの宇宙をブラックホールと見なすなら、そのエントロピー、すなわちそこに隠れた情報量は、一ビットに等しい。

この世界は、たった一ビットを使って記述しうるものから始まった。一ビットこそ、世界が持っていた唯一の隠された情報だ。残りの無秩序は、後から現れた。

原理上、天文学者はなんとか最初の一ビットまでさかのぼって宇宙を記述できるが、それより先へは進めない。そこで諸法則が崩れるのだ。

一ビットは、ある質問に対してイエスかノーか答えるのに十分な情報だ。だが質問を発するには十分ではない。

その質問とは何だったのだろう。

一九七三年、アメリカの物理学者エドワード・トライオンは、特異なアイデアを打ち出した。〈プランク時間〉に存在していたもののような微小な初期宇宙は無から生まれたかもしれない、というのだ。量子力学の法則の不確定性原理によると、ほんの一瞬だけなら微小なものが無から生まれることが、じつは許される、というのがその説明になる。生まれたものは、小さければ小さいほど長く存在することができる。

トライオンは、宇宙のすべてのもの――物質、エネルギー、重力、膨張率、そして中間の計算のいっさい――を足すと、実際には合計がゼロになるだろう、と指摘した。宇宙にある正と負のエネルギー量は等しい。物質の中にも、膨張によって引き起こされた物質の運動にも、等しいエネルギーが含まれている。あくまで厳密に言えば、万象の総和は無である。[15] これは、いくつかの理論的仮説を前提としたものだが、一九七三年以降、それらの仮説は着々と裏づけを得ている。

だが、すべてを足すと完全なゼロになるなら、量子力学の法則から興味深い帰結が導き出される。量子力学によると、無――からっぽの空間――はときとして分裂し、ほんの一瞬、何かになるからだ。この何かは、小さければ小さいほど長く存在することを許される。ゼロは好きなだけ存在することを許される。したがって、宇宙がゼロならば、永遠に存在できるのだ。

トライオンの発想は、無はときとしてゆらぎのせいで、完全な宇宙になる、というものだった。きわめて微小な宇宙ではあるが、それが急速に膨張する。厳密に言うと、この宇宙は全体としてはゼロにすぎない。だが、宇宙が永遠に存在するのなら、それがどうだというのだろう。

その後、宇宙論学者アレグザンダー・ヴィレンキンが、宇宙は無から生まれた、というトライオンの理論を洗練した。そして今日、この理論は、ごく真剣に受け入れられている。量子力学から重力理論をどうやって導き出しうるかについての研究も、過去数年間、すべては完全なゼロであるという考え方に焦点を合わせている。[16]

このように、トライオンの考えを真剣に受け入れる素地はできている。偶然のゆらぎのおかげで、すべてのものは無から生まれた。そして、急激に膨張して宇宙になった。その宇宙はゼロかもしれないが、逆に言えば永遠に続くことができる。無は永遠の中でゆらいでいる。

一九世紀に、ドイツの哲学者G・W・F・ヘーゲルは、有と無についての概念を提起した（こうした概念は、数多くの東洋哲学や、ヘラクレイトスのような古代ギリシア初期の哲学者にも見出される）。ヘーゲルはこう書いている。「生成とは、有が消失して無となり、無が消失して有となることである」[17]

概念を目まぐるしく操るヘーゲルの哲学のスタイルに非常に批判的だったセーレン・キルケゴールは、これを読んで、すべては無に始まるという概念を、空疎なものと見なした。「『無で始まる』という概念はまさに、始まりについての弁証法の焼き直しであり、それ以上でもそれ以下でもない」と彼は書いている。「『始まりは無で始まる』――これは、たんに言い方を変えただけで、一歩の前進にもなっていない。……『始まりはない』と『始まりは無で始まる』というのは、まったく同じことを言っているのであって、私を一歩でも先に進ませてはくれない」キルケゴールは、ただちに独自の見解を提示する。「絶対的な始まりについて語ったり夢見たりするかわりに、飛躍について語ってみてはどうだろうか」[18]

飛躍！『哲学的断片への結びとしての非学問的あとがき』（一八四六）の中で、キルケゴールは、量子的なゆらぎ、無の中のゆらぎ、〈量子飛躍〉として宇宙が始まったというトライオンとヴィレンキンの理論を――あくまでも後から振り返って見ればだが――先取りしている。

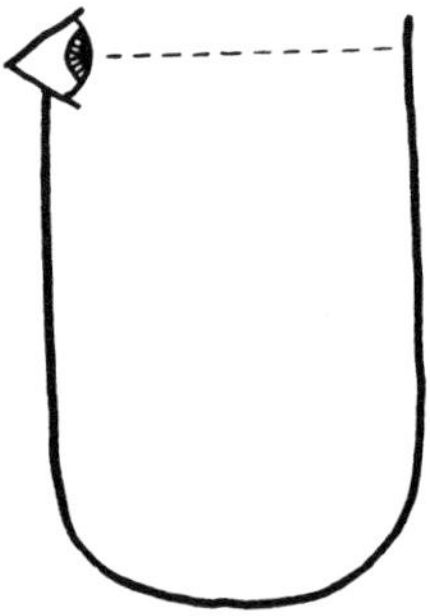

図48　ホイーラーのU

一九八三年、物理学者ペーデル・ヴェートマン・クリスティアンセンは、ニールス・ボーアがキルケゴールからインスピレーションを得て〈量子飛躍〉を定式化したのではないか、と示唆した。[19] だが、宇宙論学者たちがキルケゴールの著書を読んでいたとは思いがたい。それに、キルケゴールがほのめかしていたのは物理的飛躍でなく、意思の行為であり、実存による選択だった。キルケゴールの意見は概念的な分析であり、彼は「すべては無で始まった」という言葉からは何もうるところがない、と強調している。ほかの何で始まることができたというのか。それに、無を別にすれば、私たちはいったい何と言いえたというのか。

とはいえ、「無から」の誕生という概念に結びつけて考えると、キルケゴールの見解には興味深いものがある。すべては無から始まったと言ったところで、ほんとうはいったい何になるのだろうか。無の中のゆらぎ、あるいは飛躍として始まったと言ったところで。

ひょっとすると、「無から」と言うより、「無の中で」[20]と言ったほうが正確なのかもしれない。宇宙は無から誕生したのではない。無の内側で誕生した。すべては、内側から眺めると無だ。外側の世界は、内側から眺めると、じつは無である。私たちは無の内側にいる。

外側から眺めると、何もない。無だ。内側から眺めると、私たちが知っているものすべてがある。全宇宙が。だが、無の内側に入ることが可能だと、どうして知ることができるのか、という質問が出てくるかもしれない。

理論的には、答えはしごく単純だ。私たちの周りに見えるものを全部足していくと、完全なゼロになるので、世界は無だ。その中に私たちが入ることができるかどうかという質問には、たいして意味がない。そう尋ねたときにはもう、私たちは答えを知っているからだ。

「我々の考えている世界など、我々の周りには存在しない」ジョン・ホイーラーは、量子力学からわかった事柄に照らして、人間が知っていることをそう要約した。ホイーラーは、自分の考えを示すために一つの図(21)（図48）を好んで描き、この宇宙の中で私たちがたんなる観察者ではなく参与者であるという事実を説明する。ホイーラーに言わせれば、私たちは参与観察者だ。私たちの観察が、観察している宇宙の創造を助けている。ホイーラーの図には大きなUの字が描かれている。一方の縦棒には目があり、それがもう一方の縦棒を観察している。ホイーラーの発想は、別の言い方で表すことができる。

宇宙は、無が鏡に映る自分の姿を見たときに始まった。

物理学者フレッド・アラン・ウルフは、量子力学に関する著書に、シェイクスピアの『ハムレット』の有名な台詞をもじって、こう書いている。

「そこにある《トゥ・ビー》のか《オア》、ないのか《ノット・トゥ・ビー》が疑問なのではない。それは答えだ(22)」

だがそれでは、いったい何が疑問だったのだろうか。

それは、！だ。

第十四章　カオスの縁で

「量の増加は質の変化を生む」これは一九七二年に『サイエンス』誌に掲載された論文[1]のタイトルだ。この論文で、アメリカの固相物理学者でノーベル賞受賞者のP・W・アンダーソンが明示した見解は、やがて一九八〇年代に科学的世界観における全体論と還元主義の論争に発展することになる。

全体論とは、世界は統一体が集まって成り立っており、個々の統一体はそれを構成する各部分を語るだけでは記述できない、という考え方だ。一方、還元主義は、自然科学の専門家の間では主流を占める考え方で、宇宙における多面的な現象は、少数の構成部分にまで還元することによって、最もうまく記述できるし、また、還元された個々の構成部分はそれぞれ別個に研究できる、というものだ。一九八〇年代を通して、還元主義は破綻を来たしたという意見が広まった。それは、人々が還元主義の立場から現実を個々の構成要素に分解し、様々な側面を切り離して捉えることに主眼を置いた結果、全世界を巻き込む環境危機が起こり、それが現代文明にとってますます大きな問題となってきたからだ。

全体論は、科学における新たなパラダイムとして推奨さえされた。全体論は新たな科学的世界観であり、統一体と結びつきを強調し、個々の構成要素にとらわれる既存の科学の対極に位置するもの、という見方だ[2]。

還元主義に対するこのような批判は、しごくまっとうなものだった。自然科学の専門家は、自分たちの世界の捉え方に関して尊大になっていたからだ。つまるところ、還元主義とは、情報を還元し、単純化し、省略し、捨て、世界を抽象的に記述するということにほかならない。しかし、テクノロジー楽観主義の一九六〇年代と七〇年代に、多くの自然科学者（そして、ことによると技術者にその傾向が顕著だったかもしれない）がとった行動には、まるで自然科学の世界観は世界そのものと同値だと言わんばかりのものがあった。だがそれ以来、人はたとえば原子力のようなテクノロジーに関して膨大な経験を重ねたため、自然科学者も素人もずいぶんと賢くなった。

自然科学の世界観は、地形を表す地図であり、それ以上でもそれ以下でもない。つまり、人が世界を観察する際に経験しうる情報の多くを処分しながら、特定の単純で基本的な特徴だけ保持する記述で、それによって、そうした特徴について明確に語ることが可能となる。一方、全体論は、直感と連想という、なかなか言葉で語りがたいものを重視する。宇宙はあまりに情報に富むため、言語の狭い帯域幅を介する会話の対象にはなりえない。それにかわるのが、直感や連想といった宇宙との相互作用であり、全体論はそれを重視するのだ。

何十年もの間、還元主義は、部分を知ることさえできれば全体像がつかめるという無知な見解を体現してきた。それは、全体を理解するには部分さえ研究すれば事足りるという見方にはつきものの知識の欠乏に対して、傲慢なまでに盲目的な考え方だった。より広範なコンテクストには目をつぶり、研究イデオロギーという観点に限っても、還元主義は反動的でおもしろみのないものだった。とはいえ、今日、全体論と還元主義をめぐって戦わされている論争が、すでに時代遅れだと言われかねないものだという事実に変わりはない。つまり、両者の対立は虚構にすぎないのだ。

実際、この論争の当事者で、真の論点を捉えている者は一人もいなかった。だがその論点は、アンダーソンが論文のタイトルとして掲げた「量の増加は質の変化を生む」というスローガンの中で、すでに言い表していた。このスローガンは、一九六七年に彼が行なった講演からきている。その講演で、彼はこう述べた。「すべてを単純な基本法則に還元できるからといって、その法則を出発点として宇宙を再構築できるわけではない(3)」

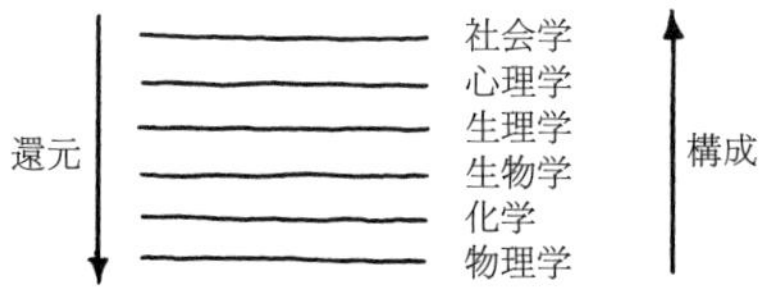

図49　科学の次元。それぞれの次元で新たな複雑性が生まれる。高い次元は低い次元の要素から成ってはいるが、低い次元のことを知っているというだけで、高い次元を構成することはできない

当時、ベル研究所で働いていたアンダーソンは、その講演の冒頭から、還元主義の立場を打ち出した。万物は同じ基本的な要素から成り、要素のそれぞれは別個に研究できる、というのだ。しかし彼はその後で、しばしば還元主義の一部と見なされる別の観点、すなわち構成主義に対して、非難を加えた。この構成主義というのは、基本粒子と基本法則を知れば、この世界がどのように構成されているのか理解できる、という考え方だ。

しかし、私たちにそんなことはできない。それは、尺度と複雑性という二つの決定的な問題に突き当たるからだ。たしかに万物は原子から成るが、だからといってその構成と振る舞いがわかれば、たとえばゾウがどうやって水を飲むのかが理解できるというわけではない。多くの原子を合わせると、ほんのわずかの原子しかないときには見られなかった現象が起こる。そして、日常生活で私たちの興味を引く現象には、たいがい、どんな原子物理学者も実験室で研究したことのないほど多くの原子が含まれている。

したがって、アンダーソンの主張は次のようになる。複雑性が存在し、私たちが尺度を変えて宇宙の新たな層を研究するたびに新たな自然現象が起こるという見方と、還元主義とは、必ずしも矛盾するものではない。たんに自然界の基本法則と基本粒子を知っていても、世界についてたいして知っていることにはならない。原子が多く集まれば、少ないときとはまったく異なる振る舞いを見せるかもしれないからだ（図49）。つまり、「量の増加は質の変化を生む」のだ。

コンピュータを使うことによって、アンダーソンの主張は劇的な形で立証された。何世紀もの間、物理学者は、ニュートンの重力の法則と運動の法則を知っているという理由で、自分たちが世界について非常に多くを

知っていると信じ込んできた。高校生も大学生も、ニュートンの方程式を知っているから、自分たちは宇宙を理解しているのだ、と教わった。事実、彼らは理解していた。なにしろ、適切な方程式を知っていれば、教科書の問題はすべて解けたし、ある系がどう機能するかを実際に理解することもできたのだ。

しかし、物理学者たちは、じつは問題を解いてなどいなかった。私たちが学校で学んだことの大部分は、まったく正しくない。教科書の例題はあくまで例題にすぎない。巧妙に考案された特例であって、実世界で起こる摩擦やその他の厄介な事柄を考慮に入れずにすむように作られている。現実の現象はあまりに複雑なため、解くことは不可能なので、無視され、そのおかげで私たちは、教科書にあるごく少数の例題に専念できる。こうした例題は徹底的に単純化されているので、解くことが可能で、テスト用紙にも載せられるというわけだ。

私たちは、めんどうな計算はコンピュータに全部任せられるようになってようやく、じつのところニュートンの諸法則を理解していなかったことを悟った。それらの法則に含まれる混乱や乱雑さ、無秩序、予測不能性について、まったく理解していなかったのだ。

世界の法則を知っているからといって、それで世界を知っていることにはならないのだという事実を私たちが理解し始めた一九八〇年代に、〈複雑性〉や〈カオス〉、〈フラクタル〉といった言葉がキーワードとなった。人間は様々な公式を知っている。暗記してさえいるかもしれない。しかし、そんなことは何にもならない。現実の世界に到達するにはおびただしい計算が必要とされるからだ。科学者はわざわざそんな計算などしていられなかったので、あっさりと世界を無視し、自分たちの単純な公式に満足していた。

単純な法則を使って非常に複雑な振る舞いをする系を簡単に作ることができる。そこに求められるのは、正しく計算をすること、すなわち、大量の計算をし、膨大な量の情報を処分することだけだ。それを行ない、単純な法則を応用して大量の情報を捨てれば、最も単純なレシピからでも、豊かで複雑で、予期できない振る舞いが得られる。

それがカオスの理論に学ぶべき教訓だ。そのカオスの理論自体は、コンピュータから得られた教訓と言える。なぜならコンピュータは、世界はいとも簡単に理解できると考える人々によって創られたからだ。

この教訓が非常に重要なのは、教室での勉強が退屈である理由を教えてくれた（そして、公式が現実とどのように結びついているか教えるのを拒む教師に、そうした公式を学ばなければならない学生が退屈しても、知性の欠如の証しとはならないことを裏づけてくれた）からだけではない。それが、意識を正しく眺めることを可能にしてくれたから、そして、意識に平静を保つ根拠を与えてくれるからでもある。

特定の土地の地図上に規定された単純な法則がどれほど優れていて適切であろうとも、その地図からその土地の様子を推測することができるなどとは、けっして思うべきではない。地図を見て進むべき道を見つけることはできるかもしれないが、地図からその地形を経験することはできない。

コンピュータ・ウイルスと人工生命

全体論と還元主義に関する現代の哲学上の論争は、二つの基本的な観点の間の論争を反映している。この二つの観点は、P・W・アンダーソンにならって次のように言い表すことができる。一つは、この世界には感知しうる統一体があり、その統一体のおかげで私たちはすべてを単純でありながら全体的な形で理解することができるという考え方、つまり、世界は理解可能な統一体と指導原理で成り立っているので、意識は世界を理解することができる、という考え方だ。

二つ目は、世界は多くの要素から成り、それぞれの要素は個別に記述できるものの、多くが集まると、別々に調べたときとはすっかり異なる振る舞いを見せるという考え方、つまり、意識はけっして世界を理解することができないという考え方だ。これは、世界が膨大な数の微小な要素からできており、そうした要素が一定の数だけ集まると、たいへん気ままで、それまでとは大幅に異なる振る舞いを見せるからだ。

全体論とは、私たちに感知できる統一体が存在すると述べる試みだ。非構成主義の還元主義とは、部分ごとであろうが全体としてであろうが、私たちが世界を余すところなく記述するのは無理だ、ということを認識する試みだ。記述の層が新しくなるたびに、新しい形態をとる振る舞いが現れる。そのとき、すぐ下の層から加わる粒子はわずかでいい。群れを形成するのに十分な数さえあれば。

現代の中心的テーマは、本書の言葉を使えば、意識が無意識を認知し、それによって平静を得ること、コンピュータ形式主義が予測不能性を認知し、それによって平静を得ること、記述が記述されているものを認知し、それによって平静を得ること、狭い帯域幅が広い帯域幅を認知し、それによって平静を得ること、となる。肝心なのは、世界を余すところなく理解するには、世界全体を余すところなく――すなわち、世界を構成する要素一つ一つにいたるまで――理解しなければならない、という点だ。すべては結びついているので、すべてのものを余すところなく理解しなければ、どんなものであっても余すところなく理解するのはとうてい不可能だ。しかし、そうだとすれば、このような余すところのない徹底的な記述は、自らが記述している対象とちょうど同じだけの情報を持たざるをえなくなる、という問題が起きる。世界を完全に記述するには世界自体とちょうど同じだけの空間が必要となってしまう。したがって、環境を記述している意識という主体には、そのような記述は到達不能となる。地形のあらゆる詳細を示す地図は、その地形自体のほかにない。だが、それは地図とは呼べない。

全体論は、私たちが世界を一つの統一体として理解するのは可能だと断言する。よって、世界観としてはおおいに反動的といえる[4]。

より冷静な観点としては、世界を理解するなどまったくもって不可能だ、というものもある。しかし、私たちは世界を記述することができる。ただし、いかなる記述も記述にすぎないことを受け入れなければならない。言い換えれば、何かが欠けており、情報はすでに捨てられてしまっている。それは実際の地形ではなく地図なのだ。

全体論の反動的側面として挙げられる考え方は、いくつかの一般原則を理解すれば世界を意味ある形で記述できるというものだ。しかし、コンピュータとカオス理論がもたらした劇的な躍進によって明らかになったのだが、過去数世紀の間に私たちが学んだ自然界の単純な基本法則でさえ、実際に作用することを許されたときには、はてしなく不可解なものになる。第四章で引いたスティーヴン・ウルフラムの表現を使えば、計算上還元不能ということになる。

「私たちはもうグレーゾーンに足を踏み入れています」物理学者クリス・ラングトンは、私たちが一線を越えてどこまで来てしまったのか、という問いに慎重に答えてそう言った。「どのみち起こることです」[5]と彼はつけ加えた。「したがって、研究しておくほうがいいでしょう。今後の展開に影響をおよぼせるように」

あたりの景色には、すべてを圧倒するような象徴的な力があった。この若い長髪のアメリカ人は、ニューメキシコ州ロスアラモス国立研究所の非線形研究センター、通称CNLSがある質素な建物の外の駐車場に立っていた。ラングトンは敷地内の別棟にある非線形理論部門一三課の自分のオフィスに向かうところだった。二つの建物の間には博物館があって、そこに展示されている過去の遺物や写真、ちらちらと光を放つディスプレイを見ていけば、一九四五年八月に広島と長崎に投下され、太平洋戦争を終結させた原子爆弾の開発にとって、なぜロスアラモスが重要な場所なのかがわかる。

前述の発言でラングトンが話題にしていたのは、人工生命だった。これは新しい研究分野で、一九八七年九月、ロスアラモスで彼が座長を務めたワークショップで誕生した。彼が言わんとしていたのは、好むと好まざるとにかかわらず開発はすでに始まった、ということだ。この地上で生きる人工生命――人類が生み出しておきながら、もはや制御できなくなったテクノロジーの中で生きる人工生命――の開発はすでに始まっている、というのだ。同じ日の朝、ラングトンのオフィスでこの話題について話し合ったとき、彼は科学者の決まり文句とでも言えそうな答えを口にした。「どのみち起こることです」大きな危険を孕んでいるものの、それに匹敵するだけの大きな魅力も持つテクノロジーを開発するときに、よく聞かれる言葉だが、このときばかりは、たんなる口実ではなかった。事実の観察に基づく単純明快な発言だった。彼の観察によれば、地球上のコンピュータ・ネットワークが今や、情報の流通する広大な相互連結回路となったため、私たちにはもはや自由な選択の余地がない。私たちが人工生命の発育の場を生み出し、ほんの一握りのティーンエイジャーが人工生命に命を吹き込んでしまった。進化は独自の非情な論理を持つ。特定の状況が整うと、それを利用する生き物が誕生する。その状況が生物学的過程から生まれようが、技術的過程から生まれようが関係なく、また、どちらの過程も自らが生命を生み出しているなどという認識はまったく持っていなくとも、との生き物はそれを利用する。

ラングトンは非常に責任感の強い人物だ。責任感が強いからこそ、人工生命についてのワークショップを開催した。進化は今まさに起ころうとしており、検討すべき倫理的・道徳的問題がいくつもあった。「ずっと先まで進み、人工的に生命を生み出すところまでいってしまう前に、そうした問題を議論しておかなければならない」ラングトンは人工生命についての最初の会合の内容をまとめた議事録の序文にそう書いている。[6]「人工生命に関する初のワークショップが、原子核融合・核分裂研究の最先端をいく場所であるロスアラモスで開かれたのは、偶然ではないかもしれない」

それは悪戯として始まった。静かに、執拗に、周囲をいらいらさせながら、けれどただの悪戯として。コンピュータ・ウイルスはコンピュータのメモリに侵入できるプログラムの断片であり、メモリに入り込むとすぐにコンピュータに指令を出し、自分のコピーを作成させる。コンピュータ・ウイルスはもともと、悪戯好きなプログラマーたちが仲間をからかうために生み出したものだが、やがて被害は雇い主におよび、最終的にはコンピュータ・コミュニケーションの広大なネットワークにまで拡大した。そのうち、ハッカーと呼ばれるティーンエイジャーたちが悪ふざけで、技術産業や防衛産業の巨人たちのコンピュータ・ネットワークに侵入し、悪戯を始めた。コンピュータに短いプログラム・コードを送り込み、「ウイルス」として増殖させ、ホスト・コンピュータやそれにつながっている他のコンピュータに感染させる、というものだ。

一見、無邪気で無害に思えるゲームであり、コンピュータのセキュリティー環境がそれほどしっかりしていないこと、つまり世界中のコンピュータが互いにやりとりしているために、本来、広まるように意図されていなかったメッセージが広まる可能性が生じたことを、示してくれるにすぎない。

問題は、私たちがそのようなウイルスを根絶することにいまだ成功していないという、まさにその点にある。個々のコンピュータからウイルスを駆除することは可能だ。しかし、それでウイルスが消えるわけではない。多くの基準に照らし合わせると、コンピュータ・ウイルスは生きている、そして、殺すことはできない、と言える。あるいは、少なくとも私たちが生物学上の有機生命体の例から知っているウイルスに遜色のない形で生きている、と言える。

「人工生命は、人類の前に立ちはだかる最大の課題である」アメリカの物理学者ドイン・ファーマーは、ロスアラモス研究所で非線形理論部門の複雑系研究グループを統率していたときに、そう書いた。(7) その論文の中で、ファーマーとアレッタ・ベリンは、生きているとはどういうことかを定める基準を数多く挙げている。たとえば、生命は有形の物体ではなく時空間上の一パターンである（なにしろ、原子はたえず入れ替わっている）、自己複製が可能である、自分の遺伝子内に自らに関する情報を含んでいる、新陳代謝を繰り返す、周囲と相互関係を持つ、突然変異しうる、といった基準だ。

こうした基準を当てはめてみれば、コンピュータ・ウイルスが生きていないとは言いづらくなる。たしかにコンピュータ・ウイルスはコンピュータ・コードの断片にすぎず、コンピュータの存在に頼っているが、その点は、寄生体が宿主の存在に、あるいは人間がガイアの存在に依存しているのとまったく同じだ。コンピュータ・ウイルスは、コンピュータの電源が入っていればこそ広まることが可能となるが、地球上の生命体も、太陽が消えてしまえば生き残れるものなどないのだから、似たようなものだ。コンピュータ・ウイルスは自己複製し、「宿主」から「宿主」へと飛び移る。「宿主」の電気信号という「代謝」を変化させることができる。また、自己についての情報を含んでいる。周囲と相互関係を持ち、突然変異もする。

コンピュータ・ウイルスは生物学上のウイルスに負けず劣らず生きている。通常のウイルスもまた、命あるものと命なきものの境目に存在しているのだ。「この類似は強固なものだ」とロボット科学者ハンス・モラヴェチは書いている。「なぜなら、今日の一〇〇万ビットクラスのコンピュータ・プログラムは、バクテリアの遺伝コードとほぼ同じだけの情報量を持ち、数千ビットから成る典型的なコンピュータ・ウイルスは生物学上のウイルスが持つ小さな遺伝コードに匹敵するからだ」モラヴェチは、コンピュータ・ウイルスは力を増していくだろうと信じて疑わない。「今日のコンピュータ・システムは、皮膚はあるものの、免疫による防衛機能を持たない肉体のようなものだ(8)」

ドイン・ファーマーはこう書いている。「特定の情報を大量にサポートできる媒体が存在するときには必ず、組織化されたパターンが現れ、その媒体の資源を奪い取ることによって自己増殖する(9)」

人類は膨大な情報が流れる、地球規模のコンピュータ・ネットワークを生み出した。その中でコンピュータ・ウイルスが生命を帯びようとしている。コンピュータ・ウイルスは悪戯や悪ふざけとして始まったが、今やそれを根絶させることは不可能だ。自律的な生命体が、私たちの意図を超え、自らの論理で増殖している。十分な資源が得られるようになれば、何か、あるいは誰かが、たちまちそれを利用するだろう。

私たちの体は、ウイルスやバクテリアを寄せつけないために、外部からの攻撃に対する免疫と自己認識の機能を発達させた。しかし、コンピュータはまだ他のものとは違うという自己イメージを持っていない。そうしたイメージがあれば、外部からの感染は防げるだろう。私たちはコンピュータというマシンは作ったが、コンピュータに自己と世界を区別する能力はまだ与えていない。そのため、新たな生命形態がコンピュータ内部で何の制約も受けずに広がり続けている。

「我々がコアの中で進化させた協力的な構造が、生きているかどうかという判断を下すつもりはない」デンマークの四人の物理学者が、コンピュータ版戦艦ゲームの一種『コア・ワールド』についての論文[10]の中で、こう書いた。四人はこのゲームを非常な複雑性を持つ水準まで発展させたため、もはや自分たちが研究しているシステムが生きているのかどうか確かめることができなくなっていたのだ。彼らの言葉は思わせぶりなきらいがある。なぜなら、このシステムが生きていないのは明らかだからだ。しかしそれにもかかわらず、こういった単純なシステムが、生き物を連想させるほどまで協力関係や進化といった特徴を示すのは奇妙なことだ。

人工生命の研究では、十分な時間、十分な計算時間があれば、単純なレシピから複雑な振る舞いを導き出しうることを示す、膨大な数の実例が調査されてきた。

クリス・ラングトンはコンピュータのモニター上に人工のアリを創造した。この小さなアリたちは単純なパターンに従っているのだが、集団になると本物のアリ塚さながらの複雑な全体的振る舞いを示す。ここから学べるのは、本物のアリがラングトンの人工アリと同じぐらい単純だということではなく、十分な計算時間さえあれば、つまり膨大な量の情報をその過程において捨て去れば、単純な法則から複雑な振る舞いを導き出せるということだ。

複雑で高度な振る舞いを生み出すのに、とくに複雑な系も高度な系も必要ない。必要なのは時間、情報を捨て去る時間だ。

そこで、非自動性の振る舞いを示す自動化プロセスを使った、様々な新しい研究分野が発展している。何か複雑なものを生み出すためのレシピは、それ自体が複雑である必要はない。単純な法則から複雑な振る舞いや複雑な系を導き出すことができるのだ。そのカギは、単純なメカニズムを長時間稼動させることにある。

この事実が知られるようになった結果、自分がしていることの全体像を捉えるのが極端に難しくなった。たとえば、もしコンピュータ・ウイルスに見られるような単純なレシピを作れば、予測不能の結果につながりかねない。なぜなら、そのようなレシピの産物は反復とコピーと計算を何度も何度も繰り返すシステムの中では、とめどなく成長するからだ。

情報を捨てることで、情報破棄を管理する法則よりもはるかに豊かで多彩な構造が導かれうる。法則を知ることにではなく、その進化を知ることに価値がある。

一九五〇年代以来、人工知能を研究する科学者は、知能を持つ機械を作ろうと努力を重ねてきた。しかし、どうやっても成功を見なかった。科学者は人間を、精神生活において単純明快なパターンに従う生き物、法則に基づいて活動する生き物として理解しようとした。彼らは、簡単に理解でき、自分たち科学者が解決したいと願う課題と関連づけやすい一般法則、明確そのものの法則を求めたのだった。

まさにそのため、今や人工知能の研究が行き詰まっているのに対して、法則ではなく実例を学ぶコンピュータ・システムの研究のほうが進展を見せている。いわゆるニューラル・ネットワークもその一例だ。このコンピュータ・システムは、画像解析といった複雑な課題を与えられても、法則を見つけようとはせず、膨大な数の実例を通して訓練することで、望ましい振る舞い、たとえば人間の振る舞いに近いものを、最終的に導き出す。法則を明確化するのではなく、幅広い経験を数多くすることで学ぶ、という発想だ。重要なのは、機械がどうやって課題をこなすかを意識することではなく、何をし、何を経験したのかを意識することだ。これは、人間が技能を学ぶ方法と似ている。複雑性へ続く道は単純だが長い。単純な作業を何度も何度も繰り返し、膨大な数の経験を積み重ねていくことが求められる。あらゆる場面で再現されうる単純で確固としたレシピをひとまとめにすることは必要とされない。始める前にすべてを知っておく必要もない。必要なのは経験を積み重ねることなのだ。「量の増加は質の変化を生む」

キーワードは創発

キーワードは〈創発《エマージェンス》〉だ。単純な法則が、十分に長い時間かけて、あるいは、十分な数の構成部分の中で、こつこつと機能することが許されたとき、完全に新しい属性が現れる。突然ふっと姿を現し、見えてくる。すなわち、〈創発〉するのだ。

この創発的属性は、構成要素をほんのいくつか研究したところで発見できない。この属性が見られるのは、構成要素が十分な数だけ存在し、集合的影響や集団的特性が現れるときに限られる。たとえば温度がそうだ。この属性は、ごくわずかな数の分子だけを観察しても何の意味も持たない。膨大な数が集まって初めて、温度は存在しうる。個々の分子から、それが属する温度を把握することはできない。それは、温度が統計的関係として示される集合的属性だからだ。温度は、多くの分子の速度分布を記述しているのだ。

さらに高い次元では、ある温度に属す分子は、生命体のような、より大きな組織の一部を形成しうるが、個々の分子を見ても、それが生命体の一部分であることはわからない。生命とは物質の創発的属性であって、物質の構成要素の属性ではない。

創発の概念は、伝統的に生物学に基礎を置いている。生物学によれば、生命を持つものは物理学や化学を超えており、生命体には、物理学や化学の法則ではとうてい記述し尽くせないものがあるという。これは、生物学を物理学に還元することはできないという、反還元主義の観点だ。

しかし、ここ数十年間に、創発的属性と集合的影響は、原子核や単純な分子のような最も単純な構造に対して物理学者たちが与えようとしている記述の中に、繰り返し現れ始めた。以前は、科学者は単純な系が創発を引き起こせるかどうかを、わざわざ計算していられなかったが、コンピュータの登場で、そういった属性が現れるためには、とくに複雑な条件は必要ないことが明らかになった。

したがって、重要なのは、創発が生物学の中で現れるということはなく、コンピュータ時代に入る前には、創発が現れるまで十分な時間をかけて活動することを許された単純系は生物系しかなかったということだ。そのため、生命体はまるで非生命界と完全に異なるもののように見えた。生命体の持つ創発という属性は、非生命界には存在しないと考えられていた。ところが、コンピュータのおかげで、創発が万物の特徴、つまり生命界と非生命界の両方に共通の特徴だということが明らかになった。

たとえばドイツの生化学者ベルント＝オラフ・キュッパースは、このように書いている。「創発という現象は……我々の実世界の現象であり、あらゆる次元の科学的記述の中で我々はそれに出会う。この現象は、生命系の特別な性質ではなく、生物学が物理学的基礎の上に置かれるのを妨げるものではない」[11]

実際、創発は数学的記述の基礎となるゲーデルの定理――形式的体系は、あまり多くの情報を内包できないので、作動を許されたときに、自らに何が起こるかを「予言」することはできないという定理――の産物だ。数学が確定不能の問題に満ち満ちている、まさにそのために、形式的記述を延々と続けていったとき、それがどこで終わるのか私たちにはけっしてわからない。(第三章で取り上げたように) グレゴリー・チャイティンはゲーデルの定理をアルゴリズム情報理論に発展させた。そのおかげで創発はどんな閉鎖系でもごく普通の属性であることが証明された。私たちは構成要素を見ることによって、それらが何になるのかをあらかじめ計算したり、予測したりすることはできないのだ。「さらに、アルゴリズムのアプローチによって創発の問題を形式的に扱うことも可能となる」と、キュッパースは書いている。「この『全体は部分の総和以上のものである』という言葉は、構造を持つすべての系Sに当てはまる。それが生命系であろうが非生命系であろうが関係ない[12]」

というわけで、生命系と非生命系の間には違いがない。「量の増加は質の変化を生む」というのは概して正しい。

意識もまた、個々の法則や構成部分をそれぞれ別個に見ることでは推論も理解もできない特徴が現れるという、同じ要因に満ちた現象だ。ダグラス・ホフスタッターは『ゲーデル、エッシャー、バッハ』の中で次のように書いている。「ゲーデルの証明が提起する概念によれば、ある系を眺めるとき、高い次元は、低い次元ではまったく考えられないような説明能力を持ちうる」彼はさらに続ける。「ゲーデルの証明は、心あるいは脳を考察する高次の方法が存在するかもしれないことを示唆している（もちろん、それを証明したわけではないが）。そこには、低い次元では現れることのない概念が含まれる。また、この高い次元が、それより低い次元では原理のうえでさえ存在しえない説明能力を持っているかもしれない、ということも示唆している[13]」

ホフスタッターはこの線に沿って、決定論と自由意思の問題を解決しようとした。彼は人間を、まるでプログラムを実行している計算機であるかのように記述している。「その系が決定論に即して作動しているかどうかは問題ではない。我々がそれを〈選択者〉と呼ぶかどうかは、プログラムが作動するときに起きる高次での記述と自己を同一視できるかどうかにかかっている。ある低い（機械言語の）次元では、そのプログラムは他のプログラムと見分けがつかない。だが、高い（まとまりを持った）次元では『意思』や『直観』『創造性』『意識』といった特質が創発しうる[14]」

ホフスタッターの趣旨はこうまとめられる。単純な法則から成る、完全に定義され決定された系でさえ、非常に複雑な振る舞いを示しうるので、決定や意思という観点からその振る舞いを記述するのは有意義であり、それは、単純な次元に影響をおよぼす法則がそれらを完全に支配しているという事実があっても、いっさい関係ない。

一連の単純な法則を完全に実行させてみると、法則そのもののなかには見つからない属性を示すことがありうる。私たちが法則のなかにそうした属性を見つけられない原因は、ゲーデルの定理とチャイティンがそれを発展させたもののなかに記述されている、世界の一般状況にある。チューリングが証明したように、私たちは、計算が停止するかどうかをなんとしても決定できないからこそ、法則から何が導き出されるのか前もって知ることは絶対に不可能なのだ。

ある意味では、人が自由意思を持っているかどうかなど、どうでもいいことだ。単純な法則があって、それがけっきょく、私たちの行動を決定しているのかもしれない。私たちに知りうる法則があり、その初期条件もわかっているので、原理のうえでは、ある特定の状況で私たちが何をするかを計算できるのかもしれない。しかし、そのような法則は計算上還元不能である可能性が非常に高いので、私たちは、その法則が扱う情報をすべて手に入れることによってのみ、結果を計算できる。言い換えれば、私たちはある人が学んだことすべてを知り、さらにその人が経験したこともすべて経験してからでなければ、その人がこれから何をするのかを計算するための十分な情報を手に入れたことにはならない、ということだ。その人が行った所にはすべて私たちも行っていなくてはならないし、その人が行動した状況すべてで私たちも行動していなくてはならないのだ。しかしその場合、私たち自らが必然的にその人にならざるをえなくなる。

ある人の行動を予測することはけっしてできない。なぜなら、その人が持っている情報と、それまでに持っていた情報のすべてが必要とされるからだ。しかし、その人自身でさえ、それだけの情報は持っていない。人間の経験と営みの大半は無意識のものであるからだ。

本人にも周りの人にも、その人がどんな行動を運命づけられているのかを知ることはできない。たとえそれが、法則と初期条件によって完全に定められているとしても、だ。

カオス理論と不可逆性

カオス理論は、最も単純な物質系でも、これと完全に同じ状況であることを実証した。決定論的カオスの理論によれば、あますところなく定義された系でさえ予測不能だという。ある系の法則が単純で既知のものだとしても、その系は初期条件に対して非常に鋭敏に反応する、ということだ。もしこれからわずか数週の間に天気がどう変わるかを正確に知りたいなら、地球上の目下の天気を細部にいたるまで知らなければならない。

それは、物質系のほとんどが(教科書に出てくるような例は別として)、カオスを示すという特徴を持っているからだ。つまり、ある系の初期条件に関する知識に、ほんの小さな誤りが一つでもあれば、それが時間とともに爆発的に、いや、幾何級数的に大きくなる、ということだ。これは、私たちが完全な精度をもって大気中の全分子の位置と速度を知らないかぎり、今後わずか数週の間に大気の状態がどう変わっていくのかを知るのは、実際問題として、完全に不可能だということを意味している。ところが、現実には、大気中の全分子の位置と速度を正確に知ることなど、できるはずもない。

世界の動向を予測できないのは、世界には法則がないからでも、その法則が知られていないからでもなく、世界が完全な正確さをもって知られていないからだ。そして、私たちが世界を完全に知ることはけっしてない。それは私たちが、自分の生きているこの世界の一部でしかないからだ。私たちは完全な知識を持たない認識者なのだ。

もし、ある系に何が起こっているかを完璧に知りたいのなら、私たちがその系そのものになって、系の時間に従って、その進化を経験しなければならない。どんな近道をとることもできなければ、物事を圧縮して、扱いやすい近似モデルに変えてしまうこともできない。世界だけが自分がどうするか知っている。そして、私たちは世界ではない。

熱力学は、時間における不可逆性や取り消し不能性、交換不能性という、世界の基本的な特徴を記述している。あれほど美しく、時間的に可逆のニュートンの諸法則と、熱力学が提示する、不可逆性と統計ばかりの乱雑な世界観とが、いったいどうやって併存しうるのかと、物理学者は一〇〇年以上にわたって頭を悩ませてきた。多くの物理学者が、物理学の世界観におけるこの不一致に納得できないため、熱力学とニュートンの諸法則のどちらかに異議を唱えてきた。

ニュートンの世界観は不可逆性を取り込んでいないために問題があるという見解を代表する、現代で最も有名な人物は、ベルギーの物理学者でノーベル賞受賞者のイリヤ・プリゴジンだ。彼は、全体論運動の指導者の一人であり、現代宇宙構造論における時間と不可逆性の必要性を説く、詩的で魅惑的な哲学で有名だ。プリゴジンは熱力学の発展に多大な貢献をしたが、彼の哲学は同輩学者の間よりも素人の間で尊重されている。それは、彼が「量の増加は質の変化を生む」という法則を認めるのを拒んだからだ。プリゴジンは微視的次元で不可逆性が組み込まれることを望んでいる。

「不可逆性はあらゆる次元で当てはまるか、どの次元でも当てはまらないかのどちらかである」[15] プリゴジンは包括的な著書『混沌からの秩序』の中でこう書いている。この本で彼とイザベル・スタンジェールは、不可逆性は私たちの記述の次元の産物ではなく、微視的次元においても当てはまるという論理を体系的に表現しようとした。彼にしてみれば、不可逆性とはニュートンの法則に欠けているものであって、単純で時間的に可逆な法則を十分に大きな系で十分な時間をかけて働かせたときに創発する属性ではなかった。[16]

プリゴジンの見解は、物理学界では味方からも敵からも非難されている。[17] プリゴジンが微視的次元での不可逆性の理論を体系化するのに成功したという見解には、物理学理論上これといった根拠がない。

また、そのような理論が必要かどうかという疑問もあった。私たちが様々な次元で世界を記述できるという事実こそが興味深いのかもしれない。ある次元からではなく別の次元から世界にアプローチすると、世界に関する知識を失う。私たちが一度にすべてを記述したがらず、何であれ、世界について興味を引かれるものだけを記述したがるという事実こそが、不可逆性を生じさせるのだ。

プリゴジンを酷評する物理学者ロルフ・ランダウアーは、不可逆性の問題の解決法を編み出そうとし、そのために、人間の計算能力にはつねに物理的限界があると主張した。いくら巨大なコンピュータを作ったとしても、それはつねに宇宙より小さい。したがって、原理のうえでさえ、どんなプロセスも未来の任意の時点まで追い続けることはできない。なぜなら、そのプロセスはカオス的振る舞いを示すからだ。けっきょく、世界が持っているこのカオス的性質が意味するのは、私たちには、すべての分子を未来の任意の時点まで追い続けることはできない、ということだ。たとえ私たちが世界を制御できたとしても、いつまでもそうし続けることはできない。あらゆるものは私たちの手から逃れていく。それも、不可逆的に。「カオスはそれ自体では予測不能性や不可逆性の源ではないが、その一方で明らかに、経過時間とともに、途方もないスピードで計算量を増大させる必要性を生み出す」(18)とランダウアーは書いている。

実際にすべての法則と結果が完全に決定されている決定論的カオスの場合でさえ、私たちが宇宙の有限領域内で物事を制御下に置くことはできない。なぜなら、私たちの作り出すコンピュータの能力には限界があるという事実に直面しなければならないからだ。そのため、能力に限界を抱える観察者全員にとって、世界は不可逆性に満ちたものとならざるをえない。その世界の法則は不可逆性に満ちていないとしても、だ。

ランダウアーは自分の解釈を理論上のものと評しているが、彼の論点は非常にはっきりしている。つまり、決定論的な法則が導く振る舞いは、可逆的なものとして現実に理解できるはずだと私たちが信じているのは、無限の計算能力を手に入れることが原理上、可能であると信じて疑わなくなっていたからにすぎない、というのだ。しかし、私たちは、この宇宙にあるコンピュータの能力をすべて意のままに使えるわけではない。たとえそれが可能だとしても、世界自体よりも先に世界の未来を計算することはできない。「このような物理的状況に反して、数学は私たちに運用の段階には限界がないという立場で考えるように教えてきた」ランダウアーは「情報は物理的である」と題する論文[19]にそう書いている。しかし、それは非現実的な状況だ。計算は物理的プロセスであり、そのプロセスは物理的世界の中で起きる。そしてそこでは、私たちの資源や能力には制約がある。

「量の増加は質の変化を生む」ので、私たちは世界を理解できない。さらに量が増せば、さらに違ったものになる。つまるところ、私たちが世界を記述するときに直面する困難は、無限の宇宙を有限の記述へと圧縮しようとすることから生じる。

この圧縮は不可能だ。たとえ数学や自然科学にならい、原理上、私たちの記述は無限だと主張してみたところで、不可能に変わりはない。前に進む唯一の方法は、私たちが私たち自身でありたいと願っているかぎり、すべてを記述するのは不可能だという事実に真っ向から立ち向かうことだ。

ランダウアーは、不可逆性は一つの事実を示すものと見なしている。それは、私たちには記述しようとする系の詳細すべてをつかんでおくことはできず、したがって、世界は時間の経過とともに、たえず私たちの指の間をすり抜けていき、ますます記述するのが困難になっていくのを受け入れなければならない、という事実だ。ランダウアーは不可逆性についての議論をジェームズ・クラーク・マクスウェルの言葉を引用して締めくくっている。「散逸したエネルギーとは、手に入れることも、意のままに導くこともできないエネルギーで、たとえば、我々が熱と呼ぶ、分子の混沌とした運動状態がそれにあたる。ところで、この混沌とは、相関名辞と同様、物質自体の属性ではなく、それを認識する心との相関によって規定される」

重要なのは、本書の最初の章に出てきたこの一節での、心への言及が気に入らなかった。というのも、

ランダウアーは、心における主観的な経験ではなく、私たちが宇宙にアプローチするときの粗さだからだ。私たちの記述の次元、つまり私たちが世界を記述する際の尺度では、私たちには利用できないエネルギーが大量に存在する。マクスウェルの魔物が教えてくれたように、熱い物質内の分子運動の中に見出せる巨大なエネルギーを、私たちは利用できない。これは、私たちが世界を記述する次元について何かを明かしてくれるという事実を別とすれば、けっして主観的な状況ではない。私たちの粗さのせいで、言い換えれば、私たちの物理的な釣網の網目の大きさのせいで、エネルギーは不可逆的な形でますます私たちには手の届かないものになっていく。不可逆性とは、私たちが世界と相互作用を持つ可能性が生む結果なのだ。たとえこの相互作用の法則自体が可逆的なものだとしても、だ。

相転移とセルオートマトン

飲み物の中に氷の塊を入れても、氷は自分の正確な温度、摂氏〇度を記憶している。氷と水をいっしょにすると、しばらく凝固点温度を維持するが、やがて氷はなくなってしまう。これは暑い午後が、飲み物を空気と同じ温度にすることで、たえず熱平衡を生み出そうとしているからだ。

しかし、グラスの中に氷があるかぎり、飲み物は一定の温度を保つ。たんに周囲の温度に受動的に反応しているわけではない。自らの温度を保っているのだ。飲み物が自らの温度を覚えていられるのは、水の二つの相、すなわち、固相である氷と液相である水が混ざり合ったものを内に持っているからだ。この二相の間の転移は融解（または、この転移が逆向きなら凝固）として知られている。この現象を〈相転移〉という。水にとって

もう一つの重要な相転移は蒸発・沸騰、あるいは凝縮・結露だ。

相転移は物質界における非常に重要な現象だ。二つの相を内包する系は、平衡状態、すなわち周囲と同じ温度にある状態から、大きくかけ離れているときでさえ、このような相の混合を維持することができる。

水の液相と固体相の間の違いは物質の分子理論で説明できる。氷は、相対的な位置関係を維持する分子から成る。水は、互いの間を自由に循環できる分子から成る。これは袋の中のビー玉の状態によく似ている。水の気相である水蒸気は、互いの間を完全に自由に動き回れる分子から成る。分子の状態は、私たちの次元における三つの相の振る舞いと完全に呼応している。氷は容器の形とは関係なく、その形を維持し、水は容器の底にたまって容器と同じ形状をとり、水蒸気は容器全体を満たす。

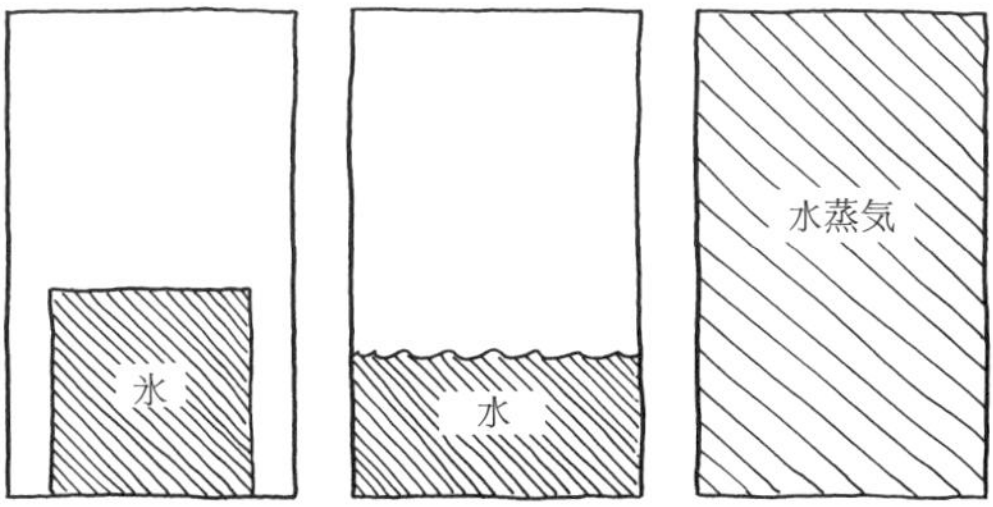

図50　氷、水、そして水蒸気。変化したのは温度だけなのに、この三つの状態はそれぞれ異なる属性を持つ

この水の三つの相は、「量の増加は質の変化を生む」ことの一例だ。水を温めるときに起きるのは、温度が上がり、分子が加速するという現象だけだ。私たちは一つの要因を変化させるだけだが、突然もっと大きな変化が起きる。氷を温めれば解けて水になり、水を温めれば蒸発して気体に変わる（図50）。

私たちが日常言語として使う言葉には、このような相転移にかかわるものが多い。とりわけ心理的な現象を表す言葉はそうだ。たとえば、凍る、解ける、こわばる、和らぐ、蒸発する、凝縮する、などがある。相転移に伴う二方向の基本的な変化に関連した言葉は、私たちの日常会話の中のあらゆる場面でふっと姿を現す。たとえば、浮かぶ、漂う、風に乗る、蒸発する、解き放つ、解ける、沸騰する、あるいは、凝固する、凍る、凝縮する、縮こまる、冷める、閉ざす、などだ。

もちろん、これはそれほど奇妙なことではない。水の三つの相、すなわち固相と液相と気相は、私たちが世界から得る経験のうちでもとりわけ重要なものだからだ。そしてこの現象は近年になって、私たちが思っていたよりもはるかに普遍的であることがわかった。

「物質の固相と液相は、日常の経験から我々には非常になじみのあるものだが、これまで考えられてきたよりもはるかに根源的な自然の側面ではないだろうか。ただたんに物質がとりうる相であるばかりか、両者は、力学的振る舞いの根源的普遍性の二段階を構成する」クリス・ラングトンはロスアラモス研究所で、カオスの縁における計算についての論文の中でそう書いている。その論文は、近年最も有望視されている研究をいくつか包括するものだった[20]。

この考えは単純でありながら同時に斬新でもある。ラングトンは人工生命を研究するだけでなく、より一般的な理論上の問題をも探究している。生命体のように情報を扱う系がいったいどうやって自然界で自然発生的に誕生するのか。物質系はどうして情報を扱う能力を備えうるのか。計算能力はどうして、非生命系における創発的属性として発生しうるのか。言い換えれば、それは、生命の起源とは何なのか、という疑問を一般化するような疑問にほかならない。

この問題は、どうして物質系が計算能力、すなわち情報を扱う能力を備えうるのかという疑問と関連づけて提起すると、非常に困難なものとなる。そこでラングトンはこれを、コンピュータ上で作った単純な物質系は、どれほどの時間をかければ自ら計算能力を発達させるのだろうか、という問題に置き換えた。具体的には、〈セルオートマトン〉という数理言語で表現した。

セルオートマトンは非常に単純なモデルを使う。そのモデルでは、多くの局部的ユニットがそれぞれ非常に基本的な法則に従う。チェス盤のようなシステムを想像してもらいたい。この局部的な法則は、たとえば、隣接する三つのますが黒のますはすべて白であり、残りのますはすべて黒でなければならない、というものでもいい。このような単純なレシピで、驚くほどの多様性に富んだ振る舞いを導き出すことができる。このようなセルオートマトンの予測不能の振る舞いを扱った若き物理学者スティーヴン・ウルフラムの研究のおかげで、現実の系の多くが計算上還元不能であることが明らかになった。セルオートマトンのレシピは、非常に単純なものでさえ、まったく予測不能な振る舞いを導き出すことができるのだ。

　ラングトンは、自らの問題をセルオートマトンの言語に変換することで、コンピュータ上でその問題に取り組むことができた。セルオートマトンが情報を扱い、複雑性を生み出せるようになるのに必要なのは何なのかを調べたのだ。

　セルオートマトンのうちには、あっというまに消滅するものもある。そのレシピは興味深い振る舞いにはつながらない。なかには、長い時間存続するものや、無限に存続を続けていくかもしれないようなものさえある。これは、コンピュータ上で普通に計算するときの状況と完全に呼応する。たとえば、すぐに答えに到達するもの（2＋2＝4）もあれば、永遠に続くもの（10/3＝3.3333333……）もあり、さらにはどちらなのか推測するのが困難なものもある。チューリングの停止問題が示してくれるとおり、通例、実際に計算が停止するまで、私たちは停止するかどうか、けっして知りえない。

　ラングトンのセルオートマトンの示す結果も、同じく三つの可能がある。すなわち、（一）消滅する、（二）無限に存続する、（三）その境目に存在するため、どうなるのか判断しがたい、の三つだ。

　消滅する計算は氷に呼応する。答えが手に入り、それで終わりとなる。そこには完全な秩序が存在する。その状態とは凍った個体であり、長い目で見ると、とくに興味深いものではない。永遠に続く計算は水に似ている。すべてはずっと流動的なままだ。そこにはカオスが存在し、明瞭さが欠けている。しばらくは興味深いが、時間がたつと、かなりつまらないものとなる。そこからは何も出てこないからだ。ほんとうに興味深い計算は、この凍った状態とたえず流動する状態の間でバランスをとっている。終わりになるかどうか、けっしてわからない。このような計算は個体と液体の境目、氷と水の間での転移の近くでしばしば起こる。というわけで、興味深い現象が起こるのは、このような境界線上の状況において、ということになる。

情報を扱うことのできる計算過程がおもしろいものであるためには、二つのことができなければならない。情報を記憶することと情報を消去することだ。記憶ができなければ、情報を蓄積することはできない。消去ができなければ、新たな方法で情報を構成し、計算することはできない。こういうわけで、何か興味深いことができるシステムは記録と消去ができなければならない。記憶と作動、保持と解放、凍結と流動の両方が。そのシステムはまた、これら二つの過程が近接して起きるのを許すものでなければならない。

ラングトンの考えは、セルオートマトンで模倣可能な力学系なら、どの系でも、この二つの基本的形態、すなわち凝固した形態と流動的な形態しか存在しないというものだった。実際上これは、どのような物質系であっても、この二つの基本的形態、固体と液体のどちらかで特徴づけられることを意味している。

究極的には、この二つの基本的状態、もしくは基本的相だけが存在し、興味深い現象はすべてこの二つの境界線上で起こる。カオスと秩序の間の境界線上、水と氷の間の境界線上、有限の計算過程と無限のそれとの間の境界線上で起こる。

終わりがあるかどうか、私たちには知ることができない、まさにその境目で起こる。

「物質系が固相と液相間の転移点もしくはその近辺にあるとき、計算が自然発生的に創発し、その物質系の力学を支配するようになることがある」とラングトンは書き、さらにこうつけ加える。「これが意味するところで最も刺激的な点は、生命がその起源を相転移の付近に持つ可能性があるということかもしれない」[21]

他の研究者たち、とくにカリフォルニア大学バークレー校のジェームズ・クラッチフィールドは、ラングトンの推論には批判的だが、彼のものと類似した手法を使って同じ結論にたどり着いている。[22]それは、ほんとうに興味深いことが起こるのは、カオスと秩序の間の境界線上である、という結論だ。私たちはそこ、すなわちカオスの縁で、新しい構造が生じうるような計算をすることができる。

冷蔵庫の中にジュースなどの飲料が収まり、冷凍庫の中には氷の塊が入っていても、おもしろくない。両者を混ぜて飲み物を作ることこそが興味深いのだ。

一九八八年、ドイツの物理学者でカオス研究者のペーター・リヒターは、このような発想を先取りする考え方を、「境界線の美」という言葉を使って提唱した。(23) カオス理論とフラクタル理論から発生する現象のコンピュータ画像を観察することで、人類が地球上のどこに住んでいるかを分析した結果だった。彼の分析によると、それは海岸や川沿い、山系、峠だった。つまり、境界線の近く、ある要素が別の要素に変化する場所の近くだった。

境界線の美が生じるのは、海と陸との境界線が何か複雑で興味深いことが起きる場所だからだ。長い目で見ると、海はつまらないものだし、陸についても同じことが言える。しかし、この二つの本質的要素が海岸や河口で出会うと、驚くべきことが起こりうる。海と大気の境界線や、陸と大気の境界線で地球上の生命のほとんどが見られるのが、まさにその好例だ。

同じことが私たちの生活にも当てはまる。もし私たちが一つの領域にだけいるとすれば、私たちの生活は、異なる領域の間の境界線上で暮らしているときほど興味深いものではなくなる。この境界線上では、より多くの要素が私たちに働きかける。そのため、どんな結果が生じるか不確かになる。

自然科学は秩序とカオスのどちらかに興味を示す傾向がある。ニュートンの可逆性と熱力学的不可逆性のどちらか、単純と混乱のどちらかに興味を示す。

複雑性の研究が本格的に具体化したのは、ベルナルド・フーバーマンとタッド・ホッグが一九八六年に、複雑性はまさにカオスと秩序の中間で発見されるものだ、と指摘したときだった。その数年後には、クリス・ラングトンやジェームズ・クラッチフィールドらによって、秩序がカオスと出会うとき、出会う場所で、興味深い出来事が起こることが示された。

複雑性はカオスの縁で増大する。

つまるところこれが、なぜ単純な方程式や教科書にある一連の事例を知るだけでは十分でないのか、という疑問の答えとなる。たとえ世界の公式を知っていようとも、その公式から世界がどのようなものであるのかを推測することはできない。たとえ変化に富む世界を簡潔な記述に還元できたとしても、その記述から世界を再構築することは絶対に不可能だ。

「量の増加は質の変化を生む」とP・W・アンダーソンは述べた。そして、すでに本章で見たとおり、こうつけ加えた。「すべてを単純な基本法則に還元できるからといって、その法則を出発点として宇宙を再構築できるわけではない」

だが、これこそ、私たちがこのテクノロジー文明の中で送っている人工的な生活で意識的にやろうとしていることにほかならないのだ。

第十五章　非線形の線

一八七七年、火星が地球からわずか六〇〇〇万キロという、めったにない至近距離まで接近した年、イタリアの天文学者ジョヴァンニ・スキャパレリは、地球に隣接するこの惑星の表面に運河を見つけた、と発表した。運河は巨大な連結網を形成して火星の表面全体を覆っていた。だがそれは、地上からはひどく見づらかった。地球の大気圏で起こる擾乱《じょうらん》のせいで、他の惑星の表面を調査するのが非常に難しいためだ。写真撮影もできない。大気の乱れのために、望遠鏡をのぞいてもかすんだ火星像しか見えず、フィルムを露出している間にすっかりぼやけてしまう。それでもスキャパレリは、長い年月をかけて火星の表面に走る広大な連結網をたどり、それを図に記していった。

一八九二年、スキャパレリが視力の衰えを理由に研究をやめることを明らかにすると、アメリカの大富豪で外交官のパーシヴァル・ローウェルは、大気の擾乱が並外れて少ない地域であるアリゾナ州フラグスタッフに天文台を建てることにした。こうして、火星の運河の研究は続けられることとなった。

ローウェルの惑星研究は、じつに重要な成果をもたらした。それは、太陽系で最も遠い、九番目の惑星の探索に乗り出した点に負うところが大きい。この探索は、ローウェル天文台の後継者クライド・トンボーが、一九三〇年にお目当ての惑星を発見して大成功を収めた。惑星は冥王星（Pluto）と名づけられた。「Pluto」は、暗い冥界の神の名であると同時に、初めの二文字がパーシヴァル・ローウェルのイニシャルになっていたからでもある。

しかし、一九一六年に没するまでローウェルがほんとうに心を奪われていたのは、火星の運河の研究だった。彼は、まっすぐな運河から成る広範なネットワークが、火星表面に散在する暗い斑点をつないでいるのが見えると信じていた。直線が複雑に入り組んだこのネットワークは惑星規模の灌漑設備で、火星の氷冠に源を発し、赤道付近の乾燥地帯まで水を運ぶものだと考えられた。火星が乾燥した惑星であることは間違いない。したがって、地球と同じように常時氷で閉ざされている両極から水を得ることは、生命体にとって不可欠だった。

後年、アメリカの天文学者でサイエンス・ライターのカール・セーガンは、次のように書き記している。「ローウェルの論証を方向づけたのは、運河がまっすぐに延びていることだった。なかには、何千マイルにもわたって巨大な弧を描くものもあった。このような幾何学的な形状は地質学的作用では生じえない、とローウェルは考えた。線があまりにまっすぐすぎたのだ。それは知的生物の手になるものとしか考えられなかった[1]」

そのため、ローウェルの下した結論は物議を醸すこととなった。というのも、火星は生命体を宿しているばかりか、完全に文明化された惑星であり、乏しい水を惑星全体に行き渡らせる設備まで整っている、と彼は明言したからだった。

火星の運河をめぐる議論は、その後何十年も続いたが、宇宙計画に基づいて探査機が次々に送り込まれて、ようやく火星にまっすぐな運河のないことがはっきりした。それでも、かつて水が流れていた痕跡を残す干上がった河床はあった。ただし、直線には程遠く、地球の川と同じように不規則に曲がりくねっていた。それらは知的生物の介在を引き合いに出すまでもなく、地質学的作用によるものとして説明できた。さらに、その大きさからして、ローウェルの望遠鏡では見えたはずがなかった。

ローウェルが目にしたのは、錯覚の産物だった。そこには運河も直線もなかった。しかし、目は何らかのパターンを捉えるよう鍛えられているので、何もない所にさえパターンを見出そうとする。大気のもやを通して、ときおりぼんやりと見えた火星表面の不規則な染みや斑点は、どれも直線だと解釈された。しかし、実際には直線など存在していなかった。

ローウェルはそこにないものを見ていた。ほんとうは秩序なく散らばった斑点しかないところに、パターンを見ていたのだ。カール・セーガンが述べたように、「あの整然とした形態こそ、運河が知的生物の手になることを示すまぎれもない証拠だ、とローウェルはつねづね言っていた。これはもちろん正しい。ただ一つ残る疑問は、望遠鏡のどちら側に知的生物がいたか、ということだ」(2)

フラクタル——自然は非線形

直線は、自然界にはまず存在しない。人類の築いた文明社会では、いたるところに直線や直角や円形があふれているが、手つかずの自然にある様々な形の中に、直線は見られない。自然界の形の中にも、その気になればまっすぐのように感じられそうなものは数多くある。だがそれは、細かいところに目をつぶれば、の話だ。木は空に向かって伸びるが、(たとえ枝を無視するにしても)よほど遠くからでなければ、完璧に滑らかでまっすぐには見えない。ねじ曲がったり節くれだったりしているし、樹皮はきめが粗く、幹はこずえに向かって細くなる。同様に、完全にまっすぐな草の葉はないし、完璧に直立した背を持つ動物もいない。霜や結晶の中には直線が見られるが、それらはあまりにも短い。川や海岸線は不規則に曲がり、山並みはノコギリの歯のようで、雲にいたっては不規則の極みだ。

水平線は一見すると直線のようだが、それはごく特殊な尺度で見ているからでしかない。たとえば、宇宙船からもう少し広く眺めたなら、地球が平面ではなく丸いことがわかるだろう。また、望遠鏡を使ってもっと間近に眺めれば、まっすぐに見えた水平線も無数の波頭から成っており、肉眼がそれを平らにならして見ていただけだとわかるはずだ。

光線は直進するが、私たちには見えない。もし光線を真正面から見たら、点が一つ見えるだけだ。横からならば直線に見えるが、それは空気中の塵や煙の粒子が光を散乱しているからにすぎない。光に照らされた粒子をさらに詳しく観察すれば、それらが直線を描いているのではなく、独立した点として並んでいるだけなのがわかるだろう。

幾何学の授業で習う形は、どれも自然界には存在しない。直線も、直角も、直角三角形もない。一見そのような形に見えたとしても、ほんとうは違う。結晶に含まれる直線を別にすれば、自然界に純然たる形で見られる単純な幾何学的形状は、円だけだ。円は、大空のはるかかなたに輝く太陽と満月の形として目にすることができる。

自然の用いる形の言語は、古代ギリシアに由来する形の記述法である、学校の幾何学とは大きく異なっている。

山肌を流れ落ちる雨水は、直線をたどりはしない。むろん理論上は直線を描くはずで、それは重力に引っぱられるからなのだが、現実の世界には、地球の重力以外にも影響をおよぼすものがある。地表という要素もあって、これにはでこぼこがある。そのため、山肌を流れ落ちる雨水は、まっすぐ下ってはいかない。雨水はそれぞれの地点で下り方向を見つけて進んでいくしかないが、下りは必ずしも直下ではないからだ。小石や出っぱりのせいで、いくぶんジグザグ気味に不規則な道筋をたどることもあるだろう。雨水の進路は、流れ落ちていく途中の各地点における局地的な条件を反映する。つまり、雨水はどこに、どのように行くかを決めてから動き出すのではなく、それぞれの地点で下り方向に動くのだ。雨水の進路を左右するのは、局地的な状況であって、大局的な状況ではない。進路はわずかずつ決まっていく。

だから雨水は直線をたどらない。雨粒は空から降るときには、風がなければまっすぐに落ちてくるかもしれない。しかし、山肌を流れ落ちるときは、そうはいかない（図51）。小川であれ大河であれ、川がまっすぐでないのもこのためだ。全体的な土地の勾配だけでなく、場所ごとの土壌の軟らかさの違いにも影響されながら、川は曲がりくねった乱れた進路をとる。大きな岩があっちへ、堆積した砂利がこっちへと、川筋を曲げる。航空機や宇宙探査機から観測すれば、大きな蛇行が見える。川岸を歩けば、上空から見える大きな蛇行の中に、もっと小さな湾曲が多数あることがわかる。

　しかし、オランダに行くと、目にする水路はまっすぐなものばかりだ。それは、オランダには海抜未満の土地が多く、堤防で守られた人工的な景観が広がっているからだ。そんなわけで、この国の水は、その水位と流れに関しては、堤防と制御装置によって徹底的に管理されている。人間の築いた運河に沿ってまっすぐに水が流れてくれれば、水位や流れを管理することなどわけもない。オランダの水路は、幾何学の教科書から抜き出してきたかのような代物だ。それにひきかえ、山頂からの雪解け水がほとばしる激しい春の流れは、科学で教わったものには程遠い。

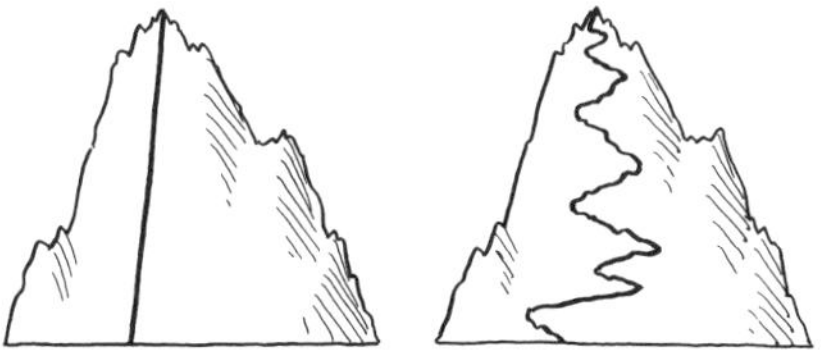

図51　雨水は山肌をまっすぐ流れ落ちるわけではない。雨水の道筋は直線より記述するのが難しい

　ローウェルがいみじくも述べたように、直線は知的生物と文明の存在の証しだ。直線は意識が残した指紋――この世界に、そしてローウェルの場合は知覚に、意識が残した指紋――なのだ。

　現代に入って、この点を指摘したのが、ポーランド生まれの数学者ブノア・マンデルブローだ。ニューヨーク州ヨークタウン・ハイツにあるＩＢＭの研究所に勤務するマンデルブローは、ごく最近まであらゆる数学的研究や教育の基礎だったユークリッド幾何学を徹底的に批判するなかで、この指摘をした。その彼こそ〈フラクタル〉の考案者だ。フラクタルというのは、少しもまっすぐでなく、あらゆる箇所で曲がった幾何学図形であり、そのため人の目に名状しがたいほど美しく映る抽象図形を生み出すことができる。なぜそれほど美しいのかといえば、その図形が自然固有の形と、まるで同じ複雑性を持つように見えるからだ。フラクタルは深遠で複雑な形であり、細かく吟味すればするほど味わいを増す。一九八三年に出版された自然のフラクタル幾何学に関する著書の中で、マンデルブローはこう述べている。「幾何学がしばしば『冷たい』とか『無味乾燥』だとか言われるのはなぜだろう。一つには、雲や山や海岸線や樹木の形を記述できないからだ。雲は球ではなく、山は円錐体ではない。海岸線は弧ではないし、木の幹は滑らかではない。雷も直進しない。より一般的に言えば、自然の示す形はひどく不規則で断片的なものが多く、ユークリッド幾何学と比べると、たんに程度が高いというだけでなく、まったく次元の異なる複雑性を呈している(3)」

コンピュータ会社に勤務する科学者がなぜこのような論点を含む本を著したのか、いぶかる向きもあるかもしれない。だが、じつはコンピュータこそ執筆の理由だった。

学校で習う数学の対象は、ほとんどが微分可能な連続した図形や関数だ。実際問題として、これはそうした図形や関数が、滑らかで規則的な形や数学的な関数から成るということだ。小さな変化はあまり問題にならない。大きな変化は大きな影響をもたらす。

一七〇〇年頃、アイザック・ニュートンとゴットフリート・ライプニッツが微分積分学を打ち立てた。現在の自然科学は、ほぼ例外なくその上に成り立っている。微積分は、滑らかな図形や関数の解析に役立つ、すばらしい数学的補助手段だ。ニュートンとライプニッツがこの巧妙な手法を考案してくれたおかげで、研究を一握りの単純な式にまとめて、およそ滑らかではない紙の上で容易に扱えるようになった。私たちは、問題を初めから終わりまで手計算で解ける。それは、二人の偉大な科学者の編み出した数学的トリックで、問題が簡約化されているからだ。

この種の数学を使って解けない問題はすべて、個別に計算するしかない。つまり、数字を一つ一つ拾って、桁ごとに計算しなければならない。だが、わざわざそんなことをする者などいるはずもない。というわけで、微分できない図形や関数、すなわち、ありとあらゆる不規則な事物に、関心を抱く者はいなかった——コンピュータが登場するまでは。コンピュータの出現によって、秩序正しい微分積分以外の数学的手法でなければ記述しえなかった様々な問題を最後まで計算することが、突如として可能になった。言い換えれば、単純な幾何学図形によって記述できない図形や、容易に最後まで計算できる手法では記述できない関数が、すべて計算できるようになったのだ。

マンデルブローはこうした複雑な図形を探究して、それをフラクタルと名づけた。だが、フラクタルを発見したのは、じつは彼ではない。フラクタルは、第一次世界大戦前後に、フランスの数学者ガストン・ジュリアとピエール・ファトウの二人によって発見されたが、あまりに複雑だったため、それ以上研究されなかった。そんなわけで、そうした図形はたんに化け物呼ばわりされ、それ以前のフラクタル数学へのアプローチとともに棚上げされた。ところが、一九九〇年代には、子供でもフラクタル図形の美しさを知ることとなった。それはひとえにコンピュータのおかげだ。コンピュータは、フラクタル画像を描くのに必要な無数の細かい決定を、最後まで飽きもせずにやってのける。

フラクタルは非常に込み入った図形を生み出すが、それほど複雑な数学に基づいているわけではない。フラクタルの多くは、極めて単純な式を〈反復法〉と呼ばれる方法で何度も繰り返すことによって定義できる。まず、ある式に初期値を与えて計算し、答えを出す。次に、その答えを同じ式に与えて新たな答えを出し、順次その答えを式に与えていくのだ。これが反復法で、同じことを果てしなく繰り返すことで、ごく単純な式から高度に複雑な図形を導き出せる。秘訣は繰り返しにある。

人間ならば、わざわざこうした繰り返しをする気にはならないだろう。しかし、コンピュータはそれを厭わないし、自然も喜んでそれを行なう。

マンデルブローの指摘によると、生物の遺伝子に書き込まれたレシピは、一つの手順を何度も繰り返すことを定めているものが多いという。たとえば、一本の木は、あるレシピに基づいて自らの内側で同じ形を何度も繰り返し、ゆっくりとでき上がる。カリフラワーを例にとってみよう。カリフラワーを小房に分けてみる。それはさらに小さい房に分けられる。これを繰り返すと、最後には私たちの小指の爪よりはるかに小さいものになる。同じ基本の形が内部で何度も繰り返されているのだ。

コンピュータを手に入れた科学者たちは、〈線形数学〉が記述できるのは、この世界の特別な事象、ごく限られた部分にすぎないことを思い知らされた。世界の大部分は〈非線形数学〉、すなわち、規則的でも滑らかでもなく、極めて小さな変化が大きな相違につながりうるという事実に裏づけられた式や図形でなければ記述できない。なぜなら、自然界の物はいたるところで折れたり曲がったりしているからだ。カオスという現象も、フラクタルと同じく非線形だ。一九八〇年代、コンピュータは自然科学の分野に非線形革命を引き起こした。この革命によって、私たちの文明社会は自然と完全に異なるという事実に、真剣なまなざしが向けられるようになった。

一九八六年、ドイツのフラクタル学者ハインツ゠オットー・パイトゲンとペーター・リヒターの二人は、現在では世界的に有名な歴史的名著『フラクタルの美』の序文で、オーストリアの芸術家フリーデンスライヒ・フンデルトヴァッサーの言葉を次のように引用している。「一九五三年、私は直線が人類の没落を招くことになると気づいた。しかし、直線はすでに圧倒的な支配力を持つにいたっている。直線は、臆病な人間が何かを考えたり感じたりすることなく、定規を使って引く。このような線は自然界には存在しない。そして、破滅を運命づけられた私たちの文明の、腐敗した礎なのだ。この線が世界を急速に破滅へと導いていると悟った地域が仮にあったとしても、あいかわらず直線は引かれていく。……直線によるデザインはどれも、はなからうまくいかない。今日、私たちは合理主義的ノウハウの勝利を目のあたりにしつつも、空しさを禁じえない。美的感覚の欠如、均質の味気なさ、嘆かわしいばかりの不毛、創造力の喪失。創造性さえ型通りに組み立てられる。私たちは不能に陥った。もはや創造することはかなわない。これこそ、私たちにとって真の無知なのだ[4]」

では、直線に根差した文明生活の問題とは何だろう。それは、そこに含まれる情報が非常に少ないことだ。そこに感じるものはないに等しい。

山肌を流れ落ちる雨水の進路を記述するのは、とても難しい。ありとあらゆる曲がり道があり、詳細な説明が必要とされる。それに比べて、雨水の始点と終点を結ぶ一本のひもを記述するのは、原理上はるかにやさしい。ひもを結ぶ二点を特定し、ピンと張られているのを確認すれば、すべてを言い尽くしたことになる。

直線は、たいして情報がなくても確定できる。しかし、曲がりくねった非直線状の線は、大量の情報がないと記述できない。

現代的なコンクリートの高層アパートは、職人がレンガを一つ一つ積み上げた昔ながらの家に比べて、はるかに記述しやすい。今ではめっきり数のへった草葺き屋根の家と比べれば、なおさらだ。

直線に支配された文明社会は記述しやすい。したがって、予測もしやすい。石畳の路地に比べると、見事までに平坦な大通りの持つ情報はずっと少ない。街の広場をアスファルトで舗装すると、それまでそこにあった地形の情報を捨てることになり、平らにならす前よりもその場所について記述しやすくなる。

文明とは予測可能性を獲得することであり、予測可能性は情報の対極にある。なぜなら、情報とは、あるメッセージの持つ意外性の尺度、つまりそれから受ける驚きの大きさの尺度だからだ。

「その道には穴があいている」というのは、そこを通る人にとっては有益な情報だ。この言葉に情報が含まれていると言えるのは、これが道の話であり、どこかのどうでもいい場所に穴があいているのとはわけが違うからにほかならない。

文明は私たちの生活から情報を締め出す。それは、私たちが素通りする土地の情報、眠っている間に降る雨の情報、一日を通して起こる微細な気温変化の情報、浄水処理前の水の細菌含有量の情報、自宅に使われている床材を切り出した木の形の情報、床にこぼしてすでに拭き取られた物の情報など、挙げていけばきりがない。

私たちは世界の真の姿を知らずにすませるために、きれいに片づける。これには利点もある。自転車に乗ろうと思ったら、道路は平坦なほうがいい。眠るときには、雨をしのげるほうがいい。下痢をしたくなければ、水は浄水処理されていたほうがいい。踊るなら、床は水平なほうがいい。うまく暮らしていこうと思ったら、何事も整頓されているほうがいいのだ。

とはいえ、それにも限度がある。直線に支配された文明社会は、見ていて退屈だ。どの街も味気なく、景観が空虚になってしまいがちで、見るべきものもないし、心も安まらない。そこで、人々は休日になると自然あふれる場所に出かけ、嬉嬉として薪を割り、鎌を振るう。丸一日をひたすら養生に費やし、肉体を活気づけるのだ。自然には人を刺したり嚙んだりする虫がどれだけ多いかという情報を押しつけられるのを満喫する。しかし、そうしている間は働くことはできない。少なくとも、昨今の社会で、働くという言葉の持つ意味においては不可能だ。

文明とは、周囲の環境に関する情報を取り除くことだ。自然についての情報を捨てれば、感覚はその膨大な情報の重荷から解放され、私たちは他のことに意識を集中できるようになる。周囲から押し寄せる多大な情報を切り捨ててこそ、私たちは頭や社会の内部における精神生活に没頭できるのだ。人間と精神生活の関係は重要度を増し、それが私たちの意識に占める割合も大きくなる。これは、天候のことばかりに頭を悩ませずにすむからにほかならない。そのかわりに、人間は互いのことを考えられるようになった。

テクノロジーは、物事の予測や繰り返しを可能にするものだ。おかげで、私たちは時間や手間を省くことができる。野に出て薪を集めることに比べれば、石油炉の燃料は入手も扱いもずっと楽だ。冷蔵庫によって、手に入れた食物の保存にはほとんど気を使わなくてもよくなった。道路網と自転車があれば、遠くの目的地へ行くにもずいぶん見通しが立てやすくなり、かかる時間も短縮される。テクノロジーの目的は知覚と注意を省き、人間がテクノロジーの助けを借りられる事柄以外に、知覚と注意を振り向けられるようにすることだ。しかし、それゆえにテクノロジーは退屈でもある。というのも、本質的に、テクノロジーは私たちが行なう作業を肩代わりするのが目的だからだ。大量の情報を吟味する必要を取り除いて、手間を省こうというわけだ。

タイプライターや植字機は、書くという作業から情報を取り除く。手書きのふぞろいの文字にはコンピュータの型通りの文字よりもはるかに多くの情報が含まれており、そこには書き手の心理状態が現われている。電話での会話は、面と向かって話すときよりもはるかに情報が少ないが、それでも手紙より多くの情報を含んでいる。また、同じ文面でも、手書きの手紙にはタイプライターやワードプロセッサーで書かれたものより多くの情報が含まれている。

文明は「自然生まれの」情報を私たちの生活から取り除き、他の情報のための余地を残す。仕事や私生活、文化、テレビ、娯楽といったもののための余地だ。四六時中、雨やヘビを警戒して感覚器官を働かせている必要はなくなり、かわりに会話を楽しむことができる。環境はほとんど負担にならないので、〇・五秒遅れで現実を意識に捉え、その現実について話すことができるのだ。

私たちがテクノロジーに辟易としているとすれば、それはある意味で、自分の知覚する世界に飽きたのだと言えるだろう。テクノロジーとは客体化されたシミュレーションである、と定義できる。私たちにとって、世界の経験は、前にも述べたように、感知、シミュレーション、経験という順序に基づいている。私たちは、何を感知しているのか仮説を立てる。次に、感覚データで私たちを満たす周囲の状況のシミュレーションを行なう。そこでようやく、このシミュレーションを経験する。人間には電磁波のスペクトルは見えないが、赤い消防車は見える。私たちの脳は、すでに経験したものに似たものを理解する。

こうしたシミュレーションは、通常まったく意識されない。しかし、このシミュレーションの法則を明確で意識的なものにするのが科学だ。科学は、世界についてのシミュレーションの一部を要約し、紛れのない形で表現可能にするので、人間はそれについて互いに話し合うことができる。ある物のシミュレーションを行なう方法を知っていれば、それを復元できる。その背後にある原理がわかっているので、もう一つ同じ物を作ることができる。頭の中でシミュレーションをし、それを、原理が理解できるような物に変えられる。人間はシミュレーションに形を与えることができるのだ。

私たちは飛行の原理を知っているので、空を飛ぶ機械を作ることもできる。いや、実際はその反対と考えたほうが近い。まず初めに空を飛ぶ機械を作ろうとしたが、失敗に終わる。そこで鳥を観察し、空気についてもできるかぎり研究して、ようやく数百年後に完成をみたというわけだ。

だとすれば、問題は、人間がこの世界を直線その他の整然とした形から成るかのようにシミュレーションする点にある。世界を記述するために私たちが使う言葉は、どれも線形で整然としているので、人間が作るものも、すべて線形で整然としたものになる。このような知覚は、私たちの神経系にしっかりと根づいている。直線は私たちの神経細胞の機能のなかに組み込まれているのだ。

そのため、私たちなりに理解している世界をテクノロジーとして客体化すると、直線に支配された世界を構築してしまう。

人間の概念は線形だが、私たち自身、そのありように気づいてすらいない場合も多い。

海岸線の長さとゼノンの逆説

「グレートブリテン島の海岸線の長さはどれだけか」ブノア・マンデルブロー[5]は、初めてフラクタルに言及した論文、すなわち、一九六七年に『サイエンス』誌に発表した革命的論文の中でこう問いかけた。論旨は単純明快で、海岸線の長さにははっきりした定義がないということだった。それなのに、教育現場では各地の海岸

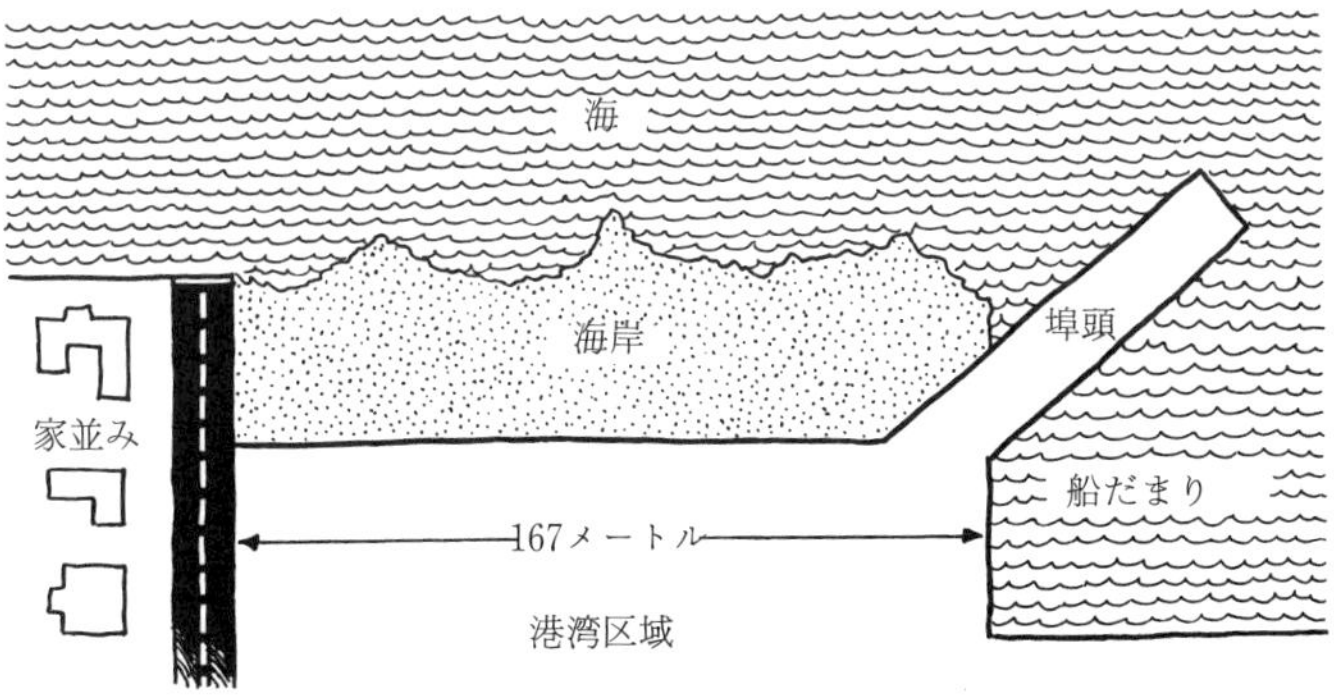

図52　無限の海岸線

線や川の長さを教える。

たとえば、デンマークの海岸線の長さは、七四七四キロだという[6]。しかし厳密には、これは意味を成さない。なぜなら、海岸線の長さは、小さな湾曲をどこまで考慮するかによるからだ。航空写真を使えば、ある程度細部まで確認できるし、海岸線の長さを測ることも可能だろう。しかし、海岸線を歩いてみれば、大きな湾曲の中に小さな湾曲がいくつもあるのがわかる。つまり、細部まで含めれば、それにつれて海岸線は長くなるということだ。

したがって、海岸線の長さが七四七四キロメートルだと言えるとすれば、それは暗黙の了解として、私たちがある特定の基準を設けているからだ。つまり、各地の海岸線の長さをどこまで粗く測るかという程度を決めているわけだ。しかし、厳密に言えば、どの海岸線も無限に長い。より細部まで含めるほどに海岸線は長くなり、突き詰めれば、砂の一粒一粒の周囲を測ることになる。同じように、小さな湾曲部もすべて勘定に入れれば、川もまた無限に長くなる。だがもちろん、どんな尺度を使っても、ナイル川がグーデノー川より長いことに変わりはない。

この問題は、こう言い換えることもできる。一六七メートル離れた二つの埠頭に挟まれた海岸線があったとしたら、その長さはどれだけか（図52）。

原理のうえでは、二つの埠頭間の海岸線は限りなく長い。しかし、海岸線の小さな湾曲をすべて無視すれば、長さは明確に決まる。不規則な細部をすべて無視して、二つの埠頭を照準線で結べば、海岸線はちょうど一六七メートルになる。一方、湾曲部をいくつか考慮すると、海岸線はもっと長くなる。

また、こうも問える。埠頭Aから埠頭Bまでの海岸を一六七メートル歩いたとしたら、いったいどれだけ歩いたことになるのか。

その答えは、まさに個人の歩幅しだい、だ！

長さは日常生活ではごくありふれた概念だが、それは観察者、すなわち、その長さを経験する者を決めるまで定義できない。

距離の意味ははっきりしているが、非常に抽象的でもある。それは、二地点を結ぶ照準線、つまり最短路だ。長さは、海岸線や川、地表といった、自然が形作った境界をなぞるので、尺度あるいは粗さ、つまり観察者を決めないことには定まらない。長さは現実の世界には存在しない——誰がその現実を経験するのか決めるまでは。

ただ、コペンハーゲンとロスキレを結ぶ道路の長さとなると、これは一分の狂いもなくきっちりと定まる。それというのも、道路は人間の手により作られたものなので、もともと具体的な尺度、あるいは粗さが客体化されており、どの基準が当てはまるのかは明白だからだ。ある特定の尺度によれば、道路はまさにまっすぐで平坦だと言える。その尺度に従えば、道路の長さは明確に定まる。微視的な尺度を用いれば、道路の表面はでこぼこで不規則で、管轄する役所の言い分より長くなるかもしれない。だが、道行く人は誰でも、道路の長さと言えば、どの尺度を念頭に置けばいいのかをきちんと心得ている。

自然の中では、人間が現れるまで、長さの概念は明確に定義されない。一方、どんな文明のコンテクストでも、その概念は明確に定義されているが、それはすでに人間が存在しているからにほかならない。

しかし、日常語の世界では、長さのような概念には、つねに明確な定義があるものと見なされている。これは、じつに理にかなったことだ。というのも、日常語は私たちの常識に基づいているからだ。長さについて話をするときに、その長さについて話している人がいないという前提に立つのは、常識的に言って、どんな場合であっても馬鹿げている。誰かが長さについて話している以上、尺度はすでに決まっている。会話を聞いていれば、問題の長さがどういったコンテクストで使われているのか、見当ぐらいはつくものだ。何についての話か判断する手がかりは、どんなときにでもあるものだし、ドライブに行くのか、家を建てるのか、絵を描くのかがわかれば、前提となっている尺度もすっかり明らかになる。その行為自体が、望ましい尺度の客体化を目標とすることすらありうる。かんなをかけたり、紙やすりでこすったり、アスファルトで舗装をしたりすることで、特定の尺度の直線性を目指すわけだ。

長さのような概念は観察者を決めて初めて定まるという前提を無視して、意識がこうした概念を定義しようとすると、問題が起きる。これこそ哲学者の頭を悩ませてきた類いの問題であり、実際、西洋哲学と数学における最大の難問の一つだ。その歴史は古く、二五〇〇年前のゼノンの逆説が、まさしくこの問題を含んでいる。「ソクラテス以前の哲学者のうちで、今日、最も名高いのはゼノンだ」G・S・カークとJ・E・レイヴンとM・スコフィールドは、古代ギリシア初期の哲学者に関する権威ある書『ソクラテス以前の哲学者』[7]の中でこう述べている。その理由は、紀元前五〇〇年頃、南イタリアのエレアに住んでいたゼノンが、師であるパルメニデスの説を擁護するために考え出した様々な逆説にある。パルメニデスの説は以下のとおりだ。すべてのものはただ一つである。なぜなら、もしそうでないとしたら、何か別のものによって分けられていなければならないが、そうすると、この世にあるすべてのもの以外にそれを分ける別のものが存在することになり、矛盾する。よって、これもやはり唯一にしてすべてであるものの一部でなくてはならない。

さて、ゼノンの逆説の一つは運動に関するものだ。ある地点から別の地点へ移動するには、まずその距離の中点を越えなければならない。さらにその前に、その中点までの中点を越えなくてはならない。このようにして、目的地に着くには無限の中点を越えなければならない。ところが、有限の時間内にそんなことはできないから、けっきょくどこにも到達できない。

いま一つの逆説は、矢に関するものだ。ある瞬間、ある場所に矢があるとすれば、動いているときには矢はどこにあるのか。ある瞬間、ある場所にないとすれば、その瞬間に矢はどこにあるのか。矢は、それがあるところで動いているのか。あるいは、それがないところで動いているのか。

哲学者や数学者は、ゼノンの時代からこれらの逆説の解明に取り組んできた。この問題が空間と時間の無限分割の可能性という考えに根差しているのは明らかだ。この可能性は、専門的には〈連続体仮説〉と呼ばれている。

しかし、時間と空間は無限に分割することができ、かつ、連続しているという見解は、近年多くの物理学者の激しい批判を浴びている。ロルフ・ランダウアーは、連続体の概念は宇宙には無限量の情報が含まれることを最終的に意味するという理由（無限に分割を続けられるものについて二者択一の疑問を発していったら、きりがない）で、この概念を批判した[8]。また、ジョン・ホイーラーは、連続体の概念は量子力学と根本的に矛盾するという理由で、これを非難した[9]。

連続体の概念さえ捨てれば、移動する前に中点の中点の中点を越えなくてはならないという問題は解消する。ゼノンの逆説は、長さは無限に分割できると言いたいがために展開された理論だ。しかし、これは長さの本質とはかけ離れている。たしかに海岸線は無限に長いが、これをある一定の長さだと断じたとたん、きめの粗さ、網目の大きさを決めたことになり、だからこそ、そもそも長さの話ができるわけだ。

つまり、長さの日常的な概念には一つの前提条件が内在しており、それは、連続体などというものは存在せず、存在するのは有限の長さであるかのように表された無限だ、というものだ。無限量を有限として記述する場合、尺度を決定する観察者の存在が暗黙の了解事項となり、最小の計測単位が決められていて、それ以下の細部は無視される。

問題が起きる原因は、長さの概念が抽象的で、尺度、つまりきめの粗さを決めて初めて意味を成す点にある。私たちは通常、このようなことは考えもせず、長さは無限に分割できるとばかり思い込んでいる。

同じことが時間にも当てはまる。ゼノンは、ある場所に存在する物が、そこで動いているかどうかはわからないとした。もし動いているとしたら、そこにはないのであって、もしその場所に止まっているとしたら、どうして動いていると言えるのだろうか、という理屈だ。これは、動画を撮るときにぶつかる問題に似ている。私たちは動きそのものを画像にはできない。そこで、大量の写真を撮り、一続きの動きを、凍結した断片の連続として一コマ一コマ捉えて画像にし、それを高速で順番に見せて、観客に動く映像を見ているかのような錯覚を起こさせるしかない。しかし、動きそのものは画像として記録できない（ぶれた像として以外は）。一連の画像が、個々の像ではなく連続した動きに見えるためには、必要な画像の数にかなりはっきりとした下限がある。一秒あたりおよそ一八コマだ。聴覚についても同様のことが言え、一連のパルスが連続した音として聞こえるためには、一秒あたり少なくとも一六パルスが必要となる。

動きと音は「錯覚」だ。それは、同じ主観的時間量、（第六章で紹介した）ドイツのサイバネティックスの流儀にならえば、SZQ（subjektives Zeitquant）内に生じたために私たちには分離できない感覚データを、統合してしまうときに起こる。人間の持つ概念は、意識の帯域幅が一秒あたりおよそ一六ビットであるという事実を反映しているのだ。[10]

したがって、動きの概念と連続した音の概念は、長さの概念と同じく、一定のきめの粗さや一定の尺度、あるいは経験を量子化する観察者の存在を暗示する。日常言語で長さ、動き、連続した音と言うときには、それらを経験する者が誰かいるという前提に立っている。そうでなければ、概念自体が無意味になってしまう。

だとすれば、ゼノンの逆説は、言語には、こうした概念をいかなるきめの粗さも介在させずに定義されるものとして表現する能力が備わっている事実を示していることになる。しかし、もし観察者のきめの粗さを取り除いてしまったら、それを前提とする概念も骨抜きになってしまう。

ゼノンが言わんとしたのは、たとえ地表は無限に分割できるとしても、地図はそうはいかないということだ。なぜなら、地図は帯域幅の限られた意識によって描かれたものだからだ。

フラクタル次元

文明は人間がシミュレーションをした世界を客体化する。私たちは、家や道路や都市をどのように造れるか思い描き、直線だらけの青写真に沿って実際に建設する。こうして文明が直線を採り込むため、情報量は減少し、日常語は直截的な意味を持つようになる。無限があったところに、有限が出現する。

フラクタル幾何学は、マンデルブローが世に出し、多くの数学者の手でさらに発展を続けた。その軸となるのが〈フラクタル次元〉の概念で、これは、私たちの日常的な物の見方の「間」にどれほどの隙間があるのかを示唆してくれる見事な概念だ。私たちは空間を三次元として捉えることに慣れている(だから、アインシュタインが時間から得られる第四の次元の話をすると、みんな目を白黒させる)。この三次元は、上下、左右、前後という具合に、容易に視覚化できる。私たちはまた、この世に存在するものも当然、三次元(立体)、二次元(平面)、あるいは一次元(線)のいずれかだ、と思っている。

ところが、マンデルブローは一次元と二次元の間や、二次元と三次元の間の次元を持つ物もありうると唱えたのだ。たとえば、海岸線は一・二三次元の場合もある。これは、海岸線は無限の長さを持つ線ではあっても、あまりに曲がりくねっているために平面の一部を埋める、ということだ。フラクタル次元が一・九八の線は、平面のほぼ全体を覆うほど曲がりくねっており、一・〇二次元の線はきわめて直線に近い。同様に、二・七八次元の面というものもありうる。でこぼこがあまりに多くて、上下の空間をほぼ埋めているような場合だ。自然界に存在する形はその性質上、ほとんど整数次元をとらない。海岸線はたしかに線だが、現実には一・〇次元ではありえない。直線に近ければ一・〇九次元かもしれないし、フィヨルドが多ければもっと高い次元になる。

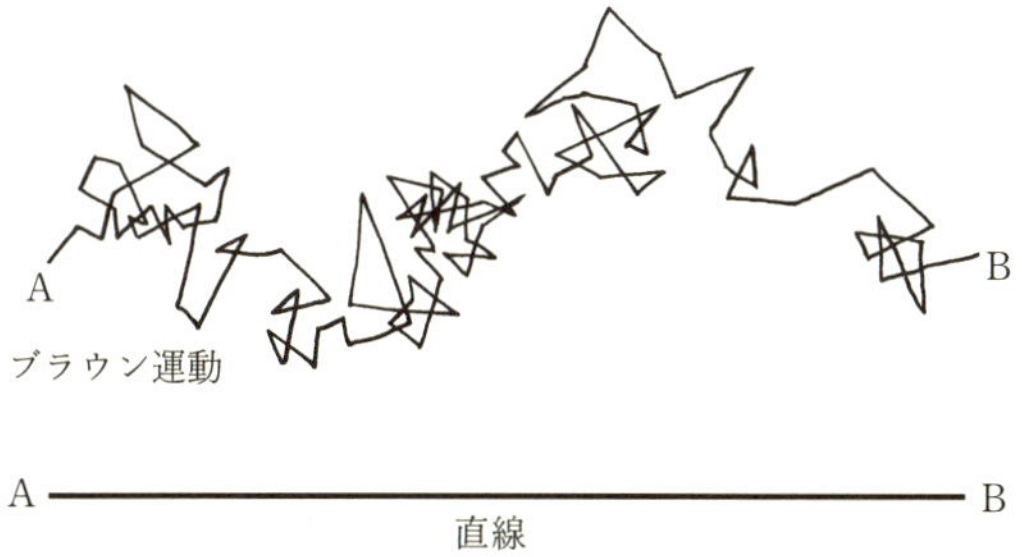

図53　ランダムな運動（ブラウン運動）は、多くの情報を含む。それは、どの地点でも運動の方向がランダムな事象によって決められるからだ。直線はきわめて少ない情報しか含まない。それは、記述するのに二つの点を述べるだけで事足りるからだ

文明はほとんど例外なく整数次元の物を生み出す。一方、自然が生むのは、ほとんど例外なく非整数次元の物だ。言い換えれば、文明が作り出すのはほとんどが直線だが、その直線は自然にはほとんど存在しないということだ。この「ほとんど」という修飾語は欠かせない。というのも、自然が整数次元の物を作り出す場合もあるからだ。

直線と対照をなすのが純粋なランダム性を特徴とする〈乱歩《ランダム・ウォーク》〉で、これは、一歩ごとにコインを投げて進む方向を決めるような、完全にランダムな運動だ。物理学から例を引けば、液体中の粒子が見せるブラウン運動がこれにあたる（図53）。粒子は液体の分子にたえず衝突されて、ランダムな方向に押しやられる。ブラウン運動は、記述するのはきわめて難しいので、計り知れぬほどの情報量を含んでいると言える。[11] しかし、ランダムな偶然に基づくこの線のフラクタル次元は、きっかり二・〇になる。最後には、面を埋め尽くすからだ。

純粋なランダム性は、最終的に整数次元の物を生み出す。一方、

純粋な秩序と計画が生み出すのも整数次元の物だ。興味深い事柄は、完全にランダムなものと完全に計画されたものとの間にある。

理想とされるのは、最大限の情報を含んだ線ではない。かといって、最小限の情報しか持たない線、つまり、直線でもない。

最も興味深い環境は、複雑性に富み、自明ではない。それは、完全な秩序と完全なカオスの間、完全な線形と完全な非線形の間、完全な文明と完全な荒廃の間のどこかにある。

そのような隙間を占めるのが自然だ。自然は完全な線形ではないが、まったくの無秩序でもない。非動物界も含めて、自然は組織と複雑性に満ちている。情報に富んでいるが、その量には限度がある。自然は、現在ここにある情報、そしてそれをはるかにしのぐ量の、かつて存在していた情報、その両方に満ちている。

だから、自然を観察する喜びは尽きない。

埠頭は海岸線を
一次元にしたもの。
一・〇

舗道のタイルは地面を
二次元にしたもの。
二・〇

部屋は宇宙を

三次元にしたもの。
三・○
全宇宙は無の中の
ゆらぎ。
○・○

整数次元の物、つまり、文明につきものの線形の物をなくせば、直線に支配された文明の問題が解決するわけではない。テーブルが平坦で、スケッチに情報を与えるのがテーブルのでこぼこではなく芸術家の創造性であるというのは、けっこうなことだ。

しかし、都会の住民は整数次元の物にはうんざりしているかもしれない。それに、あまりに多くの三角州が運河に組み込まれてまっすぐにされてしまえば、生態系も存続の危機に陥る。なぜなら、汚染物質が曲がりくねった河床に堆積されずに、海に流出するからだ。

線形と非線形の均衡をいかに保つかは、文明の抱える大きな難問だ。突き詰めれば、これは意識と無意識のバランスを見出す難題と密接に絡んでくる。けっきょく、意識と無意識の違いは、意識にはごく少ない情報しかないというところにある。そのために、意識は直線しか理解できず、膨大な情報を含む曲線は持て余してしまうのだ。したがって、文明がともすると直線性に傾きがちなのは、意識が無意識に力をおよぼすからにほかならない。投影が自発性に、雨樋が雨滴に力をおよぼす。直線は計画と意思と決定の媒体、曲線は感覚知覚と即興性と自由奔放の媒体だ。

〈私〉は線形であり、〈自分〉は非線形だ。また、社会的な領域、すなわち会話の領域は線形で、混じり気のない、たわいないおしゃべりであることが多い。それに比べて、個人的な領域、すなわち感覚知覚の領域は、非線形の物を保ちやすい。芸術は非線形を求め、科学は線形を求める。ところが、コンピュータはこの差異を打ち破る。コンピュータのおかげで、意識は今や機械によって大量の情報を変換することができるからだ。

マルクスが見誤ったもの

直線に支配された文明が大規模に展開されているのを見たければ、巨大な権力が集中した場所に行くにかぎる。マンハッタンも悪くはないが、モスクワがまさにうってつけかもしれない。今はなき計画経済に基づく共産主義が生み出した文明社会には、想像を絶する数の直線が広大な通りやアパート群の形で存在する。上空から俯瞰すると、建築家の夢そのものといった風情だが、住めたものではない。

スターリン時代の建築物を壮大だと感じるような馬鹿げた錯覚は、机上の設計図を人間が意識によっていかに無抵抗に押しつけられているかを示している。つまるところ、中央機関の意識が大陸の反対端で必要な靴の数まで知りうるとする計画経済の考え方自体が、道理にかなわないのだ。

共産主義の難点は、意思決定機関に社会情勢に関する情報が足りないことだ。同様の問題は、資本主義社会の巨大な独占企業にも起こる。市場占有率が高すぎて価格機構が機能せず、消費者からの真のフィードバックが届かなくなるからだ。

産業社会において、消費者からのフィードバックを生産者に伝えるメカニズムとして、唯一認知されているのが市場機構だ。産業化以前の経済では、社会の構成単位は非常に小さく、生産もごく単純な形態だったので、当事者が納得した方法で生産を行ないえた（けっきょくは、何事も王や大地主の意向で決まる形に行き着くのではあったが）。産業主義の浸透にともなって地域社会どうしが高度に統合されていったため、社会のすべての欲求を一つの主体が監視するのは、もはや不可能になった。しかし、需要と供給を通じて、市場機構は世の中に存在する欲求を社会から確実に吸い上げる。だからこそ、生産手段を持つ側の人間も、市場の情報をある程度入手できる。

市場では、個々の消費者は二者択一の選択、つまり、あの商品をあの価格で買いたいかどうか、という選択をする。消費者は何がほしいのかを決めるのではない。欲求を十分に自覚しているわけではないからだ。ある価格のある商品に関する選択がなされるだけだ。

計画経済は、人間が原則として自己の欲求を意識的に明確化できるという前提に立っている。私はこれとそれがほしい、その対価としてこれだけ支払うつもりだ、だから、この人かあの人に投票する、すると、その人が、私の希望する品物が作られるようにしてくれる、という具合に進むことを想定している。さらに、その計画経済を掲げる共産主義は、社会は自らの欲求を明確化できるとの前提に立っている。それに対して、市場経済の前提は、消費者は与えられた様々な選択肢の中から選ぶことができる、ということだけだ。計画経済が機能するためには、人々はガラス張りの意識を持ち、自分のほしいものを把握していなくてはならない。だが、これは現実的ではない。一方、市場経済が欲求の満たし手として機能するためには、人間は自らを律し、ほしくないものはいっさい拒絶できなくてはならない。だが、これもまた現実性に乏しい。しかし、人間は自らの欲求を明確化して提示し、そうすることで中央での計画を助けられると考えるよりは、ましだろう。

共産主義の崩壊は、社会的な領域の帯域幅が狭いことの現れであり、私たちの欲求に実際に含まれる豊富な情報に比べて、言語にはごく限られた容量しかないことを示している。社会から計画者へのフィードバックは、意識上の言語の帯域幅ではうまくこなせないのだ。需要と供給の働きのほうが、こうした情報を伝えるのに適している。

これはじつに皮肉な話だ。というのも、そもそも社会主義は、物々交換や市場経済では捨てられる情報が多すぎる、という認識に立脚しているからだ。

資本主義的商品交換に対するカール・マルクスの批判も、まさにこの捨てられる情報という点に向けられている。市場は、ある商品の使用価値、すなわち欲求を満たす品質や機能には目を向けずに、その交換価値、すなわち価格にばかり注目するという。マルクスにしてみれば、交換価値とは、そこに投入された労働量の尺度だった。

マルクスが再三にわたって指摘したところによると、交換価値とは、商品そのものとは乖離した観念で、情報を捨てた結果だ。そして社会的な領域は、この観念によってあますところなく統制されてしまっている。そこでは、真の欲求や真の使用価値については何も語られず、限定的な判断だけが求められる――あの商品をあの価格で買いたいのか、と。

したがって、マルクスが言いたかったのは、人々が自分自身を欺いて、貨幣には魔法の力があると信じている、ということだ。ほんとうは、その力は貨幣とは無関係で、貨幣の持つ交換価値にこそある。人々は真の労働を行ない、それによって、自分たちの真の欲求を満たすとわかっている真の商品を生み出すことはしない。そうやって互いに満足を与えるかわりに、価格によって計られる交換価値という観念に服従するのだ。この観念のために、人間は労働に出かけ、必要とする人がいるかどうかもわからない物を、適切かどうかもわからない方法で生産する。マルクスの批判は、産業化が職人の技術を奪って組み立て機械のテンプレートに変え、流れ作業で寸分違わぬ商品を生み出すに至る様子も明らかにしている。

マルクスは、意識に基づいて社会的に統制された生産をすれば、社会の要求にはるかに的確に応えられるし、仕事に対する満足度も格段に大きくなる、と述べた。「社会的な人間と、結合された生産者が、自然の盲目的な力に屈するかのように自然に支配されるのではなく、自然とのやりとりを合理的に統制し、自然を合理的に自分たちの共同の制御の下に置く」という発想だった。(12)

共産主義の崩壊によって、社会から生産手段を支配する権力主体に情報をフィードバックすることにかけては、市場機構に勝るものはないことが明らかになった。商品が欲求に応えているかどうかを効果的に伝達できるのは市場だけだった。意識的な会話では、信頼するに足る形で十分な情報を伝達することはできない。これもまた皮肉な結果だ。なぜなら、市場で売るために商品が生産されると、欲求についての情報が過剰に捨てられるという点こそ、マルクスの批判対象だったからだ。

資本主義経済に対するマルクスの批判が、あまりに多くの情報が捨てられているという見地に根差していたのは、偶然ではない。マルクスの思想はすべてヘーゲル哲学が基礎になっており、ヘーゲルの哲学は全般にわたって、まさにこの情報の切り捨てを取り扱ったものだからだ。ヘーゲルは古典派論理学とは対照的に、弁証法の重要性を強調した。弁証法とは、実在は対立物との矛盾を通して定義されるので、物事を理解するためには、その対立物を考慮しなければならない、とする論考法だ。古典的なアリストテレス論理学が白と黒のようなはっきりした矛盾律に基づいているのに対して、弁証法は抽象的な概念で物を考えると知識が失われると主張する。概念を生み出すときには、必ず情報が捨てられるというのだ。

たとえば、あの人は銀行員だと言ったとき、口にはしていなくとも、同じようにその人に当てはまる情報が他にいくらでもある。性別、宗教、趣味、結婚状況、政治信条、宇宙論的関心、生い立ちなどだ。そこで、弁証法は対立物との矛盾を重視する。ある一面を取り上げれば、隠れた関連や自己矛盾という形で反対の面が現れる。ヘーゲルを研究しているデンマークの哲学者イョルゲン・K・ブクダールは、弁証法を次のように定義する。「一般に、弁証法とは抽象的な分析によって失われる知識に関する考察である。曖昧なコンテクストから要素を抽象化するたびに、関連や結びつきや条件などを見過ごすことになるのかもしれない[13]」

マルクスの資本主義批判は、市場機構はあまりにも多くを見過ごすことを指摘するための試み以外の何物でもなかった。たとえば、生産のために自然環境がないがしろにされる。そのマルクス自身が見過ごしたのは、意識に基づく社会的な領域もやはり同じように情報を過剰に捨て、人間や自然の欲求を無視する傾向があるということだった。

マルクスの批判は正しかったかもしれないことは、ぜひとも主張しておかなければならない。たとえ、市場機構を党による統制に置き換える試みが、事態を悪化させただけだったとしても、だ。

資本主義経済において国家による統制が増大する一方であるのを見れば、市場機構の情報の捨て方に問題があることは明らかだ。完全に自由な市場経済には、満たされぬまま放置されている自然や人間の欲求が確かに存在する。だが、こうした問題は、市場機構のない経済で持ち上がった問題と比べれば、物の数に入らない。

社会を政治的に管理するための命令系統の確保に、共産主義者が奇妙なまでに執着したことを考えれば、市場機構の代替案を考案するには、まったく新しい政治概念が必要なことがわかる。目下のところめぼしい代替案はないが、そのうちに、産業主義のせいで個々の欲求のためでなく観念のために働かなくてはならないのは不本意だと、人々が思い始める日が来るかもしれない。だとすれば、いつの日か、市場機構の代替案が再び議論されることになると考えてもよさそうだ。

しかし、最も根本的な問題は、人間は自分自身にとってガラス張りの存在ではなく、そのために、言語の持つ狭い帯域幅では、自分の欲求を明確化できないことかもしれない。

情報社会の危険は情報欠除

情報社会は間近に迫っており、不健康な作業工程や〈反復運動損傷〉、環境破壊など、資本主義が人間に与えてきた多くの痛みを緩和してくれそうだ。

しかし、情報社会は新たな危険も孕んでいる。それは、情報の欠如だ。というのは、直線に支配された都市では極端に情報が不足しているのとまったく同じように、情報社会でも情報があまりに少なすぎるからだ。そこでは、たいていの人々は、言語の狭い帯域幅を使って懸命に仕事をする。

むろん、情報社会では情報が氾濫することになるという不満の声も、すでに多く上がっている。しかし、事実はその逆だ。本来、人間には一秒あたり何百万ビットもの生の情報を有意義に処理する能力があるのに、今ではコンピュータ画面を見ながら毎秒数ビットを処理するだけだ。作業工程から物を扱う実感が抜け落ち、意識は一秒あたりほんの数ビットの情報で我慢しなければならない。これはちょうどファーストフードのようなものだ。消化するものはほとんどない。作業中にもその後にも、捨てるべき骨や繊維質はまったくないのだ。

昔の職人は、材料や工程や作物に関する膨大な〈暗黙知〉を持っていたが、今ではコンピュータ画面に提示される、意識的に立案された技術的な解決法に従わなくてはならない。

コンピュータには非常に高度な情報処理能力がある。おかげで、科学者は複雑性を研究できるようになった。その反面、コンピュータはユーザーに対してごくわずかな情報しか与えないですませる能力も備えている。ユーザーインターフェイスでは、主として言語の帯域幅が使用される。

情報社会がストレスに満ちているように思われるのは、情報が多すぎるからではなく、少なすぎるからだ。だから、情報社会では、仕事をするのに途方もない量の〈外情報〉を展開する必要がある。コンピュータ画面上のわずかな数字から、意味を読み取らなければならない。仕事の工程から詳細や実感が抜け落ち、無味乾燥な最低限の情報だけが提示される。その情報に意味を持たせるには、まず〈外情報〉をまとわせてやる必要がある。

近いうちに、感覚刺激の欠乏は社会の主要な問題になり、情報の流れのただ中で意味を求める切実な声が上がるだろう。人間は狭い帯域幅に落ち込んで、退屈しつつあるのだ。

いつの日か、人間はじっと座って地図上でコースをたどるばかりで、実際に地面を踏みしめて本物の土地を歩かなくなるかもしれない。これは問題だ。直線に支配された文明社会では、土地が地図に取って代わられかねない。そうなれば、人間が自らの肉体を自覚するのは、仕事を離れたときだけになるだろう。休みのときにしか、〈私〉は〈自分〉に根差し、頭脳は肉体に備わっている、と実感できなくなるのだ。

意識が人間を乗っ取り、直線が曲線を打ち負かし、暮らしの中の情報量はあまりにも少なくなっていく。シミュレーションした世界が、現実の世界に取って代わろうとしている。情報は捨てられ、人々の暮らしは、テレビ画面から得られるごくわずかな情報を頼りに木を上へ上へと登るような、困難な試みになりつつある。

政治は今後ますます、感知《センス》できるものへの需要にまつわるものとなるだろう。求められるのは、もはや衣服や食物や住居ではなくなる。私たちにはビットも必要なのだ。将来、こんなスローガンのもとに人々が決起するかもしれない――「感覚こそ物の道理！《センス・メイクス・センス》」「世界を理解しよう！《メイク・センス・オヴ・ザ・ワールド》」「常識はみんなのもの！《コモンセンス・ビロングス・トゥ・エヴリボディ》」


人工的な文明生活の退屈しのぎに、仮想現実の旗印のもと、新しい技術が登場してきている。一秒あたり一一〇〇万ビットの美しい森での実体験を、それに匹敵する、同じ森での一秒あたり一一〇〇万ビットの情報に置き換える。あるいはロブスターを捕まえる罠の中の情報に置き換えて、ロブスターになった気分を味わう。目にはテレビ画面、耳にはヘッドホン、手には疑似感覚手袋（そして、いずれは全身に疑似感覚服）を装着する。こうして、私たちは仮想現実の世界の住人となって、人工的な現実の世界に欠けている情報を得るのだ。

今では仮想セックスなるものまで提供されている――ＨＩＶ感染の心配がないだけで、他の点では何ら現実と変わらないという触れ込みで。

『不思議の国のアリス』の著者である数学者ルイス・キャロルは、今から一〇〇年も前に執筆した『シルヴィーとブルーノ　完結編』で、この展開を予言している。この物語の中で、語り手はマイン・ヘールなる人物と出会って、次のような言葉を交わす。


マイン・ヘールがひどく困惑しているようだったので、僕は話題を変えるのがいちばんだと思って言った。

「ポケット地図はほんとうに便利ですね」

「それもあなたの国から学んだことです」とマイン・ヘールは言った。「地図の作製はね。けれど、私たちはあなたたちよりずっと進んでいます。地図は、実用性を考えると、どこまで縮尺を大きくできると思いますか」

「一万分の一のぐらいでしょう」

「わずか一万分の一ですって！」とマイン・ヘールは呆れたように言った。「私たちはすぐに三〇〇分の一、にして、次に二〇分の一を試してみました。そのうち、最高のアイデアが浮かんだんです。じつは、私たちの国の地図を作ったんですよ、一分の一の縮尺で！」

「それで、その地図はよく使うのですか」と僕は尋ねた。

「まだ、広げたことはありません」とマイン・ヘールは答えた。「農家の人たちが反対しましてね。そんなことをしたら、国中が覆われてしまって、日が当たらなくなる、と言うんです。ですから、今は国そのものを地図がわりに使ってます。まあ、ほぼ地図の役目は果たしていますよ[14]」

第十六章　崇高なるもの

ニューメキシコ州北部のリオグランデ川に臨むヘメス山脈一帯には、想像を絶する美が見られる。川の流れなどの侵食作用に台地がえぐられ、絶壁がそそり立ち、メサと呼ばれる、上端が水平な孤丘群を形作っている（メサはスペイン語で「テーブル」を意味する）。切り立った岩壁には様々な色合いの地層が彩りを添えている。この台地は火山の活動によってできたもので、山脈の名前の由来にもなっている温泉にその名残をとどめる。ヘメスとは、地元先住民の言葉で「沸騰した泉の場所」という意味だ。

台地を取り巻く山々が見せる地平線によって、この地は開かれた大空と閉ざされた陸地という、他に類を見ない取り合わせに恵まれた。周りを山に囲まれた場所としては世界でも有数の大きさで、どんなに雄大なインスピレーションでさえも包み込むだけの広さを持っている。

一九三〇年代の終わりに、詩を好む物理学者が一人、メサの散在するこの地を馬で旅した。何年か後、数十人の科学者が新兵器の研究を秘密裡に行なえる土地を探していたアメリカ政府が、彼に助言を求めた。この新兵器は、ヒトラーも開発していると危惧されていたもので、やがてそれが、戦争の既成概念を根底から覆すことになる。その若い物理学者J・ロバート・オッペンハイマーは、サンタフェ北西のメサの上にあり、男子校を一校抱えるだけの小さな町ロスアラモスを勧めた。さらに数年後、第二次世界大戦が広島と長崎への原爆投下で終結したとき、そこで兵器開発計画の科学部門を率いていた彼は、「我々、物理学者は永遠に罪を背負うことになった」と嘆じた。

一九四三年三月にロスアラモスに移ってからというもの、物理学者たちは物に憑かれたように研究に没頭して、原子爆弾の開発にあたり、四五年八月、ついに日本の降伏を迎えた。彼らは、原爆は砂漠での公開演習のためだけのものと信じ、よもや一般市民に対して使われようとは思ってもいなかった。このような兵器は、戦争をすっかり過去の遺物にしてしまうだろう――彼らはそう考えていた。

その考えは間違ってはいなかった。ただし、そうなるには、さらに四五年の月日を要した。

核戦争の脅威を脱したわけ――〈うぶな解釈〉

ごく最近の一九八〇年代なかばまで、世界は核戦争による人類絶滅という愚挙の影におびえていた。アメリカ合衆国とソビエト連邦の両超大国は、それぞれ五万発を超えるという、正気の沙汰とは思えない数の核爆弾を保有していた。これだけの数の爆弾があれば、地球上すべての哺乳動物を殺し、さらに地球上のほかの生き物にも大打撃を与えることができる。ただ、最初の原爆が落とされる前からでさえ、警告の声には事欠かなかった。

ニールス・ボーアは、第二次世界大戦中に連合国側の指導者に警告を発した。また、一九五〇年には公開状を書き、原子爆弾を取り巻く秘密主義は、やがて「恐るべき兵器をめぐる破滅的な競争[1]」につながるだろうと、国連に（ひいては一般の人々に）警告している。

しかし同時に、ボーアは別の見解も示している。核兵器はかつてない好機を秘めており、希望を与えてくれるもの、「全人類を一致団結させる手段」である、つまり、開かれた世界を可能にする、と彼は主張した。ボーアの発想はいかにも単純だったので、同時代の人々の目にはひどくうぶなものに映った。なにしろ、核兵器はあまりに危険であるがゆえに、それをどうやって管理下に置くか、各国は話し合うことを余儀なくされる、また、核兵器の出現により、人類は一定の技術水準に達したので、好むと好まざるとにかかわらず、生き残るためには共存と会話が必要となる、というのだ。「閉鎖性」や要塞化、孤立はもはや選択肢にはない。核兵器があるがために、人々は胸襟を開いて話し合わざるをえなくなる、と。

　ボーアが公開状を出してからの数十年間、事態は彼が予測したような展開を見せなかった。一九六〇年代には核兵器による再軍備が劇的なまでに進み、ソ連はアメリカとほぼ同等の破壊力を持つにいたった。双方とも核爆弾の増産に努め、さらにそれを互いの国土に送り届ける手段として、ロケットや飛行機、潜水艦、大陸間弾道ミサイルの確保に血道を上げた。六〇年代を通して、西側の再軍備反対派は猛烈に抗議をし、市民の間に活発な論議を呼び起こした。だが、こうした動きもしだいに消えていき、七〇年代末には、社会の底流に漠たる不安感として残るだけとなった。

　しかし、この一九七〇年代の終わりから、世界各地で、そして、両超大国の軍指導者の間で、激しい批判の声が上がった。防衛手段としての核戦争という観念が明らかに馬鹿げているという点に批判は集中した。たとえ一度でも核兵器を使おうものなら、互いに武器が底をつくまで応酬が続くことは軍事専門家なら誰もが承知していた。核兵器の使用は、とりもなおさず双方の集団自殺を意味した。実際、世界は重大な危機に瀕していた。一九六〇年代には、アメリカはソ連より圧倒的に多くの兵器を持っていたため、これがある種の均衡を生じさせていた。七〇年代初頭には、両国はほぼ同数の弾頭を持つようになり、これもまた一種の均衡を生んだ。ところが、技術革新によって事態は突然、完全に不安定になった。ＭＩＲＶ（多弾頭個別目標再突入ミサイル）と呼ばれるシステムが開発され、一基のミサイルに複数の弾頭を搭載し、それぞれに別の目標を狙わせることが可能になったのだ。

　ＭＩＲＶが出現するまでは、核戦争と言えば、チェスで二人のプレイヤーが互いの歩兵《ポーン》を一つずつ取り合う段階のようなものと相場が決まっていた。それぞれが敵のミサイルめがけてミサイルを発射し、それを破壊しようとする。一基のミサイルは、搭載した弾頭によって敵のミサイル一基とそれに搭載された弾頭を破壊する。原子爆弾も、一発が敵の原爆を一発破壊するというように、一対一が原則だった。このような歩兵《ポーン》の取り合いは、敵より先に原爆を使うことに実質的に何ら利点がないことを意味していた。この状況は、いかに不合理なものに思えようとも、基本的に安定していた。先制攻撃に利点はなかったのだ。

しかし、MIRVがこの構図を根底から覆した。MIRVの場合、ミサイルは敵地に近づいた時点で、搭載していた複数の弾頭をそれぞれ異なる目標に向けて発射する。これによって、状況はすっかり変わった。仮に、一基のミサイルが一〇個の弾頭を搭載するとして、それぞれの弾頭が敵のミサイルを一基ずつ破壊できるのなら、先に攻撃を仕掛けたほうが圧倒的な優位に立てる。ミサイル一基あれば、それぞれ一〇個の弾頭を搭載する敵のミサイルを一〇基破壊できる。つまり、たった一基のミサイルで敵の弾頭を一〇〇個も破壊できるのだ。敵が武器を使用しようとしていると信ずるに足る根拠があれば、敵のミサイル発射を防ぐために、即座にミサイルを発射したほうがいい。なぜなら、もし相手に先んじられたら、味方には応酬するミサイルがろくに残らないからだ。こうして、MIRVの登場によって、核兵器による均衡が崩れた。軍の最高幹部でさえ、ほんとうに恐怖を感じるほどになった。それは両陣営共通の現象だった。

一九八〇年代の前半を通じて、一般市民の間でも政治の世界でも、急激な意識の高まりが見られ、八〇年代のなかばを過ぎる頃、状況は激変した。両超大国が、軍拡競争をやめることばかりか、真の軍縮を進めることにまで興味を示した。突如として、両国の安全は地上にある核兵器の数に反比例するという状況になっていたのだ。それは、もはや核兵器が敵の先制攻撃を招く誘因でしかなかったからだ。

一九八五年、コペンハーゲン大学がニールス・ボーア生誕一〇〇周年に関連した会議に、情勢を憂える核兵器専門家を世界各地から多数招待した折、出席した科学者たちはきわめて重大な懸念を表明した(2)。それからわずか四年後、この大学が同じ参加者を招いて議論を続けたところ、状況はまるで異なっていた。それぞれの分野では懸案を抱えている科学者たちの間に、楽観的で、安堵に満ちた雰囲気が流れていた(3)。

このように雰囲気が一変したのは、たんに両超大国が軍縮について真剣に話し始めたからばかりではない。核戦争は分別のある軍事上の選択肢ではないことに全世界が気づいたのが、最大の原因だ。核兵器を自衛目的で使用することは断じてできないのが、明らかになったのだ。

この状況の変化に関して奇妙なのは、人々の反応だ。一九八〇年代初期には、核戦争の脅威が人々の意識の中心にあった。この問題については、ほとんど誰もが議論や活動を通して自らの立場を明確にした。核兵器が西側諸国あるいは東側諸国を自衛するのに必要だと考える者もいる一方、そうした兵器は不合理きわまりなく、それ自体問題だと考える者もいた。だが、この話に中立でいられる者や、まるで関心がない者など一人もいなかった。

今日、この問題はあたかも消え去ったかに見える。核兵器はほぼそっくり残っているが、それがたとえば第三世界の地域紛争に使用される恐れはあっても、全面的な核戦争に使われることを想定する人などいない。事態は一〇年前とそれほどまでに変わってしまったのだ。いったい何があったというのだろう。MIRVを知り尽くしている人など、まずいない。それに、兵器の解体につながるような条約や法律は、実際、ないに等しく、ほんとうに解体された兵器はほとんどない。

それなのに、雰囲気はがらりと変わった。その変わりようははなはだしく、核の問題は政治的な議題にも上らないし、社会科学の議論の話題を独占することもないほどだ。核兵器が一〇年前には、もっともな理由から、人類最大の問題だと言っても過言ではなかったのが、今日忘れ去られていることを思うと、その理由を誰も追及しないのはなぜか問う必要があるだろう。

もちろん、ただ敵がいなくなったからにすぎない、と言うこともできる。世界の共産主義が崩壊し、東欧で大動乱が起き、米ソの冷戦に終止符が打たれた。資本主義が勝利した、と言われている。とはいえ、今のところ、はっきり安定した体制は確立されていない。旧ソ連の軍部は、分裂の憂き目を見た元超大国で現在起きていることに強い不満を表明しているし、彼らは信じられないほど大量の核兵器を、使用可能な状態でいまだに保有してもいる。実際、共産圏の崩壊は、核兵器による緊張が緩和した原因というよりは結果だ。両陣営の猜疑心や恐怖心が消え、それが雪解けムードをもたらしたのだ。たとえば、平和評論家の故アンダーズ・ボスラップは、保有する兵器の解体が安全の確保につながると主張したが、それはゴルバチョフが登場し、共産圏の崩壊が一気に進む前のことだった[4]。

ひょっとすると、ニールス・ボーアが夢見たとおりのことが起きたのかもしれない。核の脅威があまりにも切迫してきたため、両超大国は互いに話し合わざるをえなくなった。そして、実際に話し始めると、双方の指導者や国民は様々な形で互いを知るようになり、相手がけっきょくそれほど敵愾心に満ちてはいないことに気づいた。人々は、互いの不安や問題を理解し始め、相手も自分もひどく滑稽な状況にあることに気づいた。出会い方が悪かった人どうしのように、互いに憎しみや恐怖を抱いていたものの、いったん会って、よく話し合ってみると、猜疑心や幻想は朝日を浴びた露のようにことごとく消え去った。

核兵器は国家を防衛し、民族と民族を隔てる国境を守るために造り出された。しかし、あまりにも破壊力が大きすぎた、まさにそのために、本来の製造目的に反して、それが守るべき閉鎖性と国家が崩れ去ろうとしている。核兵器は閉鎖性を守るために作られたが、結果として開放性を招いた。自らが創造された次元、すなわち、国家の次元を、完全に超越してしまった。決定的な破壊力を持つ兵器の前には国家など無意味であることを示したのだ。

核兵器は、科学やテクノロジーが自らが生み出された次元を超越できること、そして、生み出された際に意図されていたものと正反対の目的を果たす結果につながりうることを示す格好の事例だ。自らが生み出された次元を超越したテクノロジーはほかにもある。たとえば、宇宙を征服するためのテクノロジーによって、人は地球上の生命体に対する理解を深めていった。また、計算を行なうためのテクノロジーによって、人は何から何まで計算することはできないことがわかった。

核兵器の歴史は「創発的政治」とでも呼べるものの一例だ。変化は誰も何も気づかないうちに、そして法案一つ議会を通ることなく起きた。一九八〇年代の初めは、誰もが核兵器の問題に懸念を抱いていたし、誰もが何らかの行動をとっていたと言っていい。自分のしていることが十分だと思っている者は少なかったが、ほとんどみな何かしら行動を起こしていた。子供に注意し、集会に出かけ、運動を支援し、昼休みに話し合い、関連の本を読み、スポーツクラブで質問をした。一人一人の行為は、取るに足りない平凡なもののように思えた。そして、問題が突如として解決の方向に進み始め、私たちの努力が報われたのは断じてそれが原因ではなかった。

だが、ことによると、それこそが原因だったのかもしれない。信じられないほど多数の人々が同時にこの問題を取り上げ、それぞれのやり方で何かをしようと試みたせいで、途方もない「相転移」が突然起き、核兵器がひどく奇妙な代物であり、軍事的に意味をなさないのが、誰の目にも明らかになったのかもしれない。

つまり、多くの人々が状況を改善しようと、自分にできることを行なったために、実際に状況が改善したのかもしれない。それぞれの要素の因果関係をたどって結びつきを明らかにすることはできないが、これは途方もない数のごく些細な行動の総合的な結果として説明できるのではないだろうか。

無数の些細な行動が正しい方向でとられたため、巨大な創発的変化が起きたのだ。私たちは突如として、核戦争など考えられないと臆面もなく思うようになり、実際に核戦争の可能性は消滅したのだ。

これはうぶな考え方だ。はなはだうぶな考え方だ。だが、あながち間違っているとも言えない。

社会科学の分野ではずいぶん昔から、社会における変化や構造は集団行動という概念で理解されてきた。つまり、自分は何をしようとしているかという、私たちの自覚をかいくぐるように、あるいは、それをわざとないがしろにさえしながら、様々な法則が影響力をおよぼし、物事が進展していく、というわけだ。マルクス主義は、唯一の例ではないが、この考え方の典型であり、人間は自分が社会の一員としてなすことをどう意識しているかは、あてにならないと説いている。私たちの行動の結果は、自分が思っているものとはかけ離れている可能性がある。人は自分の行動に関して「誤った意識」を持ちうる。一人一人が意識する経験は、必ずしも確かなものとはかぎらない。

言い換えれば、物事の進展を決めるのは議会の決議や投票とは言いきれない。むしろ、そうした行為は、実際にはすでに事が起きた後で、つじつまを合わせるために行なう手続きのように思われる。

社会における最も大事な変化は、もとの意図と最終結果が異なるような行為の創発的な効果として生じる。社会は一夜にして変わりうる。だがそれは、激しい革命ではなく、些細なことの積み重ねによって起こる。人は、えてして自分の行為を管理することができないものだ。

このうぶな考え方は、どういう結果を生むだろうか。何事も自然のままに任せ、社会の進展をどうこうしようなどという意識的な試みはことごとく諦めるべきだろうか。赤子のように仰向けにひっくり返って泣き叫びつつ、何かしらの創発的な効果が起こって、私たちには予想もつかぬような方法で問題を解決してくれるのを、ひたすら待てばいいのだろうか。いや、違う。まったく違う。断じて違う。

たとえ、前述の「うぶな」分析のように、核兵器の問題が創発的な変化のために消え去ったと考えたにしても、それが多数の些細な出来事なしに起こりえたということにはならない。ニールス・ボーアが言いたかったのは、私たちはただ手をこまぬいて待っていればいいということではなかった。核兵器によって各国が話し合わざるをえなくなり、それが自ずと、開かれた世界への道筋をつけるだろう、ということだった。

核兵器の問題が消え去ったからといって、パンフレットや大規模集会、職場での議論、平和運動家と軍指導者の話し合いのどれ一つをとっても無駄だったということにはならない。それどころか、この創発的な変化がもたらされたのは、無数の親たちが幼稚園で話し合いを持ち、政治家が意見を変え、核兵器の擁護者が議論に加わり、芸術作品に核戦争の恐怖が取り上げられ、とうてい死傷者を治療しきれないという計算結果を科学者が出したおかげにほかならない。

創発的政治は、すべてをなすがままに任せろ、ということではない。たとえそれがいかに無益に思えたとしても、己の信ずるところに従って行動せよ、ということだ。たとえそれがいかにうぶな考えに思えたにしても、自分と自分が知る人々にとって良いと己が心から信じている行為をせよ、ということだ。創発的政治とは「うぶな考え方」を受容することであって、無為を受容することではない。創発的政治とは、各人が自ら正しいと感じることをその場ですぐに行動に移し、必要とあらば変わっていくことだ。何かしら行動を起こすこと、あるいは、最善と思われる方法で行動し、変わっていくのがいちばん大事であると認めることだ。

さらにそれは、正しい物の見方を決めてそれを言語の狭い帯域幅で伝えようとするだけでは不十分だと認めることでもある。人はお互いについて、意識が知っているよりはるかに多くを知っており、またお互いに対して、意識が知っているよりはるかに多くの影響を与え合っているからだ。人間はなんとしても、自分が体の芯から正しいと思うことをやらなくてはいけない。なぜなら、その効果は私たちが意識しているより大きいからだ。

私たちは自分の行動の主導権を意識に委ねてはならない。意識を働かせ、熟慮したうえで、最も適切だと思えることだけを実行するようではいけない。直感に従って行動すべきだ。自分の生命を真剣に捉え、そうすることで他人の生命も尊重しなければならない。生命は私たちが知るより大きな存在であると信じる勇気を持つべきだ。

ニールス・ボーアのように、ただ正しいと信じているから、正しいと感じているから、正しいと意識しているからという理由のみで、何十年にもわたって根気強く、しかも友好的に、うぶなことを口にしたり実行したりする勇気を持たねばならない。

そうすれば、自分は最善を尽くしているのだ、と信じる資格を得る。けっきょく、それ以上のことはしようもないのだ。

「美は世界を救う」

こうした考え方は感動的なほどうぶであり、それを擁護するにはただ一つの方法しかない。それはこう問いただすことだ。核兵器の問題が解決した事実をそれ以外にどう説明できるというのだろうか。全世界が一九八〇年代末に環境問題に目覚めたことは？　そしてまた、富める国の人々が貧しい国の人々と手に手をたずさえて生きていかなければならないと徐々に気づき始めたことは？

私たちが、まだこうして無事にいられる事実を、それ以外にどう説明できるのだろうか。

アメリカの歴史学者モリス・バーマンは、集団自殺という人間の本能の問題を提起している。一九八九年に出版された著書『分別に目覚めるとき』でバーマンは、この本能を、個人が他者性に対して感じるパニックさながらの恐怖を社会の場合に置き換えたものだと説明している。産業化社会では、誰もが自分とそうでないもの（自己と他者）との間、あるいは、自分が自分として意識しているものと、異質と意識しているものとの間の、衝撃的な分離を経験する。生後数年で芽生える〈私〉という意識によって、激しい自己疎外が生じる。そこから、他者性とどのようにかかわっていくかという問題がどうしても起こってくる。他者性とは、野蛮で、どろどろしていて、クモのようであり、始末に負えなくて、肉体的で、乱暴で、粗野なのだ。

バーマンは、現代史の大部分が、こうした野蛮なものを管理できる手段、たとえば動物園や殺虫剤、視覚的ポルノグラフィー、アルコール、宗教などを通して、文明が他者性の問題を解決しようとする試みだ、と解釈している。自己と世界との根本的な分離が不安や動揺、孤独を生む。文化は、血液や精液、唾液、汗などの体液をタブーの対象にするが、それはこれらのものが、自分と自分の周りとの違いという根本的な問いを投げかけるからだ。現代人にとって肉体とは、私たち自身が世界と同じであり、けっきょく自分も自然の一部で、中味はどろどろしていることを思い出させる、不快でこわいものなのだ。

「核による大量虐殺とは、じつは科学が思い描くユートピアだ。皆殺しになることで、世界は乱雑で、有機的で、予測できないものからようやく解放され、『浄化』される。政治、環境、個人の、いずれの次元をとってみても、自殺とは他者というものの問題に対する究極の（そして、最も効果的な）答えだ」とバーマンは書いている。その例は、核戦争だけではなく、ナチスによるユダヤ人や同性愛者をはじめとする少数派の抹殺、そして現代の家庭でクモを駆除し、野生動物をペットとして飼い馴らすことなどにも見られる。バーマンはさらに続ける。「我々はこの問題を全面的に解決し、野蛮で無秩序な『他者』なるものを痕跡もとどめず完璧に消滅させるだろう。そうすることで、『自己』は純粋で生命のない完全に予測可能な世界での最高の統治者となるのだ[5]」

バーマンの言葉はわずか一〇年前のものであるにもかかわらず、不思議なほど古臭く感じられる。おかしなことに、狂気じみた恐れと、破滅が避けられないという危機感は消え去った。バーマンの言うように、外側の世界と内側の世界の双方と向かい合ったときに意識は根本的に無力であり、核戦争はその問題を解決する試みだとすれば、核戦争の恐れがなくなり、人々が環境危機に思いきって立ち向かい始めている事実は何を意味するのだろうか。私たちの、自分自身とのかかわり方が根本的に変わってしまったのだろうか。近年になって、人間の意識と無意識との間のバランスに根本的な変化があったのだろうか。

私はふと、ヘメス山脈の温泉に思いをはせた。霧の中、シベリアの漁師たちが、果てしなく広がるバイカル湖に漕ぎ入れるのを拒んだときのことだった。私たちは予定を変え、この中央シベリアの広大な湖に面した小さな浜で一晩キャンプした。バイカル湖は海と呼んでもいいほど大きく、地球上の全淡水の二三パーセントもの水をたたえている。そのバイカル湖が抱える汚染の問題に目を向けてもらおうと、地元の生物学者と環境問題専門家が、西洋の演劇関係者や音楽家、研究者を環境と文化の祭典に招待した。私たちが寝泊まりしていたのはウランウデ市近くの土地で、その祭典の行なわれた一九九〇年の前年まで外国人のみならず、ソ連国内の他の地域の人々さえも立ち入ることは許されていなかった。この驚くほど美しい地域は、超自然的な力とこの地方のチベット仏教徒の中心地であるばかりでなく、核ミサイルのサイロが散在する土地でもあるのだ。

ソ連社会が開放され、私たちはこの珍しい湖を訪れることができるようになった。この湖は、地質学的にも生物学的にも、この地球上で他に類を見ない生物の棲息地だ。私たちは、ここでしか見られないバイカルアザラシが数多く暮らしている島の調査に向かう途中だった。だが、霧のために一夜を浜で過ごす羽目になった。そのおかげで、土地の温泉に入る時間ができた。

暗いシベリアの夏の夜、地元の人々が口ずさむバイカル湖の歌、美しくも物悲しい嘆きの調べが流れてきた。この湖を取り巻く神秘的で荒涼とした地方は、昔から、皇帝やスターリンらの歴代権力者に逆らう者たちの流刑地にされてきた。これらの歌のほとんどは、囚われ人が広大な湖を渡って逃れ、美しい景観のはざまに幽閉されていた身から社会への帰還を果たそうとする様子を物語る。

この雄大な自然に恵まれた土地とそこに住む誇り高く慎ましい漁師たちが、別の超大国の敵だなどという考えは、ぞっとするほど狂気じみて感じられた。今まさに氷解し始めたこのような敵対関係の存在は、閉鎖性がもたらす、たんなる無知と猜疑心のせいであるとしか考えようがなかった。ここの人々は私たちとは異なっているし、その生活は私たちの国より貧しいかもしれない。だが、この湖とそこに生きる漁師たちに攻撃を加え、彼らを氷河期に立ち戻らせることなど、理解もできなければ想像もおよばなかった。

ここはニューメキシコ州へメス山脈に負けず劣らず美しかった。二つの土地の一方では原子爆弾が開発され、他方ではそこに原子爆弾が配備されているがゆえに、人々は外部の世界を締め出すよう命じられた。仏教徒にとって信仰と日常生活の両面における指導者であるダライラマは、両者ともに聖なる地である、と宣言した。

いずれの地もその美しさは耐えられないほどだった。どちらの土地でも一九九〇年は、産業化の進んだ文化が民衆の文化を招き、自然とどうかかわり合っていくかという対話を始めた年だった。ニューメキシコでは先住民との話し合いが持たれ、シベリアではモンゴルの部族民が招かれて山を下り、歌と踊りを披露し、この湖をもっときれいにしようと語りかけた。

私たち西ヨーロッパ諸国の人間の番がきて、湖の祭典に参加するため遠路はるばるやって来た理由を説明することになったとき、長いスピーチは必要なかった。通訳者は、私がスピーチの原稿を読み上げるのを聞くと、言った。「ドストエフスキーが同じことを言っています、『美は世界を救う』と」(6)

意識の役割と崇高なるものの追求

情報は予測不能性や無秩序、混乱、混沌、驚嘆、記述不能性、意外性、他者性の尺度であり、秩序はその反対の尺度だ。

意識はさほど多くの情報を含んではおらず、自らを秩序あるものと見なす。情報を捨て去ることによって、周りの無秩序や混迷のいっさいを、現象の起源を示す単純で予測可能な法則に還元できることを誇っている。

文明は、私たちの生活から情報を取り除く社会体系や技術体系から成る。文明は、進むにつれ、意識が世界から退くのを可能にしていった。

こうして、世界のありようを解釈したものが世界そのものであるという世界観が生まれた。その中では、地図は地形と同一視され、〈私〉は〈自分〉の存在を否定する。神の摂理という形以外の他者性はいっさい排除される。人は、他者性もまた良いと信じないことには生きていけない。

しかし、意識も平静の時代を迎えた。人とその意識について意識的な研究がなされ、人は意識をはるかにしのぐ存在であることが明らかになった。人は意識が知っているよりはるかに多くを知覚したり行なったりしていることがわかった。私たちは周囲の世界のシミュレーションを行ない、それが世界そのものであるかのように経験し、信じているが、そのシミュレーションは、錯覚と還元の産物だ。それは、私たちの外側の世界に満ちている予測不可能な他者性の大半を捨て去ることで得られる、系統だった錯覚と還元によってのみ可能となる。

意識ある〈私〉は、自分の周りにある世界を説明できないことを悟らねばならない。世界について私たちが与えることのできる形式的でまぎれのない記述では、その世界をあますところなく予測することはおろか、記述することさえおぼつかない。人間の意識のように狭い帯域幅の意識に取り込みうる、単純化された形式的記述では、私たちの外側にある異質なものの豊かさを記述するには、けっして十分でないのだ。

私たちの内側、言わば意識を持ち歩く人間の中で起こる認知のプロセスや心的なプロセスは、意識が知ったり記述したりできるよりもはるかに豊かなものだ。私たちの肉体は、口から入って反対の端から出ていく周りの世界との協力関係を持っているが、それが意識に上ることはない。肉体は、強大な生命系の一部であり、その生命系が、生命を帯びた惑星地球を全面的に形成し管理している。

意識ある〈私〉は、外なる世界も内なる世界も説明できない。したがって、これらの二つの世界の間のつながりを説明することもかなわない。

宗教哲学者マルティン・ブーバーは、一七〇〇年代にポーランド系ユダヤ人の間で始まったハシディズム運動の信奉者だ。この運動の中心には、世界に背を向けることによってではなく、自己の全存在を賭して世界の中、すなわち物事の真っただ中に入っていくことによって、神との合一が遂げられる、という思想がある。神聖なのは今ここに生きてあるのを楽しむことだ。一九二三年に上梓された有名な著書『我と汝』で、ブーバーは神を「完全なる他者」であると同時に、「完全なる同一者、完全なる現存者」であるとしている。また、神は変化したり変様したりするが、「自明なるものの神秘であり、私の自我より私に近い」とも述べている。[7] 外なる世界も内なる世界も、〈私〉より〈自分〉に近い。また、その二つの世界の関係は、〈私〉との関係よりも密接だ。

一九三〇年、クルト・ゲーデルは、形式的体系には限界があり、完全かつ無矛盾たりえないことを記述した。有限の記述では無限の世界を絶対に記述できないというのだ。

意識は、自分の内側と外側、いずれの世界もけっして記述することはできない。内側にいる人間も、外側にある世界も、意識が知りうる以上に豊かなのだ。どちらも図に描いたり記述したりはできるが、あますところなく知ることはできない深みだ。そして、両者の間には意識の知りえないつながりがある。内側と外側の深みは、二つ合わせて「ゲーデルの深み」と呼べるし、意識はゲーデルの深みに浮かんでいる、と言える。〈私〉はゲーデルの深みに浮かんでいる、と。

ゲーデルの定理は、嘘つきのパラドックスの現代版を踏襲している。嘘つきのパラドックスは、意識が産声を上げた古代ギリシアで発見された。最も単純な形は「私は嘘つきだ」で、クレタ島のエピメニデスの言葉とされる、「すべてのクレタ人は嘘つきだ」という古い形もある。

意識は人間に嘘をつく能力を与えた。真実ではないことを述べる能力、言ったことと意味したこととの間にずれをもたせる能力を与えたのだ。

このパラドックスの現代版とも言えるゲーデルの定理は、ポーランドの哲学者アルフレッド・タルスキーの手にかかると、ある命題が自らについてその真偽を証明することはできないという知識、というふうに定式化される。

したがって、「私は嘘つきだ」という命題の特徴は、このパラドックスに名を残している「嘘つき」という言葉ではない。むしろ、それは「私」という言葉であり、話し手が自分の話に言及しているという事実だ。

この自己言及のせいで問題が起きる。肉体は嘘をつけない。肉体は帯域幅が広すぎて嘘をつけない。だが、〈私〉にはそれができる。いや、〈私〉にはそれしかできないのだ。〈私〉はあたかも〈自分〉であるかのような顔をする。だが、事実は違う。〈私〉は〈自分〉であること、〈自分〉を支配していることのシミュレーションをする。しかし、〈私〉は〈自分〉の地図にすぎない。地図は嘘をつくことができる。地形にはできない。「私は嘘つきだ」は嘘つきのパラドックスではない。意識についての真実だ。

意識は、地球上の生物の進化によってもたらされた、すばらしい産物だ。不断の自覚、大胆な解釈、活気をみなぎらせる手段だ。しかし意識は、世界を支配してはいないと認めることによって、そしてまた、世界の単純な法則や予測可能性の原理を理解しても、世界がいったいどういうものなのか推測できないと認めることによって、今まさに平静を保とうとしている。

意識はそれほど古いものではないが、人の生活を支配するようになってからの数千年間に、私たちの世界を変えてきた。その変化があまりにも大きかったため、自らを生み出したメカニズムの餌食になりつつある。意識は、自らの経験している世界のシミュレーションが世界のほんとうの感覚であり、人が意識のうえで経験しているものこそが、実際に知覚されているものであり、人が知覚しているものこそが世界そのものである、というふりをしている。

したがって、意識は、それ自身にとって危険な存在になってしまった。自身がただの意識であり、ほんとうの世界のありようではないと意識していないからだ。人間は周りに起こる急速な変化を感知して、それに気づくことができる。そもそも意識は、私たちが周りで起きる特定の変化に気づくために発達したものだ。意識は急速な変化、明滅する明かり、既知の危険を見出そうとする。

しかし、意識が生み出した文明は、今や完全に新しい形の変化をもたらしつつある。それは、ゆるやかな変化、潜行性の変化、地球規模の変化、すなわち、種の絶滅と地球環境の劣化だ。環境危機によって私たちがさらされている危険や難題は、人間の注意が自動的に向くようなものではない。人間も一つの種として、周囲の様々な事柄に気づくことを学んだが、そうした要素はもはや真の脅威ではなくなった。

「私たちを創り出した世界はもうない。そして、私たちは新しい世界を創り出した。だが、人間がそれを理解する能力は、いまだに未発達のままである」と認知科学者ロバート・オーンスタインと生物学者パウル・エールリヒは共著の『新しい世界、新しい精神』に書いている[8]。二人の科学者は、私たちは世界の知覚の仕方を変えなくてはならないと説く。「文明は何年何十年という歳月をかけて起きる変化に脅かされているが、何年何十年をかけて起きる変化は、私たちにはあまりにゆるやかすぎて、にわかには感知できない[9]」

したがって、私たちは「新しい進化の過程、つまり意識的な進化の過程」を創り上げねばならない、と二人は言う。「私たちは旧来の心を新しいもので置き換えねばならない[10]」新たな教育や訓練によって、世界が直面する問題に適した方法で若い世代の人が世界を理解できるように導かねばならない。高校や大学などは、学生に視覚的な錯覚や無意識の経験、「変化に適応する」すべを教えなければならない。なぜなら、「生命において不変なものがあるとすれば、それは変化にほかならない」からだ[11]。

続いてオーンスタインとエールリヒは、意識が生み出した問題に対する答えは意識的に訓練して得た意識の変化だ、と示唆する。私たちは、自分が知らぬ事柄を知ることを学ばねばならない。自分がすべてに気づいてはいない事実に気づくことを学ばねばならない。意識は限られたものだと意識することを学ばねばならない。むろん、これがまっとうで必要な戦略であるのは間違いない。それはまた、科学技術が引き起こした汚染問題を解決するのであれば、科学技術が絶対不可欠だという事実とも、完璧に呼応する。だが、問題は次世代の教育、つまり私たちの意識を変える以外に必要とされるものがあるかどうか、だ。

問題は、私たちの生き方を変えなくてはならないかどうか、人間らしさや良い生き方の基準とする価値観を変えるべきかどうか、言い換えれば、私たちの存在における意識の役割を再検討する必要があるかどうか、なのだ。

およそ誰もが求め、重視する価値がある。人間であることはすばらしい。そのすばらしさの極みにかかわる価値だ。それが、至上の魅力を備えた行動や思想、景観や風景、経験や交わり、尽力や功績などを表すのに使う言葉、すなわち「崇高なるもの」だ。

バレエダンサーや歌手、あるいは演奏者が私たちの注意を引きつけ、その存在感をもって私たちの心を打ち震わせるとき。不意に発せられた言葉が、何週間もの討議を単純な発想に洗練し、それが、ある状況にまつわる肯定的なもののいっさいを突如、捉えるとき。比類なく美しい木工細工が職人の全身全霊を捧げた仕事ぶりを伝えるとき。友人とのひとときが完璧な率直さとあふれるほどの一体感に満ちているとき。そんなとき私たちは、「崇高なるもの」という言葉を口にする。

この言葉には知的な気どりや上品ぶった響きがないでもないが、一方で「崇高と滑稽は紙一重」という格言があることもまた確かだ。[12]

「崇高な」という言葉はラテン語に由来しており、「平凡さや単調さを超越した、高尚な」という意味だ。より正確に言えば、「崇高な（sublime）」は「下」を意味する「sub」と「屋根」「敷居」または「戸口や窓の上の横木」を意味する「limen」という二つの語から派生している。崇高なるものとは、上限に向かって上がっていくもの、実際は「斜めに上るもの」だ。[13] そして、第七章で取り上げた「閾下（subliminal）」と語源を同じくする。心理学では、閾下は意識的自覚の限界未満における知覚を意味する。

これら二つの言葉はたんに同じに語源を持つだけではなく、その現象同士も関連している。崇高な演奏においては、演奏家は意識が管理しているよりはるかに多くの情報を生かしている。名演奏家は、自分が意識的に操っているよりはるかに多くのものを、あえて発信している。崇高な演奏においては、〈自分〉は〈私〉に許可をもらう。このような信頼関係があってこそ、演奏に生命が宿る。同様に、運動選手の妙技や、卓越した思索の過程、名匠の手になる作品でも、意識が制御できるよりはるかに多い、膨大な量の情報と経験が処理されている。

人との交わりのコンテクストでも、私たちは他人の目に自分がどう映るかを気にしないでくつろぎ、相手のために、そしてその相手とともに、いられる状況を探し求める。そうすることで、会話の中やベッドの上、はたまたキッチンで、自分をすべてさらけ出すことができる。翻訳不可能なデンマーク語「hygge」[14] は、私たちが自分に対してたえず禁止権を発動するのではなく、互いの存在に臆することなく、ありのままに生きるという状況を指す。「hygge」の状態にあるときは、私たちは崇高な一体感を経験できる。

崇高なるものとは、意識が人を十分に信頼し、生命を、その自由な流れに任せるような状況や妙技だ。崇高なるものを追求するのは、意識の不在を追求するのとは違う。それは、課題や環境に対して、十分な心構えができており、慣れ親しんでいるのだという自信を求めることであり、その自信があれば、人はすべてを捧げることができる。じつは、この自信と「hygge」への道は、〈私〉を通っている。それは、人生や人生における人間関係を律する規律、そして技能を得る規律こそ〈私〉の領域であり、そうした規律が自信と慣れへの道を開いてくれるので、〈自分〉は持てる技能を存分に発揮できるからだ。

意識と崇高なるものとの間には、真の葛藤などない。なぜなら、意識は崇高なるものへの道、規律は即興への道、安定は意外性への道、凝集は開放への道だからだ。

しかし、意識は崇高なるものの従僕《しもべ》にすぎないのであり、私たちが慣れや自信や親密さの感覚を獲得し、あえて自分をさらけ出せるようになるための手段だ。意識はそれ自体が目的なのではなく、今ここに私たちがあるための手段なのだ。意識をかなぐり捨てて、今ここに私たちがあるための。

経験は閾下にとどまらずに、崇高にもなりうる。崇高な経験とは、私たちが持てるすべての器官を駆使して、この世界を、カオスと矛盾、恐怖と脅威、苦痛と快活に満ちた世界を、あるがままに認めることだ。

この惑星の状態を経験すると、不安や胸騒ぎを覚えかねないのは、地球には問題が山積しているからだ。しかし、これこそ問題解決につながる道なのかもしれない。あえて自分を信頼し、自らの経験を真剣に受け止めることの正しさを信じれば、たとえ不快であっても、物事をあえてあるがままに経験することにつながる。

セオドア・ローザックは一九七九年に、次のように主張した。惑星が必要とするものと人が必要とするものは緊密な関係にある。環境危機は私たちの心の中に個人的な問題として立ち現れる。私たちは、自分の肉体と恐怖から地球の状態を理解できる。したがって、継続可能性のより高い文明への道は、私たちが進んで自分に注意を払うかどうかにかかっている。あえてそうすれば、私たちが日々暮らす世界、つまり、私たちと切り離すことのできない地球を、初めて大切にできる。私たちはまず、思いきって人間として生きることを学ばねばならない、とローザックは著書『人・地球』で述べている。[15]

崇高なるものの価値を認めるというのは、世界との無意識の相互作用と意識とが均衡を保つときに意識には価値がある、と強調することにほかならない。なぜなら、世界には、私たちの意識よりはるかに豊かな情報や他者性、意外性、どろどろしたもの、クモ、侮辱が満ちあふれているからだ。

それはまた、次のような事実を強調することでもある。私たちは、たとえ世界の諸法則は知りえても、世界の真のありようを推測することはけっしてできないという事実、私たちは、自らとりうる行動のいっさいを言葉で表したり、そこに法則を見出したりはできないという事実、たいていの技能は永遠に言葉では表せず、自転車に乗る、あるいは園芸の達人であるといった能力として示すことしかできないという事実を、強調することでもあるのだ。

セーレン・キルケゴールの博士論文は『ソクラテスに関するアイロニーの概念について』と題するものだった。古代ギリシアで意識がとうとう支配の座を占めたとき、歴史上名だたる哲学者のなかでもとりわけ偉大なソクラテスは、無学な人の知恵を認め続けた。幾何学などまったく知らない奴隷農民に次から次へと問いを発することによって、彼から直角三角形に関するピタゴラスの定理を引き出して見せた。じつは、すでに私たちはすべてを知っているが、それをいつも言葉で表せるとはかぎらない、というのが、この話の教訓だ。

キルケゴールはこう書いている。「ソクラテスの目的は、抽象的なものを具体化することではなく、きわめて具体的なものを通して抽象的なものが現れ出るようにすることだった[16]」

私たちは世界から知識を引き出すことができるが、知識から世界を引き出すことはできない。

意識の文化と文明は途方もない勝利を収めてはきたが、また同時に大きな問題をも生み出している。私たちの存在に対する意識の支配力が強くなればなるほど、それが持つ情報の不足が大きな問題となる。文明は人から他者性と矛盾を奪い取っていき、イエスマンばかりに囲まれた独裁者に見られるのと同じような狂気へと、人を駆り立てる。

私たちは、すべての支配権を手中にしているわけではなく、いつも意識を働かせているわけでもないことを、あえて喜ぶべきだ。さらに、無意識の生き生きした様を楽しみ、それを意識の持つ規律や信頼性と一体化させるべきだ。人生は意識していないときのほうがずっと楽しい。


意識はそれほど多くの情報を含んではいない。情報とは他者性であり、予測不能性であるからだ。意識は、それ自体が与えられるより多くの情報を人々が必要としていると認めることによって、平静を得るだろう。人は意識の中にある情報も必要としている。それは、ある土地を歩くのに地図が必要なのと同じだ。だが、ほんとうに大事なのは地図を知ることではなく、その土地を知ることだ。

世界は地図で見るよりもはるかに豊かだ。私たち自身も、自分自身の地図で見るよりもはるかに豊かだ。

歓喜や肉体的悦楽や愛、それに聖なるものや崇高なるものは、意識が考えるほど遠い存在ではない。何の束縛も受けずにゲーデルの深みに浮かぶ人間の意識は、他者性におびえて自ら考えるほどの危機的状況にはない。

わずか〇・五秒前、私は〈自分〉だったのだ。

天国は、ほんの〇・五秒離れているにすぎない――ただし、反対の方向に。


「私自身と呼ばれているものによって成されたことは、私の中の私自身よりも大いなる何者かによって成されたような気がする」とジェームズ・クラーク・マクスウェルは述べた。

彼はユーザーイリュージョンとは無縁だった。

訳者あとがき

脳とは、自分が考えていると考えるために我々が使う、一種の装置である。
——アンブローズ・ビアス著『悪魔の辞典』

本書の原著『*Mærk Verden*』は、一九九一年にデンマークで刊行され、一三万部（単純に人口比で換算すると、日本では二五〇万部以上に相当）を売る、同国では空前のベストセラーとなった。その後、ノルウェー、スウェーデン、ドイツ、オランダでも出版され、好評を博している。

九八年には英訳もされた。その際、英語に堪能な著者が改訂を行なったそうだ。本書は、その九八年のペンギン版からの翻訳となる。二度翻訳を経ると、原書とのずれが懸念されるが、幸い著者と連絡が取れ、質問があれば遠慮なくとのことだったので、明らかな誤りはこちらで直したうえで、残る疑問点を問い合わせると、じつに入念な回答をいただけた。こうして、原著と日本語版の間の隔たりを、極力縮めるよう努めた。

ちなみに、日本語版のタイトル『ユーザーイリュージョン』は英語版にならったが、原題は「世界を感知する」と「世界に影響を与える」の両方の意味を持っているそうだ。

北欧屈指の科学評論家・ジャーナリストである著者は、これまで一四冊の本を書いており、近刊には、インターネットの歴史と未来を取り上げた『*Stedet som ikke er*（存在しない場所）』（一九九七年）、エイリアンの視点で地球を評価する『*Frem i tiden*（先行して）』（一九九九年）がある。

さて、本書『ユーザーイリュージョン』だが、著者の構想の雄大さと知識・調査範囲の広さには圧倒される。物理学、熱力学、統計力学、情報理論、サイバネティックス、心理学、生理学、生物学、哲学、社会学、歴史学、宗教、倫理と、様々な分野に話がおよび、カオス、フラクタル、エントロピー、ブラックホール、複雑系、ガイア、〈外情報〉、〈私〉、〈自分〉といった用語が飛び出す。

大幅に異なる分野にまたがり、著者も認めているとおり、「やや難解な話」もあるが、けっしてとりとめのない観念論ではない。意識という、私たちに最も身近な現象を主題に据え、情報の処分という概念を軸とし、日常生活との関連を保つという方針が全篇にわたって貫かれている。そして、内容は、現代を生きる私たちと密接なかかわりを持っており、私たちが直感的に知っていることを裏づける洞察や、逆に、常識を覆す意外な知見に富んでいる。

なかでも最もきわだっているのが、主題である意識の正体にまつわる見解だ。意識は人間が進化の過程でたかだか三〇〇〇年前に創り出した虚像にすぎない、それ以前と、中世ヨーロッパでは意識が存在しなかった、私たちは毎秒一一〇〇万ビット以上の情報を得ながら、わずか五〇ビット足らずしか意識には上らない、意識的に行動を決断すると認識する前に、すでに行動は始まっている、意識は現実より〇・五秒ほど遅れているのに、時間の繰り上げを行なって、あたかもリアルタイムで機能し、すべてを把握・管理しているかのようなふりをしている等々、驚くべき記述が続く。

しかし、最初は意外に思える事柄も、著者の挙げる事例に照らし合わせながら、よく考えれば、十分納得のいくものが多い。下等な生物にも見られる、呼吸や消化などの生命・生存にかかわる営みは、普通、私たちには意識されない。人間の脳が発達し、外界のシミュレーションの完成度が高まったとき、自らのシミュレーションである意識まで必要になったというのも、言われてみれば自然の流れで、説得力ある考察だし、たいへん含蓄に富んでいる。

意識には上らないものの、感覚器官を通して膨大な情報が私たちの中に入ってきており、それに行動が左右されている、というのには思い当たるふしがあるし、意識以外の部分が主導権を握って私たちが行動している場面、何も意識しないほうがうまく行動できる場面も、人は頻繁に経験する。意識された言葉では表現しようのない思考や感情、知識、技能はいくらでもある。

意識が肉体の中で起こる何らかの物理的作用としての側面を持っていると考えれば、当然、その活動には時間がかかるはずで、様々な感覚器官を通じて入ってくる情報をまとめて、一貫性ある形に意味づけするとなれば、なおさらだ。

冒頭の引用中の「脳」を「意識」に置き換えれば、一〇〇年も前に書かれたビアスの言葉がいみじくも言い当てているように、意識は幻想を生み出す装置だったのだ。それも、四六時中、膨大な量の情報を瞬時に処理し、つじつまを合わせ続ける、なんとも精妙な装置だ。

しかし、精妙であるがゆえに問題も出てくる。一つには、意識というユーザーイリュージョンがあまりに見事だったため、イリュージョンであることが忘れられてしまったことだ。意識は無意識や肉体をないがしろにし、あたかも自分しか存在しないという顔で専横に振る舞い始めた。毎秒せいぜい数十ビットの情報しか操れない意識が、一一〇〇万ビット以上を処理している無意識の影響を認めないのは、明らかに欺瞞だ。

両者の乖離や矛盾がひどくなれば、人は不安が増し、ついには精神に異常を来たしかねない。それに、意識が行動を決断する前に、すでに行動が起こっているのだから、意識が人間の主ならば、人間には自由意思などないことになってしまう。

そこで、人間は意識がイリュージョンであることを自覚しなければならない。意識ある〈私〉と無意識の〈自分〉の共存が必要だ。〈私〉が自らの限界と〈自分〉の存在を認め、〈自分〉を信頼し、権限を委ねることが、「平静」のカギとなるというのも、理にかなっている。

今一つの問題は、意識主導の文明が、予測不能性や異質性を嫌い、秩序と計画性を求めて社会を統制し、人間の情報体験を乏しいものにしてしまいがちなことだ。意識は、ファーストフードに象徴される単純明快な画一化を招き、利便性の代償として味気ない「直線の文明」を生む。その結果、人間は入力情報が不足して、退屈し、物足りなさを覚える。

人間はまた、人工的な環境で、限られた量の情報の入出力しか経験せずに育つと、感性や想像力が伸びない。テレビやパソコンの画面に張りつく暮らしの弊害は、すでに多くの人の知るところだ。五感を思う存分に活用し、自然や他者との触れ合いによって豊かな「情報」体験をするのが、健全な心身の発育と維持にいいことにも、異論はなかろう。

もっとも、文明を捨てて過去に戻れというわけではない。意識の登場と発展が進化の過程だとすれば、それは不可逆的だし、その過程は弊害ばかりでなく恩恵も伴う。思いきった情報の処分が、精神生活を充実させるゆとりを生んだ。意識には、コンテクストを理解し、嫌なことにも目的を見出し、無意識の関心をそれに向けさせることができる。また、第十三章に出てくるように、意識の文明は、外から地球を眺めるという経験を人類にもたらして、私たちの認識を一変させ、それがたとえばガイア理論のような広い包括的な視野の確立につながった。

本書を読み進めていくと、意識と人間の関係を、人類とガイアに投影してみたくなる。人類は、ガイアにとって言わば意識のようなものだ。意識が、自らの宿る人間の主であるかのような振る舞いをしてきたのと同様に、人類はガイアの主であるかのように振る舞ってきた。そして、人間は不安に陥り、ガイアは環境問題に苦しめられる結果となった。

人類は外から地球を見て、その美しさに感動するとともに、自分の存在の小ささを知った。〈私〉が自らの小ささを知り、〈自分〉を認知して共存を求め、平静を得れば、より豊かな人間生活が営めるのと同じように、人間が己の分際を知り、環境を認知して共存の道を探り、平静を得れば、地球全体がより豊かな生を営めることだろう。

何十億という人間が大きな地球の上に散らばっている様子を考えると、第一部で出てきた空気中の無数の分子と、第四部でしきりに繰り返される「量の増加は質の変化を生む」という考え方、そして〈創発的政治〉とが結びつく。空気中を飛び回る微小な分子の一つ一つは、自分が何度の空気に属しているか知らない。じつは、人間も似たようなものだ。個々の人間は、こっけいなくらい小さく、非力で無知だ。しかし、その一人一人が、〈私〉と〈自分〉、自分とガイアを調和させ、著者の勧めるように「己の信ずるところに従って行動」したらどうなるのか。

水は、構成する分子の構造自体に変化はなくとも、運動量が増加するだけ、つまり温度が上がるだけで、固体から液体へ、さらに気体へ、と質的に大きな変化を遂げる。すなわち創発的変化だ。これを著者は人間界の現象に当てはめて、〈創発的政治〉と呼んでいる。

著者は一九九〇年代に核戦争の脅威が急減した原因を、この〈創発的政治〉に帰する。核兵器の問題が下火になったのは、世界中で「信じられないほど多数の人々が同時にこの［核の］問題を取り上げ、それぞれのやり方で何かをしようと試みたせい」ではないか、と言う。これは、著者本人の言葉どおり、「感動的なほどうぶ」なのかもしれない。

しかしそれは、自らの卑小さを認める余裕を持ちつつ人間の潜在能力を信じる、なんとも愉快で楽天的な発想だ。そんなうぶさに賭けてみたいではないか。そして、たとえば今、国際社会を震撼させているテロの脅威も、同様に消滅してくれるように願いたいではないか。もちろんそれには、私たち一人一人がしっかりと意識を持ち、「己の信ずるところに従って行動する」ことが前提となる。

最後になったが、本書刊行までに様々な形で力を貸してくださった多くの方々に深く感謝したい。とりわけ、終始貴重な情報や意見、助言を与えてくださった紀伊國屋書店出版部の水野寛さんに心からお礼申し上げる。

二〇〇二年七月

柴田　裕之

1989]), p. 98.
6. *Baikal Cultural Express*, Ulan-Ude, Buryat, July 1990. 引用させてくれた Elena Yudenova に感謝する。
7. Martin Buber, *I and Thou* (Edinburgh: T. & T. Clark, 1987 [orig. German ed. 1923; Eng. trans. 1937])［邦訳 『我と汝』(植田重雄訳、岩波書店)］, p. 104.
8. Robert Ornstein and Paul Ehrlich, *New World, New Mind: Changing the Way We Think to Save Our Future* (London: Paladin, 1991 [orig. 1989]), p. 7.
9. 同上、p. 10.
10. 同上、p. 12.
11. 同上、p. 217.
12. A. P. Cowie, R. Mackin and I. R. McCaig, *Oxford Dictionary of English Idioms*, 1993, p. 210 (orig. published as *Oxford Dictionary of Current Idiomatic English*, vol. 2, 1983). また、*Penguin Dictionary of Quotations* (London: Book Club Associates, 1977 [orig. 1960]), p. 268, *Ordbog over Det Danske Sprog* (Copenhagen: Gyldendal, 1931), vol. 12, sp. 444 によると、この「崇高と滑稽は紙一重」という言葉は、1812 年にモスクワから撤退した後のナポレオン・ボナパルトの言葉であるとされる。*Shorter Oxford English Dictionary* (1975), vol. 2, p. 2168 も参照のこと。
13. *Ordbog over Det Danske Sprog* (注12), vol. 22, sp. 444.
14. 最も近いのは「気心の知れた温かな雰囲気」といったところだろう。「デンマーク人が幸せ以上に追い求めるもの」(英語版の訳者による注)「誰もが追い求めるが、たどり着けるのはデンマーク人だけだ！」(著者の返事)
15. Theodore Roszak, *Person/Planet* (London: Gollancz, 1979 [orig. 1977]).
16. Søren Kierkegaard, *Om Begrebet Ironi med stadigt Hensyn til Socrates, Samlede Værker* (全集) (Copenhagen: Gyldendal, 1962)［邦訳 『キルケゴール著作集』(浅井真男・志波一富・新井靖一・棗田光行訳、白水社)］, vol. 1, p. 281.

ク東京)], p. v より。
5. Benoit B. Mandelbrot, " How Long Is the Coast of Britain? Statistical Self-Similarity and Fractional Dimension, " *Science* 156 (1967), 636-38 所収。
6. *Gyldendals Tibinds Leksikon* (Copenhagen: Gyldendal, 1983), vol. 2, p. 308.
7. Kirk, Raven, and Schofield, *The Presocratic Philosophers*, p. 279.
8. Landauer, " Information Is Physical, " pp. 28-9. 宇宙に無限の情報が含まれているとする説は「複雑性、エントロピー、そして、情報の物理学」のセミナーで提唱された。
9. John Wheeler, " Information, Physics, Quantum: The Search for Links, " Zurek, *Complexity, Entropy and the Physics of Information,* pp. 9-10 所収。
10. Helmar G. Frank, *Kybernetischen Grundlagen der Pädagogik* (Baden-Baden: Agis-Verlag, 1969 [orig. 1962]), p. 69.
11. Bernard H. Lavenda, " Brownian Motion, " *Scientific American* 252: 2 (1985), 56-67 所収。
12. Karl Marx, *Capital* (London: Lawrence & Wishart, 1954) [邦訳 『資本論』(マルクス = エンゲルス全集刊行委員会訳、大月書店) ほか], vol. 3, part 7 (" Revenues and Their Sources "), p. 820.
13. Jørgen K. Bukdahl, " Naturdialektik som bidrag til en ædruelig kritik af den instrumentelle fornuft " (概念道具主義的常識に対する真摯な批判への貢献としての自然弁証法), *Teori og Praksis* 4 (1975), 7-17所収、この引用は p. 8 から。
14. Lewis Carroll, " Sylvie and Bruno Concluded, " *The Complete Works of Lewis Carroll* (New York: The Modern Library, 出版年度不詳)、pp. 616-17. この物語の序文の日付は 1893 年のクリスマスとなっている。

第16章　崇高なるもの

1. Niels Bohr, *Open Letter to the United Nations, June 9th, 1950* (Copenhagen: J. H. Schultz Forlag) [邦訳 『国連への公開状』(玉木英彦ほか訳、仁科記念財団)], p. 6.
2. A. Boserup, L. Christensen, and O. Nathan, eds., *The Challenge of Nuclear Armaments* (Copenhagen: Rhodos, 1986).
3. N. Barfoed, T. Bredsdorff, L. Christensen, and O. Nathan, eds., *The Challenge of an Open World* (Copenhagen: Munksgaard, 1989). " Hvælv ", *Rundbohr*, DR-TV, 29 May 1989.
4. Anders Boserup, Ove Nathan, and Tor Nørretranders, " McNamara's Plan, " *Nature* 307 (1984), 680 所収。Anders Boserup, Tor Nørretranders, *Det udelelige* (Copenhagen: Gyldendal, 1985), pp. 358-73 所収。
5. Morris Berman, *Coming to Our Senses* (London: Unwin, 1990 [orig.

pp. 707–8. この考えは、単純な系で発生する問題はより複雑な系において解決可能であるというゲーデルの基本的議論と密接な関連がある。Hao Wang, *Reflections on Kurt Gödel* (Cambridge, Mass.: The MIT Press, 1987), p. 170 を参照のこと。
14. Hofstadter (注13), pp. 713–14. 計算上の還元不能性が自由意思を記述できるという考えは、最近ドイン・ファーマーのカオス理論を背景にして定式化された。James Gleick, *Kaos* (Copenhagen: Munksgaard, 1989 [orig. 1987]) を参照のこと。同じ考えが、Brunak and Lautrup, *Neurale netværk*, pp. 139–41 (*Neural Networks*, pp. 152–55) の中にも見られる。
15. Ilya Prigogine and Isabelle Stengers, *Order Out of Chaos* (New York: Bantam Books, 1984) [邦訳 『混沌からの秩序』(伏見康治・伏見譲・松枝秀明訳、みすず書房], p. 285.
16. Peter V. Coveney, "The Second Law of Thermodynamics: Entropy, Irreversibility and Dynamics," *Nature* 333 (1988), 409–15 所収。
17. Rolf Landauer, "Nonlinearity, Multistability, and Fluctuations: Reviewing the Reviewers," *Am. J. Physiol.* 241 (1981), R107–13 所収。
18. Rolf Landauer, "Computation, Measurement, Communication and Energy Dissipation," S. Haykin, ed., *Selected Topics in Signal Processing* (Englewood Cliffs, N.J.: Prentice-Hall,1989), p. 40 所収。
19. Rolf Landauer, "Information Is Physical," *Physics Today*, May 1991, pp. 23–29 所収、この引用はp. 28 から。
20. Chris Langton, "Computation at the Edge of Chaos: Phase Transitions and Emergent Computation," *Physica D* 42 (1990), 12–37 (preprint LA-UR-90-379, p. 30) 所収。
21. 同上、p. 3.
22. James P. Crutchfield and Karl Young, "Computation at the Onset of Chaos," Zurek, *Complexity, Entropy and the Physics of Information*, pp. 223–69 所収。
23. Peter Richter, 1988年5月16日、デンマークのテレビシリーズ "Hvælv": *Det kosmiske kaos*, DR-TV から。

第15章　非線形の線

1. Carl Sagan, *The Cosmic Connection* (New York: Anchor, 1973) [邦訳『宇宙との連帯』(福島正実訳、河出書房新社)], p. 130.
2. Carl Sagan, *Cosmos* (New York: Random House, 1980), p. 110.
3. Benoit B. Mandelbrot, *The Fractal Geometry of Nature* (New York: W. H. Freeman, 1983 [orig. 1977]) [邦訳 『フラクタル幾何学』(広中平祐監訳、日経サイエンス)], p. 1.
4. Friedensreich Hundertwasser の言葉。H.-O. Peitgen and P. H. Richter, *The Beauty of Fractals* (Berlin: Springer-Verlag, 1986) [邦訳 『フラクタルの美——複素力学系のイメージ』(宇敷重広訳、シュプリンガー・フェアラー

2. 典型的な例に、Fritjof Capra, *Vendepunktet*（Copenhagen : Borgen, 1986 [orig. 1982]）がある。
3. Anderson（注 1）, p. 393, col. 2.
4. 長い年月のうちには、多くの読者が私の見解を全体論と同一視してきた。そのためここで全体論が反動的と述べられているのを目にして驚くことだろう。しかし、私は全体論には長年、批判的だった──還元主義をもっと頻繁に批判してきことは確かではあるが。たとえば、*Det udelelige*（還元不能のもの）（Copenhagen : Gyldendal, 1985）, chap. 18 ; *Naturvidenskab og ikke-viden*（自然科学と非知識）（Århus : Kimære, 1987 [orig.1982]）; 論文 " Helhedstænkningen er en jernkakkelovn "（全体論的思考は語の誤用）, *Fredag* 16 : 3（1988）, 15-20 所収などにおける私の批判を参照のこと。ここに書かれた見解は、還元主義が全体論よりも優れているということではない。まったくそうではない。この見解は、これが誤ったアンチテーゼであるというものだ。多くの人がガイア理論を全体論的と見なすが、これもまったくの誤解であることも指摘しておきたい。Lovelock, *The Ages of Gaia* [邦訳『ガイアの時代──地球生命圏の進化』（スワミ・プレム・プラブッダ訳、米沢敬編、工作舎）], p. 13. を参照のこと。全体的に考えるのは必ずしも反動的というわけではないが、全体論と同じというわけでもない。
5. Chris Langton, 1990年 4 月23日ニューメキシコ州ロスアラモスでのインタビューから。
6. Christopher G. Langton, *Artificial Life : Proceedings of an Interdisciplinary Workshop on the Synthesis and Simulation of Living Systems*, Santa Fe Institute Studies in the Sciences of Complexity, vol. 6（Redwood City, Cal. : Addison-Wesley, 1989）, p. xxiii.
7. J. Doyne Farmer and Aletta d'A. Belin, " Artificial Life : The Coming Evolution " *Proceedings in Celebration of Murray Gell-Man's 60 th Birthday*（Cambridge University Press）; preprint LA-UR-90-378, p. 2 所収。
8. Hans Moravec, *Mind Children : The Future of Robot and Human Intelligence*（Cambridge, Mass. : Harvard University Press, 1988）, pp. 128, 129
9. Farmer and Belin（注 7）, p. 16.
10. Steen Rasmussen, Carsten Knudsen, Rasmus Feldberg, and Morten Hindsholm, " The Coreworld : Emergence and Evolution of Cooperative Structures in a Computational Chemistry, " *Physica D* 42（1990）, 111-34 所収。
11. Küppers, *Information and the Origin of Life* [邦訳 『遺伝子は遊戯する──生命の起源と情報科学』（松田裕之・瀬野裕美訳、マグロウヒル出版）], p. 122.
12. 同上、p. 153.
13. Hofstadter, *Gödel, Escher, Bach* [邦訳 『ゲーデル、エッシャー、バッハ──あるいは不思議の環』（野崎昭弘・はやしはじめ・柳瀬尚紀訳、白揚社）],

of Biological Information," *Physica A* 163 (1990), 398–402 も参照のこと。
8. Lovelock（注 2）, p. 9.
9. James Peebles, 1979年 6 月29日コペンハーゲンでのインタビューから。
10. John Peacock, "More Hubble Trouble?" *Nature* 352 (1991), 378–79 所収。
11. Joseph Silk, *The Big Bang* (New York: W. H. Freeman, 1989), p. 113.
12. Jacob D. Bekenstein, "Black Holes and Entropy," *Physical Review D* 7 (1973), 2333–46 所収。
13. John A. Wheeler, *A Journey into Gravity and Spacetime* (New York: Scientific American Library, 1990), p. 221.
14. P. C. W. Davies, "Why Is the Physical World So Comprehensible?" W. Zurek, ed., *Complexity, Entropy and the Physics of Information*, pp. 61–70 所収、この引用はp. 67. から。John Wheeler, "Information, Physics, Quantum: The Search for Links," Zurek, pp. 3–28 所収。
15. Edward P. Tryon, "What Made the World?" *New Scientist*, March 8, 1984, pp. 14–16 所収。Edward P. Tryon, "Is the Universe a Vacuum Fluctuation?" *Nature* 246 (1973), 396–97 所収。
16. Jan Ambjørn, 1991年 2 月28日コペンハーゲンでのインタビューから。
17. Hegel の言葉。Justus Hartnack, *Hegels Logik* (Copenhagen: C. A. Reitzels Forlag, 1990), p. 19, note 13.
18. Søren Kierkegaard, *Samlede Værker*（全集）(Copenhagen: Gyldendal, 1962)［邦訳『キルケゴール著作集』（浅井真男・志波一富・新井靖一・棗田光行訳、白水社）］, vol.9, p. 98.
19. Peder Voetmann Christiansen, "Retur til virkeligheden"（現実への回帰）, *Gamma* 52 (1983), pp. 12–30 所収、Christiansen, *Tegn og Kvanter*（記号と量子）(IMFUFA/RUC, Text no. 202, 1990), pp. 53–78 に転載。
20. 「無の中で（in nihilo)」という表現の正確さについてコメントしてくれた Anette Krumhardt と Villy Sørensen に感謝する。
21. この図とホイーラーが残した傑出した系統的論述の数々は、"John Archibald Wheeler: A Few Highlights of His Contributions to Physics" に転載されている。これは、Kip S. ThorneとWojcieh H. Zurek が編集したもので、W. H. Zurek, A. van der Merwe, and W. A. Miller, *Between Quantum and Cosmos* (Princeton University Press, 1988), pp. 2–13 所収、この引用は p. 2 から。
22. Fred Alan Wolf, *Taking the Quantum Leap* (San Francisco: Harper & Row, 1981), p. 176.

第14章　カオスの縁で

1. P. W. Anderson, "More Is Different," *Science* 177 (1972) 393–96 所収。この論文は、1967 年にカリフォルニア大学サンディエゴ校で大学評議員向けに行なわれた講義を発展させたもの。

ders, ed., *Hengivelse—en debatbog om mænds orgasmer* (Copenhagen: Information Forlag, 1981), pp. 144-61 所収、この引用は p. 151 から。
27. Lin Yutang, *Jordisk Lykke* (この世の幸せ) (Copenhagen: Gyldendal, 1968 [orig. 1937]), p. 57.
28. Larry Dossey, *Lægevidenskabens krise* (*Space, Time and Medicine* [Boulder, Colo.: Shambala Publications, 1982]) (Copenhagen: Borgen, 1984) [邦訳 『時間・空間・医療——プロセスとしての身体』(栗野康和訳、めるくまーる)], p. 100. 呼吸の重要性は、David Abram, "The Perceptual Implications of Gaia," *The Ecologist* 15: 3 (1985), 96—103 所収で、とりわけ強調されている。
29. Richard P. Feynman, "The Value of Science" (1955), Richard P. Feynman, *What Do You Care What Other People Think?* (New York: W. W. Norton, 1988), pp. 240-48 所収、この引用は p. 244 から。
30. Leibniz's Monadologi, Leder (注23), p. 30 所収。
31. Harald Høffding, *Psykologi*, pp. 106-7.
32. Jaynes (注 2), p. 434.

第13章　無の内側

1. Hoyle の言葉。Norman Myers, ed., *The Gaia Atlas of Planet Management* (London: Pan Books, 1985), p. 21 より。
2. James Lovelock, *The Ages of Gaia* (Oxford: Oxford University Press, 1988) [邦訳 『ガイアの時代——地球生命圏の進化』(スワミ・プレム・プラブッダ訳、米沢敬編、工作舎)], p. 85. 青い空は地球上の生命がもたらしたとするラヴロックの主張が最初に紹介されたのは、Tor Nørretranders, *Den blå himmel* (青空) (Copenhagen: Munksgaard, 1987), pp. 55-7.
3. Lynn Margulis and Dorion Sagan, *Mikrokosmos* (Copenhagen: Munksgaard, 1990). Arthur Fisher, "The Wheels Within Wheels in the Superkingdom Eucaryotae," *Mosaic* 20: 3 (1989), 2-13 所収; Charles Mann, "Lynn Margulis: Science's Unruly Earth Mother," *Science* 252 (1991), 378-81 所収も参照のこと。
4. Christopher F. Chyba, "Impact Delivery and Erosion of Planetary Oceans in the Inner Early Solar System," *Nature* 343 (1990), 129-33 所収。
5. Christopher F. Chyba, Paul J. Thomas, Leigh Brookshaw, and Carl Sagan, "Cometary Delivery of Organic Molecules to the Early Earth," *Science* 249 (1990), 366-73 所収。
6. 初期の定式化は、Takafumi Matsui and Yutaka Abe, "Evolution of an Impact-Induced Atmosphere and Magma Ocean on the Accreting Earth," *Nature* 319 (1986), 303-5 に見られる。
7. Roger Penrose, *The Emperor's New Mind* (London: Vintage, 1990 [orig. 1989]) [邦訳 『皇帝の新しい心』(林一訳、みすず書房)], pp. 413-15. Werner Ebeling and Michail V. Volkenstein, "Entropy and the Evolution

68 (1986), 395-98 所収、この引用は p. 397 から。
47. Bohr の言葉。Petersen (注44), p. 188 より。
48. Lao-tzu, *Tao Te Ching* (New York: Vintage, 1972) [邦訳 『老子』(小川環樹訳注、中央公論社)], text 56 所収。

第12章　意識の起源

1. William James, *The Principles of Psychology* (London: Macmillan, 1891 [orig. 1890]), p. 226.
2. Jaynes, *The Origin of Consciousness in the Breakdown of the Bicameral Mind*, p. 47. [邦訳『神々の沈黙』(柴田裕之訳、紀伊國屋書店)]
3. 同上、p. 201.
4. 同上、p. 85.
5. 同上、p. 202.
6. 同上、p. 225.
7. Morris Berman, *Coming to Our Senses* (New York: Bantam New Age Books, 1990 [orig. 1989]), p. 329.
8. Jaynes (注 2), p. 204.
9. 同上、p. 321.
10. 同上、p. 322.
11. G. S. Kirk, J. E. Raven, and M. Schofield, *The Presocratic Philosophers* (Cambridge University Press, 1983), p. 233, note 1から。
12. 同上、p. 209, text 244.
13. Jaynes (注 2), p. 318.
14. 同上、p. 63, point 4.
15. Aldous Huxley, *The Perennial Philosophy* (New York: Harper & Row, 1970 [orig. 1944]) [邦訳 『永遠の哲学』(中村保男訳、平河出版社)], p. 2.
16. Berman (注 7), p. 47.
17. 同上、p. 180.
18. 同上、p. 48.
19. Winnicot の言葉。同上、p. 28 より。
20. 同上、p. 25.
21. 同上。
22. Max Horkheimer and Th. W. Adorno, *Oplysningens dialektik* (Copenhagen: Gyldendal, 1972 [orig. *Dialektik der Aufklärung*, 1944]) [邦訳 『啓蒙の弁証法――哲学的断想』(徳永恂訳、岩波書店)], p. 29.
23. Drew Leder, *The Absent Body* (University of Chicago Press, 1990), p. 1.
24. 同上、p. 2.
25. 同上、p. 173.
26. Olav Storm Jensen, "Kropspsykologi og orgasme," Tor Nørretran-

and Alan Musgrave, eds., *Criticism and the Growth of Knowledge* (Cambridge University Press, 1974 [orig. 1970]), pp. 59-89 所収、この引用は p. 61 から。
33. Thomas P. Kuhn, "Efterskrift" (後記) [orig. 1969], Thomas P. Kuhn, *Videnskabens revolutioner* (Copenhagen: Fremad, 1973 [orig. 1962]), pp. 182-212 所収、この引用は p. 192 から。
34. Daniel L. Schacter and Peter L. Graf, "Effects of Elaborative Processing on Implicit and Explicit Memory for New Associations," *Journal of Experimental Psychology: Learning, Memory and Cognition* 12 (1986), 432-44 所収。
35. John F. Kihlstrom, "The Cognitive Unconscious," *Science* 237 (1987), 1445-52 所収、この 引用は p. 1449 から。
36. Elizabeth K. Warrington and L. Weiskrantz, "New Method of Testing Longterm Retention with Special Reference to Amnesic Patients," *Nature* 217 (1968), 972-74 所収。E. K. Warrington and L. Weiskrantz, "Amnesic Syndrome: Consolidation of Retrieval?" *Nature* 228 (1970), 628-30 所収。〈プライミング〉への関心の起こりは、これらの研究の年代までさかのぼることが、Endel Tulving and Daniel L. Schacter, "Priming and Human Memory Systems," *Science* 247 (1990), 301-6 所収の p. 301 に言及されている。
37. Daniel Tranel and Antonio R. Damasio, "Knowledge Without Awareness: An Autonomic Index of Facial Recognition by Prosopagnosics," *Science* 228 (1985), 1453-54 所収、この引用は p. 1453 から。
38. Antonio R. Damasio, Hanna Damasio, and Gary W. Van Hoesen, "Prosopagnosia: Anatomic Basis and Behavioral Mechanisms," *Neurology* (*Ny*) 32 (1982), 331-41 所収。
39. Jonathan Miller, "Moving pictures," Horace Barlow, Colin Blakemore, and Miranda Weston-Smith, *Images and Understanding* (Cambridge University Press, 1990), pp. 180-94 所収、この引用は p. 190 から。
40. 同上、p. 191.
41. 同上。
42. Albert Einstein, "Physik und Realität," *The Journal of The Franklin Institute* 221 (1936), 313-47 (Eng. trans. pp. 349-82) 所収、この引用は p. 313 (349) から。
43. 同上、p. 314 (349).
44. Bohr の言葉。Aage Petersen, *Quantum Physics and the Philosophical Tradition* (New York: Yeshiva University, 1968), p. 188より。
45. Niels Bohr, "Virkningskvantet og naturbeskrivelsen" (量子の作用と自然の記述), Niels Bohr, *Atomteori og Naturbeskrivelse* (Copenhagen: Bianco Lunos Bogtrykkeri, 1929) [邦訳 『原子理論と自然記述』(井上健訳、みすず書房)], pp. 69-76 所収、この引用は p. 72 から。
46. Tor Nørretranders, "Videnskab and hverdagssprog," *Bogens Verden*

19. このメタファーの当面の難点は、人の頭脳の機能をまたもや最近考案されたテクノロジーになぞらえていることだ。最初に人間の脳は蒸気機関の一部だと言い、次に電話の交換機、そして今度はコンピュータとしている。しかし要は、新しいテクノロジーはつねに、何であれ人間や世界にまつわることで、人々が理解したばかりの事柄を、表現し具体化するということだ。
20. Richard Dawkins, *The Selfish Gene* (Oxford University Press, 1976) [邦訳 『利己的な遺伝子』(日高敏隆他訳、紀伊國屋書店)], Douglas R. Hofstadter and Daniel C. Dennett, *The Mind's I* (Harmondsworth : Penguin, 1982) [邦訳 『マインズ・アイ——コンピュータ時代の「心」と「私」』(坂本百大監訳、ティビーエス・ブリタニカ)], pp. 124-44 に抜粋、この引用は p. 141 から。
21. Aldous Huxley, *The Doors of Perception, The Doors of Perception and Heaven and Hell* (London : Chatto & Windus 1968 [orig.1960]) [邦訳 『知覚の扉——天国と地獄』(今村光一訳、河出書房新社)], pp. 11-12.
22. 同上、p. 16.
23. Peder Voetmann Christiansen, *Charles Sanders Peirce : Mursten og mørtel til en metafysik* (形而上学のためのレンガと漆喰) (Roskilde : RUC/IMFUFA Text no.169, 1988), p. 35.
24. Carlos Castaneda の言葉。Christiansen (注23), p. 36 より。
25. Roger N. Shepard, *Mind sights* (New York : W. H. Freeman, 1990), pp. 37-8.
26. J. Allan Hobson, *The Dreaming Brain* (London : Penguin, 1990 [orig. 1988]) と Jonathan Winson, "The Meaning of Dreams," *Scientific American* 263:5 (1990), pp. 42-8 所収。酸素代謝に関する情報を提供してくれたビスペビャル病院臨床心理学科の Peter Lund Madsen に感謝する。
27. Gregory, *Eye and Brain*, p. 202. この話の背景を知るために、Richard M. Restak, *The Brain* (New York : Warner Books, 1979) [邦訳 『脳の人間学』(河内十郎訳、新曜社)], pp. 96-103 も参照のこと。
28. S. B. の言葉。Gregory (注27), p. 206 から。
29. Richard Gregory, "Turning Minds on to Science by Hands-on Exploration : The Nature and Potential of the Hands-on Medium," *Sharing Science* (London : The Nuffield Foundation, 1989), pp. 1-9 所収、この引用は p. 4 から。
30. 同上、p. 5.
31. Ingvar Johansson, "Angelsaksisk videnskabsteori" (「アングロサクソンの科学理論」), I. Johansson, R. Kalleberg, and S.-E. Liedman, *Positivisme, marxisme, kritisk teori* (Copenhagen : Gyldendal, 1974), pp. 11-78 所収。この引用は p. 73 から。Michael Polanyi, *Personal Knowledge* (London : Routledge & Kegan Paul, 1958) [邦訳 『個人的知識——脱批判哲学をめざして』(長尾史郎訳、ハーベスト社)].
32. Margaret Masterman, "The Nature of a Paradigm," Imre Latakos

郎訳、中央公論社)], vol.6, p. 136. キルケゴールの *Angst* の概念は、anxiety（不安)、fear（恐怖)、dread（心配）など、様々に訳されている。
25. Søren Kierkegaard, *Sygdommen til Døden, Samlede Værker* (Collected Works)［邦訳 『死にいたる病』(桝田啓三郎訳、筑摩書房)], vol.15, p. 73.

第11章　ユーザーイリュージョン

1. Michael S. Gazzaniga, *The Social Brain* (New York : Basic Books, 1985)［邦訳 『社会的脳――心のネットワークの発見』(杉下守弘・関啓子訳、青土社)], p. 81.
2. 二つの脳半球の機能をやたらとはっきり分けたがる人のことを「二分強迫観念症」と呼ぶ。Sally P. Springer and Georg Deutsch, *Left Brain, Right Brain*, 3d ed. (New York : W. H. Freeman, 1989)［邦訳 『左の脳と右の脳』(宮森孝史ほか訳、福井圀彦・河内十郎監訳、医学書院)], p. 287 を参照のこと。「右脳」と「左脳」というのはガザニガが編み出した用語である。
3. Gazzaniga（注 1), p. 72.
4. 同上。
5. Joseph E. LeDoux, " Brain, Mind and Language, " David A. Oakley, ed., *Brain and Mind* (London : Methuen, 1985), pp. 197-216 所収、この引用は p. 206 から。
6. 同上、p. 207.
7. Gazzaniga（注 1), p. 72.
8. LeDoux（注 5), p. 209.
9. 同上、 p. 210.
10. David A. Oakley and Lesley C. Eames, " The Plurality of Consciousness, " David A. Oakley, ed., *Brain and Mind* (London : Methuen, 1985), pp. 215-51 所収、この引用は p. 247 から。
11. 同上、p. 248.
12. Helen Crawford, Hugh Macdonald, and Ernest R. Hilgard, " Hypnotic Deafness : A Psychophysical Study of Responses to Tone Intensity as Modified by Hypnosis, " *American Journal of Psychology* 92 (1979), 193-214 所収、この引用は pp. 198-99 から。
13. Oakley and Eames（注10）も参照のこと。ここでは p. 238.
14. John F. Kihlstrom, " The Cognitive Unconscious, " *Science* 237 (1987), 1445-52 所収、この引用は p. 1450 から。
15. John Kulli and Christof Koch, " Does Anesthesia Cause Loss of Consciousness ? " *TINS* 14 : 1 (1991), 6-10 所収、この引用は p. 6 から。
16. 同上、患者の談話から。
17. Benjamin Libet, 1991年 3 月26、27日サンフランシスコでのインタビューから。
18. Alan Kay, " Computer Software, " *Scientific American* 251 : 3 (1984), 41-7 所収、この引用は p. 42 から。

収録されている。本書での区別は、たんに、意識のある〈私〉とそれ以外の間のものである。カントとフッサールの言う先験的な〈我〉の概念に関係する区別についての、より厳密な考察は、ここでは試みていないが、きっとやりがいのあることだっただろう。
8. Thomas Nagel, "Is that you, James?" *London Review of Books* 9: 17 (1 October 1987), pp. 3-6 所収、この引用は p. 5, col.2 から。ネーゲルは、現代の認知哲学における内と外の区別の定式化に決定的な影響を与えた。この区別は、リベットにとっても非常に重要なものだった。Thomas Nagel, *The View from Nowhere* (New York: Oxford University Press, 1986) を参照のこと。
9. 同上、p. 5, col. 2.
10. Andrew Hodges, *Alan Turing: The Enigma of Intelligence*, p. 488.
11. 同上、p. 489.
12. Wilhelm Furtwänglerの言葉。Bastian, *Ind i musikken* [邦訳 『音楽の霊性――ニューエイジ・ミュージックの彼方に』(澤西康史訳、工作舎)], p. 129より。
13. Glen Gould, *Afskaf bifald!* (Copenhagen: Gyldendal, 1988), pp. 70-6.
14. Bastianの言葉。Tor Nørretranders の "En rejse ind i Peter Bastians lyd" (ピーター・バスティアンのサウンド世界への旅), *Levende Billeder*, April 1987, pp. 12-15, この引用は p. 15 から。
15. Bastian, *Ind i musikken*. [邦訳『音楽の霊性――ニューエイジ・ミュージックの彼方に』(澤西康史訳、工作舎)], p. 160.
16. John C. Lilly, *Communication Between Man and Dolphin*, (New York: Crown, 1978) [邦訳 『イルカと話す日』(神谷敏郎・尾沢和幸訳、NTT出版)].
17. John C. Lilly, *The Centre of the Cyclone: An Autobiography of Inner Space*, (London: Paladin, 1973 [orig. 1972]) [邦訳 『意識の中心――内的空間の自叙伝』(菅靖彦訳、平河出版社)], p. 173.
18. Abraham Maslow, *The Psychology of Science* (New York: Harper, 1966), pp. 95-101.
19. Barry Green and W. Timothy Gallwey, *The Inner Game of Music* (London: Pan, 1987 [orig. 1986]), p. 117.
20. 同上。
21. Keith Johnstone, *Impro: Improvisation and the Theatre* (New York: Theatre Arts Books, 1985 [orig. 1979]), pp. 111, 91.
22. Bernard Dixon, *Beyond the Magic Bullet* (London: Allen & Unwin, 1978).
23. Adrian Furnham, "Hooked on Horoscopes," *New Scientist* 26 (January 1991), pp. 33-6 所収、この引用は p. 33 から。
24. Søren Kierkegaard, *Begrebet Angst, Samlede Værker* (Collected Works) (Copenhagen: Gyldendal, 1963) [邦訳 『不安の概念』(田淵義三

38. Libet（注４), p. 538.
39. 同上、p. 539.
40. Walter Kaufmann, *The Faith of a Heretic*（New York : Doubleday, 1961), p. 225.
41. Adin Steinsaltz, *The Essential Talmud*（London : Weidenfeld and Nicolson, 1976), p. 26. 本書はヘブライ語で書かれ、Chaya Galai によって英訳された。Galai の「自分が人からされたくないことを、人にしてはならない (Do not unto others that which you would not have them do unto you)」と、Kaufmann の「自分にとって憎むべきことは他者にも行なってはならない（What you don't like, don't do to ohers)」（注40, p. 225）を比較のこと。
42. マタイによる福音書５章21-22節、27-28 節、７章12節。[『聖書』新共同訳]
43. Kaufmann（注40), p. 250.
44. リベットはこの点を認め、1991年９月18日付の筆者宛ての手紙でこう書いている。「ある衝動が禁じられ、実行に移されなかったとしても、その衝動に関する何らかの別の手がかりがあって、それが他者に影響を及ぼしうるというご指摘は、正しいと思います」
45. Benjamin Libet, 1991年７月１日付、筆者宛ての手紙から。
46. Harald Høffding, *Psykologi*［邦訳 『心理學』(石田新太郎訳、高等學術研究會)], p. 429.

第10章　マクスウェルの「自分」

1. 1989 年10月21日、デンマークのヴェドバクでのミカエル・ラウドルップとのインタビューから。
2. 1989 年10月24日、ミカエル・ラウドルップがDR-TVの番組（*Den intuitive elektronhjerne*）で著者に語った言葉。
3. Janet L. Taylor and D. I. McCloskey, "Triggering of Preprogrammed Movements as Reactions to Masked Stimuli," *Journal of Neurophysiology* 63（1990), 439-46 所収、この引用は p. 445 から。
4. 同上。
5. George Gamow, *Tredive År der rystede Fysikken*（物理学を揺るがした三〇年)（Copenhagen : Gyldendal, 1968［orig. 1966]), p. 59.
6. この解釈は、たとえば、Rodney Cotterill, *No Ghost in the Machine* (London : Heinemann, 1989), p. 268 以降などに見られる。
7. ここで使われている〈私〉と〈自分〉の区別は、哲学的には素朴なものだ。とくに現象学的・実存主義的伝統においては、この区別はもっと専門的な形で表されており、ここで使われているものと一致しない。たとえば、Jean-Paul Sartre, *The Transcendence of the Ego*,（New York : Noonday Press, 1957)［邦訳 『自我の超越』(竹内芳郎訳、人文書院)], pp. 31-60 の「the I and the Me」の章［邦訳では「『我れ』と『自我』」の章］を参照のこと。この本は、もともとフランスで出版された *Recherches Philosophiques* VI（1936-37）に

ence of the Mind-Brain (Cambridge, Mass.: The MIT Press, 1986), p. 486, note 8.2. P. S. Churchland, "On the Alleged Backwards Referral of Experiences and Its Relevance to the Mind-Body Problem," *Philosophy of Science* 48 (1981), 165-81 所収、Benjamin Libet, "The Experimental Evidence for Subjective Referral of a Sensory Experience Backwards in Time: Reply to P. S. Churchland," *Philosophy of Science* 48 (1981), 182-97 所収、P. S. Churchland, "The Timing of Sensations: Reply to Libet," *Philosophy of Science* 48 (1981), 492-97 所収も参照のこと。

29. Ted Honderich, "The Time of a Conscious Sensory Experience and Mind-Brain Theories," *Journal of Theoretical Biology* 110 (1984), 115-29 所収; Benjamin Libet, "Subjective Antedating of a Sensory Experience and Mind-Brain Theories: Reply to Honderich (1984)," *Journal of Theoretical Biology* 114 (1985), 563-70 所収。

30. Ian M. Glynn, "Consciousness and Time," *Nature* 348 (1990), 477-79 所収; Benjamin Libet, "Conscious vs. Neural Time," *Nature* 352 (1991), 27 所収。

31. Rodney Cotterill, *No Ghost in the Machine* (London: Heinemann, 1989), pp. 267-71.

32. Roger Penrose, *The Emperor's New Mind* (New York: Vintage, 1990) [邦訳 『皇帝の新しい心』(林一訳、みすず書房)], p. 574.; じつのところ、ペンローズはリベットのデータを誤って解釈し、意識の遅れの数値を実際よりかなり長く記述している (pp. 572-74)。これは、リベットの遅れに Kornhuber-Deecke の遅れも加えたためで、その結果、意識と「現実」の間に数秒間の乖離が生じるように理解してしまった。Benjamin Libet, "Time-Delays in Conscious Processes," *The Behavioral and Brain Sciences* 13 (1990), 672 所収も参照のこと。ただしこれは、ペンローズの主張の根幹にかかわる部分ではない。

33. Daniel Dennett and Marcel Kinsbourne, "Time and the Observer: The Where and When of Consciousness in the Brain," *The Behavioral and Brain Sciences* 15 (1992), 213-75 所収。本論文の原稿の一部を使用させてくれたことに対し、デネットに感謝する。

34. Daniel Dennett, *Consciousness Explained* (London: Allan Lane, 1992) [邦訳 『解明される意識』(山口泰司訳、青土社)], chaps. 5, 6.

35. Benjamin Libet, "Models of Conscious Timing and the Experimental Evidence," *The Behavioral and Brain Sciences* 15 (1992), 213-75 所収。

36. Benjamin Libet, Dennis K. Pearl, David Morledge, Curtis A. Gleason, Yoshio Morledge, and Nicholas M. Barbaro, "Control of the Transition from Sensory Detection to Sensory Awareness in Man by the Duration of a Thalamic Stimulus," *Brain* 114 (1991), 1731-57 所収。

37. Terrence J. Sejnowski, Christof Koch, and Patricia S. Churchland, "Computational Neuroscience," *Science* 241 (1988), 1299-1306 所収。

Subjective Referral of a Sensory Experience Backwards in Time," *Philosophy of Science* 48 (1981), 182-97 で言及されている。ここでは pp. 185-86.

16. I. Keller and H. Heckhausen, " Readiness Potentials Preceding Spontaneous Motor Acts: Voluntary vs. Involuntary Control," *Electroencephalography and Clinical Neurophysiology* 76 (1990), 351-61 所収。

17. B. Libet, W. W. Alberts, E. W. Wright, Jr., L. D. Delatytre, G. Levin, and B. Feinstein, " Production of Threshold Levels of Conscious Sensation by Electrical Stimulation of Human Somatosensory Cortex," *J. Neurophysiol*. 27 (1964), 546-78 所収、この引用は p. 549 から。

18. Benjamin Libet, " Cortical Activation in Conscious and Unconscious Experience," *Perspectives in Biology and Medicine* 9 (1965), 77-86 所収。

19. Bryan Kolb and Ian Q. Whishaw, *Fundamentals of Human Neuropsychology*, 3d ed. (New York: W. H. Freeman, 1990), pp. 335-36 などを参照のこと。

20. Bruce Bridgeman, *The Biology of Behavior and Mind* (New York: Wiley, 1988), p. 429. p. 513 の参考文献からわかるように、ブリッジマンは1979 年のリベットの論文を参照していない。

21. Benjamin Libet, Elwood W. Wright, Jr., Bertram Feinstein, and Dennis Pearl, " Subjective Referral of the Timing for a Conscious Sensory Experience," *Brain* 102 (1979), 193-224 所収。

22. B. Libet, W. W. Alberts, E. W. Wright, Jr., & B. Feinstein, " Responses of Human Somatosensory Cortex to Stimuli Below Threshold for Conscious Sensation," *Science* 158 (1967), 1597-1600 所収、この引用は p. 1600 から。

23. Libet et al. (注21), pp. 194-95.

24. B. Libet, W. W. Alberts, E. W. Wright, Jr., and B. Feinstein, " Cortical and Thalamic Activation in Conscious Sensory Experience," G. G. Somjen, ed., *Neurophysiology Studied in Man* (Amsterdam: Excerpts Medica, 1972), pp. 157-68 所収。

25. R. F. Schmidt, ed., *Fundamentals of Sensory Physiology* (Berlin: Springer-Verlag, 1986) [邦訳 『感覚生理学』(岩村吉晃ほか訳、金芳堂)], pp. 78-81 などを参照のこと。

26. 実際の実験では、視床の内側毛帯や視床腹側基底核への刺激に要した時間はわずか200ミリ秒だった。しかし、本書では無用の混乱を避けるため、500ミリ秒と記すことにする。Libet et al. (注21) p. 202 参照。実際には、最小刺激時間は識閾に比した刺激の強さに左右される。非常に強力な刺激なら、100ミリ秒で十分である。

27. Karl R. Popper and John C. Eccles, *The Self and Its Brain* (Berlin: Springer International, 1985 [orig. 1977, rev. 1981]) [邦訳 『自我と脳』(西脇与作訳、思索社)], p. 364.

28. Patricia Smith Churchland, *Neurophilosophy: Towards a Unified Sci-*

第9章　〇・五秒の遅れ

1. Hans H. Kornhuber and Lüder Deecke, " Hirnpotentialänderungen bei Willkürbewegungen und passiven Bewegungen des Menschen: Bereitschaftspotential und reafferente Potentiale, " *Pflügers Archiv fir dir gesamte Physiologie des Menschen und Tieren* 284 (1965), 1-17 所収。

2. Lüder Deecke, Berta Grözinger, and H. H. Kornhuber, " Voluntary Finger Movement in Man: Cerebral Potentials and Theory. " *Biological Cybernetics* 23 (1976), 99-119 所収。

3. Benjamin Libet, 1991 年 3 月26、27日のサンフランシスコでのインタビューから。とくに明記されていないかぎり、本章におけるリベットの言葉の引用は、このインタビューからのものである。インタビュー中の発言の多くは、リベットの論文 " The Neural Time-Factor and the Concepts of Perception, Volition and Free Will, " *Revue de Metaphysique et de Morale*, Paris, 1991 の原稿に基づいている。

4. Benjamin Libet, " Unconscious Cerebral Initiative and the Role of Conscious Will in Voluntary Action, " *The Behavioral and Brain Sciences* 8 (1985), 529-66 所収、この引用は p. 529 から。

5. 同上。

6. Johannes Mørk Pedersen, *Psykologiens Historie, Psykologisk Laboratorium* (Copenhagen University, 1990), p. 21.

7. Benjamin Libet, Curtis A. Gleason, Elwood W. Wright, and Dennis K. Pearl, " Time of Conscious Intention to Act in Relation to Onset of Cerebral Activity (Readiness-potential)," *Brain* 106 (1983), 623-42 所収、この引用は pp. 625, 627 から。

8. 同上、p. 640.

9. Libet (注 4), p. 536.

10. John Eccles, " Mental Summation: Time Timing of Voluntary Intentions by Cortical Activity," Libet (注 4), pp. 542-43 所収、この引用は p. 543 から。

11. これらの反論のうちのいくつかは、(注 4) の中にリベット自身の言葉で再現されている。なお、第二の反論は Gary Rollman (pp. 551-52)、第五の反論は Geoffrey Underwood and Pekka Niemi (pp. 554-55) および Chales C. Wood (pp. 557-58)、第六の反論は Eccles (pp. 542-43) によるもの。

12. Lüder Deecke, " The Natural Explanation for the Two Components of the Readiness Potential, " *The Behavioral and Brain Sciences* 10 (1987), 781-82 所収、この引用は p. 782 から。

13. Lüder Deecke, 1990 年 8 月15日のコペンハーゲンでのインタビューから。

14. R. Näätänen, " Brain Physiology and the Unconscious Initiation of Movement, " Libet (注 4), p. 594.

15. Jensen の実験については、B. Libet, " The Experimental Evidence for a

ences, *USA*, 81 (1984), pp. 4586-90 所収。
34. Francisco Varela, " Laying Down a Path in Walking, " William Irwin Thompson, *Gaia : A Way of Knowing* (Great Barrington, Mass. : Lindisfarne Press, 1987), pp. 48-64 所収、この引用は pp. 59-60 から。
35. Humberto R. Maturana, " What Is It to See ? " *Arch. Biol. Med. Exp*. 16 (1983), 255-69 所収。
36. Humberto Maturana and Francisco Varela, *Kundskabens træ*, デンマーク語版、(Århus : 1987 [orig. 1986]) [邦訳 『知恵の樹』(管啓次郎訳、筑摩書房)], p. 160.
37. Humberto Maturana, 1991 年 4 月14日デンマークのエスパゲアでのインタビューから。本インタビューの手配をしてくれたDISPUKセンターに感謝する。
38. Maturana and Varela (注36), p. 135.
39. Niels Bohr の言葉。Aage Petersen, " The Philosophy of Niels Bohr, " *Bulletin of the Atomic Scientist* 19 (1963), 8-14, p. 12 より。
40. Nørretranders (注29) .
41. この問題は〈カクテルパーティ効果〉(自分の妻が別の男と話していると、パーティルームの反対端からでも話の内容が聞こえる現象) と表現されることもあり、「図と地の問題 (das Figur-Hintergrund-Problem)」と同種のものと見なされている。W. Schneider (1986), Ch. von der Malsburg and W. Schneider, " A Nerural Cocktail-Party Processor, " *Biological Cybernetics* 54 (1986), 29-40 を参照のこと。
42. Charles M. Gray, Peter König, Andreas K. Engel, and Wolf Singer, " Oscillatory Responses in Cat Visual Cortex Exhibit Inter-Columnar Synchronization Which Reflects Global Stimulus Properties, " *Nature* 338 (1989), 334-37 所収。
43. Marck Baringa, " The Mind Revealed ? " *Science* 249 (1990), 856-58 所収。
44. Francis Crick and Christof Koch, " Towards a Neurobiological Theory of Consciousness, " *Seminars in the Neurosciences* 2 (1990), 263-75 所収。
45. Malsburg and Schneider (注41) .
46. 類人猿を使った実験による裏づけが不十分という情報は、1991 年 3 月28日にカリフォルニア工科大学で行なった Christof Koch へのインタビューによる。
47. Crick and Koch (注44), この引用は p. 274 から。
48. Francis Crick and Christof Koch, " Some Reflections on Visual Awareness, " *Symposia on Quantitative Biology*, vol. 55 (Cold Spring Harbor Press, 1990), MS, p. 10 所収。
49. 同上、p. 16.
50. Crick and Koch (注44), p. 263.

19. Richard Gregory, 1989 年10月イギリスのブリストルでのインタビューから。
20. J. Y. Lettvin, H. R. Maturana, W. S. McCulloch, and W. H. Pitts, "What the Frog's Eye Tells the Frog's Brain," *Proceedings of the IRE* 47 (1940-51), p. 1959 所収。
21. 同上、p. 1951, col. 2：「こうしたコンテクストは遺伝的に組み込まれており、生理学的な〈先験的観念による総合判断〉という特徴を持つ」
22. 同上、col. 1.
23. H. B. Barlow, "Single Units and Sensation : A Neuron Doctrine for Perceptual Psychology ?" *Perception* 1 (1972), 371-94 所収、この引用は p. 373 から。Marr（注 2), p. 12 より。
24. Barlow（注23), p. 380, Marr（注 2), p. 13 より。
25. David Marr（注 2), pp. 11-19 には、この間の進展が概説されている。
26. Horace Barlow, "What Does the Brain See ? How Does It Understand ? " Barlow et al.（注 1), pp. 5-25 所収、この引用は p. 20 から。
27. Thomas Nagel, *What Does It All Mean ? : A Very Short Introduction to Philosophy*（New York : Oxford University Press, 1987）［邦訳 『哲学ってどんなこと？――とっても短い哲学入門』（岡本裕一朗・若松良樹訳、昭和堂)］, pp. 20, 22, 23.
28. 同上、p. 11.
29. Peter Zinkernagel, *Omverdensproblemet*［英語版： *Conditions for Description*（London : Routledge & Kegan Paul, 1962)］(Copenhagen : G. E. C. Gad, 1957） ; *Virkelighed*（リアリティ）(Copenhagen : Munksgaard, 1988) ; and Tor Nørretranders, *Det udelelige*（還元不能のもの）(Copenhagen : Gyldendal, 1985).
30. C. Crone et al., ed., *Fysiologi*（Copenhagen : Foreningen af Danske Lægestuderendes Forlag, 1990), pp. 99-100. この章の執筆者 Arne Mosfeldt Laursen は著書 *Hjernevindinger*（Copenhagen : Munksgaard, 1990), p. 2 で、視床には「皮質が些細な情報であふれないようにする」ためのフィルターの役割があるかもしれないことを認めている。
31. F. Crick and C. Asanuma, "Certain Aspects of the Anatomy and Physiology of the Cerebral Cortex," J. L. McClelland and D. E. Rumelhart, *Parallel Distributed Processing*（Cambridge, Mass. : The MIT Press, 1986)［邦訳 『ＰＤＰモデル――認知科学とニューロン回路網の探索』（甘利俊一監訳、田村淳ほか訳、産業図書)］, vol. 2, pp. 333-71 所収、この引用は pp. 346-49 から。
32. A. R. Luria, *Hjernen : En introduktion til neuropsykologien*, デンマーク語版、(Copenhagen : Nyt Nordisk, 1989［orig. 1973］)［邦訳 『神経心理学の基礎――脳のはたらき』（鹿島晴雄訳、医学書院)］, p. 40.
33. Francis Crick, "Function of the Thalamic Reticular Complex : The Searchlight Hypothesis," *Proceedings of the National Academy of Sci-*

6. Gaetano Kanizsa, " Subjective Contours, " *Scientific American*, April 1976 所収、Irvin Rock, ed., *The Perceptual World* (New York : W. H. Freeman, 1990), pp. 155-63 に転載。
7. Barbara Gillam, " Geometrical Illusions, " *Scientific American*, January 1980 所収、Rock (注 6), pp. 164-76 に収録。
8. Vilyanur Ramachandran, " Perceiving Shape from Shading, " *Scientific American*, August 1988 所収、Rock (注 6), pp. 127-51 に収録。David Brewster の所見については、Richard L. Gregory (注11), p. 193 で紹介されている。
9. Zeke Berman, " Vases or Faces ? " 絵葉書。1978 年にエクスプロラトリウム (サンフランシスコ科学・芸術・人間知覚博物館) で展示。
10. K. C. Cole, *Vision : In the Eye of the Beholder* (San Francisco : Exploratorium, 1978), p. 48.
11. Richard L. Gregory, *Eye and Brain : The Psychology of Seeing*, 4th ed. (Princeton University Press, 1990) [orig. 1966]) [邦訳 『脳と視覚――グレゴリーの視覚心理学』(近藤倫明・中溝幸夫・三浦佳世訳、ブレーン出版)], この引用は pp. 21-2 から。
12. 同上、p. 20.
13. Ludwig Wittgenstein, *Tractatus Logico-Philosophicus* (Copenhagen : Gyldendal, 1963 [orig. 1921]) [邦訳 『論理哲学論』(山元一郎訳、中央公論新社)], p. 106. Norwood Russell Hanson, *Patterns of Discovery* (Cambridge University Press, 1965 [orig. 1958]) [邦訳 『科学的発見のパターン』(村上陽一郎訳、講談社)], pp. 8-24. Thomas S. Kuhn, *Videnskabens revolutioner* (Copenhagen : Fremad, 1973 [orig. 1962]) [邦訳 『科学革命の構造』(中山茂訳、みすず書房)], pp. 130-49. 概説は、Richard L. Gregory, *Mind in Science* (Harmondsworth : Penguin, 1984 [orig. 1981]), pp. 383-414 を参照のこと。
14. Irvin Rock and Stephen Palmer, " The Legacy of Gestalt Psychology, " *Scientific American* 263 : 6 (1990), pp. 48-61 所収。
15. J. B. Deregowski, " Real Space and Represented Space : Cross-Cultural Perspectives, " *The Behavioral and Brain Sciences* 12 (1989), 51-119, この引用は p. 57 から。
16. Colin Turnbull の文章。Robert Ornstein and Paul Ehrlich, *New world, New Mind* (London : Paladin, 1991 [orig. 1989]), p. 87 より。
17. Pablo Picasoと 乗客の会話。Heinz R. Pagels, *The Dreams of Reason* (New York : Bantam, 1988), p. 163 より。
18. Philippe Brou, Thomas Sciascia, Lynette Linden, and Jerome Y. Lettvin, " The Colors of Things, " *Scientific American* 254 : 9 (1986), pp. 84-91 所収。Gregory (注11), pp. 127-39 ; Barlow et al. (注 1) 所収 の John Mollon, " The Tricks of Colour " ; Rock (注 6), pp. 39-62 所収の Edwin Land, " The Retinex Theory of Color Vision, " も参照のこと。

21. Daniel Holender, "Semantic Activation Without Conscious Identification in Dichotic Listening, Parafoveal Vision, and Visual Masking : A Survey and Appraisal," *The Behavioral and Brain Sciences* 9 (1986), 1-66 所収。
22. Julian Jaynes, *The Origin of Consciousness in the Breakdown of the Bicameral Mind* (Boston : Houghton Mifflin, 1982 [orig. 1976]), p. 23. [邦訳 『神々の沈黙——意識の誕生と文明の興亡』(柴田裕之訳、紀伊國屋書店)]
23. 同上、p. 24.
24. Richard Latto and John Campion, "Approaches to Consciousness : Psychophysics or Philosophy?" *The Behavioral and Brain Sciences* 9 : 1 (1986), 36-7 所収、この引用は p. 37 から。
25. Jacques Hadamard, *An Essay on the Psychology of Invention in the Mathematical Field* (Princeton : Princeton University Press, 1949 [orig. 1945]) [邦訳『数学における発明の心理』(伏見康治ほか訳、みすず書房)], p. 75.
26. Albert Einstein の言葉。Hadamard (注25), p. 142 より。
27. Jaynes (注22), p. 41.
28. Henri Poincaréの言葉。Hadamard (注25), p. 40 より。
29. William James, *The Principles of Psychology* (London : Macmillan, 1891 [orig. 1890]), p. 284.
30. 同上、pp. 288-89. 彫刻家の比喩は、計算と意識における不可逆的情報処理に関する最近の記述にも見られる。たとえば、Søren Brunak and Benny Lautrup, *Neural Networks* (Singapore : World Scientific, 1990), p. 71.
31. H. H. Kornhuber, "The Human Brain : From Dream and Cognition to Fantasy, Will, Conscience, and Freedom," Hans J. Markowitsch, ed., *Information Processing by the Brain* (Toronto : Hans Huber Publishers, 1988), pp. 241-58 所収、この引用は p. 246 から。

第8章　内からの眺め

1. Francis Crickの言葉。Horace Barlow, Colin Blakemore, and Miranda Weston Smith, *Images and Understanding* (Cambridge University Press, 1990) の序文、pp. ix-x より。この引用は p. ix から。
2. David Marr, *Vision : A Computational Investigation into the Human Representation and Processing of Visual Information* (New York : W. H. Freeman, 1982) [邦訳 『ビジョン——視覚の計算理論と脳内表現』(乾敏郎・安藤広志訳、産業図書)], p. 16.
3. T. Poggio, "Vision : The 'Other' Face of AI," K.A. Mohyeldin Said et al., eds., *Modelling the Mind* (Oxford : Clarendon Press, 1990) pp. 139-54 所収、この引用は p. 139 から。
4. Jaynes, *The Origin of Consciousness in the Breakdown of the Bicameral Mind*, p. 25
5. Gregory, *The Oxford Companion to the Mind*, p. 508.

第7章　心理学界の原子爆弾

1. Harald Høffding, *Psykologi*, 6th ed.（Copenhagen : Gyldendal, 1911）, p. 102.

2. Norman Dixon, " Subliminal Perception, " Gregory, *The Oxford Companion to the Mind*, pp. 752–55 所収、この引用は p. 752 から。

3. Norman Dixon, *Subliminal Perception : The Nature of a Controversy*（London : McGraw-Hill, 1971）, p. 5.

4. J. V.　McConnell, R. L. Cutler, and E. B. McNeil, " Subliminal Stimulation : An Overview, " *Amer. Psychol*. 13（1958）, 229–42 所収、この引用は p. 238 から。Dixon（注3）, p. 224 からの引用。

5. Norman Dixon, *Preconscious Processing*（Chichester : John Wiley, 1981）, p. 183. 本書は Dixon の 1971年の著書（注3）を大幅に再編集したもの。

6. Vance Packard, *The People Shapers*（London : MacDonald and Jane's, 1978）［邦訳『人間操作の時代』（中村保男訳、プレジデント社）］, p. 136.

7. Hermann von Helmholtz, Richard L. Gregory, *Mind in Science*（Harmondsworth : Penguin, 1984［orig. 1981］）, p. 363.

8. P. N. Johnson-Laird, *The Computer and the Mind*（London : Fontana, 1988）［邦訳『心のシミュレーション』（海保博之ほか訳、新曜社）］, p. 18.

9. Daniel C. Dennett, " Consciousness, " Gregory（注2）, pp. 160–64 所収、この引用は p. 162 から。

10. C. G. Jung, *Jeg'et og det ubevidste*（Copenhagen : Gyldendal, 1987［orig. 1933］）［邦訳『自我と無意識の関係』（野田倬訳、人文書院）］, pp. 13–14.

11. Joseph Weiss, " Unconscious Mental Functioning, " *Scientific American* 262:3（1990）, pp. 75–81 所収、この引用は p. 75 から。

12. 同上、p. 81.

13. Dixon（注3）, pp. 103–52 や、Dixon（注5）, pp. 91–112 や、Kihlstrom（注17）, p. 1448 などを参照のこと。

14. C. S. Peirce and J. Jastrow, " On Small Differences of Sensation, " ［*Memoirs of the*］ *National Academy of Sciences*, vol. 3, Fifth Memoir（1884）, 73–83 所収。October 17, 1884 参照。

15. Peder Voetmann Christiansen, *Charles P. Peirce : Bricks and Mortar to a Metaphysics*, IMFUFA, Text no. 169（Roskilde : Roskilde Universitetscenter, 1988）, p. 49.（デンマーク語）

16. L. Weiskrantz, *Blindsight : A Case Study and Implications*, Oxford Psychology Series no.12（Oxford : Clarendon Press, 1986）, p. 24.

17. John F. Kihlstrom, " The Cognitive Unconscious, " *Science* 237（1987）, 1445–52 所収、この引用は p. 1448 から。

18. 同上、p. 1447.

19. Endel Tulving and Daniel L. Schacter, " Priming and Human Memory Systems, " *Science* 247（1990）, 301–6 所収。

20. Kihlstrom（注17）, p. 1450.

27. Elizabeth Spelke, William Hirst, and Ulric Neisser, " Skills of Divided Attention, " *Cognition* 4 (1976), 215-30 所収、この引用は p. 226 から。
28. 同上、p. 229.
29. Richard Jung, " Perception, Consciousness and Visual Attention, " P. A. Buser and A. Rougeul-Buser, *Cerebral Correlates of Conscious Experience, INSERM Symposium No. 6* (Amsterdam : Elsevier/North-Holland, 1978), pp. 15-36 所収、この引用は p. 18 から。
30. Zimmermann (注 1), p. 172.
31. Küpfmüller (注19), p. 220 に基づく。
32. Eigil Nyborg, *Den indre linie i H. C. Andersens eventyr : En psykologisk studie* (ハンス・クリスティアン・アンデルセンのおとぎ話における内なる筋――心理学的考察) (Copenhagen : Gyldendal, 1983 [orig. 1962]), p. 195.
33. Gregory Bateson, " Problems in Cetacean and Other Mammalian Communications, " Gregory Bateson, *Steps to an Ecology of Mind* (New York : Ballantine, 1972) [邦訳 『精神の生態学』(佐藤良明訳、新思索社)], pp. 364-78 所収、この引用は p. 370 から。Bateson は意識の限られたチャンネル容量ついて、同書 pp. 128-76 の " Style, Grace, and Information in Primitive Art " (1967) で質の面から触れている。とくに pp. 136, 142-43 を参照のこと。
34. Bent Ølgaard, *Kommunikation og Økomentale Systemer* (コミュニケーションとエコ・メンタル・システム) (Åbyhøj : Ask, 1986), p. 78.
35. Edward T. Hall, *The Silent Language* (New York : Doubleday, 1981 [orig. 1959]) [邦訳 『沈黙のことば』(國弘正雄訳、南雲堂)], pp. 61-2. Edward T. Hall, *The Hidden Dimension* (New York : Doubleday, 1982 [orig. 1966]) [邦訳 『かくれた次元』(日高敏隆・佐藤信行訳、みすず書房)] も参照のこと。
36. K. S. Lashley の話。Warren Weaver, " Recent Contributions to the Mathematical Theory of Communication, " Shannon and Weaver, *The Mathematical Theory of Communication* [邦訳 『コミュニケーションの数学的理論――情報理論の基礎』(長谷川淳・井上光洋訳、明治図書出版)], pp. 94-117 所収、この引用は p. 96, 脚注 1 から。
37. Umberto Eco, *The Name of the Rose*, trans. William Weaver (London, Mandarin : 1994 [orig. 1983]) [邦訳 『薔薇の名前』(河島英昭訳、東京創元社)], pp. 477, 491.
38. Steinbuch (注12), p. 264.
39. 聴覚障害者が使う手話でも、嘘をつくのは難しいと言われている。これを指摘してくれた Kijo Sofeza に感謝する。
40. Stephen Toulmin, " The Charm of the Scout " (1980), Stephen Toulmin, *The Return to Cosmology* (Berkeley : University of California Press, 1982) [邦訳 『ポストモダン科学と宇宙論』(宇野正宏訳、地人書館)], pp. 201-13 所収、この引用は p. 212 から。

収、この引用はp. 233 から。

12. Karl Steinbuch, *Automat und Mensch* (Berlin: Springer-Verlag, 1965) [邦訳『オートマトンと人間』(須藤襄・増淵正美訳、コロナ社)], p. 263. Steinbuch が示した数値はドイツ語に関するもの。ここではデンマーク語に合わせて修正した。Steinbuchは単語の中では一文字あたり 1 ビット、アルファベットの中では 4.1 ビットとしている。そこで、六文字で 24.6 ビットとなる。

13. W. E. Hick, "On the Rate of Gain of Information," *Quarterly Journal of Experimental Psychology* 4 (1952), pp. 11-26. 所収。

14. Richard Gregory, "Bit," Richard L. Gregory, *The Oxford Companion to the Mind* (Oxford: Oxford University Press, 1987), pp. 93-4 所収、この引用はp. 94 から。

15. Henry Quastler, "Studies of Human Channel Capacity," Colin Cherry, ed., *Information Theory, Proceedings of the Third London Symposium* (London: Butterworths, 1956), pp. 361-71 所収。テニスに関しては pp. 367-68、Mandelbrot の質問およびその答えに関してはp. 371 から。

16. J. R. Pierce, *Symbols, Signals and Noise* (New York: Harper, 1961) [邦訳『サイバネティックスへの認識』(鎮目恭夫訳、白揚社)], p. 229.

17. 同上、p. 236.

18. 同上、pp. 248-49.

19. Karl Küpfmüller, "Grundlagen der Informationstheorie und Kybernetik," O. H. Grauer, K. Kramer, and R. Jung, *Physiologie des Menschen*, Band 10: *Allgemeine Neurophysiologie* (München: Urban & Schwarzenberg, 1971), pp. 195-231 所収、この引用はp. 203 から。同じ数値が1959年にもKüpfmüller によって発表されている。

20. K. Küpfmüller, "Nachrichtenverarbeitung im Menschen," K. Steinbuch, ed., *Taschenbuch der Nachrichtenverarbeitung* (Berlin: Springer, 1962), pp. 1481-1501 所収、この引用は p. 1500 から。

21. Helmuth Frank, *Kybernetischen Grundlagen der Pädagogik*, Zweiter Band (Baden-Baden: Agis-Agis Verlag, 1962 [2. Auflage 1969]), p. 69.

22. 同上、p. 71.

23. 同上、p. 82.

24. H. J. Eysenck, "The Theory of Intelligence and the Psychophysiology of Cognition," Robert J. Sternberg, *Advances in the Psychology of Human Intelligence*, vol. 3 (Hillsdale, N.J.: Lawrence Erlbaum, 1986), pp. 1-34 所収、この引用は p. 8 以下参照のこと。

25. S. Lehrl and B. Fischer, "Der maximale zentrale Informationsfluss bei Küpfmüller und Frank: beträgt er 50 bit/s oder 16 bit/s? Zum Nutzen und Schaden von Küpfmüller Angaben für die Verbreitung der Informationspsykologie," *Grundlagenstudien aus Kybernetik und Geistenswissenschaft/Humankybernetik* 26 (1985), 147-54, この引用は p. 154 から。

26. Crossman (注11), p. 236.

第6章　意識の帯域幅

1. M. Zimmermann, "The Nervous System in the Context of Information Theory," R. F. Schmidt and G. Thews, eds., *Human Physiology*, 2d ed. (Berlin: Springer-Verlag, 1989) (transl. of *Physiologie des Menschen*, 23d ed.), pp. 166-73 所収、この引用は p. 172 から。
2. M. Zimmermann, "Neurophysiology of Sensory Systems," Robert F. Schmidt, ed., *Fundamentals of Sensory Physiology* (Berlin: Springer-Verlag, 1986) [邦訳 『感覚生理学』(岩村吉晃ほか訳、金芳堂)], pp. 68-116 所収、この引用は p. 116 から。
3. Dietrich Trincker, "Aufnahme, Speicherung und Verarbeitung von Information durch den Menschen," *Veröffentlichungen der Schleswig-Holsteinischen Universitätsgesellschaft, Neue Folge*, nr. 44 (Kiel: Verlag Ferdinand Hirt, 1966), p. 11 所収。
4. Edwin G. Boring による間接的な引用: "To be aware of a conscious datum is to be sure that it has passed." E. G. Boring, *The Physical Dimensions of Consciousness* (New York: Dover, 1963 [orig. 1933]), p. 228 より。
5. ここに示した三つの実験は、本書のために考案したが、その着想はオリジナルとは言えない。三番目のものはテレビ収録中、収録技術者から聞いた話をもとにしている (Bastian, *Ind i musikken* [邦訳 『音楽の霊性——ニューエイジ・ミュージックの彼方に』(澤西康史訳、工作舎)] p. 143-53 にも同様の試みが紹介されている)。同様の実験は、霊性や心理学に関連した文献に数多く報告されている。
6. W. R. Garner and Harold W. Hake, "The Amount of Information in Absolute Judgements," *Psychological Review* 58 (1951), 446-59 所収。
7. Hamilton の言葉。G. A. Miller, "Information Theory," *Scientific American* 195: 2 (August 1956), 42-46 所収、この引用は p. 43 から。
8. G. A. Miller, "The Magical Number Seven, Plus or Minus Two," *Psychological Review* 63 (1956), 81-87 所収、この引用は p. 81 から。Howard Gardner, *The Mind's New Science* (New York: Basic Books, 1987 [orig. 1985]) [邦訳 『認知革命』(佐伯胖・海保博之監訳、産業図書)], p. 89 も参照のこと。
9. Miller (注8), p. 86.
10. Miller (注7), p. 46.
11. 表は以下の文献のデータをまとめて構成した。Fred Attneave, *Applications of Information Theory to Psychology* (New York: Holt, 1959), pp. 67-75 [邦訳 『心理学と情報理論』(小野茂・羽生義正訳、ラティス)]、E. R. F. W. Crossman, "Information Theory in Psychological Measurement," A. R. Mettham and R. A. Hudson, eds., *Encyclopedia of Linguistics, Information and Control* (Oxford: Oxford University Press, 1969), pp. 232-38 所

（頭の中の自然）（Copenhagen：Rosinante, 1984）と定期刊行物の *OMverden, Munksgaard* で、非知識の概念を使っている。この用語自体は古く、Jens Himmelstrup, *Terminologisk Ordbog in Søren Kierkegaard : Samlede Værker*（作品集）（Copenhagen：Gyldendal, 1964 [orig.1936]), vol.20, p. 102 に登場している。また、1952 年には Georges Batailleも、非知識について三回の講演を行なった。しかし〈外情報〉という用語は、非知識の概念よりHusserl の考え方と、はるかに深いかかわりを持っている。〈外情報〉の概念は、Shannon の情報概念が定義した理解の枠組みの中で定義されたもので、複雑性理論の深さの概念を連想させるが、非知識の概念の理論的基盤は定かでない。そのうえ、この二つの概念は重視する要素が異なる。〈外情報〉は情報の処分による複雑性の発展に重きを置くが、非知識のほうは、観念的認識において、変換過程での認識の喪失に重きを置く。このように考えると、両者はその類似性のために、けっきょく誤った関連づけをされやすいと言える。

19. Peter Bastian, *Ind i musikken*（Copenhagen：Gyldendal, 1987）［邦訳『音楽の霊性——ニューエイジ・ミュージックの彼方に』（澤西康史訳、工作舎）], p. 37.

20. John Davies, "The Musical Mind," *New Scientist*, 19 January 1991, 38-41 所収、この引用は p. 40 から。

21. Niels A. Lassen, David H. Ingvar, and Erik Skinhøj, "Brain Function and Blood Flow," *Scientific American* 239（1977), 62-71 所収。

22. P. E. Roland and L. Friberg, "Localization of Cortical Areas Activated by Thinking," *Journal of Neurophysiology* 53（1985), 1219-43 所収。Lars Friberg and Per E. Roland, "Functional Activation and Inhibition of Regional Cerebral Blood Flow and Metabolism," J. Olesen and L. Edvinsson, eds., *Basic Mechanisms of Headache*（Amsterdam：Elsevier, 1988), pp. 89-98 所収。

23. Per E. Roland et al., "Does Mental Activity Change the Oxidative Metabolism of the Brain?" *The Journal of Neuroscience* 7（1987), 2373-89.

24. Lars Friberg, "Auditory and Language Processing," D. H. Ingvar et al., ed., *Brain Work II, Abstracts*, Alfred Benzon Symposium 31, p. 44 所収。

25. Louis Sokoloff, "Local Cerebral Energy Metabolism Associated with Local Functional Activity：Where and Why?" Ingvar（注24), p. 10 所収。

26. この語は、1826 年にスウェーデン人のJöns Jacob Berzeliusがドイツ人のFriedrich Wöhler に書いた手紙で、新たな鉱物が発見されると人の名前にちなんで命名する慣習について、不満を漏らしたくだりに登場する。Berzelius は、自分の友人 Miguel Erecacoexecohonerena の名さえとりかねない、と書いている。私がこれを読んだ E. Rancke-Madsen, *Grundstoffernes Opdagelseshistorie*（元素の発見の歴史）（Copenhagen：G. E. C. Gad, 1987), p. 99 には、Miguelの名字の由来については記述がなかった。

Sciences 9 (1986), 121–66 所収, この引用はp. 125 から。
10. Donald M. MacKay, " The Nomenclature of Information Theory with Postscript on Structural Information-Content and Optical Resolution " (orig. 1950), Donald M. MacKay, *Information, Mechanism and Meaning* (Cambridge, Mass.: The MIT Press, 1969), pp. 156–77 所収、この引用は p. 171 から。
11. Wendell R. Garner, *Uncertainty and Structure as Psychological Concepts* (New York: John Wiley, 1962), p. 15.
12. Fred I. Dretske, " Précis of Knowledge and the Flow of Information, " *The Behavioral and Brain Sciences* 6 (1983), pp. 55–90 所収。
13. Sayre（注 9）, p. 131. p. 131, col.1, chap. 9.1 で Kenneth M. Sayer, *Cybernetics and the Philosophy of Mind* (London: Routledge & Kegan Paul, 1976) に言及した部分は、参考文献の情報のみ記載。同書 p. 160, ref. 6 参照のこと。
14. Weaver（注 6）, p. 116.
15. Rolf Landauer, " Dissipation and Noise Immunity in Computation and Communication, " *Nature* 335 (1988), 779–784 所収。研究結果が最初に発表されたのは 1987年（上記の論文の ref. 36）。
16. Landauer への言及は、John Horgan, " Profile: Claude E. Shannon, " *Scientific American* 262: 1 (1990), 16–19 所収。
17. Ben Schumacher, " How Much Does Information Weigh? " サンタフェ研究所で開かれた「情報、エントロピー、そして、情報の物理学」セミナーの 1990 年 4 月20日の論文。
18. 意味はコミュニケーションという行為を通してではなく、主体の中で構成されるという考えは、ドイツの哲学者 Edmund Husserl が *Studies in Logic* (1900–1901) で初めて提唱した。この事実を紹介してくれた Ole Fogh Kirkeby に感謝する。Husserl に関する記述の中で、Kirkeby は次のように書いている。「Husserl にしてみれば、そのためにコミュニケーションが意味の概念を形成することはありえなかった。意味を付加する活動はおもに主体、つまり話者の中で行なわれる。会話が、言葉による信号の送り手から受け手への、実際の意味の伝達を成立させていることを示す基準は何もない」(Ole Fogh Kirkeby, " Event and Corporal Thought, " MS, 1991, p. 142.) Kirkeby が言及しているのは、Edmund Husserl の *Logische Untersuchungen, Zweiter Band, II Teil* (Tübingen: Max Neimeyer Verlag, 1980), chap. 1 だ。Husserl のこの考えは、門下の Merleau-Ponty らの批判の的になった。〈外情報〉は新しい発想だが、このように Husserl の考え方と密接なかかわりを持っている。
〈外情報〉の概念の先駆けとも言えるのは、「非知識」(デンマーク語では ikke-viden) の概念で、私はこれを 1992 年の論文で使っている（後に、Tor Nørretranders, *Naturvidenskab og ikke-viden*（科学と非知識）(Århus: Kimære, 1987) として出版)。Jesper Hoffmeyer も著書 *Naturen i Hovedet*

16. Seth Lloyd and Heinz Pagels, "Complexity as Thermodynamic Depth," *Annals of Physics* 188 (1988), 186–213 所収、この引用は p. 187 から。
17. Seth Lloyd, 1991 年 3 月29日、カリフォルニア州パサデナでのインタビューから。
18. Rolf Landauer, "A Simple Measure of Complexity," *Nature* 336 (1988), 306–7 所収、この引用は p. 307 から。
19. W. H. Zurek, "Thermodynamic Cost of Computation, Algorithmic Complexity and the Information Metric," *Nature* 341 (1989), 119–24 所収、この引用は p. 124 から。
20. Landauer（注19), p. 306.
21. 同上、p. 306.
22. 深さの概念と密接に関連した考え方を示す複雑性の尺度案のうち、次の論文は特筆に価する。James P. Crutchfield and Karl Young, "Inferring Statistical Complexity," *Physical Review Letters* 63 (1989), 105–8 所収。

第 5 章　会話の木

1. *The Guinness Book of Records* 1996, Facts on File, Inc., Arts and Entertainment Section, Literature subsection, Diaries and Letters sub-subsection, page 141.
2. Sybille Kramer-Friedrich, "Information Measurement and Information Technology: A Myth of the Twentieth Century," *Boston Studies in the Philosophy of Science* 90 (1986), pp. 17–28 所収。
3. Theodore Roszak, *The Cult of Information* (New York: Pantheon, 1986)［邦訳 『コンピュータの神話学』（成定薫・荒井克弘訳、朝日新聞社）], pp. 15–16.
4. Pedro II の言葉。John R. Pierce and A. Michael Noll, *Signals: The Science of Telecommunications* (New York: Scientific American Library, 1990), p. 17 より。
5. Claude Shannon, "The Mathematical Theory of Communication," Claude E. Shannon and Warren Weaver, *The Mathematical Theory of Communication* (Urbana: The University of Illinois Press, 1963 [originally 1949])［邦訳 『コミュニケーションの数学的理論――情報理論の基礎』（長谷川淳・井上光洋訳、明治図書出版)], pp. 3–91 所収、この引用はp. 3 から。
6. Warren Weaver, "Recent Contributions to the Mathematical Theory of Communication," Shannon and Weaver（注 5), pp. 94–117 所収、この引用はp. 99 から。
7. 同上、p. 99.
8. 同上、p. 100.（傍点は Weaver による強調）
9. Kenneth M. Sayre, "Intentionality and Information Processing: An Alternative Model for Cognitive Science," *The Behavioral and Brain*

Scientific American 251：3（1984), 140-51 所収、この引用は p. 151 から。
5. Stephen Wolfram, "Cellular Automata as Models of Complexity," *Nature* 311（1984), 419-24 所収、この引用はp. 419 から。
6. Peter Grassberger, "How to Measure Self-Generated Complexity," *Physica* 140A（1986), 319-25 所収、この引用は p. 321 から。*Physica A* のこの号には、1986年8月11〜15日にボストン大学で開催された、熱力学と統計力学に関する第16回国際会議での招待講演が収録されている。
7. Peter Grassberger, "Toward a Quantitative Theory of Self-Generated Complexity," *International Journal of Theoretical Physics* 25（1986), 907-44 所収、この引用は p. 908 から。この論文は、リスボンでのセルオートマトンに関するセミナーで行なわれた講演をもとにしている。
8. B. A. Huberman and T. Hogg, "Complexity and Adaptation," *Physica* 22 D（1986), 376-84 所収。この論文の前刷りは、1985 年に配布されている。
9. Herbert A. Simon, "The Architecture of Complexity," *Proceedings of the American Philosophical Society* 106（1962), 467-82 所収。グラスベルガーは、P. Grassberger, "Problems in Quantifying Self-Generated Complexity," MS の脚注 8 の中で、Simon が同様の見解を表明していたことを認めている。
10. Grassberger（注 6), p. 325 および Grassberger（注 7), p. 938；原本 p. 908 の脚注 2 も参照のこと。
11. Charles Bennett, "Logical Depth and Physical Complexity," Rolf Herken, *The Universal Turing Machine：A Half-Century Survey*, Oxford University Press, 1988, pp. 227-57 所収、この引用は p. 230 から。ほぼ同一の一節が、David Pines, ed., *Emerging Synthesis in Science*（Reading, Mass.: Addison-Wesley, 1987), pp. 297-313 所収の Bennett, "Dissipation, Information, and the Definition of Organization," pp. 297-313 にも収録されている。Pagels（注 1), p. 66 を参照のこと。論理深度の概念を、その提唱者ベネットの名とともに初めて紹介したのは、Gregory Chaitin, "Algorithmic Information Theory," *IBM J. Rep. Develop*. 21（1977), 350-59 所収、Chaitin, *Information, Randomness and Incompleteness*, pp. 38-52 に転載、この引用は p. 48 から。
12. Charles H. Bennett, "On the Nature and Origin of Complexity in Discrete, Homogenous, Locally-Interacting Systems," *Foundations of Physics* 16（1986), 585-92 所収、この引用は p. 585 から。
13. Charles Bennett, "How to Define Complexity in Physics, and Why," Zurek, *Complexity, Entropy and the Physics of Information*, pp. 137-48 所収。
14. Seth Lloyd, "The Calculus of Intricacy," *The Sciences* 30：5（1990), 38-44 所収。Grassberger（注 9）も参照のこと。
15. Hans Kuhn, "Origin of Life and Physics：Diversified Microstructure-Inducement to Form Information-Carrying and Knowledge-Accumulating Systems," *IBM J. Rep. Develop*. 32：1（1988), 37-46 所収。

tional Journal of Theoretical Physics 22 (1982), 941-54 所収、Chaitin, *Information, Randomness and Incompleteness* (Singapore : World Scientific, 1987), pp. 55-65 に転載、この引用は p. 55 から。
28. Stewart (注26), p. 116.
29. Gregory J. Chaitin, "Randomness in Arithmetic," *Scientific American* 259 : 1 (July 1988), 52-7 所収、この引用は pp. 56-7 から。
30. 同上、p. 57.
31. W. H. Zurek, "Algorithmic Information Content, the Church-Turing Thesis, Physical Entropy, and Maxwell's Demon," Zurek, ed., *Complexity, Entropy and the Physics of Information*, pp. 73-89 所収。
32. 同上、p. 85.
33. 1990 年の会合の議事録は、執筆時に入手できなかった。しかし、議論の内容には、Zurek (注31) と、Carlton Caves, "Entropy and Information : How Much Information Is Needed to Assign a Probability ?" Zurek (注31), pp. 91-113 所収、とくに pp. 112-13 と、Caves, "Quantitative Limits on the Ability of a Maxwell Demon to Extract Work from Heat," *Physical Review Letters* 64 (1990), 2111-14 が触れている。p. 2114, sp. 2 でビル・ウンルーが (ここではケーヴズに対して) たいへん鋭い質問をしたとして、感謝されている。ウォーターゲート事件をもじった質問の中の簡潔な文句もこの論文中 (p. 2112) に見られる。この論文が受理されたのは1989年で、これは、90年 4 月に行なわれたズーレクの講演の前になる。ケーヴズはこのときの議論の主要な成果をはっきりズーレクの功績としている。しかし私は、90年の会合でズーレクがケーヴズに口頭で謝辞を述べたという明確な記憶はない。
34. Cavesの言葉。Zurek (注33), p. 113 より。
35. W. H. Zurek, "Thermodynamic Cost of Computation, Algorithmic Complexity and the Information Metric," *Nature* 341 (1989), 119-24 所収。
36. Bernd-Olaf Küppers, *Information and the Origin of Life* (Cambridge, Mass. : The MIT Press, 1990 [German ed. 1986]) [邦訳 『遺伝子は遊戯する——生命の起源と情報科学』(松田裕之・瀬野裕美訳、マグロウヒル出版)], p. 106.

第 4 章　複雑性の深さ

1. Heinz Pagels, *The Dreams of Reason : The Computer and the Rise of the Sciences of Complexity* (New York : Bantam Books, 1989 [1st ed. 1988]), p. 66.
2. Feynman, Leighton, and Sands, *The Feynman Lectures on Physics* [邦訳『ファインマン物理学II——光　熱　波動』(富山小太郎訳、岩波書店)], Chapter 46, p. 5.
3. Stephen Wolfram, "Undecidability and Intractability in Theoretical Physics," *Physical Review Letters* 54 (1985), 735-38 所収。
4. Stephen Wolfram, "Computer Software in Science and Mathematics,"

(S. Feferman et al., eds.), (New York : Oxford University Press, 1986), pp. 144-94 所収、この引用は p. 148 から。
12. Stephen C. Kleene, "The Work of Kurt Gödel," *The Journal of Symbolic Logic* 41 : 4 (1976) 所収、Shanker (注 6), pp. 48-71 に収録、この引用はp. 54 から。
13. Hodges (注 6), p. 92.
14. Roger Penrose, *The Emperor's New Mind* (London : Vintage, 1990 [orig. 1988]) [邦訳 『皇帝の新しい心――コンピュータ・心・物理法則』(林一訳、みすず書房)], p. 141.
15. Johannes Witt-Hansen, *Videnskabernes historie i det* 20. *århundrede : Filosofi* (Copenhagen : Gyldendal, 1985), pp. 196, 206 など。
16. Solomon Feferman, "Kurt Gödel : Conviction and Caution" (1983), Shanker (注 6), pp. 96-114 に収録、この引用は p. 113, 脚注 18 からで、そこではゲーデルの論文発表がヒルベルトの亡くなった年と引き比べられている。
17. 同上、p. 96.
18. 同上、p. 111.
19. Wang (注6), pp. 133-34. 以下の文献も参照のこと。John W. Dawson, "Kurt Gödel in Sharper Focus," *The Mathematical Intelligencer* 6 : 4 (1984), Shanker (注 6), pp. 1-16 に収録、ここでは pp. 7, 12 から。Shanker, p. 84 (Dawson) and pp. 96, 111 (Feferman).
20. Wang (注 6), p. 46. この引用は、1975～76 年にワンとゲーデルの間で交わされた会話に基づく "Some Facts About Kurt Gödel" から。ゲーデルは自らこの作品の題名を提案し、自分の死後、ワンが論文を発表することを許可した。したがって、そのスタイルは適切だが、事実誤認が見られる (Dawson, 注19を参照のこと), p. 14, ref. 1.
21. Hodges (注 6), p. 109.
22. Kline (注 2), Preface.
23. Rudy Rucker, *Mind Tools. The Five Levels of Mathematical Reality* (London : Penguin Books, 1988 [orig. 1987]) [邦訳 『思考の道具箱――情報 数 空間 論理 無限 数学的リアリティの五つのレベル』(大槻有紀子ほか訳、工作舎], p. 226.
24. 哲学者たちについて、さらに詳しくは Witt-Hansen (注15), p. 207 を参照のこと。ウィット＝ハンセンによれば、タルスキーが早くも 1931年 3 月21日に自分の理論を公にしていたという。この事実は特筆に値する。
25. Douglas Hofstadter, *Gödel, Escher, Bach—An Eternal Golden Braid* (Harmondsworth : Penguin Books, 1980 [orig. 1979]). [邦訳 『ゲーデル、エッシャー、バッハ――あるいは不思議の環』(野崎昭弘・はやしはじめ・柳瀬尚紀訳、白揚社]
26. Ian Stewart, "The Ultimate in Undecidability," *Nature* 332 (1988), 115-16 所収、この箇所は p. 116 から。
27. Gregory J. Chaitin, "Gödel's Theorem and Information," *Interna-*

p. 161, この箇所でブリルアンはこの用語を使ったのはシャノンだったと主張している。Leff and Rex（注 1）, pp. 6-7, 18-21, 28-9 も参照のこと。

27. 私が直接聞いた言葉。これとわずかに異なる言葉が Thomas Söderqvist, *Informationssamfundet,*（Copenhagen : Forlaget Philosophia, 1985）, pp. 61-72 所収の Peder Voetmann Christiansen, “Informationens elendighed,” に見られる。この引用は p. 63 から。

28. Richard P. Feynman, R. B. Leighton, and M. Sands, *The Feynman Lectures on Physics*（Reading, Mass. : Addison-Wesley, 1977［orig. 1963］）, vol. I［邦訳 『ファインマン物理学――力学』（坪井忠二訳、岩波書店）］, pp. 46-7.

第 3 章　無限のアルゴリズム

1. David Hilbert の言葉。Constance Reid, *Hilbert*（New York : Springer-Verlag, 1970）［邦訳 『ヒルベルト――現代数学の巨峰』（弥永健一訳、岩波書店）］からReid, *Hilbert-Courant*（Springer-Verlag, 1986）に転載、この引用は p. 196 から。

2. Hilbertの言葉。Morris Kline, *Mathematics : The Loss of Certainty*（New York : Oxford University Press, 1980）［邦訳 『不確実性の数学――数学の世界の夢と現実』（三村護・入江晴栄訳、紀伊國屋書店）］, p. 259 より。

3. Reid（注1）, p. 195.

4. 同上、p. 196.

5. 同上。

6. P. G. Shanker, ed., *Gödel's Theorem in Focus*（London : Routledge, 1988）, pp. 74-95 に収録（この引用は pp. 76-8 から）の John W. Dawson, Jr., “The Reception of Gödel's Incompleteness Theorems,” *Philosphy of Science Association* 2（1984）と Hao Wang, *Reflections on Kurt Gödel*（Cambridge, Mass. : The MIT Press, 1987）［邦訳 『ゲーデル再考――人と哲学』（土屋俊・戸田山和久訳、産業図書）］, p. 85 を参照のこと。歴史家や伝記作家は、ヒルベルトが講演したのと同じ会議でゲーデルの発表が行なわれたことを示唆している。たとえば、アンドリュー・ホッジズは Andrew Hodges, *Alan Turing : The Enigma of Intelligence*（London : Unwin Paperbacks, 1985［orig. 1983］）, p. 92 に、「まさにその会議で」なされた、と書いている。しかし、ワンによれば、ヒルベルトの講演は「おそらく九月九日に」行なわれたそうだが、ゲーデルの発表は九月七日になされたとする資料が多い。だが、この二つの出来事が、同じ町で数日のうちに起こったことは間違いない。

7. Dawson（注 6）, p. 78 と Wang（注 6）, p. 87 を参照のこと。

8. Paul Bernays の言葉。Reid（注 1）, p. 198 より。

9. Reid（注 1）, p. 220.

10. Bertrand Russell の言葉。Dawson（注 6）, p. 90 より。

11. Kurt Gödel, “Über formal unentscheidbare Sätze der Principia mathematica und verwandter Systeme I,” Kurt Gödel, *Collected Works*, vol. I

Entropy. I," *J. Appl. Phys*. 22 (1951), 334-37 所収、Leff and Rex (注 1), pp. 134-37 に収録。
8. Leon Brillouin, *Science and Information Theory* (New York : Academic Press, 1956) [邦訳 『科学と情報理論』(佐藤洋訳、みすず書房)] . この本はたいへんな影響力を持っていた。L. Brillouin, "Life, Thermodynamics, and Cybernetics," *Am. Sci*. 37 (1949), 554-68 所収、Leff and Rex (注 1), pp. 89-103 に収録。
9. Brillouin (注 7), p. 134.
10. 同上。
11. 同上、p. 136.
12. Brillouin (注 8), p. 168.
13. Charles Bennett, "Demons, Engines and the Second Law," *Scientific American* 257 : 5 (1987), 88-96 所収、この引用は p. 96 から。
14. Seth Lloyd, "Use of Mutual Information to Decrease Entropy : Implications for the Second Law of Thermodynamics," *Physical Review A* 39 (1989), 5378-86 所収、この引用は p. 5384, col. 1 から。
15. 1 モルの空気 (約22リットル) 中には約 6×10^{23}個の分子がある。人間の脳の全帯域幅は毎秒10^{12}ビットで、人間の一生は約 2×10^{9}秒。
16. Bennett (注13), p. 96.
17. Martin J. Klein, "Maxwell, His Demon, and the Second Law of Thermodynamics," *Am. Sci*. 58 (1970), 84-97 所収、Leff and Rex (注 1)、pp. 75-88 に収録、この引用は p. 84 から。
18. この例は David Layzer, *Cosmogenesis* (New York : Oxford University Press, 1990), pp. 25-7 から引かせてもらった。
19. Edwin Jaynes の言葉。Leff and Rex (注 1), p. 17 より。
20. Paul Feyerabend の言葉。Engelbert Broda, *Ludwig Boltzmann*, (Woodbridge, Conn. : Ox Bow Press, 1983), p. *v* より。
21. K. G. Denbigh and J. S. Denbigh, *Entropy in Relation to Incomplete Knowledge* (Cambridge University Press, 1985), p. 104.
22. Søren Brunak and Benny Lautrup, *Neurale netværk* (ニューラル・ネットワーク) (Copenhagen : Munksgaard, 1988), p. 44. Karl Steinbuch, *Automat und Mensch* (Berlin : Springer-Verlag, 1965) [邦訳 『オートマトンと人間——情報-制御-認識-学習-意識-サイバネティクスの世界』(須藤・増淵正美共訳、コロナ社)], p. 263.
23. John R. Pierce and Michael Noll, *Signals* (New York : W. H. Freeman, 1990), p. 50.
24. Norbert Wiener, *Cybernetics or Control and Communication in the Animal and the Machine* (Cambridge, Mass. : The MIT Press, 1961 [orig. 1948]), p. 10.
25. 同上、p. 11.
26. Brillouin (注 7), pp. 134-35 と *Science and Information Theory* (注 8),

そして、情報の物理学」セミナーでのジョン・ホイーラーの言葉。この集まりに私が出席するのを許可してくれた、ワークショップの座長でロスアラモス国立研究所所属のヴォイチェフ・ズーレクと、仲介役を務めてくれたロスアラモス在住のデンマークの物理学者スティーン・ラスムッセンに感謝する。

8. Ludwig Boltzmann の言葉。Martin J. Klein, *Paul Ehrenfest*, vol. 1 : *The Making of a Theoretical Physicist*, 3d ed.（Amsterdam : North-Holland, 1985）, p. 77 より。

9. 同上、p. 76.

10. 科学的議論とボルツマンの自殺に関しては、Broda（注 1）, pp. 29-33 や、Klein（注 8）, pp. 75-7 などを参照のこと。

11. Harvey P. Leff and Andrew F. Rex, *Maxwell's Demon : Entropy, Information, Computing*（Princeton University Press, 1990）, p. 2.

12. Peter Guthrie Tait への手紙。Martin Goldman（注 4）, p. 123 より。

13. Tait への手紙。Leff and Rex（注11）, p. 5 より。

14. 同上、p. 290 より。

15. J. W. Strutt（Lord Rayleigh）への手紙。同上、p. 290 より。

16. William Thomson, "Kinetic Theory of the Dissipation of Energy," *Nature* 9（1874）, 441-44 所収。Leff and Rex（注11）, pp. 34-6 に収録、この引用は p. 34 から。

17. James Clerk Maxwell, "Diffusion," *The Scientific Papers of James Clerk Maxwell*, vol. 2, pp. 625-46 所収、この引用は pp. 645-46 から。Leff and Rex（注11）, p. 41 の Daub によれば、この論文は *Encyclopaedia Britannica*, 9th ed., 1878 からの引用だという。

第 2 章　情報の処分

1. Leo Szilard, "Über die Entropieverminderung in einem thermodynamischen System bei Eingriffen intelligenter Wesen," *Zeitschrift für Physik* 53（1929）, 840-56 所収。Leff and Rex, *Maxwell's Demon*, pp. 124-33 所収の翻訳の引用。この引用は p. 127 から。

2. Edward E. Daub, "Maxwell's Demon," *Stud. Hist. Phil. Sci.* 1（1970）, 189-211 所収、Leff and Rex（注 1）, pp. 37-51 に収録、この引用はp. 48 から。

3. 同上、p. 49

4. 同上、pp. 48-49

5. Rolf Landauer, "Computation, Measurement, Communication and Energy Dissipation," P. Haykin, ed., *Selected Topics in Signal Processing*（Englewood Cliffs, N. J. : Prentice-Hall, 1989）, p. 18 所収。

6. Leff and Rex（注 1）, p. 16. シラードの後継者ブリルアンの批判については p. 20 も参照のこと。ルドルフ・カルナップの批判は後の物理学者たちの議論を先取りしている。

7. L. Brillouin, "Maxwell's Demon Cannot Operate : Information and

参考文献と注釈

第1章　マクスウェルの魔物

1. Ludwig Boltzmann の言葉。Theodor Des Coudres, "Ludwig Boltzmann, Nekrolog," *Berichte über die Verhandlungen der könglich sächsischen Gesellschaft der Wissenschaften zu Leipzig, Mathamatisch-Physische Klasse* 58 (1906), 615-627 より。この引用はp. 622 から。ゲーテの引用は『ファウスト』からのもので、ボルツマンは『ファウスト』を「ことによると、あらゆる芸術作品中の最高傑作」としている。Engelbert Broda, *Ludwig Boltzmann, Man—Physicist—Philosopher* (Woodbridge, Conn.: Ox Bow Press, 1983), pp. 21, 33 を参照のこと。
2. James Clerk Maxwell, "On Faraday's Lines of Force" (1855-56), *The Scientific Papers of James Clerk Maxwell* (Cambridge University Press, 1890), vol. 1, p. 155 所収。
3. Heinrich Herz の言葉。Morris Kline, *Mathematics and the Search for Knowledge* (New York: Oxford University Press, 1985)［邦訳『何のための数学か――数学本来の姿を求めて』(雨宮一郎訳、紀伊國屋書店)］, p. 144より。
4. Professor F. J. A. Hort から Professor L. Campbell に宛てた1882年2月4日付けの手紙。Lewis Campbell and William Garnett, *The Life of James Clerk Maxwell*, rev. ed. (London: Macmillan, 1884), pp. 322-26 より。この引用はp. 326 から。この手紙は「マクスウェルの最後の病気」の間に交わされた二つの会話を指している。Ivan Tolstoy, *James Clerk Maxwell: A Biography* (Edinburgh: Canongate, 1981), p. 85 と、Martin Goldman, *The Demon in the Aether: The Story of James Clerk Maxwell* (Edinburgh: Paul Harris, 1983), p. 69 の両方が、ホートとの会話は「彼の死の床で」交わされたものとしている。キャンベルとガーネットがホートの手紙を引用した文脈からは、ホートへの言葉が死の床で発せられたものとするのが正当であったこともわかる。最後の儀式を執り行なった聖職者と、臨終に立ち会った医師と、そこに居合わせた近親一人の話によれば、マクスウェルはその後まもなく息を引き取ったという (pp. 316-26)。
5. James Clerk Maxwellの詩 "Recollections of Dreamland" Campbell and Garnett (注4), pp. 391-93 より。この引用は p. 393 から。Tolstoy (注4), pp. 84-5 も参照のこと。
6. W. Zurek, ed., *Complexity, Entropy and the Physics of Information*, Santa Fe Institute Studies in the Sciences of Complexity, vol. 8 (Redwood City, Cal.: Addison-Wesley, 1990), p. vii.
7. 1990年4月16～21日にサンタフェ研究所で開かれた「情報、エントロピー、

【ワ行】

【ヤ行】

【ラ行】

【マ行】

【ハ行】

【タ行】

【ナ行】

【サ行】

【カ行】

索　引

［ｆが付いている数字は図表をさす］

訳者紹介　柴田《しばた》 裕之《やすし》

1959年生まれ。翻訳家。早稲田大学・アーラム大学卒。訳書にベジャン&ゼイン『流れとかたち』、ハンフリー『ソウルダスト』、ジェインズ『神々の沈黙』、コックス&フォーショー『なぜ $E=mc^2$ なのか？』、リゾラッティ&シニガリア『ミラーニューロン』（以上、紀伊國屋書店）、ザック『経済は「競争」では繁栄しない』（ダイヤモンド社）、ペントランド『正直シグナル』、ダイソン『叛逆としての科学』（以上、みすず書房）、リドレー『繁栄』（共訳、早川書房）他多数。

ユーザーイリュージョン　意識という幻想

2002年8月31日　第1刷発行
2024年1月22日　第11刷発行

著者……………………………トール・ノーレットランダーシュ

訳者……………………………柴田裕之

装幀……………………………野津明子（芦澤泰偉事務所）

発行所…………………………株式会社紀伊國屋書店
東京都新宿区新宿3-17-7

出版部（編集）03(6910)0508
ホールセール部（営業）03(6910)0519
〒150-8504　東京都目黒区下目黒3-7-10

索引編集協力………………有限会社　プロログ

印刷・製本…………………中央精版印刷

ISBN978-4-314-00924-9 C0010
Printed in Japan
定価は外装に表示してあります